THE GERMAN INVASION OF

-冰-峡-闪-击-

入侵挪威

NORWAY

1940年4月

[挪威] 盖尔·H. 海尔 —————— 著　　胡毅秉 —————— 译

民主与建设出版社

·北京·

图书在版编目（CIP）数据

冰峡闪击 ：入侵挪威，1940 年 4 月 / （挪威）盖尔 • H. 海尔著 ；胡毅秉译 . -- 北京 ：民主与建设出版社，2022. 5

书名原文 ：The German Invasion of Norway: April 1940

ISBN 978-7-5139-3827-3

Ⅰ . ①冰… Ⅱ . ①盖… ②胡… Ⅲ . ①第二次世界大战战役－史料－挪威 Ⅳ . ① E195. 2

中国版本图书馆 CIP 数据核字（2022）第 081795 号

著作权合同登记图字：01-2022-1941

冰峡闪击：入侵挪威，1940 年 4 月

BINGXIA SHANJI RUQIN NUOWEI 1940 NIAN 4 YUE

著　　者　[挪威] 盖尔 · H. 海尔
译　　者　胡毅秉
责任编辑　胡　萍　宁莲佳
封面设计　杨静思
出版发行　民主与建设出版社有限责任公司
电　　话　（010）59417747　59419778
社　　址　北京市海淀区西三环中路 10 号望海楼 E 座 7 层
邮　　编　100142
印　　刷　重庆市联谊印务有限公司
版　　次　2022 年 5 月第 1 版
印　　次　2022 年 7 月第 1 次印刷
开　　本　787 毫米 ×1092 毫米　1/16
印　　张　38
字　　数　580 千字
书　　号　ISBN 978-7-5139-3827-3
定　　价　189.80 元

注：如有印、装质量问题，请与出版社联系。

鸣谢

许多人对本书贡献良多，有些人是通过自己的毕生研究，另一些人则提供了微小但是很重要的细节。在此我向他们致以诚挚的谢意。

首先，我衷心感谢来自英国伊普斯维奇的罗伯特・皮尔逊先生。没有他的无私帮助和支持，这个项目可能早就搁浅了。

我也要向戴维·古迪、理查德·霍海塞尔－霍克斯曼、埃尔林·肖尔和爱德华·史密斯表示由衷的感谢。没有他们的帮助和支持，这本书也不可能和读者见面。

约翰·巴拉姆、罗纳德·克罗克、阿尔伯特·古迪、伯恩哈德·哈利斯、维克·希斯科克、达格芬・谢霍尔特、德里克・莫里斯、简・莱莫斯和威尔弗雷德・"罗比"・罗宾逊 1940 年时都亲历了战争。60 多年之后，我有幸了解了他们的想法，聆听了他们的回忆。那些史籍中没有记载的微小细节，他们总是能向我娓娓道来，言语中通常饱含忧伤，有时还充满烦恼，但是带着一种不可避免的低调和我无法完全理解的淡然。此后，他们中的许多人都离开了这个世界，现在还健在的人少之又少。我们不应忘记这些人和他们的伙伴。

我同样应该大力感谢苏拉公立图书馆高效的工作人员。我想查阅的每一本书、每一份文件他们都能找到。基尤国家档案馆、弗赖堡联邦档案馆、科布伦茨联邦档案馆、奥斯陆国家档案馆中那些默默无闻的工作人员同样值得感谢，他们表现出了十足的耐心和非凡的专业精神。霍滕的海军博物馆和纳尔维克的战争博物馆也提供了热情支持，在此一并谢过。

锡福斯出版社的朱利安・曼纳林对我信任有加，并且给了我所必需的最后期限。没有他的支持，这本书可能永远不会完成。

此外，弗兰克・阿贝尔森、达格－乔斯坦・安德森、约翰・阿斯穆森、比尔・巴塞洛缪、基思・巴彻勒、奥斯汀・贝尔格、乔斯坦・伯格利德、亚历山大·迪茨希、托雷·埃根、伊瓦尔·伊诺克森、妮可·格兰霍尔特、彼得·哈里森、帕梅拉·雅各布森、托尔·杰瓦诺德、斯维恩·阿格·克努森、恩斯特·克努森、索尼娅·劳、乔治·马尔科姆森、奥德瓦·纳斯、芬恩·内斯沃尔德、托尔·奥德莫特兰、西蒙·帕特里奇、保罗·塞达尔、哈尔沃·斯珀本德、伊恩·托马斯、乌尔夫·艾里克·托格森、特隆德·埃里克·特维特、约翰·沃伯顿-李、阿利斯特·威廉姆斯、英格利德·威洛赫、艾伦·玛格利特·威洛克、卡雷·威洛赫和阿特尔·威尔玛为本书的付出都值得肯定。

最后，但并非最不重要的是，感谢我深爱的妻子格洛芙。无论是对她还是对历史学，我都充满热情。我常常和她分享这份热情，对此，她欣然接纳。在我需要讨论一些细节的时候，她耐心地倾听。在我需要放松身心的时候，她巧妙地缓解了我的压力。

盖尔·H. 海尔

斯塔万格，苏拉 2009 年 5 月

引言

本书讲述德国在1940年4月对挪威的入侵行动，即“威悉演习”行动[①]，并且以海战为重点。本书的目的是提供不偏不倚、实事求是的记述，在保证可读性的同时兼顾研究的需要和细节的准确。

本书的叙事尽可能以一手资料为依据，不过历史细节数量之多终非一人之力所能穷尽，作者欢迎任何人提出修改意见。用于撰写本书的研究资料是以多种语言写成的，包括挪威语、德语、英语、瑞典语、丹麦语和法语。作者为所有这些资料的英语译本负责，在翻译中已尽力保留原文或原话的含义，避免逐字逐句直译。

“威悉演习”行动的军事影响在很大程度上因西线的战事和法国的沦陷而黯然失色，但是毫无疑问，德国对挪威的入侵以及随后的战役对第二次世界大战的欧洲战场产生了重要影响。从表面上看，德国完成了一次重大的战略行动，突破了英国对北海的封锁，也获得了出击大西洋的跳板。但是由于缺乏资源来利用这些战果，德国征服的这片土地反而成了它的累赘。德国海军的水面舰队本来就很弱小，经此一役更是元气大伤、无法复原。德国海军没有足够的资源来充分发掘挪威各基地的潜力，而众多大型水面舰船的损失更使它在事实上成为一支小艇海军，甚至不敢奢望充分利用这次冒险所得的战略成果。此外，与不久以后就落入德国之手的法国沿海基地相比，挪威的U艇基地价值也很有限。

尽管如此，“威悉演习”行动还是加强了希特勒及其高级幕僚的地位。虽然德方在此战中损失惨重，元首却借此巩固了对军队的控制，为西线作战和对苏作战铺平了道路。

---

① 原注：“威悉”是德国北部一条河流的名字。

挪威真正的战略价值是在 1941 年德国入侵苏联之后才显现出来的，当时德军以挪威北部为跳板实施北极前线作战，并对同盟国通向摩尔曼斯克（Murmansk）的交通线发动海空袭击——这两个作用是他们在 1940 年万万没有想到的。而且，即使在对苏作战开始之后，德国海军也很难找到资源来充分发挥挪威的港口和海上航道的潜力。

失去挪威及其近海水域本身对同盟国而言算不上灾难，但这使他们在法国战役开始时失去了从侧翼攻击德国的机会。具有讽刺意味的是，在挪威战役打响前双方最重视的战略资源（也就是瑞典的铁矿石），在战役结束后却变得几乎无足轻重。瑞典铁矿石仍然可以几乎不受阻碍地经波罗的海运往德国，但它的战略价值却大打折扣，因为德国没过多久就将洛林的铁矿收入囊中。

目录

第一章

暗流涌动

“威悉演习”行动

1939 年 9 月，德国人没有任何进攻斯堪的纳维亚国家的计划。希特勒之所以会在七个月后挥师入侵挪威和丹麦，是因为这年冬天发生了一系列盘根错节的事件，其中牵涉德国对遭受侧翼攻击的担忧、挪威人的中立政策、同盟国对切断德国铁矿石供应和在斯堪的纳维亚开辟第二战场的渴望。

促成这一结果的第一个事件是 1939 年 12 月挪威国家社会主义运动领袖维德昆・吉斯林（Vidkun Quisling）对柏林的访问。他于 12 月 10 日抵达柏林，原意是通过此行了解德国政坛动态并设法说服德国人为他的少数派政党提供支持，结果却主动卷入了他在德国的代理人阿尔伯特・哈格林（Albert Hagelin）[1] 临时安排的一个计划，而这个计划的后果完全超出了他们的控制范围。到柏林的次日上午，吉斯林在哈格林的带领下会见了纳粹党全国领袖阿尔弗雷德・罗森堡（Alfred Rosenberg），此人当时主管纳粹党内部的“对外政策局及宣传处”。[2] 罗森堡与曾有一面之缘的吉斯林讨论了挪威的局势，吉斯林表示由于德国与苏联签订了互不侵犯条约，而苏联又进攻了芬兰，挪威国内的反德情绪正在高涨。

哈格林与德国海军参谋长埃里希・舒尔特－门廷（Erich Schulte–Mönting）中校的私交也不错，因此在当天下午，他把吉斯林带到位于提尔皮茨河滨的德国海军总司令部。在那里，舒尔特－门廷为吉斯林引见了德国海军总司令埃里希・雷德尔（Erich Raeder）元帅。吉斯林自称曾以少校身份在挪威陆军总参谋部任职，还当过国防大臣（这是实话）。这让雷德尔对他另眼相看，而更引起雷德尔注意的是哈格林暗示吉斯林是一个重要政党的领导人，该党在挪威军界和政界都有强大的人脉（这是吹牛）。雷德尔早就主张把德国海军的作战基地网扩展到斯堪的纳维亚半岛，而此时他看到了争取支持的机会。[3] 在 12 月 12 日与元首开会时，海军元帅复述了自己与挪威人的谈话，并形容吉斯林“消息灵通，令人感到值得信任”。他还趁此机会诉说了英国人在挪威登陆（吉斯林在与他谈话时认为这种可能性非常大）将给铁矿石运输造成威胁，并指出这将危及德国海军针对英国实施破交战的能力。虽然雷德尔担心挪威人可能是在利用自己玩政治游戏，但他还是建议希特勒亲自与吉斯林见面以便做出决定。雷德尔还提出，如果元首对挪威人印象不错，那就应该批准国防军总司令部拟定和平或武力占领挪威的预备计划。希特勒征求了罗森堡的意见，由于后者也大力推荐吉斯林，他便邀请挪威人在 12 月 13 日前往帝国总理府。[4]

吉斯林如约赴会，陪同他前往的除了哈格林之外，还有罗森堡的部下——主管北欧司的纳粹党办公室主任汉斯 – 威廉・沙伊特（Hans–Wilhelm Scheidt）。[5] 沙伊特后来在回忆录中写道，希特勒当时“沉静而专注地”倾听吉斯林字斟句酌但讲得磕磕巴巴的德语。[6] 据吉斯林说，挪威公众长期以来一直保持着坚定的亲英态度，但他认为“英国显然无意尊重挪威的中立地位”。挪威议会的议长卡尔・汉布罗（Carl Hambro）有犹太血统，吉斯林断言他和同样是犹太裔的英国陆军大臣莱斯利・霍尔 – 贝利沙（Leslie Hore–Belisha）私交甚密。[7] 他宣称，这两个人密谋让挪威站在同盟国一方加入战争，并让英国掌握挪威的基地，有确切的证据表明挪威政府已经秘密同意同盟国占领南挪威的部分地区，进而威胁德国的北方侧翼。最后，吉斯林还信誓旦旦地表示，他领导的国家统一党（NS）拥有大批追随者而且还在不断壮大，其中许多人在民政机构和军队中担任要职。在这些人的支持下，他将做好准备，通过一场政变来制止“汉布罗勾结英国人的计划”，并在掌握大权后“邀请德国军队进驻沿海的重要位置”。[8]

1932年2月出席巡洋舰“希佩尔海军上将”号下水仪式的埃里希・雷德尔上将（右）。（作者的收藏）

随后希特勒滔滔不绝地讲了二十分钟，强调只要挪威严守中立，德国就不打算进行干涉。他表示自己一直是英国的朋友，对波兰宣战是个痛苦的决定，当下他希望通过封锁而不是全面战争来迫使英国屈服，而英国占领挪威是他绝对不能接受的。根据沙伊特的回忆，希特勒明确表示“如果出现英国干涉挪威的任何迹象，他都会以合适的手段应对”，德国军队最好是用在别处，但“如果英国侵犯挪威中立地位的危险加剧……他将派六个、八个或者十二个师在挪威登陆，如果有必要还可以派更多”。吉斯林后来写道：“在提到（挪威的）中立地位被侵犯的可能时，希特勒越说越激愤。”

在吉斯林离开后，希特勒指示国防军总司令部作战部长阿尔弗雷德·约德尔（Alfred Jodl）少将“用一个尽可能小的参谋班子”开展低调的调研，目的是研究“在必要时”占领挪威的方式。此后几天，又开了几场有关挪威问题的会议。吉斯林、哈格林和沙伊特参加了其中的一部分会议，而且显然多次得到了德方提供支援的承诺。在18日，希特勒破例再次邀请吉斯林访问帝国总理府。这一次的会谈基本上就是希特勒的个人演讲。他重申自己绝对希望看到一个中立的挪威，但又强调如果挪威不能严守中立，他就不得不采取适当措施来保护德国的利益。英国人在挪威登陆是他绝对不能接受的，因此必须预先加以制止。最后，希特勒强调这几次会谈必须绝对保密，但又许诺如果德方需要实施先发制人的干涉行动，将会找吉斯林商议。他没有提到任何关于政变的计划。[9]

吉斯林对挪威国内局势的描述充满偏见，只不过是他臆想的产物，但他对挪威政局的这些评估给帝国总理府里的人留下了深刻印象。希特勒本来就对斯堪的纳维亚国家日渐高涨的反德情绪感到失望，因此这个挪威人关于英挪两国政府在犹太人影响下合谋进攻德国的说法一下子就抓住了他的心。虽然这和事实相去甚远，但其中包含的要素很对希特勒的胃口。德国内部的各派势力为了争权夺利也利用了吉斯林，于是他关于同盟国图谋斯堪的纳维亚国家的警告被信以为真，事态即将朝着新的方向发展。[10]

无论是奥斯陆的德国大使馆还是柏林的外交部都没有参与吉斯林的访德之旅，德国外交部部长约阿希姆·冯·里宾特洛甫（Joachim von Ribbentrop）得知吉斯林与希特勒会面后感到非常不安。身在奥斯陆的德国驻挪威大使库尔特·布罗伊尔（Curt Bräuer）证实吉斯林夸大了自己在挪威的影响力，他所吹嘘的党徒数量和他们在军政两界的势力更是弥天大谎。布罗伊尔承认吉斯林确实同情国家社会主义而且足够亲德，但认为他的政治活动不值得德方严肃对待。按照布罗伊尔的观点，公开与吉斯林及其政党合作只会浪费人力物力，而且极有可能损害德国的利益。“国家统一党在这个国家没有影响力，或许永远都不会有。”他做出这个评价后又补充说，没有迹象显示挪威军官中有人支持吉斯林，根据大使馆掌握的情报，挪威军官都忠于政府，而挪威政府正在尽力保持该国的中立地位。国防军总司令部很不看好依靠挪威内线提供支持的作战前景，更不用说这还会给保密带来很大困难。[11] 陆军总参谋长哈尔德大将在日记中给出了简洁的评论 :“吉斯林没有后台。”希特勒听从了劝告，命令沙伊特即使去了奥斯陆也要与挪威的“元首”保持距离，最重要的是不能让他参与任何策划。[12]

因此，吉斯林将再也不会参与此后德国为入侵挪威所做的准备活动，尽管他归国时在表面上获得了德国人对他许诺的一切，还满怀信心地认为德国的事态发展将最终把他推上挪威的权力宝座。我们不清楚吉斯林后来是否意识到自己被撇在了一边，他和他的政变在德国人的计划中都没有一席之地。他的叛国行为是独立进行的，除了哈格林之外没有任何人全面参与。[13]

1940 年 1 月 1 日，哈尔德参加元首主持的一次会议后在日记中写道 :“挪威保持中立符合我们的利益。但是我们必须做好改变对此问题的看法的准备，因为英国可能威胁挪威的中立地位。元首已经指示约德尔就此问题写一份报告。”[14] 此时，干涉斯堪的纳维亚国家的计划还仅仅是个应急方案，只有当英国的威胁变得明显时才会付诸实施。由于这样的威胁并未显现，德国人关注的仍然是西线，但是命运的齿轮已经开始转动。

计划的初稿定名为“北方草案”，由国防军总司令部在 1 月的第二个星期拟定。陆军和空军的参谋人员当时都在忙着策划进攻法国，没什么兴趣对这个草案提意见。另一方面，雷德尔却命令海军战争指挥部（SKL）认真评估“北方草案”并提供有建设性的反馈意见。他们的评估结论是：挪威继续保持中立有利于德国，而英国在挪威的军事存在是不可容忍的，有必要制定先发制人的计划以防万一。于是在 1 月 27 日，希特勒指示国防军总司令部成立一个特别参谋部（“威悉演习”特别参谋部），专门为这一作战制订计划。海军的特奥多尔·克兰克（Theodor Krancke）上校[15]奉命领导该参谋部，从2月5日起，他们主要在海军战争指挥部对“北方草案”的意见和反馈的基础上开展工作。知晓“威悉演习”行动的人员被限制在一个很小的范围内，而且“不得在国防军总司令部之外研究挪威问题”。特别参谋部展开工作后提出了两条基本原则。首先，仅仅占领挪威南部是毫无意义的，而且也很难维持；为了保护铁矿石运输线，还必须占领特隆赫姆（Trondheim）和纳尔维克（Narvik）并控制沿岸的海上航路。其次，为了保

1938年入役的“阿尔特马克”号总注册吨位①为10698吨，它所属的这类舰队辅助船只是德国海军商船战中不可或缺的一部分。它在南大西洋为“斯佩伯爵海军上将”号提供支援后返回德国，途中于1940年2月16日在斯塔万格以南遭到英国驱逐舰追击，逃入戈斯兴湾。当晚英国第4驱逐舰纵队的菲利普·维恩上校不顾挪方抗议，率“哥萨克人”号进入该峡湾，经过短暂枪战后解救了被“斯佩伯爵海军上将”号俘虏的299名英国水手。8名德国水手在枪战中丧生。（作者的收藏）

① 译注：也叫容积吨位，是指船舱内及甲板上所有封闭空间的容积总和，每100立方英尺（合2.83立方米）计为一吨。

护并维持跨斯卡格拉克海峡到挪威的交通线，同时阻止盟军进入波罗的海，必须至少占领丹麦的部分领土；在日德兰半岛北部建立航空基地也有助于在北海开展反舰作战和侦察行动。[16]

1940 年 2 月 16 日，临近午夜时，英国皇家海军的菲利普·维恩（Philip Vian）上校奉丘吉尔之命，率领驱逐舰“哥萨克人”号（*Cossack*）闯入了斯塔万格（Stavanger）以南戈斯兴湾（Jøssingfjord）中的挪威领海。他不顾挪威海军舰船的抗议，攻击并登上了德国油轮“阿尔特马克”号（*Altmark*）。经过一番短兵相接的战斗，在南大西洋被德国袭击舰“斯佩伯爵海军上将”号（*Admiral Graf Spee*）俘虏，关押在“阿尔特马克”号上的 299 名英国水手得到解救，同时有 8 名德国水手被打死。这一事件发生在“虚假战争”的高潮时期，立刻就登上了世界各大媒体的头条。约德尔将军在日记中写道，由于德国和挪威方面在此事件中都未作抵抗，希特勒暴跳如雷：“没有抵抗，英国人没有损失！”皇家海军羞辱了德国，而挪威人在英国入侵者面前无力（或者不愿）捍卫自己的中立地位。罗森堡写道：“丘吉尔真是蠢透了。这件事证明吉斯林是对的。我今天见了元首……他再也不打算维护北欧国家的中立了。”

“阿尔特马克”号被登临的次日，愤怒的希特勒向雷德尔表示，挪威“再也无法维护其中立地位”，“威悉演习”行动的策划工作必须加紧开展——已经到了主动控制事态发展的时候，不能仅仅针对某种可能性做准备了。雷德尔则对这个突如其来的匆忙决定感到不安，建议元首谨慎行事。几天后在与希特勒的另一次讨论中，他指出维持挪威的中立地位也许是保护经挪威航道进行的矿石运输的最佳方法。如果德国进行干涉，这条交通线将不可避免地遭到皇家海军威胁，而保护长达 1400 海里的海岸线是非常困难的，所需的 U 艇、飞机和水面舰艇一时难以凑齐。另一方面，雷德尔也认为绝对不能听任英国人占领挪威，更不能容忍进入挪威的同盟国军队对瑞典施加压力，威胁主要经波罗的海进行的矿石运输。希特勒赞同他的看法，他表示：决不能让挪威落入英国人之手，无论代价有多高，德国都必须采取行动。紧张的空气一时弥漫在整个国防军总司令部中。“元首催促我们加紧准备‘威悉演习’行动。船只必须配备必要装备，部队必须做好准备。”约德尔在日记中写道。[17]

55岁的尼古劳斯·冯·法尔肯霍斯特步兵上将（右）（1885—1968）是第21军的军长，他被任命为“威悉演习”行动的总指挥。（作者的收藏）

约德尔建议让一名在波兰经历过实战的军长带领一个现成的参谋班子来策划这一作战。元首同意了他的建议，于是第 21 军的军长——55 岁的尼古劳斯·冯·法尔肯霍斯特（Nicolaus von Falkenhorst）步兵上将在 2 月 21 日中午被召至柏林。冯·法尔肯霍斯特作为参谋军官参与了 1918 年德国干涉芬兰内战的行动，曾短暂地帮助芬兰白军作战，因此他是德国军队中极少数具有海外作战经验的将领之一。希特勒告诉这位将军，高层正在考虑实施一次类似的远征，目的是抢在英国人干涉挪威之前确保斯堪的纳维亚半岛的铁矿石和其他特产的供给。英国军队进入挪威将改变整个战略态势，而德国必须在打响西线战役前保护好自己的北方侧翼。此外，德国海军也需要获得在北海的行动自由和不受阻碍地进入大西洋的通道。希特勒表示，根据可靠的情报，英国正准备在挪威登陆，为此已经与挪威政府达成了协议。最近的“阿尔特马克”号事件已经证明此事千真万确。

在强调要绝对保密之后，希特勒建议冯·法尔肯霍斯特出门散散心，思考一下要如何占领挪威，在下午回来报到。冯·法尔肯霍斯特多少有点战栗地走进一家书店，买了一本贝德克出版社的挪威旅游指南，坐下来思考如何征服这个他在几小时前几乎一无所知的国家。冯・法尔肯霍斯特在下午 5 点带着一些主意和草图回去见希特勒，他意识到自己的整个前程都和这次作战联系在一起了。不过他的主意很对希特勒的胃口，元首认定他是合适的指挥人选。于是冯·法尔肯霍斯特得到了召集自己的参谋班子并立即开始准备的命令。约德尔在日记中提到，冯・法尔肯霍斯特“热情高涨地接受了任务”。[18]

德国陆军总司令瓦尔特・冯・布劳希契（Walter von Brauchitsch）大将就没这么热情了。他把冯・法尔肯霍斯特叫到自己的办公室，毫不含糊地表示他并不赞成希特勒的决定，整个作战“并无必要”，而且元首并未征求过他的意见，“全是按照雷德尔的建议在办这件事”。也许更让冯・布劳希契对这一作战不悦的是，冯·法尔肯霍斯特将直接对国防军总司令部而不是对他负责——这是没有先例的。陆军总参谋长哈尔德大将对这一作战及陆军指挥机关基本被排斥在策划圈之外的事实也颇有微词。[19]

与此同时，克兰克的小组拿出了一个可行的入侵计划草案。冯・法尔肯霍斯特和他的参谋们花了一天工夫阅读这份草案和从挪威搞到的其他资料，然后从 2 月 26 日星期一开始，在柏林的国防军总司令部大楼中几间不起眼的办公室里开展工作。最初，只有大约十五名军官直接参与。为了保密，没有秘书参加，因此这些军官们每周七天都要从早晨 7 点一直工作到深夜。克兰克上校作为海军的代表仍然留在工作组中。空军的罗伯特・克瑙斯（Robert Knauss）上校和军事情报机构“阿勃维尔”的施特雷克尔（Strecker）少校分别负责与各自的部队和机构联络，而作战部的副部长瓦尔特・瓦尔利蒙特（Walter Warlimont）上校负责与国防军总司令部保持密切联系——不过他没有参与细节策划。另一方面，希特勒一直对这一作战保持着浓厚兴趣，曾几度干预策划工作。[20]

此时德国人对挪威的基础设施、行政机构和武装力量的了解只能说是贫乏和过时的。在几乎没有进行系统性情报收集的情况下，入侵根本无从谈起。由于地图稀缺，很多时候不得不依靠旅游指南和旅行社宣传册来制订计划。奥斯陆的大使馆多年来向国内输送了不少关于军事设施、港口和港湾的情报，但军官们发现这些情报缺乏条理而且只有很少一部分经过了验证。于是在国防军总司令部的普鲁克（Pruck）少校领导下，有部分使馆人员参与的情报收集工作紧锣密鼓地展开了。此外,情报部门还开始小心地寻找去过挪威的商船水手和商人,以及曾在一战后到挪威参与儿童援助项目的人。在入侵之日，德国的指挥官们将掌握数量惊人的详细情报，这都是情报部门的功劳。尽管如此，情报仍有严重的遗漏，而且很多情况下情报只被集中掌握，没有下发到一线作战部队。

关于挪威陆军，冯・法尔肯霍斯特的情报参谋埃格尔哈夫上尉只能描述一个大概。公开资料显示挪威有六个军区,但查不到紧急情况下动员和部署的细节。埃格尔哈夫估计，仓库集中布置、军官缺乏经验和士官数量不足等因素都会拖慢动员过程，他认定“挪威陆军无法持久地抵抗强国的进攻”。第21军的参谋长埃里希・布申哈根上校也同意这个判断，但认为前提是进攻出其不意，并且应用“一切可行的手段”。在这一阶段，挪威的海空力量事实上被无视了，岸防要塞也一样。[21]

2月下旬，“阿尔特马克”号事件过去不到两星期的时候，德国使馆的海军武官里夏德・施赖伯（Richard Schreiber）少校在空军武官埃伯哈特・施皮勒（Eberhart Spiller）上尉陪同下拜访了挪威海军总参谋部。德国人求见海军情报处处长埃里克・斯滕（Erik Steen）少校并告诉他，他们得到了柏林发来的可靠情报：英国即将针对挪威采取行动。——此举肯定会将挪威拖入战争，而挪威人届时将不得不选边站队。这个警告的意思很明确，绝不会是在未得到柏林授意的情况下做出的。斯滕把会谈的情况上报给了海军总参谋部和海军总司令。这份报告曾被转发给挪威外交部，但是显然没送到陆军总司令和国防部。

3月4日，施赖伯又一次来到海军总参谋部。这一次他告诉斯滕，柏林方面要求他报告挪威政局的最新动态，特别是要求他评估挪威是否会抵抗英国军队占领该国部分海岸的行动，因此他现在来征求斯滕的意见。多少有点困惑的斯滕援引了首相在1月的讲话，在那次讲话中首相明确表示挪威面对任何侵略者都将竭尽全力自卫。

几天以后，施赖伯和施皮勒去了柏林。他俩在多次会议上都被要求评论挪威的整体局势以及军方和民政机关的态度，特别是就挪威将对德国或同盟国的入侵进行怎样的抵抗发表意见。这两人都认为：“阿尔特马克”号事件已经证明，挪威对同盟国入侵者的抵抗充其量只会是象征性的。至于德国入侵者会遭到怎样的抵抗则比较难说，不过他俩显然都相信挪威人的抵抗也将很有限。施赖伯和施皮勒不太可能在这几天获知“威悉演习”行动的全部细节，不过在返回挪威时他们都得到了上级的指示，要尽可能多地报告他们能够找到的有关挪威军队、机场和港口的情报。这两人都无法在挪威境内自由旅行，他们提供的情报主要来自公开渠道，而且基本局限于奥斯陆地区，对专业情报人员的工作起不了多少补充作用。[22]

2月29日下午，冯·法尔肯霍斯特和他的参谋会见希特勒，呈交了“威悉演习”行动计划的初稿。元首对他们的汇报很满意，遂按照国防军总司令部首脑威廉·凯特尔少将的建议批准了计划的大纲。他给出了几条指示，并要求每两天听取一次汇报。约德尔建议让“威悉演习”行动与针对西线的“黄色”行动分头进行，即使两者在时间上需要同步，“黄色”行动暂定为比“威悉演习”行动晚3天发动。

希特勒在3月1日签署了“威悉演习”行动的正式命令。这是国防军总司令部第一次向各军种正式确认此次作战。发动此次作战的目的有三个：预先制止英国干涉斯堪的纳维亚半岛和波罗的海；保护来自瑞典的铁矿石供应；扩展海军和空军针对英国的作战基地网。这次作战可以动用的部队很有限，应该尽可能以“和平占领”的形式，打着“为北欧国家的中立提供武装支援”的幌子实施。为了弥补兵力不足的劣势，必须尽量以迅速的动作达成最大限度的突然性，因此保密至关重要。如果遭遇抵抗则不必忍让，应该“以一切必要的力量”还击。行动方案对吉斯林和他的国家统一党只字未提。

陆军总司令部立刻提出异议，反对抽调兵力实施他们眼中的次要作战。也许他们对被排斥在策划工作之外和不跟他们商量就抽调部队的做法也有怨气。哈尔德大将声称，希特勒不曾“就挪威问题与陆军总司令进行过只言片语的交流”。不过这些抗议毫无效果，第二天约德尔就在日记中简洁地写道：“陆军同意（实施‘威悉演习’行动）。”[23]

“南方威悉演习”（也就是对丹麦的入侵）的主要目的是控制哥本哈根和日德兰半岛北部奥尔堡（Aalborg）的机场，其中后者将由伞兵和后续的一个机降营占领。机械化部队将在南边穿越国境，向日德兰半岛北部推进，而由小型战舰和征用的民船组成的船队将把部队运上半岛西海岸和周边岛屿。进攻丹麦的部队由莱昂纳德·考皮施（Leonard Kaupisch）航空兵上将的第31军统一指挥，该部在入侵作战期间隶属冯·法尔肯霍斯特。

在挪威的“北方威悉演习”中，由战舰运载的部队将在纳尔维克、特隆赫姆、卑尔根（Bergen）和克里斯蒂安桑（Kristiansand）分头实施团级规模的登陆，同时派两个连分别占领埃格尔松（Egersund）和阿伦达尔（Arendal）的无线电台。用于占领奥斯陆的部队相当于两个团，另外还有一些支援单位。奥斯陆攻略部队的一部将在途中控制位于霍滕（Horten）的海军基地。至于奥斯陆郊外的福尼布（Fornebu）机场和斯塔万格郊外的苏拉（Sola）机场，将以伞兵为先锋，通过空降作战夺取。一旦控制了从奥斯陆到特隆赫姆的沿海重要城市和港口，就可以将挪威南部收入囊中，控制位于此区域的挪威大半人口、政府机关和武装力量，并占领兵营和仓库，阻止挪威人实施动员和积蓄抵抗力量。

军官们将先礼后兵，在对待平民时尤其要和善；士兵们将表现出朋友和保护者的样子，而不是自视为侵略者。轰炸机和远程战斗机将飞临城市、港口和军事设施上空，但只有在地面部队认为有必要时才进行轰炸和扫射。冯·法尔肯霍斯特后来表示，他希望能通过不咄咄逼人但是“有军人气概的坚决举动”完成“和平占领”，但他还是担心挪威人会抵抗。[24] 他只能让每支部队的官兵自己决定采取何种行动，何时威吓，何时开火，因此各部队将不可避免地以不同的方式完成任务并产生不同的后果。

西方各个桥头堡的补给线都将暴露在英国皇家海军的兵锋下。因此在陆上交通线建立之前，除了空运外没有任何增援的手段。在最初的登陆阶段就必须将足够的部队和补给送上岸以确保控制权，然后派主力从奥斯陆地区出发占领挪威全境。在南方的优势确立之前，纳尔维克将一直处于孤立无援的境地。从有利的方面讲，如果同盟国企图干涉，他们将找不到多少登陆场。[25]

战舰无法携带足以维持登陆部队长期作战的补给，因此策划人员精心安排了一个后勤补给行动，让一些油轮和运输船继战舰之后抵达被入侵的港口。[26] 海军战争指挥部对这些船的安全忧心忡忡，因为它们必须比海军的舰艇早几天离开德国，在除了伪装之外没有任何保护的情况下穿越挪威领海。此外，由于德国西部的港口无法容纳全部入侵和支援船队，部分船只不得不通过大小贝尔特海峡（Danish Belts），届时其行踪毫无疑问会暴露。[27]

国防军总司令部与陆军争吵一番后最终决定动用6个师来占领挪威，分别是第3山地师和第69、163、181、196、214步兵师。这些部队基本上都没有实战经验，只不过第3山地师的一部曾参加过波兰战役，还有一些从其他部队调来的军官和士官也是见过血的。第170和198步兵师将和第11摩托化步兵旅一起进攻丹麦。所有这些部队的火炮和机动车数量都低于一般师旅的水平，不过统帅部认为它们足以应付斯堪的纳维亚地区的作战。

第一攻击波中大约有8850人将搭乘战舰前往挪威，同时还有大约3500人实施空降。在入侵当日，运输船还会把3900人、742匹马、942台车辆和4辆坦克送进挪威。第一波兵力合计近16000人，大致相当于一个普通的德国师。这点兵力用来占领整个国家当然不够，不过后续的人员和物资将通过空运和海运尽快跟进。大部分援军将由海运船队运进奥斯陆。从丹麦以东进入奥斯陆峡湾的航线是最短的，距离皇家海军和皇家空军的基地也最远。那里的天气也不像北海那么恶劣。在3天之内将会从空中和海上运输8000人马，之后的一周内还将运输16700人。总共会有10万大军川流不息地抵达挪威。

英国海军被视作此次作战中的主要威胁，他们不仅会在海上拦截德军船队，还会在德军登陆后发起反击。为了抵御英国海军的攻击，需要利用挪威岸防要塞中的大炮，因此第一波的舰船将会搭载海军炮手，以求尽快让这些大炮形成战斗力。雷德尔知道在入侵过程中有理由惧怕岸防要塞的大炮，尽管它们在没有预警的情况下很可能无法开火。他相信没有多少挪威军官会对英国舰船开火，因此在3月6日签发的首道作战令中，他指示德国战舰悬挂英国旗帜，等到临登陆前再降下。如果被巡逻船或海岸警卫哨所质询，一律以英语应答。唯一的例外是纳尔维克，因为从情报中得知当地的指挥官松德洛上校是个亲德派，应该会对德国旗帜做出友好反应。按照国际公约，在开火前打出假冒旗号是合法的作战策略，只要开火时悬挂的是本国旗帜即可。尽管如此，这道命令还是遭到了包括布申哈根上校和第69步兵师师长蒂特尔（Tittel）少将在内的部分指挥官的强烈抗议。最终在3月8日下午，海军总司令通过电台撤销了这道命令，因此德军舰船在进入挪威港口时并未使用英国旗帜。[28]

几乎整个德国海军都将参与此次作战，为此其他所有海军行动都被暂停，包括U艇的出击和为西线攻势进行的准备工作。并非所有人都乐见此事，约德尔将军在3月28日的日记中提到，“一些海军军官对‘威悉演习’态度冷淡，需要一点激励……法尔肯霍斯特手下的三个参谋长认为这次行动不是他们的分内之事，克兰克眼中看到的缺陷比有利之处要多”，不过日记中未作详细说明。根据冯·法尔肯霍斯特后来的评论，克兰克“多次对元首的计划表示异议，还用尖刻的字眼批评了他的决定”。[29]

无论保密工作做得多周密，一旦入侵开始，皇家海军一定会得到警报，因此海军战争指挥部希望自己的军舰能尽快返航，以免遭到拦截。而陆军却认为，万一遇到抵抗或者同盟国的反击，显然需要舰炮的火力支援，因而要求海军留在登陆场。希特勒同意陆军的观点，坚持要求海军在纳尔维克留下几艘驱逐舰，在特隆赫姆留一艘巡洋舰。雷德尔表示给军舰在海上机动的自由要比让它们困守峡湾更重要。虽然戈林许诺空军能保护近岸停泊的军舰，但雷德尔不以为然，他认为空军的能力靠不住，更何况还需要天公作美。3月29日，雷德尔与希特勒私下讨论了这个问题。他肯定提出了一些有力的论据，因此元首最后同意所有驱逐舰都可以从纳尔维克返回。对特隆赫姆他则意志坚决：应该留下几艘驱逐舰。几天以后，海军战争指挥部松了口，认为“海军有义务在陆军部队登陆之后继续为其提供保护，因此可能需要留下部分舰船……直到陆军能够在完成任务的过程中免受挪威海军阻碍为止”。[30]

在入侵之后，从纳尔维克出发的铁矿石运输船将再也无法受到挪威中立地位的庇护，而要想长期保卫挪威海岸，就需要对德国海军的资源进行重大的重组。大型舰船需要用于他处，能用的只有较小的舰船和U艇。因此必须尽可能多地完好缴获挪威人的船只并投入使用，无论它们有多么陈旧。预计经纳尔维克到德国的矿石运输将会暂时中断，直到依靠雷区、岸防要塞和空中巡逻将挪威近海的水道保护起来为止。这需要时间，可能会长达数月。为了处理入侵之后的事务，赫尔曼·伯姆（Hermann Boehm）上将被任命为“挪威地区海军总指挥”，他将作为雷德尔的直接代表，在奥斯陆建立指挥部。他的下属包括驻克里斯蒂安桑的“南方岸防司令”奥托·申克（Otto Schenk）少将和驻卑尔根的“西方岸防司令”奥托·冯·施雷德（Otto von Schräder）中将，后者将管辖特隆赫姆、纳尔维克和斯塔万格的港口指挥官。这些军官和他们的幕僚都将参与策划的最后阶段，并将登上登陆舰船，从行动的第一天起就接管指挥权。

戈林和他的参谋长耶顺内克（Jeschonneck）将军对空军在“威悉演习”行动中被降格非常恼火，他们声称自己“一直被蒙在鼓里”。[31] 作为一个从来都不愿与人合作或分享威望的人，戈林担心把空军部队划归一个联合作战司令部指挥会威胁他的权威。按照计划，一旦控制了挪威和丹麦境内的机场就要立即用飞机把高射炮部队、机场工程兵部队、参谋和维护人员运过去，而戈林声称空军绝不会把这些部队的指挥权拱手让出。希特勒最终做了让步，他在 3 月 4 日同意所有参与此次作战的飞机和空地勤人员都归第 10 航空军指挥，而该军仍受德国空军司令部领导。

第 10 航空军的军长——48 岁的汉斯·费迪南德·盖斯勒（Hans Ferdinand Geisler）中将和他的参谋长马丁·哈林豪森（Martin Harlinghausen）少校在 3 月 5 日被召至柏林，在一次有戈林和耶顺内克参加的会议上得知自己将参与“威悉演习”行动。除了运送部队和装备，第 10 航空军还将为登陆作战提供直接支援，并且侦察和攻击进行干涉的同盟国海军部队。盖斯勒接到的指示是：要与冯·法尔肯霍斯特和海军合作，但不应该听命于他们。第 10 航空军下辖两个轰炸机联队——第 26 轰炸机联队和第 30 轰炸机联队，截至此时它们主要在北海执行反舰作战任务。[32] 为了完成这一次的任务，第 10 航空军将会临时加强一些轰炸机、远程战斗机和侦察机部队。在 3 月，空军集中了 500 架容克公司的 Ju–52/3m 式飞机，专门用于“威悉演习”行动。前汉莎航空公司经理、航空运输专家卡尔 – 奥古斯特·冯·加布伦茨（Carl–August von Gablenz）上校奉命负责运输机部队的组建和战术指挥。随着飞机和飞行员陆续集结到德国北部的机场，盖斯勒和他的参谋们也搬进了汉堡的滨海酒店(Hotel Esplanade)。在这座 6 层楼的酒店里，顶楼的所有客房都被小心地腾出来供军方使用，其余楼层则照常营业以掩人耳目。盖斯勒、哈林豪森、冯·加布伦茨和他们的参谋带着地图、通信器材和档案住进客房，为眼前的艰巨任务制订计划。[33]

除了没有严格规定各军种之间的协同要求外，“威悉演习”行动方案最大的问题就是缺少应变措施，既没有深入研究挪威人会接受侵略者的假设是否成立，也没有说明当事态发展出乎意料时除了运用武力之外还可以如何应对。方案对入侵阶段和后续占领阶段的政治和行政管理方面的考虑远不如对军事方面的考虑，这主要是因为在国防军总司令部和“威悉演习”行动特别参谋部之外几乎无人知晓这场正在策划的作战。[34] 除了原第 21 军军部、国防军总司令部和海军战争指挥部的部分人员外，“威悉演习”行动的知情者被严格控制在必要范围内。参加行动的各位师长、参谋军官、海军舰队司令和空军大队长都是在尽可能晚的时间分别得到通知的，而且他们只知道自己参与的那一部分作战的细节。[35] 这种做法有利于保密，但不利于行动前的合同训练。

瓦尔利蒙特上校在 2 月末下发了一份关于被占领地区行政管理事务的草案，结果没经过多少讨论就被接受了。草案的要点是在尽量减少对现有行政体系的干扰的情况下确保对挪威的军事控制。希特勒相信可以通过令人信服的武力展示来说服哈康国王为占领提供法理依据，并且认为使国王留在奥斯陆有特别重要的意义。只要挪威人肯合作，就应该尽可能减少对政府、民政机构和警察部门的影响，使它们照常运行。广播电台必须由德方人员接管，而忠于新政权的出版机构可以继续运作：要通过宣传来赢得民心。挪威的政党和议会将被撇在一边，并在尽可能短的时间被取缔。如果政府官员不愿合作，就用愿意接受新局势的大臣顶替他们。奥斯陆以外的地方当局也将依此法处理。

与挪威政府的所有沟通都将通过驻奥斯陆的德国大使库尔特 · 布罗伊尔进行。冯 · 法尔肯霍斯特和他的部下应该集中精力执行军事占领任务并镇压所有反抗德国的活动。当雷德尔问起占领之后挪威的政局将如何发展时，冯 · 法尔肯霍斯特和凯特尔都向他保证，元首将会处理这个问题，而他们作为军人不必操心。冯 · 法尔肯霍斯特还信誓旦旦地向雷德尔表示，与挪威外交大臣库特合作是完全行得通的，雷德尔后来评价这一说法“犯了政治幼稚病”。[36]

中立警戒

德国进攻波兰的消息传到挪威后，一时间人心惶惶。挪威人几乎无一例外地抱有对波兰的同情和对德国的义愤，但与此同时他们也普遍认为挪威在这场战争中应该置身事外。9 月 1 日下午，挪威政府发表了中立声明。两天后英法对德宣战，挪威的中立态度也随之延伸到了同盟国与德国的战争中。政府决定立即冻结所有物价，并对汽油、煤炭和一些进口商品实行配给制。在公告中政府建议人民节俭度日，并保证只要无人囤积居奇，生活必需品就不会短缺。私人汽车、摩托车和汽艇的使用一度受到限制，导致人们对马匹和自行车的需求急剧增长。随着 9 月过去，局势趋于稳定，战争似乎已经远去，尽管报纸上经常刊登关于海难和惊险救援的报道。从 1939 年 9 月到 1940 年 4 月，有 55 艘挪威商船在挪威领海以外沉没，基本上都是德国的活动造成的，共有 393 名挪威船员在这些海难中丧生。

挪威的政界人士普遍同意限制挪威国防动员的规模。1914—1918 年的动员使国家付出了沉重代价，因此人们认为最好还是维持合理水平的海岸防御，只在危机爆发时才进行全面动员。在上一次世界大战中挪威的领土并未受到真正威胁，几乎没人觉得这一次会有什么不同。因此海军被赋予的首要任务是维持中立警戒，重点是履行护航和巡逻之责。为了维护中立，需要保持警惕而被动的态度，做好处理“偶发侵犯事件”的准备。对武力的使用一定要慎重，除非外国军舰企图闯入禁区（在这种情况下应该在做出适当警告后动用一切手段来阻止）。[37] 为了支援中立警戒，还动员了陆军和海军的航空兵部队，但只武装了很少一部分岸防要塞。[38]

无论以什么标准衡量，1939 年的挪威王家海军都不是一支威慑力量。海军在 20 世纪初原本是挪威追求独立的象征，但是大规模裁军和政局变迁使一度实力不俗的海军变得几乎无足轻重，而且严重缺乏合格的军官与士官。尽管如此，1939 年 8 月 28 日，海军总司令亨利·迪森（Henry Diesen）[39] 还是在征得政府同意后发布了准备重新启用海军封存舰船的命令，同时还征召了参谋军官，充实了海岸警卫队哨所、海军航空兵基地和通信中心的人员。到了 9 月底，所有适合出海的舰船都已入役，其中包括两艘装甲舰和九艘潜艇，它们是唯一可被视作战术预备队的船只。这些船在封存期间得到了精心维护，大部分舰况都还不错。

1939年秋，在前往挪威北部途中经过斯塔万格的装甲舰“埃兹沃尔”号。“挪威”号和“埃兹沃尔”号是排水量4200吨左右的装甲巡洋舰或岸防舰。它们线条优美，设计出色，具有良好的适航性，但是按所有可以想到的标准衡量都已过时。（英格丽德·维洛克供图）

截至 1940 年 4 月 8 日，挪威王家海军共有 121 艘现役舰船，其中 53 艘是租用的军辅船，9 艘是无武装的支援船。[40] 在 59 艘战舰中，有 19 艘是在第一次世界大战以后下水的，17 艘是 1900 年以前的老古董。大约 5200 名海军官兵在舰上或岸上服役，这些人中有 3565 名水兵和 237 名临时征召的军官，其余的则是战前就在海军服役的职业军官与士官。后者是精通专业而且具有丰富航海经验的骨干，唯一的问题是人数不够。在比较现代化的军舰上，有一些士官经过军官速成班学习后被临时授予军官军衔并调往军辅船服役，这导致士官队伍的缺口进一步扩大，而且影响了原来的军舰的训练水平和人际关系。

在 1933 年的武装力量改革中，挪威成立了由海军（Marinen）、岸防炮兵（Kystartilleriet）、海军航空兵（Marinens Flyvevåben）和海岸警卫队（Kystvakten）组成的海防军（Sjøforsvaret）。挪威的海岸被划分为三个海防区（SDD），以下再细分为若干海防分区（SDS）。每个海防区各由一名海防司令指挥，他们分别在霍滕、卑尔根和特罗姆瑟（Tromsø）设立司令部，由海军总司令领导。岸防要塞的指挥官都归相关的海防司令管辖，海军航空兵的飞机也是如此。只有海军总司令的职能机构和最高海防司令部驻扎在奥斯陆。海军对这种体制的支持由来已久，因为他们认为这是使岸防要塞与海上舰队有效协同的关键。但海军却从未实际检验过这种协同的可行性，因而严重忽略了要塞陆地一侧的防御。

1936 年，驻奥斯陆的英国大使馆在关于挪威国情的年度报告中这样总结挪威王家海军的情况："军官晋升速度极其缓慢，装备大多过时，经费非常稀缺。"[41] 这个结论在当时毫无疑问是正确的，不过在那之后情况有所改善，在 1936 年到 1939 年间共有 10 艘新船下水。

岸防要塞是挪威国防体系中最强大的武器之一，但前提是有充足的兵员把守。要塞中的岸防炮都是 19 世纪 90 年代设计的，使用了当时最先进的科技，威力强于同时代的大多数舰炮。它们部署在精心构筑的阵地上，在轻型火炮、水雷和鱼雷的配合下，足以给入侵之敌带来灭顶之灾。但是到了 1940 年，尽管一直保养得很好，这些大炮还是落后于时代了。由于火控和测距系统经过了现代化改造，在训练有素的炮手操作下它们的射击精度尚可，只是射速太慢，而且新式弹药数量有限。

从 1900 年到 1940 年，各国军舰的航速几乎翻了一番，这意味着，原先侵略者的舰船要花 15 到 20 分钟穿越岸炮射界，现在只需 5 到 10 分钟。由于重型火炮的装填时间长达 3 分钟，只有在最理想的条件下才能对目标射击两三发以上——除非能靠水雷和鱼雷减缓入侵舰船的速度。早期预警至关重要，而且指挥官必须在第一时间做出开火决定。海军曾计划将部分火炮转移到更靠前的阵地并且增设雷区，但是未及实施。[42]

海军总司令迪森认为，在中立警戒任务中，军舰比岸防炮更重要，因此后者在动员过程中被排得很靠后。固定的火炮在护航中确实没什么用，而且既然交战双方对挪威的中立地位都表现出了尊重的态度，武装入侵也就不在考虑范围之内。被征召至岸防要塞的军官和士兵不到 3000 人，仅相当于满编的 1/3 左右。军官缺员是普遍现象，而士官和尉官尤为短缺，因此不得不把人员严格地集中配置到重要的大炮和炮台。口径较大的火炮通常不允许做全口径实弹试射，而且无论火炮还是炮手都没有做好长时间射击的准备，更何况也找不到长时间实弹射击所需的技术人员。由于动员计划很不幸地缺乏远见，年纪最轻且受训时间最近的士兵都在第一批征召之列。因此到了1940年春天，很多炮手已经结束了执勤期，取代他们的不是远在20年前受训的老家伙，就是从未体验过军旅生活的毛头小伙。在某些要塞，当警报在4月9日凌晨响起时，炮手和他们的大炮仅仅共处了几天时间。许多火炮、探照灯、鱼雷发射台和高射炮仍然无人操作，雷区里则一颗水雷都没有。

挪威陆军分为六个军区，每个军区下辖一个野战旅，每个旅在紧急情况下可动员一个炮兵团和两三个步兵团。1939年9月，挪威南部地区征召了四个营，外加一支炮兵分队和六个地方连。按计划这些人应该在服役两个月后轮换。因此军区司令部忙于安排轮换，没有多少时间为全面动员做准备。在11月中旬，陆军总司令克里斯蒂安·拉克（Kristian Laake）请求国防部批准他征召总数约7300人的骑兵、炮兵和工兵部队，进行长时间训练和演习，以在当年冬季充实中立警戒的兵力。虽然这个请求被拒绝，但是经过一番争论后，他获准在轮换的基础上从每个炮兵团征召一个营。战后的议会调查委员会发现，1939年的挪威国防力量“极度虚弱，装备奇差，无力保家卫国，甚至根本无法有效地进行野战”。[43] 不过这里有必要提一下英国驻挪威武官韦尔（Vale）准将在1937年的评价，他在观摩了第6军区的一周演习后报告说，挪威士兵虽然训练时间有限，但“很善于操作武器，而且体格非常健壮”。[44]

在1939年，挪威的陆军航空兵和海军航空兵都很弱小，其装备也无法满足中立警戒的需求。关于空中力量的组织形式和所需飞机类型的意见分歧，严重耽误了必要的装备更新，导致海军只有大约35架飞机可用，而且三五成群地分散在海岸线的各处。截至4月9日，日常损耗导致可出动的飞机减少到28架，其中真正称得上有战斗力的只有6架在1939年夏天服役的He–115而已。陆军航空兵除了有几架格罗斯特“角斗士”式双翼战斗机和小型卡普罗尼轰炸机外，也不比海军强。只有位于奥斯陆—谢勒（Kjeller）和特隆赫姆—瓦尔内斯（Værnes）的机场配备了合适的人员和设备，而斯塔万格—苏拉、奥斯陆—福尼布和克里斯蒂安桑—谢维克（Kjevik）的机场都是民用的，军队的飞机在那里充其量被视作过客。

与吉斯林的说法相反，虽然英国租用了挪威的商船队，还在 3 月和挪威签订了战时贸易协议，但挪威和英国结盟的问题从未被列入议事日程。[45] 挪威首相约翰·尼高斯沃尔（Johan Nygaardsvold）对战争深恶痛绝，他认为挪威应该无条件地保持中立。国际性事务多年来都是由外交大臣哈尔夫丹·库特（Halvdan Koht）处理的，此人自 1935 年工党上台以来就一手主导了挪威的对外政策，此时又一肩挑起了使挪威远离战火的重任。

库特是个复杂的人。此人当过奥斯陆大学的历史系教授，可谓满腹经纶。他坚信中立国的权利和义务是由国际法的既定原则和先例所规定的，除此之外不必另找任何解释。自命为和平主义者的库特认为最好的国防是"明智而审慎的政治活动"而非武装力量，而且他相信国家一旦宣布中立，不需要多少武力就可维持其中立地位。他也认识到，如果通过外交途径解决冲突的一切努力都以失败告终，那么也许有必要进行防御性的战争。但他又表示"我们应该保卫

约翰·尼高斯沃尔（1879—1952），1935年起担任挪威首相。尼高斯沃尔重视惠及大多数人的经济与社会进步，毫无疑问，到1939年为止，在他治理下的挪威社会对大多数国民来说比以前更好了。他被人亲切地称为"Gubben"，意即"老头"。（Billedsentralen/Scanpix 供图）

我们的中立地位，但只要有一丝可能，就不应该卷入战争”。只有在政治手段无效的情况下，才应该对军队发出警报并做好战斗准备。而这种做法的前提是“有先见之明的外交部”能够判断国际局势是否提出了动员国防力量的要求。问题是库特和政府中的其他所有官员都不曾认真了解过挪威的国防是什么水平，适当的准备工作意味着要进行哪些操作——更不用说弄明白如何才能备战，为此需要付出多大代价和这种状态需要维持多久。[46]

库特对纳粹主义的厌恶是毋庸置疑的，但他同时也反对广义的帝国主义，因此不愿支持任何一方。他后来写道：

> 1939 年 9 月，我人生中最具挑战、最艰难的时段开始了。（德国入侵前的）那七个月里，为了使国家免受战火侵袭并保护其自由，每时每刻都要不眠不休地进行斗争。无论是工作日还是周末，我夜以继

哈尔夫丹·库特，1935年起担任挪威外交大臣。这张照片在4月下旬拍摄于莫尔德，库特（左）正与他的秘书托斯特鲁普（Tostrup）开会。（Krigsarkivet/Scanpix 供图）

> 日地工作着——仿佛在交战国之间走钢丝。在这一时期与英国（因而也包括与法国）保持关系无疑是最困难的，我的神经因此饱受折磨。在政治、意识形态、民族传统、我个人以及国民的情感方面，我们都倾向于同盟国。然而英国人的态度非常过分，令人难以接受，而且他们一再地将自己的意志强加于我们，而不愿进行友好的谈判。[47]

到了 4 月，在日复一日的重压之下，库特已经心力交瘁。

工党政府自 1935 年上台以来一直对军备抱着消极的态度，虽然现实威胁日益严重，国防预算在 1936—1937 年间还是增长得不紧不慢。通常军费都是以临时拨款、特别拨款、一次性采购拨款等方式提供的，直到中立警戒行动开始之后，仍然没有设立长期的专项预算。虽然国际局势在整个 20 世纪 30 年代变得越来越严峻，政治家们却未能主动与他们任命的陆海军首脑进行建设性对话，商讨如何组织有效且可靠的国防，而这些政治家几乎无一例外地缺乏军事领域的经验和能力。从库特和其他大臣的回忆录中可以看出，政府在很大程度上相信，给军队提供临时拨款就能解决问题。即使到了 1939 年 9 月，仍有一份新的特别拨款提案遭投票否决，原因是官员们认为先前给中立警戒拨出的资金已经足够。实际上，政府与军队在基本理念上存在差异，导致双方在临时拨款的用途和军队动员的优先次序上分歧严重。这个问题对海军的影响尤其巨大：政府因为追求舰船数量而否决了海军总参谋部增强火力的请求。[48]

宗教与教育大臣尼尔斯·耶尔姆特韦特（Nils Hjelmtveit）后来写道，他常常“感到军方的行政管理部门工作效率很高，但是新装备采购的准备工作却非常缓慢，往往会拖很长时间”。[49] 而陆军总参谋长拉斯穆斯·哈特勒达尔上校（Rasmus Hatledal）则表示，他们曾多次向国防部提交急需优先采购的装备和用品清单，结果都如石沉大海。看来这种混乱状况至少有一部分要归咎于各军种之间缺乏协调，而国防部又无法保证军方与政府进行恰当的对话。另一方面，无论是否增加拨款，政府在国防方面的多年欠账都不是一夜之间能解决的。有经验的军官、士官和技术人员的缺额需要相当长的时间才能补足。最重要的是，从海外采购优质武器系统的渠道很快就被基本堵死，而挪威自身的军工产业几乎已经荡然无存。只有霍滕的海军造船厂才有能力建造海军专用的船舶，而其产能实际上已被正在那里建造的斯雷普尼尔级驱逐舰完全占用——这一级驱逐舰是挪威王家海军 1936 年以后下水的舰船中唯一真正有战斗力的。[50]

截至 1940 年春，陆军航空兵和海军航空兵总共在英国、美国、意大利和德国下了大约 150 架飞机的订单——其中 60 架是战斗机。所有这些订单都几度遭到推迟，有些购买合同是在临发货时被取消的。最终有 19 架寇蒂斯公司的“霍克”75A–6 战斗机从美国运抵挪威，但是尚未形成战斗力。[51] 军方还从各处订购了大约 150 门 20 ~ 40 毫米的机关炮，但无一在 4 月 9 日前交付。还有一种武器值得一提：1939 年年初挪威军方向英国订购了 8 艘新式鱼雷快艇。2 名军官和 4 名工程师在 1940 年 2 月前往英国监督这些快艇的建造收尾工作，但在德国入侵前它们无一交付。[52]

伦敦方面也认识到对德国来说挪威可能成为至关重要的原料来源。为了以最低调的手段防止这种情况发生并尽量拉近挪威与同盟国的距离，英国政府指示驻挪威大使塞西尔·多默爵士（Sir Cecil Dormer）用“保密而正式”的方式向库特保证：英国将为挪威提供支援以抵御潜在的德国入侵，并且认为“德国如果进攻挪威，则等同于进攻我国”。多默在 1939 年 9 月 11 日执行了这一指示。库特后来在回忆录中说，英国人的保证令他感到很欣慰，由于这一表态是在严格保密的情况下做出的，他认为这是个靠得住的承诺。因为“并不希望使（挪威）与英国的关系在已有的基础上进一步拉近”，所以他简短地回应说，自己并不相信德国“会做出任何类似的行为，因为那对他们没有好处”。多默向伦敦报告说，虽然库特未作多少评论，但这番保证可能“已经产生良好效果”。

9 月 22 日，英国大使再度求见库特。这一次他确认英国将尊重挪威已经宣布的中立地位，但又补充说，这一承诺只有在德国同样尊重挪威中立的情况下才有效。[53] 库特还是没有做出多少答复，但后来他写道，多默的这次拜访引发了他的忧虑，因为这意味着英国是否尊重挪威主权取决于伦敦方面对第三方行为的解读，而非挪威自身对事态的处理。[54] 但库特对万一挪威被拖入战争应该选择哪一边还是有非常坚定的立场的。在 4 月初接受路透社采访时，他明确提到了伦敦：

……我们非常清楚交战双方的目的差异，但不选边站队是我们的中立义务之一。中立对我们来说是唯一可行的政策……德国给挪威造成的生命和财产损失已经在我们国内激起了巨大的民愤，我们正在尽力阻止这种情况继续发生。英国对我国中立地位的侵犯则是另一种性质的，其对我国的尊严和独立的影响往往不亚于对我国的物质利益的影响，有可能把我们这样的小国逼到不得不奋起保卫自身尊严的地步。[55]

12 月 22 日，库特对挪威外交事务委员会表示，他相信“英国和法国很有可能逼迫挪威放弃中立，加入战争”。库特意识到，伦敦的决策者已经发现破坏挪威的中立和挑动德国实施报复可以带来直接的收益：迫使挪威站在同盟国一方加入战争。但是库特错误地以为，柏林方面将会发现维护挪威的中立比诉诸军事行动更有利，因而不会为同盟国的挑衅所动。纯粹以理性思考的库特没有认识到，柏林的领导者有一套自己的逻辑，而且尽管已经吞并了奥地利、捷克斯洛伐克和波兰，他们还是不愿受国际边界和中立声明约束。

出于个人和政治方面的原因，库特几度婉拒了柏林和罗马方面对他的出访邀请。他也一直没有去过伦敦，但后来他声称这纯属巧合，很大程度上是由于缺少合适的机会。他在回忆录中写道，自己曾经计划在 1939 年年初访问英国，但是被挪威驻英国大使埃里克 · 科尔班（Erik Colban）劝阻了，原因是不久前波兰外交部部长对英国的访问被英国媒体描述为两国的结盟。假如库特和科尔班能找到发展两国关系的机会，伦敦和奥斯陆或许都能更好地理解对方的意图，历史可能就是另一个样子了。在奥斯陆，库特借力周旋于英德两国使节之间，有意不让他们了解自己的真实想法和预测。伦敦的政治家们都认为德国是挑起战争的一方而英国是被动应战的一方，因而对库特这种明显是非不分的做法感到很恼火，而库特却没有意识到这一点，他写道：“我感到德国和同盟国方面都对我捉摸不定……我认为这对我的祖国是有利的。”他的这个观点值得商榷。[56]

1939 年 12 月，比格尔·永贝里（Birger Ljungberg）上校被任命为国防大臣，接替了年事已高的弗雷德里克 · 蒙森（Fredrik Monsen）。这个任命多少有些出人意料，因为永贝里是一个在军界以外默默无闻的职业军官，而且不是工党成员。

他的政治立场更偏向于保守党。当时挪威议会的议员们普遍赞成让一名职业军人来担任国防大臣,以便正确地引导政府备战。[57]在很多人看来,陆军总监奥托·鲁格（Otto Ruge）上校是理所当然的人选。但是尼高斯沃尔和库特都认为此人性格过于强硬，绝不会甘于在政府中扮演被动的角色。因此当蒙森提名永贝里作为自己的继任者时，尼高斯沃尔欣然同意。[58]在欢迎新国防大臣进入政府之时，尼高斯沃尔坦率地建议他“集中精力做好国防事务的管理,（因为）政治方面的事务由其他大臣处理”。虽然这更凸显了永贝里作为局外人的处境，但尼高斯沃尔似乎并不在意。在中立期间军方与政府的沟通是不尽如人意的，4 月初尤为严重。该为此负责的只能是国防大臣。假如当初选择了鲁格、弗莱舍尔或哈特勒达尔之类个性更为强硬、更有影响力的人，历史或许会有所不同，但我们也只能猜测。[59]

比格尔·永贝里，1939年起任挪威国防大臣。（NTB/Scanpix 供图）

1933 年上任的陆军总司令克里斯蒂安 · 拉克少将和 1938 年 4 月上任的海军总司令亨利 · 迪森少将都归国防大臣直接领导，他俩获得任命在很大程度上是出于政治考量，政府认为他们忠诚可靠，不管政治家们做出什么决定都会服从。[60] 在担任陆军总司令之前，拉克主持了 1933 年《国防法》的起草工作，可谓推行这个把挪威国防力量削减到只剩一副骨头架子的法案的不二人选。在挪威军队未能充分利用自身可用资源这一点上，拉克和迪森都难辞其咎，而且他们在明知政治家们连《国防法》规定的最低义务都不愿承担的情况下，也没有积极地与之交涉。这两人都同意政府不能不考虑"经济因素"，也都通过预算提案和个别报告表达了自己的意见，但是他俩都不打算充分发挥个人主动性来改变现状。他们相信"有先见之明的外交部"会在必要情况下及时启动预防措施。他俩都没有弄清楚政府是否认识到了加强挪威国防力量需要多少时间和资源。拉克在 1945 年告诉调查委员会，他当时相信"在 1939 年秋季实施的举措已经足够，（因为）政府可以依靠英国，而且战争行动绝不会波及挪威国土"，"假如德国发动进攻，英国会帮助我们抵抗——假如对手是英国，我们则不应该战斗"。

当时陆军总司令拉克行将退休，且健康状况每况愈下。55 岁的陆军总参谋长哈特勒达尔上校迫于无奈，越来越多地代替总司令行事。而永贝里似乎对此并不乐见，陆军总参谋部与国防大臣之间的沟通因而出现了致命问题。

该如何评价国家面临的威胁，又该采用何种策略，陆海军之间存在着根本的分歧。哈特勒达尔和陆军总监奥托 · 鲁格上校都认为可能攻击挪威的敌人将会有明确的军事目的——控制海空基地或是铁矿石。与库特和外交部相反，哈特勒达尔和鲁格相信：挪威的主要威胁将来自德国（以及北方的苏联）；英国十有八九会尊重挪威的中立，但会千方百计地拉拢挪威参加经济战，而且不会坐视其他任何强国利用挪威的中立实现自己的目的。正如鲁格后来公开承认的，他们并未料到敌人会对挪威实施全面占领。随着军费逐年增加，军方于 1937 年、1938 年和 1939 年在挪威西南部连续组织了多次大规模的多兵种合同野战演习。这些演习假定一支外国远征军已经在克里斯蒂安桑和斯塔万格之间登陆，正向苏拉机场推进，目的就是检验挪威军队抵御此种敌人的能力。不用说，挪威的国防在这些演习中暴露出了许多缺陷和不足，显然要经过多年的建设才能抵抗真正的威胁。最重要的是，部队的战术水平和机动能力需要加强，而且急需装备用来对付飞机和装甲车辆的新式武器系统。暴露问题无疑是演习的目的之一，但是没有记录表明政府得到了关于它们的明确报告，更谈不上理解。

海军参与了这些演习，承担了侦察、保护运输船队和扮演假想敌等任务。海军总参谋长埃利亚斯·科内柳森（Elias Corneliussen）准将在海军同僚的支持下提出了异议，认为在皇家海军主宰北海的前提下这些演习的想定是不切实际的。在1939年1月见报的一篇访谈中，海军总司令迪森表示自己认为英国和挪威之间不太可能发生战争，因而德国对挪威进行干涉的可能性也不大。“要进攻挪威就需要北海的制海权——但是一旦有了制海权，也就没必要进攻挪威了。”——他的言下之意是：对挪威的真正威胁来自德国，但是英国的强大海军使其不敢造次。

另一方面，鲁格却预见到某些情况下英国的兵力可能被牵制在别处，从而使德国获得主动出击改善处境的条件。现代化的德国空军对英国海权的威胁远胜以往，至少有可能暂时占得上风，掩护乘坐运输船的德国陆军在挪威南部海岸登陆。他认为，这样的行动最终会引来英国的反击，但是“……英国情报部门可能会失误，英国人也可能因为犹豫不决而错失良机”，“无论如何，我们都必须明白，交战中的列强不可能纯粹出于同情而援助我们，他们首先考虑的是自身的利益”，“我们将不得不凭一己之力扛下敌人的第一波攻击”。[61]

指挥官们希望政府能及时让他们了解国际局势的发展动态。而政府则指望指挥官们及时报告军事情势以及军队维护中立的能力的任何不足。结果双方都没能如愿。迪森和拉克一直未能充分洞悉政府关于国际局势的思考和挪威的中立地位所面临的威胁。政治家们则从未理解动员机制、动员过程中的专门术语，以及动员对日常生活不可避免的干扰。重要的情报和评估报告未得到传达，更不用说在军事和民政机关之间开展讨论。1939年9月1日到1940年4月8日的这段时间里，政府从未召唤指挥官们讨论政治和军事局势，也没有证据表明政府曾建议国防部设法改善局面。陆军总参谋部做出的威胁分析虽然非常准确，却被置之不理。

尼高斯沃尔和库特很可能认为已经动员的部队足以维护中立，国防大臣对军机事务的处理也令人满意。库特后来承认自己对军队知之甚少，但又声称这无甚大碍，因为他把有关事务都留给了国防大臣处理。不过他的行动却不见得能证实这一说法，而且他曾多次绕过永贝里与海军总司令迪森直接接触。库特相信自己与国防部沟通良好，因为已经转达了“各种情报”，而且“政府成员每周至少开三次会”，但没有记录显示他们进行过任何互动、联合分析或情报评估，更不用说查明实际的国防状况是否与国际局势相称。“任何强国与挪威之间都没有未解决的事务。”1939 年 3 月国防大臣蒙森在议会里这样说道。与此同时，库特主张陆军和海军的使命“不是作战，而是通过一切可能的手段使我们避免战争”。政府直到大难临头都未曾改变这两个信条。[62]

温斯顿回来了[63]

1939 年 9 月，在英国战时内阁对眼前这场战争的考虑中，挪威并没有多高的地位。按照身在奥斯陆的多默大使的说法，挪威政府和人民的同情心将“偏向英国一方，而且其程度可能比其他任何中立国都大”。英国政府唯一担心的是，斯堪的纳维亚各国可能不会积极参与对德国的封锁。[64] 在海军大臣温斯顿·丘吉尔看来，“这个从波罗的海口延伸到北极圈的 1000 海里长的半岛具有巨大的战略价值”。他在入主英国海军部后不久，就把切断斯堪的纳维亚国家对德国的铁矿石出口（尤其是经纳尔维克出口的部分）视作工作重点。海军部的一些高级幕僚大肆鼓吹“在韦斯特峡湾（Vestfjorden）放一个驱逐舰分队”这个“简单易行”的办法，尽管此举会向挪威政府及海军发起挑战。以诺尔总司令①德拉克斯（Drax）上将为代表的另一些人则一再主张布设雷区。丘吉尔起初反对“任何诸如派部队登陆或在挪威水域部署舰船之类的过激行动”，他指示幕僚评估通过在“近岸的一些孤立区域（在方便的前提下尽可能靠北）”布雷来切断挪威航道这一选择。

---

① 译注：诺尔（Nore）是梅德韦河口的一个沙洲，皇家海军的诺尔总司令一职地位显要，在二战时负责保护所有向英格兰东北部港口运输货物的船队。

9 月 19 日，丘吉尔第一次提醒战时内阁注意从瑞典往德国运送铁矿石的问题。他完全支持最近启动的租用挪威商船队的谈判，同时又力主施加外交压力阻止德国经挪威航道运输矿石。丘吉尔表示，如果外交努力不能奏效，他就将被迫主张采用更激烈的手段，例如“在挪威领海内布雷，将运输矿石的船只逼出三海里领海线”。内阁也认识到了矿石进口对德国的重要性，但是不支持用外交手段以外的方法来切断它，原因有三：首先，在战争爆发之后，基本上不再有德国的矿石运输船从纳尔维克出发。其次，参谋长委员会（CSC）两星期前曾在一份给战时内阁的备忘录中指出，鉴于挪威在经济上对德国有重要意义，柏林方面不太可能侵犯挪威的中立地位，除非受到了同盟国干涉行动的刺激或者铁矿石供应被切断。最后，但并非最不重要的是，如果英国侵犯斯堪的纳维亚国家的中立，美国和其他中立国可能做出消极反应。

到了 11 月中旬，海军部已经为皇家海军拟定了包含具体方式和行动地点的计划，旨在“以海军力量控制纳尔维克近海，从而将德国进口的铁矿石转至大不列颠”。11 月 30 日，丘吉尔将自己几天前从经济战务部（MEW）获得的一份报告提交给战时内阁，这份报告认为“彻底阻止瑞典对德国的铁矿石出口，可防止事态向不可预测的方向发展，使战争在几个月内结束”。——这个结论的前提是彻底并长期地切断瑞典对德国的所有矿石供应，而不仅仅是经纳尔维克运输的部分。丘吉尔声称，波罗的海在即将到来的冬季会封冻，届时出口货船只能通过挪威航道航行，只要在这些航道中布设小范围的雷区就能迫使它们进入公海，以便皇家海军拦截其中前往德国的船只。

帝国总参谋长埃德蒙德·艾恩赛德（Edmund Ironside）上将也认为瑞典的铁矿石是重要的战略目标，在斯堪的纳维亚半岛开辟战线大有好处，可以“从希特勒手中夺取主动权”。但他认为布雷只会激怒挪威人而且产生不了多少收益，应该实施更为持久的行动——用装备精良、准备周密的部队控制整个拉普兰地区的矿藏。德国人肯定会愤然反击，但是他们无法在 5 月之前作出反应，因此部队有充裕时间巩固防御。不仅如此，艾恩赛德还认为“在这样一个遥远偏僻、环境恶劣的国度，一支规模非常小的部队就能顶住敌人的大军”。战时内阁对丘吉尔和艾恩赛德的方案都不是十分认同，于是“邀请参谋长委员会研究通过在韦斯特峡湾部署海军舰队或在挪威沿岸布设雷区以阻止德国铁矿石进口的有关军事因素”。与此同时，“邀请经济战务部在咨询其他部门的情况下研究此举可能对德国的经济状况造成的影响”。这两份研究报告还应考虑德国可能通过军事或经济手段实施的反制措施。命运的齿轮就这样开始转动。[65]

同样是在 11 月 30 日，由于芬兰政府拒绝了苏联在列宁格勒外围建立防御屏障的要求，超过 45 万苏军士兵和 1000 多辆坦克在拂晓越过国境侵入芬兰。出乎所有人意料的是，芬军将士在卡尔・古斯塔夫・曼纳林（Carl Gustav Mannerheim）元帅率领下充分利用地形和 20 世纪最寒冷的冬季进行了坚决有力的抵抗。苏军严重低估了芬兰人的抵抗意志，而且装备也不适应冬季作战要求，因而遭受了惨重损失。芬军凭着自己的顽强挡住了苏军的进攻，“冬季战争”一时陷入僵局。

从 1935 年到 1939 年，德国的铁矿石进口总量从 1400 万吨上升到近 2200 万吨，其中约有 900 万吨是高品位的瑞典矿石。[66] 这些矿石在北极圈以北拉普兰的基律纳—耶利瓦勒（Kiruna-Gällivare）地区开采出来，通过波的尼亚湾（Gulf of Bothnia）中的吕勒奥（Luleä）港或挪威境内的纳尔维克港出口。这两个港口都有专门修建的铁路线与矿山相连。在冬季，通常从 11 月下旬到 4 月中旬，波的尼亚湾和吕勒奥港会封冻，所有出口活动都只能通过纳尔维克进行。在 1938—1939 年的冬季共有 650 万吨瑞典矿石通过纳尔维克运出，其中大约 450 万吨运往德国，同期运往德国的还有大约 120 万吨挪威矿石，主要采自基尔克内斯（Kirkenes）。战争爆发后，经纳尔维克出口到德国的矿石急剧减少。在头七个月，只有 763000 吨出口到德国，出口到英国的倒有 798000 吨。在 3 月下旬，科尔班大使回了一趟奥斯陆之后，向英国外交大臣哈利法克斯（Halifax）呈交了一份来自库特的备忘录，指出在纳尔维克港等待装船的 60 万吨铁矿石中，有 40 万吨将运往英国，只有 20 万吨会运往德国。瑞典方面也确认了这一信息，他们还指出铁路部门的“不合作”使德国的铁矿石运输严重延迟，而挪威引水员协会的抵制运动也开始生效，使德国船只不得不在公海航行。从 9 月 3 日到 10 月 25 日，德国没有向纳尔维克派出一艘矿石运输船。到了 11 月初，约有 10 艘船参与德国与挪威之间的交通，年底增加到 20 多艘，到次年 3 月又增加到 50 艘。12 月 18 日，当年的最后一艘矿石运输船离开吕勒奥，从此时起到波的尼亚湾的海冰融化为止，德国从瑞典购买的铁矿石只能囤积在原地或通过纳尔维克运出。

纳尔维克的港口对德国的铁矿石进口很有用，但并非不可或缺。如果只切断经过纳尔维克的运输线而不阻止从吕勒奥出口，充其量只能造成有限的伤害，而且只有在冬季才能生效。经济战务部在 11 月初提交给英国战时内阁的报告中明确指出了这一点，"因此海军大臣为了在挪威水域实施行动而提出的主要论据是站不住脚的"。[67]

1939 年 12 月 7—13 日，希腊货轮"加鲁法利亚"号（*Garoufalia*）和英国货轮"德特福德"号（*Deptford*）、"托马斯·沃尔顿"号（*Thomas Walton*）先后在挪威近海沉没。挪威王家海军经过调查认为，不排除这几起船难是漂雷造成的，但一些间接证据显示货轮是被鱼雷击沉的。海军总司令迪森表示，不能完全确定"托马斯·沃尔顿"号遇难时在三海里领海线以内，但"加鲁法利亚"号极有可能是在领海线内，而"德特福德"号肯定在领海线内。事实上，这三起事件的元凶都是海因里希·利伯（Heinrich Liebe）上尉指挥的德国潜艇 U-38 号。[68]

丘吉尔抓住这个机会在 16 日向战时内阁提交了一份新的备忘录，他主张：

> ……有效切断挪威对德国的矿石供应是一个重要的战略进攻行动……使德国从现在起到 1940 年年底完全无法获取瑞典矿石，对其战争潜力的打击将相当于在地面或空中取得一场第一流的胜利，而且不用付出沉重的生命代价……对英国来说，控制挪威海岸线是具有头等重要意义的战略目标。[69]

由于受到来自国内的巨大压力，法国的达拉第政府几乎不顾一切地寻找防止第一次世界大战时西线僵局重现的手段，因此在 12 月 19 日，法国代表团向同盟国最高战争委员会提议：以援助芬兰的名义向挪威派遣远征军，借机控制瑞典的矿藏和纳尔维克与吕勒奥的港口。达拉第认为若能使德国失去矿石供应，就有可能迅速获胜，若没有采取这样的行动，战争就可能延长数年。

战时内阁在 22 日讨论了法国人的提议，此时参谋长委员会也已提交了关于阻止瑞典铁矿石出口的报告。参委会发现这个问题很复杂。在韦斯特峡湾部署一支海军舰队是最有效的手段，但与挪威海军发生冲突的风险也很大。布雷的风险比较小，但效果也较差。丘吉尔激烈地重申了自己在上个星期的备忘录中提出的海军干涉提议，并呼吁“在进行初步外交谈判之后，可能必须实施切断纳尔维克供给线的第一步”。外交大臣哈利法克斯对此事的兴趣远不如丘吉尔，他感到在挪威领海实施有限行动的后果难以预测；在纳尔维克地区的单方面登陆行动不会得到挪威和瑞典两国中任何一方的欢迎，反而可能破坏劝阻所有北欧国家对德供给的大局。他认为，单单阻止铁矿石从纳尔维克出口“意义不大”，“整个问题的关键（是）切断经过吕勒奥的供给线”。首相张伯伦决定对斯堪的纳维亚半岛分别实施两个不同的计划：“小方案”是通过水雷或海上巡逻切断始于纳尔维克的交通线，“大方案”是控制矿场本身，切断一切对德矿石供给。后一个计划毫无疑问得到了法国的支持，但它需要“挪威及瑞典两国的善意”，而此时张伯伦至多只打算对这两个国家施加外交压力。不过他还是请求参谋长委员会“对旨在阻止瑞典对德国出口铁矿石的政策的一切军事后果做进一步研究”。

12 月 27 日，战时内阁再次讨论斯堪的纳维亚问题，这一次海军部已经就三艘商船是否在挪威领海内被鱼雷击沉得出了确定的结论。按照海军部的意见，挪威当局虽然没有直接责任，但未能防止这些事件发生，因此建议“采取措施阻止从纳尔维克沿挪威海岸至德国的交通”。这一次战时内阁采纳了建言。但是内阁认为，发起任何行动前都应该让奥斯陆和斯德哥尔摩知道，他们可以指望同盟国的援助，而如果他们同意援助芬兰，则还应通知挪威，英国计划派战舰拦截德国运输船。另一方面，内阁责成参谋长委员会完成关于切断从瑞典到德国的铁矿石运输的军事后果的报告，而陆军部应该继续以最终向纳尔维克派遣部队为前提进行准备。[70]

同一天，外交部召见瑞典和挪威的驻伦敦大使，向他们提供了外交备忘录，说明英法两国政府愿意向芬兰提供“力所能及的一切间接援助”，目前正在评估如何以最高效的方式实现。同盟国请求挪瑞两国同意装备和“技术人员”过境，作为回报同盟国愿意讨论针对有关后果提供保护的事宜。挪威人在新年过后给出答复:挪威乐于协助任何救援芬兰的行动,包括“无任何军人参与”的物资过境和“前往芬兰的技术人员代表团”过境(“前提是这些技术人员以私人身份过境”)。答复还指出,“挪威政府对保证尊重挪威领土完整和主权独立的提议表示感谢”,但“目前希望这一保证能得到更明确的定义”。[71]瑞典人的答复与此别无二致。

另一方面,12月31日,参谋长委员会向战时内阁报告说,在确定拉普兰矿石供应中断会对德国产生不利影响的前提下,向斯堪的纳维亚半岛派遣远征军是合算的行动。报告强调这样的行动意味着英国政策发生“根本转变”,即转向“实施很可能具有决定意义的进攻行动”。在法国的安全不受影响的前提下,在斯堪的纳维亚半岛实施行动的战略是“明智的”,但在面临挪威人和瑞典人抵抗的情况下从纳尔维克向内陆推进是不可取的。最后参谋长委员会的结论是,完成3月的大规模行动的准备前,海军不应该实施任何小规模行动,因为这可能引来德国人的大举进攻,而英国无法预先阻止。

以挪威和瑞典愿意合作为前提制定的远征初步计划在1月2日呈交给战时内阁及其顾问团,并在此后几天里经过了详细讨论。人们普遍认同瑞典铁矿石对德国长期战争潜力的重要意义,而且没有人怀疑切断经纳尔维克的供应线会激起柏林方面的反应。虽然不能确定是哪一种反应,但除了直接在瑞典行动外,德国人的反击很可能是在挪威南部夺取一片立足之地,地点可能在克里斯蒂安桑和斯塔万格之间。他们在奥斯陆行动的可能性不大,因为这样一来作战规模会大大增加,而且极有可能遭到挪威人反抗。德国在挪威西海岸建立的基地将对英国在北海的控制权构成极为严重的威胁,而且他们一旦站稳脚跟就很难被赶走。因此,预先阻止德国对挪威的干涉将是重中之重。预计挪威人对同盟国的主动入侵的反应在很大程度上将是象征性的。

丘吉尔根本不相信德国人会大举反击,他一再敦促政府立即采取行动“以观后效”,还表示英国海军已经整装待发,随时可以擒获从纳尔维克驶出的德国矿石运输船。张伯伦则希望通过政治手段来试探挪威人,因此同意再向挪威政府递交一份更强硬的备忘录。与此同时,参谋长委员会要进一步研究德国占领挪威南部的后果以及避免这一情况的手段——包括抢先占领斯塔万格、卑尔根和特隆赫姆。[72]

埃里克·科尔班，挪威驻伦敦大使。（Topfoto/Scanpix 供图）

1 月 6 日星期六，哈利法克斯再次将科尔班大使召至自己的办公室并递给他一份备忘录，其中表达了英国政府对近来“德国海军悍然侵犯挪威领海”的严重关切。哈利法克斯表示，英国政府在不久的将来将被迫采取“适当处置以防止德国舰船和贸易利用挪威领海”，如有必要将会在这些水域中作战。英国人的这个照会让挪威政府大吃一惊。“科尔班和哈利法克斯的会晤报告使我大惊失色，”库特写道，“这是最令人恐惧的情况，我真心感到战争正在逼近。我一秒钟都不曾怀疑，德国人一定会把英国人的这种举动视作挑衅，继而把他们的战争机器对准挪威。”在此后的几天里，挪威政府就这份备忘录及其意义进行了漫长的讨论。库特坚持认为，万一形势使挪威别无选择，那么最重要的是千万不能站在德国一边被卷入战争。同样重要的是，不能将此事公之于众，因为它本身就会破坏中立。

奥斯陆方面最终以哈康国王致信乔治国王的形式作出答复。哈康国王这封措辞强烈的信由科尔班在1月9日递交给英国人，它无疑得到了挪威政府的支持，强调国王对“将挪威领海变为英国海军作战场所”的计划感到“非常意外和惊恐”，并“呼吁（大英国王陛下）制止此类行动，因为它将不可避免地把挪威拖入战争，而且对其国家主权构成极大的威胁”。挪威人的这一处理方式使张伯伦和哈利法克斯感到非常尴尬，再加上担心对方的反应可能危及“大方案”，于是他们决定暂时放弃一切针对纳尔维克的交通的行动。瑞典人的反应也非常消极，战时内阁遂在12日接受了这一决定。不过参谋长委员会仍然“受邀研究在挪威和瑞典抵抗的情况下占领耶利瓦勒矿场的可能性”。[73] 没有迹象表明英国人将暂缓行动的决定告知了挪瑞两国政府，但是英国外交部的劳伦斯·科利尔（Laurence Collier）在几天后酸溜溜地对科尔班说：“到目前为止，你赢了。”[74]

然而斯堪的纳维亚并没有从战时内阁的议事日程中消失多久。科尔班大使在1月18日再次被哈利法克斯召见并得知：

> ……真正的焦点问题并不是一个法律问题，正因为如此，（哈利法克斯）认为英国政府的理由很有力，高于挪威政府似乎愿意承认的程度。这不仅是一个广义上的平等问题，挪威应该平等对待交战双方的战争行为，再也不能容许德国人这种破坏一切规则和实施各种暴虐的行径。目前德国人的这种行径不仅发生在挪威领海，而且发生在公海上的所有区域，与此同时挪威却希望英国政府保持克制，连最小的技术性违反国际法的行为都不能有。[75]

科尔班对此回答说，在9月中旬的事件发生后，挪威海军已经开始在易受攻击的部分沿岸海域为运输船护航，截至此时未再发生任何海难。至于支持同盟国的事业，商船吨位租借协议刚刚签署，关于战时贸易协定的谈判也正在推进中。

与此同时，“大方案”的策划工作稳步推进，到 1 月下旬已经形成了三个平行且互补的行动方案：一个在北挪威—拉普兰，一个在南挪威，还有一个在南瑞典。参谋长委员会在 1 月 28 日向战时内阁强调，这些行动的风险很高，但成功之后的收益将是“巨大的”，一旦出现机会就要“用双手”把握。如果遭到坚决抵抗，将会付出很大代价，因此挪威和瑞典两国的合作都是“必不可少的”。即使得到了这两国政府的同意，这些行动也需要海军出动重兵进行运输和护卫，还需要抽调两个原计划用于法国的师。参谋长委员会认为，要想“在 4 月做好行动准备”，就必须“在近期”做出发起作战的决定。但是张伯伦还在为 1 月的挫折耿耿于怀，并不打算采取任何强硬措施。尽管他准许参谋长委员会继续进行在斯堪的纳维亚作战的详细策划工作——包括“采购极地条件下必需的专用物资和被服”，却没有批准为该行动提供陆海军部队和交通工具。[76]

2 月初，法国驻伦敦大使夏尔·柯尔班（Charles Corbin）请求外交大臣哈利法克斯，在同盟国最高战争委员会的下次会议上讨论“关于斯堪的纳维亚和芬兰政策的全部议题”。这次会议于 2 月 5 日在巴黎召开。英国战时内阁已经在 3 天前不顾外交部的警告，决定“必须做点什么，哪怕只是为了让我们免于因为坐视芬兰被打垮而遭人怨恨也好”。因此，张伯伦在否决了芬兰人关于同盟国出兵在芬兰北部贝柴摩（Petsamo）① 登陆的提议后，决定实施“大方案”。但他同时向委员会呼吁，在下定决心拯救芬兰的同时不要忘记击败德国才是首要目标。按照张伯伦的意见，理想的作战行动是从挪威的港口向内陆前进，在援助芬兰的同时控制拉普兰的矿场。达拉第欣然同意，于是在这个距离“阿尔特马克”号事件还有近两周时间的日子里，委员会一致同意组建一支英法联合远征军，至迟在 3 月 20 日完成出兵准备。这支远征军名义上的任务是援助芬兰，但其首要使命却是控制瑞典的铁矿，取得挪威海岸的战略控制权，并且在走运的情况下将大量德军从西线引开。为了解决挪威和瑞典两国不愿合作的问题，决定向其

① 译注：今俄罗斯佩琴加。

施加“强大的道义压力”，同时请求芬兰发出官方求援声明以进一步施压。按照丘吉尔的说法，根本没有人提起万一挪威和瑞典拒绝该怎么办，尽管这种可能性看起来并不小。卷入对苏战争的风险似乎也被无视了，或许英国代表团里没有人真打算让士兵们在占领瑞典矿场后继续前进。德国人当然会有所反应，不过这需要时间准备，而且这样一来他们在西线的任何进攻都将被推迟——反正大家都是这么想的。[77]

艾恩赛德将军在日记里兴致高昂地写道：

> 要是我们把这件事干成了，那就是一个了不起的成就，将会打乱……德国人的准备。任何人要是知道了目前的实施手段有多单薄，肯定会被这个计划的大胆吓坏的。我们必须看到我们的政治立场很有利，而且除了切断铁矿石运输外，我们在其他事务上都必须保持十足的利己主义态度。[78]

这个计划确实很大胆。尽管有 1 月下旬的挫折，军事准备工作还是持续稳步推进,此时计划的制订已经接近完成。“埃文茅斯”行动以控制拉普兰矿场为目标，“斯特拉特福德”行动将控制挪威西部,而“普利茅斯”行动将在瑞典南部建立防御。在纳尔维克—拉普兰—吕勒奥将部署四到五个师，其中包括五个法国营和一到两个波兰营，另有五个营将占领特隆赫姆和卑尔根（从那里向东延伸的铁路线是运输辎重所必需的），并做好在德国攻击下保卫这些港口的准备。[79] 计划建立一条从卑尔根起经奥斯陆延伸到斯德哥尔摩的防线，这条防线以南的区域将会遭到德军的猛烈空袭。计划暂时占领斯塔万格，如果优势德军部队企图控制机场和该城的港口，那么部队将在这两处实施爆破，然后向卑尔根撤退。

总共将在海空支援下部署 10 万英国士兵和 5000 法国 / 波兰士兵，由英国统一指挥。最终只有两三个旅进入芬兰，他们将停留在该国北方的铁路线附近，一方面是为了避免与苏军靠得太近，另一方面是为了防止被波的尼亚湾解冻后很可能出动的德国干涉军切断。对同盟国策划人员来说，最终的目标是控制挪威西海岸和瑞典铁矿，而不是援助芬兰。陆军大臣奥利弗・斯坦利（Oliver Stanley）2 月

18 日警告内阁，“整个事态有失控的危险”，因为英国若如此兴师动众地实施这一作战，那么“直到盛夏时节为止都无法再向法国派遣一兵一卒”。张伯伦对这个“此前未得到战时内阁关注的多少令人不安的新（情报）”表达了关切，但是之后就未再理会。

丘吉尔也一度另有打算，一方面是出于道义考虑，另一方面是因为认识到了斯堪的纳维亚作战的规模。他希望先找到一个“涉足斯堪的纳维亚半岛的借口”，结果不到半个月他就通过“阿尔特马克”号事件如愿以偿，而这个事件在很大程度上正是他精心导演的。此后他便一口咬定挪威无力阻止德国侵犯其领海，而英国应该借此机会毫不迟延地在挪威领海布设一个或多个雷区，“以防止类似事件发生”。他强调，这并不会“妨碍更大的行动”，相反很可能“成功地诱使德国草率行事，从而为我们开启方便之门”。丘吉尔也警告说，不顾挪威人的容忍程度在挪威进行大规模登陆是“严重的错误”。挪军和英军之间哪怕只对射了几枪也“将是极其不幸的事件”，但只要挪威海军不反抗，英军可以在精心选择的地点对挪威主权进行轻微的侵犯。这一次内阁仍然没有听从他的意见，但还是同意他开始为布雷做准备，以便将来决定实施时能立即行动。因此海军部接到了准备在挪威水域作战的命令，这一行动“将是小规模而且无冒犯之意的，代号‘威尔弗雷德’”。

在艾恩赛德将军看来，陆军此时无法“迅速行动”，要到 3 月中旬才能做好准备。他多少有些不满地表示，“海军大臣的这个（布雷）计划将促使德国人加快实施他们打算在斯堪的纳维亚实施的任何行动”，“我们一定要明明白白地认识到，一旦我们的部队在斯堪的纳维亚登陆，我们就要下决心在那里打仗……这次远征行动可能起初规模很小，但最后将会成为一场大仗”。张伯伦在 2 月 29 日决定，尽管发生了“阿尔特马克”号事件，目前还是不能建议战时内阁“在挪威领海采取行动”。任何布雷行动都必须延期，“待事态发展后再考虑执行”。同一天，战时内阁在致柯尔班大使的信中解释说，他们并不认为布雷或其他任何小规模的海军行动能够提供“足以抵消道义方面的损失的优势……反而会给援助芬兰的计划制造困难”，因为这“将不可避免地使挪威和瑞典对同盟国产生敌意”。[80]

2月初，苏军在投入新的部队并改进战术后，重新对卡累利阿地峡的芬军防线发起攻势。勇敢的芬兰人渐露疲态，已经失去了坚持长期抵抗的信心。几个星期后，苏军逼近赫尔辛基的最后一道屏障——“曼纳林防线”。为了避免亡国之祸，卡尔·古斯塔夫·曼纳林元帅建议本国政府趁着克里姆林宫还在担心同盟国干涉的时候求和。[81]

法国人对他们眼中英国人的优柔寡断感到很不耐烦，并且通过大使馆在伦敦把这个意见传得路人皆知。奥本（Auphan）将军后来写道：“虽然这么说有点不讲道义，不过没有人真心希望阻止苏联军队并拯救芬兰。真正的想法是利用这个借口把瑞典的铁矿纳入我们掌中，从而阻止德国得到它。”保罗·雷诺（Paul Reynaud）在自己的回忆录中也坦率地表示远征军也许根本不会到达芬兰，但只要他们能够占领瑞典的矿场并切断其对德国的出口，就是大功一件。在巴黎看来，既然此举能够牵制德军进攻法国的力量，那么同盟国就没什么理由尊重挪威和瑞典的中立地位。[82]

英国内阁最终同意再向奥斯陆和斯德哥尔摩提交一份备忘录，通知两国要派遣到芬兰的同盟国军队已经整装待发，请求在部队经过纳尔维克和基律纳—耶利瓦勒时提供方便。为防这种合作招致德国的敌意，同盟国正在准备另一些部队以提供“广泛的军事援助”。做好在特隆赫姆、卑尔根和斯塔万格登陆以防德国干涉挪威西部的准备后，英国会立即通知挪威政府。这份备忘录在3月2日送达，当天下午挪威政府就此进行讨论，第一次出现了接受同盟国请求的呼声。但是尼高斯沃尔明确表示，只要自己还是首相，“挪威就不会主动加入战争”。无论如何，他手下的大臣们从此形成了明确的态度：万一同盟国真的出兵，那么本国军队千万不能与英国军人发生公开的战斗，把挪威推向战争的“错误一方”。库特曾试图与斯德哥尔摩方面协调正式的答复，但是瑞典政府已经直截了当地回绝了同盟国的请求，于是挪威也在3月4日正式拒绝。[83]

同盟国军方基本上毫不在意。西尔韦斯特－热拉尔·奥代（Sylvestre–Gérard Audet）将军和他的远征军正在法国待命，英国方面也完成了大部分准备。已经确定由第49师师长皮尔斯·麦克西（Pierce Mackesy）少将担任地面部队总指挥，爱德华·埃文斯（Edward Evans）上将担任海军总指挥。

张伯伦在 11 日向战时内阁明确表态：“仅仅因为接到斯堪的纳维亚国家对我方过境请求的外交拒绝就放弃整个远征计划，那将是致命的错误。”而丘吉尔此时的顾虑比两个星期前还少，他认为挪威人不会“激烈抗拒”登陆行动，靠“说服加哄骗”足以安抚他们。在他看来这一行动的回报将会很高：

> 我们一旦上了岸，就能得到一份大奖。不光是控制大约 150 万吨铁矿石，还能占领对海军作战有巨大价值的港口。即使铁路线被破坏，我们的部队也能在港口站稳脚跟，等我们最终说服斯堪的纳维亚人开放铁路设施，就能继续前进了。

英国人的行动步伐陡然加快。柯尔班大使在当天早些时候已经对哈利法克斯坦言：若不能马上就援助芬兰问题做出积极的决议，达拉第总理将不得不考虑辞职。于是战时内阁在这次会议结束时邀请参谋长委员会研究登陆挪威的细节问题，并在次日提交报告供最终审议。同时参委会还要将准备下达给陆海军指挥官的指示交由内阁批准。在第二天的讨论中，谨慎派占了上风，因此内阁决定“埃文茅斯”行动初期应该仅限于在纳尔维克登陆。部队应在次日（3 月 13 日）出发，如果在纳尔维克“未使用多少武力”就取得令人满意的进展，那么在近海待命的另一支舰队可以紧随其后在特隆赫姆登陆。至于卑尔根和斯塔万格，要等内阁做出进一步决定后再派遣部队，以免给人造成同盟国“全面进攻”的印象。在奥斯陆，多默一旦确认了同盟国军队在纳尔维克登陆的消息，就要立即向挪威政府提交让“一支同盟国军队穿越挪威领土前往芬兰”的“紧急正式请求”。[84]

当天晚些时候，英军指挥官们在有参谋长委员会及部分内阁成员出席的会议中得知自己的任务是在纳尔维克建立基地并援助芬兰，同时确保“在尽可能长的时间内阻止德国和苏联利用瑞典北部的矿场”。他们被告知，目前无法确定挪威人会作何反应，战时内阁只希望部队能“在不需要认真战斗的情况下”完成登陆。可以容忍挪威人的“轻微抵抗”，即使其造成伤亡也不例外。英国士兵只有在“己方军队处于危险境地的情况下”才能开火还击，“作为最后的自卫手段”。会上并未详细说明怎样的抵抗算是“轻微”的。因此当第一批舰船抵达纳尔维克时，事态如何发展将取决于当地挪威指挥官的反应和同盟国指挥官对其意图的解读。艾恩赛德将军确信部队能处理得很好：

> 我们正在按照这份计划日夜不停地做准备，也就是说我们必须做好在遇到某种抵抗的情况下登陆的准备。我能预见到我们高大魁梧的苏格兰禁卫军士兵在早晨5点用肩膀把睡眼惺忪的挪威人挤到路边。现在看来，只要行动出乎挪威人的意料，很难想象他们会进行任何抵抗。[85]

虽然艾恩赛德充满乐观，预定出任地面部队总指挥的麦克西少将却担心可能出现危险局面。他的部队严重缺乏训练，而且需要花几周时间才能全部上岸。那里没有进入山区的公路，从海岸到拉普兰的唯一交通线是一条单线铁路。这条铁路是电气化的，万一电力被切断，即使有内燃机车或蒸汽机车可用，数量也肯定极少。如果机车和车厢被破坏，隧道和架空电线被炸毁，东进的运输会更加困难。德国人的反击极有可能超出同盟国所能应付的程度。这次作战完全可能以悲惨的失败收场，也就是说部队有可能在挪威人的抵抗下打道回府，或者更糟，在泥潭中越陷越深。尽管如此，英国远征军还是从13日上午开始登船。

埃德蒙德·艾恩赛德上将，帝国总参谋长。（作者的收藏）

与此同时，芬兰政府认清了同盟国的大规模援助许诺是空头支票，授权在莫斯科的谈判代表于1940年3月12日签订了在次日生效的停战协议。13日中午时分，芬兰停火的消息传来，张伯伦在当天下午发出了暂停远征行动的命令。

第二天，战时内阁决定正式取消远征，并命令已登船的部队下船。丘吉尔争辩说，远征的主要目标——拉普兰矿场仍然存在，因此在纳尔维克的登陆行动应该继续实施，以防苏联利用这个机会“打开通向大西洋之路”。艾恩赛德也呼吁战时内阁让部队保持集结状态。这两人的意见都被明显如释重负的张伯伦否决。虽然依旧对开辟第二战场抱有期望的达拉第政府提出抗议，大多数部队还是被解散，分批开赴法国。已经在布雷斯特（Brest）和瑟堡（Cherbourg）待命的法国战舰和运输船都被调往地中海，先前登船的外籍军团士兵和阿尔卑斯山地兵则返回了各自的营地。只有 12000 人左右的特遣部队（包括英国人、法国人和波兰人）留在英国北部，“以便在必要时实施针对矿石运输的小规模行动”。[86]

“威尔弗雷德”行动和 R4 计划

在法国，人们对苏芬战争的结果和政府未能援助芬兰人的事实大失所望。3 月 19 日，达拉第在议会的表决中失败，黯然下台。两天后，62 岁的保罗·雷诺组建新政府,不出所料地展现出了积极进取的姿态,并且得到了甘末林（Gamelin）将军的热烈支持。雷诺致信英国内阁，强调需要在军事上主动出击，并建议在挪威领海拦截德国运输船，如有必要还可占领挪威海岸的战略要点。他还提议在波罗的海、里海或黑海发起“决定性的作战”，以求切断德国的石油供应并“瘫痪全苏联的经济”。这份照会在 3 月 26 日送达伦敦，激起一片哗然，张伯伦尤其苦恼，因为在他看来这是对自己的战争政策的直接批评。次日的内阁会议上，人们普遍认为在巴尔干地区或黑海开辟战场都非良策。另一方面，法国的内政危机如果持续下去将会造成严重破坏，即使牺牲挪威的中立地位也要避免这种情况。[87]

3 月初，“皇家海军陆战队”行动（在德国的河流和河口布设漂雷以扰乱商业运输）的准备接近完成。战时内阁认为这个行动的设想颇有价值，但此前法国政府因为担心报复一直反对实施。3 月 28 日在伦敦举行了雷诺组阁后同盟国最高战争委员会的第一次会议，会上张伯伦三言两语就否定了雷诺反复提议的巴尔干作战，反而大力鼓吹“皇家海军陆战队”行动。此后的争论几度白热化，英国代表团否决了任何可能将苏联拖入战争的行动。法国人仍然对“皇家海军陆战队”行动充满疑虑，但经过一番讨价还价，他们同意考虑该行动——前提是同时在挪威航道布雷。张伯伦接受了这个条件，因为他估计同时实施的两场布雷行动会分散人们对挪威中立地位遭侵犯的注意。不过他坚持任何布雷行动都要提前几天向挪威政府发出警告。

到了 4 月 1 日，各方已达成共识：应该向挪威和瑞典提出外交警告，表明同盟国保留阻止德国铁矿石运输的权利。三天后开始在德国的河道中布雷，而挪威领海的布雷将在 5 日开始。一个雷区设在博德以北韦斯特峡湾的入口，一个在奥勒松（Ålesund）以南的斯塔特岛（Stadtlandet）附近。还将在位于莫尔德（Molde）和克里斯蒂安松（Kristiansund）之间的比德（Bud）附近宣布设置第三个雷区，但实际上不会在该处布雷。部队要避免与挪威海军发生冲突，但如果水雷被扫除，则应重新布设。为防万一，本土舰队将出动部分舰船为布雷舰护航。就这样，丘吉尔的“威尔弗雷德”行动终于启动了。根据劳伦斯·科利尔在战后所写的文章，该行动的目的是“阻止德国不正当地利用挪威的中立”。但是在这次会议之前，哈利法克斯就告诉柯尔班大使，英方认为没有确凿证据证明德国在最近一段时间侵犯了挪威领海，即使发生过，次数也不多，而且考虑到冬去春来，波罗的海即将解冻，在挪威的行动只能“对德国的进口造成少许阻碍”。[88]

这一阶段英国人的决策过程显得含混不清。艾恩赛德将军和甘末林将军在会后见了面，次日英国战时内阁几乎漫不经心地在决议中加上了“为防德国对布雷采取反制措施，（应）向纳尔维克派遣一个英国旅和一支法国特遣队，以控制港口并向瑞典边境推进”。这个行动被称作 R4 计划，将在德国人被布雷行动激怒并“踏上挪威领土或者有明显证据表明他们企图这样做”时启动——尽管内阁并未说明需要怎样的证据来证实德国人的行动。参谋长委员会认为单单在纳尔维克登陆意义不大，因此他们又拿出了两个星期前制订的部分计划，并尽力把原定用于“埃文茅斯”和“斯特拉特福德”行动但此时已经各奔东西的部队重新集结起来。然而此时已经没有能用于瑞典南部的部队。因此这次行动的范围仅限于挪威，必要时可包括拉普兰。

就这样，英国人开始准备两场独立但互相关联的干涉行动：一个是布雷，另一个是派同盟国军队在纳尔维克、特隆赫姆、卑尔根和斯塔万格登陆。布雷行动不需要征得挪威人同意，而登陆行动既然决定得如此草率，也就失去了先前一直被战时内阁视作前提条件的政治保险。参谋长委员会认为“在布雷的同时应该做好派遣至少一个英军营的全部准备，以便其他部队尽早跟进”。显然在部分军方人士看来，R4 计划不必等待德国人行动再实施。丘吉尔在 3 月 29 日告诉战时内阁，必须“继续维持随时可向纳尔维克（可能的话还包括斯塔万格）派遣轻装部队的状态”，但他同时又表示自己“个人对德国人会在斯堪的纳维亚半岛登陆表示怀疑”。他可能是在故意淡化这个问题，以免招来异议，导致“威尔弗雷德行动”再度推迟。值得一提的是，3 月 31 日早晨海军部就通知第 1 巡洋舰中队的指挥官坎宁安（Cunningham）中将，R4 计划将“付诸实施，‘斯特拉特福德’行动也是，可能在 4 月 3 日发动”。于是，在被芬兰人的屈服挽救之后不到两周，张伯伦和哈利法克斯又一次失去了对事态的控制。这一次，他们将再也无法重拾控制权。

艾恩赛德将军在给参谋长委员会和战时内阁的一份备忘录中说，“计划在斯堪的纳维亚半岛实施的作战与……3 月初考虑的类似作战有着不同的政治背景”。他还忧心忡忡地补充说“此次作战从一开始就无法预见可能的发展”并建议在等待德方反应期间“准备一支预备队”，包括拟定“从法国调出两三个师”的计划。

应战时内阁的请求，参谋长委员会于 3 月 31 日提交了一份备忘录，评估德国人的各种反应。参委会估计柏林方面可能做出的最强烈反应是在挪威南部建立海空基地，以控制布雷海域并攻击英国的海空基地。为探听德国人的反制措施，参委会决定加强情报工作，不过他们也承认这可能并非易事。[89]

4 月 8 日，英国军事情报局分发了一份题为“德国针对斯堪的纳维亚采取行动的可能性”的报告。报告依据军事情报部门和外交部提供的信息，判断德国军队的已知部署并未“支持任何入侵斯堪的纳维亚国家的可能”。预计德国人会对挪威海岸实施有限作战以对抗同盟国的任何布雷行动，但占领丹麦不会给德国带来什么好处。[90]

英法两国的新闻界非常轻率地刊发了关于同盟国最高战争委员会 3 月 28 日会议的报道，包括同盟国即将干涉挪威的消息。库特一度要求驻伦敦和巴黎的外交人员进行调查。科尔班在 29 日与哈利法克斯会晤后报告说，他并不相信“英国政府已经做出任何有关在挪威领土实施行动的决议”。在巴黎的巴什克（Bachke）大使也报告说，他没有看到同盟国做出任何关于具体行动的决议，不过他们“可能会发起试探性行动来观察反应”。

4月2日，张伯伦在英国下院发表演说，但没有提到最高战争委员会敲定了什么具体行动。

> 我们最重要的……经济战武器是我们的海权，同盟国决心继续并加紧发挥这一武器的全部威力。英国的军舰已经采取了某些切实措施以防止从斯堪的纳维亚半岛开出的德国货船不受阻碍地通过。这些行动是在距离德国海军基地很近的地方实施的，这再一次证明了德国人所谓北海控制权已经落入他们手中的吹嘘是多么无稽……请议会放心，我们在这一区域的有效作战尚未达到极限。[91]

科尔班在给奥斯陆的报告中评论说，英国首相“小心地避免了披露政府的任何意图”。另一些和外交工作关系较远的评论者则认为张伯伦的话实际是暗示干涉行动已在准备中。

雷诺认为，与说服英国内阁在斯堪的纳维亚主动出击相比，同意在德国的河道内布雷只是一个“小小的让步”。他在28日开完会后便回国与法国战争委员会讨论计划。后者在达拉第的影响下强烈支持在挪威开展行动，但反对实施“皇家海军陆战队”行动的任何内容，因此雷诺不得不在3月31日将这一意见通知伦敦。张伯伦对法国人的出尔反尔感到很恼火，他告诉柯尔班大使“不布雷就免谈纳尔维克”，于是两个行动都被推迟。[92]

4月3日，张伯伦与军事协调委员会（丘吉尔刚刚接任该委员会主席之职）讨论了挪威的现状。[93] 此时已有情报显示德国大军集结于波罗的海沿岸，但英国人认为这只是德国为了反制同盟国的行动而做的准备，所以未加理会。法国人拒绝“皇家海军陆战队”行动造成了一定阻力，但张伯伦敏锐地察觉到自己已经越过了某条界限，“事已至此，由不得我们不作为”。如果法国人最终彻底否决“皇家海军陆战队”行动，英国人就必须“单独推进‘挪威领海一号’行动”。张伯伦要求丘吉尔赶赴巴黎劝说法国人回心转意，并且把自己的亲笔信交给达拉第。然而被说服的似乎是丘吉尔，他在4月5日向哈利法克斯报告说，雷诺需要转圜的余地，而且法国人“希望把莱茵河布雷行动推迟到法国空军足以抵挡德国反击时也许是有道理的”。为了避免巴黎再出政治危机，战时内阁当天晚些时候做出让步，同意“继续推行挪威计划”。“威尔弗雷德”行动的日期被敲定在4月8日。我们很难确定这是否与雷诺一贯的意图相近，不过很可能就是如此。[94]

可调用的部队被匆匆集结起来：第24步兵（禁卫）旅将在法军支援下开赴纳尔维克，并不完整的第49师将登陆特隆赫姆、卑尔根和斯塔万格。指挥部四处搜罗会讲挪威语的军官，并对参加行动的军官和士官下发了有关挪威情况的情报。虽然官方没有正式确认，但官兵们对自己的目的地都心知肚明。负责R4计划纳尔维克部分的部队集结在克莱德河（River Clyde）边，并且接到了在4月8日上午登上运输船的命令。他们将在当天晚些时候出发，巡洋舰“佩内洛珀”号（*Penelope*）和“欧若拉”号（*Aurora*）会为他们护航，而埃文斯上将和麦克西少将也将搭乘后一艘战舰。菲利普斯（Phillips）旅长和两个计划分别开赴卑尔根和斯塔万格的营将于4月7日在罗赛斯（Rosyth）登上第1巡洋舰中队的“德文郡”号（*Devonshire*）、“贝里克”号（*Berwick*）、“约克”号（*York*）和“格拉斯哥”号（*Glasgow*）。两天后一个计划登陆特隆赫姆的营也将出发。尽管这些部队缺少防空力量，计划制订者却认为他们足以抵挡德军可能的反击并坚持到援兵抵达。张伯伦提出，如果遇到的抵抗不只是象征性的，就应该撤出登陆部队并取消行动。麦克西在4月5日下发的修正后的指示中说：

> ……英国政府希望你部仅在获得挪威政府广泛合作的情况下登陆……不希望你部在挪威境内通过战斗前进。如果挪威军队或平民对你部官兵开火，必须容忍一定数量的伤亡。只有在万不得已的情况下才可以开火还击。在此前提下，你们可自主决定使用必要武力确保你们指挥部的安全，但不得过度。……你们必须获得陆军部的进一步指示才能进入瑞典。[95]

第2和第18巡洋舰中队将作为“打击部队”分别在罗赛斯和斯卡帕湾待命，而本土舰队将随时准备“应对德国可能针对挪威发动的任何跨海远征”。这意味着实施登陆时这些掩护舰队都不在海上，任何应对措施都要以及时判明德方意图为前提。

4月4日，参谋长委员会向战时内阁提交了又一份备忘录，表示“已经做了特别布置，以便尽早从斯堪的纳维亚国家获取关于德国针对挪威或瑞典的行动的可靠情报”，“我们已经了解了这些布置的细节，相信它们是充分的”。备忘录中没有详细说明这些布置是什么，只是表示一旦在伦敦收到关于德方行动的情报，就将立即转发给战时内阁、外交部和三军相关部门，并说明情报来源以证实其可靠性。由于时间至关重要，参委会建议授权海军部一旦听到德国对斯堪的纳维亚国家动武的传闻就派出运兵船，哪怕传闻极其模糊也不例外。运兵船开到目标附近需要大约20个小时，在这段时间里战时内阁如果确定情报不可靠或不充分，可以随时将其召回。既然如此务实的做法都能得到内阁的肯定，海军部几天后做出的让部队下船的决定就更加令人费解了。

参谋长委员会所说的“布置”极有可能包括几名军事情报研究局（MIR）的军官，他们于4月2—3日秘密抵达奥斯陆的大使馆。名义上，他们的任务是监督援助芬兰的剩余装备的运输，而实际上他们要报告挪威国内的状况并在R4计划的部队抵达时与挪威军队联络。克罗夫特（Croft）上尉和芒蒂（Munthe）上尉经瑞典入境，而帕尔默（Palmer）少校经佩思（Perth）乘飞机入境。大使馆奉命为他们提供一切必要的协助。几天后，芒蒂前往斯塔万格，克罗夫特去了卑尔根，帕尔默去了特隆赫姆。第四名军官——托兰斯（Torrance）上尉经斯德哥尔摩直接奔赴纳尔维克。至于这些人要如何赶在其他任何人之前发现德国针对挪威的图谋，谁都说不清楚。

令人惊讶的是，英国决策者在发起这些复杂的远征行动时准备得如此仓促，对挪威情况的了解又是如此贫乏——更何况他们也没有对德国人的意图进行切合实际的分析。英国人似乎从未认真讨论过需要多大程度的刺激才能激起柏林方面的反应，更不用说对德国人可能的应对做现实的推演了。英国人（以及法国人）的所有计划都以传统思维为基础，按既有的兵力和机动性“规律”来猜测双方的行动和对抗手段。他们并未发现德国的新型战争机器有着自己的运作规律。[96]

在萨洛姆湾（Sullom Voe），第 2 驱逐舰纵队的指挥官伯纳德·沃伯顿－李（Bernard Warburton-Lee）上校在得知自己将护送布雷舰前往韦斯特峡湾后，给妻子伊丽莎白（Elisabeth）写了一封落款日期为 4 月 4 日的信："……战争很快就会开始——我将会打响第一炮。"[97] 他做梦都没有想到，德国海军的部队已经在准备出海了。

卢比孔河①

3 月里，情报雪片般传到柏林，显示同盟国正不断对挪威政府施压，企图使其同意同盟国部队过境开赴芬兰，并在挪威建立基地。据说挪威政府将提出抗议，但只是做做表面文章，不会做任何抵抗。例如，有一份经沙伊特之手发来的报告称，"一个与国王和海军总司令关系都很密切的人"认为英国人的干涉"不可避免"——而且"很短时间内"就会来临。另一名特工也很有把握地报告说，"英国已经请求获得过境纳尔维克和在克里斯蒂安桑建立海军基地的权利"。还有报告声称同盟国军官正在挪威人的默许下调查挪威各港口。一份标明 3 月 5 日送至海军战争指挥部但未署名的报告称，挪威政府已经屈服于英法两国的压力，同意"同盟国军队过境"并在挪威沿岸"建立支撑点"。据说挪威政府还同意按照"阿尔特马克"号事件时的做法，否认自己与同盟国达成过任何协定，并对同盟国的入侵提出口头抗议。[98] 还有报告指出英国人加强了在挪威的空中侦察和间谍活动，运兵船在苏格兰集结，法国的阿尔卑斯山地部队在英吉利海峡各港口登船，英国本土舰队返回斯卡帕湾，一些在北方巡逻的重巡洋舰被抽调。以上种种迹象进一步证明：同盟国正准备在挪威实施大规模登陆。

柏林已经毫不怀疑，虽然同盟国表面上同情芬兰，但其真实目的是切断德国的铁矿石进口并在挪威占领基地。希特勒认定德国必须快速而坚决地行动。

---

① 译注：意大利北部的一条河流，在罗马共和国时代是分隔山南高卢行省与意大利本土的界河。罗马法律严禁戍边将领带部队越过该河进入意大利，违者以叛国罪论处。公元前 49 年 1 月，恺撒率大军渡过卢比孔河挑起内战，最终击败庞培登上权力顶峰。因此后世常以卢比孔河比喻一旦越过便无法回头的界限。

“全速推进‘威悉演习’。”哈尔德在3月4日的日记中写道。第二天，希特勒首次在三军指挥官都在场的情况下讨论了“威悉演习”行动。两天后，他宣布占领挪威和法国的军事行动应该分头策划，并确定冯·法尔肯霍斯特所建议的部队部署方案为最终方案，不再更改。为了避免冲突，在进攻前必须知会苏联人，让他们知道德国对挪威北部的占领将仅限于对英战争期间。[99]

冯·法尔肯霍斯特在3月5日发出了“占领挪威作战1号令”。“威悉演习”行动已经准备就绪，但是波罗的海的结冰情况一直很严重，导致许多战舰和运输船被困在港内，同时德国人也越来越担心同盟国对斯堪的纳维亚半岛的干涉随时可能发动。6日，哈尔德在日记中提到已经确认同盟国请求让支援芬兰的部队过境瑞典和挪威，还加了一句“元首现在要动手了”。[100]

3月9日，在与希特勒和冯·法尔肯霍斯特一起开的情况讨论会上，雷德尔坚持认为当前芬兰的事态发展使“威悉演习”行动变得“迫切而必需”。如果同盟国真如情报所示要以援助芬兰为借口采取行动，他们必将在途中占领挪威和瑞典，彻底切断铁矿石供应并建立进攻基地。雷德尔还表示，自己有责任指出“威悉演习”行动违背了一切海战原则，因为它不得不在优势的英国海军眼皮底下实施。但是他相信只要能达成完全的突然性，这次作战将会成功。

3月10日，海军战争指挥部的战争日记中记录道：“……各种报告总体上令人信服地表明同盟国有可能立即在挪威开展行动。”13日截获的电报显示至少有13艘英国潜艇部署在北海和斯卡格拉克海峡入口处，还有两艘正从罗赛斯出发。这个数量是平时的两倍以上，可以说是有事发生的明确信号。这些潜艇极有可能是在为其他情报显示的同盟国正在开展的挪威登陆行动提供侧翼掩护。但此时德国方面没有一支部队做好准备，当芬兰屈服的消息从莫斯科传来时，德国人决定除了要求该海域的U艇提高警惕外不采取任何行动。[101]

15日，德国人又监听到命令英国潜艇分散的电报，这表明苏芬之间的停火确实打乱了同盟国的计划。对这些电报进行判读后，德国人认为同盟国的作战并未取消，只是暂停48到96小时等待通知而已。瓦尔利蒙特上校在给约德尔的一份备忘录中表示，他相信同盟国干涉挪威的借口已经消失，应该取消“威悉演习”行动，将部队留作他用。海军战争指挥部则持有更为慎重的态度：

> 芬兰与俄国之间的停火对德国的战争有什么影响尚不明朗。同盟国在挪威立即登陆的计划……似乎暂时被搁置了。海军战争指挥部相信英国在北方的战略目标并未改变，已经计划好的行动将在再次出现有利条件时启动。[102]

3 月 26 日，在元首的会议上展示的情报表明了，当苏芬宣布停火时同盟国对挪威的干涉行动曾经到了一触即发的地步。雷德尔还指出，尽管同盟国在近期发动此类作战的危险已经降低，可他们切断德国铁矿石进口的终极目标并未改变，可以预料在中立水域针对德国商船的行动将会加强。同盟国迟早会再度启动干涉挪威的计划，而德国不能不实施“威悉演习”行动。这一作战的根本前提是德国不能容忍英国控制挪威领土及领海，而只有抢先占领挪威才能防止这一情况发生。因此，雷德尔建议在下一个新月期发动“威悉演习”行动，最晚不能迟于 4 月 15 日。此时已经万事俱备，而掩护运输船所需的黑夜不久就会变得过于短暂，增加行动的总体风险。几乎所有可作战的 U 艇都已在 3 月被部署到挪威近海或北海，它们的燃油和给养到 4 月中旬就会告急，届时就意味着机会期的结束。另外，伦敦方面迟早会注意到德国海军已经暂停了其他活动。雷德尔还说，他在当天早些时候会见了哈格林，得知挪威海军总参谋部预计英国海军会很快以“分阶段挑衅”的形式控制挪威航道，然后占领挪威南部的海空基地。哈格林相信挪威政府充其量只会进行象征性的抵抗。接着雷德尔又以一如既往的谨慎态度补充说，他个人并不敢肯定同盟国对挪威的干涉已经迫在眉睫，尽管从情报来看恰恰相反。[103] 最后希特勒得出结论：同盟国应该并未放弃其在北方的战略，德国进攻法国的威胁将促使同盟国干涉挪威。因此，“威悉演习”行动初步定于 4 月 8 日至 10 日发动。海军战争指挥部根据雷德尔的指示下发命令，要求所有舰船继续保持待命状态，部队和装备登船的准备要继续进行，所有保密措施也要继续维持，直到后续通知下达为止。[104]

3 月 26 日夜里，沃尔夫 – 哈罗 · 施蒂布勒（Wolf–Harro Stiebler）上尉在斯卡格拉克海峡遭遇暴风雪后迷失方向，将他的 U–21 号潜艇开进挪威领海深处，重重地撞到了挪威海岸最南端某处名叫奥德夏列特（Oddskjæret）的礁石上。挪威政府希望借此表明立场，因此决定扣留这艘潜艇及其艇员。此事引发了一场小规模的外交危机，但德国政府此时不希望再生枝节，于是为大局而牺牲了施蒂布勒上尉和 U–21。他们只是命令上尉尽可能设法逃脱，然后就没了下文。[105]

从同盟国最高战争委员会 3 月 28 日会议上传来的消息被视作同盟国并未放弃图谋挪威的证据。28 日晚上，德国海军参谋长舒尔特 – 门廷中校在和瑞典驻柏林的海军武官安德斯·福塞尔（Anders Forshell）中校共进晚餐时告诉对方，北方的政治和军事局势“非常令人不安”。德国担心同盟国出兵挪威沿岸，尤其是纳尔维克，而苏联人已经结束在芬兰的战事，没人知道他们下一步会干什么。德国不能坐视“英俄两国争夺”纳尔维克，如果这种情况成为现实，将不得不启动反制措施。先发制人远胜于被动反应。按照舒尔特 – 门廷的说法，问题是在何时何地发起攻击。[106]

4 月 1 日下午，经过在帝国总理府中从 13: 00 的“早餐”开始的五小时详细审议，希特勒正式批准了“威悉演习”行动的计划。冯·法尔肯霍斯特和所有参与该行动的陆海空高级军官都出席了会议，希特勒和每一个军官都谈了话。据冯·法尔肯霍斯特回忆：“他仔细盘问了每一个人，要求他们非常准确地说明自己的任务性质。他甚至和舰长们讨论了在特定目标的左边还是右边卸载部队的问题。他不允许有任何碰运气的成分；这是他的主意，他的计划，他的战争。”元首对自己听到的内容感到满意，最后以一番强调此次行动对战争进程的重要意义的动员演说结束了会议。[107]

第二天，4 月 2 日，希特勒要求雷德尔、戈林、凯特尔和冯·法尔肯霍斯特担保所有准备都已完成，冰情和天气都不会造成负面影响。所有人都做了肯定的回答。然后希特勒问第 21 集群（由第 21 军临时更名而来）的参谋长埃里希·布申哈根上校，有可能取消行动的最晚日期是哪一天。布申哈根一时被难住了，他已经为准备此次作战夜以继日工作了五个星期，但还没有认真考虑过这个问题。经过一番思索后，他回答“威悉日减五”。也就是说，在指定入侵之日的五天前可以取消或推迟作战而不产生风险；在这个日期之后，战争机器就会开始运转，知晓作战的相关人员数量将会急剧增加。[108] 希特勒考虑了一下这个回答，便决定入侵应在德国时间 4 月 9 日 05: 15 开始。首批运送给养的船只将在48小时内出海。4月2日19:17，一条电讯从海军战争指挥部发往东西集群、潜艇总司令部和舰队总司令部："Wesertag ist der 9. April."[109] 海军战争指挥部战争日记中记载道：

> 元首已经下令……"威悉演习"作为现代战争史上最大胆的行动之一已经启动。实施此次作战很有必要，它是为了保护德国的核心利益和原材料供应，而敌人正企图切断它……此次冒险的结果将在很大程度上取决于海军各部的素质和战备水平，以及各路指挥官的决心。登陆作战的主要区域的制海权操于英国而非德国之手。出其不意地打击敌人……对成功至关重要，而这将取决于未来几天保密工作的成效……

在4月5日则记载道：

> 德国海军和空军的作战选择时常很有限，而占领挪威南部将使这种情况大为改观。德国现在有能力快速实施这样的入侵行动。这一作战的前提显然是挪威失去中立性倒向英国，而挪威人又完全无法抵抗这样的局面。[110]

西集群代理总司令罗尔夫·卡尔斯（Rolf Carls）上将在自己4月6日的战争日记中写道，他即将把该集群的指挥权移交给阿尔弗雷德·扎尔韦希特（Alfred Saalwächter）大将，然后重新指挥自己的东集群：

> 此次作战的意义不仅仅是确保矿石供应和切断英国与挪威的贸易，还包括将整个斯堪的纳维亚地区纳入德国的势力范围……英国人在很大程度上影响了此次作战的时机选择。可以预料他们将兴师动众地来阻止我们夺取挪威的港口……海军战争指挥部和元首都非常清楚将海军水面部队用于这个任务的风险。（雷德尔）也同样让所有带队指挥官都明白

> 了此次作战的战术考虑与常规作战正好相反，它的成功依赖于保密、突然性、挪威人的抵抗不力和无情地运用武力克服所有困难。[111]

“威悉演习”行动背后的动机显然很复杂。吉斯林在1939年12月使英国干涉挪威的想定在国防军总司令部的议程中牢牢地占据了一席之地，经过雷德尔和罗森堡的推动，再加上一系列看似不起眼的事件的刺激，发动作战的决策逐渐成熟。慢慢地，问题从是否应该发起行动变成了应该何时发起行动。“阿尔特马克”号事件之后，基本上就只有时间问题了。在1940年以后，对德国人的意图究竟是进攻性的还是防御性的这个问题，人们进行了长久的争论。事实上它兼具两种性质，或者毋宁说是多种因素的复杂组合，其中有些是进攻性和战略性的，与同盟国的军事部署无关，有些则是防御性和战术性的，目的是抢先阻止假想的同盟国干涉。柏林并没有掌握关于“威尔弗雷德”行动的直接情报，但德国情报机构“阿勃维尔”能够破译英国的部分海军密码，因而充分掌握了当年冬季英国人组织芬兰远征军的情况。此外，英法两国的新闻界毫无顾忌地报道了针对斯堪的纳维亚国家的计划，而丘吉尔和雷诺两人的口风又实在松得很。[112]

在海军战争指挥部的战争日记中，4月4日有一条记录指出，虽然英国官方信誓旦旦地保证自己并未筹划在北方实施作战，但海军战争指挥部相信确有其事，英德两国争夺斯堪的纳维亚的竞赛已经展开。[113]

第二章

风暴预警

一百起事件

1941 年，美国驻挪威大使弗洛伦斯·哈里曼（Florence Harriman）写道：“事后聪明似乎是我们仅有的见识。但是在 4 月 9 日那个宿命黎明之前的一个星期中出现的种种情况竟无一引起我们对危险的警觉，这确实很荒诞。有一百起事件本可以让我们做好准备，然而我们全都反应迟缓，仍在观望着芬兰的战争。”[1]

的确，“威悉演习”行动最大的谜团之一就是几乎无人发现和理解各种预警信号，尽管有大量此类信号突破严密的安全措施被传出。它们不仅在奥斯陆遭到忽视，在伦敦、巴黎和哥本哈根也一样。斯德哥尔摩的瑞典当局倒是意识到了正在发生的事情，但是什么也没有做。

在电子设备尚未广泛应用于军事的年代，从经常互相矛盾的信息中识别出有重要意义的情报是一种高难度的工作。更何况，“正确”的信息很少是清晰明了的，大多数时候可以作多种合理的解释。因此，“认知铺垫”的心理学概念不容忽视，这一概念认为接收新信息者对新信息的认知会受自己的期望和信念左右。接受印证现有观点的信息要比接受指向陌生方向的信息容易得多。1940 年的挪威无疑就出现了这种情况。

情报工作由四个环节组成：收集、分析、解释和分发。如果缺失一个环节或有哪个环节过于薄弱，其他环节就会变得毫无意义。1940 年的挪威政府中没有任何个人或团体能够接触到所有可获取的情报材料，也没有任何个人或团体负责评估本国中立地位所受的威胁。大臣们在处理各自的繁重事务之余，不得不在没有专业军事分析或管理体系的情况下独力评估这类威胁。外交大臣库特就是个特别突出的独行侠。他的自信心给了他力量，也使他听不进他人的建议和意见。库特相信自己是解释和理解收到的信息并决定是否采取行动的最佳人选，在大多数情况下他不会征求其他人的意见。他没有组建过分析员团队来帮助自己把握大局，也从未主动对收到的信息进行系统的验证。

和挪威军队承担的大部分任务一样，情报工作是由各军种分头开展的。海军总参谋部设有一个由埃里克·安克尔·斯滕少校领导的情报处，陆军总参谋部也有一个类似的单位：由哈拉尔·弗雷德－霍尔姆（Harald Wrede-Holm）中校领导的第四处（“对外办公室”）。[2] 这两个机构的人手都很缺乏，但合作得很好，会共享他们获得的大部分情报。军方和政府之间的沟通则从来都不是双向的，即使在 1939 年 9 月之后也不例外，而且从未有人将收集的情报放在政治背景下进行系统评估。

情报会在“涉及关切时”被转发给国防部和外交部。这些部门同样也会向军方情报部门提供情报，但很少会附上评论或分析。在各北欧国家之间存在着有关军事情报的非官方、非正式的密切合作，但政治家们基本上对此一无所知。[3]

军方认识到了德国的威胁，但对战略情报的分析是外交部负责的，因此国防部和陆海军总参谋部都不知道政界人士对情报的看法。而战术情报的概念尚未得到认同，所以政府和军队高层都未要求过收集、共享和系统性评估此类情报。国防大臣永贝里从未系统地将军方提供给他的评估报告转发给政府，军方自身也没有将其掌握的全部情报通报给这位大臣。

战后调查委员会的报告批评首相尼高斯沃尔在二战爆发后没有主导情报传达、分析和决策过程。他一直置身事外、消极被动，把评估和决策之责都推给了他人。[4] 应该受到同样指责的至少还有库特、永贝里、迪森和拉克。[5]

判断错误

在二战初期，英国情报工作的整合度并不比挪威强。各部门极少协调一致地开展从可靠来源收集情报的行动，情报分析和解释结果的交流也几乎不存在。因此，证明德国正在准备入侵挪威和丹麦的大量情报都被忽视，这简直是一个缺乏协调和低估对手实际能力的教科书般的案例。德国人为了在英国海权优势下将部队投放到从奥斯陆到纳尔维克的海岸而做的准备使英国政府的军事顾问所做的一切预测都落了空。

12 月 28 日，在吉斯林促使柏林方面开始行动两星期后，英国陆军部向外交部提交了一份备忘录，总结了秘密情报局（SIS）收集到的表明德国可能图谋斯堪的纳维亚的迹象。又过了两个星期，在 1 月 8 日，战时内阁收到外交部的备忘录，其中根据汇总的情报推测德国正在筹划入侵斯堪的纳维亚半岛南部。没有人深究这个问题，而一个月后军事情报局的对德部门又认为德国的准备工作可能另有目的，因为在斯堪的纳维亚进行军事冒险大约需要 25 到 30 个师，但在德国西北部只发现了 6 个师。对于这个结论，没什么人感到意外。[6]

这年春天，白厅的海军情报办公室收到多份报告，详细说明了德军在波罗的海进行的两栖登陆演习和伞兵、运输机、运输船在德国北部聚集的情况。3 月中旬，德国空军首次轰炸了苏格兰奥克尼郡的哈茨顿（Hatston），而德国海军在大西洋的布雷活动和 U 艇攻击却全面中止。与此同时，英国人还监听到了一艘在挪威水域活动的德国情报船用“阿勃维尔”密码发送的电报。假如有一队训

在斯德丁装货的运输船。右起：“西海”号、“心宿二”号、“爱奥尼亚”号。这张照片很可能拍摄于3月下旬。（E. 绍尔德的收藏）

练有素的情报分析人员对上述情报汇总分析，再辅以电讯情报和照相侦察的印证，或许就能得出不同的结论。当时已经成立了联合情报委员会（JIC）和作战情报中心（OIC）来保证这样的分析整理，但是为此提交情报的流程还很不成熟，而且很少有人认真遵守。[7]

3 月 17 日，英国驻斯德哥尔摩的武官萨顿 – 普拉特（Sutton–Pratt）中校汇报，有几个来访的德国军官对瑞典同行说，挪威“将在很短的时间内被料理”。下一个星期，在 3 月 26 日，英国驻斯德哥尔摩的大使馆报告，聚集在德国北部的飞机越来越多，正在快速解冻的波罗的海港口中也出现了船只增加的迹象。报告还说，据一名“国防部的海军高级军官”透露，“瑞典总参谋部相信德国人正在为作战集结飞机和船只，瑞典情报部门认为其作战目的可能包括占领挪威的机场和港口。他们的借口是已经得知同盟国占领挪威领土的计划，因此德国不得不出兵干涉”。[8] 此后几天，又有几份报告证实德国日益对同盟国在斯堪的纳维亚地区的图谋感到紧张。3 月 31 日，用剪报制作的报告称，据“与德国政府有密切接触的”线人说，“一些中立国，尤其是斯堪的纳维亚国家面临重大危险”。英国“用舰队控制卡特加特海峡和中立水域，而德国需要通过这些水域从北方获得供给”，局势已经达到临界点。德国发现自己已经“不得不动用其掌握的一切手段保护自身利益”。[9]

4 月 3 日，战时内阁得知陆军部已经得到德军在罗斯托克（Rostock）地区集结的报告，在斯德丁（Stettin）和斯维内明德还停泊着多艘运兵船，据信已经做好了干涉斯堪的纳维亚的准备。海军副总参谋长汤姆·菲利普斯（Tom Phillips）中将编制了一份备忘录呈交给丘吉尔和第一海务大臣庞德（Pound），其中的结论是：“德国人已经做好针对斯堪的纳维亚半岛南部进行某种作战的一切准备，他们可能打算在不久的将来实施。”不过尚不清楚“该行动是由德国人独立发动，还是因应我们可能采取的有关挪威的行动而发动”。为了保险起见，菲利普斯建议“指示陆军……做好在接到紧急通知后最短时间内发起临时远征的准备”。但是，丘吉尔和庞德似乎都认为德国人会坐等同盟国先发制人，并没有对战时内阁或参委会提出任何建议。[10]

在 4 月 5 日发给 R4 部队指挥官并抄送战时内阁的命令的附录中，参谋长委员会讨论了“德国可能在挪威实施的作战行动”，结论是在德国北部至少有四个受过一定联合作战训练的师可以出动，增援部队也可以快速运动到海岸。这些部队有充裕的海空运输工具可用。德国人最有可能选择的目标是斯塔万格和克里斯蒂安桑，因为这两地有机场。针对奥斯陆峡湾的攻击被认为“威胁最大”，而如果德国人决定攻占挪威首都，他们极有可能在外峡湾的两边都派部队登陆。参委会完全没有考虑德军在斯塔万格以北登陆的可能。[11]

4 月 6 日凌晨，英国驻哥本哈根的副领事查尔斯·霍华德 – 史密斯（Charles Howard–Smith）向伦敦报告说，前一天晚上拥有消息灵通的线人的美国大使告诉他，希特勒已经发出“明确指令，要求派十艘船运载一个师于 4 月 8 日在纳尔维克登陆，并在同一天占领日德兰半岛，但不会碰瑞典”。同日下午，他又发电报补充说，登陆部队确实已经在 4 月 4 日登船，但是德军中的谨慎人士有不同意见，“希望元首收回成命”。[12]

设于布莱奇利庄园（Bletchley Park）的政府密码与暗号学校（GC&CS）的海军科在 4 月 7 日通知海军部作战情报中心：德国海军的无线电通信明显增加，说明有多艘军舰正在波罗的海和丹麦以西活动。但是海军部作战情报中心对电信情报这门新学科缺乏经验（当时这类情报工作主要由对海军事务知之甚少的民间学者负责），再加上没有发现其他预警迹象，因此并未拉响警报。[13]

皇家空军也注意到德国空军的侦察活动相对平息了一段时间后又在北海和斯卡格拉克海峡显著增强。恰好，在 4 月 7 日皇家空军第一次组织了对基尔（Kiel）军港的航空照相侦察，发现那里有大量船只集结，而且活动频繁。但因为没有先前拍摄的照片供比对，再加上有报告称“沙恩霍斯特”号（*Scharnhorst*）和“格奈森瑙”号（*Gneisenau*）都在威廉港，所以皇家空军的分析人员并未发现迫在眉睫的危机——尽管当晚实施的后续侦察飞行发现埃肯弗德（Eckernförde）、基尔、汉堡和吕贝克（Lübeck）“船只活动密集，码头灯火通明”。[14]

在丹麦，英国海军武官亨利·德纳姆（Henry Denham）听到德国扫雷舰在丹麦近海出现的传闻，便趁星期天（4 月 7 日）驱车从哥本哈根南下去调查。结果他两次极度兴奋地观察到了大型战舰向西行驶。考虑到最近其他关于德国舰队动向的情报，德纳姆毫不怀疑事态严重，于是匆忙赶回了哥本哈根。在

14: 35，他向海军部报告："德国战舰'格奈森瑙'号或'布吕歇尔'号在两艘巡洋舰和三艘驱逐舰陪同下，于今天日间经过大贝尔特海峡（中的）朗厄兰岛北上。规模相仿的另一支舰队正在向北经过摩恩附近。11: 00 穿越厄勒海峡。卡特加特海峡有大量拖网渔船聚集。"17: 42，德纳姆再次发报说，他已经向丹麦海军部确认了先前的报告，但是由于午后没有人目击这些军舰，不清楚它们是否已继续北上。

几个月后在伦敦，德纳姆遇到了自己的朋友拉尔夫·爱德华兹（Ralph Edwards）上校：

> ……4 月 7 日夜里，当海军部收到我报告发现敌舰和它们可能开往挪威的电报时，正好轮到他值班。他告诉我，他当面把电报交给了温斯顿·丘吉尔，丘吉尔看过内容后只说了一句"我不这么想"。几个月后，这两人碰巧又一起出海，去华盛顿开一个会议。丘吉尔认出了爱德华兹，也记起了当初他们因为我的电报碰面的情况，然后很大方地承认自己判断错了。[15]

海军部战争日记 4 月 7 日的最后一条记录是在 23: 58 写下的，提到哥本哈根的海军武官报告自己先后在 14: 00 和 17: 00 目睹"布吕歇尔号"巡洋舰和其他德国战舰在盖瑟（Gedser）以南向西航行。但是这个报告并未引起重视，记录者的评语是"显然在和视野外的军舰进行演习"。[16]

二战期间曾在布莱奇利庄园工作的历史学家兼密码专家哈里·欣斯利（Harry Hinsley）认为："……考虑到情报工作的组织和情报来源的状况……我们对各情报机构和跨部门机关未能理解显示德国正在准备入侵挪威和丹麦的众多迹象的意义并不感到意外。"[17] 或许他说得对，但是那些决策者们本应从源源不断的情报中整理出对德方意图的中肯评判，同时保持实施和操作战略理念的必要灵活性，因此辜负了期望的他们应该承担相当大的责任。更何况，R4 计划本来就是要在德国人"踏上挪威领土或者有明显证据表明他们企图这样做"时立即启动的。

军事协调委员会的书记伊斯梅（Ismay）少将后来写道：

> 我们曾怀疑挪威水域中正酝酿着某些灾祸，因为在前天晚上有可靠情报说一支规模相当大的德国舰队正在北上，在第二天上午的战时内阁会议上海军大臣报告说，几小时前“萤火虫”号驱逐舰发报称正与优势敌军交战，然后信号突然中断，显然是被打垮了。由此可以确认有一支德国舰队出海了，但我们认为他们的目的仅限于阻碍我方可能对纳尔维克采取的任何行动。[18]

下星期将被占领

3 月 31 日，瑞典驻柏林大使阿尔维德・里克特（Arvid Richert）向在斯德哥尔摩的外交大臣克里斯蒂安・云特（Christian Günther）发了一份备忘录，声称有可靠线人通知使馆，在斯德丁和斯维内明德有大批士兵、马匹、车辆和装备登上了 15 到 25 艘大型船只。这些军队的任务可能是对瑞典国内的要地做预防性占领，以确保铁矿石的供应。此后几天，又有一些情报证实部队登船之事，但将潜在的作战目标改为挪威，并认为若同盟国没有挑衅则该作战将不会发动。但里克特指出，既然部队和装备确实在登船，那么德国人极有可能已经知道或料到同盟国正在筹划干涉行动。被多个情报来源证实的登船过程是在警卫森严的围墙后面进行的，但那些船只毫无疑问都是归军方指挥的。斯德丁码头上的酒吧和餐馆新近来了大批各色军官，看上去不像常客。这则情报似乎没有以任何形式从斯德哥尔摩转发至奥斯陆，不过里克特曾与挪威驻柏林大使阿尔内・谢尔（Arne Scheel）讨论过这些消息。但当时德国人散布了假消息，声称这些军队和装备将前往东普鲁士，因为洪灾已经使那里进入紧急状态。两位大使信以为真，都认为没有理由发出警报。在一封写于 4 月 1 日的信件中，谢尔向奥斯陆报告说，里克特告诉他德国当局对英国即将发动的行动——切断德国经纳尔维克的矿石运输线——深感担忧，但又安慰他说在波罗的海各港口登船的部队极有可能是“派往东方”的。库特和尼高斯沃尔都没有从这封信的内容中看出“任何担忧的理由”。[19]

3月31日上午，英国驻挪威的海军武官博伊斯（Boyes）少将打电话给挪威海军总参谋长科内柳森，询问关于德国在波罗的海备战的传闻，科内柳森承认自己收到了有关报告，但“并未感到不安”，而是相信这些活动与“同盟国提议的对芬兰援助”有关。[20]

由于以前关于德国针对挪威发动作战的警告从未成真，再加上另一些原因，库特对挪威驻柏林代表的信任很有限。阿尔内·谢尔大使是个老派的外交家，他的观念是，为了尽可能表现出中立态度，东道国的各种活动邀请还是接受为好。但库特却认为应该尽量少出席纳粹党的官方活动。此外，在3月，谢尔大使向奥斯陆的外交部发了一封语气相当忧虑的信，指出由于经纳尔维克的铁矿石运输受到威胁，德国已经将注意力转向了挪威。他建议“在我们力所能及的前提下尽可能强硬地维护”挪威的中立——而库特认为这些措辞一方面反映了德国人的观点，另一方面是在批评自己和自己的政策。[21]据汉布罗议长后来回忆，谢尔和库特“无法相互理解——更谈不上欣赏对方”。雪上加霜的是，大使馆的副领事乌尔里希·斯唐（Ulrich Stang）在任职期间对纳粹产生了同情。库特和谢尔对此都很不高兴，讨论过将此人调走的事宜。不过在1940年4月，斯唐仍在柏林。[22]

阿尔内·谢尔，挪威驻柏林大使。（Aufn. Scherl/NTB/Scanpix 供图）

4月2日，在与德国海军参谋长舒尔特－门廷的会谈中，瑞典驻柏林的海军武官安德斯·福塞尔提起了军队在斯德丁登船的话题。舒尔特－门廷轻描淡写地表示斯德丁并没有出什么大事，德国对瑞典没有任何威胁。但福塞尔还是在给斯德哥尔摩的总参谋部和外交部的报告中指出，他个人认为，从舒尔特－门廷以前提到的另一些情况来看，德国正在准备以先发制人的方式阻止英国干涉挪威西部。他的报告在4月4日被抄送给了奥斯陆和哥本哈根的瑞典大使馆“以供参考”，但其内容似乎并未被转发给挪威和丹麦两国的政府或军方，只有瑞典海军情报处向挪威同行打了一个简短而且非正式的电话。[23]

“阿勃维尔”的汉斯・奥斯特上校。（德国联邦档案馆，Bild 146/2004/007）

4月3日下午，身在伦敦的科尔班大使向奥斯陆的外交部发出电报说，英国国会下议院的一名工党议员诺埃尔・贝克（Noel Baker）“向他告知，英国政府正准备在很短时间内针对挪威领海内的矿石运输发起直接行动”。这则电报被抄送给尼高斯沃尔和永贝里，并在此后的几天里吸引了挪威政府和军方的大部分注意力。外交大臣库特后来写道，此后几天发自柏林的任何信息都不如科尔班的这则电报更令他心烦。[24]

汉斯・奥斯特（Hans Oster）上校是海军上将威廉・卡纳里斯（Wilhelm Canaris）在“阿勃维尔”里的心腹之一。他是个坚定的反纳粹人士，在了解到“威悉演习”行动的计划后，他可能看到了引发一场足够大的军事失败来促成反希特勒政变的机会。如今我们无法查明卡纳里斯是否支持了奥斯特的行动，但是考虑到这两人在私生活和工作中都关系密切，卡纳里斯不太可能不知道实情。奥斯特和自己的老朋友——荷兰驻柏林的武官海斯贝特斯・雅各布斯・萨斯（Gijsbertus Jacobus Sas）少校相约在4月3日下午见了面。现在已经无从考证奥斯特究竟对萨斯说了哪些细节，我们只知道萨斯日后坚称奥斯特曾告诉他，德国即将同时对丹麦和挪威出兵，并在不久以后发动西线攻势。萨斯的这个说法是否正确？后来情报遭到的歪曲归咎于传递过程中的无心之举还是有关人员的记忆差错？我们永远也无法知道。奥斯特的行动其实是在走钢丝，他可能为了保护自己和避免德国人的生命遭到不必要的损失而有意掺杂了假信息，也可能为了减轻自己叛国的负罪感而没有透露真实的计划。第二天上午两人又一次短暂会谈，奥斯特向萨斯确认行动日期定在 4 月 9 日，并催促自己的朋友把情报转交给有关国家的使馆。[25]

4 日上午，萨斯联系了瑞典海军武官福塞尔，把自己从奥斯特口中得到的情报告诉了他。福塞尔已经在与舒尔特 – 门廷的对话中了解到德国正策划针对挪威的行动，因此立刻意识到了荷兰人的情报的重要性。他向自己的大使阿尔维德 · 里克特简述了这一消息，然后就匆匆跑到丹麦大使馆，要求会见海军武官弗里茨 · 哈默 · 舍尔森（Frits Hammer Kjølsen）上校。丹麦人带着惊愕和不安听福塞尔讲述了下列消息：德国不出一个星期就会入侵他的国家，之后还将占领挪威，并极有可能进攻低地国家。运兵船已经在波罗的海集结待命，包括山地兵在内的大批士兵此时正在登船。因为不知道福塞尔已经造访了丹麦使馆，萨斯少校不久以后也登门求见，透露了自己通过奥斯特得到的情报，并声称其来自"国防军总司令部中对希特勒不满的可靠线人"。后来萨斯坚称自己曾告诉舍尔森，丹麦和挪威南部将在 4 月 9 日早上同时遭到入侵。但舍尔森断然否认自己除了"下星期"之外还听说过其他任何入侵日期，他声称萨斯和福塞尔的叙述"基本上一模一样"。[26]

挪威设在柏林的代表机构是少数没有武官的使馆之一，副领事斯唐是萨斯少校这一级别官员的正常联系人。萨斯知道斯唐与多名德国高官私交甚密，因此没有登门求见，而是选择了去斯唐经常吃午饭的阿德隆大酒店（Hotel Adlon）"碰碰运气"。后来萨斯宣称自己简明扼要地向斯唐强调了丹麦和挪威将在 4 月 9 日同时遭到进攻。但斯唐断然否认萨斯提到过挪威，还声称自己将听到的消息（或者至少是他认为自己听到的消息）原原本本地报告了上级。根据萨斯告诉福塞尔和舍尔森的内容，我们很难相信他没有对斯唐提起挪威。[27]

舍尔森把自己从福塞尔和萨斯口中得到的情报告诉了赫卢夫 · 萨勒（Herluf Zahle）大使，还给挪威大使馆打了电话，要求在当天下午得到接见，讨论"会引发极大政治后果的事务”。舍尔森并不知道，自己的电话机被装了窃听器，他打给萨勒和挪威大使馆的电话都被德国情报机关监听到了。这些消息被传到国防军总司令部，最终又在7日传到海军战争指挥部，后者的情报人员由此推测：丹麦海军武官“不知通过什么渠道获得了关于即将发动的‘威悉演习’行动的情报！”[28]

在挪威大使馆，舍尔森把情报告诉了谢尔大使。不难想象，这位老外交官“得知自己国家面临的严重威胁后感到非常焦虑”。当天深夜，没有参加这次会谈的斯唐赶到丹麦大使馆讨论事态。舍尔森和二等秘书斯滕森－莱特（Steensen–Leth）将自己掌握的情报向斯唐和盘托出。而斯唐回答说，自己已经通过一个“中立的平民线人”得知了德国人的计划。让丹麦人大为惊讶的是，他没有详细说明自己的线人的来头，却声称德国人的进攻不会指向北方，而是指向南方和西方的荷兰与法国。[29]

当天下午，丹麦使馆的萨勒大使已经签发了由舍尔森为哥本哈根的外交部撰写的备忘录，并让自己的一名部下乘坐下午的航班将其快递回国。第二天，舍尔森又向海军部发了一份补充报告并抄送给萨勒和外交部，声明自己相信萨斯少校的情报是可靠的。斯德丁和斯维内明德的部队集结和运输船装载现象表明德国人确实在行动。舍尔森的结论与挪威使馆的观点（也就是斯唐的观点）正相反，他相信挪威将会遭到攻击，而西线可能发动的进攻将仅限于荷兰。[30]

在舍尔森离开挪威大使馆后斯唐与谢尔进行了哪些讨论我们不得而知，但斯唐肯定说服了大使，因为在第二天（4月5日）上午奥斯陆收到一封电报，内容是通知外交部，驻柏林的使馆“通过某一中立国使馆的外交人员（其身份严格保密）获知德国计划在不久的将来入侵荷兰”。丹麦也面临威胁，因为德国可能“谋求在日德兰半岛西岸建立飞机和U艇基地”。这封电报丝毫没有提及挪威。此外它还强调，使馆本着谨慎的态度转发此情报，因为虽然提供情报的外交人员“通常可靠而且消息灵通”，但此情报无法验证。这封电报是由斯唐起草的，虽然内容与舍尔森提供的消息有所不同，谢尔还是在上面签了字。谢尔肯定觉得电报中的信息容易使人产生误解，于是在几个小时后他又签发了第二封电报，指出丹麦外交官提供的情报还显示挪威南部海岸可能也面临威胁，因为德国人希望“加快战争进程并预先阻止同盟国的行动”。[31]

库特将这两份电报都斥作谣言，丝毫没有放在心上。电报在第二天被抄送给永贝里，但没有抄送给政府的其他任何成员。外交部也没有主动在政府内部或是与其他北欧国家的外交部讨论其中的情报。两份电报在 5 日又被转交给海军总参谋部和陆军总参谋部，次日（星期六）上班的相关军官（包括陆军总参谋长哈特勒达尔上校）都看到了它们。[32]

虽然依据萨斯提供的情报，瑞典并未面临直接威胁，瑞典大使里克特还是感到忧心忡忡，便召来福塞尔开会商谈，并且邀请舍尔森与会。会上他们编写了一份致瑞典外交部的备忘录，详细说明了过去几天得到的情报。这份备忘录和福塞尔写给瑞典政府的另一份内容相似的备忘录由信使乘坐能找到的最早的航班送至斯德哥尔摩。因此，瑞典政府、外交部和军事情报部门在 4 月 4 日晚上得知了“威悉演习”行动。里克特还补充了从其他来源获取的情报：希特勒在 4 月 2 日似乎做出了“某些重要决定”，而德国外交部的人员显得“紧张而且心事重重”。福塞尔做出了很有军人风范的简短总结：“丹麦将在下星期被占领”，而挪威从奥斯陆峡湾到卑尔根都会遭到攻击，瑞典则不在入侵计划内。对德国北部山地部队的观察结果也印证了他的意见：挪威在德国人的目标之列。[33] 里克特和福塞尔推测此次行动已经迫在眉睫，因为在柏林的所有外交武官都接到了去西部前线观摩的邀请，出发时间是 4 月 7 日星期天夜里。福塞尔在得到大使批准后决定不参加此次观摩，他相信这是把武官们支开的借口。[34]

当天晚些时候，德国宣传部向瑞典大使馆发了一条措辞慎重的正式消息，声明瑞典在近期不会受到来自德国的严重威胁。里克特随即向斯德哥尔摩的外交部发送了简短的情况通报：“我强烈感到针对丹麦和挪威的远征行动将很快发动，很可能不出这几天。”由于我们难以理解的原因，这条详细而具体的情报并未被转发给挪威和丹麦政府。[35]

4 月 5 日星期五 11: 40 前后，挪威驻哥本哈根的大使奥古斯特·埃斯马克（August Esmarch）给奥斯陆的外交部次卿延斯 · 布尔（Jens Bull）打了个电话。这位大使在当天早上和瑞典大使汉密尔顿（Hamilton）一起被召至丹麦外交部。丹麦的外交部次长默尔（Möhr）问这两位大使，最近从柏林传出德国将进攻低地国家、丹麦西部和挪威南部的消息，他们各自的国家对此有何反应。埃斯马克根本不知道有这回事，因此打电话给布尔，征询关于如何答复丹麦人的建议。因为用的是非保密电话线，而且假定奥斯陆已经得到了有关的情报，所以他出言谨慎，只是转达了丹麦人的请求而没有细说默尔介绍的情况（仅仅提到德国可能进攻丹麦和挪威南部）。埃斯马克表示，“哥本哈根方面很紧张”，希望尽快了解奥斯陆方面的想法。

布尔没有询问埃斯马克任何细节，因为他显然也认定库特知道有关的情况。而库特在得知埃斯马克的电话后，认为这就是谢尔提到的那些谣言，也没有主动查明丹麦人的请求所指为何。布尔在临近 14: 00 时给埃斯马克回了电话，告诉他挪威政府不会“依据谣言”采取任何行动——而他可以就这样答复丹麦外交部。埃斯马克与默尔对话的消息和丹麦人询问挪威应对方案一事始终只有外交部的一小撮人知道。[36] 这边埃斯马克向丹麦人回复说，奥斯陆认为有关情报“没有任何意义”。据默尔称，瑞典大使汉密尔顿也对他说，那些消息是“旧闻”，斯德哥尔摩掌握的情报表明这谣言纯属夸大其词。[37] 于是丹麦外交部心满意足，除了将这些信息汇总后转交给英国大使馆外再无作为。[38]

5 日夜间，瑞典国防部的情报机构负责人卡洛斯·阿德勒克罗伊茨（Carlos Adlercreutz）上校给奥斯陆总参谋部的挪威同行弗雷德 – 霍尔姆（Wrede–Holm）中校打了电话，告诉他瑞典方面从柏林得到可靠情报，德国即将进攻丹麦，然后再对挪威进行规模相似的攻击。[39] 不久以后，丹麦总参谋部也发来了几乎完全相同的消息。关于这些通信的报告被提交给了陆军总司令、海军总参谋部和国防部，但永贝里后来却“对此事毫无印象”，也不记得自己见到过谢尔的任何信件。外交部和政府似乎也无人得到通知。另一方面，也没有人把大使馆提供的类似情报通报给军方的指挥官和情报官员。[40]

挪威《晚邮报》派驻柏林的记者特奥·芬达尔（Theo Findahl）对挪威南部即将遭到入侵的传言也有所耳闻。他虽然受到严格限制，还是在周末向奥斯陆发出了一篇稿子。遗憾的是，芬达尔在文中竟声称登陆挪威的德军将有“150 万”之众。准备在星期一的头版刊登大新闻的编辑连夜联系海军总司令办公室征求意见，与海军总参谋部的哈康·维洛克（Håkon Willoch）少校进行了讨论。维洛克把这个问题转述给海军总司令，后者认为 150 万这个数字实属“脑洞太大”。而那位编辑不久之后就惶恐地接到了外交部要他撤稿的电话。[41]

与此同时，柏林的谢尔又给奥斯陆的外交部发来一封电报，声称据可靠线人通报，15 到 20 艘满载士兵和装备的大型船只已经在 4 月 4 日夜 5 日晨离开斯德丁向西行驶,将在 4 月 11 日抵达未知的目的地。乌尔里希·斯唐后来告诉调查委员会，这个新情报是舍尔森提供的，而情报中提到船队向西航行就应该让奥斯陆方面明白挪威面临危险。[42] 当时值班的机要秘书居德伦·马蒂乌斯（Gudrun Martius）认为电报反映的情况非常严重，由于办公室里没有政府高官在场，她便把电话打到了库特家里。库特听完电报内容后信誓旦旦地向马蒂乌斯小姐保证，这些船不会以挪威为目的地，而是要“进入大西洋”。至于他是如何知道这一点的，满载士兵的庞大德国船队去大西洋要干什么，库特都没有说。当晚这封电报的副本送到了海军总参谋部和陆军总参谋部，但因为库特没有做任何指示，所以也就没有后续措施。第二天，电报的副本又被送到国防部，但我们不清楚永贝里是否看到。电报中“11 日”这个在几天之后的日期似乎很大程度上影响了库特的判断，使他认为挪威不会是目标。马蒂乌斯在和库特对话后感到很困惑，但既然外交大臣面对电报如此淡定，她只能认为大臣掌握了其他情报，所以对局势有不同看法。7 日 22: 00 前后，海军总参谋部的维洛克少校也得到了电报的副本。他给海军总司令打了电话，叙述了电报内容，并询问是否应该启动应急措施，例如向各军区发出警报和准备布设水雷。迪森的回答是不必行动，他还向维洛克保证自己会通知那些需要知道这个情报的人。维洛克的失望溢于言表，更何况他之后就再没有听到关于这个话题的消息。据斯滕

哈康·维洛克少校（1896—1955），他是纳尔维克的奥德·维洛克和卑尔根的居纳尔·维洛克的兄弟，也是 1981—1986年的挪威首相科勒·维洛克（Kåre Willoch）的父亲。（科勒·维洛克供图）

说，海军总司令和总参谋长一致认为那些运兵船极有可能是去进攻荷兰的。[43]

就这样，奥斯特提供的情报几经辗转后在4月5日送到奥斯陆，此时挪威军队尚有时间做好应对9日入侵的准备。但无论是库特、永贝里还是指挥官们都不认为柏林传来的消息表明挪威面临“明确而现实的危险”，也都没有主动调查核实这些情报。库特曾对另一些来自德国的报告作过大意如下的评论：“要么这些传言是捏造的，那就没有理由发出警报；要么它们是真实的，那样的话我们也得不到任何有用的答案。”他也许说得对，但确实没人尝试过将各种情报汇编起来进行联合分析，也没人使政府和首相准确了解传来的警报。没有人主动与指挥官或其参谋讨论局势，也没有人联络其他北欧国家政府听取其观点。哥本哈根方面倒是做了这样的尝试，但却被忽视了。造成这个结果的原因我们不太清楚。也许由于斯唐对原始信息的忽略和歪曲，发到奥斯陆的电报不如斯德哥尔摩和哥本哈根得到的准确，但这并不能解释一切。也许谢尔和斯唐的个人问题降低了他们的警告的可信度。也许这终究还是“认知铺垫”造成的。无论原因是什么，情报在从柏林传到奥斯陆的过程中失去了意义，没有人主动核实或评估其后果。

在外交事务委员会4月8日的会议上，库特说：“最近几天从德国传来几份报告，反映德国计划针对挪威采取的行动。这些报告没有官方基础，我们无从知道它们的依据是什么，也不知道事态的严峻程度如何……”库特后来否认自己使用了“官方”一词，但速记员表示自己没有记错。无论如何，外交大臣库特在这次距离威悉时尚有约18个小时的会议上告诉自己的政府同仁，他怀疑这些警告的真实性，认为没有理由依据它们采取行动。[44]

实施动员需要政府的决议，但是政府并未做出。我们永远也无法知道谢尔大使与库特的关系、斯唐对原始情报的歪曲和永贝里在政治事务上的无能分别在多大程度上影响了此事。我们同样无从得知，如果丹麦外交大臣蒙克根据柏林来的报告建议丹麦政府动员军队，又会发生什么情况。他至少拥有奥斯特和萨斯提供的完整且未经歪曲的情报。但也许是因为奥斯陆方面相当肯定地将其斥作“谣言”，也许是因为萨勒大使后来又发了一封对威胁作了淡化的电报，蒙克“为了不引起恐慌”而决定不采取任何行动。[45]我们也只能猜想如果丹麦实施了动员的话挪威政府会作何反应，不过在这样的假设下挪威肯定也有理由采取同样的行动。

第三章

鹰犬出笼

实施

“Wesertag ist der 9. April”——“威悉日为 4 月 9 日”，这是西方舰队代理司令吕特晏斯（Lütjens）中将 4 月 20 日 19: 50 在战争日记中写下的简短记录。希特勒在几小时前做出了最终决定，柏林的海军战争指挥部刚刚把这一消息转发给重要军官。“威悉演习”行动开始实施了。[1]

4 月 3 日，“阿勃维尔”第一处的处长汉斯·皮肯布罗克（Hans Piekenbrock）上校在哥本哈根的英格兰酒店（Hotel d'Angleterre）343 号房间与维德昆·吉斯林进行了绝对保密的会谈。皮肯布罗克向吉斯林询问了挪威国防力量的状况和战斗意志，结果失望地发现对方所知有限而且与现实脱节。吉斯林是个沉默寡言得近乎阴沉的人，而在这次对话中他显然比平时说得更少。这个挪威人有绝对把握确认的只有两件事：在奥斯陆峡湾没有雷区，岸防要塞没有政府的明令不会主动开火。吉斯林还声称，大部分高级军官都是他的国家统一党的党员或同情者，他们一旦确定入侵者是德国人，就只会进行象征性的抵抗。他还确认纳尔维克的港湾入口处有大炮镇守（但这是错的）。

皮肯布罗克没有透露任何关于“威悉演习”行动的消息，但是吉斯林肯定清楚有大事要发生，更何况两个星期前“阿勃维尔”的瓦尔特·德拉波特（Walter de Laporte）少校就在奥斯陆秘密联络过他，目的是询问挪威人对同盟国入侵将作多大程度的反抗。[2] 从吉斯林在此后几天的作为（毋宁说是无所作为）来看，他很可能没有意识到自己对这两人的答复将在一星期内得到检验。他在周末坐火车回到了奥斯陆，浑然不知第一批补给船已经出海。

这年冬天的大部分时间里吉斯林一直在生病，自从在圣诞节前夕从柏林回国后就从公众视野中消失了。[3] 他在德国人准备“威悉演习”行动的过程中没有发挥任何作用。在约德尔 4 月 4 日的日记中，有一条对此次会谈的评论，反映出国防军总司令部越来越担心挪威国防力量可能已得到预警。海军战争指挥部的日记中则提到，皮肯布罗克的报告里没有多少与海军有关的消息。[4]

也是在 4 月 4 日，另一个可靠得多的情报提供者来到柏林。原来在 3 月 31 日，“阿勃维尔”的局长威廉·卡纳里斯上将曾假扮成“富克斯中校”出人意料地出现在驻奥斯陆大使馆。他此行的目的一是解决大使馆的海军人员和“阿勃维尔”人员之间的矛盾，二是当面向部下传达信息并在行动前最后了解一次情况。“阿勃维尔”派驻挪威的首席特工埃里希·普鲁克当时正在纳尔维克，没能及时赶回奥斯陆。而卡纳里斯似乎把主要精力放在了人事问题上，没有和任何人讨论“威悉演习”行动。普鲁克感到自己可能错过了一些重要通知，在回到奥斯陆以后，便自作主张搭乘汉莎航空公司 4 日上午的航班去了柏林。卡纳里斯起初一脸不快，担心普鲁克不能及时赶回挪威，但是当他意识到“阿勃维尔”可以通过普鲁克传达重要情报后就变得和颜悦色起来。于是，普鲁克得知了即将发动的入侵作战，并奉命向重要军官交代情报，然后尽快返回奥斯陆。

普鲁克首先会见的是冯·法尔肯霍斯特的参谋部的埃里希·布申哈根上校和哈特维希·波尔曼（Hartwig Pohlman）中校。这两人主要关心的是挪威人会不会战斗。普鲁克回答说，根据他和挪威军官及政治家的广泛讨论，他们会战斗。他们的策略将是利用地形以规模较小的部队组织防御，等待主力动员和同盟国援助。波尔曼不安地表示这与其他来源的情报相矛盾，但普鲁克坚持己见：挪威人将会捍卫自己的中立国地位——哪怕对手是同盟国也不例外，只不过斗志会低得多。按照普鲁克的意见，尤其要提防挪威岸防要塞的鱼雷和火炮。它们虽然老旧，但是威力不可小觑，而且挪威人肯定会使用它们。对话结束时波尔曼告诉普鲁克，他必须在 8 日下午先于入侵部队到达奥斯陆。普鲁克承诺将尽一切可能提供帮助，并向两位军官道了祝福。随后他又匆忙会见了将要率部在纳尔维克登陆的迪特尔（Dietl）将军。普鲁克在几天前刚去过那座城市，因此他对迪特尔来说是个无可替代的情报来源，补充了许多关于纳尔维克的地形和防御的细节。有一条情报尤其重要：他在港湾的锚地中亲眼见到了两艘岸防装甲舰“挪威”号（*Norge*）和“埃兹沃尔”号（*Eidsvold*）。他没有见到纳尔维克的守备司令松德洛上校，但他可以肯定此人是个不折不扣的亲德派，而且在奥斯

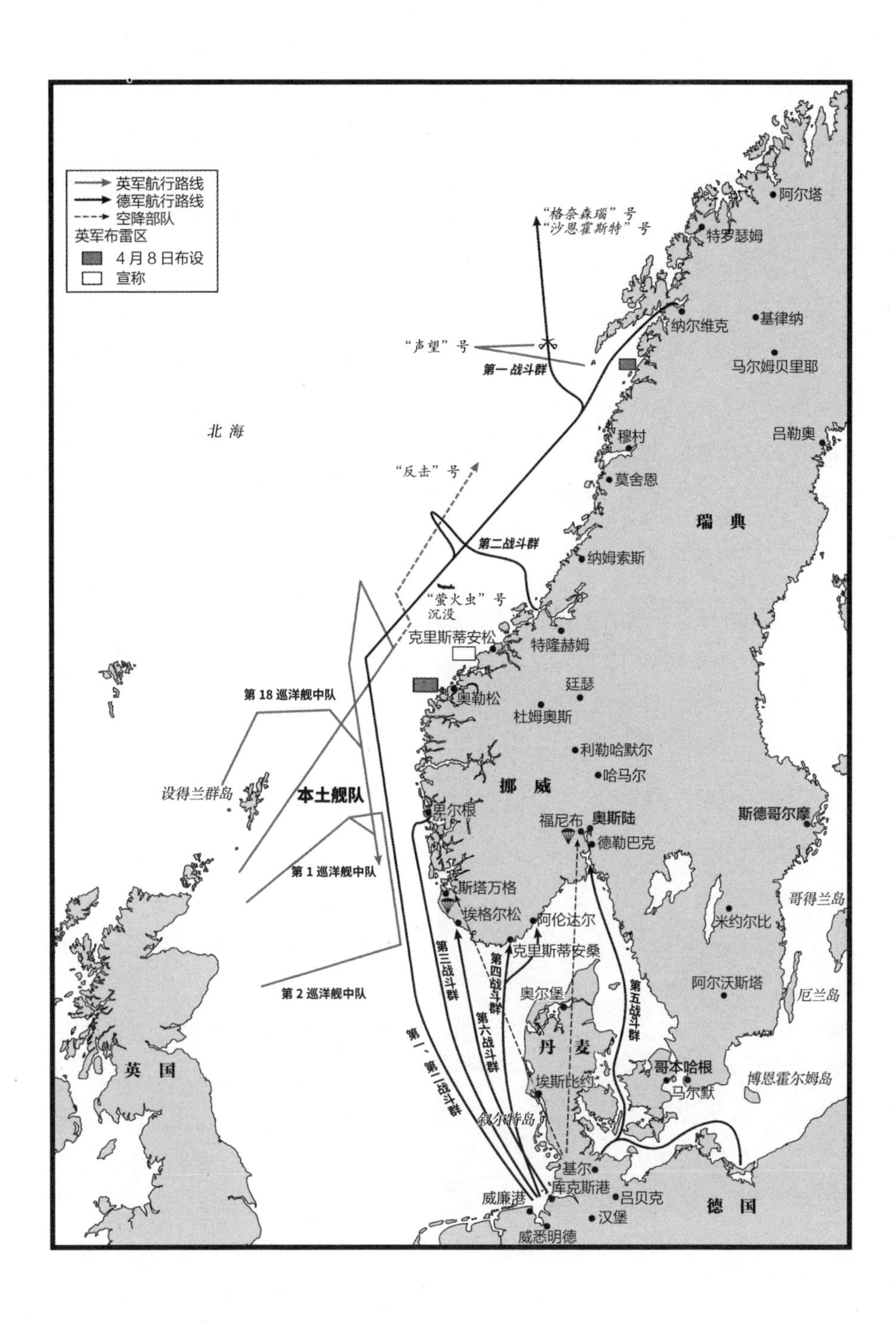
英军航行路线
德军航行路线
空降部队
英军布雷区
4月8日布设
宣称
"格奈森瑙"号
"沙恩霍斯特"号
阿尔塔
特罗瑟姆
纳尔维克
基律纳
"声望"号
第一战斗群
马尔姆贝里耶
北海
穆村
吕勒奥
莫舍恩
"反击"号
瑞典
第二战斗群
纳姆索斯
"萤火虫"号
沉没
特隆赫姆
克里斯蒂安松
廷瑟
奥勒松
第18巡洋舰中队
杜姆奥斯
利勒哈默尔
哈马尔
挪威
设得兰群岛
本土舰队
卑尔根
福尼布
奥斯陆
斯德哥尔摩
德勒巴克
第1巡洋舰中队
斯塔万格
哥得兰岛
埃格尔松
阿伦达尔
米约尔比
克里斯蒂安桑
第三战斗群
第四战斗群
第五战斗群
阿尔沃斯塔
第2巡洋舰中队
奥尔堡
厄兰岛
第六战斗群
丹麦
第一、第二战斗群
英国
哥本哈根
博恩霍尔姆岛
埃斯比约
马尔默
叙尔特岛
基尔
库克斯港
吕贝克
威廉港
德国
汉堡
威悉明德

陆的另一名“阿勃维尔”特工贝特霍尔德·贝内克（Berthold Benecke）对此人评价很高。至于松德洛会不会对入侵的德国军队开火，普鲁克也无法判断。

完成情况介绍后，普鲁克趁民航运输尚未中断，赶往滕珀尔霍夫机场搭乘汉莎航空公司的航班飞回奥斯陆。[5]

1940 年 4 月 5 日星期五午后，第 69 步兵师的弗里德里希·艾克霍恩（Friedrich Eickhorn）上尉去自己的团位于斯德丁的驻地报到。这位上尉是预备役军官，担任第169侦察营自行车连的代理连长。艾克霍恩一到团里就被要求进行保密宣誓，然后听取了“威悉演习”行动的概要，并得知他和他的连不出四天就要在挪威西南海岸的埃格尔松登陆。他们将以友军的身份前去协助挪威人抵抗同盟国入侵，但无论如何都必须控制那座城市并切断当地连接苏格兰的彼得黑德（Peterhead）的通信电缆。上级还交给他一个装着命令、地图和一些情报的公文包，要求他在任务完成前不能让这个公文包脱离视线。惊愕的艾克霍恩离开团部时心中五味杂陈。他很高兴自己将参加一场大行动，但却不敢肯定挪威人对不请自来的援助会有多大热情。艾克霍恩回到自己的营房，锁上办公室的门，然后开始研究地图。他的部队只是入侵大军中的一个小分支，但他的任务的重要性不亚于作战的其余部分。[6]

昵称“鲁迪”的弗里德里希·艾克霍恩上尉，第69步兵师第169侦察营自行车连代理连长。（达拉讷历史文化博物馆供图）

当第 193 步兵团第 7 连的连长汉斯·塔拉巴（Hans Taraba）中尉接到带着全连人马和装备行进至新斯德丁火车站的命令时，他十分肯定这是一次重大行动，而不是又一次演习。团长卡尔·冯·贝伦（Karl von Beeren）上校已经在火车站等候了，他乐呵呵地问道："喂，塔拉巴，你觉得我们这是要去哪？""斯堪的纳维亚，上校先生。"中尉很有把握地回答。

冯·贝伦笑了，他早已知道全团将开赴斯塔万格和卑尔根，但这位年轻军官的见识肯定出乎他的意料："为什么你会这么想？"

"'阿尔特马克'号事件。"塔拉巴回答。上校反驳说："啊，那么也可能是去苏格兰啊，不是吗？"塔拉巴也不敢确定，但还是不愿改口。[7]

"'威悉演习'正在按计划实施。"约德尔将军在4月5日的日记中写道。[8]

大多数挪威人打算过一个平静的周末。南方的暴雪让整个国家的节奏比通常悠闲的星期五下午更慢，而气象台预报此后几天的天气也不会太好。但是外交大臣哈尔夫丹·库特却不敢有休息的奢望。英法两国的大使馆联合请求库特在同一天晚上接见他们的大使。在19: 00前后，英国大使塞西尔·多默和法国大使德当皮埃尔伯爵（Comte de Dampierre）向库特提交了两国政府的联合备忘录。[9]这是一份措辞严厉的照会，宣称过去几个月的一系列事件证明挪威政府受到来自柏林的压力，无力独立行事。此外，英国和法国再也不能容忍斯堪的纳维亚国家源源不断地向德国供应物资。因此，必须"坦率地让挪威政府了解，同盟国将采取他们认为必要的任何手段捍卫某些关键利益，主张某些关键要求"。后文提出了五点意见。前四点都是一般性质的，但是第五点宣称同盟国政府正在代表一些中立的小国作战，因此不能容忍德国占据任何优势。照会没有提到铁矿石或任何具体要求，但是宣布同盟国认为自己有权"采取必要的手段阻碍或防止德国从某些国家获取在战争进程中有利于德国或不利于同盟国的资源或设备"。照会中还说：

挪威、瑞典和其他中立国的船只几乎每天都被德国潜艇、水雷和飞机攻击并摧毁，这反映了德国人对国际法的藐视和对有关生命损失的故意漠视。同盟国当然绝不会仿效这种残忍暴虐的行径，如果为了战争胜利需要采取特别措施，一定会让挪威政府了解他们这样做的原因……同盟国政府相信挪威将对这一事实有充分的认识。[10]

库特大惊失色。他毫不怀疑这是同盟国海军即将进入挪威领海的警告，而这样的行动极有可能激起德国人的反击。他愤怒地对两位大使表示，照会中的大部分内容是“没有根据的”，尤其是关于挪威在经济上和政治上受德国控制的指责。而且，他认为照会的措辞“带有蔑视之意，与国王陛下的政府不相称”。多默大使自己也对照会的内容和库特的反应感到抱歉，他只能以这些文字主要针对德国而非挪威为由来给自己的政府辩解。

库特并不认可多默的说法。身在伦敦的科尔班表示，自己“相信这个照会的主要目的是应付同盟国内部对政府在战争中缺乏主动性的批评”，并且“认为事态没那么严重”，但这于事无补。同盟国已经自称拥有在挪威领海自由行事的全部权利，从此刻起，库特的全部心思都放在了同盟国的入侵威胁上。他不能确定同盟国在谋划什么，也不知道他们会按怎样的时间表行动，因而越发焦虑不安。而德国方面越来越多的威胁证据都被他忘在了脑后。[11]

送走同盟国大使后，库特离开办公室去美国使馆赴宴。他甚至没有考虑过通知首相或政府的其他成员，更不用说告诉外交事务委员会。库特迟到了片刻，为此他向哈里曼夫人表达了歉意，说这“是他从政生涯中最伤脑筋的”一天。他没有透露任何细节，但美国大使注意到“他面色憔悴”，因而“感到这一天的紧张程度确实超乎寻常”。[12]

同一天晚上，德国大使库尔特・布罗伊尔博士在德国大使馆举办一场官方招待会，邀请了大批挪威政治家、公务员和军官。这次邀请来得很突然，因而被一些受邀者（其中就有库特）婉言谢绝了。当晚到场的有200多名宾客，其中包括陆军总司令拉克和几名总参谋部的军官，多名大臣、政府官员，以及大批新闻界人士。没有人知道这次宴请的目的是什么，但在使馆供应了丰盛的餐点和酒水后，谜底终于揭晓：原来德国人要给大家看一部电影！这部名为《火焰的洗礼》（*Feuertaufe*）的新闻纪录片的拷贝是当天才从柏林运来的，而且柏林方面要求尽快向选定的观众放映。然而令众人尴尬的是，这竟是一部描述征服波兰之战的宣传片，其中大肆渲染了轰炸华沙的场面。在瓦格纳的乐曲伴奏下，镜头展现了波兰首都所受浩劫的可怕细节——用解说员的话来说，这都是“拜他们的英法盟友的干涉所赐”。影片的最后一个镜头是一幅英国地图在火焰中化为乌有。放映结束后出现了长时间的沉默，然后众人开始小声地对话，只不过没有一个话题和他们刚才看到的内容相关。大部分宾客都借口有事匆忙告退。显然这是一次令人不快的粗暴示威，而且没有人相信这是德国人的无心之举。[13]

第二天（4月6日星期六）上午，库特向议会做了政治形势报告。这次报告会引起了公众的极大兴趣，旁听席上挤满了人。外交大臣用一个多小时详细描述了国际形势，并指出挪威保持中立的意愿从未动摇，但他又出人意料地补充了一句："没有一个交战国尝试过使挪威放弃这一政策。"在报告的末尾，他表示"运用一切可用的资源保卫挪威的国家独立是我们对祖国和未来应负的责任"。议员们无一表示异议，也无人提议按惯例进行辩论。库特的报告中既没有提到柏林传来的警报，也没有谈及同盟国的照会和一星期来接到的其他任何威胁预警。后来他在回忆录中写道，他相信披露"那些秘密提交给他的信息"是"不妥的"，因为他不想"引起公众恐慌"。然而库特不知道的是，当天上午已经有多家欧洲报纸报道了同盟国的照会内容，挪威报纸也在中午前转载了这一消息。[14]

报告会结束后，库特终于把自己前一天晚上接到照会的事告知了政府，但又明确表示自己将像往常一样单独处理此事，其他人不必担心。财政大臣奥斯卡·托尔普（Oscar Torp）实在放心不下，主张立即加强奥斯陆峡湾一带的中立警戒力量。于是尼高斯沃尔要求他与永贝里讨论可行事宜。最终政府什么都没做。令人难以置信的是，库特和永贝里都没有提起这几天从柏林和哥本哈根传来的情报。当天下午议长兼外交事务委员会主席卡尔·汉布罗打电话向库特询问情况并质问为何没有告知同盟国照会一事，结果库特没好气地向他保证一切尽在掌握之中，外交部将会处理有关事务。[15]此时"威悉演习"行动和"威尔弗雷德"行动都已开始，政府和议会里却没人有哪怕一丁点的认识。

正当库特在挪威议会声明自己的政策以"维护挪威的中立地位"为目的时，柏林的提尔皮茨河滨，海军战争指挥部的周末值班军官在战争日记中写道：

> 大多数国家对挪威问题的发展感到越来越紧张……（但）没有证据表明同盟国已经看穿了德国的战略意图。至少，他们没有认识到我们的行动规模。敌人的措施表明……他们自己在挪威领海的行动很快

> 就会发起。毫无疑问，他们对德国的准备工作有一定的了解，并且预见到德国会立即作出反应，我们必须假设他们已经充分做好了保护自身部队的准备。至于敌人准备到了什么程度，以及他们的行动是否已经开始，我们还不知道。但海军战争指挥部认为，现在发动“威悉演习”刻不容缓。4 月 9 日看来是可能实施该行动的最晚日期。[16]

这位军官的判断可谓对错参半。“威尔弗雷德”行动其实已经开始。早在 4 月 5 日上午，警告照会尚未提交至奥斯陆之时，金－哈特曼（King–Hartman）中校已经带着布雷舰“蒂维厄特河岸”号（*Teviot Bank*）从斯卡帕湾出发了。为他护航的是珀西·托德（Percy Todd）上校的第 3 驱逐舰纵队，托德坐镇驱逐舰“英格尔菲尔德”号（*Inglefield*），同行的有“伊西斯”号（*Isis*）、“伊摩琴”号（*Imogen*）和“冬青”号（*Ilex*）。这些舰艇组成的 WS 部队将前往斯塔特岛，布设“威尔弗雷德”行动的两个真实雷区中偏南的一个。

同一天晚些时候，指挥战列巡洋舰中队的威廉·惠特沃斯（William Whitworth）中将乘坐西米恩（Simeon）上校任舰长的“声望”号（*Renown*）战列巡洋舰离开斯卡帕湾，为他护航的是驱逐舰“灵猩”号（*Greyhound*）、“萤火虫”号（*Glowworm*）、“英雄”号（*Hero*）和“海伯利安”号（*Hyperion*）。这支船队计划在 7 日夜间到罗弗敦群岛（Lofoten Isls）附近与正在猎杀德国渔船的“伯明翰”号（*Birmingham*）、“无恐”号（*Fearless*）和“敌忾”号（*Hostile*）会合。英国人根据情报判断挪威的全部四艘岸防装甲舰都在纳尔维克，他们希望这样一支威慑部队能阻止其与布雷舰对峙。6 日上午，第 20 驱逐舰纵队的比克福德（Bickford）上校率领四艘各携带 60 颗水雷的布雷驱逐舰——“埃斯克”号（*Esk*）、“艾凡赫”号（*Ivanhoe*）、“伊卡洛斯”号（*Icarus*）和“冲动”号（*Impulsive*）——组成 WV 部队，为其护航的是伯纳德·沃伯顿－李上校指挥的第 2 驱逐舰纵队的“哈迪”号（*Hardy*）①、“猎人”号（*Hunter*）、“浩劫”号（*Havock*）和“莽汉”号（*Hotspur*）。[17]

---

① 译注：中文资料多译作“勇敢”号，但该舰的命名其实是为了纪念托马斯·马斯特曼·哈迪爵士，此人在特拉法尔加海战中是纳尔逊的旗舰“胜利”号的舰长。

考虑到德国人完全可能对英国的布雷行动迅速作出反应，很难理解英国海军部为何没有让至少一部分本土舰队出海。事实上，如果将舰队置于卑尔根—设得兰海峡这个中央位置，既可以掩护布雷船只，又不会被德国空军发现。

4 月 6 日早晨，“萤火虫”号的舰长杰勒德 · 布罗德米德 · 鲁普（Gerard Broadmead Roope）少校报告说该舰有一人坠海，虽然天气正在恶化，他还是请求上级准许他搜索落海者。[18] 得到许可后，“萤火虫”号调转船头，很快就从其他船只的视野中消失，后者则在不久以后将航向朝北调整了一些。经过几个小时的搜索，鲁普认为已经没有希望找到那名水兵，便试图重新与“声望”号会合。但是在严格的无线电静默条件下，这是个不可能完成的任务。最终鲁普意识到自己已经掉队，只得掉头驶向斯卡帕湾，希望能接到新的命令。

“海伯利安”号和“英雄”号因为燃油告急，在和布雷舰会合后就被遣回萨洛姆湾加油。惠特沃斯中将希望“萤火虫”号赶上大队，还打算在布雷船队离开后靠“伯明翰”号加强自己的护卫力量。因此他指示“海伯利安”号和“英雄”号沿途寻找“萤火虫”号，如果遇上了该舰就通报“声望”号的最新位置和航向。

英国海军“萤火虫”号驱逐舰，排水量1350长吨，全长约98.5米，标准编制145人。它的最大航速为36节，舰载武器包括四门单装120毫米炮和两座四联装12.7毫米高射机枪。此外它还配备了两座试验性的五联装鱼雷发射管。（赖特与罗根供图）

5 日中午，“伯明翰”号接到了 7 日晚上去韦斯特峡湾附近与“声望”号会合的指示。但是由于要把押解船员转移到俘获的几艘拖网渔船上，再加上风急浪高，舰长马登（Madden）上校认为无法及时赶到。[19]

与此同时，“萤火虫”号已经开到离斯卡帕湾足够近的位置，因此鲁普打破无线电静默请求指示。11: 43，他接到本土舰队总司令发来的“声望”号估计位置和前去与其会合的命令。当天夜里，“声望”号又发来电报，说明了自身在次日上午的预计位置。[20]

起航

德国运输船“劳恩费尔斯”号（*Rauenfels*）、“贝伦费尔斯”号（*Bärenfels*）和“阿尔斯特”号（*Alster*）在 4 月 3 日 02: 00 离开布伦斯比特尔（*Brunsbüttel*），前往千里之外的纳尔维克。下午，油轮“卡特加特”号（*Kattegat*）也出发了。

要运往斯塔万格的大炮在斯德丁被装载到“门多萨”号上。（作者的收藏）

随后的几天里，货轮“美茵”号（*Main*）、“圣保罗”号（*Sao Paulo*）、“黎凡特”号（*Levante*）和油轮“斯卡格拉克”号（*Skagerrak*）先后启程前往特隆赫姆，“罗达”号（*Roda*）紧随其后驶向斯塔万格。另有大约 15 艘船满载第 69 和 163 步兵师的官兵以及大量给养和重型装备离开吕贝克和斯德丁，开往“威悉演习”行动中的南部诸港口。官方发布的消息称这些船只是为被洪水阻断道路的东普鲁士运送物资，但它们一离开岸上人员的视线，就转向了西方的大小贝尔特海峡。在摩尔曼斯克附近的德国北方补给基地，12000 吨的油轮“约翰·威廉二世”号（*Jan Wellem II*）接到了 4 月 6 日晚上离开基地前往纳尔维克的命令，后续命令将由纳尔维克的德国领事下达。[21]

4 月 7 日上午，又有 11 艘船离开哥滕哈芬（Gotenhafen），按计划它们将在入侵后的几天内抵达奥斯陆，把给养和第 196 步兵师的后续部队送上岸。除了“约翰·威廉二世”号外，上文的这些船只都不会在威悉日之前进入挪威港口。海军

运输船队“卡尔”在4月6日下午离开斯德丁前往克里斯蒂安桑。这张照片是在“克里特”号上拍摄的，显示了跟在后面的“西海”号、“奥古斯特·莱昂哈特”号和“维甘德”号。（作者的收藏）

战争指挥部始终对运输船放心不下。这些船在码头装载时采取的安全措施并不到位，而它们在海上发生的任何事故都可能危及整个作战。按照原计划，这些船主要装载装备和给养，登船的士兵应该极少。但是在起航前的最后几天，海军惊讶地发现大批士兵带着第 21 集群的命令抵达，要搭乘运输船前往入侵的港口。

7 日夜里，驻卑尔根的第 2 海防区司令卡斯滕·汤克－尼尔森（Carsten Tank–Nielsen）少将拨通了奥斯陆海军总参谋部的电话，告诉海军总参谋长科内柳森，最近几天进入海于格松（Haugesund）以南航道并请求科珀维克（Kopervik）港提供引水员的德国船只多得出奇。那里的德国船只（尤其是矿石运输船）并不罕见，但是最近来的船却不一样。海军对所有这些船都进行了检查，但是大多数船的甲板上堆满了煤，把舱口盖得严严实实，因此无法进入舱内检查。船长们都声称自己的目的地是摩尔曼斯克，但是没人知道把煤运到那里有什么用。他们出示的文件看起来不是语焉不详就是漏洞百出。在这些船上没有发现枪支、弹药或其他军用装备，但是在海军人员进入的几个舱室内堆放着大量带有德国国防军标志的箱子，里面装的都是食品和补给品。有几艘船的船长和货油舱管理员以“有命令”为由拒绝海军人员检查舱室。汤克－尼尔森认为这些活动很可疑，他告诉科内柳森，自己担心这是德国人“有所图谋”的迹象。科内柳森并不同意他的观点，不过还是要求他“多加注意”。并未释怀的汤克－尼尔森只得命令部下跟踪德国船只的行动，并且“加强戒备，等待进一步通知”。至于这道命令具体指什么，就任由各位舰长自由理解了。

“贝伦费尔斯”号和“美茵”号都属于 4 月 6 日第一批到达科珀维克请求通行和提供引水员的船只。但这两艘船比同批次的其他船晚了些，港内一时派不出引水员，虽然船长提出抗议，它们还是不得不下锚等待。分别计划前往特隆赫姆和纳尔维克的油轮“斯卡格拉克”号和“卡特加特”号也遇到延迟，看起来不太可能及时到位为驱逐舰加油，令西集群忧心忡忡。4 月 6 日，海军武官施赖伯走访了挪威海军总参谋部，抱怨近来的密集检查耽误了德国商船的行程。他宣称这些船全都遵规守矩，没有理由不让它们通行，但他却没有解释它们为何如此匆忙。汤克－尼尔森少将并不知道施赖伯到访一事，而在奥斯陆似乎也无人得出任何值得一提的结论。[22]

1940 年 4 月，潜艇舰队司令卡尔·邓尼茨（Karl Dönitz）少将手下有 48 艘现役的 U 艇，比战争爆发之日少 9 艘。3 月的第一个星期，大部分 U 艇已从大西洋撤回。它们一完成维修、补给和艇员休整就被派到北海，并且接到了保持绝对无线电静默和只攻击战舰或明显的运兵船的命令。这段时间它们战果寥寥，而且包括搁浅的 U–21 在内共损失了 4 艘。在 2 日“威悉演习”行动确定实施时，海上共有 32 艘 U 艇。14 艘 VII 型和 IX 型位于斯塔特岛及以北海域，18 艘 II 型位于斯卡格拉克海峡和北海中。6 日 20: 30，邓尼茨向所有 U 艇发出了含有暗语“哈特穆特”的电讯，意思是让艇长们打开封好的信封，取出写在水溶性纸上的命令。信封中的详细命令要求各艇移动到挪威沿岸的新位置，并注意避免暴露。它们仍然可以攻击同盟国的战舰和运兵船，但必须放过挪威和丹麦的船只。[23]

在伦敦，指挥潜艇部队的马克斯·霍顿（Max Horton）中将也向位于斯卡格拉克海峡和卡特加特海峡的英国潜艇发出了类似的命令。各艇可以攻击德国战舰，但除此之外应该尽可能隐藏行踪。应该放过商船——除非遇到德国战舰和运输船一起出现的情况（此时攻击运输船是首要任务）。“海狮”号（*Sealion*）的艇长布莱恩特（Bryant）少校发现这个命令很棘手，他在 7 日的日记中写道：

> 今天白天发现了大约 25 艘商船，大多是北上的。其中有些很可疑，但是没有一艘是我有绝对把握认定为德国船的……有一艘小船带着爱沙尼亚标志，但是有一个和汉堡萨博克公司的商船一样的烟囱。有 5 艘船既没有悬挂国旗也没有国籍标志，3 艘灰蒙蒙的看不清。浮出水面进行调查是不可能的，因此我没有采取任何行动。我很担心这样做是在放跑敌人的船只。另一方面，接到的命令给我的印象是千万不能暴露我的位置。我觉得命令里的“运输船”没有明确定义。[24]

由于英军整肃了电讯纪律，德国的电讯情报部门与几星期前相比很难追踪英国潜艇，在很大程度上不清楚它们的数量和行踪。他们没有发现多少显示英国潜艇藏身之处的迹象，只有两个例外：一是“三叉戟”号（*Trident*），它在 4

日和5日已经在利斯塔（Lista）附近截停并检查过多艘中立国商船；二是“联合”号（*Unity*），5日它在赫尔戈兰湾（Helgoland Bight）附近攻击一艘U艇但未能得手。不过，海军情报局电子侦听处根据陆上电台的通信量估计，海上约有15到20艘英国潜艇。[25]这个数字让海军战争指挥部忧心忡忡，因为这可能表明同盟国已经掌握了“威悉演习”行动的细节,正在设下陷阱。但从另一方面讲，出动大量潜艇可能是为了掩护同盟国自身针对挪威的行动，就像他们在3月里做的那样。无论如何，海军加强了对潜的戒备，并且下令准备加强运输船队的空中和海上保护。[26]

重巡洋舰“希佩尔海军上将”号（*Admiral Hipper*）的舰长——45岁的赫尔穆特·海耶（Hellmuth Heye）上校负责指挥第二战斗群，即负责占领特隆赫姆的战舰编队。18200吨的“希佩尔海军上将”号是希佩尔海军上将级的首制舰，一年前服役，经过了大量试验和改造。除了在2月与“沙恩霍斯特”号和“格奈森瑙”号共同进行了一次平安无事的出击外，整个冬天“希佩尔海军上将”

赫尔穆特·吉多·亚历山大·海耶（1895—1970），重巡洋舰“希佩尔海军上将”号的舰长。（作者的收藏）

号基本上都待在威廉港，直到 3 月 20 日接到前往库克斯港（Cuxhaven）为“威悉演习”做准备的命令。同样被编入第二战斗群的还有第 2 驱逐舰纵队的四艘驱逐舰:“保罗·雅各比”号（*Paul Jacobi*，Z5）、“特奥多尔·里德尔”号（*Theodor Riedel*，Z6）、“布鲁诺·海涅曼”号（*Bruno Heinemann*，Z8）和“弗里德里希·埃克霍尔特”号（*Friedrich Eckholdt*,Z16）。① 它们的指挥官是坐镇“保罗·雅各比”号的鲁道夫·冯·普芬多夫（Rudolf von Pufendorf）中校。[27] 海耶写道：

> 我和其他战斗群的指挥官一样，非常清楚此次任务的规模和海军为此承担的风险。为了保密，我们很难获取情报，因此有很大机会遇上意外情况，比如在作战开始时与敌人遭遇，碰巧和敌人同时对目标展开行动，遭遇天气变化，错过补给机会，等等。我在下发给第二战斗群各舰艇的命令中总结了我考虑的因素……这样一来，万一遇到意外，不必下发详细命令大家就能迅速采取反制措施……我根据目标的重要程度对它们排了序，对各舰的舰长明确了他们的优先任务。[28]

4 月 6 日下午，陆军士兵在“希佩尔海军上将”号大副魏格纳（Wegener）少校及其助手皮翁特克（Piontek）上尉的监督下开始登船。军列沿支线开进已经对外封闭的“美国码头”，第 138 山地团第 1 营和第 3 营、第 83 工兵分队大部、一个山地炮兵连以及团部、情报和通信人员、海军岸炮手和高射炮手们纷纷爬上舷梯。他们总共有 1700 人：其中 900 人登上了“希佩尔海军上将”号，每艘驱逐舰则各搭载 200 人。[29] 第 138 团的团长魏斯（Weiss）上校上舰时得到了海耶的迎接，但他在踏上特隆赫姆的陆地前对作战没有任何发言权。海耶非常仔细地指挥部下把陆军的炸药、枪弹、炮弹、燃料和其他危险物品存放到甲板下面。为了在弹药库中腾出空间，舰炮的弹药尽量挪到了待发弹药架上。无法存放在

① 译注：二战中德国海军 Z 系驱逐舰的前 22 艘全部以一战中殉国的第二帝国海军将士命名，史料中也主要以舰名称呼这些军舰。但由于某些游戏的缘故，国内读者可能更熟悉它们的数字编号，因此本书提及这些军舰时都会注明编号。

登上“希佩尔海军上将”号的第138山地团的山地兵们。（作者的收藏）

装甲甲板下方的炸药则被装在小箱子里分散堆放在全舰的各个角落，以尽量减少被敌弹引爆的风险。登船的部队被限制在甲板下面活动，只有获得许可时才能上甲板。轮机舱和炮塔则自始至终都禁止他们涉足。天黑后不得在舱外或走道里吸烟。海耶还坚持给这些大多从未上过船的士兵每人发一个救生圈。巡洋舰上的医护人员则接到命令，要尽可能帮助陆军士兵克服不可避免的晕船。

“希佩尔海军上将”号在德国时间 22: 00 准备就绪，趁着潮位尚高时解开缆绳，在易北河中等待驱逐舰。几个小时后冯・普芬多夫中校的驱逐舰赶到，五艘军舰从 4 月 7 日 01: 30 开始沿着狭窄的河道驶向大海。刚过河口，“埃克霍尔特”号（Z16）就报告左舷螺旋桨轴过热，不得不减速。该舰奉命在“里德尔”号（Z6）的陪伴下离队抢修，如果不能及时修复故障并在上午追上大队，就必须将舰上的部队转移到后备驱逐舰上。“希佩尔海军上将”号和其他驱逐舰继续西进，穿过赫尔戈兰湾前往威廉港附近的什利希水道与第一战斗群会合。从此刻起直到

德国驱逐舰“威廉·海德坎普”号（Z21），排水量1811长吨，全长123米，标准编制325人。它的最大航速超过40节。舰载武器包括五门单装127毫米炮、四门37毫米炮和四门20毫米炮。此外，它还有8枚鱼雷和多达60枚水雷。（作者的收藏）

在特隆赫姆下锚为止，“希佩尔海军上将”号的船员将始终待在战位上——既是为了保持战备，也是为了给船舱里腾出空间。保密工作滴水不漏，船上只有极少数人知道要进行什么行动，以及舰队将驶向何方。[30]

计划前往纳尔维克的第一战斗群在4月的第一个星期集结在威悉明德（Wesermünde）。[31] 该战斗群由10艘驱逐舰组成：“威廉·海德坎普”号（*Wilhelm Heidkamp*，Z21）、“埃里希·克尔纳”号（*Erich Koellner*，Z13）、“沃尔夫冈·岑克尔”号（*Wolfgang Zenker*，Z9）、“格奥尔格·蒂勒”号（*Georg Thiele*，Z2）、“贝恩德·冯·阿尼姆”号（*Bernd von Arnim*，Z11）、“赫尔曼·金内”号（*Hermann Künne*，Z19）、“埃里希·吉泽”号（*Erich Giese*，Z12）、“安东·施密特”号（*Anton Schmitt*，Z22）、“汉斯·吕德曼”号（*Hans Lüdemann*，Z18）和“迪特尔·冯·勒德”号（*Dieter von Roeder*，Z17）。驱逐舰总司令弗里德里希·邦特（Friedrich Bonte）准将坐镇“海德坎普”号（Z21）。[32] 他将先归入吕特晏斯中将麾下，离

队后再转隶威廉港中西集群的扎尔韦希特大将。[33] 登陆部队的指挥官爱德华・迪特尔（Eduard Dietl）少将也搭乘"海德坎普"号（Z21），他隶属第 21 集群司令冯・法尔肯霍斯特，理论上在航行途中没有指挥权。

邦特在 4 月 5 日 09: 00 召集手下的驱逐舰舰长和其他高级军官开了一次会。大多数人在这次会议上第一次得到了关于"威悉演习"行动的正式消息。邦特宣读了自己从雷德尔元帅那里接到的命令，其中提到登陆行动将在英国海军掌握制海权的情况下实施，只有通过瞒天过海的快速而坚决的行动才能成功。他还补充说：雷德尔在下达命令时特别向他指出，德国最高统帅部早已知道同盟国正在策划干涉挪威;这是绝对不能容忍的，必须通过先发制人的行动加以阻止;此次作战的结果对德国的未来以及海军的荣誉至关重要。接下来与会者讨论了行动细节，包括关于挪威军队的情报和预计的反抗。从威悉明德到纳尔维克有 1200 多海里（合 2000 千米）。要按指定的时间抵达目标就必须始终保持 20 节以上的航速，这对舰船和人员都是严峻的考验。旗舰"海德坎普"号（Z21）的舰长汉斯・埃德蒙格（Hans Erdmenger）少校肯定特别不自在。他的舰桥里不仅有邦特准将，还有登陆部队的指挥官。他的一举一动都会被他们看在眼里。

威悉明德港在 6 日中午就已对外封闭。部队的登船将在入夜后不久开始，各舰的舰长都接到了在"哥伦布码头"的泊位指示。所有水兵都不得离舰，也不能与外界联系。迪特尔和他的第 3 山地师的山地兵们在接到通知几个小时后就离开了柏林郊外的临时兵营。他们在绝对保密的情况下坐上军列，连夜北上穿过吕讷堡灌木林（Lüneburger Heide）。第 138 团在库克斯港登上第二战斗群的舰船，而迪特尔与第 139 团一起来到威悉明德。三趟军列在 13: 00 到 17: 00 先后进入港区，士兵们进入大型仓库中以避人耳目。稍后还有一些小部队乘坐遮盖得严严实实的卡车抵达，他们是海军炮手、宣传人员和情报人员。警察部队将所有闲杂人等都挡在港区外。不过一般人显然看得出有大事发生，因此谣言四起。有人说是要袭击英国或法国在英吉利海峡的港口，也有人说要进攻冰岛和设得兰群岛。军官们自身也一无所知，有人问起时只能耸耸肩回答："I hob kei Ahnung! "（我不知道！）基本上没有人猜到目的地是挪威，纳尔维克更是无人提及。

装备立即开始装船。陆军的弹药被尽可能放进驱逐舰的弹药库中，放不下的则在甲板下面见缝插针地堆放。甲板上面堆了各种大件、摩托车、火炮和箱子，在之后的几个星期中人们将深刻体会到这样做的后果。20: 30 前后，随着夜幕降临，陆军士兵开始带着自己的个人装备登船，每艘军舰各上了 200 人。水兵们惊讶地发现，这些军人的军帽和袖口上带着雪绒花标志。这些山地兵都是来自福拉尔贝格、克恩滕、施泰尔马克和蒂罗尔等省份的奥地利人——他们出现在海军的舰船上可是稀罕事。包括指挥官在内，他们没有几个人见过大海，更不用说上过船，因此完全不知所措。这将是幸存者毕生难忘的一段旅程。[34] 不出两个小时，部队登船完毕，邦特下达了出发的命令。到了 23: 00，各驱逐舰已经沿着水道从威悉明德驶向赫尔戈兰湾。[35]

绰号“咖喱”的奥古斯特·蒂勒（August 'Curry' Thiele）上校在 3 月初就接到了准备带重巡洋舰“吕佐夫”号（*Lützow*）[①] 去南大西洋破交的命令。因此在 3 月下旬，当希特勒决定让“吕佐夫”号参加“威悉演习”行动时，加满燃油和补给的该舰正在威廉港等待月光和天气都合适的日子以便出发。按照命令，这艘巡洋舰要先带领第五战斗群前往奥斯陆，然后再开赴大西洋。雷德尔希望“吕佐夫”号早日前往大西洋，不愿再生枝节。因此，当巡洋舰“布吕歇尔”号（*Blücher*）在 3 月下旬离开造船厂时，他让这艘军舰代替“吕佐夫”号编入第五战斗群，后者则脱离挪威作战。然而希特勒再次出手干预，他在国防军总司令部的请求下让“吕佐夫”号随同第二战斗群前往特隆赫姆。“吕佐夫”号需要将大约 400 名山地兵运到舍达尔（Stjørdal），然后在战列舰“沙恩霍斯特”号和“格奈森瑙”号的掩护下，利用敌军的混乱悄悄进入大西洋。

蒂勒在 4 月 5 日将“吕佐夫”号从库克斯港开到威廉港搭载山地兵及其装备。舰队司令吕特晏斯中将对这次行动并不乐观。“吕佐夫”号的巡航速度是 21 节，但在紧急情况下它的航速只能勉强超过 24 节。如果遭遇优势英军，吕特晏斯将不得不在抛弃“吕佐夫”号逃跑和留下来保护它之间抉择。蒂勒上校也高兴不起

---

① 编注：“吕佐夫”号（原“德意志”号）及其姊妹舰“斯佩伯爵海军上将”号和“舍尔海军上将”号最初被归类为装甲舰。1940 年 2 月，该级舰被重新归类为重巡洋舰。

来。带“威悉演习”行动的登陆部队去特隆赫姆不在原计划中，而现在他要随同大队舰船在白天经过卑尔根—设得兰海峡。他认为此举肯定会引起英国人的注意，很可能使他突入大西洋的计划泡汤。就算他们成功避开了英国本土舰队，蒂勒还是担心“吕佐夫”号可能因为速度不够无法和其余舰船一起进入峡湾，因而吸引被惊醒的挪威岸防要塞的全部注意。但是这两位军官除了服从命令别无选择。

6 日 15: 00，离出发只有几个小时之际，西集群指挥部得知“吕佐夫”号的 1 号辅助电机底座上发现了裂纹。虽然可以临时将裂纹焊死，但这艘军舰的航速不能超过 23 节了。如果不经过船坞修理，它既没有希望突入大西洋，也不可能通过卑尔根—设得兰海峡。因此在 4 月 6 日 17: 00，雷德尔将“吕佐夫”号重新编入风险较小的第五战斗群。为了执行新的任务，蒂勒不得不立即出发。于是在匆忙搭载第 138 山地团第 2 营的 400 名山地兵和大约 50 名空军人员后，“吕佐夫”号于 7 日凌晨起航，经威廉皇帝运河驶向基尔。“吕佐夫”号无法将船上的这些人员转移到第二战斗群的其他船上，因为后者已经没有空间。为了弥补这些被转用于奥斯陆的部队留下的空缺，雷德尔决定让第二战斗群的全部 4 艘驱逐舰都前往特隆赫姆,而不是像原计划那样将其中 2 艘用于翁达尔斯内斯。这是一个小小的更改，却会造成严重后果，因为一个星期后英国士兵恰好就在翁达尔斯内斯登陆。[36]

“格奈森瑙”号与其姊妹舰“沙恩霍斯特”号是新建的德国海军的第一批主力舰，本应装备350毫米主炮，但是炮塔无法及时完成，因此各安装了三座经过升级的三联装280毫米炮塔作为临时解决方案。（作者的收藏）

“沙恩霍斯特”号和“格奈森瑙”号4月7日00: 45从威廉港起锚[37]，它们离开河口后便直奔F灯塔船而去。这两艘战列舰将为第一和第二战斗群提供掩护，不搭载部队。在4月1日帝国总理府中所有战斗群指挥官都出席的会议之后，围绕如何部署战列舰发生了很多争论。有人认为最好让驱逐舰队单独前往纳尔维克，而将战列舰部署在卑尔根—设得兰海峡以南，以免英国舰队过早注意到“威悉演习”行动。另一些人则建议让重型舰船跟随第三战斗群前往卑尔根，半途留在北海活动，从而使接到警报的本土舰队集中兵力对付它们，放过登陆船队。最终海军战争指挥部认为最好把“沙恩霍斯特”号和“格奈森瑙”号用来支援攻打纳尔维克和特隆赫姆的船队。那些满载部队和物资的驱逐舰即使只遇到小股敌人也需要保护。而如果英国巡洋舰遭遇了这些战列舰，那就再好不过，因为结果肯定是德方获胜。将战列舰留在北海活动会增加它们遭遇优势英军的概率：这是必须不惜一切代价避免的。当然让战列舰出海有可能使同盟国提前两天发现“威悉演习”行动，但这个风险值得一冒。即使它们被目击到，英国海军部也可能推断这是德国人又一次突破大西洋的尝试，从而将兵力集中于冰岛和设得兰群岛之间，为尾随战列舰的第三战斗群大开方便之门。对旗舰“格奈森瑙”号上51岁的代理舰队司令京特·吕特晏斯中将而言，这是展示他海战指挥能力的不二良机。

两艘战列舰在03: 00抵达F灯塔船，与邦特准将和他的10艘驱逐舰会合，不久以后，“希佩尔海军上将”号和两艘驱逐舰洗练的舰影也在海平面上依稀可辨。新来的舰船用调低亮度的信号灯发送并确认几条信息后加入了队伍。二十多年来德国海军调集的最强大舰队以22节航速向北进发。[38]

“没有令人不安的消息。”约德尔将军在日记中写道。[39]

风雨欲来

4月7日星期天拂晓，舰队进入丹麦日德兰半岛和德国“西墙”雷区之间的平静海域。05: 50，舰队司令下了“排成日间阵型”的命令，驱逐舰在大型军舰前方和周围散开，后者则以大约2000米的间隔并排行驶。舰队航速提高到23节。“埃克霍尔特”号（Z16）和“里德尔”号（Z6）在上午归队，并报告所有故障都已排除。[40]陆军士兵被允许走上甲板晒太阳并欣赏舰队劈波斩浪的壮观景象。

他们已被告知，万一警报拉响就要迅速回到甲板以下，以防任何船只（中立国的船只和渔船也包括在内）上的人看到陆军士兵在军舰上。海面特别平静，没有多少人关心船上扩音喇叭播放的关于如何避免晕船的不祥告诫。不过当喇叭宣布此行的目的地时所有人都听得非常认真：他们将要在 4 月 9 日拂晓时分到达挪威北部的纳尔维克。基本上没人知道那地方在哪，于是大家开始争抢地图。有些驱逐舰的舰长事先料到了这种情况，已经让水兵们准备了大比例的防水地图给山地兵看，随后人们便热烈地讨论了一整天。他们都没有对入侵挪威的必要性考虑太多，而当军官们解释说他们将以朋友的身份“协助挪威人阻止同盟国在北方建立基地的图谋”时，大家都松了一口气。[41]

吕特晏斯中将对平静的天气和良好的能见度忧心不已，因为这会增加被发现的风险。前一天下午飞到威廉港上空的英国侦察机已经发现港内有两艘战列舰和几艘巡洋舰，它们在夜里的出发则尚未引起关注。11: 31，西集群通知吕特晏斯，大约两小时前截获一架英国侦察机的报告，内容是 1 艘巡洋舰、6 艘驱逐舰和 8 架飞机在北纬 55 度 30 分向 350 度方向行驶。在舰队前方护航的空军战斗机这天上午已经驱逐过两架“哈德逊”式飞机，但显然没有来得及阻止它们观察到舰队。此后西集群发来的电讯（正确地）报告说，本土舰队的大部分重型舰船都停在港口或远在南方，此次作战看来尚无紧迫的威胁。不过吕特晏斯还是在 12: 13 将航速提高至 25 节，一小时后又提至 27 节，以便尽快进入前方阴云笼罩的海域。

14: 20，当舰队位于日德兰半岛北部近海时，警报突然拉响，山地兵们匆忙躲到甲板下。英国空军第 107 中队的 12 架“布伦海姆”式轰炸机从东方约 2000 米外的云带处逼近。“希佩尔海军上将”号位于大型军舰横队的最东端，因此得到了敌机最多的“关照”。密集的高射炮火使这些“布伦海姆”不敢飞低，45 枚 125 千克炸弹全都落在远离德舰的水面，投弹精度令德国人不敢恭维。[42] 近半个小时后，指挥官下令各舰解除战斗警报，但大多数舰长还是让炮手继续待在炮位上。“格奈森瑙”号上的电子侦听人员截获了一架飞机发出的电讯，内容是“三艘战列舰在若干驱逐舰陪伴下向北航行”，吕特晏斯断定英国人此时已经知道有一支强大的德国舰队出海了。稍后西集群也确认英国海军部相信至少一艘沙恩霍斯特级战列舰在海上。电子侦听人员注意到本土舰队收发电讯的流量大大增加，而且至少有一个巡洋舰中队出动，但是西集群（和吕特晏斯）直到4月7日才知道英国的主力舰也出海了。22: 05，海军战争指挥部通知他们：据信“敌人现已发现我军要去北方作战，将启动反制措施”。“希佩尔海军上将”号的海耶上校在自己的日记中评论道，根据得到的电讯，预计英国人会在夜间用驱逐舰和潜艇发起“反制行动”，但他相信逐渐恶化的天气对己方有利。[43]

4月7日下午，一个强大的低压系统不出德国气象员所料地从大西洋袭来，晴朗的天气被阴云和阵雨取代。[44]能见度降到一海里以下，海面在来自南偏西南方向的劲风吹拂下掀起越来越高的浪涛。临近午夜，风力加大到8至9级，一阵阵大涌浪直扑船艉。各驱逐舰奉命解散反潜队形，在战列舰左后方组成两排雁行队列，为抵御更恶劣的天气做好准备。万一夜间有敌舰来袭，这个阵形可以给大型舰船提供机动和射击的空间。吕特晏斯希望在黎明前到达特隆赫姆以北足够远的位置，因此将航速定在26节。各舰将所有舱门和水密门关死，禁止人员在甲板上擅自走动。从来不以适航性著称的德国驱逐舰开始感受到船艉浪的可怕威力。

4月7日风力渐增，海浪在下午越来越大。（作者的收藏）

尾浪使 34 年式驱逐舰的船舵偏向迎风面，将它们的左舷侧向海浪袭来的方向扭转。[45] 舵手奋力维持航向，但很多时候不得不靠轮机操作来帮忙。36 年式驱逐舰的适航性要好一点，但船上的情况也相当骇人。船头在浪涛的恣意抛弄下不断地深深扎入海中，成吨的海水泼到艏楼和敞开式舰桥上，那里的每个人都被浑身浇透。随着风雨逐渐加大，船头也有了被海浪拍断的真切危险，各舰不得不经常大幅度改变航向和航速，舰桥和轮机舱人员的神经都绷到了极限。在轮机舱和锅炉舱里，经常有海水从通风口倒灌进来，从法兰和连接处泄漏的蒸汽也四处弥漫。设备不断损坏并出现技术故障，由于照明电路时常跳闸，人们不得不摸黑或是借助明暗不定的手电进行修理。电力驱动的舵机尤其容易坏，一出故障就要紧急处理。一个特别厉害的浪头通过风扇进气口拍进“海德坎普”号（Z21）的 1 号锅炉舱，导致锅炉暂时熄火，舰上部分区域一片漆黑。“希佩尔海军上将”号的轮机长则报告说，舵机由于连续调节而过热，请求减少用舵。

较大的军舰也受到船艉袭来的巨浪影响。21: 00 前后，舰队航速暂时降为 15 节，但是这让“沙恩霍斯特”号的燃油泵出了问题，因此不得不重新提速。此后的一整夜，舰队航速一直保持在 22 节到 26 节之间。随着天色越来越暗，各舰亮起艉灯以便保持接触和防止相撞。大舰通过超短波电台指示驱逐舰尽力而为，万一掉队就设法在天亮时追上大队。舰队无论如何必须在黎明前航行到尽可能靠北的位置，为了不耽误登陆，只好让部分掉队的驱逐舰独自前进。而从好的方面来说，舰队被英国飞机发现的概率可以忽略不计了。

山地兵们感到自己仿佛被丢进了地狱。他们被困在甲板下拥挤而陌生的环境中，空气浑浊得令人无法忍受，在晕船和恐惧的折磨下，人人都变得浑浑噩噩。狂风暴雨的呼啸伴着风扇和发动机的轰鸣，再加上无休无止地拍击艏楼的浪涛，组成了一曲地狱交响乐。一切没有固定好的东西都在剧烈的颠簸下被抛来抛去。有人高喊：“Hold di fast!”（抓紧了！）若是因为睡着或疲劳而放松警惕，下一波海浪就可能要他的命。许多人胳膊腿被摔折，或是脑袋被撞破，医护人员不得不加班加点工作。

据说迪特尔少将是极少数没有受风暴影响的人之一。他在整个航程中除了小睡几次外，基本上一直待在“海德坎普”号（Z21）的舰桥里，与邦特和埃德蒙格为伴。有件小事给有关他的已经很长的传奇和趣闻列表又添上了精彩的一笔。“和平时期我们从没在这样的条件下冒险开到这么高的航速。”邦特说。“哦，”迪特尔回答，“只要按时把我送到那里就好，我关心的只有这个。”

午夜前后，德国舰队经过了卑尔根所在的纬度。风力进一步加大，一些驱逐舰开始与旗舰失去接触。它们在夜里经历了超过 45 度的横摇，大部分系在甲板上的陆军装备以及驱逐舰自带的救生艇和深水炸弹都掉进了海里。有些炸弹还在驱逐舰的尾流中爆炸，给大型军舰上的人们带来了不必要的危险和紧张——他们起初以为那是敌军打来的炮弹。在甲板上走动是非常危险的，尽管到处都张着绳索，从 7 日夜晚到 9 日上午，还是有至少 10 个人从驱逐舰上坠海。各舰都接到了简洁的命令：“Keine Rettungsversuche.”（不得做救援尝试。）无论如何，即使落水者能够奇迹般地在冰冷的海水中存活几十分钟，要在剧烈颠簸的船上救人也是基本上不可能的。[46]

威廉港内，负责指挥第三战斗群的侦察舰队代理司令胡贝特·施蒙特（Hubert Schmundt）少将认为卑尔根是整个入侵作战中风险最大的目标。[47] 第一和第二战斗群确实没有掩护，但这算不上大问题，尽管他们被发现的可能性很大，可只要皇家海军主力尚未出海，他们就有很大机会躲过拦截。而第三战斗群将比第一和第二战斗群晚大约 24 小时离开德国，届时英军应该已经得到充分预警。舰队从斯卡帕湾到卑尔根只需航行八九个小时，在施蒙特看来，英国人一旦判明德国海军大举出动，就会重点封锁卑尔根—设得兰海峡。更让他焦虑的是，德国海军所有大型和现代化的舰船都被分配去了纳尔维克、特隆赫姆和奥斯陆。把几艘重型舰船分到奥斯陆尤其让施蒙特恼火，他相信如此安排只是为了争抢头功。另一方面，第三战斗群除了轻巡洋舰“科隆”号（*Köln*）和“柯尼斯堡”号（*Königsberg*）之外，就只有炮术训练舰“牛虻”号（*Bremse*），鱼雷艇“豹”号（*Leopard*）和“狼”号（*Wolf*）①，补给舰“卡尔·彼得斯”号（*Carl Peters*），以及 6 艘 S 艇（鱼雷快艇）而已。

---

① 译注：德国海军在“威悉演习”行动中使用的 1923 型和 1924 型鱼雷艇排水量在 1000 吨级，相当于其他国家的小型驱逐舰，后文将会提到，挪威海军几艘驱逐舰的排水量和火力都不如它们。

“牛虻”号和“卡尔·彼得斯”号的巡航速度都不到 20 节，这意味着船队需要花大约 24 小时来航渡，包括在北海度过一整个白天，遭到拦截和潜艇攻击的风险大大增加。施蒙特向海军战争指挥部恳求用这两艘船与克里斯蒂安桑船队中的“卡尔斯鲁厄”号（*Karlsruhe*）交换，使自己船队的航速更趋一致，从而提高航渡速度。但是他的请求遭到拒绝，他只能凭手头的船只执行任务。克兰克一度对布申哈根表示，施蒙特似乎失去了勇气。施蒙特联系了第 69 步兵师的师长赫尔曼·蒂特尔少将，以确保“牛虻”号和“卡尔·彼得斯”号尽量少搭载绝对需要在入侵之日上岸的人员。万一遇到拦截，这些慢船可以掉头向东，躲进挪威领海或是斯卡格拉克海峡，而巡洋舰和鱼雷艇将在 S 艇支援下，在天黑后尝试高速突向卑尔根。

胡贝特·施蒙特少将，指挥第三战斗群的侦察舰队代理司令。（德国联邦档案馆, Bild 146/1971/078-74）

4 月 7 日，“科隆”号、“柯尼斯堡”号和“牛虻”号在威廉港，“卡尔·彼得斯”号和鱼雷艇在库克斯港，S 艇队在赫尔戈兰。[48] 从早晨起水兵们就被禁止离舰，电话线也被切断。到了下午，高级军官们向大家说明了作战任务，不久第一批陆军人员就分成小股抵达。主要的登船活动是在天黑后一列运兵火车开进“希佩尔码头”的封闭区域时开始的。截至 23: 00，所有人员都已登船，“科隆”号搭载了 640 名官兵，除了蒂特尔少将和他的师部外，主要来自第 159 步兵团第 1 营和第 2 营。“柯尼斯堡”号也搭载了 735 人，其中包括第 159 步兵团的团长冯·施托尔贝格（von Stolberg）上校和预定担任“挪威西方岸防司令”的奥托·冯·施雷德中将，以及他们各自的幕僚。207 人登上了“牛虻”号，他们主要来自第159步兵团的第8连，另外包括一些警察和警卫部队。第6鱼雷艇纵队的指挥官汉斯·马克斯（Hans Marks）少校负责库克斯港内的登船工作，第1营和第2营的剩余人员登上了“卡尔·彼得斯”号、“豹”号和“狼”号。第三战斗群的舰船合计搭载了大约1900名陆军士兵。支援人员、野战炮、重器材、军马、汽车、高射炮和其他补给品都装在已经出海的运输船“里约热内卢”号（*Rio de Janeiro*）、“玛丽·莱昂哈特”号（*Marie Leonhardt*）和“库里提巴”号（*Curityba*）上。

轻巡洋舰“科隆”号。6650吨的科隆级巡洋舰能够达到大大超出30节的航速，装备了9门150毫米炮、6门88毫米炮和12具鱼雷发射管。（作者的收藏）

被关在甲板下面的士兵们领到一顿晚餐后又接到了关于舰上纪律的简要指示，并被建议睡个好觉。两艘巡洋舰与“牛虻”号在 23: 10 起锚，穿过船闸后沿亚德河（Jade）驶向大海。没过多久，施蒙特将军就接到西集群的通报：英国人已经发现了第一和第二战斗群，但到此时为止敌人似乎只有轻型舰船出海。“卡尔·彼得斯”号和鱼雷艇在一小时前已经离开库克斯港，它们接到了在 4 月 8 日午前到灵克宾（Ringkøbing）以西与大队会合的命令。[49] 与此同时，巡洋舰沿之字航线以 23 节速度北上。天亮时，几架护航战斗机到达舰队上空。航行途中舰队曾几次拉响鱼雷攻击警报，但都是虚惊一场，各舰在快速转弯后又恢复了主要航向。[50] 令施蒙特大为宽心的是，天气在上午逐渐变差，低垂的乌云和大雨降低了能见度。10: 45 前后，海上又起了大雾，能见度进一步降低。空中掩护的飞机不得不放弃任务打道回府，不过这问题不大，因为英国的飞机和潜艇也不可能发现这支舰队。施蒙特通过超短波电台联系到了“豹”号上的马克斯少校，但双方没有建立目视接触。到了 11: 00，舰队穿过德国的水雷封锁线，朝着于特西拉（Utsira）方向以 18 节航速前进，“科隆”号在前，“柯尼斯堡”号和“牛虻”号并排在后。“柯尼斯堡”号一度与“科隆”号过于接近，它在向左避让时与浓雾中的旗舰失去了目视接触，不过第三战斗群的各舰仍然通过超短波电台保持了联络。北上途中，飞机发动机的声音两次从头顶传来，但在大雾掩护下德方舰船都未被发现。西集群也没有再发来电报，没有人知道前方有什么在等着自己。[51]

4 月 8 日 05: 00 刚过，第三艘柯尼斯堡级巡洋舰“卡尔斯鲁厄”号在弗里德里希·里夫（Friedrich Rieve）上校指挥下离开威悉明德前往克里斯蒂安桑，同行的还有鱼雷艇“山猫”号（*Luchs*）、“海雕”号（*Seeadler*）、“狮鹫”号（*Greif*）和补给舰“青岛”号（*Tsingtau*）。该船队搭载了第 310 步兵团第 1 营及团部、支援人员和计划接管岸防要塞的海军炮手——总共约 1070 人。被指定为“挪威南方岸防司令”的申克少将和他的幕僚也在船上。第四战斗群在上午经过 D 灯塔船后兵分两路：“卡尔斯鲁厄”号、“山猫”号和“海雕”号沿之字形航线以 21 节速度西进，而“青岛”号和“狮鹫”号以 16 节航速（这是“青岛”号的最高航速）沿着丹麦海岸行驶。鱼雷艇总司令汉斯·比托（Hans Bütow）上校坐镇“山猫”号，而第 5 鱼雷艇纵队指挥官沃尔夫·亨纳（Wolf Henne）少校则在“狮鹫”

指挥第四战斗群的“卡尔斯鲁厄”号舰长弗里德里希·里夫上校。在他身后是情报军官迪瓦尔（Düwal）和自己的副官冯·施罗德（von Schroeder）。（里夫上校的收藏；K. 马塞尔供图）

号上。他们都做好了在战斗群指挥官出问题的情况下独立作战的准备。鲁道夫·彼得森（Rudolf Petersen）上尉的第 2 鱼雷快艇纵队也属于第四战斗群，但其舰艇设计各异，给他的指挥作战出了不少难题。不过他和他的部下是德国海军中经验最丰富的艇员，他们将独立驶向斯卡格拉克海峡。[52]

西部各集群中最后一个出发的是第六战斗群。600 吨级的扫雷舰 M1、M2、M9 和 M13 搭载着艾克霍恩上尉的自行车连的 150 名官兵，任务是控制埃格尔松。艾克霍恩和他的连队从斯德丁附近的军营搭乘军列，4 月 7 日星期日近中午时分抵达库克斯港，直接进入封闭的港区开始登船。第六战斗群没有运输船，因此该部队从登陆到等来斯塔万格的援军，所需的一切装备都必须靠扫雷舰运输。20: 30，在 M9 的艇长库尔特 · 托马（Kurt Thoma）少校指挥下，这支小小的船队离开库克斯港，在诺伊韦克岛近海下锚，等待北上的合适时机。每艘扫雷舰都搭载了四五十名陆军士兵，再加上被见缝插针地放置在甲板上下的自行车、摩托车、机枪、弹药箱和其他装备，船上显得非常拥挤。在等待的过程中，陆海军士兵听取了任务简介。得知目标是挪威的埃格尔松，大家都感到非常意外。虽然以盟友名义前往他国的说法令人宽心，但谁都不敢指望皇家海军待在自家港口不出来。8 日 05: 45，船队重新起锚，航行在和煦的东南风吹拂下的平静海面上。稍后，第六战斗群与前往丹麦的第十和第十一战斗群的扫雷舰及布雷舰会合，一同北上。[53]

希佩尔海军上将级巡洋舰的二号舰“布吕歇尔”号是 1939 年 9 月服役的。这一年的冬天特别寒冷，波罗的海大面积封冻，耽误了该舰的训练，再加上下水后额外的改造，它直到 3 月 30 日才离开基尔的船坞。截至此时“布吕歇尔”号出海的时间合计只有 20 天左右。它的鱼雷发射管和 203 毫米主炮都从未发射过。年轻的船员们是在它待在船坞的时候集结起来的，他们彼此非常熟悉，但只有极少数曾在其他军舰上服役——更不用说有实战经验。军官们同样欠缺经验，而且只有寥寥几人参加过战斗。应急训练、损管训练和战位操练都是不足的，往好了说也是没有完成。虽然其他岗位的人员都领到了操作手册，但轮机舱人员的手册却还没写好。尽管如此，雷德尔还是希望把“吕佐夫”号腾出来用于大西洋，于是决定让“布吕歇尔”号加入第五战斗群进攻奥斯陆。海军战争指挥部认为这个任务可能很简单，派新巡洋舰参加不会有多少风险，因此并未提出异议。于是 47 岁的舰长海因里希 · 沃尔达格（Heinrich Woldag）上校接到了做好准备后立即与轻巡洋舰“埃姆登”号（*Emden*）一同去波罗的海演习的命令。“埃姆登”号是德国海军舰龄最大、战斗力最弱的轻巡洋舰，但指挥部认为派它去奥斯陆峡湾正合适。[54]

在向奥斯陆进军途中，库梅茨（Kummetz）少将将负责指挥奥尔登堡战斗群，直属于坐镇基尔的东集群司令卡尔斯上将。[55] 库梅茨带着自己的参谋部于 4 月 5 日下午登上“布吕歇尔”号，在“埃姆登”号陪同下开往波罗的海。只有库梅茨、沃尔达格和他们手下的高级参谋军官知道此行的目的。6 日上午船队停在斯维内明德，第163步兵师的师部立即开始了部队登船的准备工作。当天一些行政、民政和宣传人员以及冯·法尔肯霍斯特的参谋部上了船。士兵们的登船工作则在夜幕降临后开始。大部分装备堆放在甲板上，以便让官兵们在甲板下狭窄而陌生的环境中舒适地安顿下来。他们中间基本上没有人得到过任何关于紧急情况下应该怎么做的指示。因为准备仓促，所以“布吕歇尔”号的弹药库里还装着各种口径的训练弹。由于缺乏时间，再加上怕出问题，舰上军官决定不把训练弹搬到岸上，而只是将实弹堆在这些训练弹上了事。不过这样一来，陆军带上船的弹药就放不进弹药库了，最后只能一部分堆在甲板上，另一部分放在鱼雷舱和机库里。[56] 在沃尔达格多番催促后，10到12条可容纳15到40人不等的马克斯式救生筏终于在起航前一天被送到舰上。木棉救生衣也姗姗来迟，大家为了省事就把它们都系在上层建筑甲板的护栏上。

4月7日05:30，“布吕歇尔”号在“埃姆登”号和鱼雷艇“信天翁”号（*Albatros*）及“兀鹰”号（*Kondor*）陪同下离开斯维内明德。它们先是向东航行，但从陆上人们的视野中消失后就立即掉头向东开往基尔。当天，“布吕歇尔”号的主炮第一次发射实弹，每门炮各打一发（这也是它的最后一次实弹射击）。舰上各处

第五战斗群在卡特加特海峡中。这张照片是在“埃姆登”号上拍摄的，前方是“吕佐夫”号，而行驶在舰队最前方的是“布吕歇尔”号。（德国联邦档案馆, Bild 101II-MO-0676-32）

也进行了其他演习，重点是战斗操练和损害控制。陆军士兵（Landser）们虽然提出了抗议，还是不得不在甲板下练习下船程序。[57]

快到 21: 00 时，船队在基尔港外的斯特兰德湾下锚，与当天早些时候从威廉港出发经运河赶来的“吕佐夫”号停泊在一起。在基尔港外停泊期间，陆军士兵们只被允许分小批到甲板上透气，而且必须穿上向水兵借来的海军制服。大多数人以为自己正在参加某种演习，觉得这样的伪装很滑稽。库梅茨少将在等待出发的过程中邀请其他舰船的舰长、航海长和陆军指挥官登上“布吕歇尔”号，与第 163 步兵师的师长埃尔温·恩格尔布雷希特（Erwin Engelbrecht）少将一起讨论最后的细节。部队一旦在奥斯陆登陆，恩格尔布雷希特就将接过指挥权，并在冯·法尔肯霍斯特到达前代行总司令职权。大多数军官此时才第一次得知自己的任务。

4 月 8 日 03: 00，船队在夜色中起锚，经大小贝尔特海峡北上。“布吕歇尔”号一马当先，“吕佐夫”号、“埃姆登”号、“兀鹰”号和“信天翁”号紧随其后。05: 30，在近海停泊了一夜的鱼雷艇“海鸥”号（*Möwe*）也加入队伍。奥尔登堡战斗群的各艘舰艇上总共搭载了近 2200 名国防军人员。“布吕歇尔”号上有 822 人，“埃姆登”号有 610 人，“海鸥”号 114 人，“兀鹰”号和“信天翁”号各有 100 人左右。大部分陆军士兵属于第 307 步兵团第 1 营和第 2 营，但也有属于第 21 集群和第 163 师的参谋人员，以及海军炮手、通信人员、工兵、战地记者和将要进驻奥斯陆—福尼布机场的空军地勤人员。“吕佐夫”号上则有 400 名山地兵和大约 50 名原定前往特隆赫姆的空军人员。[58]

至此，所有舰船都已出海，开弓没有回头箭了。

在此期间，冯·法尔肯霍斯特将军和他的幕僚从柏林转移到汉堡。第 10 航空军的盖斯勒中将自 12 月起入住的滨海酒店已经清空了客人，它在 4 月 7 日成为“威悉演习”行动的临时指挥所。[59]

心理战

关于德国战舰出海的第一份报告是 4 月 7 日 06: 37 送达白厅的，内容是侦察机在前一天夜里发现一艘身份不明的大型舰船以 15 到 20 节速度在赫尔戈兰湾一带北上。08: 48，第 220 中队的一架“哈德逊”式飞机报告：1 艘巡洋舰和

6艘驱逐舰在飞机掩护下在霍恩斯礁（Horns Reef）附近向北航行。这份报告直到11: 20才转到斯卡帕湾里的本土舰队总司令福布斯（Forbes）上将手中。半小时后，他接到罗赛斯总司令①的补充电报，得知那艘巡洋舰“可能是纽伦堡级”。跟踪该船队的那架“哈德逊”被敌机驱逐，但轰炸机已经出发。

13: 15，有人在海军部战争日记中写道，前一天下午的空中侦察已确认“沙恩霍斯特”号和“格奈森瑙”号在威廉港一带的锚地，1艘袖珍战列舰、2艘柯尼斯堡级巡洋舰和1艘希佩尔海军上将级巡洋舰停泊在不同的码头。据报“吕佐夫”号正在斯德丁（这是错的）。德国的U艇部队正在奥克尼郡附近活动，据信有一艘进了布里斯托尔湾（Bristol Channel），另一艘则在爱尔兰海。由于这份过时而且不完全准确的情报，加上初期关于第一和第二战斗群出海的报告不足，英国海军部产生了没有意外情况发生的印象。[60] 14: 00，战争日记中又出现一条简短的记录，提到在盖瑟附近发现一艘可能是“布吕歇尔”号的重巡洋舰向西航行，而罗赛斯总司令则报称三艘驱逐舰在霍恩斯礁附近南下，显然是回德国去的。大约在同一时间，福布斯上将又接到海军部在一个多小时前发出的一通电报：

> 最新报告表明德国人正在准备出征。据哥本哈根方面报告，希特勒已下令在夜里偷偷用十艘船运送一个师去纳尔维克登陆，同时占领日德兰半岛。将会放过瑞典。据说有温和派反对这一计划。部队抵达纳尔维克的日期定为4月8日。所有这些报告的价值都有疑问，可能只是又一个心理战招数。[61]

福布斯后来评论说，从此后发生的事件来看，“加了这最后一段真是不幸”。4月7日是星期天，第一海务大臣庞德大部分时间不在办公室，而是在拉姆西（Romsey）附近的蒙巴顿庄园里。电报是海军副总参谋长汤姆·菲利普斯中将起草的——他一星期前已经提醒过丘吉尔和庞德，德国人似乎正在策划自己的行动。

① 译注：罗赛斯总司令是皇家海军在苏格兰和北爱尔兰地区的最高指挥官，1940年担任该职务的是查尔斯·拉姆齐（Chaeles Ramsey）上将。

庞德在当晚 20: 00 前后来到白厅时，没有更改任何已经实施的行动和已经发出的电报，因此我们只能认为他同意实施先前的举措。他也没有主动采取任何措施来获取关于局势的最新消息或找其他军种或参委会确认事态。稍后丘吉尔驾到，同样未作任何更改或采取主动措施。在英国海军部眼中，德国跨越北海进行入侵挪威西部的任何尝试都是不可想象的，更不用说攻击纳尔维克。他们相信实施这样的作战需要集中大量的舰船，这大大超出德国海军的能力。本土作战处处长拉尔夫·爱德华兹上校在日记中写道："老头子（庞德）钓三文鱼去了，半夜才回来，人都累瘫了。海军副总参谋长（菲利普斯）也很累，海军大臣则是酒足饭饱。结果他们全都没有做出任何有用的决策。"[62] 1940 年 4 月 7 日在英国海军部的历史上实在是不光彩的一天。

直到"布伦海姆"式轰炸机在赫尔戈兰湾攻击德国重型舰船编队的消息在 17: 35 传来，福布斯上将才命令自己的船只升火准备出海。[63] 20: 50，旗舰"罗德尼"号（*Rodney*）与"反击"号（*Repulse*）及"刚勇"号（*Valiant*）一同驶离霍克萨航标（Hoxa Boom），半小时后进入开阔水域，将航向定为东北。为其护航的有巡洋舰"谢菲尔德"号（*Sheffield*）和"佩内洛珀"号，以及驱逐舰"科德林顿"号（*Codrington*）、"无忌"号（*Brazen*）、"贝都因人"号（*Bedouin*）、"厄勒克特拉"号（*Electra*）、"爱斯基摩人"号（*Eskimo*）、"冒险"号（*Escapade*）、"狮鹫"号（*Griffin*）、"朱庇特"号（*Jupiter*）、"旁遮普人"号（*Punjabi*）和"金伯利"号（*Kimberley*）。[64]

大约半小时后，第 2 巡洋舰中队在爱德华 – 柯林斯（Edward–Collins）中将率领下离开罗赛斯，其任务是进入北海搜索敌军，然后与本土舰队会合。这支舰队中除了巡洋舰"加拉蒂亚"号（*Galatea*）和"阿瑞托莎"号（*Arethusa*）外，还有驱逐舰"阿弗利迪人"号（*Afridi*，第 4 驱逐舰纵队旗舰）、"哥萨克人"号（*Cossack*）、"廓尔喀人"号（*Gurkha*）、"克什米尔"号（*Kashmir*）、"开尔文"号（*Kelvin*）、"锡克人"号（*Sikh*）、"莫霍克人"号（*Mohawk*）、"祖鲁人"号（*Zulu*）以及波兰驱逐舰"霹雳"号（*Grom*）、"风暴"号（*Burza*）和"闪电"号（*Blyskawica*）。第二天上午，"索马里人"号（*Somali*，第 6 驱逐舰纵队旗舰）、"马绍那人"号（*Mashona*）、"马塔贝列人"号（*Matabele*）和"鞑靼人"号（*Tartar*）也加入了他们的行列。

当时完成改装的航母“暴怒”号（*Furious*）正停泊在克莱德（*Clyde*），而福布斯似乎在一片混乱中把它给遗忘了。直到4月8日16:37海军部才出手干预，命令“暴怒”号重新搭载飞机并做好加入舰队的准备。又过了24小时，它的两个“剑鱼”式鱼雷机中队（第816和818中队）才在甲板上降落，舰长特鲁布里奇（Troubridge）上校终于能够起航。而这艘航母的战斗机中队（第801中队）驻扎在埃文斯顿（Evanston），因为距离太远无法及时赶到，所以“暴怒”号是在没有战斗机的情况下出海的。

第18巡洋舰中队的指挥官杰弗里·莱顿（Geoffrey Layton）中将当时正在海上率领“曼彻斯特”号（*Manchester*）和“南安普顿”号（*Southampton*）掩护开往挪威的ON25运输船队。总司令在下午命令他将运输船队遣回苏格兰，自己率部与本土舰队会合。莱顿中将似乎漏掉或误解了总司令的部分电文，因而认为自己接到的命令不恰当，于是当天夜里他一直在南方保持距离，打算天亮后重新与运输船队及其护航船只建立接触。

坎宁安中将的第1巡洋舰中队（包括“德文郡”号、“贝里克”号、“约克”号、“格拉斯哥”号以及8艘驱逐舰）当时留在罗赛斯搭载要前往卑尔根和斯塔万格的部队和装备。[65] 巡洋舰“佩内洛珀”号和“欧若拉”号以及6艘驱逐舰在克莱德，准备为前往纳尔维克和特隆赫姆的运输船提供掩护和护航。

本土舰队临出发前接到的德国舰队兵力报告是“1艘战列巡洋舰、1艘袖珍战列舰、3艘巡洋舰和12艘驱逐舰”。福布斯想当然地认为出海以后能得到更新的情报，但是由于天气快速恶化，卢赫斯基地的“哈德逊”式飞机难以起飞，他要等到第二天上午才能得到后续情报。本土舰队离开斯卡帕湾时的航向是为拦截试图突入大西洋的舰船设定的，但却忽视了北海中部和挪威海岸。22:00，北方巡逻队中由商船改装的辅助巡洋舰奉命南撤以避敌锋芒。22:51，布雷舰“蒂维厄特河岸”号被召回，为其护航的驱逐舰则接到了加油后与本土舰队会合的指示。福布斯上将始终在为防止敌军突入大西洋做准备。当天晚上舰队以20节速度向北—北—东方向航行，4月8日黎明时在设得兰和卑尔根之间通过北纬60°线。此时德国舰队在东北方约200海里外的特隆赫姆近海，双方的距离每小时都在拉大。[66]

英国水雷

惠特沃斯中将在 4 月 7 日夜里抵达韦斯特峡湾一带，布雷舰及其护航舰艇在 19: 00 按计划与其分道扬镳。它们的目的地是博德以北的兰讷古德岛（Landegode），而只剩“灵猩”号陪伴的“声望”号在其西面距离斯库姆韦尔岛（Skomvær）灯塔约 30 海里处徘徊。它用电报向“伯明翰”号和“萤火虫”号发送了自己在夜间和次日的估计方位，命令后者与自己会合。布雷舰一行则平安无事地抵达韦斯特峡湾，截至 4 月 8 日星期一 05: 26，已经按计划布设了 234 颗水雷。

挪威军辅船“叙利亚人”号（*Syrian*）当天上午正停泊在韦斯特峡湾中近陆地的一侧。天气很糟糕，海上波涛汹涌，还有大团大团的浓雾。04: 20，该舰观察到 8 艘驱逐舰深入了挪威领海。稍后，其中几艘驱逐舰开始从船艉向海中抛投像是水雷的物体。舰长比亚内·卡韦兰（Bjarne Kaaveland）少校一边向特罗姆瑟的第 3 海防区司令部发出电报，一边起锚迎向为首的驱逐舰。他在桅杆顶上挂起表示“挪威领海”的信号旗，并用信号灯反复发送“抗议，离开挪威领海”的信号。那艘驱逐舰（挪威人根据其舷号 H35 已经确认是英国驱逐舰“猎人”号）

英国第20驱逐舰纵队的“冲动”号。为了便于携带水雷，负责布雷的驱逐舰的后甲板需要经过清理，拆除鱼雷发射管和尾炮。（詹姆斯·戈斯摄影/英国皇家海军供图）

则悬挂起“前方雷区，停船接受指示”的信号旗，并用灯光答复“将离开领海”。两船接近时，“猎人”号放下一艘小艇，将一名英国军官运到挪方船上。他告诉挪威人己方正在布雷，并给了卡韦兰少校一幅标有雷区坐标的地图。这名军官还表示，英方的两艘驱逐舰将在雷区停留 48 小时以警告接近的船只，请求“叙利亚人”号提供协助。此时已经有多艘商船被截停，沿岸航线事实上已被切断。当“猎人”号的军官还在“叙利亚人”号上时，其他驱逐舰中有一艘移动到英国人宣布的雷区北侧，其余各舰则向西南驶去，消失在迷雾中。

卡韦兰在 05: 30 向第 3 海防区发出更新电报，报告了事件的详情，并提供了自己从英国军官手中得到的坐标，还指出韦斯特峡湾东侧的交通已经中断。船只要想绕过雷区，就不得不离开无争议的挪威领海，在公海行驶数十海里。这通电报从特罗姆瑟转发给纳尔维克的阿斯基姆（Askim）上校和海军总参谋部，后者记录的接收时间是 05: 58。[67]

海军总参谋部的值班军官哈康·维洛克少校还没把电报读完，就被告知英法两国驻奥斯陆的海军武官已经上门，要求与他紧急会见。海克特·博伊斯少将和他的法国同行德阿聚尔中校（d'Arzur）向维洛克道了早安，递给他一份综述备忘录，并告诉他备忘录原件此时正由他们各自的大使多默和德当皮埃尔递交给挪威外交部。博伊斯坚持要求挪威人“立即予以关注”的这份备忘录用了大量笔墨阐述德国故意侵犯挪威中立活动的增加和挪威人对此的无能为力，声称同盟国政府不得不采取必要的措施。因此同盟国援引维洛克并不知道的 4 月 5 日备忘录，决定阻止德国利用挪威领海，并已在当天早上布设三片雷区——分别位于斯塔特岛附近、比德附近和韦斯特峡湾内。备忘录提供了雷区的坐标，并宣布英国战舰将在这些海域巡逻 48 小时，以阻止商船进入危险区域。[68]

05: 10，位于许斯塔维卡（Hustadvika）附近的维旺（Vevang）海岸警卫站报告，两艘“可能是英国的”驱逐舰进入了挪威领海，挪威驱逐舰“斯雷普尼尔”号（*Sleipner*）奉命从克里斯蒂安松出发前往调查。这两艘驱逐舰确实是英国人的。“海伯利安”号和“英雄”号 6 日上午与“声望”号分别后就前往萨洛姆湾加油。它们 7 日 05: 15 再度出发，奉命前往挪威西海岸的比德，假装布设水雷。截至 8 日 03: 15，奥纳灯塔已经在望，它们准确到达了预定位置。05: 00 刚过，佯装的布雷行动就开始了。这两艘驱逐舰排成横队沿着平行的航线来回低速行驶。当看到三艘渔船时，它们将几个装满海水的油桶丢在航线的近岸一端，造成正在布雷的假象。就这样演了大约一小时的戏，然后它们分别在“雷区”两端占位，提醒接近的船只绕道行驶。

07: 20 前后，“斯雷普尼尔”号靠近“海伯利安”号，并挂出了“抗议”、“侵犯”和“中立水域”的信号旗。“海伯利安”号则以“前方雷区，停船接受指示”作答，接着又打出“正在派出小艇”的信号。一艘小艇被放到水面，伊根（Egan）上尉和特雷塞德（Treseder）上尉不顾天气恶劣登上了挪威军舰。据伊根说，挪威舰长于尔林（Ullring）少校“彬彬有礼地”接待了他们，这位少校“说着一口无可挑剔的英语……是个风度翩翩的美男子，已经驾驶帆船和轮船在海上闯荡了 35 年”。[69] 伊根上尉将海军部的电报副本给了于尔林，其中给出了挪威海岸附近英方宣布的三个雷区的坐标。他还告诉对方，当天早上英军已经在坐标围出的区域内布下了 300 颗水雷。大吃一惊的于尔林反复询问英国军官水雷是否真

挪威驱逐舰“斯雷普尼尔”号。截至1939年年底，已有四艘735吨的斯雷普尼尔级驱逐舰服役。它们航速能达到32节，是挪威王家海军中速度最快的军舰，但火力较弱，只装备3门100毫米主炮、一门40毫米博福斯L/60炮和两具鱼雷发射管。声呐和后甲板上相当数量的深水炸弹使这种灵巧的驱逐舰成为对潜艇而言可能颇具威胁的对手。（挪威王家海军博物馆）

的已经布设，还表示自己担心德国人将会大举报复。他给特隆赫姆的海防分区发了电报后，邀请英国军官与自己共进早餐，并等待上级指示。[70]

过了几个小时他们才等到回音，而在这漫长的早餐时间里英挪两国军官之间发展出了非常友好的关系。于尔林提议让“斯雷普尼尔”号负责守卫雷区，以便“海伯利安”号和“英雄”号离开挪威领海。心知雷区里没有水雷的伊根表示己方或许可以接受这个提议，于是于尔林少校请求他们将自己带到英国驱逐舰上，与尼科尔森（Nicholson）中校达成最终协定（当然还要顺便参观一下对方的军舰）。但是此时天气正在迅速恶化，因此最终他还是决定留在自己的舰上。10: 30 过后，海军总司令终于通过特隆赫姆发来了答复。电文很短而且帮助不大：“……抗议侵犯中立的行为……参考中立操作程序第 17 条。”于是英国军官在接到正式抗议后离开了“斯雷普尼尔”号。此后双方又交换了一些信息，于尔林接过了看管“雷区”的责任，而“海伯利安”号和“英雄”号在 11: 38 离开了挪威领海。[71]

在斯塔德，挪威人没有注意到英国海军的舰船，而且在水雷应该已经布下后仍有几艘船穿越了该海域。在接到海军总参谋部关于那里也有雷区的通知后，汤克 – 尼尔森派出鱼雷艇“迅速”号（*Snøgg*）和两艘军辅船前往该区域巡逻。

德国人最初得到的英国布雷的消息是克利索普斯（Cleethorpes）的英国电台在 07: 35 播发的一则通告，其中公布了三个危险区。从政治角度讲，这一事件的时机实在好得不能再好，因为它完美地证明了德国在挪威开展“救援行动”的必要性。这些雷区不会影响登陆行动，但它们可能给向滩头阵地输送给养和油料的船只制造麻烦。海军战争指挥部认为英国人的警告很可能是虚张声势，但在和扎尔韦希特大将进行电话会议后，他们同意不冒风险，命令船只避开这些危险区域，必要时可离开挪威航道。[72]

与此同时，海上也发生了一连串的大事。

“萤火虫”与“希佩尔海军上将”

德国战列舰上的官兵在德国时间 4 月 8 日星期一早晨 04: 45 前后看到了北欧的晨曦。此时他们位于距特隆赫姆 100 海里处，正按 045° 航向开往韦斯特峡湾。海上能见度为一般至良好，当阳光足以让人清点舰队时，他们发现大多数驱逐舰都不见踪影。不过它们应该离得并不远，很快就能赶上。风向在早晨逐渐转为东北风，风力增加到 7 级，偶尔达到 9 级，海上依然波涛汹涌。

英国时间 04: 30,“萤火虫”号向“声望”号报告说,自己在夜间遭遇大风浪,但很快就会按命令前往会合点。先前“萤火虫”号的电罗经被大浪震离了底座,而鲁普少校似乎认为在没有罗经的情况下寻找“声望”号不可能有结果。更糟糕的是，由于花了将近 48 小时都没有修好，“萤火虫”号连自身的位置都无法确定。船上还有多处被风浪损坏,联络小艇和救生艇也被卷走了。日出数小时后,“萤火虫”号发现了另一艘驱逐舰，发出质询后对方自称“瑞典驱逐舰‘哥德堡’号”。鲁普认为这不太可能，当那艘船转向离开时，他下令提高航速，打出战斗旗号并开火。但是在剧烈颠簸下射出的炮弹落点过近,没等“萤火虫”号追上去,对方就消失在了浓雾中。[73]

那艘被发现的军舰当然不是瑞典船，而是正在追赶战列舰的“吕德曼”号（Z18）。[74]德国瞭望员发现英国驱逐舰的时间要比他们确认自身也被发现的时间早一些，“吕德曼”号（Z18）的舰长弗里德里希斯（Friedrichs）少校认为自己有战术优势，已经做好了攻击准备。但是第 3 驱逐舰纵队的指挥官汉斯 – 约阿希姆 · 加多（Hans–Joachim Gadow）中校认为己方的主要任务是把山地兵护送到纳尔维克,因此命令他转向西北。此时德国舰队的其余舰船应该是在东北方向,而万一英国驱逐舰追上来，不让它发现战列舰才是最重要的。

吕特晏斯中将是通过“吕德曼”号（Z18）发出的两条超短波电讯得知发现英国驱逐舰的，从他的战争日记来看，这两条电讯是在德国时间 08: 58 和 08: 59 收到的。这意味着德方首次发现“萤火虫”号大概是在 5 到 10 分钟前，也就是英国时间 07: 50 前后。[75]德方报告称，“吕德曼”号（Z18）发现“萤火虫”号时，后者正低速向南航行，炮位上无人值守，几台锅炉也没有冒出蒸汽。如果德方没有看错的话，那么这只能解释为电罗经的修理时间超出了预期，而鲁普少校认为在当时的情况下如此偏北的区域不会有危险。

第一艘驱逐舰消失后，“阿尼姆”号（Z11）出现在“萤火虫”号左前方并快速接近,两舰随即展开了追逐战。在恶劣的海况下,双方都一弹未中。“阿尼姆”

号（Z11）颠簸得尤其厉害。还在高速脱离的“吕德曼”号（Z18）收到一条超短波电讯，大家都相信它是正在浓雾中时隐时现的“阿尼姆”号（Z11）发出的：“正在攻击敌舰。”加多中校对此的答复和他给弗里德里希斯的一样：“注意你舰的主要任务。”但是“阿尼姆”号（Z11）舰长库尔特·雷歇尔（Curt Rechel）少校后来却否认自己发过这条“攻击”电讯。按他的说法，他只收到了“吕德曼”号（Z18）发出的一条支离破碎的电讯，无法确定当时是什么情况。

英国驱逐舰突然从雨飑中冒出来，雷歇尔见对方速度太快，不得不避其锋芒。他将“阿尼姆”号（Z11）转向西北，并在身后施放了烟幕。鲁普紧追不舍，而德方的报告也并不讳言英国驱逐舰在风浪中的表现远好于德国驱逐舰的事实。以35节航速行驶的“阿尼姆”号（Z11）的艏部船体和舰桥都严重受损，两人被卷进了海里，因此不得不将航速降到27节。“萤火虫”号却能维持更高的速度而不受损，渐渐追上了“阿尼姆”号（Z11）并连连开火。“阿尼姆”号（Z11）的前部炮塔只能间歇性地瞄准对方，这导致5门德制127毫米炮对4门英制120毫米炮的理论优势荡然无存。德方报告宣称曾三次击中对手，但是英方的幸存者无一证实此事。雷歇尔肯定开始感到局面在失控，于是他转向了东北方，朝着本方舰队驶去。我们永远也无法知道鲁普少校对敌情是如何判断的，但是他决定追赶这艘德国驱逐舰时肯定已经料到它是要去寻找同伴。德方资料称，英军幸存者说自己从未料到会遇上一艘巡洋舰，但是这些幸存者当时基本上都不在舰桥里。09:30，“格奈森瑙”号接到“阿尼姆”号（Z11）的超短波电讯，其中给出了该舰的估计方位并请求支援。而在几分钟前，吕特晏斯已经命令“希佩尔海军上将”号掉头前去解决敌人。

第2纵队的驱逐舰在夜里保持了较为紧密的队形，“雅各比”号（Z5）上的纵队指挥官冯·普芬多夫中校接到发现敌舰的超短波电讯后，命令自己舰队中的另几艘船——“里德尔”号（Z6）、“海涅曼”号（Z8）和“埃克霍尔特”号（Z16）向自己靠拢，然后驶向发生战斗的海域。不久以后，北方就出现了炮口的火光。但是没等它们靠近，“雅各比”号（Z5）就被一个大浪打得倾斜了55°以上，左舷锅炉舱通风口涌入大量海水，导致左发动机暂时停机，还有5个人被卷进了海里。冯·普芬多夫对任务优先顺序的看法与加多并不相同，因此他虽然懊恼地降低了航速，但还是继续迎向敌舰。[76]

英国时间 07: 59，鲁普少校向“声望”号上的惠特沃斯中将发出一则电讯，报告在北纬 65° 04'，东经 06° 04' 遭遇敌军。两分钟后他又报告：“正在与敌驱逐舰交战。”不久以后，在西南方 300 海里外的“罗德尼”号舰桥上，福布斯上将也接到了“萤火虫”号的电讯。报告中的方位让他感到迷惑不解。这意味着，要么是前一天发现的舰队冒着恶劣天气以 20 节以上的速度航行了一整夜，要么就是有两支德国舰队在海上。无论哪种情况都是令人不安的。在英国海军部的战争日记中，“萤火虫”号报告的方位被附上了一条潦草的注解：“编码错误。”德方报告则称遭遇战发生在北纬 64° ，东经 07° ，偏南了 60 海里。08: 40，“萤火虫”号报告“敌人正在施放烟幕”，五分钟后又报告“正在尽力逼迫敌舰北上”。此后连续两条电讯都报告德国驱逐舰正借助烟幕掩护向东北方向退却，到了 08: 55 则报告：“发现一艘身份不明的敌舰，方位角 000° ，距离 6 海里，航向 180° 。”接着“萤火虫”号再次报告自身方位，但是由于电波传输不良，只有北纬 65° 可以辨认。“萤火虫”号的最后一条电讯发于 09: 04，而且信号越来越弱，预示着它的不幸命运。[77]“声望”号和“灵猩”号在 08: 45 过后不久掉头向南，尚未追上旗舰的“伯明翰”号和“无恐”号也随之南下。福布斯上将在 10: 00 命令“反击”号和“佩内洛珀”号带领“爱斯基摩人”号、“贝都因人”号、“旁遮普人”号和“金伯利”号脱离本土舰队，以最大航速向东北前进。[78]

接到搜寻遇险的驱逐舰的电讯后，海耶命令所有陆军人员进入船舱，然后将自己的巡洋舰转向南方。“希佩尔海军上将”号顶着风浪前行，为了方便观察和让前主炮时刻做好战斗准备，它始终保持着中等航速。在与“希佩尔海军上将”号擦肩而过时，“吕德曼”号（Z18）上的官兵看到了它威严地劈开巨浪的壮观景象。“萤火虫”号将要遇到出乎意料的强敌了。

09: 50，“希佩尔海军上将”号前桅楼中的瞭望员报告在左前方发现桅顶，不久以后右前方也冒出了一个桅顶。左边的那艘驱逐舰被烟幕笼罩，显然是在设法躲避。两艘驱逐舰都随着波涛剧烈起伏。前桅楼和舰桥中的人员起初都无法判断这两艘驱逐舰中哪一艘是敌舰，因此海耶上校没有下令开火。接着右边的驱逐舰开始用灯光向巡洋舰反复发出“A–A–A”的信号。在德国人眼里这个

“萤火虫”号正在施放烟幕。这张照片是在“希佩尔海军上将”号上拍摄的。（德国联邦档案馆，Bild 101I-757/0032-4）

信号毫无意义，但有一个军官指出这在英国海军中是“什么船？”的意思。海耶仍有一丝犹豫，但当前桅楼报告发出信号的驱逐舰挂着白色的圣乔治船旗时，他终于批准炮手开火。德国时间 09: 58，“希佩尔海军上将”号的 203 毫米主炮第一次发出怒吼。此时它距离目标 8400 米。

为了便于躲避鱼雷，海耶始终将自己的巡洋舰的舰艏对着那艘驱逐舰，因此最初只有 A 和 B 炮塔能够瞄准。三轮齐射过后，目标进入后部射击扇面，D 炮塔也能开火了。A 炮塔时不时被冲上甲板的海浪干扰，当敌驱逐舰距离过近、进入射击死角以后，它不得不停止射击。在高海况下装填和瞄准都很困难，因此齐射间隔并不规则。更重要的是，随着双方距离逐渐缩短，主炮塔越来越难跟上快速移动的驱逐舰。

德方第一次观察到“萤火虫”号中弹是在第四次齐射之后，炮弹击中了舰桥和烟囱之间的右舷。鲁普少校下令施放烟幕，然后掉头躲到烟幕后面试图喘息，但是“希佩尔海军上将”号利用 DeTe 雷达跟踪它的动向，朝着烟幕后面继续射击。“萤火虫”号钻出烟幕后又进入了“希佩尔海军上将”号的 105 毫米副炮的射程，被其连连击中。报务室和电台天线都被击毁，再也无法发出电讯。轮机舱和舰桥的通信被切断，不得不实施应急措施。接着更多的命中弹又撕开了船体。一发 203 毫米炮弹击毁被临时用作急救站的舰长接待舱，杀死了医护人员和大部分伤员。另一发炮弹在轮机舱深处爆炸，炸碎了蒸汽管道并引发多处火灾。但是轮机舱技师亨利·格雷格（Henry Gregg）还是设法维持了航速和操纵性。在甲板上，“萤火虫”号的 120 毫米前主炮在一团火球中化为乌有，而飞散的桁端碎片击中汽笛拉绳，使得如同女妖号哭般的凄厉汽笛声盖过了风暴的呼啸。这艘驱逐舰的舰桥也挨了至少一发 105 毫米炮弹，变成一堆由扭曲的钢板和管道组成的废铁。

根据德方报告，“萤火虫”号在交战中没有射出多少炮弹，而且无一直接命中“希佩尔海军上将”号。只有一发炮弹在舰艏附近爆炸，弹片掠过甲板，没有造成任何损害。鲁普用自己施放的烟幕作掩护，在德国时间 10: 10 实施了一次鱼雷攻击。虽然双方距离很近（只有 800 米左右），但海耶用舰艏对敌的谨慎战术发挥了作用，使他避过了所有鱼雷，尽管最近的一发仅以数米之差在左舷外掠过。鲁普试图将另一座鱼雷发射管转到敌舰方向以射出剩下的鱼雷，但是在“希佩尔海军上将”号的 37 毫米和 20 毫米副炮的持续扫射下未能如愿。[79] 于是“萤火虫”号再度掉头，又一次消失在烟幕中。海耶希望在对方再次发射鱼雷前快速解决战斗，因此将自己的巡洋舰也开进了烟幕中。当他钻出烟幕时，陡然发现双方的距离已经非常近。由于担心“萤火虫”号再次获得发射鱼雷的机会，海耶下令“向右急转”，企图进一步拉近距离，并在必要时撞击那艘驱逐舰。但是汹涌的波涛延缓了船舵的响应，“希佩尔海军上将”号的转弯相当缓慢。尽管此后发生的碰撞已经成为一段传奇，但究竟是因为鲁普也有撞击敌舰的打算，还是纯粹出于意外，我们永远也无法确定了。鱼雷长拉姆齐（Ramsey）上尉是此役中唯一幸存的英国军官，他后来曾告诉搭救自己的德国人，当时无论主舵还是应急舵都无人操作，因此“萤火虫”号转向“希佩尔海军上将”号可能只是偶然。[80]

无论两位舰长的意图如何，总之“萤火虫”号带着汽笛的长鸣一头撞在“希佩尔海军上将”号右舷前部比船锚稍微靠后一点的位置。“萤火虫”号的船头被

撞击后的“萤火虫”号，舰艏已经破裂。两座鱼雷发射管都已转向舷侧，而且看起来都是空的，所以全部10枚鱼雷可能都已射出。（德国联邦档案馆, Bild 101I-757/0032-14）

压在“希佩尔海军上将”号船舷下面并彻底折断，剩余的船体在“希佩尔海军上将”号右舷装甲上狠狠刮过，造成一个 35 米长的月牙形凹坑，还扯掉一大段栏杆，毁掉了前部右侧的鱼雷发射器。“希佩尔海军上将”号 105 毫米前副炮的里特尔（Ritter）四等兵机械手被甩进大海。多个船舱漏水，在漏水区域被隔离之前有大约 500 吨海水灌进了船体。虽然艏楼下沉并且向右侧倾，但总的来说“希佩尔海军上将”号伤得并不重。[81]

“萤火虫”号在撞击后随波漂离，其舯部燃起熊熊大火。海耶在 10: 13 下达了“停止射击”的命令。这场海战持续了十四五分钟，“希佩尔海军上将”号的 203 毫米炮发射了 31 发炮弹，105 毫米炮打了 13 发，37 毫米炮打了 156 发，20 毫米炮打了 132 发。海耶起初打算就这样丢下“萤火虫”号不管——反正它再也无法跟踪德国舰队了。他估计附近还有其他英国舰船会来搭救战友。[82]

“萤火虫”号下沉得很快，鲁普少校发出了弃船的命令。人们纷纷爬到船头或是跳进覆盖着油污的冰冷海水中。据说在最后一刻，鲁普少校和身边的每个人握了手。德国时间 10: 24，“萤火虫”号锅炉爆炸，随即没入水中。虽然风暴仍在呼啸，但是汽笛声的戛然而止还是制造了一种诡异的寂静感。

海耶上校短暂地搜寻了里特尔四等兵机械手，就在打算离开时，他感到自己有义务救助正在挣扎求生的英国水兵们。于是他破天荒地命令“希佩尔海军上将”号停在漂浮的幸存者的下游。尽管英国军舰随时可能出现，他还是停留了一个多小时以搭救幸存者。虽然当时的海况不允许放下小艇救人，但是甲板上的所有人员，包括一些陆军士兵在内，纷纷使用绳索和绳梯帮助将冻僵并浸透油污的英国水兵拉上来。冰冷的海水严重消耗了幸存者们的体力。许多人虽然接住了抛向自己的绳索，却无力抓牢，最后还是被海浪卷走。有人看见鲁普

幸存者正被救上“希佩尔海军上将”号。（德国联邦档案馆, Bild 101I-757/0033N-15）

少校在水中帮助自己的部下爬上绳索。最后他自己也抓住一根绳子，被巡洋舰上的人从水中拽起。然而令在场的英德两国人员都大为惊恐的是，就在即将脱险之时，绳子脱手，他重新坠入大海。“萤火虫”号上共有149人，其中40人被从水中救起。有几个已经负了伤，后来至少两人死亡。不需要医治的幸存者则领到了干衣物、香烟和热咖啡。他们还受到了审问，不过没有几个人愿意多说话。海耶上校仅仅了解到了这艘驱逐舰的名字，以及它曾和另三艘驱逐舰编在一个船队中前往罗弗敦，可能还有一两艘较大的船同行。幸存者中似乎无人对战术大局有任何认识，他们对在海上遭遇德国巡洋舰表示惊讶。[83]

海耶上校觉得自己已经无事可做，于是下令提高航速，并对第2纵队的4艘驱逐舰发出了向自己靠拢的信号，这些驱逐舰是在战斗结束时才赶到的。10:54，他向舰队发出了一则简明的电讯：“Fühlungshalter versenkt”——“跟踪者已被击沉”。与旗舰会合没有任何意义，因为第二战斗群已经接近计划中的分兵地点，这五艘船从此刻起就要独立行动了。此时接近海岸还为时过早，海耶先是向东北方做了一番搜索，利用哈尔滕灯塔确定自己的方位，然后在近海徘徊，等待前往特隆赫姆的合适时机。应驱逐舰的请求，他把航速设定在中等水平，以减轻海浪的影响。

直到战争结束，“萤火虫”号的幸存者被遣送回国，拉姆齐上尉接受了英国海军部的讯问后，整个事件的来龙去脉才在英国为人知晓。最后鲁普少校被追授维多利亚十字勋章，拉姆齐上尉获得了杰出服务勋章，轮机舱技师格雷格、斯科特（Scott）中士和梅里特（Merritt）二等水兵则获得杰出勇敢勋章。[84]

具有讽刺意味的是，沉没的“萤火虫”号是4月8日唯一与德国入侵舰队交手的英国水面舰船。“敌忾”号在当天下午可能也遭遇了“希佩尔海军上将”号。舰长赖特（Wright）中校接到“萤火虫”号发出的电讯，便命令被俘的拖网渔船“北地”号单独驶向柯克沃尔（Kirkwall），自己调转方向前去援助。15:45，他在东北方发现一艘正向西北方航行的战舰的上层建筑。赖特认为这是“声望”号，便想开过去与其会合。但是风雪降低了能见度，最终那艘可能是“希佩尔海军上将”号的船不见了踪影。当时“声望”号正在北方很远的地方与布雷舰队会合，所以要不是这场风雪，“敌忾”号很可能遭遇和“萤火虫”号一样的厄运。[85]

同一天，未参加“威悉演习”行动的德国辅助巡洋舰“猎户座”号 [*Orion*，即“Schiff 36”（36 号船）] 正沿着挪威海岸行驶。按照计划它应该在 U-64 的护航下进入大西洋，但是这两艘船未能会合，而舰长魏厄（Weyher）中校看到有利于突破封锁的恶劣天气即将到来，决定单独行动。在 17: 26，他观察到一艘“轮船”在四艘驱逐舰陪同下向西南方向航行，便改变航向避开潜在的危险，然后按计划完成了突破。[86]“猎户座”号惊险地避开的五艘船无疑就是放弃布雷后的“蒂维厄特河岸”号及其护航船只。如果那些驱逐舰发现了这艘辅助巡洋舰，肯定不会放过这个在它们无功而返之际送上门来的战利品。

吕特晏斯非常担心与“萤火虫”号的交战已经暴露了整个行动。他确信英国驱逐舰在沉没前发出了报告，而英国海军部获悉在如此偏北的海域发现德国驱逐舰后，就会明白德国正在对挪威北部实施作战。另一方面，加多中校在 12: 03 发送的电讯中指出英国驱逐舰明显对遭遇战缺乏准备，这有力地证明了皇家海军主力还没有加强戒备。除了仍然不知去向的“吉泽”号（Z12）外，第一战斗群在上午全部聚集到战列舰周围。吕特晏斯一度考虑继续保护第二战斗群，而让第一战斗群单独行动，但最终他还是决定照原计划行事。当天上午他通过西集群得知英国已经宣布在韦斯特峡湾布雷，而这意味着英国舰船很可能就在那一带。从普鲁克的情报中他又得知挪威人的岸防装甲舰正在纳尔维克，也可能与己方狭路相逢。第一战斗群的驱逐舰燃油已经不多，万一发生交战就无法返回特隆赫姆。另一方面，“希佩尔海军上将”号及其僚舰的情况要好一些，它们可以在必要时向北撤退。而让两艘战列舰分头保护两个战斗群则是下下策。这天上午，风向从南南东改为西北，风力进一步加大。中午时分，博德的电台预报入夜前罗弗敦地区将有来自西北的大风暴。吕特晏斯在 13: 50 下令舰队进入二级战备状态（确保一半战位有人值守），航速设定为 25 节。一小时后，西集群转发了一架远程侦察机的报告：“2 艘战列舰、1 艘重巡洋舰和 6 艘驱逐舰”在奥勒松西北方向北航行。[87]

英国人来了。

“鹰”与“里约热内卢”

4月8日上午，第2潜艇纵队的波兰潜艇“鹰”号（*Orzeł*）以潜望镜深度在斯卡格拉克海峡中的利勒桑（Lillesand）附近巡航，艇长扬·格鲁金斯基（Jan Grudziński）少校发现一艘商船正在接近。这艘船上没有旗帜，但是将潜望镜调到最高放大倍率后可以辨认出船头的“里约热内卢”字样。这位波兰艇长不知道的是，“里约热内卢”号是负责前往卑尔根的第三战斗群的运输船之一。它原本是一艘在欧洲和拉丁美洲之间运送货物和乘客的5261吨的邮轮，而此时其宽敞的船舱中装载了大量军用物资，包括4门105毫米大炮、6门20毫米高射炮、73匹军马、71台车辆和292吨给养。此外船上还有313名乘客，大部分是身着制服的军人。[88]

虽然接到了放过商船的命令，格鲁金斯基还是让“鹰”号浮出水面，并用灯光发出信号：“停船。船主立即带上文件到我艇上报到。”德国船长福格特（Voigt）非但没有停船，反而提高航速朝着海岸方向驶去。水面航速能达到20

“里约热内卢”号在斯德丁，即将起航。（作者的收藏）

节的“鹰”号立刻追了上去，并用它的刘易斯机枪打了几个点射以示警告。“里约热内卢”号果然停了下来，并且放下了一艘小艇。虽然有几个水手在装模作样地划着桨，小艇却始终没有离开“里约热内卢”号旁边。与此同时，“鹰”号上的无线电操作员报告说德国人正在发送密码电报，于是格鲁金斯基用灯光表示自己即将发射鱼雷，要求德国人立即弃船。对方没有反应。在波兰人进行发射准备时，近海贸易船“林德博”号（*Lindebø*）和渔船“燕妮”号（*Jenny*）恰好在附近路过。格鲁金斯基在 11: 45 开火，看到鱼雷击中对方的舯部后，他就让自己的潜艇下潜。“里约热内卢”号喷出大团蒸汽和浓烟，它的甲板上突然出现了大批穿着原野灰制服的人，纷纷掉落或是跳进海里。有人将救生衣和木板丢出舷外，接着有更多的人下了水。似乎没有人做过放下救生艇的尝试。“里约

波兰潜艇“鹰”号。它在水面上的航速可以超过19节，在水下可接近10节。艇首有四个鱼雷发射管，艇尾也有四个，舯部还有四个外置的，此外它还配备一门105毫米炮和两门40毫米炮，因此它的加入很受同盟国潜艇部队欢迎。（作者的收藏）

热内卢”号缓缓向右侧倾斜并转向，但是看起来并未下沉。“林德博”号和“燕妮”号双双赶来救援。

11: 15，克里斯蒂安桑的海防分区接到尤斯特（Justøy）海岸警卫站发来的信息，说是能看到领海边界外不远处有一艘潜艇的指挥塔冒出水面向西航行，一艘商船似乎在其旁边停着不动。这两艘船的国籍不明。海防分区命令一架 MF–11 侦察机从马尔维卡（Marvika）的海军航空基地起飞侦察，这架飞机不久以后赶到现场，刚好目睹了鱼雷击中商船的场景。阿尔姆顿（Almton）中士降低飞机高度，在发生侧倾的商船上空盘旋。坐在观测员座位上的汉森（Hansen）中尉看见船上一片混乱，人们在浓烟和烈火之间奔跑，跳进海里并拼命抓住身边的漂浮物。几具死尸脸朝下浮在水上，与其一起随波逐流的还有一些马匹，看得人毛骨悚然。那艘潜艇在飞机到达时已经下潜，此时踪影全无。阿尔姆顿在 12: 07 向马尔维卡发出简短的电讯，同时飞回克里斯蒂安桑向上级汇报。

“鹰”号在水下兜了一圈以后，在潜望镜深度发射了第二枚鱼雷。它在 12: 15 击中目标，运输船被炸掉了船头并迅速下沉。飞溅的碎片横扫“林德博”号的甲板，导致多名刚刚获救的人员死伤。“里约热内卢”号的船体翻了过来，并在几分钟后没入水中，留下数百人在冰冷的大海中挣扎求生。

被派来查看情况的驱逐舰“奥丁”号（*Odin*）在 12: 45 赶到，加入了救援者的行列。但是现场的条件实在太恶劣，很快海面上就漂满了死尸。最终约有 150 人被挪威的各种船只救起，约 180 人遇难（19 名船员和大约 160 名陆军士兵），军马也全都葬身大海。[89] 尤斯特和霍瓦格（Høvåg）海岸警卫站用交会图法测定了准确方位后得出结论：“里约热内卢”号被鱼雷击中时刚好在挪威的三海里领海边界之外。格鲁金斯基少校将“鹰”号驶离杀戮现场，最终浮出水面发送了报告。[90]

“奥丁”号降了半旗，载着 17 名伤员开往克里斯蒂安桑，甲板上还停放了 18 具用防水帆布覆盖的尸体。其余幸存者大多去了利勒桑，死者则被送到当地公墓里的小教堂。3 名当地的医生在港区对轻伤员进行了治疗，重伤员则被送进了阿伦达尔的医院。德国人浑身湿透、状况凄惨，这场磨难对他们的打击显然很大。警察局长尼尔斯·翁斯鲁德（Nils Onsrud）赶来主持救助行动。但是眼前的情景令他疑窦丛生：几乎所有幸存者都身穿制服，有些人甚至带着枪。有个一看就知道是军官的人试图维持秩序，大声嚷嚷着："Wehrmacht hier! Marine hier!"[91] 这些人不是普通的水手！翁斯鲁德开始盘问他们，一些人坦率地表示自己是军人，应挪威政府请求前往卑尔根协助挪威军队抵抗同盟国侵略。那个军官向他敬了一个礼，自称是福斯（Voss）中尉，并一口咬定"里约热内卢"号只不过是一艘装载普通物资的商船。翁斯鲁德断定此人在撒谎，而自己遇到了不得了的大事。于是他尽自己所能将港区封锁起来，并组织人送去干衣服、食物和香烟来稳住德国人，同时找电话向上级报告。翁斯鲁德在 14: 30 拨通了克里斯蒂安桑海防分区的电话，但是令他大吃一惊的是，在马尔维卡接电话的海军军官对他观察到的情况表示怀疑，认为除了继续实施救助外没有必要启动任何措施。他告诉翁斯鲁德，如果要照顾并看管幸存者，应该和陆军联系，因为这些人已经上岸了。翁斯鲁德只得照办，但是利耶达尔将军办公室的值班人员也觉得没有必要进行干预。

在电话里白费了近两个小时的口舌后，翁斯鲁德终于受够了被当作皮球踢来踢去，便把电话打给了奥斯陆的大法官办公室里的国务次卿龙利恩（Rognlien）。龙利恩相信翁斯鲁德的报告，于是给陆军和海军总参谋部分别去电通报。结果他非常惊讶地发现，海军总参谋部已经知道那些身着制服的德国人自称要去卑尔根，因为"奥丁"号返回克里斯蒂安桑时就报告了同样的情报，但是海军方面认为这和英国人的布雷行动相比不是什么大不了的事。国防大臣已经接到了有关报告，但是也没有采取任何行动。龙利恩只能给翁斯鲁德回电，请他尽力而为。[92]

来自利勒桑和克里斯蒂安桑的报告是在 18: 30 前后转发到国防部和外交部的，国防大臣永贝里在 20: 00 刚过时向议会报告了此事。没有人作出反应，也没有启动任何预防措施。

在伦敦，格鲁金斯基的报告始终没有送到海军部。后者是靠路透社的报道才知道"里约热内卢"号沉没的，而且显然没有把它当回事。[93]

与此同时，在更东边的斯文纳（Svenner）灯塔附近，"三叉戟"号截住了满载航空汽油前往斯塔万格—苏拉机场的 8036 吨油轮"施泰丁根"号（*Stedingen*）。艇长西尔（Seale）少校写道：

在挪威领海之外发现一艘吃水很深的大型油轮向西航行，她的船舷上没有国籍标志和船名。这艘船看上去极其可疑，我们认为她是一艘德国军辅船。我决定进行调查，于 12: 15 在她左舷外浮出水面，射了一发空炮。她右转驶向挪威领海并提高了航速。我随后射了两发半穿甲弹，落在离其舰桥只差一点距离的水面上。这使她关停了发动机。我拉近了距离，打出“不得发报”的旗号，并用灯光指示：“弃船，我将在 5 分钟后雷击你船。”[94]

“施泰丁根”号当时处于领海边界之外，它的船员们打开泵舱的通海阀后匆忙弃船而逃。有人在离开前还发出了 SOS 信号。他们把救生艇向岸边划去。“三叉戟”号截住他们，扣留了德国船长舍费尔（Schäfer）。“施泰丁根”号的下沉速度很慢，因此西尔给了它一枚鱼雷后才离开。剩下的大约 50 名船员继续向着陆地前进，他们的救生艇最终被一艘引水船拖进斯塔韦恩（Stavern）。[95] 另一艘前往克里斯蒂安桑的运输船“克里特”号（*Kreta*）也遭到了“三叉戟”号炮击，但它及时逃进了挪威领海。[96]

极度紧张的一天

4 月 8 日黎明将至时，在前往克里斯蒂安桑的“卡尔斯鲁厄”号上，里夫上校的担忧之心丝毫不亚于前一天的吕特晏斯。此时赫尔戈兰湾已被甩在身后，面前是平静的大海和澄澈的天空，能见度普遍良好。里夫知道前一天第一和第二战斗群已经遭到攻击，因此无法想象英国飞机会忽视这片区域。“山猫”号和“海雕”号不知疲倦地来回绕圈搜索潜艇，“卡尔斯鲁厄”号的炮手和瞭望员则紧盯着天空。然而令人难以置信的是，整个上午没有任何敌情。陆海军士兵在 09: 30 前后得知了此次行动的目标，陆军士兵在中午被允许上甲板晒太阳。午后不久，在霍恩斯礁附近出现小片薄雾，风力开始加大，逐渐变差的天气让里夫放心不少。到了 16: 30，由于雾已经变得很浓，他命令“山猫”号和“海雕”号排成纵队跟在自己后方以防失去接触。船队与“青岛”号、“狮鹫”号和 S 艇始终没有接触，但是没有理由认为它们不在赶往汉斯特霍尔姆（Hanstholm）附近会合点的途中。午夜前后“卡尔斯鲁厄”号一行抵达会合点并打开探照灯搜索，很快该战斗群的大部分舰艇就通过超短波电台建立了联系。里夫命令船队向东北方的克里斯蒂安桑前进，而负责控制更东面的阿伦达尔的“狮鹫”号则单独行动。[97]

在北海，第三战斗群全天冒着大雾继续向北进发。低劣的能见度让施蒙特少将颇感宽慰，但是船上的气象员预测大雾到下午就会消散。西集群在 12: 58 发来电报称，根据无线电监听结果，英国巡洋舰“加拉蒂亚”号正在斯塔万格和阿伯丁（Aberdeen）之间。很可能还有同行的舰艇，并有可能与德方船队狭路相逢。施蒙特一度考虑掉头向南，在雾带中逗留至夜幕降临为止，但是因为他只能通过超短波电台与自己战斗群中的各舰保持接触，最终还是作罢。

17: 00 前后，雾气已经消散到足以让第三战斗群的船只进行目视接触并重新聚集的程度。两艘巡洋舰排成间隔 1500 米左右的横队，“牛虻”号与“卡尔·彼得斯”号尾随其后，“豹”号和“狼”号掩护两翼。在 17: 45，西集群转发了一条无线电监听报告，其中显示大量敌舰正位于挪威西部近海。施蒙特发现这个情报用处并不大，因为这些敌舰的位置是六个小时以前的，此刻它们可能在任何地方——包括在卑尔根港内。事实上，危险确实离他不远。爱德华 – 柯林斯中将的第 2 巡洋舰中队可能距离德国舰队只有 60 ~ 70 海里，而且就在后者与卑尔根的门户——科尔斯峡湾（Korsfjorden）之间。英国舰队中除了“加拉蒂亚”号和“阿瑞托莎”号之外，还有 15 艘驱逐舰，将对施蒙特的部队构成致命威胁。虽然两艘英国巡洋舰各自只有 3 座双联装 152 毫米炮，与德舰的 3 座三联装 150 毫米炮相比处于下风，但是“科隆”号和“柯尼斯堡”号上都满载陆军人员，而且英方的大量驱逐舰对第三战斗群来说很棘手。但是英国舰队在夜里奉命西进与本土舰队会合，给德国人让开了去路。

15: 49，海军战争指挥部下令取消在进入挪威港口时使用英国旗帜的计划：“不要使用英国战旗。”施蒙特在自己的战争日记中轻蔑地评论道，他“早已决定进港时不挂旗”。[98]

入夜时分，第三战斗群位于卡姆岛（Karmøy）以西约 20 海里处，沿之字形航线以 15 到 17 节速度向北行进。大雾已经消散，但是夜色昏暗，暴雨如注，

第三战斗群驶向卑尔根。从“柯尼斯堡”号上可以看到“科隆”号和在左侧护卫的“狼”号。这张照片肯定是4月8日17:00以后拍摄的，因为此时大雾已经消散，各舰完成了会合。前甲板上的卐字旗是用来方便飞机识别的。（施佩尔邦德/塞达尔的收藏）

各舰只能拉近距离以保持接触。虽然气象条件与更偏北的地区相比要好一些，但是大风再起，海上波涛汹涌。于特西拉（Utsira）和斯洛特（Slåtterøy）灯塔先后进入视野，船队为了按时到达峡湾入口而减慢了航速。施蒙特欣喜地发现灯塔的灯火依然明亮，开始乐观地认为终究能够完成任务。

第1纵队的S艇在当天早晨离开赫尔戈兰，按计划在于特西拉附近追上了第三战斗群。但是在会合后不久，S21就与S19相撞，给后者在船艉水线以上开了个大洞。S21尚能跟上大部队，但S19在大浪拍击下进水严重，比恩巴赫尔（Birnbacher）上尉命令S22护送它前往塞尔比约恩峡湾（Selbjφrnfjorden）附近较为隐蔽的水域。施蒙特将军也派出“狼”号随同前往，两艘军舰一直将S19护送到确信安全的地方，然后掉头加速追赶大部队。[99]

到了午夜，各舰都派人在战位上值守，舰队航向指向了科尔斯峡湾与卑尔根航道之间。“豹”号在前面开路，“科隆”号、“柯尼斯堡”号、“牛虻”号、“卡尔·彼得斯”号和剩下的两艘 S 艇紧随其后。当舰队接近科尔斯峡湾的入口时，主要的灯塔突然一个接一个地灭了灯火。德国人开始紧张起来。难道挪威人知道他们来了？[100]

另一方面，第六战斗群的扫雷舰在入夜时分与前往丹麦各港口的船只分道扬镳，再度独自行动。一路上风平浪静，没有什么值得一提的事件。艾克霍恩上尉一整天都在和他的部下讨论在埃格尔松登陆后关键的头几个小时应该如何行动。海军舰艇将会尽快离开，他和他的部下必须自力更生并等待增援。根据他们掌握的情报，埃格尔松城里没有挪威军队，但是斯塔万格或克里斯蒂安桑的驻军可能在数小时内杀到，通常在港湾里活动的鱼雷艇也可能是个大麻烦。

快到下午时，气压计的读数急剧下降，天空阴云密布，风力也开始加大。弥漫在士兵中间的度假气氛被晕船和恐惧所取代。一段时间后，雨飑和迷雾使能见度降低到 50 米。起初托马少校还因为被发现的风险降低而感到宽慰，但是等到黑夜降临时，天气几乎恶化到了无法航行的地步。午夜过后风力降低，而雨雾仍未消散，过了一阵瞭望员就报告说他们只能看到 M1 了。托马别无选择，只能继续按计划航行，并希望自己的另一半船队采取同样的行动。他让人将一盏探照灯搬到 M9 尾部对准正后方照射，给 M1 提供指引方向的信标。这两艘船继续向着埃格尔松前进。[101]

在德国时间 21: 00，第一战斗群抵达博德所在的纬度，吕特晏斯中将向各驱逐舰发送了自身的最新估计方位，然后命令“格奈森瑙”号和“沙恩霍斯特”号左转驶入挪威海。风向已经转为西北风，风力达到了暴风的程度。海况极其恶劣，即使经验丰富的水兵也难免晕船之苦。在罗弗敦群岛以西，船队航向改为 310° 。两艘战列舰都开始受损，不得不将航速降到 12 节，接着又降为 9 节，到了 23: 16 更是只有 7 节。吕特晏斯并不知道，他此时的行动多少可算是在尾随“声望”号，后者正位于他前方 25 到 20 海里处。

再说与战列舰分头行动的驱逐舰，它们在 23: 00 驶入罗弗敦群岛西北方近海的背风处。海况逐渐变得可以忍受，部分因为在甲板上行走和打开舱门风险过大而被困在岗位上的舰员终于等来了换班的战友。而对甲板下面的山地兵来说，这最后一段航程是最糟糕的。这些油舱已经空了大半的驱逐舰被海浪高高抬起，并在劲风吹拂下一直向着背风的一侧偏斜。这固然限制了横摇的幅度，但却使纵摇加大到了修长的舰体所能承受的极限。

“吉泽”号（Z12）还是杳无音信，剩下的9艘驱逐舰以“海德坎普”号（Z21）为首排成纵队继续赶路，让施密特（Smidt）少校自己找路前往纳尔维克。毕竟时间已经很紧张了，等他归队是不可能的。[102] 按照邦特的命令，各舰都实施了战斗部署。除了罗弗敦群岛中斯科若瓦岛（Skrova）上无线电导航台发出的时断时续的信号外，舰队找不到任何地标，在漫天飞雪的黑夜里精确测定方位根本无从谈起。随着各舰深入韦斯特峡湾，颠簸越来越小，航速逐渐提升到了27节。右侧一度闪过几道灯光，极有可能来自还在守护兰讷古德岛附近雷区的军辅船“叙利亚人”号。稍后，在接近巴勒伊（Barøy）附近的狭窄水道时，“海德坎普”号（Z21）突然向左急转，并拼命发信号提醒友舰，原来随着风雪突然消散，前方出现了一块露出海面的礁石。还有一次，有人将一片悬崖的阴影错看成军舰，差一点就开了火。[103]

德国北部的各个机场度过了繁忙的一天。大批飞机出动执行护航和侦察任务，直到越来越差的天气迫使大部分飞机返回基地为止。这一天似乎只有远洋中队的两架Do-26水上飞机曾飞到北海以外。即使对这些经验丰富的空勤人员来说，在暴风雨中飞行肯定也是非常困难的，西集群的战争日记对他们的工作赞赏有加。

第906海岸飞行大队的大队长莱辛（Lessing）少校在这天上午来到汉堡的滨海酒店，受邀与第10航空军的人员开会。令他多少有点吃惊的是，还有许多德国空军的指挥官与会，而且他们全都进行了保密宣誓。接着盖斯勒和哈林豪森来到会场，宣布占领丹麦和挪威的行动即将开始，而现场的军官们都是被选中的指挥官。

会后，其他人匆忙赶回各自的基地让部下做准备，莱辛却被空军海上运输总监恩斯特·罗特（Ernst Roth）上校拉到一边。罗特要莱辛直接前往诺德奈（Norderney）接管第108特种航空联队，那是一个新组建的特战联队，装备Ju-52运输机和He-59水上飞机。莱辛不能返回自己的原部队，也不能让原来的部下或其他任何人知道自己的去向。在离开汉堡时，莱辛拿到了书面命令，这才知道新部队要去卑尔根，而他要运送的是陆军士兵和装备。诺德奈的飞机已经加好油并完成装载。他把飞行员集中起来，宣布次日上午开始执行任务，并介绍了一些技术细节。飞行员们得知了起飞时间、天气预报和应急处置程序，但是基本上没有人知道自己的目的地是哪里。接着，所有人都被命令上床睡觉，养精蓄锐。警察部队在下午封闭了整个基地，任何人都不能离开或给外界打电话。按照莱辛的说法，“保密措施滴水不漏”。[104]

午夜时分，扎尔韦希特大将在威廉港坐下来总结了局势，英国人的布雷行动令他喜忧参半，喜的是这给了德国“以类似手段回击此暴行”的权利，忧的是这可能意味着英国有一部分舰队已经出海了。此时尚不清楚英国海军部是发现了德军的目标还是因为相信对方要突破大西洋而采取应对措施。扎尔韦希特担心“里约热内卢”号的沉没可能已经泄露了德方意图，但认为即便如此，伦敦方面要针对入侵部队启动有效的反制措施也为时已晚。外围灯塔的熄灭表明挪威人已经得到预警并且正在准备防御，但扎尔韦希特相信此时没有什么能阻止德国的战舰。

海军战争指挥部也得出了同样的结论：“‘威悉演习’行动已经过了需要保密和伪装的阶段……突然性要素已经丧失，我们必须预见到在各地都会遇到抵抗。”除了远洋中队的一架 Do-26 报告在奥勒松西北 60 海里发现重型战舰外，这一天德方没有关于英国主力舰的目击报告。虽然在北海更偏南的地方发现多支由巡洋舰组成的船队，但这些情况都不值得为其更改计划。[105]

约德尔在他的日记中写道，8 日是“极度紧张的一天”。[106]

在 4 月 8 日上午，韦斯特峡湾里共有 8 艘英国驱逐舰位于邦特准将的驱逐舰和它们的目标之间，西边还有“声望”号和“灵猩”号可以提供支援。10: 07，海军部指示这些驱逐舰与“声望”号会合。继这道命令之后，海军部还会发出一系列越过指挥层级直接向舰艇下达战术命令的不幸电报。福布斯上将在天亮后不久带着本土舰队穿过了卑尔根—设得兰一线，比吕特晏斯中将落后约 6 小时的路程，海军部的这道命令让他有些困惑，但他觉得上级这么做想必有很好的理由，因此不愿打破无线电静默要求澄清。11: 00，有一封发送给福布斯并抄送给惠特沃斯的电报，从中可以看出海军部此时认为有关登陆行动的情报“可能是真实的，德国舰队正在前往纳尔维克的路上”。[107] 如果是这样，那么实在找不到充分的理由来解释海军部为什么会命令驱逐舰让开去路，而不是命令“声望”号与它们一起封锁纳尔维克入口。

惠特沃斯中将接到“萤火虫”号的紧急求救信号后就掉头南下，但是由于“声望”号在惊涛骇浪下开始受损，航速不得不从最初的 24 节一降再降。[108] 信号在 09: 04 戛然而止之后，再也没有“萤火虫”号的任何消息，惠特沃斯因此在 13: 30 又重新北上，并于当日下午在斯库姆韦尔岛灯塔西南约 20 海里处与其他驱逐舰会合。

与此同时，第 204 中队一架原本执行护航任务的“桑德兰”式水上飞机被调往挪威海岸进行侦察。这架飞机沿着海岸线飞到克里斯蒂安松，然后继续往北进入挪威海。由于云层低垂，降雨不断，能见度只有一二海里。14: 00，海德上尉（Hyde）和他的机组人员看见一队舰船在东经 06° 25'、北纬 64° 12' 向西航行，他们相信其中包括“1 艘战列巡洋舰、2 艘巡洋舰和 2 艘驱逐舰”。这些船当然就是“希佩尔海军上将”号和护卫它的四艘驱逐舰，它们正在消磨时间，等待按预定时间前往特隆赫姆。由于能见度太差，海德上尉为了确认德国军舰的身份而飞得太近，结果遭到“希佩尔海军上将”号准确的高射炮火拦截。在飞机被击伤后，海德无法继续跟踪，只能打道回府。他在返航途中发出初步的目击报告，大约一小时后，已经降落的他又提供了更详尽的报告。[109]“罗德尼”号在 18: 43 放出一架“海象”式侦察机，但没有发现任何船只，也没有发出报告。[110]

福布斯上将认为，海德的“桑德兰”式飞机的报告意味着，即便有一些德国舰船可能在驶向纳尔维克，其他德国船的目标仍然是进入大西洋。为了拦截后者，他命令本土舰队在 15: 30 将航向改为 000° ，又在 16: 15 修正为 340° 。他还命令先前脱离大队的“反击”号、“佩内洛珀”号和几艘驱逐舰也转向西方，但是后来又改变了主意，命令它们继续向东北方向前进，与“声望”号会合。

在北方，惠特沃斯中将研判局势后，认为可以稍后再去韦斯特峡湾。当天下午他在驱逐舰护卫下从斯库姆韦尔岛灯塔向西搜索，并打算在入夜时掉头南下——从而让开通向纳尔维克的入口。第一战斗群当时可能就在“声望”号后方，相距约两小时航程。海军部发现他的行动后，在 17: 24 发出一则电报表示反对：

“鉴于‘桑德兰’飞机只发现了部分舰队……未被发现的那一部分仍然可能在开往纳尔维克。”接着在 18: 50 又发出一则“至为紧要”的电报：“听令于你的部队应集中力量防止任何德国部队继续前往纳尔维克。”然而为时已晚。在惠特沃斯看到电文的 19: 15，风暴经过短暂停歇后已经变得越发猛烈。他觉得在能见度很低的大风暴天气下带着舰队朝陆地方向前进过于冒险，决定“在黑夜里保持向海洋方向航行”。他估计德国人也会采取同样的做法。稍后海军部发出的电报允许位于挪威近海的所有英国船只“在必要时进入挪威领海”，不过此时有没有这一许可已经无所谓了。天气还在继续恶化，惠特沃斯在 20: 00 命令手下的驱逐舰向“声望”号靠拢，并宣布：“我军的目标是阻止德国舰队到达纳尔维克。目前我打算在 21: 00 将航向改为 280 度，然后在午夜做 180 度调整。据报敌军的重型舰船和轻型舰队在挪威海岸附近出没。‘伯明翰’号一行的位置不明。”[111] 21: 30，惠特沃斯得知“反击”号和“佩内洛珀”号正在赶来支援他，虽然此时因为距离太远起不了作用，它们还是请求他提供“声望”号的方位。他给出的方位是斯库姆韦尔岛灯塔西南 60 海里处，正以 6 到 8 节航速顶着 10 级的西北风向 310° 方向航行。21: 40，沃伯顿 – 李上校报告说，自己的驱逐舰“在大风浪中变得难以操控”，他能做的仅仅是勉强跟在“声望”号后面并全力防止沉船而已。按原计划在午夜掉头返回已经不可能了。

惠特沃斯因为带领舰队进入挪威海而在战术上失去了灵活处置的余地。他本可以带“声望”号单独返回，但最终选择了与驱逐舰待在一起。当天晚上福布斯没有再发来电报。海军部也没有追问自己的命令为何没有得到执行（按理说在当时的情况下出手干预并无不妥）。惠特沃斯后来在报告中总结道：“听到敌军抵达纳尔维克的消息后，我深深感到自己犯了错误。”[112]

在南方，福布斯上将通过海军部在下午发出的一系列电报得知，“曼彻斯特”号和“南安普顿”号、护送被召回的“蒂维厄特河岸”号的四艘驱逐舰，以及在比德附近假装布雷的两艘驱逐舰都将听他调遣。但他也惊讶地发现，坎宁安中将已经奉命将他在罗赛斯刚刚搭载的部队卸到岸上，然后不等卸载物资和装备就忙不迭地带着第 1 巡洋舰中队出海了。[113] 法国的德里安将军（Derrien）坐镇的巡洋舰“埃米尔 · 贝尔汀”号（*Émile Bertin*）以及两艘驱逐舰都已划归坎宁安指挥。此外，“欧若拉”号和几艘驱逐舰已经丢下运兵船前往斯卡帕湾，一旦做好准备就会立即出海。最后，福布斯还被告知，只要他不打破无线电静默，海军部就会下达他们认为合适的命令。R4 计划的取消大大出乎福布斯的意料。供他调遣的巡洋舰已经足以用来追击他认为正在突向大西洋的德国舰队，因此他看不出有什么理由不按原计划执行 R4 作战。[114]

海德上尉报告的舰队没有更多相关情报，但是新的报告显示另一支德国舰队已经向西驶过斯卡恩（Skagen），其中包含“格奈森瑙”号或“布吕歇尔”号，还有多艘巡洋舰和驱逐舰护航。[115] 20: 10，福布斯收到了海军部在大约一个半小时前发出的一份电报，其中规定了两个作战目标：一是阻止北方的德国舰队返航，二是如果斯卡格拉克海峡中的德国舰队继续西进“至斯塔万格或卑尔根”则拦截之。因此，海军部要求本土舰队“向南搜索，同时以轻型舰船向北展开，保持在东经 02° 35' 以东活动”。与此同时，海军部还指示第一巡洋舰中队（“德文郡”号、“贝里克”号、“约克”号、“格拉斯哥”号和“埃米尔·贝尔汀”号）“保持在东经 01° 50' 以西向北搜索”，并命令第 2 巡洋舰中队（“加拉蒂亚”号、“阿瑞托莎”号和 15 艘驱逐舰）在前述两个经度之间“担任夜间机动打击部队”。第 18 巡洋舰中队（“曼彻斯特”号和“南安普顿”号）则奉命在东经 01° 50' 和 02° 35' 之间、北纬 62° 以北巡逻，除非接到总司令的其他命令。福布斯上将得到这些电报后立即带本土舰队南下。

稍后海军部推断已经出海的两支德国舰队可能计划于黎明时在北纬 60° 一带会合。因为担心各巡洋舰中队遭到这两股敌军的夹击，海军部取消了先前的搜索方案，指示各部收拢兵力。之后是混乱的一夜。总司令和海军部都发了不少互相矛盾的命令，由于天气过于恶劣，没有多少能够有效执行。4 月 8 日午夜，本土舰队以 18 节航速、180° 航向经过东经 03° 、北纬 63° 15'。“曼彻斯特”号和“南安普顿”号于 9 日 06: 30 在比北纬 62° 稍稍偏南的地方与本土舰队会合，第 1 和第 2 巡洋舰中队在 09: 30 加入，此时这些英国军舰已经被德国水上飞机跟踪了一个多小时。[116]

取消 R4 计划并要求即将前往挪威西部的部队下船可能是 4 月 8 日英方的各种决策中后果最严重的一个。据战时内阁的助理军事秘书伊恩·雅各布斯将军说，这个决定是丘吉尔在没有与参谋长委员会或内阁商议的情况下做出的。第一海务大臣 11: 30 前后用电话通过罗赛斯总司令向坎宁安中将下达了让部队下船的命令，稍后又通过电报加以确认。后来在当天上午的内阁会议中，张伯伦想知道那些巡洋舰已经航行了多远，什么时候能够将部队送上岸。当海军大臣告诉他陆军士兵都已下船，"好让巡洋舰能够加入舰队"时，他"明显面露窘色"，发出一声惊呼，"然后就陷入了长时间的沉默"。[117]

R4 计划原本是与德国人在布雷行动刺激下所做反应针锋相对的计划。德方的主动出击只会给这个计划创造更好的条件，但是丘吉尔和庞德却认为一场海战正在酝酿，因而从海军的角度来应对。我们永远也无法知道，如果 R4 计划如期执行，坎宁安中将的军舰载着部队在 4 月 9 日抵达挪威西部会发生什么。英国士兵不可能在德军登陆前上岸，但如果他们已经乘坐高航速的巡洋舰出海，将会给斯塔万格、卑尔根或特隆赫姆的战事造成重大影响。[118] 海军部一心追求海上的战术胜利，结果失去了战略视野和主动权。这将使许多人失去生命，并最终导致张伯伦政府垮台，为丘吉尔铺平进入唐宁街的道路。

加强战备

4 月 8 日星期一早上，挪威人从梦中醒来，面对的是全新的现实。各家报纸的头条都是"同盟国封锁了挪威领海"和"英国在斯塔特、许斯塔维卡和韦斯特峡湾布雷"。这意味着挪威实际上被分割成了两块。而在报纸版面的下半部分则刊登着一些不是那么引人注目的文章，报道的是德国"扫雷舰、驱逐舰和巡洋舰"经丹麦水域北上。没有几个人真正意识到发生了什么，但是大多数人都感到恐惧、沮丧和前途未卜。德国人必然会对布雷行动作出反应，若是不能化解此次危机，挪威领土上可能会爆发战事。

和往常一样，外交大臣哈尔夫丹·库特 06: 15 刚过就早早起床。在他吃早饭时，外交部的一名信使带来了同盟国的照会。库特拨通了首相尼高斯沃尔家的电话，建议政府尽快开会讨论。尼高斯沃尔希望外交事务委员会也一同参加。库特提出异议，但最后还是服从了首相的决定。会议定在 10: 00 召开。在吃完早饭等待尼高斯沃尔确认开会时，库特接到了海军总司令迪森打来的电话。迪森担心在韦斯特峡湾看守雷区的英国军舰进入奥福特峡湾（Ofotfjorden）攻击停泊在纳尔维克的德国矿石运输船，希望库特批准他在发生这种情况时向那几艘岸防装甲舰下达抵抗的命令。库特同意了他的请求，不久以后尼高斯沃尔给库特回了电话，也没有对此事表示反对。[119]库特和尼高斯沃尔很可能都不是真心相信英国军舰会开进纳尔维克——即使它们这样做了，也必然会在遭遇抵抗后立即退却，不至于造成任何严重事态。

10: 00，政府和外交事务委员会的成员一起坐下来讨论如何应对英国人的布雷行动。海军总司令迪森和海军总参谋长科内柳森准将也出席了会议。会议开始时，库特朗读了同盟国在4月5日（星期五）和当天早上的照会的部分内容。这是大多数与会者第一次了解到这两份照会。在海军总司令迪森为大家介绍同盟国宣布的雷区位置时，库特被叫出会场接听瑞典外交大臣云特从斯德哥尔摩打来的电话。他返回会场时告诉众人，交战国在瑞典领海没有明显的行动。在会议余下的时间里，大家一直在讨论如何应对，其他国家（特别是德国）又会作何反应。迅速向伦敦和巴黎表示坚决抗议是不能不做的事，而那些水雷也必须尽快得到清扫。同盟国的照会声称英国军舰会看守雷区48小时，而挪威王家海军应该做好在英国人离开后立即进入的准备。会上达成的一个广泛共识是：挪威决不能站在英国的敌对方参战，应该避免与皇家海军冲突，只是此次布雷行动实在令人愤慨。英国一向被视作挪威中立地位的担保人，而这次事件是今年春天该国第二次严重侵犯中立。在会前，海军总司令迪森曾向永贝里建议立即按计划在奥斯陆峡湾中布设水雷障碍。永贝里一口答应与政府成员讨论这个问题，但是在会上他却没有提起。迪森虽然在这一天反复提出请求，却始终没有得到国防大臣的回复。[120]

有外交事务委员会成员参与的这场会议一直开到了12: 30，这是因为与会者众多，而且大多数人都想发言。会议临近结束时，库特提到了埃斯马克大使与丹麦外交部的联系和关于德国军舰的报告，但都是轻描淡写地带过。12: 55前后，库特在国会的一条走廊里临时召开新闻发布会，向新闻界通报了局势，并总结说："挪威政府无论如何都不能接受交战国在挪威领海布雷的行为。我们要求清扫这些水雷，还要求外国军舰立即离开我国领海。"

匆匆吃过午饭后，库特与瑞典驻奥斯陆的助理临时代办卡尔·道格拉斯（Carl Douglas）进行了短暂会谈。不知为什么，库特告诉道格拉斯，挪威政府已经启动了“某些军事安全措施，例如提高各岸防要塞的战备，以及命令挪威海军在某些要点集结”。[121] 我们不清楚库特说的到底是哪些部队，但大多数海军军官很可能会指出这些说法不符合事实。也许库特和政府的其他成员以为这些措施是理所当然的，国防部肯定会启动。在道格拉斯离开后，库特坐下来推敲抗议声明的措辞并准备向议会介绍情况。

15: 00，还在撰写对议会陈词的外交大臣被挪威驻伦敦使馆的一个紧急电话打断了思绪。原来几小时前，英国海军部请求使馆派一名外交官前去处理一项极为重要的事务。在海军部，海军副总参谋长菲利普斯告诉副领事斯米特 – 谢兰（Smith–Kielland），已在挪威近海发现北上的德国海军舰队。“我们强烈怀疑他们企图针对纳尔维克实施作战，可能在午夜前抵达纳尔维克。”菲利普斯下结论说。伦敦方面将尽快发出电报，详细说明英方的警告。库特接完电话后就再次埋头于文案之中。“我的心思都在别的地方，费了好一番功夫才理清关于刚听到的消息的思路。”他后来写道。北方的纳尔维克实在太遥远，这使他很难理解这个消息有多重要。鉴于消息来自英国海军部，库特便很笃定地认为，无论发生什么事，英国海军都会处理。更何况纳尔维克还有挪威的装甲舰和为数不少的陆军部队，他相信他们会在必要时代表挪威一方平息事态。[122]

挪威议会在 17: 15 召开全体会议。永贝里要求陆海军司令和他们的参谋长都与会（坐在公众旁听席上），因此在这天下午，他们与自己的司令部失去联系足有三个多小时。一脸疲惫和愁容的库特首先引述了同盟国 4 月 5 日照会的部分内容，以及同盟国关于布雷行动的照会和挪威方面已经转交至法英两国驻奥斯陆使馆的抗议。库特表示，同盟国没有“将战火延烧至挪威国土”的正当理由。多位议员对布雷事件表达了忧虑和不满，但是也提醒人们决不能因为此次事件而使挪威站在英国的对立面参战。一些发言者提议立即提高海军和岸防要塞的战备等级，包括布设挪威自己的雷区。无人建议实施动员。国防大臣永贝里在会议临近尾声时汇报了“里约热内卢”号沉没和随后对德国士兵的救援行动，众人对此几乎未作讨论。永贝里后来告诉调查委员会，他以为德国舰船要去别的地方，或者是在参加针对同盟国挑衅行为的示威行动。议长卡尔·汉布罗（他在真正了解事态后将会非常果断地行动）后来写道，虽然永贝里报告说从“里约热内卢”号上救起的身穿制服的人员声称他们要前往卑尔根，但大家都认为这只是“印证了德国士兵不管长官说什么都会相信”。[123]

18: 00，挪威驻伦敦大使馆发来的电报被送至外交部，确认了菲利普斯中将的警告。电报内容如下：

昨日在北海发现德国海军的舰队，并伴有一艘据信为商船的船舶，可能为运兵之用。今日上午，在挪威近海发现其前锋正在北上。可以确凿无疑地认定这支舰队的目的是针对纳尔维克实施作战，并将在午夜前抵达该处。菲利普斯中将还指出，德国人可能晚10点就会到达纳尔维克。[124]

经过译码后，电报在19: 05被抄送给海军总参谋部。我们不清楚库特或永贝里是亲自看了这封电报还是只让下属转发了事，但是可以确定，政府的其他成员，包括尼高斯沃尔在内都没有看到它——甚至连听都没有听说过。挪威议会在将近21: 00时终于结束讨论，大部分议员深感忧虑，但也认为危险并非迫在眉睫。柏林方面肯定会被激怒，但是德国人多半会和以往一样，看到挪威人对事态的处理后再做反应。[125]

当决策者们在议会讨论或参加其他会议时，好几个令人不安的报告从各种来源传到外交部。大部分电报都按照标准程序转发给了国防部和陆海军总参谋部，但是没有附加任何关于重要性的注释。

在14: 00前后，位于哥本哈根的埃斯马克大使向奥斯陆转发了他直接从丹麦总参谋部获得的情报：“2艘德国战列巡洋舰、1艘战列舰、3艘鱼雷艇和多艘较小的船只”经过大小贝尔特海峡；此外，德国陆军的部队也在北上（虽然离边境还有一定距离），在波罗的海各港口进行装载的运输船也已出海。大约与此同时，驻柏林的使馆也向外交部发出一条简短的电文，声称丹麦大使馆已经通知他们，有人观察到几艘运兵船经大小贝尔特海峡北上。当海军总参谋部关于从“里约热内卢”号救出德国士兵的报告在17: 30至18: 30传到外交部和国防部时，这两个部门都已经收到了以上这些情报以及驻柏林使馆确认满载部队的运兵船在 4 月 5 日离开斯德丁的电文。没有人看出其中的关联。[126]

陆军和海军的情报处也从他们的丹麦和瑞典同行那里得到了德国舰船通过大小贝尔特海峡的消息。瑞典国防部的情报机构负责人卡洛斯・阿德勒克罗伊茨上校在中午给奥斯陆的挪威陆军总参谋部打了电话，告诉他的朋友弗雷德－霍尔姆中校，当天中午有一些德国战舰驶经大小贝尔特海峡。丹麦海军参谋部的蓬托皮丹（Pontoppidan）中校在 10: 43 致电他的挪威同行，通报了一些巡洋舰、扫雷舰和拖网渔船北上的消息，接着丹麦海军情报处又在 18: 20 发出一份电报：“17: 15，由‘格奈森瑙’号、‘德意志’号（*Deutschland*）、‘埃姆登’号和 3 艘海鸥级鱼雷艇组成的船队北上经过希茨霍尔姆（Hirtsholm）。17: 00，两艘 600 吨的武装轮船通过大贝尔特海峡（Storebelt）。船上有许多人（士兵？），航向朝北。还有 17 艘拖网渔船。”陆海军的情报部门互相转发了这些情报，并通报给它们的指挥官，但我们不清楚这些情报是否传到国防部。

中午前后，驻奥斯陆的英国海军武官博伊斯（Boyes）少将拜访了挪威海军总参谋部，他对情报处的处长斯滕说，他“有理由相信”一支英军舰队正在穿越北海“迎击已经出海的德军舰队”。这个声明在这一天的传播过程中显然被歪曲了，海军总参谋部在 15: 40 遵照总司令迪森的命令向各海防区发出一份电报，声称“一支英军舰队正在开向卡特加特海峡拦截报告中的德军战舰”。博伊斯不可能从英国海军部接到这样的消息，至少不会这么早就接到，他后来更是矢口否认自己做过这样的声明。无论如何，认为有英军舰队正开往卡特加特的想法将会造成深远影响。

奥斯陆的海军情报处在 13: 30 向各海防区发出两封情况汇编电报：

驻柏林使馆在 4 月 7 日告知……15 ~ 20 艘运兵船在 4 月 5 日夜间离开斯德丁西进，将在 4 月 11 日抵达未知目的地。

丹麦海军总参谋部今天上午 10: 43 报告，德军 48 艘扫雷舰和 38 艘武装拖网渔船……分散在卡特加特海峡北部……“格奈森瑙”号、“莱

> 比锡”号和“埃姆登”号今天 06: 00 到 07: 00 北上经过朗厄兰岛，有 3 艘鱼雷艇和 6 艘武装拖网渔船跟随。瑞典国防部今天 12: 15 报告，强大的德国海军编队通过大贝尔特海峡。编队中部分舰船已到达卡特加特海峡……其他船只已经过默恩岛（Mön）。已在伦茨堡（Rendsborg）地区发现(德军)步兵和炮兵向北运动，但在丹麦边境上还未观察到任何情况。

海军情报处中有人看出了这些情报的正确关联，但他显然无权做出任何推论，更谈不上主动提出反制建议。[127]

有这个权力的人是海军总司令迪森，可他在这一天的表现却出奇地消极——尽管他接触到的大量情报足以让他全面认识到正在发展的威胁。岸防炮兵总司令哈默斯塔德（Hammerstad）上校奉命在这天上午出席一场有海军总司令迪森参加的会议。他在 09: 30 赶到会上，听见迪森对他说："战争要来了。”但令他惊讶的是，他得到的指示仅仅是做好征召更多士兵以充实要塞的准备——等上级下令才能开始征召。[128] 海军情报处的维洛克少校在这天上午无意中听到了迪森与纳尔维克的阿斯基姆上校在电话中的交谈。阿斯基姆请求迪森就英军在兰讷古德岛一带的布雷行动提供指示，迪森却不肯下达任何命令，只是援引了《中立法案》中的指示信息。阿斯基姆争辩说，这些指示信息太宽泛，不能用来应对像这样部队无论有无作为都可能造成极严重后果的事件，必须由海军总司令或政府来下令。但迪森只是反复引用那些指示信息，当这次漫长的对话结束时，阿斯基姆没有得到任何命令。在几个小时后迪森与卑尔根的汤克 - 尼尔森的电话记录中，我们也能看到同样的迟疑不决，这次通话的主题是万一英国驱逐舰到斯塔特一带布雷该怎么办。虽然汤克 - 尼尔森请求“准许动用武力”，迪森却还是在重复那些“指示信息”。4 月 8 日，海军总司令最实在的举措是在 22: 00 命卑尔根以南的灯塔熄灯，以及在 22: 15 发电报给陆军总司令，请求对方于次日提供步兵支援卑尔根和特隆赫姆的要塞。迪森的态度如此保守可能是出于两大原因：他坚信皇家海军掌握着北海的制海权，而最重要的是，他对政府忠心不二。既然永贝里、库特和尼高斯沃尔都没有下达任何从中立警戒转入战争状态的命令，迪森绝不会充当惹是生非者。[129]

迪森后来对卡尔·汉布罗解释说，他和科内柳森在 4 月 8 日入夜时都不相信德军对挪威的进攻已经迫在眉睫。虽然“里约热内卢”号的幸存者声称自己要前往卑尔根，但他认为这是“巧妙的掩饰”，德国船只的目的地是丹麦、设得兰、法罗群岛或冰岛。他和科内柳森的注意力都被英军的布雷行动吸引了，两人都忙于出席外交事务委员会和议会那些冗长的会议。这两个人都没有必要出席所有会议，而少了他们，也就没有人负责关注和评估德国人的行动了。在出席政府会议之前，迪森曾向各海防区发出“提高战备”的指示（在 20: 00 又重申一遍），但是各地的指挥官需要自行解读这一指示的含义。如果各海防区接到准备作战的明确命令——哪怕是在 8 日下午来自伦敦的电报送达以后——历史也有可能改写。然而，除了当地指挥官发挥主动性的一些地方外，海军的舰船全都留在原地，仍然准备在次日执行护航和巡逻任务。[130]

对英国水雷关切较少的陆军总参谋部实际上已注意到德军在近海和陆地上的活动正在增加。情报部门主管弗雷德－霍尔姆中校标注的地图上呈现出令人不安的态势，当天陆军总参谋部几度就此进行讨论，因为“这些行动显然是针对挪威的”。唯一明显不相信这个结论的人是陆军总司令拉克。[131]

挪威陆军总参谋长拉斯穆斯·哈特勒达尔上校。（挪威军事博物馆供图）

陆军总参谋长哈特勒达尔上校很早就认识到有大事要发生，在 4 月 5 日星期五上午，他曾求见国防大臣永贝里，询问是否有“交战国给政府的照会”。永贝里对这个问题的回答是“没有”。哈特勒达尔指出，有效的动员需要时间，他怀疑局势是否真的还没有严重到应该考虑采取初步措施的时候，但是国防大臣不肯批准他启动任何程序。4 月 6 日星期六，哈特勒达尔再次找到永贝里，要求至少动员挪威南部的几个野战旅。此时他已经看到了驻柏林大使馆发来的两份电报的副本，其中提及德军将进攻荷兰和丹麦并且可能进攻挪威。这一次他还是没有得到批准。永贝里可能也得到了同样的情报，但他不相信此时存在任何紧迫的危险，认为没有理由向政府提出动员的要求。面对哈特勒达尔的直接质问，永贝里再次否认收到过任何来自交战国的重要信息。[132]

“里约热内卢”号沉没的报告打消了哈特勒达尔的一切疑虑，而伦敦发来的包含英国海军部情报的电报更是让他清楚地认识到挪威全境都面临威胁。他很有把握地认为政府将在当天下午下令动员，便指示他的幕僚做好随时按照命令行动的准备。这天下午，拉克和哈特勒达尔应永贝里的邀请到议会出席会议。但是在长达三小时的会议上，他们却没有听到任何关于动员的讨论，也没有被邀请发言。陆军总司令拉克后来说，他认为政府当时得到了一些机密情报，确定挪威没有面临威胁，除此之外他想不到任何解释。而哈特勒达尔自称“会后在走廊里追上了大臣”，请求对方拿出决议。永贝里回答说，政府还没有做出任何决议，这个问题将在他即将参加的政府会议上讨论，并在次日上午第一时间通知陆军总参谋部。听到这个回答后，拉克不顾哈特勒达尔的抗议，决定让不值班的参谋人员回家。于是总参谋部的各部门在21: 00得知，次日上午以前不会再有命令，工作人员可以在晚上回家休息，只有值班人员需要留下。彻底灰心的哈特勒达尔上校告诉总参谋部的值班军官莱夫·罗尔斯塔（Leif Rolstad）上尉，自己争取动员决议的努力“到头来是一场空”，此时他实在太疲惫，所以要求上尉别再打扰他，“除非发生了非常特殊的事件”。[133]

政府成员在21: 00聚集开会。此时他们个个面带倦容，因此会议很简短。由于没有任何记录保留下来，很难确定会上发言或决议的细节。动员问题肯定在议程中，但是永贝里似乎按照托尔普几天前的提议，建议仅动员奥斯陆峡湾周边的两个一线营，远远小于哈特勒达尔主张的动员规模。特吕格弗·利（Trygve Lie）后来声称这个建议得到了与会者的一致同意，但永贝里坚持认为这次会议没有得出任何具体决议。大多数大臣日后似乎都相信他们在4月8日夜里做出了同意实施有限动员的决定。但是这个决定没有引发任何后续行动，也没有产生书面命令。按照首相尼高斯沃尔的说法，当时决定了在奥斯陆峡湾布设防御性雷区。特吕格弗・利后来支持这种说法，但是其他大臣全都没有这样的认识，而海军总司令迪森也从未接到执行这一决定的命令。

可以确定的是，这次会议决定尽快扫除英国人的水雷，而且时间不能晚于 4 月 10 日上午，除非英军自己开始扫雷。永贝里已经让陆军总参谋部人员晚上回家休息，这次政府会议于 21: 40 结束，此后他也没有尝试联系陆军或海军总参谋部的任何人。他从未解释过自己为何如此犹豫不决。没有认清形势很可能是原因之一，同样重要的原因是他没有向政府建议采取激烈措施的自信，而且他和陆军总参谋部中名义上地位高于自己的军官关系尴尬。至于这次会议的具体决议内容、负责人和应该执行决议的时间不够明确的问题，最终责任还是该由尼高斯沃尔来承担。

在奥斯陆军人俱乐部举行了一场筹划已久的晚宴，哈康国王是主宾。人们事先就知道国王将会到场，而且其他出席者也身居高位，包括陆军总参谋部许多及时被批准下班的军官。平时保持着高度警惕而且非常清楚本国弱点的哈康国王后来承认，这一次他虽然知悉了来自柏林和哥本哈根的警告，却没有给予足够重视。[134]

被这漫长的一天搞得筋疲力尽的尼高斯沃尔首相回到家里，享受一些天伦之乐后上床睡觉。哈尔夫丹・库特也在这天夜里拖着疲惫的身躯离开办公室，去和他的情妇共进晚餐。他估计夜里将会平安无事，因此甚至没有留言说明在哪里可以找到自己。[135] 库特在回忆录中承认，他在这天晚上误判了形势。他和许多其他人的注意力都集中在同盟国的威胁上，而且他认为来自柏林的信号只预示着德军将在西线发动人们早已预料到的进攻。“任何人都不会比我更深切地体会到这一误算带来的痛苦。”他这样写道，并补充说：

> 那天晚上我的脑子准是出了什么问题。我无法把事件正确地联系起来，也无法把我获得的情报碎片放在正确的背景中审视。也许是太累了。我确实没能给政府提供完整而准确的形势总结，我自己没有这样的认识。这就是后来的事件令我震惊如斯的原因。[136]

这天夜里的挪威是寒冷的，全国各地都强风劲吹，有些地方甚至达到了暴风的程度。北方雪飑肆虐，南方浓雾弥漫。许多家庭整晚都挤在壁炉周围或厨房里。白天的局势变化令人吃惊，报纸纷纷发行号外，广播电台也增加了新闻时段。收音机里传出最后一则政府公报是在22: 00，几乎所有人都听到了。在餐馆和咖啡馆里，还没来得及回家的人都请求老板打开收音机。音乐厅和电影院空空如也，因为这时候没人愿意去不能交谈的地方。很少有人相信挪威面临直接的威胁，但许多人预计英德两国的海军将在此后几天里发生交战，从而引发对挪威领海的侵犯，将挪威海军和民船卷入危险之中。各家报社和新闻社都增加了值班人手，准备第二天一早报道突发新闻。午夜将至时，奥斯陆万籁俱寂，未熄灭的灯火寥寥无几。在英国使馆，多默大使早早就寝，睡得很香。

薄暮

4月8日上午，搭乘火车从哥本哈根经瑞典抵达奥斯陆的乘客中有两个德国人：冯·法尔肯霍斯特将军参谋部的作战参谋哈特维希·波尔曼中校和外交部的一位秘书顺堡（Schumburg）先生。波尔曼使用真名出行，不过他身着便衣，持一本全新的外交护照通过海关，在护照上他的头衔是德国内政部的顾问（Ministerialrat）。[137] 秘书携带的行李箱受外交豁免权保护，因此没有受到检查。如果检查了，将会引发一场严重的外交危机，因为其中不仅装着波尔曼的军服和自卫武器，还有几份秘密地图和给驻奥斯陆德国大使的密函。

波尔曼在车站得到“阿勃维尔”特工埃里希·普鲁克的迎接，还游览了市区以熟悉情况。随后，波尔曼从他居住的旅馆客房给德国驻奥斯陆的空军武官埃伯哈特·施皮勒上尉打电话，指示对方第二天上午到福尼布机场与自己会合，接应预计将在07: 45前后着陆的德军部队。施皮勒兴奋地确认自己将会到场，但又补充说，福尼布机场的战斗机已经进入警戒状态。波尔曼对此并不在意，区区几架战斗机在次日上午将会抵达的德军机群面前不算什么。结束与施皮勒的通话后，波尔曼就做好准备，前往德国使馆与布罗伊尔大使共进晚餐。

自从入侵行动开始策划，布罗伊尔就被排除在外，直到那天晚上他才知道即将发生的大事。[138] 波尔曼得到了严格的命令，不能在23: 00前向大使透露一

德国驻挪威大使库尔特·布罗伊尔博士。（作者的收藏）

星半点关于“威悉演习”行动的消息。“当我告诉他（布罗伊尔）即将发生的事情和他在其中需要扮演的角色时，他大吃一惊，这种神色是我平生很少见到的。”波尔曼后来写道。大使拿到了两个信封。第一个装着他的上司——外交部部长冯·里宾特洛甫——给他的信，其中概述了布罗伊尔相对于挪威当局应扮演的角色。第二个装着词句冗长的最后通牒，内容是要求挪威政府投降。这份通牒必须在次日凌晨 04: 20 准时递交给外交大臣库特，届时德军的登陆行动已经开始几分钟，但挪威政府应该尚在迷惑之中。为了避免引起怀疑，布罗伊尔不能在 04: 00 前提出会见请求或提前做任何安排，也不能透露会见的性质，只需坚持见到库特本人。如果实在找不到库特，那么他应该把最后通牒递交给首相尼高斯沃尔或副外交大臣。

从午夜开始，布罗伊尔将成为“帝国全权代表”[139]，也就是德国在挪威的最高民事官员，柏林与挪威政府之间唯一的政治联系人。他的任务很明确：促使尼高斯沃尔及其政府合作，并确保哈康国王留在奥斯陆，处于德国保护之下。如有必要，他可以调用军队。如果事态发展不符合计划，布罗伊尔就必须随机应变。他应该通过使馆的电台或途经瑞典的公用电话线，用简短的暗语尽快向柏林报告挪威人的反应。这些暗语反映了柏林方面期待的回答：有四条暗语对应挪威政府接受通牒条款、不下达开火命令、愿意谈判或仅作象征性抗议的情况，只有一条对应挪威人进行抵抗的情况。德国人估计挪威政府不会对抗强大的德国国防军。

布罗伊尔后来说，他被这个消息惊呆了，但是在与波尔曼对话后，两人一致认为挪威政府很有可能接受德国的要求，并允许德国军队登陆——前提是有一支强大的舰队赶在战斗大面积爆发前进入奥斯陆港，以配合最后通牒的递交。[140]

与波尔曼通过电话后，空军武官施皮勒就把注意力转到他安排的一次私人晚宴的准备上来。受邀者是挪威的一些高级军官及其妻子。施皮勒是使馆中少数知晓“威悉演习”行动的人之一，他安排这次晚宴很可能就是为了在关键时刻把这些重要人物引开。但是这些人大多因为当天的事件而有所警觉，乌尔苏拉·施皮勒太太（Ursula Spiller）在这天接到了好几个人婉拒邀请的答复。最终只有两名挪威下级军官出席，另外还有一些使馆官员和两名“汉莎航空公司的代表”。虽然局势紧张，众人还是度过了一个愉快的夜晚，挪威人直到午夜前后才离去。施皮勒在03: 00前后与两名“汉莎航空公司代表”一同出门。他身着军装,但披了一件便服外套。他们乘坐的两辆轿车停在福尼布附近阿尔弗雷德·克莱因曼（Alfred Kleinman）的私宅外，克莱因曼是个德国商人，和自己的挪威妻子一起定居在奥斯陆。一行人被引进门并带到客厅,在那里可以对机场一览无余。这将是一次比预期更长的等待。[141]

海军武官施赖伯在这个冬天已经几次前往柏林，向上级（尤其是雷德尔元帅和海军战争指挥部）阐述他对挪威的整体情况和海军事务的观点。在2月“阿尔特马克”号事件发生不久以后的一次会谈中，海军元帅曾告诉他，除非挪威对同盟国侵犯中立行为的处理出现显著改善，否则德国进攻挪威的准备工作必将开始。在3月最后一次造访柏林时，施赖伯重申了他先前表达过的观点：如果德军明确表示自己以朋友身份到来，挪威人将不会反对德军占领。4月5日，施赖伯通过发自柏林的密码电报得知，威悉日是4月9日，而他应该做好准备，在当天早上05: 00到奥斯陆港口接应恩格尔布雷希特少将。

8日这天施赖伯坐立不安。他越来越频繁地致电挪威海军总参谋部，询问是否有关于德国商船在近海遭鱼雷袭击的新消息。他得到的都是礼貌的否定答复，不过他的行为使海军总参谋部的人越发相信有大事正在发生。当天下午，他们拿出关于德国战舰的报告询问施赖伯这是什么意思。施赖伯回答说他不知道，但他估计这些军舰出海是为了加强德军在大小贝尔特海峡的防御，因为预计英军将在那里开展行动。[142]下午晚些时候，施赖伯在一封发给柏林的电报中报告说，挪威海军总参谋部和国防部中存在一定的“焦虑”心态，但他将此归因于英军的布雷行动：

> 我私下从海军总参谋部获得下列情报。第一，有人观察到德国舰队 8 日夜间经大小贝尔特海峡北上。第二，按照英国海军武官的说法，他们已于 8 日 05: 00 在指定地点布设雷区。目前还在位于特隆赫姆北入口的哈尔滕进一步布雷。第三，各岸防要塞应该会加强戒备。[143]

这天夜里，“阿勃维尔”特工赫尔曼·肯普夫（Hermann Kempf）中尉登上了奥斯陆港湾中锚泊于阿克什胡斯（Akershus）以西约 1500 米处的德国货船“维达”号（*Widar*）。肯普夫几天前从柏林来到当地时并不知道“威悉演习”行动，但施赖伯在这天上午向他交代了情况，命令他到“维达”号上监督其无线电通信，直到第五战斗群到达为止。[144]“维达”号是 4 月 7 日到达奥斯陆的，它是一艘装载煤炭的普通商船，但是和许多德国货船一样配备了一部大功率电台，还有一个上锁的柜子，里面放着密码本和特别命令。船长对“威悉演习”行动一无所知，但他已得到指示，要密切观察海上和空中的一切交通，并向汉堡的“阿勃维尔”分局报告。[145]

维德昆·吉斯林肯定通过他与德拉波特和皮肯布罗克的联系人猜到将会发生变故，尽管他对变故的性质和时间没有一点具体了解。4 月 7 日在奥斯陆举行了一次“国家统一党委员会”的例会，大约有 25 名委员出席。这次会议因为吉斯林的病情几度推迟，会议日期直到一个星期前才最终确定。吉斯林在会上评论了局势，但除了关于危险时期将至的惯常警告，没有任何特别的暗示。[146]会后所有委员都回了老家，连那些几天后被指定为“大臣”的人也不例外。如果吉斯林知道或怀疑德国对挪威的入侵已经发动，他肯定会让自己的心腹留在奥斯陆。

布雷事件让吉斯林很是不安。在他看来，这次行动会使挪威与英国开战，而且只是英军大规模登陆的前奏。4 月 8 日 18: 00 以后不久，国家统一党的党徒开始在奥斯陆散发传单，谴责英军的布雷和被吉斯林认为导致局势激化的政府。传单上的文字宣称，国家统一党是唯一能挽救挪威的“自由与独立”的政党，而吉斯林拥有接管政府的“义务与权利”。和往常一样，几乎没有人关注他这种浮夸的言辞。

当天夜里晚些时候，国家统一党的宣传部长哈尔迪斯·尼高－厄斯特比（Haldis Neegaard–Ostbye）和书记哈拉尔·克努森（Harald Knudsen）因为担心吉斯林的安全，说服他离开自己的家，入住奥斯陆市中心的大陆酒店。克努森后来写道，布雷行动可能意味着英军正在开赴挪威，而如果“里约热内卢”号的沉没意味着德军会先到一步，那么“那些（因为无力保护挪威的中立而）感到内疚的人可能希望除掉他”。吉斯林在1945年受审时声称，“听到载有马匹和车辆的德国运输船沉没的消息时”，他就相信德军也在赶往挪威，因此不得不躲藏起来“以免遭到拘押”。在这个冬季搬到奥斯陆的阿尔伯特·哈格林也住在这个酒店，这很可能不是巧合——尽管克努森后来一口咬定，他选择大陆酒店是因为在奥斯陆的旅馆中只有它有像样的防空洞。克努森用自己的名字订了一间客房，并通过后楼梯把吉斯林悄悄放了进去。这两人当晚就在那里过夜，吉斯林睡床上，克努森睡沙发。[147]

入侵者

卡特加特海峡的天气在4月8日依然晴好，海上只有微风吹拂，空中万里无云。破晓时分，“布吕歇尔”号和护航船只以18节速度在丹麦的菲英岛（Fyn）和西兰岛（Sjelland）之间北上。船队在08: 00经过哈尔斯科夫礁（Halskov Rev）灯船进入开阔水域，鱼雷艇呈扇面状展开，保护沿之字形航线行驶的巡洋舰，护航的飞机也在上空盘旋。只要船队还在大小贝尔特海峡中，陆军士兵就被关在甲板下面，以免被任何观察者发现。但是船队在11: 40前后经过舒尔茨－格伦德（Schultz–Grund）灯船后，他们就被允许上甲板，前提是能找到一些海军的服装来掩盖他们的陆军制服。在“布吕歇尔”号上，不值勤的船员都聚集到后甲板，听沃尔达格上校交代任务。大家普遍因为要参加实战而兴奋不已，但也有人对任务目标是挪威感到不解。这一天没有多少情况，只不过出现了几次虚惊一场的潜艇警报，另外在13: 00过后不久，“布吕歇尔”号上有人把一个捕鱼浮标错看成潜望镜，用机枪把它打成了筛子。德国商船“克里特”号14: 00前后发来电报，称自己在奥斯陆峡湾西入口附近遭到敌潜艇炮击，还有一个丹麦电台在凯隆堡（Kalundborg）广播说，德国海军的大队舰船正在大贝尔特海峡中北上，这两则消息都使船上的气氛更加紧张。黄昏时，船队位于希斯霍尔梅讷（Hirsholmene）以北，斯卡恩灯船附近，已经能感受到来自斯卡格拉克海峡开口的深海涌浪。黑夜将至，但天空依然晴朗。突然，位于巡洋舰右侧的“信天翁”号升起信号旗，并用灯光发出警报。发现潜艇！这一次是真的。海面上能看见几道鱼雷尾迹，显然是冲着“吕佐夫”号去的，但是它已经按照例行的之字形机动右转，因此所有鱼雷都在它前方无害通过。“信天翁”号继续与敌潜艇保持接触并投放深水炸弹，同时舰队主力恢复东北偏东航向，进入斯卡格拉克海峡。

英国潜艇“特里同”号（*Triton*）在斯卡恩一带巡逻，艇长爱德华·福尔-派齐（Edward Fowle-Pizey）少校在 16: 50 发现几艘大型军舰正从后面超越自己。他判断第一艘军舰是格奈森瑙级（其实是“布吕歇尔”号），第二艘是“纽伦堡”号或“莱比锡”号（其实是“吕佐夫”号），第三艘则被他正确识别为“埃姆登”

4月8日在卡特加特海峡中，从“埃姆登”号上看到的“布吕歇尔”号。（德国联邦档案馆，Bild 101II-MO/0683-07）

号。这支船队速度很快，他几乎没有时间让潜艇抢占攻击阵位。福尔 – 派齐不愿错过机会，于是把他的全部十具鱼雷发射管都瞄准了“吕佐夫”号，也就是队列中的第二艘船。但是正当他打算开火时，“布吕歇尔”号沿之字形航线转了弯，进入了对他更有利的位置。福尔 – 派齐觉得它是更重要的目标，便冒险从七千米外以 85 度射角齐射十枚鱼雷。然而“布吕歇尔”号的航速比他估计的要快，所有鱼雷都在它后方掠过，打到了“吕佐夫”号附近。“信天翁”号循着航迹追来，但一直没找到“特里同”号，最终掉头离去。福尔 – 派齐升起天线，在 18: 25 发了一则简短的电讯，然后因为空中出现的一架飞机而潜入深海，电讯没有被英国方面收到。19: 45 他浮出水面，重新发报：“1 艘德国格奈森瑙级战列舰与 1 艘重巡洋舰在‘埃姆登’号和若干驱逐舰护航下于 18: 00 经过斯考向西航行。航速 20 节。”

20: 31，“翻车鲀”号（*Sunfish*）报告，“1 艘布吕歇尔级、2 艘巡洋舰、1 艘驱逐舰”于 18: 12 出现在斯卡恩以北二十海里处，它们向北沿之字形航线航行，没等自己接近到攻击距离就已远去。霍顿中将接报大喜，命令“三叉戟”号和“鹰”号以最快速度前往拉尔维克（Larvik）附近的阵位，因为他相信那里就是这支舰队的目的地。除此之外，他还命令“海豹”号（*Seal*）、“克莱德”号（*Clyde*）和“逃学生”号（*Truant*）前往斯卡格拉克海峡西部，以防德国军舰驶向北海。[148]

甩掉“特里同”号以后，旗舰发出了灯火管制命令，各舰的战旗也在黄昏临近时降下。海上吹拂着和缓的西南风，几乎没有一点波浪。这是一个寒冷的夜晚，天气起初相当晴朗，但后来起了大雾。较大的舰船将间距缩小到 600 米左右。接近奥斯陆峡湾入口时，雨飑和零星分布的雾霾进一步降低了能见度。“布吕歇尔”号还是一马当先，其他船只在其后方排成纵队，通过船艉加了遮光罩的信号灯保持接触。所有陆军士兵都待在甲板下面。

德国时间 23: 00，懂挪威语的维利·贝伦斯（Willi Behrens）特勤队长[①]收

① 译注：特勤队长（Sonderführer）是为临时招募到德国军队中的民间专业人员设立的一种职位，这类人员主要从事翻译、土木工程、财政、科考等专业工作。

听了挪威广播电台的夜间新闻。他了解到了议会中关于英军布雷行动的讨论，有人目击德国舰队北上穿过大小贝尔特海峡的消息，以及“里约热内卢”号的沉没。在播报接近尾声时，他还听到了挪威海军总参谋部要求各海防区关闭卑尔根以南所有灯塔和无线电导航台的命令。贝伦斯把这个情报转报给了他的军官们，最后还被叫到舰桥向库梅茨少将当面汇报。[149]“吕佐夫”号的电台操作员也听到了同样的新闻播报，蒂勒上校认为这是挪威人已经知道他们来犯的明确预兆，突袭的希望已经丧失。他给旗舰发了信息，建议以最高航速前进，趁德勒巴克海峡（Drøbak Narrows）的守军还没完全组织起来，打他们一个措手不及。库梅茨对下属擅自提出和他的命令矛盾的建议很不快，回答说舰队将按原计划通过该海峡。少将认为，挪威人即便知道自己要来，也不会猛烈开火。他通过超短波电台向各舰发出一份电报：“任务是和平占领挪威。对方的探照灯照射或警告射击不能构成我方使用武器的理由。只有遭到火力打击时才能还击。”[150]于是第五战斗群继续按计划进发。

4月8日夜里，214吨的军辅船“北极星三”号在奥斯陆峡湾外段巡逻。（挪威王家海军博物馆供图）

不久以后，已经能看到费尔德尔（Færder）和托比恩斯其尔（Torbjørnskjær）的灯塔。它们还是和往常一样亮着灯，但几分钟后就双双熄灭。德军舰队在一片漆黑中通过费尔德尔和托比恩斯其尔之间，进入了挪威领海和奥斯陆禁区，也就是说，他们的行为无疑已经构成非法入侵。此时是德国时间零点，挪威时间 23: 00，所有舰船都接到了让舰员进入战位的命令。[151]

挪威军辅船“北极星三”号（*Pol* III）在费尔德尔和托比恩斯其尔灯塔之间的外奥斯陆峡湾巡逻。[152] 这艘 214 吨的小船是 1926 年建造的。“北极星三”号有低矮的干舷、高耸的烟囱、中置的驾驶室和位于前桅顶端的瞭望台，这副外观处处都在表明它原来的捕鲸船身份。它在八个月前被征用，并未经过多少改装，只不过在前甲板安装了一具探照灯和一门 76 毫米炮而已。船上的十五个人基本上都是应征入伍的，其中不少是专业捕鲸的渔民。他们本该在南大西洋度过这个冬天，却因为一纸征召令，和他们的船一起参加了中立警戒。[153] 船长莱夫·韦尔丁－奥尔森（Leif Welding-Olsen）少校是来自霍滕的预备役军官，他已从霍滕的第 1 海防分区接到了加强戒备的命令，但命令没有解释原因。22: 00，他又无意中听到了关闭所有灯塔的命令。这天夜里星光昏暗、雨雾纷飞，韦尔丁－奥尔森命令瞭望员打起精神密切观察。23: 00 前后，瞭望员短暂地看到 300 ~ 400 米外有两个漆黑的船影在向北航行。韦尔丁－奥尔森被叫到舰桥后下令全速追赶对方，并让 76 毫米炮的炮手和探照灯操作员就位。

23: 06，“北极星三”号上的人听到前方传来大型轮机的轰鸣，随即打开探照灯。船长和船员们惊讶地看到好几艘大型军舰在迷雾中现出身形。其中一艘立刻转舵驶向“北极星三”号，并打开探照灯反照射，其余的则继续北上。开过来的那艘船是鱼雷艇“信天翁”号，它最终关闭了探照灯，并发出信号：“关停轮机。不得使用电台。”“信天翁”号的电台操作员事先就被提醒监视 600 兆赫波段，他报告说挪威人在发报，但是他有效施加了干扰。尽管如此，霍滕还是收到了“北极星三”号发出的电讯：“外国舰队正在高速入侵。”[154] 西格弗里德·施特雷洛（Siegfried Strelow）上尉命令一队押解船员准备转到对方船上。出乎他意料的是，高傲的挪威人打了一发空炮以示警告，并在随后的冲突中撞击了他的鱼雷艇左舷前部。“信天翁”号的船舷开了个洞，但是损管人员防止

“北极星三”号的船长莱夫·韦尔丁–奥尔森少校。（挪威王家海军博物馆供图）

了严重漏水。两名水兵跳上或者被甩到“信天翁”号甲板上，很快就被扣押。“北极星三”号上的人听到了对方的喊叫，用的无疑是德语。韦尔丁－奥尔森下令发射一白两红的信号火箭，以警告峡湾深处的其他军辅船和岸防要塞，时间是 23: 10。

施特雷洛再次命令挪威军辅船停船并停止发送一切信号。韦尔丁－奥尔森船长用德语作答，他拒绝接受任何命令，反而要求德国鱼雷艇投降或立即离开挪威领海——否则他将开火。施特雷洛把“信天翁”号拉到二三百米外评估局势，并将探照灯对准了“北极星三”号。没过多久，“信天翁”号就不顾库梅茨少将的明确命令开了火。我们不清楚此时究竟发生了什么，但“北极星三”号前甲板的火炮是有人操作的，而且可能转动过，在其后方又有个电台操作员爬上了桅杆,企图重新竖起在撞击中松脱的电台天线。也许施特雷洛认为他们正准备开火。无论如何，至少有两发105毫米炮弹击中了挪威军辅船，甲板和驾驶室也遭到机枪扫射。韦尔丁-奥尔森少校的两条腿都受了重伤,“北极星三”号没有还击。

用来放下救生艇的滑车被炮火击毁，但还有一条小舢板完好无损。双腿血流如注的韦尔丁-奥尔森被抬出舰桥放到舢板上，然后舢板被放到海面。他流了很多血，已经非常虚弱。由于挤了太多人，舢板很快就在波浪起伏的海面上倾覆了。大多数人重新爬上“北极星三”号，但是韦尔丁-奥尔森没能在海上坚持太久，被海浪卷走了。“别管我了，你们自己逃命吧。”据说这是他消失前留给其他人的遗言。

“北极星三”号的船员们被带到“信天翁”号上，后者用高爆炮弹和曳光弹将这艘军辅船点燃，随后掉头北上，去峡湾深处追赶大部队。此时正是挪威时间1940年4月8日午夜。[155]

战火烧到了挪威。

第四章

奥斯陆峡湾

峡湾

第 1 海防区（SDD1）司令约翰内斯·斯米特 – 约翰森（Johannes Smith–Johannsen）少将驻守于霍滕的卡尔约翰堡（Karljohansvern），负责从瑞典边境到埃格尔松这一段挪威海岸的防务。奥斯陆峡湾无疑是他的防守重点，但是除了三艘过时的潜艇外，那里通常只部署战斗力非常有限的扫雷艇、布雷舰和军辅船，首

第1海防区（SDD1）司令约翰内斯·斯米特–约翰森少将。（挪威王家海军博物馆供图）

指挥北卡霍门岛鱼雷发射台的安德烈亚斯·安德森上校（1879—1945）。（挪威王家海军博物馆供图）

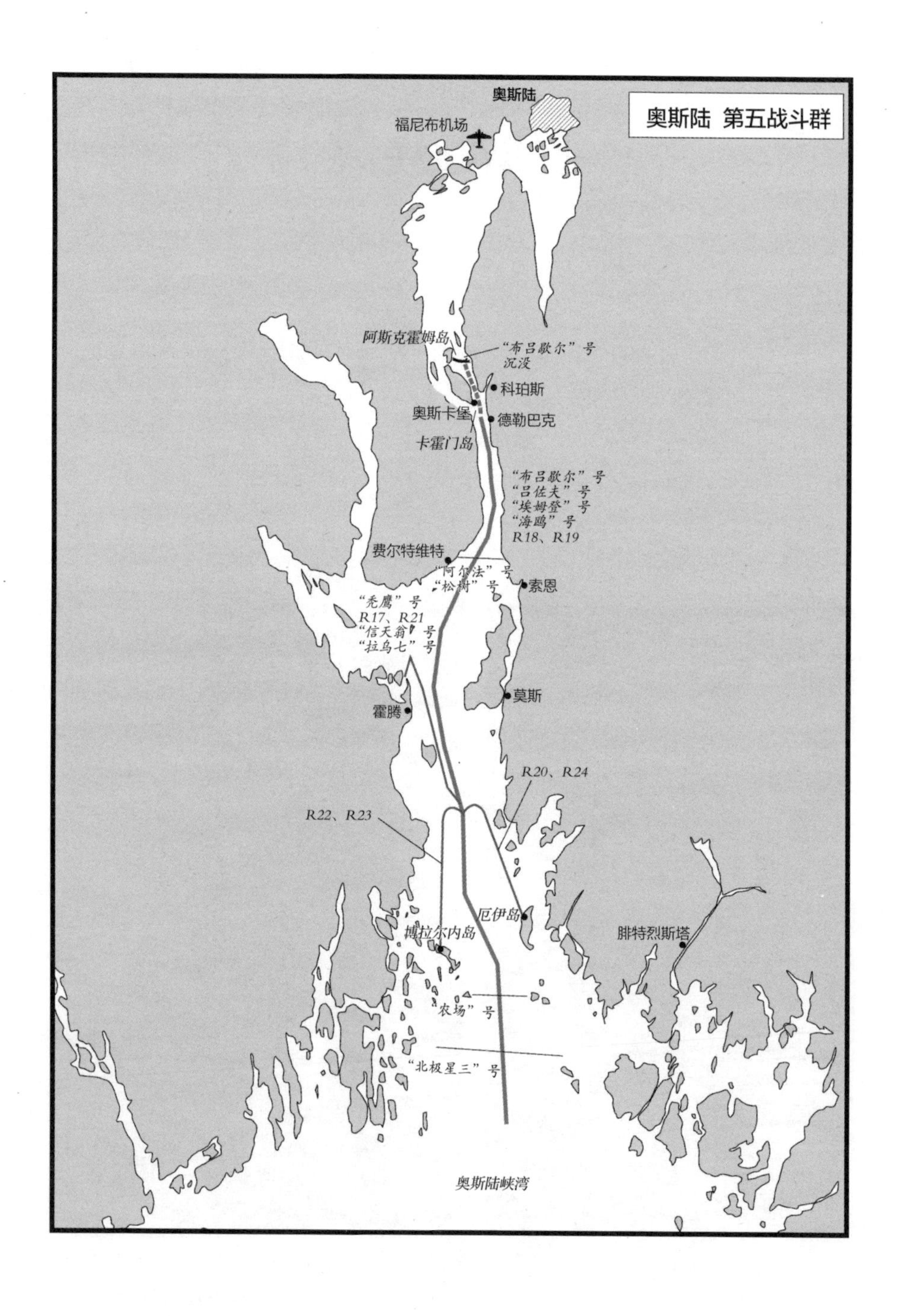
奥斯陆 第五战斗群
奥斯陆
福尼布机场
阿斯克霍姆岛
“布吕歇尔”号
沉没
科珀斯
奥斯卡堡
德勒巴克
卡霍门岛
“布吕歇尔”号
“吕佐夫”号
“埃姆登”号
“海鸥”号
R18、R19
费尔特维特
“阿尔法”号
“松树”号
索恩
“秃鹰”号
R17、R21
“信天翁”号
“拉乌七”号
莫斯
霍腾
R20、R24
R22、R23
厄伊岛
博拉尔内岛
腓特烈斯塔
“农场”号
“北极星三”号
奥斯陆峡湾

都的防御全靠岸防炮台支撑。这些炮台组成两道防线：外侧防线部署较小的火炮，海上有雷区作为辅助；内侧防线以位于德勒巴克海峡尽头的奥斯卡堡（Oscarsborg）的重炮为核心。但是没有任何雷区布设到位，次要的炮台也几乎都无人值守。

奥斯陆峡湾外段的关键炮台位于博拉尔内岛（3门150毫米炮、4门120毫米炮、2具探照灯）和厄伊岛（4门150毫米炮、2门65毫米炮、3具探照灯）。这两个炮台的人手都没有配齐，不过每个岛上都有一些陆军小部队，用于防范企图登陆的敌人。4月8日夜9日晨，海军军辅船“北极星三”号、“农场”号、“谢克”号（Kjæk）和“射击二”号在博拉尔内—厄伊一线以外巡逻。

峡湾西侧的霍于炮台（Håøy Fort）有两门210毫米大炮守卫滕斯贝格（Tønsberg）城和梅尔索姆维克（Melsomvik）海军基地，但它们无法将炮弹射进奥斯陆峡湾。莫克略炮台（Måkerøy Fort）的305毫米榴弹炮理论上能向峡湾里倾泻火力，但它们没有测距仪，而且弹药有限。1940年4月，霍于炮台和莫克略炮台都没有配备足以实施作战的人员。[1]

4月8日这天，第1海防区连续收到德国舰队通过丹麦海域的消息。“里约热内卢”号和“施泰丁根”号的沉没清楚地表明，英国潜艇就在挪威领海边界外徘徊，但是对外奥斯陆峡湾及其南面三十海里区域的航空侦察没有发现异常情况。

13: 30，第1海防区收到发自奥斯陆海军情报处的两封汇编电报，其中通报了德国舰队北上的情况。斯米特–约翰森少将因此命令第1布雷舰分队将仓库里的水雷搬到船上，准备在博拉尔内岛和厄伊之间布设雷障。[2] 15: 40，海军总参谋部发来电报，通报了一支英国舰队正前往卡特加特海峡拦截德国舰队的消息。18: 20又传来命令，要征召更多人员以操作博拉尔内岛的120毫米炮和该岛与厄伊岛上的辅助探照灯。为了在奥斯卡堡埋设地雷，还要征召工兵和其他必要人员，但命令强调在国防部（也就是政府）的后续命令下达前不得在任何地点布雷。[3] 19: 00刚过又收到发自丹麦的电报的抄送件，其中确认了德军舰队北上的消息，于是所有炮台和舰船都接到了升至最高战备等级的指示。第一航空联队的温德尔博（Wendelbo）少校决定把他的侦察机从霍滕转移到奥斯卡堡后方的安全地带，因为它在夜间派不上用场。这架飞机没有配备夜间飞行仪表，不得不在水面上滑行。21: 30，第 1 海防区向海军总司令发出关闭辖区内灯塔的申请，很快得到批准。[4]

外层巡逻线的第二艘军辅船“农场”号在 23: 10 前后观察到“北极星三”号发射的信号火箭，接着又看见炮火和探照灯光束。阿蒙森（Amundsen）少校按照上级指示没有靠近，但向外奥斯陆峡湾海防分区的通信中心发送了电报。电报从那里被转发到霍滕的第 1 海防区，与此同时费尔德尔海岸警卫站也通过电话报告说，看到信号火箭并听到了峡湾中的炮声。这两份报告都被立即转发到海军总参谋部和奥斯卡堡。

看到“北极星三”号的火箭以后，厄伊岛拉响警报，并在 23: 28 报告说火炮已经做好战斗准备。两具 110 厘米探照灯在大雾中毫无作用，最终只使用了 150 厘米探照灯。几分钟后，有人看到两个船影以 10 节左右的速度驶向峡湾深处。探照灯对准了它们所在的方向，但是对方也以灯光反照，使炮台人员无法识别其身份。炮台随即做了两次警告射击，第一发是空包弹，第二发是实弹，瞄准为首舰船的前方发射。那两艘船没有停下，于是厄伊岛南部的 150 毫米炮为了阻止对方又在大约 4500 米的距离连开四炮。没有观察到还击，那两艘船在 23: 43 消失在越来越浓的迷雾中。在博拉尔内岛，探照灯的光束中映出三个身份不明的船只剪影。炮台指挥官费登（Færden）少校下令射击，但是由于炮台人员不够果断且缺乏经验，在全岛被大雾笼罩前只打了一发空包弹，雾气在黎明后很久才消散。

两个炮台都向霍滕做了报告，第 1 海防区 23: 50 时报告海军总参谋部：“厄伊和博拉尔内正在战斗。”不到半个小时，海防区就收到回电，命令在这两个岛之间布设雷障。但此时各布雷舰尚未完成水雷装载，已经运上船的水雷也没有安装引信，因此无法实施任何行动。[5]

留下“信天翁”号对付“北极星三”号之后，奥尔登堡战斗群的其余船只继续穿过奥斯陆峡湾北上。在德国时间零点，“布吕歇尔”号的大副埃里希·海曼（Erich Heymann）中校爬上舰桥通知他的舰长：全舰已经做好战斗准备——所有舰员都已进入战位，陆军士兵都在甲板下面，舱门和水密门都已紧闭，所有通信系统也已经过测试且运转正常。海因里希·沃尔达格上校确认过报告后，命令他的大副留在舰桥上，这个与现行命令相悖的指示使后者在绝好的位置目睹了此后的事件。[6]

在接近厄伊岛—博拉尔内岛一线时，库梅茨命令“布吕歇尔”号和“吕佐夫”号将它们的舰炮对准左边的厄伊岛，同时“埃姆登”号、“海鸥”号和“兀鹰”号警戒右边的博拉尔内岛。厄伊岛和博拉尔内岛的炮台相隔约 7 千米，峡湾中的迷雾和夜色在很大程度上阻碍了军舰与炮台之间的相互观察。在 23: 25 前后，炮台上的探照灯照亮了“布吕歇尔”号，没过多久，在炮台边巡逻的军辅船“谢克”号就通过信号灯向它发出质问。“布吕歇尔”号用自己的探照灯反照，同时无视“谢克”号，继续以 18 节航速驶向峡湾深处。舰上有人听到厄伊岛方向传来炮声，但没有看到炮弹激起的水柱，因此库梅茨认为对方的炮击只是警告。

“吕佐夫”号上的官兵清晰地观察到了来自厄伊岛的炮火和几发炮弹溅起的水柱。蒂勒上校和他手下的军官们认为，这说明挪威守军不出所料地得到了预警，而且已经接到开火命令，只不过炮火如此稀疏让他们多少有些困惑。两艘德国

“埃姆登”号是一艘可靠而实用的军舰，但其设计基本停留在一战时的水平。它的最大航速是毫无亮点的29.5节，舰载武器是8门带防盾的单装150毫米炮——在它建造时只有这种炮可用。（作者的收藏）

军舰之间没有就此问题进行任何交流。23: 50，雾气迅速变浓，能见度降低到不足 800 米。奥尔登堡战斗群继续北上。

与此同时，前一天下午离开基尔并独立穿过卡特加特海峡的福斯特曼（Forstmann）上尉和第 1 扫雷艇纵队的 8 艘 R 艇加入了奥尔登堡战斗群。这些 R 艇是承担近海扫雷和护航任务的 120 吨级快艇。除了扫雷装置外，它们还配备了两门 20 毫米机关炮和深水炸弹。军辅船“拉乌七”号（*Rau* VII）和“拉乌八”号（*Rau* VIII）曾陪同 R 艇穿越开阔海域，但随后就停留在费尔德尔。

库梅茨少将在霍滕附近命令船队停止前进。该是重整队伍的时候了。6 艘 R 艇靠上“埃姆登”号的船舷，以搭载负责夺取厄伊岛、博拉尔内岛和霍滕的部队，同时 R18 号和 R19 号靠近了“布吕歇尔”号。“兀鹰”号和“海鸥”号负责防范潜艇。因为需要在黑暗中摸索，部队的转移花了不少时间，但此刻还不必匆忙。01: 00 过后，R20、R24、R22 和 R23 号都已准备就绪，带着在威悉时让部队登上厄伊岛和博拉尔内岛的命令离队，主力舰队则按计划穿过德勒巴克海峡。02: 30，“兀鹰”号、R17 号和 R21 号也离队前往霍滕，其余舰船以 8 节速度驶向海峡。“布吕歇尔”号在最前头，“吕佐夫”号在其后方约 600 米处尾随，“埃姆登”号又以同样的间距跟着“吕佐夫”号。“海鸥”号、R18 号和 R19 号组成后卫力量。舰员和陆军士兵们通过船上的广播系统得知，德勒巴克海峡越来越近。岸上只能看见少数灯光，但是一些熄灭的灯塔和航标还是依稀可辨，引水员在大多数时候都能合理地核对舰队位置。[7]

在霍滕，斯米特–约翰森少将没有获得任何关于来犯者国籍的情报，不过他根据当天早些时候的报告，认为他们是德国人。然而考虑到对方没有对厄伊岛还击，他们也可能属于先前（错误的）报告中进入卡特加特海峡的英国舰队。为了查明情况，斯米特–约翰森决定把扫雷艇“奥特拉”号（*Otra*）派到峡湾里去。他的参谋长居纳尔·霍夫德纳克（Gunnar Hovdenak）少校建议自己随该艇去调查，得到了批准。“奥特拉”号 02: 30 前后离开霍滕港。大约半小时后，在耶勒亚岛（Jeløya）附近发现一个黑乎乎的船影向北行驶。当“奥特拉”号打开探照灯时，那艘船也以强烈的灯光反照，没等挪威人判明它的身份就消失在雾霾中。霍夫德纳克下令追击。

这艘船是“信天翁”号。施特雷洛上尉丢下他认为必沉无疑的“北极星三”号，有些艰难地在漆黑的峡湾中航行，直到通过超短波电台联系上“兀鹰”号才确定了自身方位。“信天翁”号在途中捎上了德国军辅船“拉乌七”号，就在准备加入去霍滕的船队时遭到了“奥特拉”号的拦截。霍夫德纳克第二次接近这艘船，在双方相距只有几百米时再次打开探照灯。“信天翁”号也再次开灯反照，但不如第一次迅速，灯光也不是那么刺眼。“奥特拉”号判断对方是“两艘驱逐舰和两艘扫雷艇”，在 04: 03 用电台报告第 1 海防区。04: 10 发送的第二封电报确认这些舰艇是德国的，这是斯米特－约翰森少将第一次得到来犯者身份的确切情报。这些消息很快就被转发到了海军总司令和奥斯卡堡处。[8]

霍夫德纳克少校保持距离尾随德国舰队一段时间后，意识到他们是冲着霍滕去的，他回基地的后路被切断了。与这四艘船交战是不切实际的，因为“奥特拉”号只有一门 76 毫米炮和两挺机枪。于是他在 04: 25 报告“敌军位于卡尔约翰堡附近”，随后北上前往费尔特维特（Filtvet），打算在那里找一部电话与司令直接对话。[9]

德勒巴克海峡

虽然奥斯卡堡是保卫首都的主要防线，但它的总体情况却并不比挪威的其他任何岸防要塞强。65 岁的指挥官比格尔·克里斯蒂安·埃里克森（Birger Kristian Eriksen）上校自战争爆发以来就一再申请要塞设施现代化改造的拨款，但基本上都得不到批准。奥斯卡堡的主要火炮是三门 280 毫米克虏伯大炮，安装在南卡霍门岛（Søndre Kaholmen）上带炮盾的敞开底座上。作为其火力补充，在大陆上的科珀斯（Kopås）有三门 150 毫米炮，在德勒巴克附近的胡斯维克（Husvik）有两门 57 毫米炮，在许吕姆（Hurum）附近的内瑟特（Nesset）也有三门 57 毫米炮。主要火炮后方的北卡霍门岛（Nordre Kaholmen）上，有一个在岩壁上凿洞建成的鱼雷发射台，配备了水下鱼雷发射管。

由于已部署的兵员不足编制的三分之一，奥斯卡堡的兵力远远低于操作 280 毫米大炮的最低要求。每一门这样的火炮至少需要 11 个人才能装填和发射。炮弹和药筒需要起重机和推车来输送，弹药的保养和存储也需要专业人员。那天晚上在岗的只有 24 名经过训练的士兵和 4 名军官，因此埃里克森决定把这些人集中到其中的两门大炮上，且命令另外的 70 名非战斗人员承担弹药输送和通信任务。雷肯（Rækken）军士和斯特伦（Strøm）军士奉命分别指挥一号炮（东侧）和二号炮（中央）。炮台指挥官芒努斯·瑟德姆（Magnus Sødem）上尉和他手下的资深军官奥古斯特·邦萨克（August Bonsak）少尉留在指挥地堡里。炮台的 75 厘米探照灯已经有人操作，而为了替代大陆上正在维修的探照灯，停泊在德勒巴克附近的军辅船“起重船二”号（*Kranfartøy* II）也奉命打开了自己的探照灯。

大陆上的科珀斯和胡斯维克的炮台，大多数士兵一个星期前刚刚抵达，替换负责中立警戒的第一批人员。为了协助这些经验不足的炮手，并让尽可能多的大炮有人操作，陆地一侧炮台的指挥官沃恩·尤尔·恩格尔（Vagn Jul Enger）少校请求征调附近岸炮学院的学员。[10] 于是五十名左右的学员和他们的教官成为宝贵的援军。其中一些人被分散配置到需要的地方，而科珀斯的一号 150 毫米炮是完全由学员操作的。

奥斯卡堡的三门280毫米克虏伯大炮能够完全控制通向奥斯陆的入口。（E. 绍尔德的收藏）

原计划在海峡中布设的雷区无一就绪，而且这时候即使命令传来，也没时间了。[11] 不过鱼雷还是能用的，北卡霍门岛的鱼雷发射台接到了做好战斗准备的命令。这个发射台的正式指挥官在 3 月病倒了，因此埃里克森上校请求已退役的安德烈亚斯·安德森（Andreas Anderssen）上校重披战袍。60 岁的老上校毫不犹豫地响应征召，尽管要面对陌生的装备和条令，这位谦逊寡言的军官还是很快适应了他的老本行。[12] 安德森在这天夜里曾离开奥斯卡堡，但是当埃里克森上校把电话打到他在德勒巴克附近的家中时，他就以最快速度回到了发射台。在卡尔森（Karlsen）少尉、贝克斯鲁德（Bexrud）军士和八名士兵协助下，安德森将 500 毫米的怀特黑德鱼雷拉进发射台。他把前三枚的航行深度设定为 3 米，然后装入发射管。虽然这些鱼雷是大约五十年前生产的，而且经过了无数次模拟发射，但它们的状态依然无可挑剔，它们的 100 千克黄色炸药战斗部也威力十足。在第一批鱼雷装填完毕后，士兵们检查了瞄准和发射机构，并且演练了再装填程序。如果已经通过厄伊岛和博拉尔内岛的来犯者敢于闯入德勒巴克海峡，那他们一定会遭到出乎意料的痛击。[13]

“布吕歇尔”号上，库梅茨少将决定在 03: 30 前后，也就是晨曦初现前进入德勒巴克海峡。这将比原计划提前，不过他认为挪威人无论如何都已经知道他们来了。事后“布吕歇尔”号和其他军舰上都有军官表示，他们当时对这个决定抱有疑虑。黎明前的光照条件有利于挪威炮手，因为军舰的轮廓会在峡湾中显现，而炮台仍然会隐藏在黑暗中。一些报告称，沃尔达格上校和恩格尔布雷希特少将都反对让这艘重巡洋舰冲在最前面，但库梅茨少将坚持己见。他们将在黎明前穿过海峡，而“布吕歇尔”号将会一马当先。

使馆的“阿勃维尔”小组已经报告了鱼雷发射台的存在和水雷障碍的缺失，但这些情报似乎在指挥链的某个环节遗失了。库梅茨的副官冯·弗赖贝格中尉（von Freyberg）后来写道，他们得到情报说有一道横跨海峡的遥控水雷障碍。这样一来以“布吕歇尔”号作前锋问题就更大了——更何况这艘旗舰上还载着几乎所有要去奥斯陆的行政和指挥人员。

按照上级给第五战斗群的命令，军辅船“拉乌七”号和“拉乌八”号应该在战舰前方行驶，以确认水下没有障碍。这两艘船没有按时出现，而库梅茨出于某种原因，也没有使用“海鸥”号或 R 艇替代它们。埃里克森上校相信自己遇到了破坏挪威中立的行为，因此他极有可能对这支舰队中为首的任何大型舰船开火。库梅茨当然不知道埃里克森的想法，但也许他应该意识到，“海鸥”号的吨位已经大到足以激起对方的激烈反应，同时又小到足以在必要时靠烟幕掩护转向逃脱。而且，万一“海鸥”号损失，后果也绝不会比损失旗舰大。说得冷血一点，就算拿“埃姆登”号冒险都比库梅茨的选择强，因为它对海军来说价值比较低，而且搭载的陆军部队已经有一大半下了船。[14]

经过费尔特维特时，两艘在德勒巴克海峡一头巡逻的挪威军辅船“阿尔法”号（*Alpha*）和“松树”号（*Furu*）靠近了“布吕歇尔”号一行。这两艘船都短暂地用探照灯照射，确认了来犯者是大型战舰。“阿尔法”号因为离得比较近，甚至能听到为首的军舰上有人用德语呼叫，船长博默少校随即驶向费尔特维特的电报站，向奥斯卡堡报告。在奥斯卡堡的通信档案中，03: 40 手写抄录的电文并不包含“德国”的字眼。后来博默少校声称，自己已经向埃里克森上校通报了来犯舰队的德国身份，但是埃里克森上校不相信他能获得这样的情报，因此无视了他的报告。另一些报告则说，费尔特维特的电报站本身看到了这些军舰，

奥斯卡・库梅茨少将（左）和奥古斯特・蒂勒上校

并主动报告了上级，因此也就没有在几分钟后重新发送博默的内容基本如出一辙的电报。[15]而在“吕佐夫”号上的蒂勒看来，这两艘军辅船的出现进一步证明了挪威人已经严阵以待。他盼着舰队司令发出以最大速度前进的命令，然而这样的命令却没有来。[16]

随着舰队继续深入峡湾，“布吕歇尔”号人头攒动的舰桥中气氛越来越紧张。虽然黎明将至，但众人无论是在大陆上还是在岛屿上都辨认不出任何细节。在峡湾东侧，一盏大功率探照灯用光束封锁了德勒巴克海峡（这是“起重船二”号的 90 厘米探照灯）。04: 15 前后，它将这艘巡洋舰从头到尾扫了个来回，照花了舰上每个人的眼睛，然后又将光束射进海雾，让雾气的反光照亮这艘军舰。荒诞的是，就在此时，一架小小的水上飞机乘着它的浮筒出现在“布吕歇尔”号舰艏前不远处。眼看就要被巨舰压上，它却及时左转，消失在一片暗影中。[17]

奥斯卡堡在 23: 30 第一次从第 1 海防区接到来犯者进入外奥斯陆峡湾的警告，随即拉响了警报。科珀斯和胡斯维克的大炮在零点过后不久就准备就绪，几分钟后，内瑟特也报告一切就绪。与此同时，斯米特 – 约翰森少将亲自打电话给埃里克森上校，通知他厄伊岛和博拉尔内岛已经开火。此后又传来几封电报，其中有些内容相互矛盾，令人困惑。01: 32，来自外奥斯陆峡湾海防分区的一封电报称，“四艘大型巡洋舰和潜艇”已驶过博拉尔内岛。

这天夜里上级没有再发来指示或命令，埃里克森上校只能完全自主决断。他平时是个沉默寡言的人，但在这个夜晚多次与自己的情报军官温内贝格（Unneberg）少校讨论形势。有一点是很清楚的：如果那些外国军舰企图通过德勒巴克海峡，无论它们属于哪个国家，他都必须运用一切可用的手段阻止。它们已经进入禁区，而且得到了充分的警告，已经不需要再作警告射击了。那些军舰的指挥官知道自己在冒怎样的风险。

在埃里克森上校看来，来犯者是在破坏挪威的中立，他根本不知道什么入侵行动。因此，如果他犯了错，那么无论他有没有开火，都会成为把挪威拉进战争的罪人。最终他判断，最大的风险无非就是葬送自己的前程——对他这个年纪的人来说，这个代价还是相当低的。来自海峡入口处的费尔特维特的电报确认来犯者没有调头。03: 58，鱼雷发射台的安德森上校请求指示，得到了明确的

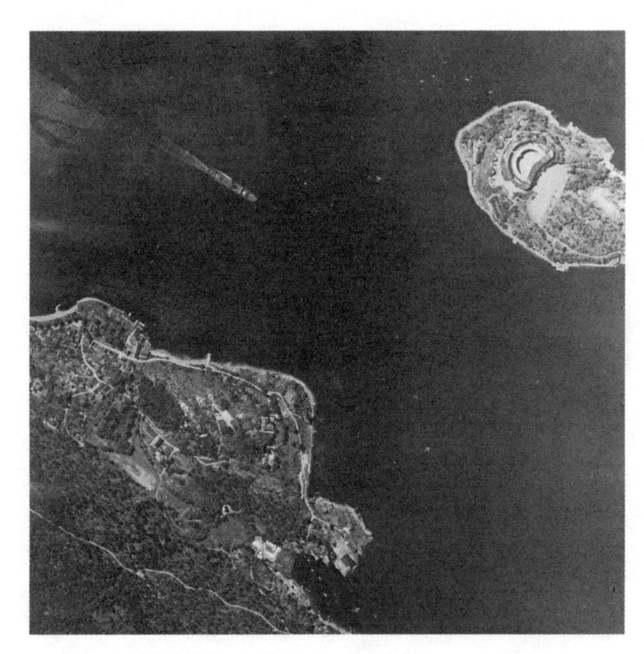

德勒巴克海峡。奥斯卡堡就是岛上的马蹄形建筑。科珀斯炮台位于照片左下角的大陆上，德勒巴克镇在其左侧，刚好没有被拍进镜头。（挪威王家海军博物馆供图）

回答："鱼雷发射台应该开火。"埃里克森上校已经拿定了主意。[18]

为了得到尽可能好的观察角度，埃里克森爬上了两门有人操作的大炮之间荒草丛生的山丘。那里没有任何掩体，但却是指挥这些大炮的最佳位置。第一艘船高大的身影出现在了探照灯炫目的光束中。从科珀斯还能看到另两艘船，这个情报在 04: 17 被报告给奥斯卡堡。一分钟后，"起重船二"号报告："五艘船，一艘大的在前面，另外四艘跟在后面。"埃里克森下令将射击表尺设定在 1400 米。实际上，从炮位到他预计开火时目标船将会到达的位置只有大约 950 米的距离，不过增加瞄准距离会使炮弹命中点位于水线以上，这样一来造成的破坏虽然很大却不会致命。埃里克森上校是在维护挪威的中立，因此他给来犯者提供了一个公平的机会，让他们可以在到达鱼雷发射台前知难而退。

一号炮的雷肯军士报告说，他用望远镜观察目标有困难，邦萨克少尉随即通过电话指示他按给定的距离设定，通过炮管瞄准。当部下报告一切就绪时，埃里克森上校瞥了一眼他的手表，发出了射击命令。时间是 04: 21。[19]

一艘巡洋舰之死

第一发 280 毫米高爆炮弹以毫厘之差从“布吕歇尔”号舰桥上方掠过，带着骇人的威力击中指挥塔下半部分，将它的大块碎片抛入海中。高炮火控主平台被彻底摧毁，那里包括第二枪炮长波赫哈默尔（Pochhammer）上尉在内的大部分人员都命丧当场。前桅楼里虽然没有多少伤亡，但充满了呛人的浓烟，里面的人员不得不疏散，连主火控中心也不例外。在人满为患的舰桥上，每个人都被炮弹掠过的风压和爆炸的冲击波深深震撼。碎片纷飞如雨，只是无人重伤。[20]

几秒钟后，第二发炮弹在比烟囱略靠后的位置一头撞进左舷，击毁左舷三号 105 毫米炮座，炸死了许多聚集在下面第二层甲板上的陆军士兵。机库也被摧毁，燃起熊熊大火。两架飞机都被点燃，包括在弹射器上已经加注部分燃油的那一架。在机库里准备帮助这些阿拉多飞机起飞的人员大半当场丧生或身负重伤。[21]

在甲板下面，第一发命中弹的剧烈冲击还被当作这艘巡洋舰自身的大炮在开火，但是第二发命中弹让人们认清了现实。锅炉舱和轮机舱的灯火纷纷熄灭，而充满石棉粉末的烟雾使舱内环境几乎令人无法忍受。当应急灯亮起时，人们可以看到头上的风扇送来的不是新鲜空气，而是来自火场的浓烟，时不时还有火焰从通风管窜出。

沃尔达格上校呼叫轮机舱开足马力，希望在对方第二次齐射前穿过海峡。但他没有采纳轮机长坦内曼（Thannemann）中校的建议，决定不给所有锅炉点火。虽然启动了应急程序，但这需要时间，因此这艘巡洋舰的加速过程慢得令人心焦。[22]

枪炮长恩格尔曼（Engelmann）少校得到了开火许可，尽管卡霍门岛就在左舷不到一千米外，可他还是辨认不出任何目标。前桅楼中的目标指示瞄具被炮弹震落，而来自探照灯的强光有效地干扰了主测距仪工作。辅助射击指挥仪未发挥多少作用，而且因为没有协同操作，这艘巡洋舰也没能用自身的探照灯找到任何目标。指挥主炮的第三枪炮长哈格内（Hagene）上尉始终没有得到任何目标数据，因此那些 203 毫米大炮都没有开火。副炮的射手们则各顾各地对他们瞥见的任何东西射击——包括树木、房屋、工棚和电线杆。曳光弹连绵不绝地飞向峡湾两侧的场面颇为壮观，但是在这一阶段挪军没有任何士兵或火炮中弹。[23]

由于“布吕歇尔”号深入峡湾太远，内瑟特的火炮已经无法瞄准它，但在奥斯卡堡开火后，科珀斯和胡斯维克的炮台也立即响应，用 150 毫米和 57 毫米炮猛烈扫射这艘巡洋舰。在它穿过射界前，科珀斯发射了 22 到 24 发 150 毫米炮弹，胡斯维克发射了 25 到 30 发 57 毫米炮弹，几乎全部命中。特别是科珀斯的 150 毫米炮——阵地在峡湾上方，居高临下射击“布吕歇尔”号的甲板和上层建筑——造成了骇人的破坏。由于射击距离很近，大部分命中上层建筑的炮弹都穿透目标并在另一侧爆炸，将“布吕歇尔”号左舷舯部两处 280 毫米炮弹命中点之间 70 到 75 米长的一段变成一堆燃烧的废铜烂铁。第二层甲板、火炮甲板和上甲板出现多处严重火灾，火势迅速蔓延，并随着陆军堆放的汽油、弹药和炸药被点燃而连成一片火海。B 高炮控制台和相邻的 105 毫米炮座都被完全摧毁。大部分电路中断，全舰陷入一片混乱。

最初命中的炮弹中有一发切断了从上层结构连到船舵和发动机的电缆。由于经过斯莫沙尔（Småskjær）时船舵已经转向左侧以短暂改变航向，沃尔达格不得不通过右舷的外置传声管下令“全速倒车”，以免“布吕歇尔”号在卡霍门岛搁浅。通过舵柄平台进行的紧急操作最终恢复了一定的控制能力，但由于舵令从发出到执行存在延时，“布吕歇尔”号开始歪歪扭扭地行驶，航速在短暂达到 12 节后也再度下降。[24]

奥斯卡堡的鱼雷发射台完全嵌入北卡霍门岛的石壁中，从峡湾里面是看不见的。安德森上校和贝克斯鲁德军士在中央指挥地堡里，卡尔森中尉和他的部下在比指挥塔低三层的战位上，准备在第一组鱼雷离开水下的发射管后就重新装填。一共有九枚鱼雷可用，它们要通过钢制吊架逐一装入发射管，每枚鱼雷的装填过程需要大约两分钟。发射管的夹角是固定的，无法进行扇面射击，不过在这样狭窄的水域也无所谓了。安德森此时对来犯舰船的数量和速度一无所知，他把瞄准具的目标速度设定在 10 节。在他们等待时，来自“布吕歇尔”号的几发小口径炮弹碰巧打在了地堡附近，虽然把人吓了一跳，却并无危险。

临近 04: 30，一艘大船出现在视野中，船上多处起火，浓烟滚滚。它的移动速度比预料的慢，因此安德森冷静地把瞄准具调节到 7 节，距离是 500 米左右，不可能打偏。一号发射管报告准备就绪，于是在漆黑一片的指挥地堡中，安德森上校摸索着找到了发射按钮。“我从没想过我会怀着怒火射出我的鱼雷。”他后来这样说。他把瞄准点设在目标上层建筑主要部分的下方，按下了发射按钮。听到鱼雷带着低沉的轰鸣出膛，他心里的一块大石落了地。接着他又把瞄准具调节到 5 节，把新的瞄准点向船艏移动一些，然后再度按下发射按钮。三号鱼雷发射管也报告准备就绪，但是还没等发射，那艘船就发生了一次猛烈的爆炸，一秒钟后又是一次，安德森上校带着职业自豪感判断，他的鱼雷发挥了应有的作用。他估计还会有别的船出现，因此没有射出第三枚鱼雷，还下令立即给已经打空的发射管重新装雷。[25]

当两枚鱼雷紧挨着击中左舷锅炉舱 K1 和汽轮机舱 T2/3 时，“布吕歇尔”号上的每个人都感到了剧烈的震撼。这些舱室中的人员大部分当场丧生，汽轮机也停转了。多处舱壁被炸开。海水大量涌入船舱，而且由于抽水泵很快就停止运转，海水又通过裂缝和泄漏的电缆门流入相邻舱室。舰体开始向左侧轻微倾斜。贝伦斯特勤队长写道：

“布吕歇尔”号的舰长海因里希·沃尔达格上校（右）和他的大副埃里希·海曼中校。（作者的收藏）

> 当“布吕歇尔”号接近德勒巴克海峡时，我们全都按照命令留在装甲甲板下面。船移动得很慢，几乎听不到发动机的噪声。后来一场炮战开始，持续了大约十分钟。在甲板下面要分清中弹和我方火炮发射是不可能的。船速加快了。突然这艘巡洋舰发生了剧烈震动和侧向漂移。发动机停转，灯火纷纷熄灭，应急灯在不久之后亮起。没人能告诉我们发生了什么事。[26]

争取生存的搏斗开始了。

***

轮机长坦内曼中校向舰桥报告，中央汽轮机已经停止运转，导致前进速度减慢。不久之后，两侧的汽轮机也双双停车，“布吕歇尔”号失去了机动能力，但仍在惯性作用下继续前进。据海曼回忆，轮机舱回答舰桥的询问时表示，两侧的汽轮机中至少有一台能在一小时内重新发动。坦内曼后来却断然否认自己曾允许部下这样回答。不久以后，与轮机舱的所有通信都中断了，并未意识到自己的军舰已陷入绝境的沃尔达格决定抛锚，以免“布吕歇尔”号搁浅。奇甘（Czygan）少校和贝特尔斯曼（Bertelsmann）少尉带着一个抛锚小组赶往舰艏。由于侧倾的缘故，舰艏的船锚无法放下，但最终右舷的船锚被紧急抛出，沉到六十米深的海底。燃烧的巡洋舰在峡湾中间停了下来，随着海流缓缓转向。[27]

在岸上，各个炮台没有遭受任何损失，科珀斯和胡斯维克的岸炮将注意力转向了位于旗舰后方约 600 米的“吕佐夫”号。蒂勒上校立即下令开火，但是“吕佐夫”号的枪炮军官们能够看到的目标并不比“布吕歇尔”号上的同僚多，而且他们在峡湾中的位置比较偏南，还多了一个射界有限的劣势。副炮纷纷开始射击，但没有明确的目标。反而是这艘巡洋舰本身在短时间内连中三发 150 毫米炮弹。

第一发炮弹击中前部“安东”炮塔中央炮管的上部，打在炮门活动遮板附近，摧毁了这门炮的液压装置和摇摆支架。强大的冲击力把炮塔顶部装甲掀起了几毫米，弹片和装甲碎片在炮塔内部横飞。各种电缆、液压装置和仪器被打坏，炮塔主电机失灵，导致整个炮塔无法作战。四人负伤。

重巡洋舰“吕佐夫”号是“斯佩伯爵海军上将”号的姊妹舰，在很多方面都是革命性的：使用电弧焊接取代铆接，仅船体就节省了超过15%的重量。280毫米的三联装炮塔在德国海军中也是首次使用。采用柴油发动机推进带来了很高的续航力，不过发动机有一些磨合问题。（作者的收藏）

第二发炮弹在第 13 号隔舱的舷窗之间击穿船体，在第二层甲板上爆炸。医院隔离病房和手术中心被炸毁，还发生了严重的火灾。两名陆军士兵丧生，还有六名士兵重伤，同时一名船医和一些船员也受了伤。在舱壁上能数出 12 到 15 个大洞，舰体一条横肋骨受损，上甲板三处被洞穿。第三发 150 毫米炮弹在左舷起重机后面的甲板上爆炸。弹片横扫了一大片区域，导致四名炮手死亡，多人负伤。两架舰载机中有一架受损，舰艉高炮火控装置的光学仪器被毁。来自德勒巴克一侧的机枪火力和小口径炮火对甲板和右舷上层建筑扫射了好几分钟，造成轻微损伤，并迫使所有处于露天的人钻进掩体。[28]

蒂勒不想冒险让自己的军舰受到和“布吕歇尔”号一样的待遇，他接管了战斗群其余舰船的指挥权并发出撤退的命令。当烈火熊熊的旗舰即将消失在奥斯卡堡后方时，他看到两次剧烈的爆炸。蒂勒认为这是水雷造成的，因此进入奥斯陆的通道实际上已经被封闭。他下令“全速倒车”，当“埃姆登”号从后面接近时，他又加了“左满舵”的命令，让舰艏朝着斯图沙尔（Storskjær）后面的峡湾西岸停下来。尽管找不到什么目标，左舷的所有中小口径火炮还是一齐向着峡湾深处猛射。蒂勒巧妙地操舰完成转弯，然后再次下令“全速前进”，“吕佐夫”号开始在峡湾中向南疾驶，同时损管队和灭火队都奉命开始工作。医院区域火灾产生的浓烟弥漫全舰，但是不到二十分钟大火就被扑灭。一发近失弹的弹片在水线以下撕开了一个平衡水舱，但破洞不大，很快就被封堵。A炮塔在半小时后恢复作战能力，不过中央的那门炮暂时无法修复，只能下垂到最低位置耷拉着。除此之外，这艘巡洋舰并无严重损伤。在转向时，“吕佐夫”号收到“布吕歇尔”号几条简短的超短波电讯，得知后者遇到发动机故障，正处于锚泊状态。按照蒂勒的说法，库梅茨少将还在电讯中要他接管奥尔登堡战斗群的指挥权。而在1941年9月，库梅茨的副官弗赖贝格中尉写道，蒂勒通过超短波电台询问自己是否应该接管指挥，但得到了库梅茨否定的答复。弗赖贝格还认为，蒂勒是瞒着库梅茨和沃尔达格，擅自决定掉头的。

“埃姆登”号没有开火，也没有中弹。当“吕佐夫”号转向时，它也朝东岸做了类似的机动，然后随“吕佐夫”号后撤。“海鸥”号和两艘R艇在此过程中成为前卫。[29]科珀斯炮台还在继续射击，直到舰队在峡湾中向南行进约2500米，于04: 40消失在迷雾中才作罢。[30]

当天清晨，107吨的挪威货船“瑟尔兰”号（*Sørland*）载着纸张和食品驶向奥斯陆，不幸与正在峡湾中后撤的奥尔登堡战斗群狭路相逢。“海鸥”号用信号灯向“瑟尔兰”号发出质询，但马丁森（Martinsen）船长看到对方是军舰，就关掉自己船上的灯光，向东岸驶去。R18号和R19号随即开火，将“瑟尔兰”号的木质船体打得熊熊燃烧。马丁森拼命冲向陆地，在斯基费尔（Skiphelle）附近搁浅，烧焦的船体残骸在当天上午晚些时候沉没。船上的6人中有2人罹难。[31]

与此同时，“布吕歇尔”号上的形势正在恶化。挽救这艘军舰和舰上人员成为优先事项，沃尔达格命令海曼离开舰桥去评估情况。海曼发现全舰已陷入一片混乱。主甲板、第二层甲板和上层建筑的中央部分都被炽热的火焰吞没。爆炸引起的火灾穿过几层甲板，在整个机库区域肆虐，使舰员们难以在舰艏和舰艉之间移动。左舷前部105毫米炮下方的船舷被撕开，浓烟和火焰翻腾着涌出破口。鱼雷舱是存放大量陆军弹药的地方，但此时那里剩下的只有甲板上的一个大洞而已。轻武器子弹和手榴弹不断被引爆，被科珀斯和胡斯维克的密集炮火点燃的发烟罐也为舰上的这幅地狱图卷添了一笔。训练水平欠佳的消防员们为扑灭火焰所作的挣扎都是徒劳，更何况弹片已经把许多消防水管打成筛子，使它们毫无用处。进水和损毁使许多扶梯和舱门无法通行，舰上越来越多的地方通信中断，难以协同。伤亡人数不断增加，医护人员拼尽全力也难以应对。一些人奋力冲进起火的机库，但其中大部分被几枚殉爆的航空炸弹当场炸死。火势的蔓延已经不受控制，随着消防水泵失灵，连Minimax手持灭火器都被用上了——但终究无济于事。舰炮旁边的待发弹药有的被匆忙运回装甲甲板下方的弹药库，有的则被抛进峡湾。为了避免殉爆，舰艉右舷鱼雷发射管中的鱼雷被射了出去，两发撞上东边的海岸爆炸，一发在德勒巴克以南搁浅。但是在左舷，由于发射管无法向外转动，舰员们只能拆除发射机构。舰体前部左舷的鱼雷发射管已被炸飞，而右舷发射管因为火焰和爆炸的阻挡，无人能够接近。

大惊失色的海曼回到舰桥，向他的舰长报告说，虽然官兵们还在努力，但火势正在失控。听到这些报告后，沃尔达格命令所有炮组成员加入救火队，因为此时似乎并没有再遭攻击的迫切危险。最优先的事项是将尽可能多的伤员转移到舰艏和舰艉比较安全的区域。唯一没有受损的小艇是右舷的舢板。在它被放到海面以后，米哈奇上尉奉命指挥该艇，在两名军医官的陪同下将重伤员转移到岸上。但是这艘小艇在第二次靠岸时触礁，因此只有少数伤员通过这一途径获救。对大多数人来说，求生之路就是在冰冷的海水中游上10 ~ 15分钟。

拂晓时，一阵清新的海风加剧了火势，海流推着这艘军舰绕锚泊点打转，使舰艏指向东南方向。翻腾的烟雾向前涌过舰桥和舰艏，使那里的情况严重恶化。随着水位不断上涨，浓烟充满舱室，格拉塞尔（Grasser）少校05:00前后命令所有锅炉舱和轮机舱人员撤离，到达第二层甲板后就立即加入灭火。此时，上面的沃尔达格和海曼都还不知道“布吕歇尔”号已经无药可救。05:30，第七隔舱的105毫米炮弹库发生了爆炸。全舰人员都感到了震动，而且舰体的侧倾也

“布吕歇尔”号正在下沉。这张照片是06: 00过后不久从阿斯克霍姆岛拍摄的。（挪威王家海军博物馆供图）

开始明显加剧——此前倾角至多只有五六度。爆炸撕开了锅炉舱和相邻燃油舱之间的舱壁，海面上开始出现泄漏并燃烧的油料。

沃尔达格上校终于发出做弃舰准备的命令，包括销毁密码本、军令和其他机密材料。按照标准程序，应该将它们装进指定的带配重的袋子和箱子之中，然后投入海底。但是一些文件放不进箱子，还有一些地方似乎袋子不够。有几个军官后来报告说，他们把自己负责的文件丢进了舯部的大火里，但是从后来在峡湾中被起获的文件数量来看，显然有许多文件被人遗忘，或者直接丢进了大海。[32]

由于舰上通信基本已经中断，“全体上甲板”的命令是用口口相传的方式传达的。在舰艉，坦内曼中校已经在侧倾接近 20° 时自作主张，命令所有人上甲板。陷入困惑和恐惧中的陆军士兵们在下面的舱室里惊声尖叫，拼命打开各个舱门和房门。没有人了解消防或疏散程序，也没有人告诉他们通过舱门后要将其重新关闭。结果大部分舱门都敞开着，烟雾和火焰迅速蔓延，最终海水也汹涌而入。会游泳的陆军士兵寥寥无几，而且许多人绝望地发现，大火已经烧毁了大部分系在护栏上的木棉救生衣。大部分德方报告称赞了陆海军士兵在疏散时纪律严明的表现，提供了许多关于水兵们把自己的救生衣让给战友或向海中人员抛掷浮力材料的事迹。但是挪威方面的目击者却提到许多人在倾斜的甲板上来回乱跑、哭喊求救。

从“布吕歇尔”号舰艉到阿斯克霍姆岛（Askholmene）是 300 米左右。从前甲板到陆地大约是 400 ~ 500 米。有人试图放长或滑动锚链，让这艘船漂到离海岸近一点的地方，但由于侧倾严重失败了。舰舯部的大火事实上把全舰一分为二，除非有人愿意翻到右舷护栏外面，爬过湿滑的舷侧，否则舰艏和舰艉没有任何办法沟通。奇甘少校完成抛锚任务后已经转移到后甲板，成功将两个充气救生筏放到海上。当这艘巡洋舰的侧倾达到 45° 时，他发出了开始弃舰的命令。但此时已经有许多士兵自发跳海。稍后坦内曼中校出现，指挥起舰艉的人员。人们把没有损坏的马克斯式救生筏丢进海里，一同丢下去的还有吊床、床垫、木箱、防毒面具罐和其他能提供浮力的材料。救生筏需要大约十分钟才能充足气，有几个陆军士兵急于爬上救生筏，结果反而滑进海中淹死。[33] 坦内曼和几名士兵是最后一批下水的——当时舰体已经翻转了 90° 以上。

海曼承担了舰体前部的指挥工作，他命令所有人在倾斜的前甲板上集合。沃尔达格在 06: 00 前后发表了简短的演讲，号召众人为这艘战舰和祖国三呼万岁，然后海曼又号召大家向舰长高呼致敬。至于陆军人员对弃舰命令下达前的这番表演有何感想，史料中并无记载。

库梅茨少将、沃尔达格上校、海曼中校、航海长弗尔斯特（Förster）少校和第一枪炮长恩格尔曼少校都没穿救生衣就下了水。他们一起向岸边游去，游到中途时“布吕歇尔”号就迎来了最后的时刻。它带着主桅上飘扬的战旗缓缓向左倾覆，那面旗是海德曼（Heidmann）信号军士在 05: 40 前后按奇甘少校的命令系上去的。燃烧的上层建筑触及海上的浮油，多处燃起熊熊大火。完全倾覆后，舰艏开始下沉，而舰艉快速上扬，露出三支黄铜色的螺旋桨，然后在 06: 25 前后没入水中。当它下沉时，还有许多人扒着船舵和推进轴。挪威的目击者报告说，在这艘军舰沉没时有人唱起德国国歌：“德意志，德意志高于一切……”在它消失几分钟后，水下发生了一次猛烈的爆炸。随后一个巨大的火球冒出水面，点

幸存者在阿斯克霍姆岛上目睹“布吕歇尔”号的最后时刻。（J. 阿斯穆森的收藏）

燃水上剩下的浮油，将峡湾化作熔炉，烧死了许多最后离舰的人。此时距离埃里克森上校做出向不明军舰开火的决定只过去了两个小时多一点。[34]

奥斯卡堡的 280 毫米炮给“布吕歇尔”号造成了严重损伤，但单凭它们还不足以击沉它。如果没有鱼雷的话，即使加上科珀斯和胡斯维克炮台造成的损伤，舰上的火灾也极有可能得到控制。另一方面，如果没有先前机库区域中弹的损伤及由此引发的大火和 105 毫米副炮弹药库的殉爆，鱼雷造成的损伤很可能也是可以控制的。如果这艘军舰搁浅或开进德勒巴克以北的罗特湾（Lortbukta），死去的人可能会少得多，而且它本身也很有可能被保全。因此是炮弹和鱼雷密集命中的综合效应，加上舰员经验欠缺，以及军官未能及时认清这艘军舰所处的危险状况，造成了它最终的沉没。

幸存者

04: 54，科珀斯炮台向奥斯卡堡报告说，剩余舰船已经向南撤退，其中至少一艘起火，有可能正在下沉。德勒巴克海峡被成功守住了，埃里克森上校允许部下放松戒备。众人走出炮台和掩蔽部，讨论刚刚发生的事件。此时黎明将至，他们能看到那艘遭到痛击的军舰在北边的卡霍门岛附近剧烈燃烧。起初发生了几次爆炸，接着就传来令人不安的求救呼声。它显然处境艰难。

德国的陆海军士兵们在冰冷的峡湾中挣扎求生。由于水温过低，凡是不能在 15 ~ 20 分钟内上岸的人都有生命危险。挪威的渔民和其他当地人驾着小船救起了至少 50 人，剩下的大部分人则不得不拼尽全力游到岸边。

包括许多伤员在内的大部分幸存者在德勒巴克以北的迪格鲁德（Digerud）和哈兰根（Hallangen）登上陆地。一段时间后的统计结果是,其中约有 750 名“布吕歇尔”号的舰员和 170 名陆军人员，他们几乎都来自舰艏部分，包括库梅茨、恩格尔布雷希特、德国空军的聚斯曼（Süssmann）少将和第 307 步兵团的团长布洛迈尔（Blomeyer）上校。所有人都精疲力竭，一副可怜相。此时气温在零度以下。许多人满身油污，好几个人因为游过燃烧的浮油，脸上和手上都有烧伤。另一些人因为曾在冰水中浸泡或赤脚在雪地里行走而冻僵了手脚。有些人因为无力爬上海岸，就死在了岸边。海曼中校不知疲倦地在惊魂未定的幸存者之间走动，确保他们站起来活动身体，同时另一些人组织起来，从海滩上收集木材生火，供大家取暖和烘干制服。伤员得到了优先照顾，只有少数人是上岸后死去的。

在 10: 00 前后，恩格尔布雷希特坐进修好的小艇，前往南方侦察。[35] 过了一段时间后小艇返回，命令众人沿海岸线转移到几座避暑别墅，将军已经在那里建立了伤员收容所。事实证明这不是个轻松的任务，因为大部分幸存者都没有穿鞋，只能割开救生衣临时做便鞋。直到中午前后他们才开始转移。

就在德国人把伤员抬进别墅时，一群挪威士兵包围了他们，命令他们再向内陆方向走一英里左右，集中到那里的一个农场。这些士兵来自第 4 禁卫连，他们的连长阿克塞尔・彼得松（Aksel Petersson）上尉奉命率 70 名部下从奥斯陆南下来看管幸存者。德国人除了服从也别无选择。把伤势最重的人和医护人员留在别墅之后，此时已经显得相当凄惨的一群人又开始穿过雪地，磨磨蹭蹭走了一个小时,来到位于南哈兰根的一个农场。在那里他们被尽可能安顿到的房屋里。所有的报告都把挪威士兵的态度形容为“得体而礼貌，甚至称得上友好”。[36] 到了 18: 30，彼得松上尉找到德国军官们，告诉他们自己接到了撤退的命令，随后他就带着部下离开，农场里只剩下了德国人。[37] 22: 00 前后，一辆被征用的公共汽车载着德军的几个高级军官前往奥斯陆。恩格尔布雷希特少将和库梅茨少将就这样在午夜时分抵达了挪威首都。弗尔斯特少校领受了尽快为哈兰根余下的 900 人筹措粮食和交通工具的任务，在一个被侵占的国家执行这样的任务并不轻松。次日上午，一些公共汽车来到当地，开始将伤员运往奥斯陆。沃尔达格也和他们一起上路。其余的高级军官和陆军士兵在当天乘坐卡车和公共汽车以稳定但缓慢的速度陆续进入奥斯陆，同时农场里剩下的人也得到了食品、香烟和热饮料。那些伤势最重的人在哈兰根被送上“吕佐夫”号和“埃姆登”号，而最后的 250 人登上 R 艇，4 月 10 日被送到奥斯陆。[38]

舰艉部分的幸存者大多挣扎着登上了阿斯克霍姆岛和附近的一些礁石，其中包括坦内曼中校和第 21 集群的参谋军官格茨（Goerz）上尉。格茨在未受伤的人员中军衔最高，因此成了指挥，他利用自己乘坐的马克斯式救生筏尽力搭救他人：

> 这个岛长约 200 米，宽约 50 米，上面是积雪覆盖的岩石和一些灌木丛。有座小木屋里放着几件旧衣服，已经被先到的人占用了……我使用一顶钢盔和一把铁锹，在一个叫舍尔（Scheer）的海军士官的帮助下，把救生筏划向“布吕歇尔”号，希望至少能搭救一些还在水里挣扎、把力气用来呼救而不是游泳的人。（很快）就有八到十个人扒住了救生筏，但我们是顶着海流行驶的，靠这些简陋的划船工具几乎无法前进。情况变得越来越绝望。救生筏已经沉到水面以下，那些扒住它的人都冻得够呛，无力帮我们向陆地移动。我们拼命吆喝，终于让他们多少出了一点力……大多数人无力爬上陡峭的海岸，只能靠我们把他们拽上来。[39]

彼得·许勒尔（Peter Schüller）一级下士游上阿斯克霍姆岛时发现了一面被其他人带上岛的军旗。他保存了这面旗并最终让人把它带回德国，如今它就陈列在威廉港的驻军教堂里。（J. 阿斯穆森的收藏）

一些人就死在离海滩只有几米远的地方，有的甚至是被拖上岸后死掉的。众人用漂浮的木材和从小屋拆下的木板生了一堆火，然后围在火边惊恐地目睹了巡洋舰倾覆并滑入水下的过程。

得知有幸存者登岛时，挪军的埃尔林·卡雷柳斯（Erling Carelius）少尉正带着 13 名士兵守卫附近的一个油库。他征用了两艘渔船，把他在阿斯克霍姆岛上能找到的人尽量都带到油库，并在那里给他们提供了干燥的衣服和食物。坦内曼和格茨都服从了挪军对他们的关押，因为他们这些人总共只有四把手枪，抵抗是毫无意义的。他们相信这样的情况不会持续很久，而且总比在这样寒冷的天气里待在露天等待救援要强。下午，蒂勒上校派来调查旗舰遭遇的汽船“北方”号（*Norden*）果然赶到当地。于是这些幸存者得到了照料，挪威士兵则被缴械并遣散。卡雷柳斯少尉和幸存者一起被带到奥斯陆。

“布吕歇尔”号的许多死者在4月16日上午被安葬在奥斯陆附近的西郊墓地。（作者的收藏）

后来，“兀鹰”号和三艘 R 艇通过德勒巴克海峡，参与了对幸存者的搜寻。4 月 9 日这天有数百人在峡湾中的岛礁上获救，他们已经露天度过了悲惨的一天，有人甚至露宿了一夜。福斯特曼上尉的 R 艇又在这一带搜索了好几天，但找到的基本上是尸体。[40]

出于宣传方面的原因，德国当局在当时有意隐瞒了“布吕歇尔”号的伤亡数字，时过境迁之后，再要确定具体死亡人数就困难了。一些资料认为这个数字高达 1500，但真实数字最有可能是 350 到 400 之间。大约 320 个德国人在接下来的几个星期里被埋葬在奥斯陆，其中大部分很可能是“布吕歇尔”号的死难者。5 月中旬，德国海军驻奥斯陆指挥部的文件中列出的数字是 36 人确认死亡，114 人失踪，12 人“尚待确认”，此外还有 195 名陆军人员死亡。死者中军衔最高的是在前桅楼中被来自奥斯卡堡的第一发炮弹炸死的波赫哈默尔上尉。4 月 16 日上午，在奥斯陆附近的西郊墓地（Vestre Gravlund）举行了“布吕歇尔”号死难者的官方葬礼。“埃姆登”号的水兵和陆军士兵组成仪仗队，冯·法尔肯霍斯特、伯姆、恩格尔布雷希特、海曼和奥斯陆城中大部分能抽出时间的官兵都到场参加。但是“布吕歇尔”号的幸存士兵却愤怒地得知自己不能参加，因为伯姆认为他们“没有得体的着装”。[41]

霍滕

世纪之交，当瑞典还是挪威的主要假想敌时，卡尔约翰堡的海军基地是挪威海军无可争议的神经中枢。而当国防重点在第一次世界大战期间转向北海和北方，它的重要性也随之下降。1940 年，卡尔约翰堡不仅是第 1 海防区司令部驻地，还拥有挪威王家海军主要的海军造船厂和训练中心，以及海军飞机制造厂和飞行学校。4 月 8 日夜里，扫雷艇“奥特拉”号和“赖于马”号（*Rauma*）在做出航准备，打算次日一早前往挪威西部，清扫英军声称在比德和斯塔特附近布设的雷区。布雷舰“奥拉夫·特吕格瓦松”号（*Olav Tryggvason*）经过为

几架MF-11水上飞机飞越位于霍滕的卡尔约翰堡海军基地上空。MF-11是挪威海军航空兵的主力战机，4月8日夜间，共有28架这种飞机在役。（挪威王家海军博物馆供图）

期一月的大修后也准备离开船坞，回到位于卑尔根的第 2 海防区。它只需要再进行几项测试而已，实际上完全可以投入作战。两艘退役的装甲舰“托登肖尔”号（*Tordenskjold*）和“金发王哈拉尔”号（*Harald Haarfagre*）并排停泊在码头充当新兵宿舍，除了几门高射炮外，它们在防御这个海军基地方面没有任何价值。

关于入侵者的第一条警报在 23: 10 从外奥斯陆峡湾传到第 1 海防区。没过多久，斯米特 – 约翰森少将就要求“奥拉夫 · 特吕格瓦松”号的舰长布里塞德（Briseid）上校去他的办公室。布里塞德在 00: 10 赶到，他是挪威王家海军资历最深的舰长之一，也是享有很高威望的军官。鉴于他的军舰只要测试顺利就会在次日离开，他已经准许一半的舰员休假到午夜零点，而在霍滕有家属的军官可以休假到 07: 00。布里塞德在司令办公室得知了关于入侵者的最新报告，以及司令调动他的微薄兵力的想法。“奥拉夫·特吕格瓦松”号装备了四门 120 毫米炮、一门 76 毫米炮和两门 20 毫米炮，是挪威海军中战斗力最强的军舰之一，此时不能受限于常规的指挥系统，必须让它参与霍滕的防御。两位军官最后达成一致：“奥拉夫 · 特吕格瓦松”号应该离开码头，转移到一个航标所在的位置，从那里它可以同时监视霍滕港和卡尔约翰堡码头。斯米特 – 约翰森后来写道，他给布里塞德下达了“对不明身份的入侵者开火”的命令。但布里塞德否认有这样的命令。[42]

不过这两人都认为，应该把“奥拉夫·特吕格瓦松”号的小艇派到霍滕港中，命令那里的商船涂黑船体并关闭所有灯光。此外，“奥特拉”号和“赖于马”号一旦有了足够的人手就应该立即起锚，在港湾以外占位，如果观察到任何异常情况就发射红色的信号火箭。[43] 但正如前文所述，斯米特 – 约翰森后来决定派“奥特拉”号进入奥斯陆峡湾，而且忘记了把计划的这一变更通知布里塞德。[44]

刚过午夜时，霍滕和卡尔约翰堡非常有限的高炮部队奉命进入战位，连陆军士兵也奉命进入海军基地周边的防御阵地。新兵和宿舍船上的工作人员奉命转移到岸上比较安全的地方。他们没有受过军事训练，斯米特 – 约翰森不打算把他们投入战斗。为了实行全面的灯火管制，港口和市区的电力都被切断，海军医院进行了疏散。卡尔约翰堡中的平民也被疏散，但市区居民没有撤离，因为警察局长觉得天亮前组织这样的活动过于复杂。

到了 02: 15，“奥拉夫·特吕格瓦松”号已锚泊在内港湾中的某个航标处，大部分舰员都已就位。火炮都有人操作，待发弹药也被搬到弹药箱中。大部分官兵已经上舰服役六个多月，对他们的战舰非常熟悉。大家对了表，然后布里塞德上校命令厨房做咖啡。这将是个漫长的夜晚。

“奥特拉”号 02: 30 出发执行侦察任务。潜艇 B4 号也随同出发，不过因为发动机有故障，上级命令它停留在安全的位置。在“奥拉夫·特吕格瓦松”号上，人们听到了这两艘船离开的声音，但由于迷雾和黑暗，没有看到它们。布里塞德以为这是“奥特拉”号和“赖于马”号按商定的计划去峡湾中占位。他不知道“奥特拉”号是去执行侦察任务的，而“赖于马”号还在给锅炉预热。“赖于马”号要到 04: 15 以后才能做好出发准备，因此当德国舰队到达时，它并不在港湾以外的预定位置。

03: 00，第 1 布雷舰分队报告，各舰已经装满水雷，而且已经装定了水雷引信。但斯米特－约翰森觉得此时情况还不明朗，因此他命令这些布雷舰原地待命。入侵舰队早已穿过厄伊岛—博拉尔内岛一线，而且在大雾弥漫的情况下，要找准雷区的位置是非常困难的。[45]

德军原计划在黎明时分派鱼雷艇进入卡尔约翰堡攻占霍滕。鉴于此时挪军显然已经知道有外敌来犯，“兀鹰”号的舰长兼鱼雷艇队指挥官汉斯·维尔克（Hans Wilcke）上尉决定把打头阵的陆军士兵转移到较小的 R 艇上。他还希望把剩下的陆军士兵送到“拉乌七”号上，从而让他的鱼雷艇恢复最佳战备状态。因为已经落后于预定时间，维尔克便与第 1 扫雷艇纵队轮机长兼两艘 R 艇的指挥官埃里希·格伦德曼（Erich Grundmann）工程上尉商定，让这两艘 R 艇冒险沿直接路线进入港湾。如果它们遭遇抵抗，鱼雷艇将从峡湾中提供炮火支援。[46]

各处港湾入口的灯塔虽然已经熄灭，但还是依稀可辨。04: 35，R17 号灵巧地高速驶过霍滕港入口处的维勒斯加佩（Vealøsgapet），R21 号紧随其后。两艘 R 艇搭载着大约 140 名陆军士兵，主要来自第 307 步兵团，由库尔特·布多伊斯（Kurt Budäus）中尉指挥。格伦德曼看到左前方出现阿佩内斯（Apenes）的码头，便命令 R17 号转向朝那里驶去，登陆部队做好下船准备，同时 R21 号

1934年入役时，1924吨的“奥拉夫·特吕格瓦松”号是挪威王家海军最大最强的战舰，装备了4门带防盾的单装120毫米炮、1门76毫米炮和2门40毫米多用途炮。它是一艘设计得很成功的军舰，具有良好的适航性，但却脱离了实际，并不符合海军的需求——或者说不是海军真正想要的。（作者的收藏）

被“奥拉夫·特吕格瓦松”号的炮弹击中后猛烈燃烧的R17号。（挪威王家海军博物馆供图）

右转开向雷韦鲁姆帕（Reverumpa）海岬。“兀鹰”号留在港湾外面，正将剩下的陆军士兵转移到“拉乌七”号，同时“信天翁”号远远跟在R艇后面，缓慢接近港湾入口。

“赖于马”号在快到04: 30时终于起航。船员们注意到两条黑影正通过维勒斯加佩接近，因戈尔夫·温斯内斯（Ingolf Winsnes）少尉决定上前看个究竟。其实他的船做好出发准备已有一段时间，笔者不清楚他为什么没有按命令出港占位。很可能他想等更多船员到达后再走，因为直到此时他的船上也只有不到20个人。“奥拉夫·特吕格瓦松”号舰桥上的人在“赖于马”号起航时才发现它还在港湾里，不过没等弄明白是怎么回事，他们就发现有身份不明的船只正经过维勒斯加佩。

布里塞德上校奔向前甲板，他的大副丁瑟尔（Dingsør）少校和枪炮长洛措（Lowzow）少校正在那里设法辨认来船身份。此时他们仍然以为“奥特拉”号正按照上级所说的安排在港湾外巡逻，而他们没看到任何信号火箭。闯入者的速度很快，但是在茫茫大雾和众多岛礁的映衬下，并没有显现出明显的军用船只外观，而它们的甲板上似乎挤满了人。布里塞德一时拿不定主意，便下令朝远处进行警告射击。看到此举没有效果，他又下令对来船附近做警告射击。直到那两艘船继续肆无忌惮地开进港湾，而且后面那艘船开始右转，和他的布雷舰拉开了距离，他才下令猛烈开火。此时R17号从“奥拉夫·特吕格瓦松”号船头驶过，人们认出了它的身份。洛措立刻开始操纵舰炮，布里塞德则跑向舰桥。时间是04: 45。[47]

当R17号的船头擦过阿佩内斯的码头时，格伦德曼、布多伊斯和一些士兵跳到岸上，冲向部署在那里的两挺高射机枪。德国人毫不客气地把机枪踢进水里，同时任由大惊失色的挪军哨兵逃之夭夭。就在其他士兵下船时，来自“奥拉夫·特吕格瓦松”号的第一发炮弹劈进了船艉。阿图尔·戈德瑙（Arthur Godenau）上士舵手呼叫鱼雷艇支援，在最后一个陆军士兵离船后立即操船离开码头。但是没等他走远，又有两发炮弹命中——一发在船体前部，一发在轮机舱。后一发炮弹引发的大火迅速蔓延，这艘大难临头的R艇开始在港湾中无力地随波漂浮。05: 20，火焰烧到了后甲板上的深水炸弹，R17号在一声巨响中被炸成碎片。不过此时戈德瑙已经弃船，虽然有多人负伤，但 R17 号的艇员中只有两人死亡。而岸上的陆军士兵有多人伤亡，还有许多建筑燃起大火。[48]

见到 R17 号被大火吞没，布里塞德和洛措把注意力转到了 R21 号上。“奥拉夫・特吕格瓦松”号的火控系统在几次射击后就出了故障，各炮只能靠人工操作。R21 号用它的两门 20 毫米机关炮还击，打伤了一号炮的两名炮手，挪威人不得不把伤员抬下甲板并找人替换，而 R21 号趁机消失在雷韦鲁姆帕后方，没有中弹。当这艘 R 艇逃出“奥拉夫・特吕格瓦松”号的射界时，“赖于马”号追了上去，用它的 76 毫米炮和机枪连连开火。R21 号多次被击中，但冯・波默－埃舍（von Pommer–Esches）少尉手下能干的炮手们立刻将炮口转向新对手——密集的火力横扫了“赖于马”号的船头。76 毫米炮的一名炮手当场身亡，其他炮组成员也个个挂彩。在舰桥上，温斯内斯少尉受了致命伤，大副也中弹失去知觉。甲板下面，蒸汽管道被打断，锅炉压力骤减。虽然损伤有限，但这艘扫雷艇暂时失去了控制。舵手佩德・奥尔维克（Peder Aalvik）不顾自己的伤势，拼尽全力操船靠向码头，企图挽救艇长的生命，但是为时已晚，温斯内斯被送上岸后就咽了气。在雷韦鲁姆帕后面，R21 号冲向岸边，在沙滩上搁浅，艇身严重侧倾。陆军士兵们跳进海里趟水上岸，水兵们则忙着照料伤员并设法让他们的船重新浮起来。[49]

与此同时，布里塞德上校操纵“奥拉夫・特吕格瓦松”号退出泊位，向维勒斯加佩驶去，想看看是否还有敌舰潜伏在港外。舰员们看到了正在缓缓穿过海湾的“信天翁”号，“奥拉夫・特吕格瓦松”号随即开火。这艘鱼雷艇连连遭到跨射，但是并未中弹。“信天翁”号用它唯一能够到对方的前主炮还击，但是炮弹落点差得很远。施特雷洛上尉下令全速倒退，撤到厄斯托岛（Østøya）后面。“奥拉夫・特吕格瓦松”号没有追出维勒斯加佩。“兀鹰”号的维尔克上尉决定先撤退，向此时位于超短波电台发送范围之外的巡洋舰求援，他把陆军士兵重新从“拉乌七”号转移到自己的船上，然后就出发去寻找主力。与此同时，“信天翁”号开始朝港湾中无差别轰击，其中有些炮火是隔着岛屿盲射，有些是穿过海湾直射。炮弹随机地落在卡尔约翰堡和船坞。06: 30 前后，“信天翁”号在进行炮击时靠得太近，被“奥拉夫・特吕格瓦松”号的一次精准齐射击中。一发炮弹打在水线附近，炸死了一名陆军士兵，炸伤另外三人，其中一人后来伤重不治。“奥拉夫·特吕格瓦松”号没有直接中弹，但是飞散的弹片有几次击中了它的船体。[50]

在R21号完成送陆军部队上岸的任务后，冯·波默－埃舍少尉决定设法逃离，穿过水浅的勒沃湾（Løvøy Sound）冲出去。不出他所料，“奥拉夫·特吕格瓦松”号果然没有追上来，但是这艘R艇在到达安全地带前两次中弹。损伤很严重，但主要是在甲板上方，因此它没有进水。此时施特雷洛也无心恋战，便操纵“信天翁”号向巡洋舰所在的安全区域驶去，R21号紧随其后。[51] 07: 00前后，“埃姆登”号出现在霍滕附近，但是它没有开火，因此双方相安无事。

在阿佩内斯登陆的陆军士兵们趁着“奥拉夫·特吕格瓦松”号转移注意力的工夫重整了队伍，并且安置了死伤者。来自R17号的幸存者加入登陆部队，用伤亡人员的武器武装了自己。包括多挺机枪、弹药和电台在内的大部分装备都损失了。最后有大约60人在格伦德曼和布多伊斯指挥下从阿佩内斯向霍滕和卡尔约翰堡方向进发。9名死者和5名重伤员与一些医护人员一起被留在后面。

第1扫雷艇纵队司令古斯塔夫·福斯特曼上尉（右）和他的轮机长埃里希·格伦德曼工程上尉。（德国联邦档案馆，Bild 183–L 29449）

霍滕的所有平民都被枪炮声和 R17 号的爆炸声惊醒，街上到处都是陷入困惑和惊恐的人，其中还包括没有武器的陆海军士兵。德军到达第一排房屋后，又向着高塔农庄（Tårngården）前进，这是一座相当大的建筑，提供了很好的防御阵地，还能观察港湾和卡尔约翰堡。他们在那里企图通过电话联系斯米特－约翰森少将的办公室，但没有成功。与此同时，当地的警察局长接到德国人在高塔农庄的报警，便驱车去了解情况，结果被粗暴地推回车里，然后格伦德曼和克尔纳（Körner）中尉也坐上车，勒令他开到卡尔约翰堡去，还拿了一块白手帕伸出车窗挥舞。他们的车在将近 07: 00 时到达基地大门。此时高塔农庄也打通了少将办公室的电话，因此斯米特－约翰森知道了德军代表正在来见他的路上。

德国人不知道的是，守卫卡尔约翰堡的挪军士兵已经获悉他们在高塔农庄，正打算对他们发起攻击。但就在做准备时，挪军看见一辆警车带着简陋的白旗离开了那幢房子，菲格莱鲁德（Fuglerud）少校以为德军要来海防区司令部投降，便取消了进攻。

在卡尔约翰堡的大门口，格伦德曼和克尔纳见到了斯米特－约翰森少将。格伦德曼大言不惭地声称自己是奥斯陆峡湾中德军舰队指挥官的代表，而他们的来意是"帮助保护挪威的中立，对抗英军的进攻"。他要求挪方立即停止抵抗，否则德军就通过海空火力突击摧毁卡尔约翰堡和霍滕。他还补充说，一支强大的德军舰队已经在港湾对面待命，任何抵抗都将是徒劳的。最后的这番话纯粹是虚张声势。[52]

斯米特－约翰森回答说，他对挪威方面向德国求援的事一无所知，而且无论如何，这种大事他是无权自做决定的，必须请示奥斯陆的上级。格伦德曼给挪威人十五分钟时间考虑，他为了让骗局更逼真，还从大门口给高塔农庄的布多伊斯打电话，故意提高声音确保旁边的人能听到："请他暂缓炮击，因为谈判正在进行。"然而挪威海军总参谋部的电话很难打通，因为这时候奥斯陆的办公室已经人去楼空。最后，过了大约半个小时，工作人员才找到海军总司令，让他和斯米特－约翰森通上了话。但是迪森基本上没帮什么忙，他只是授权斯米特－约翰森便宜行事而已。格伦德曼坚持要求斯米特－约翰森投降，否则就派飞机轰炸霍滕，而后者感到自己没有什么理由怀疑对方。当地居民只疏散了一小部分，届时将不可避免地出现严重伤亡。基地没有值得一提的防空力量，单凭“奥拉夫·特吕格瓦松”号也无法对抗多艘德国巡洋舰。斯米特－约翰森感到自己别无选择，他把格伦德曼叫到办公室，表示自己愿意率领卡尔约翰堡守军投降。奥斯陆峡湾地区的所有其他舰船和炮台则必须自主决定如何行动。这个条件被接受了，于是双方在 07: 35 签署了一份（用蹩脚的挪威语写成的）书面声明。[53] 五分钟后，卡尔约翰堡升起白旗，斯米特－约翰森下达了停火命令。挪威王家海军在挪威东部最关键的一级指挥机关就这样被德军用疑兵之计解决了。格伦德曼上尉强调，他认为德国与挪威之间不存在战争状态，德方采取的措施在很大程度上是为了避免问题复杂化或爆发冲突。因此，港湾中的舰船只要暂时转入无法作战的状态，拆除舰炮和电台的关键部件，就可以保留它们的挪威国旗。大部分军官与士兵可以在霍滕和卡尔约翰堡的范围内自由行动。[54]

斯米特－约翰森少将立刻亲自致电奥斯卡堡的埃里克森上校，向他说明了情况，并告诉他与第 1 海防区的联系即将被切断。与此同时，外奥斯陆峡湾海防分区的坦贝格－汉森（Tandberg–Hanssen）上校也把电话打到了霍滕。由于少将正在通话，他被转接到代理参谋长布利克（Blich）少校处。这两位军官讨论了局势，认为投降范围也包括外奥斯陆峡湾的炮台和舰船。两人结束通话后，布利克向斯米特－约翰森少将重复了自己的意见，但是少将怒气冲冲地表示他误会了自己的意思，并要求重新与坦贝格－汉森通话来纠正错误。这通电话虽然打了出去，但花了一些时间，因此外奥斯陆峡湾海防分区直到 08: 00 才获得正确的信息。在此之前坦贝格－汉森已经命令他辖区内的舰船和炮台终止抵抗。没等他收回命令，大部分军辅船已经在返回基地的路上，厄伊岛炮台也投降了。[55]

接到斯米特－约翰森少将派通信员传达的命令后，“奥拉夫·特吕格瓦松”号在 07: 50 停泊到码头，并在主桅上升起一块白桌布。[56] 根据统计，R21 号的 20 毫米炮命中该舰上层建筑 35 次，但是没有造成严重损伤，除了战斗初期受伤的两名炮手外，舰上也无人伤亡。该舰共消耗 55 发 120 毫米炮弹。虽然一开始的警告射击浪费了一些时间，但“奥拉夫·特吕格瓦松”号和它的舰员在保卫霍滕的战斗中表现出色，以精准的炮火摧毁 R17 号，击伤 R21 号，还击退了“信天翁”号和“兀鹰”号。[57]

4 月 9 日上午晚些时候，另一些德军士兵搭乘 R22 号和 R23 号在卡尔约翰堡登陆，来自 R21 号的士兵也终于抵达当地。10 日，除了管理基地和造船厂的必需人员外，挪军的下级士兵都被准许离开，但德军建议挪军的军官留在原地，照常执勤。友好的气氛又持续了几天，直到可以明显看出挪威政府正在组织抵抗为止。

德军在霍滕的伤亡的完整统计已不可靠，但很可能有大约 20 人死亡，伤者的数量也与此相当。由于一些误会，德军飞机在 09: 00 飞临卡尔约翰堡上空，投下十几枚炸弹，地面发出了更正信号才作罢。四名挪军士兵和两名德军士兵被炸死。除此之外，挪军的伤亡仅限于“赖于马”号上的两名死者和十几名伤员。[58]

奥斯卡堡

在奥斯卡堡，埃里克森上校早已意识到早晨的一连串事件不是单纯的侵犯中立行为，入侵者必将卷土重来实施报复。07: 45 前后，斯米特 – 约翰森少将从霍滕打来电话，说自己即将投降，而海军总参谋部已经转移到斯迈斯塔德（Smestad）。在这之后，埃里克森就再也无法与海军和政府的任何上级机关取得联系。最后他终于打通了阿克什胡斯的电话，在另一头接听的是第 2 军区司令雅各布·温登·豪格（Jacob Hvinden Haug）少将。埃里克森得知福尼布已经失守，奥斯陆岌岌可危，而西部已经有好几座城市沦陷。埃里克森请求豪格提供援助，后者表示自己能抽调的兵力非常少，但同意派一个连的禁卫军乘公共汽车南下，以收容预期来自“布吕歇尔”号的幸存者，如果敌军在峡湾东侧登陆，这些部队还将尽力阻止他们向奥斯陆推进。除此之外，埃里克森就只能自力更生了。[59]

与“布吕歇尔”号的联络中断后，蒂勒上校接管了奥尔登堡战斗群的指挥权。但是“埃姆登”号的维尔纳·朗格（Werner Lange）上校似乎仗着自己资历更深，对蒂勒的指挥颇有意见。蒂勒一再命令他继续向索恩（Son）前进并把搭载的部队送上岸，他却置若罔闻。朗格自作主张把“埃姆登”号开向霍滕，以“查明当地情况”。在“吕佐夫”号的战斗日记中，关于朗格抗命不从的记录出现了不止一次。而在“埃姆登”号的日记中，出现了数量与之相仿的对新指挥官的建议，包括再作一次通过德勒巴克海峡的尝试。当时的局面肯定相当复杂。不过蒂勒在他的最终报告中还是认为，战斗群中发生的“不安”仅仅产生了“有限的后果”。

蒂勒还不知道"布吕歇尔"号的命运，他在04: 50的超短波通信（他声称正是这个电报给了他战斗群的指挥权）之后就再未与旗舰取得联系。05: 26,"海鸥"号和"埃姆登"号都收到一份电报,内容是命令"海鸥"号前去救援"布吕歇尔"号，但是蒂勒接到转发后立即撤销了这个命令，使"海鸥"号躲过了被德勒巴克的炮台痛打的命运。此时蒂勒处境艰难：霍滕有重兵把守，而厄伊岛和博拉尔内岛都没被拿下。他在日记中提到，除非局势在天黑前明朗化，否则他就不得不让大型战舰退出峡湾。在德国空军严重削弱奥斯卡堡的岸炮前，与它们进行炮战是不在考虑范围之内的。于是蒂勒向第10航空军请求空中支援，而在等待的过程中，他决定让部队在索恩登陆，因为从那里可以经陆路到达奥斯陆。[60] 考虑到当时的局势,他的这些决定（包括在"布吕歇尔"号中弹后将战斗群带出危险区域）后来都得到了库梅茨少将的赞同。[61]

R18号和R19号先前离队将搭载的陆军士兵送往莫斯（Moss），结果平安无事地完成了任务。R19号留在莫斯港，福斯特曼上尉带着R18号回去找"埃姆登"号领受后续命令。到达后，上级命令他去莫斯重新将部队接上船，然后把他们转移到索恩。完成这个任务后，两艘R艇都回到巡洋舰旁边加油，然后又奉命到厄伊岛和博拉尔内岛提供支援。与此同时，"吕佐夫"号用自己的小艇将大约250人送到索恩登陆，被俘的当地汽船"奥斯卡堡"号（*Oscarsborg*）也提供了帮助。"海鸥"号也将它搭载的部队送到索恩，随后"信天翁"号和"兀鹰"号奉命展开了同样的行动，然后返回霍滕。到了08: 10，陆军部队已经全部下船，来自"吕佐夫"号的山地兵指挥官冯·庞塞特（von Poncet）少校开始利用他能抢到的一切卡车和公共汽车向奥斯陆挺进。[62]

第100轰炸机联队和第26轰炸机联队第3大队的飞机已经飞临奥斯陆上空，其中一些又被调往奥斯卡堡，在07: 45抵达当地。从此时起，该岛遭到了几乎一刻不停的轰炸，一直持续到傍晚。为了尽量多装燃油，第一批飞机各自只携带了50千克炸弹，因此除了震碎窗户和制造大量烟尘外，没有给这个炮台造成多少破坏。[63] 为了响应蒂勒的求援,汉堡的第10次航空军不得不动用其预备队——第4轰炸机联队和第1俯冲轰炸机联队第1大队。10: 43，第4轰炸机联队第2大队的9架He-111从法斯贝格（Fassberg）起飞，各自携带150千克炸弹飞向奥斯陆峡湾。大约 15 分钟后，第 1 俯冲轰炸机联队第 1 大队的 22 架 Ju–87 R–2“斯图卡”俯冲轰炸机从基尔—霍尔特瑙（Holtenau）起飞，其中 16 架飞向奥斯卡堡。第 4 轰炸机联队的其余飞机也分批跟进。每一拨空袭至少有 40 架飞机。[64] 埃里克森上校写道：

> 这些飞机显然瞄准了炮台中那根孤零零矗立在八米高平台上的旗杆。好几枚炸弹落在旗杆附近……但是旗杆和旗帜都保持完好。在空袭最猛烈的时候，全岛都笼罩在烟尘中，但是还能看到那面旗飘扬在烟雾上方。大多数炸弹落下时都会发出令人不安的怪叫，但是在它们落地前我们有充足的时间进入掩体……[65]

一些炸弹落在 208 毫米炮附近，炮身撒满了碎石和尘土，但是毫发无伤。另一些炸弹落进炮台内部，尽管石制壁垒坚挺屹立，可建筑物遭到大面积毁伤。奥斯卡堡无人在空袭中伤亡。包括非战斗人员和军官家属在内的大部分人都躲在堡垒地下深深的隧道和洞穴里，完全没有生命危险。在中午前后，轰炸暂时

第100轰炸机联队的一架He–111正朝着峡湾深处的奥斯陆飞去，从后座舱可以看到德勒巴克海峡。紧邻垂直尾翼左侧的大岛就是卡霍门岛，奥斯卡堡和阿斯克霍姆岛是水平尾翼上方那几个较小的岛。

停止，蒂勒决定让“吕佐夫”号靠近炮台实施炮击，他希望炮弹的毁伤效果至少能和航空炸弹相当。从 13: 17 到 13: 24，“吕佐夫”号的两个主炮塔在大约 11000 米距离上发射了 27 发 280 毫米炮弹，几门 150 毫米副炮也被准许参与炮击。“吕佐夫”号舰桥和前桅楼上的人都认为炮击很成功，埃里克森后来也说这一段炮击是最令人恐惧的。炮台上方升起一道巨大的烟柱，但是实际的破坏很有限，浓烟来自在城墙上或庭院中爆炸的炮弹。“吕佐夫”号刚掉头离开，飞机就又来了。它们的目标依然是奥斯卡堡，不过科珀斯也吸引了一些注意，主要是遭到了扫射。[66]

在海空火力掩护下，德军的小型汽船“北方”号在“吕佐夫”号的一名士官和几名水兵操纵下突破了德勒巴克海峡，并于 13: 45 报告了“布吕歇尔”号沉没的消息。此时索恩、霍滕和厄伊岛都被拿下，而来自奥斯陆的报告也显示这座城市已落入德国人之手，蒂勒对局势的看法变得乐观起来。但是东集群要求他趁空军再次轰炸之机进行突破的电报还是被他忽略了，因为他还不清楚水雷是否存在，以及鱼雷发射台状况如何。蒂勒的选择是把“吕佐夫”号开到霍滕。最初的报告中包含了一些令人不安的消息，说是有岸防装甲舰参与防御，因此他需要亲眼看看局势是否得到控制。结果他如释重负地发现己方已经占领这座小城和海军基地。此时上岸的德军士兵还只有 200 人左右，所以他又让一支登陆队下了船，在奥斯陆能够派出援军之前提供支援。在这之后，“吕佐夫”号和“埃姆登”号再次开往德勒巴克海峡。“信天翁”号和 R21 号被派往泰耶（Teie）的潜艇基地，任务是消除那里的鱼雷发射台和火炮的威胁并控制电台。

斯米特－约翰森少将接到了去“吕佐夫”号开会的邀请。他 17: 20 前后在霍滕登上 R18 号，然后被送到有两艘巡洋舰等候的费尔特维特。被带到蒂勒的舱室后，少将得到了礼貌的迎接，蒂勒还表示他对德国不得不入侵挪威感到很遗憾。他说奥斯陆峡湾的挪威守军进行了英勇的战斗，但是既然纳尔维克、特隆赫姆、卑尔根、斯塔万格和克里斯蒂安桑都已落入德军之手，那么也该到放弃的时候了。他请求斯米特－约翰森命令奥斯卡堡投降，避免继续流血。斯米特－约翰森一口拒绝，理由是他在霍滕投降后，奥斯卡堡就已不归他指挥。蒂勒随后又力劝少将运用自己对政府的影响力促成全体挪威军队总投降。斯米特－

约翰森多少有些困惑地回答说，很不幸他对政府并没有那样的影响力，而且因为对挪威其他地区的情况一无所知，不能指望他考虑这样的请求。在被问及德勒巴克海峡是否还有其他雷区时，斯米特－约翰森拒绝做出任何回答，蒂勒也只好作罢。德国人礼貌地把少将带回 R 艇，送他回到霍滕。与此同时，对奥斯卡堡的轰炸还在继续。[67]

从科珀斯观察，主炮台似乎已被夷为平地。到处都是浓烟和火焰，每次爆炸都有泥土、树木和碎石横飞。09: 00，横跨峡湾的电话线被切断。恩格尔少校和他的部下都认为岛上一定伤亡惨重。16: 30 前后，轰炸强度明显降低，德军的战舰又一次出现在峡湾中并向深处行驶。恩格尔命令士兵们进入炮位。那些军舰停止了前进，“吕佐夫”号在大约 9000 米外转向露出舷侧，但是没有开火。恩格尔认为这个距离超出了火炮的有效射程，因此也没有开炮。

当轰炸暂缓时，埃里克森上校冒险出去检查了他的大炮，发现炮身上盖满了爆炸掀起的尘土，需要全面清洗，但除此之外显然没有损伤。他企图让炮手们至少操作起一门大炮，但是他手下的军官提醒说，许多士兵在轰炸中受了严重惊吓，而且敌机看见地面有人活动无疑会开始扫射，要想不受损失地使大炮恢复战斗力几乎是不可能的。埃里克森只能违心地接受现实。他在 17: 15 用灯光向隔海相望的科珀斯发出信号：“不要开火；等待后续命令。”他的本意是让科珀斯先不要开火，等待奥斯卡堡的军官们想好下一步如何行动，但是由于此后再无信号发出，这就给不知道主炮台情况的恩格尔出了难题。另一方面，轰炸还在断断续续地进行，德军舰队则停在远处没有动作。

“海鸥”号和“兀鹰”号 17: 30 驶近德勒巴克海峡。它们在一些 R 艇的陪同下靠近东岸行驶，而“吕佐夫”号和“埃姆登”号仍然留在费尔特维特。在峡湾中向上游行驶一段距离后，两艘鱼雷艇停了下来，而 R21 号接近了德勒巴克港。从科珀斯能清楚地看见这几艘船，但恩格尔没有再接到奥斯卡堡的命令，因而并未开火。于是德军在德勒巴克的登陆没有遇到抵抗。德军士兵占领港口后重整队伍，留下一小队人马，主力向胡斯维克进发。那里的火炮已被放弃，因此德军又朝科珀斯开拔。恩格尔看见了他们，他没有组织抵抗，而是离开了他的指挥地堡，两手空空地向着负责人模样的军官走去。

韦特延（Wetjen）中尉向他行礼致意，然后要求科珀斯炮台在二十分钟内投降，否则舰队就会开火，飞机也将继续轰炸。恩格尔少校表示自己需要和奥斯卡堡的上级商议，而这可能需要一些时间，因为电话线已被切断，他不得不使用灯光信号。韦特延起初接受了这个解释，但后来又改了主意。他派人严密看管恩格尔，不允许后者回到自己的地堡。恩格尔被告知，挪威各地的主要港口都被德军占领，挪威政府也已经投降，因此他没有理由犹豫。18: 25，恩格尔用灯光向奥斯卡堡发出信号："科珀斯炮台和德勒巴克已被德国军队占领。"约有300名挪军士兵向不足50人的德军部队投降。[68]

奥斯卡堡的人们看到了德国士兵在德勒巴克登陆，于是埃里克森上校请他手下的高级军官们就下一步该做什么发表意见。他们无法与任何海军机关取得联系，只能通过公共广播电台了解全国其他地方的局势。奥斯陆似乎已在德军控制之下，哈康国王和政府则离开了首都。考虑到士兵和火炮的状况，继续抵抗似乎是徒劳的。此时恩格尔的信号传来，该做什么决定已经不言而喻。不久以后，"海鸥"号驶近，桅杆顶上悬着白旗。瑟德姆上尉和安德森上校坐进小艇去迎接它。诺伊斯（Neuss）上尉要求这两位军官立即交出要塞，否则对奥斯陆和德勒巴克的轰炸就会开始。但是这两人表示没有指挥官的首肯他们不能同意任何条件，诺伊斯也只能让步。年轻的德勒（Döhler）少尉带着一名士官和四名士兵，在19: 00前后陪同瑟德姆和安德森回到奥斯卡堡。与此同时，"兀鹰"号和三艘R艇溜过德勒巴克海峡，以协助"北方"号寻找幸存者。

埃里克森上校有意拖延，花了几个小时与德国人争论投降的手续。最后蒂勒失去耐心，派卡尔–埃格洛夫·冯·施努尔拜因（Karl–Egloff von Schnurbein）上尉去结束谈判。此人到达奥斯卡堡后就傲慢地要求挪方提供关于奥斯陆峡湾中所有防御设施的情报，包括炮台、军舰和雷区。埃里克森没好气地拒绝透露任何情报，只是告诉他德勒巴克海峡一带没有布雷，救援工作可以加紧进行。冯·施努尔拜因只得对顽固的上校让步，同意尽快将士兵和平民放回家，而军官也可以在要塞里自由活动，直到其身份得到确认为止。双方没有达成书面协议，埃里克森没有签署投降声明，奥斯卡堡也始终不曾打出白旗。蒂勒对埃里克森和他的要塞深感钦佩，同意了他在次日上午将挪威国旗与德国国旗并排升起的要求。[69]

投降后的奥斯卡堡，城墙上弹痕累累。（作者的收藏）

直到 10 日上午 08: 45，“吕佐夫”号、“埃姆登”号和“海鸥”号才终于跟在四艘装了扫雷装置的 R 艇后面通过德勒巴克海峡，使用扫雷装置一方面是为了避免撞上“布吕歇尔”号的残骸，另一方面也是为了防范可能存在的水雷。它们在 10: 45 抵达奥斯陆港，比原计划晚了近三十个小时。

恩格尔布雷希特少将登上“吕佐夫”号以协调登陆部队的管理并了解德勒巴克和霍滕发生的事。根据东集群的指示，大约 300 名“布吕歇尔”号的幸存者将留在奥斯陆，听候被临时任命为“奥斯陆地区海军总指挥”的弗尔斯特少校调遣，当地不需要的专业人员和军官则随“吕佐夫”号和鱼雷艇返回德国。这 300 人中有一半组成了两个连，每连 75 人，利用“埃姆登”号和“吕佐夫”号储备的武器武装起来，海运至霍滕和德勒巴克以加强那里力量薄弱的占领军。其他人被安置到“埃姆登”号上，或是城中的各个学校和公用建筑中，最终则被部署到缴获的挪威海军舰船上。14: 40，“吕佐夫”号起航，沿着峡湾回头南下。几艘 R 艇奉命去寻找和标记“布吕歇尔”号的残骸并打捞遗体。“埃姆登”

号留在奥斯陆以提供通信联络和支援。它的几名军官在此后的几天里被派去接管缴获的挪威舰船并控制进出首都的通道。不出一个星期，就有大约十五艘原本属于挪威王家海军的舰船悬挂德军军旗四处活动，其船员很多都是“布吕歇尔”号的幸存者。[70]

蒂勒上校后来在他的战争日记中形容鱼雷艇部队（指挥官是“海鸥”号的诺伊斯上尉）和R艇部队（福斯特曼上尉）提供的配合“十分出色”。值得注意的是，他只字未提“埃姆登”号和朗格上校。[71]

沃尔达格上校被召回柏林报到，因此与蒂勒同乘“吕佐夫”号。这艘军舰在斯卡格拉克海峡被鱼雷击中后，沃尔达格乘坐“吕佐夫”号的阿拉多飞机飞回基尔，在4月11日上午抵达。次日他又赶赴柏林，当面向希特勒、雷德尔和海军战争指挥部报告了他的遭遇。在基尔与家人共处几天后，沃尔达格本应在4月16日返回挪威，但他却始终没能按计划到达奥斯陆。此事迷雾重重，有多个暧昧不明的地方。时年11岁的沃尔达格之子约亨（Jochen）后来表示，他在4月16日早晨跟着父亲去了机场，然后看着他起飞。“布吕歇尔”号死难者的葬礼就在那天举行，沃尔达格想要出席。海曼却在他的日记中写道，他和另一些军官在次日（17日）前往福尼布迎接舰长，但是舰长始终没有出现。沃尔达格的飞机消失了，有人说它在波罗的海或卡特加特海峡上空失事，另一些人则说它是在奥斯陆峡湾失事的。海曼的记述通常十分详细，但是对舰长失踪的问题却写得出奇地简略。不过他声称，他自己的妻子写的信在4月20日被发现漂浮在奥斯陆峡湾，那本应该是由沃尔达格从德国捎来的。传说沃尔达格不知用什么方法让他乘坐的Ju-52坠毁在奥斯卡堡附近，但这种说法从来没有得到证实，而且也很难让人相信。[72]

挪威地区海军总指挥伯姆上将要求尼登（Nieden）中校领导一个调查委员会，调查德勒巴克海峡发生的事。尼登的工作做得一丝不苟，直到1941年7月才写出调查报告。关于“布吕歇尔”号的传说和谣言早已传得沸沸扬扬，在沃尔达格上校失踪后更是闹得满城风雨。尼登的报告显示，陆军认为沃尔达格要直接为这场失败和众多人命的损失负责，尤其严重的是他下令让负伤的巡洋舰抛锚，而不是冲滩搁浅。陆军方面相信，在沃尔达格与恩格尔布雷希特少将发生一番争执后,少将亲自组织了部队的下船和营救。报告中很少提及库梅茨少将，这可能是因为大多数陆军军官分不清他和舰长这两个角色。大部分接受讯问的军官都认为，应该用一艘吨位较小、价值较低的船来试探德勒巴克海峡的防御。陆军方面的结论是，在此后的所有联合作战中，都必须安排一名他们的军官作为总指挥，而海军应该只负责运输。如果舰船失去行动能力，就应该让船上军衔最高的陆军军官接管指挥权。冯·法尔肯霍斯特将军毫不含糊地表达了他的意见："鱼雷发射台的存在及其位置都是已知的，'布吕歇尔'号的指挥官必定对通过德勒巴克海峡的相关风险有充分了解。"他还指出，在军舰上，陆军要服从海军的指挥，因此海军要为发生的事件承担全部责任。

1941 年 7 月 30 日，伯姆上将把报告转发给海军战争指挥部，并在评论中指出，就陆海军指挥官之间的分歧而言，恩格尔布雷希特少将在事后不久曾声称，"布吕歇尔"号舰员的行动和他们援救陆军士兵的努力给他留下了深刻印象。雷德尔认为这份报告不够公允，便要求继续搜集该舰幸存军官的报告。此时这些人已经分散在被占领的欧洲的各个角落[73]，他们认为自己一年前就已提交的报告基本上没什么可补充的。库梅茨少将写了一个简短的附录，在其中坚决否认沃尔达格与恩格尔布雷希特之间有过任何冲突，并重复了大多数水兵将自己的救生衣让给陆军士兵的说法。说到抛锚的决定,库梅茨坚持认为当时虽然轮机停转，但舰桥上无人意识到局势的严峻性。等到认清这艘军舰的真实状态后，由于侧倾和火灾的阻碍，除了实际采取的措施外已经什么都做不了了。然后他再次赞扬了水兵和军官们为了帮助陆军士兵上岸而做的努力。海曼中校也提交了一份简要的声明，援引他先前的报告，同样驳斥了陆军的指责，认为海军为了尽量挽救人员已经做了能做的一切。雷德尔和海军战争指挥部似乎对海军的荣誉得以保全感到满意，调查就此结束。[74]

战后，埃里克森上校成为至少两个调查委员会的调查对象。令人难以置信的是，两个委员会的主要结论都是他曾在无明确命令的情况下擅自行动。埃里克森在 1958 年郁郁而终。但后来他得到彻底平反，1995 年纪念挪威从德国占领下解放 50 周年的活动中，哈拉尔国王在奥斯卡堡为他的雕像揭幕。[75]

厄伊岛

R20 号和 R24 号在 01: 00 前后与“埃姆登”号分开，载着孟（Meng）上尉指挥的约 90 名第 307 步兵团第 1 连士兵驶向厄伊岛。这两艘 R 艇在大雾中迷失了方向，到了预定的登陆时间时，只能派一名军官上岸去搞清楚他们在什么地方，厄伊岛又在什么地方。此人在和一些当地人交谈后返回，然后两艘船按照他的指点继续去碰运气。等到它们终于靠近厄伊岛时，雾气已经开始消散。炮台的大炮指向了它们，尽管没有开火，可无疑已经发现了他们。R20 号的耶格（Jaeger）少尉估计可以在炮台以北的一个海岬后面让部队上岸，于是将他的 R 艇缓缓开进那个小海湾，直到艇首触及海底为止。艇上的陆军士兵坐着舢板艰难爬上海岸，与此同时 R24 号继续寻找第二个登陆场。

当不明身份的舰船在临近午夜时北上，消失在迷雾中时，厄伊岛的赫斯莱布・恩格尔（Hersleb Enger）少校知道麻烦还没有结束。很可能还会有其他舰船步其后尘，而那些刚才经过该岛的船只也迟早会回来。炮台本身可能遭到攻击，因此他命令自己的部下留在炮位上，并且将更多弹药前送。所有的岗哨和瞭望哨都安排了两倍的人手。04: 30 前后，恩格尔接到大陆方面打来的电话，得知有个德国军官在询问厄伊岛的方向，因此他知道德军正在奔他而来。他请求腓特烈斯塔（Fredrikstad）方面提供更多步兵支援，但是由于事态发展太快，这些步兵未能及时赶到。05: 30 前后，有人看到 R20 号开进岬角后面的海湾，而 R24 号继续

R20号艇。（作者的收藏）

北上。从炮台无法观察到那个小海湾，但是炮台火力可以覆盖登陆场本身。在北面 150 毫米炮台坐镇的瑟利（Sørlie）上尉命令一号炮的炮组成员带着手枪前出至炮台外围的一处阵地，同时命令二号炮用高爆炮弹进行间瞄射击。瑟利来到炮位上亲自调整瞄具，并派埃里克森（Eriksen）少尉去炮台边缘进行观察和校正。这个土办法效果很好，正在下船的德军士兵为了避免伤亡不得不散开队形、寻找掩体。耶格少尉在最后一个陆军士兵坐进舢板后就立即操纵 R20 躲到烟幕后面。瑟利让他的大炮追打这艘 R 艇，但是没有命中，只有弹片给它造成了一些损伤。这艘 R 艇的 20 毫米炮的还击也没有效果。在战斗中，炮台的 40 毫米高射炮曾对一架逼近的德国飞机开火。虽然没有观察到命中，但这架飞机后来坠毁在厄伊岛以北，机组成员当场丧生。[76] R20 号消失在大雾中，它将航向转到北方，与 R24 号会合，后者已经将搭载的陆军士兵送到厄伊岛最北端登陆，没有遭到抵抗。瑟利又将炮火转移到海滩上，但那里的德军士兵趁炮火没有打击他们的时候已经重整队伍溜走了。与来自 R24 号的士兵会合后，他们做好了向炮台推进的准备。

获悉德军在北炮台以北登陆后，恩格尔少校命令岛上所有能参与战斗的人员，包括南炮台的大部分守军和高炮射手在内，在靠近登陆场的地方组织一道防线。大约有 100 人在 06: 15 前后部署到位,他们的装备包括两挺柯尔特重机枪。挪军人数太少又缺乏经验，无力发动反击，但德军也无法推进，由于可提供掩护的地形很少，他们有限的兵力在战斗中被不断消耗。

临近 08: 00 时，恩格尔少校认为自己已经稳占上风，控制了局势。就在此时，奥斯陆峡湾炮台的指挥官诺特兰（Notland）中校发来一通电报：“外奥斯陆峡湾海防分区命令：停止一切敌对行动，停止射击。”恩格尔愤怒地要求对方确认命令，结果得到了肯定的答复。他别无选择，只能命令部下停火。岛上找不到白旗，但一个士兵有一件还算干净的白衬衫，人们把它系到旗杆上，随后德军的火力也沉寂了。

对事态发展多少感到困惑的孟上尉整了整制服，走向挪军战线。他对恩格尔上校的态度非常礼貌，还为德军士兵“前来帮助保护挪威中立”却遭遇如此强烈的抵抗表示痛心。他要求挪军完好无损地交出炮台。所有的士官和士兵都要上缴自己的武器和制服，然后他们就可以自由回家。军官则必须留下，等待后续命令。

恩格尔与诺特兰又商议了一回，然后接受了这些条件。德方给了恩格尔一些时间整理“个人事务”，恩格尔趁机焚烧文件，销毁了地图和密码本。在下午，他和他的军官们被R20号和R24号带到霍滕，与此同时德国海军的炮手占领了厄伊岛。

两名挪军士兵在战斗中阵亡。笔者未能确认德军的伤亡，但似乎不在少数。恩格尔少校后来表示，他的士兵本来可以在相当长的时间里坚持抵抗，甚至有可能彻底击败登陆的德军。但是如果德军实施大规模轰炸，后果将是灾难性的，因为岛上能够躲避炸弹的地方很有限。只要德军全面掌握制海权和制空权，最终失守的结果就不可避免。[77]

博拉尔内岛

将第307步兵团第2连的两个加强排从“埃姆登”号接到R22号和R23号以后，上士舵手卡尔·里克塞克尔（Karl Rixecker）在01: 00前后朝博拉尔内岛驶去。由于峡湾中的导航灯都已熄灭，这段雾中的航行显得颇为困难。04: 00过后不久，里克塞克尔在一段海岸附近抛锚。他希望那里是正确的地点，但是又没什么把握，便决定先派一支侦察小队上岸，设法查明从登陆场是否能到达博拉尔内炮台。德国人不知道的是，他们此时位于瓦勒（Vallø）附近，那里与博拉尔内岛并不相连。大约二十名陆军士兵下船前去侦察，此时黎明将至，大雾开始消散。就在最后一个人跳进舢板时，一个瞭望员看见一艘潜艇穿过雾霾冒了出来。两艘R艇立刻拔锚，掉头冲向那艘潜艇，后者在德军开炮以示警告后就开始下潜。德国艇长们下达了准备深水炸弹的命令。

R23号的卡尔·里克塞克尔上士舵手。（德国联邦档案馆, Bild 134-C 1854）

菲耶尔斯塔（Fjeldstad）少校是驻梅尔索姆维克的第 1 潜艇分队指挥官，也是 A2 号潜艇的艇长，他 4 月 9 日凌晨从海军司令部接到了黎明时将潜艇部署到奥斯陆峡湾中的预定作战海域并做好战斗准备的命令。他在 04: 00 出发，此前又有电报确认入侵者很可能是德国人，电报中还说由于他们已进入奥斯陆峡湾禁区，一旦发现就要立即发起攻击。于是 A3 号和 A4 号从泰耶南下，A2 号则北上驶往博拉尔内岛—厄伊岛一线以北的指定位置。这三艘潜艇都是第一次世界大战前的老古董，海军认为它们给自身艇员带来的危险至少和它们给任何出现在鱼雷发射管前的目标带来的危险一样大。

菲耶尔斯塔 05: 00 前后进入主峡湾，在瓦勒附近发现两艘身份不明的船只。他觉得这两艘船太小，用鱼雷打不划算，便决定下潜，避免与对方进行炮战。[78] 潜入水下前，菲耶尔斯塔在潜望镜中最后看到的情景是那两艘船高速驶近，显然是来攻击他的。R 艇的速度很快，当它们从头顶开过时，A2 仅仅下潜到 25 米深度。六七枚深水炸弹投入水中，爆炸迫使这艘潜艇重新上浮，指挥塔露出了水面。两艘 R 艇随即开火，20 毫米炮的弹雨打坏了潜望镜。A2 号重新下潜，但是这一次动作过猛，碰到了 35 米深的海底。持续的深水炸弹攻击使这艘潜艇再度受损，海水开始以令人惊恐的速度漏进艇内。为了避免全体艇员葬身海底，菲耶尔斯塔决定浮出水面投降。R23 号立即靠帮，惊魂未定的挪威艇员在炮口威胁下被带到这艘 R 艇上，关押在甲板下面。德国人在 A2 号上升起一面德国海军军旗，随后就任由它在峡湾中漂浮。由于"密集的飞机活动"，A3 号和 A4 号整个白天都潜伏在水下，入夜时返回泰耶，一无所获。[79]

解决 A2 号以后，里克塞克尔上士舵手发现从瓦勒无法到达博拉尔内岛，便暂时丢下已经上岸的士兵，向南驶去。半路上这两艘 R 艇与两艘军辅船——"水獭一"号（*Oter* I）和"射击一"号（*Skudd* I）狭路相逢，它们是滕斯贝格方面派来搜索入侵舰船的。经过一番没有结果的交火，军辅船掉头离开，R22 号和 R23 号则躲到了烟幕后面。

博拉尔内岛上的守军观察到两艘 R 艇从北面接近。哈登（Harden）少校一直等到距离只有两千米时才下令开火，150 毫米炮弹的落点一开始就与目标相差不远。里克塞克尔下令走之字航线，但是挪威炮手熟练地跟上了目标的移动。

4月14日在泰耶的A2号潜艇和R21号艇。A2号是1913年服役的，它不光彩地成了第二次世界大战中舰龄最大的参战潜艇。（E. 绍尔德的收藏）

R艇火力贫弱，毫无胜算，因此里克塞克尔决定掉头返回，以免他的船被击沉。德国人要求菲耶尔斯塔少校上岸与守军就停火问题展开谈判，但是他严词拒绝，于是又把他关了起来。在回霍滕求援途中，这些R艇又在瓦勒遭遇了那些军辅船，而且这一次还多了“拉穆恩”号（*Ramoen*）和“相逢”号（*Treff*）。双方再次对射几炮，不过两艘R艇还是和先前一样利用烟幕快速逃脱。R22号和R23号上的士兵最终在奥斯高特兰（Åsgårdstrand）登陆，然后又转移到霍滕以支援那里兵力薄弱的占领军。[80]

蒂勒上校请求空军攻击博拉尔内岛。轰炸在下午开始，除了必须留守在外面的人以外，所有人都躲进了炮台后面的地道。但德军飞机除了将炮手赶进掩蔽部外，并未造成多少破坏。

次日上午07: 25，岛上守军对一艘从南边过来的德国运输船开了炮。他们还看见“兀鹰”号与“信天翁”号在一些辅助船只陪伴下从北面南下，于是也对它们进行了射击。所有船只都掉头逃走，博拉尔内岛事实上控制了奥斯陆峡湾入口的交通。但是岛上的大炮经不起长时间的实弹射击，一门接一门地出了故障。德军继续空袭，效果还是很有限，只是烧毁了岛上的一些木质房屋而已。滕斯贝格的外奥斯陆峡湾海防分区与守军讨论了这些150毫米大炮的状况，在10: 00前后一致认为继续抵抗已无意义。由于空袭的缘故，拆解剩下的大炮和机枪花了一些时间，直到 12: 30，守军才降下挪威国旗并升起白旗。三门 150 毫米火炮在故障前发射了大约 60 ~ 65 发炮弹。当天晚些时候，“兀鹰”号上德国水兵组成的一支小分队接管了博拉尔内岛。[81]

截至 4 月 10 日黄昏，奥斯陆峡湾已经落入德军之手大半。[82] 但由于担心潜艇和水雷，11 日以前敢于深入峡湾的德国运输船即使有也是极少数。

福尼布

1940 年春，奥斯陆 – 福尼布机场是挪威陆军航空兵战斗机中队的基地，拥有 9 架格罗斯特“角斗士”式双翼机。[83] 41 岁的埃尔林 · 蒙特 – 达尔（Erling Munthe–Dahl）上尉是中队长，但通常不会升空作战，罗尔夫 · 特拉丁（Rolf Tradin）少尉负责该中队的作战指挥。在对地防御方面，有三挺柯尔特重机枪部署在跑道东南侧的掩体中，两挺轻机枪部署在北面的敞开阵地中。一个探照灯排部署在跑道西南侧，这个排也有两挺柯尔特机枪，但对机场本身的射界有限。

4 月 8 日夜间，有 7 架“角斗士”可以作战。其中一架飞机保持着 5 分钟内即可起飞的战备状态，还有两架随时待命。其他飞机的发动机每两小时运行一次，以保证它们能够在短时间内做好出击准备。没有值班的人员大多在午夜前就上床睡觉了。00: 45，蒙特 – 达尔从奥斯陆返回，告诉大家外奥斯陆峡湾的炮台已对不明身份的海军舰船开火，而且城里还拉响了空袭警报。此时光线太暗，无法起飞，所有飞机都被分散开来，等待黎明和后续消息。04: 00 前后，警报响起：峡湾中的浓雾上方出现了一些多发飞机。大家借助勉强够用的光线放飞了两架“角斗士”。这两架飞机都遇到了双发飞机，并识别出其中至少一架是 Do–17，从而确认了入侵者的身份。但是没等它们进行拦截，那架飞机就消失在了云层中。[84] 临近 06: 00，又有三架“角斗士”起飞进行第二轮巡逻，但没有遇到任何目标，约 50 分钟后返回机场。

德国人认为有三个机场（丹麦北部的奥尔堡机场、斯塔万格—苏拉机场和奥斯陆—福尼布机场）对德军的空中优势非常重要，在“威悉演习”行动中需要尽早夺取。首先，它们可以用于运输部队和物资；其次，可以用作前进基地，对抗势必会来的同盟国反击。因此，关键是拿下这些机场时要使其保持可运作的状态，保护好跑道、防御设施和油库。至于奥斯陆以北的谢勒机场，德军将在4月9日上午进行扫射和轰炸，然后再加以占领。

按照计划，第1伞兵团第1营第1连和第2连的大约340名伞兵将在埃里希·瓦尔特（Erich Walther）上尉率领下，在福尼布上空实施伞降。[85] 一旦控制了该机场，德军就会通过运输机将第163步兵师第324步兵团的大约900名官兵运至该地。物资和重装备将通过海路送达。为了夺取战术制空权并压制防空火力，第76驱逐机联队第1大队第1中队的8架Bf–110重型战斗机将在魏尔纳·汉森（Werner Hansen）中尉率领下加入第一拨机群。这些飞机将独立飞往奥斯陆，在福尼布上空与运输机会合。[86]

第1特种航空联队第5和第6中队的29架Ju–52运输机搭载第1伞兵团第1营的伞兵，连同一架特别通信机一起，在黎明前从石勒苏益格（Schleswig）起飞。[87] 它们在斯卡格拉克海峡上空遭遇了低垂的云层和大雾。第一拨机群的指挥官卡尔·德勒韦斯（Karl Drewes）中校为此忧心忡忡。机群中没有几个飞行员具备丰富的仪表飞行经验，当一架飞机通过电台报告同编队的两架容克飞机消失时，德勒韦斯断定它们是在雾中相撞坠毁了。他得不到关于前方状况的报告，但他认为任务已经无法继续，他们只能打道回府了。他的座机的驾驶员威廉·梅切尔（Wilhelm Metscher）中尉写道：

> 我感觉以我们的能力来执行这天上午的任务很勉强。我十分紧张，而且敢肯定其他许多人也是这样。起飞后，我们收到了两份无线电通信。第一份说丹麦已经投降，稍后在斯卡格拉克海峡上空收到的第二份说，在挪威遇到了抵抗。我们一路向北飞行，天气渐渐变差，我们遭遇了大雾。最后只能看见一片灰蒙蒙……瓦尔特上尉强烈抗议德勒韦斯（回头）的决定。其他伞兵后来说，这两人高声争论，冲着对方大喊大叫。瓦尔特的意思是，天气还远没坏到无法飞行的地步。在大雾中随处可以看到空隙。但是德勒韦斯已经下了决心，他以上级指挥官的身份要求执行他的决定。瓦尔特深感失望。[88]

当梅切尔中尉操纵飞机向左倾斜大转弯时，德勒韦斯命令无线电操作员通知其他飞机返回，然后发报给正在汉堡的陆上运输司令冯·加布伦茨（von Gablenz）上校，通知他部队由于气象条件恶劣正在返回。但是有三架飞机（搭载营部的两架和那架通信机）没有收到转向命令，或者故意无视了命令，继续向前飞行。

冯·加布伦茨把电报转发给第 10 航空军军长盖斯勒中将，后者发现自己陷入了苦恼的两难境地。第 103 特种航空联队的第二拨 Ju-52 已经载着第 324 步兵团第 2 营的士兵升空了。这 53 架飞机搭载的都是步兵，它们必须在福尼布着陆才能卸下这些乘客。盖斯勒别无选择：让行动迟缓、满载人员的容克飞机在尚未控制的机场着陆风险太大，第二拨飞机也只能返回了。针对奥斯陆的空降攻击眼看就要泡汤了。

指挥第二拨机群的里夏德·瓦格纳（Richard Wagner）上尉是德国空军的空降兵军官，隶属陆上运输司令部。但是让他返回的命令却来自第 10 航空军。命令原文是“Wegen Wetterlage Ruckflug Schleswig”，即“考虑到天气原因，返回石勒苏益格”，没有明确收件方是第 103 特种航空联队。鉴于斯卡格拉克海峡上空的天气正在迅速转好，瓦格纳认定这份电报不是发给他的，于是继续按原计划飞向奥斯陆。大约与此同时，汉森中尉的 8 架 Bf-110 钻出大雾，飞到了奥斯陆以南晴朗的天空中。他们连一点容克飞机的影子都没看到，却发现一大群 He-111 轰炸机正在向峡湾深处飞去。

临近 07:00 时，特拉丁少尉接到奥斯陆峡湾上空又出现飞机的报告，遂率领 5 架“角斗士”从福尼布紧急起飞。最后两架能作战的飞机不久也相继起飞。特拉丁带着他的机群飞向南面的内斯角（Nesodden），很快就看到了奥斯卡堡以北的一根烟柱。他们估计那是从一艘沉船上冒出来的，但是不知道发生了什么事。在空中飞行约 40 分钟后，他们看到了 8 架“双发战斗机”，后面还跟着许多轰炸机，总共有 50 来架。面对 1: 10 的数量劣势，这些“角斗士”没指望自己能阻止德军的空袭，只能尽量给敌人造成杀伤，并争取活下来迎接以后的战斗。特拉丁命令所有人各自为战。这些灵活的“角斗士”能在格斗中轻松胜过 Bf-110，打得后者完全乱了阵脚。德军使用了曳光弹，而挪威飞行员事后一致认为这反而方便了

4月9日上午，正在向奥斯陆峡湾深处飞去的Ju-52飞机。（挪威军事博物馆供图）

他们避开弹道。8 架 Bf-110 中有两架被击落，两架遭到重创。He-111 轰炸机也至少被击落两架。挪军只损失了一架“角斗士”，飞行员主动迫降以避免造成更大破坏。最终“角斗士”们耗尽了弹药，然后各找平地降落，因为福尼布机场已经遭到攻击。这些飞机大多在降落中损坏，没有一架再次升空作战。[89] 至少一架第 103 特种航空联队的 Ju-52 在奥斯陆附近被高射炮击落，而第一批降落的飞机几乎无一不带伤。大约有五六十名陆军士兵和机组成员在飞机着陆时死伤。[90]

随着“角斗士”们退出战斗，剩下的 Bf-110 开始按计划扫射福尼布的防空阵地。地面的机枪手们勇敢地接受了挑战，只有在曳光弹拉出的尾迹离得太近时，他们才会钻进掩体，最后只有几个人受了轻伤。另一方面，防空火力对飞机的打击效果似乎也很有限，只要飞机留在高空，子弹就会被装甲弹飞。机场北端的两挺轻机枪打光了弹药，由于找不到弹药库的钥匙，它们只能被放弃。机场东南方混凝土掩体中的士兵们储备了更多弹药，因此一直顽强地守在他们的机枪旁边。

搭载伞兵的容克飞机还是不见踪影，汉森的处境变得困难起来。他本来以为只要伞兵控制了机场，他的 Bf–110 就可以降落，然后利用挪威人的储备来加油。此时这些梅塞施密特飞机的油箱眼看就要见底，它们必须找个地方降落，否则就要沦为田野里的残骸了。08: 20 前后，走投无路的汉森终于欣慰地看到三架 Ju–52 正在接近。为首的那架飞机把机头对准了机场，但却没有投下意料之中的降落伞，而是不断降低高度飞向跑道。这就是瓦格纳上尉指挥的那架容克飞机。他不知道机场还在挪军手中，因此命令他的驾驶员西韦特（Sievert）军士长从南面接近机场降落。就在起落架触地时，一阵机枪弹雨射进了这架笨拙的运输机。西韦特本能地将油门杆向前一推，重新爬升到机枪打不到的高度，但瓦格纳和好几个士兵已经死在了飞机里。操着柯尔特机枪对准容克机身打空了一条曳光弹链的特勒夫森（Tellefsen）军士惊愕地看着这架飞机再度腾空而起。

情况进一步恶化，汉森意识到自己必须做出一些决定——而且要快。他命令赫尔穆特·伦特（Helmut Lent）少尉设法着陆，自己则带着其他梅塞施密特飞机压制挪威机枪手。伦特毫不犹豫地接受了这个命令。他的燃油也快用完了，为了节省最后的一点油，他已经关掉了自己的右发动机。靠一台发动机让 Bf–110 降落并非易事，当这架重型战斗机以大得出奇的角度落到跑道上时，它的速度远远超过了正常的着陆速度。机枪子弹把机身打成筛子，但是没有一发击中驾驶舱。Bf–110 冲出跑道，沿着一道长满青草的堤岸滑行，在折断起落架、折弯螺旋桨之后，半个机身冲过附近一座房子外面的栅栏，终于停了下来。被震得七荤八素但并未受伤的伦特和他的领航员瓦尔特·库比施（Walter Kubisch）二等兵爬出飞机残骸，目睹其他 Bf–110 一架接一架地着陆。挪军的机枪阵地还在射击，但是所有飞机都安全着陆，停在跑道以北尽可能远的地方。伦特和库比施赶忙重新与战友会合，一些后座机枪手拆下他们的机枪，在附近的一处峭壁后面建立了防御阵地。[91]

瓦格纳的领队长机着陆失败后，第 103 特种航空联队的一些容克飞机跟着它向南飞去。另一些飞机看到 Bf–110 着陆，以为机场已被占领，便放心地降了下来。最先降落的是瓦格纳的副手彼得·英根霍芬（Peter Ingenhoven）上尉。

他在安全落地后接管了指挥权，开始把地面人员组织起来。[92]初期降落的大部分飞机都遭到挪军机枪扫射，好几架的机舱里出现了死伤者。08: 33，载着第1伞兵团第1营营部的飞机在格特（Götte）中尉率领下赶到。他看到地面上停着德国飞机，认为已经没有必要跳伞，便迅速在机场上降落。就这样，这一天没有一个伞兵在福尼布跳伞。

空军武官施皮勒这天早晨一直待在阿尔弗雷德·克莱因曼的私宅里，离伦特的飞机迫降的地点非常近。看到第一批Ju-52着陆后，他避开挪威卫兵，奔向德军的防御阵地。在向梅塞施密特的飞行员和观测员充分表达欢迎之意后，施皮勒便催促他们向汉堡报告福尼布机场已被德国人控制。从来不会自贬身价的汉森通过刚刚着陆的容克通信机发出了以下电报："福尼布已在我掌握之下，第76驱逐机联队第1中队。"电报在奥尔堡被接收，然后转发到汉堡的滨海酒店，令那里的军官们大吃一惊。

一架Ju-52正准备在福尼布降落。下方就是伦特和库比施那架坠毁的Bf-110。（德国联邦档案馆, Bild 101I-399/006-19）

从福尼布返航的命令立刻被撤销，所有飞机都接到了飞往奥斯陆的命令。一些容克飞机在空中再度掉头，期望在福尼布加油，其他等待新命令时已经在丹麦着陆的飞机则纷纷从机场、田野、公路或任何它们选择的着陆地点起飞。它们杂乱无章地抵达目的地，全都满载负荷，而且燃油告急。福尼布机场很小，进场过程困难，而且没有空中交通管制，因此许多飞机出了事故。在入侵之日，至少有 15 架德国运输机在福尼布机场或附近坠毁。还有一些飞机在跑道上相撞。许多士兵因此丧生，伤员更是不计其数。挪军的机枪火力由于弹药耗尽或机枪过热而逐渐减弱，机枪手们只能无力地看着越来越多的飞机降落。能够再次起飞的容克一旦完成准备就被立即派到奥尔堡去修理和重新装货，以便为其他飞机腾出跑道。慢慢地，机场上建立起了一定程度的秩序。在这天上午，第 324 步兵团第 1 营和第 2 营大部、一个工兵连、第 159 步兵团第 3 营一部和一些行政人员都在福尼布着陆——曾在奥尔堡临时着陆的瓦尔特上尉和他的伞兵也赶到了福尼布。第 324 步兵团团长尼克尔曼（Nickelmann）上校可以考虑向奥斯陆进军了。[93]

12: 15，波尔曼中校从大使馆发出一份电报："刚从福尼布返回。尼克尔曼上校和 5 个连已经着陆。伞兵只有 12 人到达。第 6 大队 8 架运输机因地面火力而坠毁。损失很少。着陆的部队已经压制高射机枪的火力。大使馆有卫兵保护。尼克尔曼战斗群即将进入奥斯陆。没有关于战舰的消息。"[94]

鉴于德军数量不断增加，而且似乎已经组织起来，为了避免部队被歼灭，蒙特－达尔上尉认为除了后撤别无他法。他请求的增援显然不会来了。战斗机中队的大部分人员在 10: 00 前后徒步或乘坐卡车离开福尼布。此时仍有携带武器的挪军士兵分散在机场各处，一些人全天都在朝进场的德军飞机打冷枪。[95]

在福尼布，三架能起飞的 Bf-110 利用被占领的油库（显然没有人想到要破坏它）加了油，随后在机场周边不间断地巡逻，以保护进场航线。当天下午，为了节省燃油，巡逻队改为在地面保持待命状态。17: 30 前后，有报告称内奥斯陆峡湾上空出现一架英军的"桑德兰"式水上飞机。这架"桑德兰"的驾驶员是第 210 中队的彼得·凯特（Peter Kite）上尉，它并不适合执行低空对地侦察任务，这个任务和当天盟军方面的大部分任务一样，是仓促执行的。这个不速之客在奥斯陆港上空被防空火力击中，不久又遭到汉森和伦特的拦截，被无情地击落。十人机组中只有21岁的无线电操作员奥格温·乔治（Ogwyn George）中士幸存，他从凌空爆炸的飞机中被甩出，在没有降落伞的情况下坠落了一千米左右。[96]

混乱

黎明时分，奥斯陆上空出现了第一批德国轰炸机，那是第26轰炸机联队第3大队的25架He–111。稍后又来了第100轰炸机大队的14架He–111。这些飞机的任务是在挪威首都上空“示威”，通过恐吓的方式让挪威人接受被占领的事实。在经过奥斯陆峡湾时，它们看到了在德勒巴克海峡后方燃烧的“布吕歇尔”号，意识到和平占领已经不可能实现。事实上，没过多久它们就接到了攻击福尼布、谢勒和奥斯卡堡的命令，还有一些飞机不失时机地对目标进行了轰炸和扫射。12: 15前后，第1俯冲轰炸机联队第1大队的6架Ju–87“斯图卡”俯冲轰炸机在布鲁诺·迪利（Bruno Dilley）中尉率领下赶到。[97]

在奥斯卡堡，该大队其余飞机的炸弹没有给守军留下多少印象。但是在阿克什胡斯，有大量士兵或平民在露天的庭院里。听到“斯图卡”俯冲时的尖啸，他们纷纷躲进任何他们认为能提供防护的廊道或房屋里。好在这一天迪利等人的表现有失水准，极有可能是因为密集的防空火力干扰了他们。三枚炸弹落进海里，一枚命中附近的一个小岛，只有两枚命中炮台，但都落在中央庭院以外。虽然无人死亡，但伤者众多，没有接到留守命令的人都迅速疏散了。因此，当不久以后第一批德军到达阿克什胡斯时，他们能够把卡车直接开进炮台里。尼克尔曼上校找到陆军总参谋部疏散后被留在阿克什胡斯的施尼特勒（Schnitler）上校，要求他立即率全城军民投降。施尼特勒联系正在哈马尔（Hamar）的首相尼高斯沃尔，后者为了避免流血，准许他交出这座城市。双方在14: 00达成投降协定，半个小时后，第一批德军士兵排成五路纵队趾高气扬地开进了奥斯陆。一些旁观者对他们发出嘘声，但大多数人只是目瞪口呆地看着，试图搞明白究竟发生了什么。

德军士兵列队开进奥斯陆。硬着头皮恫吓挪威人的策略取得了成功，整个过程一枪未放。（挪威军事博物馆供图）

在14：00达成投降协定后不久，拍摄于阿克什胡斯的照片。照片上可以看到施尼特勒上校正与一些德国军官对话。左边那个人穿着德国伞兵的跳伞服。（T. 埃根的收藏）

截至 4 月 9 日傍晚，奥斯陆城中的德军人数很可能不到 1000。他们全是通过空运到达的，没有携带重武器。第二天，“吕佐夫”号和“埃姆登”号抵达，飞机也运来更多士兵，德军的状况终于有所改善。应该在 4 月 9 日下午到达的运输船直到 12 日才出现，德国军队要花一个星期在奥斯陆站稳脚跟，然后才能考虑控制挪威东部的其他地区。

冯·法尔肯霍斯特上将在4月10日16: 00前后抵达福尼布，比原计划晚了一天。身穿便服与冯·法尔肯霍斯特交谈的人就是德国大使库尔特·布罗伊尔，在他旁边的是哈特维希·波尔曼中校。在冯·法尔肯霍斯特左边身穿海军制服的是被指定为“挪威地区海军总指挥”的赫尔曼·伯姆上将。（作者的收藏）

冯·法尔肯霍斯特上将按计划应该在4月9日下午抵达奥斯陆。随着事态的发展，这一行程被取消，直到10日16: 00他才与被指定为“挪威地区海军总指挥”的赫尔曼·伯姆上将一同到达福尼布。[98]按照先前的决定，伯姆并不受冯·法尔肯霍斯特节制，但两位高级军官都得到了“相互协作”的命令。[99]伯姆后来告诉雷德尔，他到达挪威时发现那里的状况出乎意料地混乱。没有一个人能够从全局角度认识到德方已经控制了什么和未能控制什么。陆军、空军和海军人员都是到达以后就被临时安排差事，几乎所有事情都只能凑合着办。波尔曼中校成为负责人，而肯普夫中尉奉命从“维达”号转移到岸上，以帮助尼克尔曼上校控制奥斯陆城中的要地，包括此时大半已被放弃的防空阵地。由于德国方面暂时无法派出合适的情报班底，“阿勃维尔”特工埃里希·普鲁克得到一批临时调拨的人马来运作他新成立的情报部门——“阿勃维尔”挪威分局。[100] 10 日，“布吕歇尔”号的航海长弗尔斯特少校代替失踪的卡洛瓦（Karlowa）少校成为港务长。海军武官施赖伯被派往霍滕，他的任务是处理当地事务并使造船厂保持运作。与德国和挪威其他地区保持通信很困难，当“埃姆登”号抵达时，朗格上校接到了对指挥官们开放舰上电报室的指示。渐渐地，各项事务走上了正轨，其中一个不可忽视的原因是英军和挪军都没有发动反击，不过直到 4 月 13 日，第 163 步兵师才推进到赫讷福斯（Hønefoss）、德拉门（Drammen）和孔斯贝格（Kongsberg），达成了控制奥斯陆地区的目标。[101]

第五章

最后通牒

战争已经开始了

4 月 8 日深夜时分，为了放松身心和理清思绪，哈尔夫丹·库特来到奥斯陆寂静的街道上散步。出乎他意料的是，午夜刚过，他的思考就被空袭警报打断，街灯也纷纷熄灭。他找到一部公用电话，打到外交部的前台，这才得知有军舰进入奥斯陆峡湾，首相尼高斯沃尔已经要求内阁在 01: 30 开会。由于找不到出租汽车，外交大臣只能靠两条腿在漆黑的城区赶路。

奥斯陆军人俱乐部，哈康国王已经早早告退，但许多军官还在那里讨论最近的局势。午夜过后，随着空袭警报拉响，接待处的电话铃声响成一片。没有几个人留下来接电话，大家都匆匆赶回了他们在国防部或阿克什胡斯的办公室。但是没有一个人意识到，挪威刚刚进入战争状态。

临近午夜时，虽然陆军总参谋部已经宣布下班，海军总司令、海军总参谋部和海军情报处的大部分人员还是留在了国防部的海军办公区里。随着霍滕的第 1 海防区 23: 15 发来军舰进入外奥斯陆峡湾的消息，23: 50 又发来“厄伊和博拉尔内正在战斗”的电报，气氛陡然变得紧张起来。虽然还没有确认，但众人都相信入侵者是德国人，只是不清楚他们是在躲避斯卡格拉克海峡中的同盟国优势海军舰队,还是在发起某种进攻行动。命令发给了霍滕的斯米特－约翰森少将，要求他在厄伊岛和博拉尔内岛之间布雷。01: 00 前后，英国海军武官博伊斯少将再度出现，转达了德军舰队通过大小贝尔特海峡的消息，并询问奥斯陆峡湾中是否有水雷。总参谋长科内柳森与海军总司令交换意见后回答，没有，东部的海上航道都没有布雷。据斯滕称，当时博伊斯与海军总参谋部没有就斯卡格拉克海峡中的英国舰队问题进行讨论，英国海军武官在几分钟后就离开了。[1]

随着卑尔根的第 2 海防区在 02: 06 报告“五艘大型和两艘小型德国战舰”进入挪威航道，事态显然已经升级。这已经不是什么偶然的侵犯中立事件。二十分钟后，卑尔根方面报告，莱瑞炮台（Lerøy Fort）已经开火。临近 03: 00，第 1 海防区报告，“四艘大型巡洋舰和潜艇”正驶向奥斯陆峡湾深处。不久以后，特隆赫姆的特伦德拉格（Trøndelag）海防分区报告，身份不明的战舰正在突破阿格德内斯（Agdenes）的防御。04: 14，特罗姆瑟的第 3 海防区报告，入侵者进入了纳尔维克附近的奥福特峡湾。奥斯卡堡在 04: 28 发来第一份报告，而当克里斯蒂安桑在临近 06: 00 时报告当地的奥德略亚炮台（Odderøya Fort）也击退了企图进入港口的战舰时，总参谋部对德国正在进攻挪威的事实已经没有丝毫怀疑。成立海防总司令部的决定就这样做出了。[2]

中立指示要求动用一切可用的措施来阻止外国军舰进入禁区，因此海军总司令认为没有必要再向奥斯陆峡湾、克里斯蒂安桑、卑尔根和特隆赫姆的部队下命令。纳尔维克不是禁区，海军总司令应阿斯基姆上校的请求，确认当地部队应该开火。在判明入侵者是德国人之后，迪森联系了库特，随后在 04: 20 发出补充命令：“不要射击英国舰船，射击德国船。”除了 00: 12 要求第 1 海防区在厄伊岛和博拉尔内岛之间布雷的命令，以及 01: 40 要求泰耶的潜艇机动到巡逻区域的命令外，海军总司令和海防总司令部在 4 月 8 日夜至 9 日晨没有对任何海防区下达其他直接命令。[3]

23: 23，陆军总参谋部的值班军官罗尔斯塔上尉从海军总参谋部收到通报：不明战舰进入外奥斯陆峡湾。随后他给哈特勒达尔上校打了电话。陆军总参谋长曾经交代没有特殊情况就不要打扰他，但罗尔斯塔认为此时的情况完全称得上特殊。哈特勒达尔同意他的判断，并表示自己会立即赶往阿克什胡斯。同时他还要求罗尔斯塔向驻扎在哈尔登（Halden）的第 1 军区和陆军总司令通报。拉克住在奥斯陆郊外的一座农庄里，离市区颇有一段距离，此时他刚刚到家，不愿再回司令部。罗尔斯塔把电话听筒伸出窗外，让他听到刚刚响起的空袭警报，他这才勉强同意只要找到出租车就立即返回。[4]

首相尼高斯沃尔在 23: 30 被永贝里的电话叫醒，得知了外国军舰进入外奥斯陆峡湾的消息。永贝里在午夜将至时又给他了打电话，这一次的消息是博拉尔内岛和厄伊岛已经对那些军舰开火，但还无法确定它们的国籍。不久以后，司法大臣泰耶・沃尔来电，建议政府开会讨论，两人一致认为位于维多利亚联排别墅

（Victoria Terrasse）的外交部是最方便的会场。于是尼高斯沃尔穿上衣服，匆忙出了家门。其他大臣在接到开会的电话时大多已经或即将上床。库特在 01: 15 赶到会场，是最晚到达的人之一。由于当晚哈康国王不在场，没有召开正式的国务会议，也没有人做会议记录。因此，后人很难准确重现这次会议的实际情形和各个与会者的言行。[5]

02: 00 刚过时，迪森转发了来自第 2 海防区的报告，其中确认正在逼近卑尔根的舰队是德军。前一天的英方照会声称，皇家海军将会“看守雷区 48 小时”，这使大臣们理所当然地认为有一支同盟国舰队正在近海，它将拦截西边的德国舰队。永贝里和库特在会上都没有找到时间来总结前一天收到的警告，因此政府仍然不知道关于德国舰队正在驶向纳尔维克的报告。

尼高斯沃尔后来写道：

> 那是一个不幸的夜晚。我明白，我们正面临交战国之间的战争博弈。将要为挪威大打出手的不是我们，而是正处于战争中的列强。但是，我们将为此付出代价。我们给英国大使打了电话，想知道他是否从他的政府那里得到过任何情报，但他正在睡觉，而且一无所知。英格兰睡着了……[6]

给英国驻奥斯陆大使塞西尔·多默打电话的是库特，他在 02: 10 告诉多默，“四艘德国战舰”正在深入奥斯陆峡湾，守军已经对这些战舰开火，他觉得“奥斯陆的防御力量也许能够成功击退它们”。另一些战舰正在逼近卑尔根和斯塔万格，库特明确表示“因此我国已处于战争状态”。当多默询问挪威政府是否打算留在奥斯陆时，库特表示他们会留下来，因为他“认为防御足够坚固”，没有必要撤离首都。没过多久，海军武官博伊斯从挪威海军总参谋部带着更多情报回到使馆，然后多默给美国大使哈里曼夫人打了电话，请求她接管英国使馆。尽管库特声称自己会留下来，可多默肯定已经有了一种预感：他们将不得不离开奥斯陆。他向伦敦发出一份总结有关信息的电报，该电报在大约一小时后被接收并转发给战时内阁的值班军官，以及英国海军部、陆军部和空军部。

在 04: 00 前后，库特再次打来电话，告诉多默德国战舰此时还在接近特隆赫姆。库特知道英国大使馆有一部电台，他希望多默不依靠公用电信网络，将这个情报转发给伦敦。[7]

陆海军的总司令都没被邀请到维多利亚联排别墅开会。这两位司令官也都没有主动与政府会谈，或者安排任何负责与政府联络的军官。政府与军方在当晚的所有沟通都依靠国防大臣永贝里进行。这一点是极其不幸的，将会造成无可挽回的误解。除了永贝里之外，没有哪个大臣熟悉关于武装部队动员的程序和术语，而且他们全都没有意识到，挪威陆军那些训练水平糟糕的士兵即使拿到武器并穿上制服，也不一定适合作战。同样，除永贝里外可能只有沃尔知道，由于担心 20 世纪 20 年代的国内动乱重演，有数万支步枪和数百门火炮是以无法使用的状态存放在仓库里的，它们的撞针和弹药都放在数千米外的地堡或炮台里，在部队领到所有零件并完成组装前，这些枪炮都毫无用处。拉克和哈特勒达尔已经采取一些措施来恢复军火储备，但此时尚未见效。[8]

02: 30 前后，永贝里接到刚刚赶到办公室的陆军总司令打来的电话。拉克建议动员挪威南部的野战旅，也就是他们前一天讨论过的动作最小的候选方案。

在6月离开特罗姆瑟后，英国驻奥斯陆大使塞西尔·多默（右）与挪威供应大臣特吕格弗·利在驶向英国的“德文郡”号上共坐。（Krigsarkivet/Scanpix 供图）

考虑到此时已经有战舰深入奥斯陆峡湾，他提出这个建议——该方案按照定义就是“局部和隐秘的”，需要好几天时间才能完成，除非政府另有决定——实在令人难以置信。[9]在调查委员会面前，拉克表示当时“没有任何登陆的报告”，他甚至从未考虑过“全面动员”。拉克没有认识到局势的严峻性，据说他曾对自己的幕僚说，“让这些部队演练一下没有坏处”。永贝里要求拉克别挂电话，等他咨询过政府再说。不久以后，他重新拿起电话，表示动员“挪威南部的野战旅”是可以接受的。拉克把这次对话转告了哈特勒达尔上校，后者已经几次试图通过电话亲自联系永贝里，但都没有成功。哈特勒达尔愤怒地指出，隐秘的动员是不可能实现的，而且在当时的局势下会酿成大祸。面对这些抗议，总司令拉克推托说这要由国防大臣来决定，他此时已经离开维多利亚联排别墅赶往总参谋部。与此同时，全国各地忧心忡忡的指挥官们纷纷致电总参谋部。德国战舰正在进入各处峡湾，他们需要上级的命令。但他们没有得到任何命令，只能发扬各自的主动性来应对时局。

03: 00 前后，当永贝里与特吕格弗・利一同来到陆军总参谋部时，哈特勒达尔再一次坚决地提出抗议。局部动员意味着通过邮件或电报征召士兵，而这至少需要三天时间——永贝里对此是心知肚明的。哈特勒达尔认为，此时唯一可行的程序就是全面而公开地动员，因为这样一来就可以立即通过广播电台发出号召。但永贝里的态度也很坚决：局部动员是政府的决定。利想要尽快赶回去，便催促永贝里结束争辩，永贝里果然听从，两位大臣就此离开。总参谋部的军官们都惊得目瞪口呆，哈特勒达尔一怒之下，竟故意把第一个动员日定为 4 月 11 日。众人连夜起草命令，然后一名军官在 05: 30 前后亲自将其送到奥斯陆的电报局。由于事先没有接到预警，电报局已经在前一天夜里照常关门。因此，动员令直到电报局在 9 日 08: 00 重新开门才发出——此时它已经毫无意义。[10]

后来除了永贝里，所有大臣都认为，当天上午“在德国大使来临前”，政府已经做出了实施“总动员”的决议。但是当调查委员会问及这一决议的确切性质时，众人的回答却分歧较大，而永贝里给拉克的命令无法得到证实。特吕格弗・利写道，政府做出了开展抵抗的决定，包括“立即全面动员所有力量”。他甚至表示，他从陆军总参谋部返回后还找人确认了这一点，但是他无法确定哈特勒达尔和拉克是否知晓这一决定。永贝里以后来坚持的说法是，政府在 04: 30 到 05: 00 之间决定实施总动员——也就是在拒绝布罗伊尔的最后通牒之后。他还声称自己立即用电话将修改后的命令告知了陆军总参谋部。但是没有人记得这位大臣打过这样的电话，而且拉克、哈特勒达尔、弗雷德－霍尔姆和罗尔斯塔后来都坚决否认收到过任何修改过的命令。特吕格弗·利支持永贝里的说法，但却无法证实这番据说是他无意中听到的对话的任何细节。[11]

动员问题至今仍是 4 月 9 日的历史中最有争议的话题之一。政府的大部分成员显然认为他们曾在 9 日早晨的某个时刻下令立即开展总动员。但是这些大臣们不懂如何用军事术语明确表达其意图，而且他们始终没能妥善地查明永贝里和总参谋部是否理解政府的想法——这种误解和沟通不畅的状况，责任要由政府承担。负责让政府做出明确指示，并通过国防部传达给陆军总司令、海军总司令及其幕僚的人应该是比格尔·永贝里。若从其他大臣的证言来判断，我们几乎无法想象他会不明白尼高斯沃尔、库特、利、托尔普等人对他们做出的决议是怎样理解的。确保政府获得所有需要的信息，并且理解发布或不发布命令的后果，这应该是拉克和迪森的分内事，而没有让政府认识到其指示含混不清，且随着局势发展失去意义，责任也必须由他们两人承担。至于政府方面，无论在军事问题上有多无知，他们难辞其咎的是，没有把两位总司令或其参谋长请到维多利亚联排别墅分享信息，没有查明军方是否理解他们的意图，也没有验证命令是否能够执行（如果不能，那么有没有替代方案）。从得知德国舰队进入的不只是外奥斯陆峡湾那一刻起，无论先前有什么计划和理念都无关紧要了，唯有立即进行全面动员才是可行的。

04: 30，德国大使布罗伊尔来到维多利亚联排别墅，坚持要求与库特对话。[12] 两人在政府开会房间隔壁的图书馆见了面。由于灯火管制，房间里只有烛光，弥漫着一种令人不寒而栗的气氛，倒是和局势颇为相称。库特后来写道，布罗伊尔一如既往地礼貌而得体，但是他的话语中有一种“异乎寻常地冰冷的语调”。

布罗伊尔朗读了一份 19 页的备忘录，其中宣称，德国情非得已地被卷入了一场与同盟国的战争。由于同盟国不敢进攻欧洲大陆上的德国本土，便“把战场转移到中立国领土”，而挪威既无能力也无意愿对抗同盟国的施压。因此，德国武装力量已经开始实施“某种军事行动,(旨在)将挪威王国置于其保护之下”。备忘录宣称:此次行动的唯一目的是防止“英法军队故意占领挪威境内的基地”;挪威必须交出所有军事设施，不过德国绝无“敌对意图”;但是，如果遭遇抵抗，德国将动用一切必要手段，而且此时正在进入挪威的德国军队是强大无敌的;为了避免不必要的流血，建议挪威“军方和政府立即提供合作”,“将相关信息告知各部队，并命令他们避免摩擦或生事”。

库特默默听着布罗伊尔单方面宣读并强调备忘录的要点，只觉得自己的心不断往下沉。他担心的就是这种情况，却没有料到真的会发生。如果接受最后通牒，那就意味着挪威失去独立，而且必然要与英法两国兵戎相见。

库特知道挪军已经向德国舰队开火，德方制造既成事实的计划已经失败，等布罗伊尔最终读完后，他答复说此事太过重大，只能由政府来决定。布罗伊尔说，不行，形势发展得太快，已经没有时间了。但库特坚持已见，而且政府成员就在隔壁，因此布罗伊尔必须等待。“在我离开时,”库特后来写道,“我对他援引了他们元首的话:‘恭顺地屈服于入侵者的民族不配生存。’”

在听取了德方要求的概要说明后，首相尼高斯沃尔和其他大臣一致认为这些要求是完全不可接受的。库特带着政府的简要答复回去找布罗伊尔，并补充说，挪威希望维护自身的独立，而德国“无权做他们正在对挪威人民做的事”。布罗伊尔灰心丧气地回答:“那样一来就没有什么能挽救你们了。这意味着战争。”库特一语中的:“战争已经开始了。”[13]

布罗伊尔匆匆返回大使馆。心烦意乱之下,他没有使用任何预先规定的密码,而是用明码发出了以下电报:

> 已在德国时间05: 20以毫不让步的坚决态度提出我方要求，向他们说明了理由，并将备忘录呈交给他。大臣随即告退，与政府商议……几分钟后他带回了如下答复:“我们不愿屈服，战争已经开始。”[14]

挪威政府在4月9日做出了好几个错误的、往好了说也是糊涂的决定。但是捍卫挪威独立的决定是明确而无可争议的，尽管这会把国家拖入战争。议长汉布罗 4 月 8 日就在议会说得清清楚楚："与英国开战的想法是荒唐的。"因此，尽管尼高斯沃尔和他的政府毫无准备，跌了大跟头，可他们还是在必要的时候迅速而果断地做出了这个决定，从而坚定地站在了同盟国一方。出乎所有人的意料，欧洲最弱小的军队将奋起反抗最强大的军队。

付之一炬

在布罗伊尔离开外交部以后，首相尼高斯沃尔致电议长卡尔·约阿希姆·汉布罗，请他到维多利亚联排别墅走一趟。[15] 汉布罗是被妻子叫醒的，他对放弃连日来的第一个休息机会很不高兴。但是在清醒之后，汉布罗立刻实施了一连串行动，最终使德国人俘虏国王和政府的计划化为泡影，并改变了此后的战局进程。汉布罗给首相、国防大臣和一些新闻记者打电话了解了情况，到了 03: 30，他意识到德国对挪威的入侵已经开始。首都是显而易见的目标，而根据报告，德国侵略军已经在奥斯陆峡湾中航行了几个小时。如果他们进入奥斯陆，扣押哈康国王、政府和议会，那么一切都会在几个小时内结束。汉布罗断定他们必须疏散到更安全的地点。位于北方约 130 千米外的哈马尔是很自然的选择，它离得不太远，与首都以及更远的北方都有良好的交通线相连，必要时也方便进一步后撤。此时他没有再和别人商量，而是直接致电议会的关键工作人员，指示他们做好带走机密材料的准备。他还给国家铁路公司打了电话，指示他们 07: 00 前后在奥斯陆主车站准备好一趟专列。然后他又亲自去议会检查打包情况，确保议员们都接到在几个小时内离开的通知，最后才赶往外交部。

在维多利亚联排别墅，汉布罗建议行政部门立即疏散至哈马尔。库特不愿离开首都，因为他估计德军无法越过奥斯卡堡，而且此时还没有军队登陆的报告。但汉布罗强硬地说服了他。尼高斯沃尔打电话给哈康国王，通报了拒绝德国最后通牒和决定离开的消息。国王立刻表示同意，并且答应在列车做好准备时带着家人赶到火车站。大臣们在 05: 30 到 06: 30 之间离开维多利亚联排别墅，大多数人匆忙回到各自的部门，以确保人员、档案和其他材料得到妥善疏散。一些人顾念家人，还回了一趟家里，或者至少给家里打了电话，以确保家人了解情况，知道应该采取什么措施。当列车最终在 07: 23 离开时，车上有哈康国王及其大部分家人和侍从,还有五位大臣(库特、于斯特高、斯特斯塔、弗里哈根和辛达尔)、多名议会议员、各部门的公务员和高级工作人员,以及议会行政人员。多名外国大使和外交使团人员得知疏散决定后也上了火车。在还能找到空位的前提下,一些希望离开首都的平民也被准许登车,没有人向他们要车票。[16]

在月台上,一些新闻记者围住正要上车的库特,询问发生了什么事。库特解释说,德国大使在当天凌晨会见了他,告诉他德国军队已经在多处海岸登陆。政府认为这是史无前例的暴行,一致决定拒绝屈服。接着库特又补充说,他希望这一乱局能很快得到解决。库特透露了政府与国王正在迁往哈马尔的消息,并在讲话的最后表示,当天凌晨政府已下达全国武装力量总动员的命令。记者们将他的讲话抄录成一份声明,在当天上午通过电台反复播出。他关于动员的说法与实际情况不符,因此加剧了混乱,但也促使许多人不等接到动员令就匆匆赶往各地的仓库和兵营。[17]

财政大臣奥斯卡·托尔普和挪威银行(Norges Bank)行长尼古拉·吕格(Nicolai Rygg)早就商定,一旦危机爆发,就要将现金、债券和黄金储备从首都疏散。大部分黄金储备已经在1938—1939年转移到美国,但金库里还留有价值约1亿2000万挪威克朗的黄金。这些黄金4月8日开始装箱,计划在次日上午运走。8日夜里,托尔普的秘书之一打电话叫醒吕格,指示他立即疏散黄金。几个小时后,大约50吨黄金和其他贵重物品就被装上卡车,黎明前开始一一运往利勒哈默尔(Lillehammer)。[18]

在英国大使馆,多默大使接到库特的第一个电话后就匆匆穿好衣服,并指示工作人员准备销毁文件和档案。护照管制官兼军情六处负责人弗兰克·福利(Frank Foley)的助手玛格丽特·里德(Margaret Reid)在几个星期后把当时的情形写进了日记:

> 德国人在奥斯陆峡湾中航行时我睡得正香,直到……电话铃声让我从床上跳了起来……“快来办公室,拜托了——准备动身!”……出租汽车公司的调度拒绝给我派车,不过我幸运地在马路上叫到一辆,及时赶到了办公室。[军情六处军官福利和纽威尔(Newill)]正在从

敞开的保险箱抽屉里把文件扒出来……我们乘一辆出租车，从后门进了大使馆，以免在德拉门路（Drammensveien）另一边正对着我们使馆的德国使馆里有人看到。我们还没进院子，就看见一大堆篝火……很快我们就疯狂地撕开密码本和文件，把它们付之一炬。[19]

03: 55，多默发出的一份简短的电报传到伦敦的外交部，使人对局势的严峻性再无怀疑："正在焚烧密电存档。"半小时后他又提出一个同样不祥的请求："你们能不能给我提供一点有帮助的信息，好让我确定从此地疏散的最终方向？"[20]

博伊斯少将奉命致电法国大使德当皮埃尔，邀请他和他的随员来英国使馆获取情报并进行协调。[21] 05: 30，挪威国务次卿延斯·布尔从外交部打来电话，告诉多默有一趟列车将在 07: 00 离开奥斯陆，把"政府、议会成员和愿意与政府共进退的外交使团"送到哈马尔。此时还没有关于奥斯陆峡湾中德国战舰的

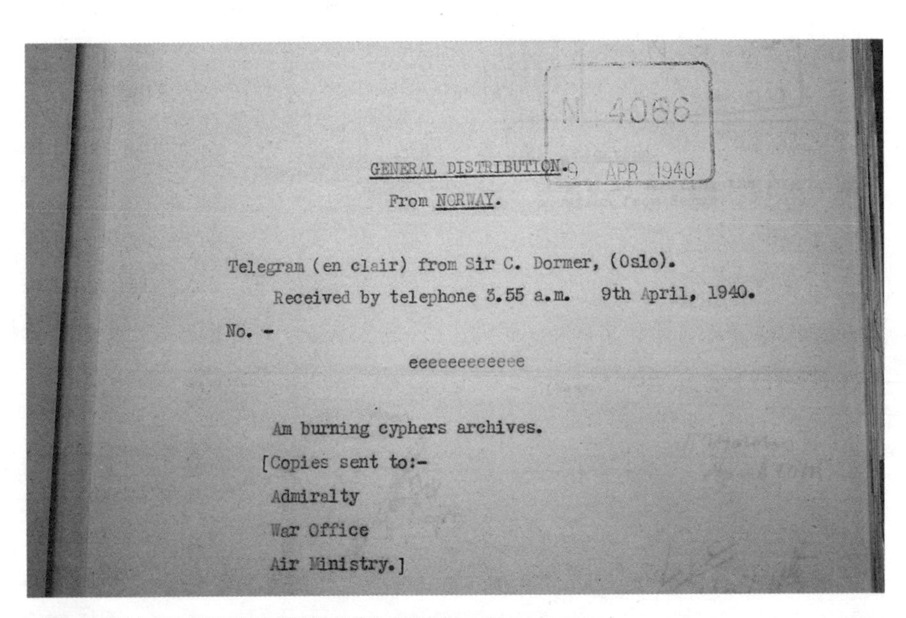
N 4066

GENERAL DISTRIBUTION. 9 APR 1940

From NORWAY.

Telegram (en clair) from Sir C. Dormer, (Oslo).

Received by telephone 3.55 a.m. 9th April, 1940.

No. -

eeeeeeeeeeee

Am burning cyphers archives.

[Copies sent to:-
Admiralty
War Office
Air Ministry.]

4月9日凌晨，多默大使从英国驻奥斯陆使馆发出的电报。（FO 371/24834）

新消息，但多默和德当皮埃尔都觉得走为上策。确认美国使馆将代管英国在奥斯陆的利益后，两位大使在06: 45前后乘汽车离开，他们的夫人和随员也与他们同行。此时奥斯陆看起来一切如常，街上车流极少。其余工作人员和当晚得到警报的其他英国公民也纷纷在找到汽车后立即离开，或者直接赶往火车站。[22]

发布局部动员令后，陆军总参谋部决定从极易遭到海空火力打击的阿克什胡斯疏散，前往奥斯陆以北的斯莱姆达尔旅馆（Slemdal Hotel）。哈特勒达尔上校在06: 30前后动身，是最后离开的人之一。陆军总司令拉克此时还未认识到局势的严峻性，他决定在途中先回家一趟，并对哈特勒达尔说自己会在“10: 00前后”到达斯莱姆达尔。与此同时，他们决定解散总参谋部，成立陆军总司令部（Haerens Overkommando）。一些通常隶属总参谋部的军官应该在动员期间加入野战部队，而陆军总司令部理论上只包括总司令和大约十名军官。

在斯莱姆达尔，当陆军总司令部到达时什么都没准备好，旅馆里住满了平民客人，因此虽然计划做得很细致，但这地方完全不适合司令部驻扎。哈特勒达尔思考一阵，决定接着去埃兹沃尔（Eidsvoll）。此时拉克尚未出现，由于没有人留下来等他，他赶到旅馆时发现应该驻扎司令部的地方空无一人。拉克在最后离开奥斯陆的列车上找了个座位，终于在午后到达埃兹沃尔，与他手下的军官们重新会合。当天与大多数师和野战单位的联络都时断时续。稍后，国防大臣永贝里也来了，简单说明最新情况后，他命令拉克和哈特勒达尔与他一起去哈马尔近郊，与政府会合，于是总司令再次与自己的幕僚分手。总而言之，4月9日陆军总司令部实际上并未发挥作用。

获悉德国的最后通牒和政府拒绝通牒的可能后果后，海防总司令部也在06: 30前后决定撤到更安全的地点。此时他们刚刚从特罗姆瑟接到情报：德国战舰已进入纳尔维克，那里的一艘装甲舰很可能已被击沉。在转移到选定地点（斯迈斯塔德）后，海防总司令部立即发现，由于电话网络不堪重负，留在那里等于被切断联络，于是当天下午他们又转移至埃兹沃尔。值得一提的是，当天许多自行前往斯迈斯塔德的海军军官被告知“回家等待后续命令”。

在此后的几天里，海防总司令部将会多少跟随陆军总司令部的脚步迁往居德布兰河谷（Gudbrandsdal），最终于4月12日在那里建立指挥部。而在此之前，海军总司令和海防总司令部对事态的影响始终很有限，那些尚能作战的军舰的舰长们不得不自行评估局势并决策。[23]

奥斯陆没有船来

04: 00 刚过，海军武官施赖伯和威廉・沙伊特按照命令驱车前往奥斯陆港，接应第五战斗群。沙伊特粗通挪威语，而且对奥斯陆颇为了解，因此他将是恩格尔布雷希特少将到达后的重要联络员。他已经应施赖伯的邀请，在这位武官的住所过了一晚，并且在几个小时前得知了入侵行动。[24]

由于未见只帆片影，两人返回了大使馆，但是那里也没人能说明原因。他们紧张地回到码头，与“维达”号上的肯普夫中尉联系，想弄明白究竟发生了什么。肯普夫只能告诉他们，在德勒巴克似乎出了点麻烦。于是施赖伯决定开车去福尼布，因为他知道空军武官施皮勒会在那里，同时沙伊特前往大陆酒店寻找哈格林，从他那里了解情况。留在“维达”号上的肯普夫拥有绝佳的观察平台，能观察到的不只是福尼布机场。截至 06: 00，他已经与“阿勃维尔”汉堡分局建立起联系，在此后至关重要的几个小时里，将有大约 250 份包含各种观察报告的电报从“维达”号源源不断地发出，并被转发到滨海酒店的第 21 集群指挥部和柏林的国防军总司令部。

06: 18，波尔曼中校使用大使馆的电台，向身在汉堡的冯・法尔肯霍斯特发出一份密码电报：“奥斯陆没有船来，听不到战斗的声音。空袭警报已拉响，很多人聚集在大街上。”[25]

截至 06: 00，已有不到 500 名德军士兵在挪威南部的卑尔根和特隆赫姆城外登陆。在这两个地方和纳尔维克，作战进展都很顺利，但这些部队实际上都是孤军，整个入侵行动随时可能被击退。奥斯陆和克里斯蒂安桑的情况则是一片混乱，而斯塔万格—苏拉的局势还不明朗。冯・法尔肯霍斯特取消了转移到奥斯陆的计划，他事后承认，“从各地传来的报告，尤其是奥斯陆方面的报告，在很长一段时间里让人无法看清形势”。他的这番话很可能是有所保留的，当时滨海酒店里的紧张气氛肯定显而易见。在汉堡—富尔斯比特尔（Fuhlsbüttel）机场，未登上“布吕歇尔”号的第 163 步兵师参谋军官中最资深者阿尔布雷希特・菲勒（Albrecht Philler）少校，临近09: 00时被叫去听电话，当时他正要登上送他去奥斯陆—福尼布的运输机。电话另一头是正在滨海酒店里心如乱麻的冯·蒂佩尔斯基希中校，他告诉菲勒前方出了大乱子，命令菲勒和所有参谋及支援人员暂时不要前往奥斯陆。此时只有各步兵连可以登机北飞。[26]

悲剧的是，挪威政府和军方都没有意识到这一点，几小时后局势就再度发生了戏剧性的变化。奥斯陆落入德军之手，克里斯蒂安桑也沦陷了，德军士兵潮水般涌入挪威南部。这不是重大战略调整的结果，而是个别德军的坚强决心、挪威人的犹豫不决和纯粹的运气造成的。在这一天，挪威人自始至终都没有意识到，搭乘军舰和飞机登陆的德军只装备了轻武器，缺乏给养、弹药和重武器，更没有意识到，为他们运输物资的大部分船只都遭到拦截或发生了延误。[27]

在伦敦，英国领导人整晚都在努力跟踪事态发展。军事协调委员会的书记黑斯廷斯·伊斯梅少将写道：

> 对我来说，“暮光战争”是以最出人意料的戏剧性方式结束的。4月9日凌晨，我在熟睡中被电话铃声叫醒。对方是战时内阁办公室的值班主管……他的报告简洁得有些残酷。德国人占领了哥本哈根、奥斯陆和挪威的所有主要港口……早晨6: 30在我办公室里开的会并不能鼓舞人心。我曾希望参谋长委员会有哪个成员能拿出行动计划，但直到我们不得不散会，去唐宁街10号参加战时内阁会议，大家也没能提出一条有建设性的建议。[28]

当天上午08: 30召开的战时内阁会议决定尽快对挪威开展空中侦察以查明事态。而在这一目的实现前，不能开始任何轰炸行动。另一方面，本土舰队总司令应该采取“一切可能的措施来肃清卑尔根和特隆赫姆的德军部队”，而参谋长委员会应该开始筹备旨在夺回这两座城市和控制纳尔维克的军事远征。但是这些远征行动要“等待海战局势明朗后再开始”。需要将这些措施通知法国人，并请他们考虑原本计划用于纳尔维克的步兵是否可以转用于卑尔根或特隆赫姆。直到当天上午10: 30，伦敦才收到德军在纳尔维克登陆的消息——还是通过新闻界知道的。14: 00，海军部向世界各地的英国海军机构发布命令，要求将挪威和丹麦籍的船只“置于英国保护之下并扣留于港口”。海军部还命令本土水域的所有舰船，“如发现正在接近斯堪的纳维亚海岸的商船，应建议其驶向柯克沃尔”。[29]

在哥本哈根，德国大使塞西尔·冯·伦特－芬克（Cecil von Renthe–Fink）04: 00 打电话给丹麦外交大臣彼得·蒙克（Peter Munch），请求立即与其会面。大约 20 分钟后两人见了面，蒙克收到了最后通牒——与奥斯陆的库特收到的大同小异的，并被告知此时德国军队正在开进丹麦国境。冯·伦特－芬克建议丹麦方面不要进行抵抗，否则首都就会遭到轰炸。

德军的登陆行动完全按计划进行。伞兵部队兵不血刃地控制了斯托海峡（Storstrøm）大桥和马斯内岛（Masnedø）的炮台。第 326 步兵团大部在科瑟（Korsør）和尼堡（Nyborg）登陆，控制了菲英岛和西兰岛之间的大贝尔特海峡。与此同时，第 305 步兵团第 3 营乘坐渡船在盖瑟登陆并穿过法尔斯特岛（Falster）北进。另一方面，第 179 步兵师和第 11 装甲旅大约 8800 名官兵越过国境，在坦克和装甲侦察车支援下快速穿越日德兰半岛。丹麦空军被德军飞机的扫射歼灭于地面，伞兵则控制了奥尔堡机场。

04: 20，客轮“汉萨城市但泽”号（Hansestadt Danzig）停靠于哥本哈根港，第 308 步兵团第 2 营下船登岸。丹麦守军猝不及防，首都一枪未放便被占领。德军随后开往国王所在的阿美琳堡宫（Amalienborg）。王宫的卫兵已经得到警报，战斗因此爆发。双方的伤亡都很少，但德军的前进步伐被阻止了。在王宫里，国王、政府和总司令威廉·普里奥尔（William Prior）将军正在讨论局势。除了普里奥尔想继续抵抗，其他人一致认为军队不可能进行任何长时间的抵抗，唯一的办法就是停止战斗。王宫派出一名信使将丹麦人的答复送给德国大使，同时克里斯蒂安国王下令停止作战。截至 07: 00，丹麦陆军的所有单位都收到了放下武器的命令。[30]

与此同时，带着挪威国王和政府离开奥斯陆的列车于 11: 10 到达哈马尔。汉布罗和尼高斯沃尔已经乘汽车先到一步，据汉布罗称，尼高斯沃尔在月台等候时显得意志消沉、深受打击，仿佛他心目中对人性的正直和体面的基本认知被打碎了。由于最近几天的事件和缺乏睡眠的关系，尼高斯沃尔疲惫不堪，他问汉布罗是否做好了负起责任的准备。汉布罗表示此时不宜仓促做决定,并尽最大努力让“老头”冷静下来。当列车到达时，车站供应了简单的早餐，随后国王、大部分大臣和议会 150 名议员中的 100 人于 12: 30 聚集到当地用于集会的歌剧院（Festiviteten）。

汉布罗主持会议，尼高斯沃尔和库特复述了前一天夜里和当天早晨发生的事。库特在陈述的结尾表示，挪威此时已经与德国开战。经过简短的讨论，汉布罗认为此时没有多少事情可做，便请议员们先休息，等到 18: 00 再开会，希望届时能得到关于局势的更多和更好的信息。[31]

跟随政府转移的外交官们下榻于赫斯比耶（Høsbjør），那是哈马尔城外约 15 千米处的一座旅馆。[32] 到了 12: 30，福利的军情六处工作人员已经在一根旗杆上架起天线，通过从大使馆带出来的便携式电台与伦敦建立起联系。与此同时，多默大使、福利和助理空军武官艾伦·多尔（Alan Dore）中校回到哈马尔城里，想找库特或政府里的其他人了解情况，并让他们知道与伦敦的通信线路已经建好。最终在 16: 00，他们遇到了陆军航空兵的监察长托马斯·古利克森（Thomas Gulliksen）上校，后者代表挪威政府提出紧急的正式请求，恳请英国“立即提供军事和航空援助”。[33] 于是他们拟定了描述哈马尔情况的电文，以及紧急求援的电文。两份电文都被带回赫斯比耶，经过加密后通过福利的电台发送。

16: 25，多默发出的电报传到了英国外交部：

> 奥斯陆已投降。政府正在哈马尔，我和多名工作人员住在该城以北 15 千米处……美国使馆已经接管英王陛下的使馆。据报一艘德国军舰被德勒巴克的炮火击沉。滕斯贝格、卑尔根、特隆赫姆、纳尔维克都被占领……利勒斯特罗姆（Lillestrom）遭轰炸，全城燃起大火。如果有任何令人安心的消息，法国大使和我都会非常感激，因为挪威政府现在非常焦虑，并受到对英王政府宣战的强大压力。

不到半小时后，多默又发出电报：“挪威政府压力很大，急需有力支援，以免德军在挪威国土上站稳脚跟。请在下午 6 点前答复,有力的支援是否能（立即）到来。”然后是 18: 10 的电报：“德国陆军和空军部队已经占领福尼布和苏拉（斯塔万格）机场……特隆赫姆、埃格尔松、卑尔根和奥斯陆峡湾都有部队。目前还不清楚各港口中舰船的大小和数量。以后如有可能将会发送情报。”

事实上，英国内阁已经决定援助挪威。多默似乎从未收到伦敦在 06: 45 发出的一份电报，其中声明“英国舰队全体都在北海作战，我们正计划夺回被德军占领的港口”。在赫斯比耶的天线接通后，他收到了原本发送时间注明为 12: 55 的第二份电报：

> 你应该立即向挪威政府保证，鉴于德国已入侵他们的国家，英王陛下政府已决定立即全力援助挪威，并与其全面配合作战。你应该同时告知挪威政府，英王陛下政府正在采取紧急措施处理德军对卑尔根和特隆赫姆的占领，（而且）将乐于知悉挪威政府自身的计划，以便英国方面的后续处置与其保持一致。英王陛下政府同时建议挪威政府，如果无法坚守斯塔万格机场，应尽可能将其破坏。

这份电报在 18: 00 前后通过古利克森转交给库特，此时挪威议会正要召开第二次会议。[34]

布罗伊尔大使没能完成使命，他对局势深感忧虑。尼高斯沃尔和库特已经决心抵抗，而奥斯陆没有能使其回心转意的德军部队。最糟糕的是，国王和政府已经离开了首都。这位经验丰富的外交家此时需要独挑重担，他只能临时想招数。布罗伊尔再次来到挪威外交部，遇到了唯一留守的高级公务员马尔特－约翰内森（Malthe–Johannesen）次卿。布罗伊尔通过他向挪威政府递交了一份照会，表示最后通牒的条款还可以商量，“和平”解决的大门并未关闭。这份照会的内容是他精心炮制的，其中指出了丹麦的局势，并告诫说，从长远来看抵抗只会让挪威付出惨痛代价。马尔特－约翰内森无法给出答复，但是他在当天深夜给布罗伊尔打了电话，确认政府已经收到该照会，而且将在次日上午作出答复。[35]

在 18: 30 于哈马尔召开的第二次会议上，尼高斯沃尔提起了布罗伊尔建议的谈判问题。汉布罗表示反对。在他看来，德国人根本不会谈判，只会提要求和拖延时间。利、沃尔、托尔普和斯特斯塔都支持汉布罗。包括库特在内的其他人则认为不应放弃任何一种选择，此时值得与布罗伊尔对话，了解德方条款是否已改变。最终大家一致同意让库特和三名议员去了解布罗伊尔的说法，然后回议会报告——前提是德军在此期间停止推进。此时议员们的心情正处于空前绝后的低谷，全国各地都传来德军登陆的消息，奥斯陆遭到轰炸和扫射，挪威人的生命损失和混乱的动员状况动摇了这些人的决心。[36] 而当库特援引英国政府在会议临开始前发给他的电报，声明伦敦将立即提供援助时，一股乐观的浪潮立刻席卷了整个会场。

19: 40，会议被打断了。汉布罗告诉大家，他接到消息说，德军前锋正在开往哈马尔，离会场只有大约 20 千米。火车已经在车站待命，他们必须立刻动身前往埃尔沃吕姆（Elverum）。[37] 众人随即紧急转移。

在赫斯比耶的外交官们也得到了通知，为了与政府保持联系，他们也立即离开。但是，福利和里德等人准备出发时却发现很难找到汽车，等他们终于上车时，通向埃尔沃吕姆的公路已经被封闭了。因此他们北上前往利勒哈默尔，最终在次日到达翁达尔斯内斯。电台及其操作员随多默一起行动，但是当天晚上他们走散了，因此多默无法再与伦敦联络。[38]

与此同时，在南边发生了一段后来被称为“施皮勒突袭”的小插曲。发现国王和政府已经离开奥斯陆后，一些德国军官聚在一起讨论应对措施，其中就有空军武官施皮勒。有人（极有可能就是施皮勒）提出，如果国王正如公开报道的那样，在哈马尔，那么他们也许可以截住他。这是一个不容错过的建功立业的好机会。大约 79 名伞兵和 20 名步兵在伞兵团的埃里希·瓦尔特上尉指挥下，乘坐两辆轿车、一辆卡车和三辆公共汽车在 17: 00 前后出了奥斯陆城，施皮勒为他们带路。布罗伊尔后来坚决否认自己给施皮勒下过任何命令，而冯 · 法尔肯霍斯特在 1945 年对审问他的人说，这次行动是施皮勒未经他许可擅自发起的，他称之为“施皮勒的私人战争”。[39] 但是在国防军总司令部的战争日记中却有一条记录：“挪威政府在哈马尔。伞兵已出动。”因此施皮勒和 / 或瓦尔特曾经报告了自己的行动和意图，而且笔者只能认为，他们获得了某个上级机关的支持。[40]

当时奥斯陆以北公路沿线相当混乱，这股德军多次与挪威士兵交火。[41] 途中遭遇的一些挪威军官被他们用枪逼着充当向导。另一些逃脱了被俘命运的人则向上级报告了这支车队北上的消息。按照哈特勒达尔上校的命令，当天入夜后不久，挪军在埃尔沃吕姆与哈马尔之间的米茨库根（Midtskogen）用木料临时设置了一道路障。禁卫军的一个连在加强了一些士官、军官、新兵和一小队志愿者后来到当地（共 93 人），在公路两侧摆开阵势。新兵们每人领到 40 发子弹，接受了关于装弹、瞄准和射击的简要指导，然后就被部署在士官和年轻军官之间。这个连总共只有两挺机枪。

临近 02: 00 时，德军来了。战斗短暂而激烈。德国伞兵下车后散开队形，朝着路障推进。挪军的一顶机枪被冻得卡了壳，但是另一顶机枪猛烈开火，取得了显著效果。与挪军相比，德国伞兵们训练有素，而且拥有冲锋枪、手榴弹、机枪和轻型迫击炮等装备。然而，他们虽然在这天晚上把照明弹和曳光弹打得漫天飞舞，表现出的进攻决心却很有限。挪威军官们意识到对方的进攻雷声大雨点小，特别是德军的枪口始终抬得过高。包括军官在内的一些挪威人陷入恐慌，临阵脱逃，另一些人始终不敢抬头，也没有开火，但大多数人坚定地守在阵地上。最终，挪军的侧翼开始后退，但德国伞兵并没有追击。相反，他们回到公共汽车上，把战场留给了大为惊讶的挪军，后者只有少量伤亡。

德军方面有 4 ~ 6 人伤亡，其中就包括空军武官施皮勒。只能独自决策的瓦尔特上尉觉得，自己在没有后援的情况下已深入敌后 150 千米，继续前进实在太过冒险。于是伞兵们利用挪军方面的混乱往回赶，还在必要时强迫挪军俘虏走在公共汽车前面，最终回到奥斯陆。埃伯哈特·施皮勒于次日死在医院里。医院的工作人员在他的皮夹里找到一张纸条，上面写着“哈康国王、尼高斯沃尔、松德比、汉布罗”，最后一个名字下面还划了红线。显然空军武官很清楚自己的任务重点。施皮勒肯定是打算把哈康国王带回奥斯陆。至于其他人是要带回去，还是就地消灭，我们不得而知。

瓦尔特在 4 月 10 日下午向第 21 集群发了一份简明的电报：“由于守军力量很强，扣押挪威政府已无可能。”德国人在 24 小时内控制哈康国王及其政府的第二次尝试也被阻止了。米茨库根发生的事件不仅仅是一次遭遇战，它几乎与奥斯卡堡之战同样重要。米茨库根将成为展示挪威人抵抗决心的象征。[42]

广播政变

吉斯林并不在德国入侵挪威之后的计划中，第21集群关于占领奥斯陆的命令也丝毫没有提到他。实际上德国人的打算恰恰相反，命令中有一段明确提到要维持原状：

> 进入奥斯陆之后，应该尽快与德国大使布罗伊尔博士和海军武官施赖伯少校取得联系。应该在他们的帮助下，立即与挪威的军政首脑开始紧急谈判，以确保我方要求得到满足。这些谈判中遇到的障碍在任何情况下都不能耽误我军对奥斯陆的迅速占领。[43]

在冯·法尔肯霍斯特的档案中，唯一提到吉斯林的文件是“阿勃维尔”的贝内克少校写的，他在其中对吉斯林的形容是“亲德，但发挥不了任何作用，是个狂热分子”。[44]德国人相信，如果哈康国王、政府和大多数其他宪政机构继续存在，只有极少数可以察觉的变化，那么挪威人民就会屈服于德军的占领。任何取代政府的措施都被认为是没有必要的，给铁拳戴上丝绸手套就已足够。在丹麦，这套制度确实有效地运行了一段时间。我们永远无法知道它在挪威会怎样，因为历史是沿着一条大不一样的路线发展的。

维德昆·亚伯拉罕·约恩松·吉斯林。（作者的收藏）

4月9日这天早晨，沙伊特和施赖伯分手后匆匆来到大陆酒店。他知道哈格林就在这家酒店里，但当他在08: 00前走进酒店大堂时，他不太可能知道吉斯林也在。不过沙伊特还是在不久以后敲响了吉斯林的房门，毫无疑问哈格林给他带了路。尽管当时存在种种不确定性，可沙伊特还是非常乐观地为吉斯林总结了当前的军事局势。他还补充说，他在离开大使馆前从布罗伊尔口中得知，尼高斯沃尔及其政府已经决定抵抗。他问吉斯林是否有什么办法避免这样的灾难。笔者无从知道他们究竟讨论了哪些选择，但是在这天上午的某个时刻，吉斯林决定成立一个“国民政府”，而且他相信德国人会支持他这样做。在他看来，四个月前他们在柏林就已经或多或少讨论过这样的局面了——只不过眼下德国人已经进入了他的祖国。沙伊特无疑怂恿吉斯林做出了这样的决定，他随后就匆匆回到大使馆，向柏林发电报请求批准。

当天下午发生的事件在时间上多少有些混乱，不过在17: 00前后的某个时刻，沙伊特再次出现在吉斯林的房间里。他显得非常不安，声称“布吕歇尔”号的沉没和库特对布罗伊尔的回绝都让希特勒火冒三丈。除非挪威立即投降，否则希特勒极有可能命令德国空军无情地轰炸挪威城市。但是，如果吉斯林执掌大权——沙伊特声称他已经为此事获得希特勒的批准——那么情况就大不一样，也许两国可以达成和解。笔者还是不知道他们究竟讨论了什么，也无法确定沙伊特从柏林获得的是何种批准，尽管他事后声称那是“正式的”和“希特勒亲口答应的”。随后这些人用一个小时拟定了一份声明的大纲，然后沙伊特和哈格林离开，留下吉斯林斟酌文字。他还给自己的新“政府”列了一份“大臣”名单。除了哈格林之外，没有一个“大臣”知道有人考虑给他们官职，而这些官职将使他们在未来的岁月中被打上叛国者的烙印。

吉斯林随后在沙伊特陪同下前往广播电台。挪威人的最后一次新闻广播是在12: 50，在这之后一支德国通信部队就占领了电台并将它封闭。沙伊特声称自己得到了来自柏林的特别命令，唬住卫兵后进了播音室，吉斯林紧随其后。19: 25，电台重新开始播放音乐，到了19: 32，吉斯林便开始讲话，唱起一出历史上独一无二的政变独角戏。

他的声明在很大程度上是根据他前一天在奥斯陆散发的传单写成的。吉斯林宣称，在英军实施仅遭到尼高斯沃尔政府象征性抗议的布雷行动后，德国政府已经承诺提供不含恶意的援助，并郑重保证尊重挪威的国家独立和人民的生命与财产。吉斯林又说，政府在启动徒劳无益的动员后已经溜之大吉，丢下人民自生自灭。国家统一党是唯一能在这样的绝境中挽救国家的政党，而吉斯林自己“有义务有权利”接管政府，出任首相和外交大臣。接着他朗读了其他大臣的人选名单，其中大部分人是公众闻所未闻的。在五分钟讲话的最后，吉斯林补充说：抵抗将是“毫无意义的，等于毁灭生命和财产的犯罪行为”；每一个公务员和军官都有义务只接受新政府的指示，而任何偏离这一原则的行为都会使当事人承担“极为严重的个人责任”。

这份声明不啻一枚重磅炸弹，当它在22: 00重播时，听众人数已经相当可观。它在高级军官中间造成了严重的混乱，好几个军官命令部下在局势明朗前不要开火，除非遭到攻击。人们纷纷向上级机关打电话询问，但基本上都打不通。不过到了4月10日上午，秩序已经得到恢复。在大多数地方，得知真相的人们都对吉斯林的行径义愤填膺，战斗的决心更坚定了。

吉斯林的粉墨登场是布罗伊尔始料未及的——也完全出乎恩格尔布雷希特和冯·法尔肯霍斯特的意料。布罗伊尔在当天夜里致电柏林的外交部部长冯·里宾特洛甫请求指示。冯·里宾特洛甫在向元首请示前无话可说，他要求大使先别挂电话。不久以后，困惑不已的布罗伊尔就和元首本人通了话，并得到了明确指示：德国将支持吉斯林；尼高斯沃尔在命令挪威士兵对他们的德国战友开火时就已经放弃了他的机会；布罗伊尔此时的任务是让国王承认吉斯林。通话中大多数时候都是希特勒在宣讲，尽管布罗伊尔徒劳地指出吉斯林并不适合担任政府首脑，哈康国王可能也不会同意使自己违背宪政原则的建议，但希特勒对此毫无兴趣。

希特勒可能有过局势稳定后给吉斯林在挪威安排位置的长远设想，但肯定没打算让他在入侵之日通过电台广播宣布夺权，此时的方案无疑是因当天上午的事件而临时制订的。对吉斯林来说，很不幸的是这个国家并非“没有政府”，而他的“国民政府”也没有议会、法律或其他任何基础。只是因为“布吕歇尔”号的沉没和德国军事当局在奥斯陆的缺席造成了权力真空，吉斯林的叛国行为才有可能实施。[45]

能打多久就打多久

议会和政府于 21: 20 在埃尔沃吕姆一所学校再次开会。会议不顾汉布罗的建议，确定库特和三名议员应该与布罗伊尔见面并听听他的意见。会议没有提供授权，也没有明确议会或政府愿意接受怎样的妥协条款。但是有一点很明确，除非布罗伊尔能够提出比第一次最后通牒的条件宽松得多的建议，否则 4 月 9 日早晨的决定将继续有效。另一方面，如果德国大使确实能开出有利条件，大多数议员都觉得谈判是摆脱绝境的好出路。此时他们已经得知了吉斯林广播讲话的消息，任何有此人参与的解决方案都是他们不能接受的。[46]

汉布罗意识到，在接下来的数天乃至数周之内，再要让议会聚集议事会很困难。他建议授予政府宪政代理权，允许其“代为处理涉及国家利益的事宜，做出它认为有必要的决定……直到能够再次正式召开大会为止”。虽然没有进行正式投票，但也没有人对此发表任何重要意见，因此汉布罗宣布代理权有效。会议在 22: 25 结束，此后挪威议会将有五年多的时间不再开会。会议起草了一份准备在次日通过电台发表的声明，确认尼高斯沃尔政府是得到国王认可的挪威唯一合法政权。[47]

会议结束后，政府决定请汉布罗去斯德哥尔摩处理挪威的外交事务和其他需要在中立国进行沟通的事务。汉布罗还要设法从瑞典采购武器和物资，因为政府并不指望从瑞典获得直接的军事援助。汉布罗的政治远见、管理能力和冷静头脑使他在危机爆发之初的关键时刻，利用奥斯卡堡和米茨库根创造的喘息机会，确保了政府和国王继续主持大局。他在 10 日上午动身前往斯德哥尔摩。[48]

布罗伊尔在 4 月 10 日早上穿越战线，于 15: 00 前后抵达埃尔沃吕姆附近一个乡村学校的小楼。哈康国王也到达该处，他要求让库特和几名议员一同与会。[49]布罗伊尔婉言拒绝，坚持与国王单独会面。哈康国王希望有人能见证自己将会说的话，他告诉布罗伊尔，自己作为立宪君主，在没有民选官员陪同的情况下不能做出任何政治决定。他还表示，自己的德语说得不太好，需要有个翻译。布罗伊尔无计可施（他很可能觉得自己能说服哈康国王返回），只好让步，同意让库特参加会谈。他先是简要重复了官方说法：德军以朋友身份来到挪威是为应对英军的挑衅，这是不得已之举，并不希望改变挪威“掌权王朝的现状”。接着他又痛苦地抱怨挪威军队没有“按照已达成的协定”放下武器。[50] 他说，尼高斯沃尔的政府已经用行动证明自己偏向同盟国一方，下达了毫无意义的抵抗命令，因此从前一天早上开始，局势就发生了彻底的变化。尼高斯沃尔和他的政府必须下台。吉斯林已经成立新政府，哈康国王必须承认它，并尽快返回首都。如果国王拒绝这么做，那么他就要为不可避免的生命损失承担个人责任。也就是说，德方的要求非但没有放宽，反而比在维多利亚联排别墅提出的更过分。哈康国王在会谈中发言极少，他没有直接答复，但表示自己不能任命一个没有得到人民信任的政府。布罗伊尔回答说，某些大臣的人选也许可以讨论，但吉斯林担任首相是绝对不容谈判的要求。国王在会谈的最后承诺当天给出最终答复，而布罗伊尔也同意在回奥斯陆的路上从埃兹沃尔给库特打电话。

在两人独处时，明显心乱如麻的哈康国王对库特说，一想到要为战争带来的流血负责，他就难受得不行。但是他不能接受“这个叫吉斯林的家伙”当首相，如果现任政府接受德方的要求，那么他将不得不让出王位。随后哈康国王乘车前往尼伯格松（Nybergsund），在那里会见了政府，复述了他与布罗伊尔的会谈内容，并重申他不能认可吉斯林，“此人没有获得公众和议会的支持”。如果政府为了避免战争愿意接受这些要求，那么他也能理解，但这样一来他除了退位别无选择。大臣耶尔姆特韦特后来写道：

> 这给我们大家留下了深刻印象。说出这些话语的人的形象在我们眼中比以往任何时候都更清晰：国王为他自己和他的使命画出了一条路线，一条他无论如何都不会偏离的路线。我们（在政府任职的）五年来已经学会了尊重和欣赏我们的国王，而在此时，通过这些话语，我们认识到他是一个伟人，正直而坚强，是我们祖国生死存亡之时的领袖。[51]

大家没有讨论，全体政府成员都被深深感动，同时也为自己能与国君共进退而多少感到宽慰。留在埃尔沃吕姆的库特得到了通知，当布罗伊尔在20: 00前后从埃兹沃尔来电时，他转告了这一决定。布罗伊尔问道，这是否意味着挪威人的抵抗将会继续，库特用德语作了回答："Ja, soweit wie möglich."——"是的，能打多久就打多久。"希特勒让吉斯林当首相的要求事实上已排除了停火的一切可能。[52]

4月10日11: 40，第21集群从国防军总司令部接到凯特尔将军和约德尔少将联署的命令，内容是"扣押挪威旧政府"，如果他们不愿返回奥斯陆并开始合作，那就必须"解决"他们。[53]"和平占领"已经不再是可选项。

陆军总司令

陆军总司令拉克和哈特勒达尔上校跟随国防大臣永贝里来到哈马尔与政府会面，他们留在会议室外面等待政治家们完成讨论。[54]过了一阵，留在陆军总司令部的弗雷德-霍尔姆中校给哈特勒达尔打来电话，报告说有几辆载着德国士兵的公共汽车正在北上。这个消息被转达给与会者，导致他们匆忙离开。除了要求哈特勒达尔和拉克阻止德军推进外，没有一个政府成员来得及和他俩交谈，就连永贝里也忘了请其中一人与自己同行来保证沟通顺畅。在用电话花几个小时部署了对付施皮勒和他的伞兵的防御后，两位军官乘汽车前往埃尔沃吕姆。利用几个小时的空隙，他们在这里获得了休息，然后与陆军总司令部的其他人员会合，继续前往雷纳（Rena），最后所有人员在4月10日早晨到达该地。[55]

当时局势很混乱，不光流言四起，与各师的通信也毫无组织、很不可靠。几乎没有留下任何书面记录，要前后一致地描绘出实际发生的情况非常困难。在10日上午，拉克少将召集他手下的高级军官讨论战局。得知司法大臣泰耶·沃尔刚好在附近办理其他事务，拉克决定临时邀请他下午来司令部，以便通报最新情况。这个决定将会造成深远的影响。除了沃尔、拉克和哈特勒达尔，陆军总司令部的大部分高级军官也参加了会议。拉克少将对局势做了颇为消极的评估。许多仓库和兵营已经被德军占领，那些完成动员的部队都缺乏装备和弹药。拉克在发言的最后建议，与德国人的谈判"由于军事原因应该继续"。其他军官无一表达与此相悖的观点，但有些人抱怨动员命令来得太晚，而且政府和军队之间缺乏沟通与合作。

在沃尔看来，这些军官都摆出了一副听天由命、几近失败主义的态度，他后来还提到，拉克声称除了继续谈判，唯一的选择就是投降。军官们对政府的坦率批评也令他很不满。不幸的是，他在盛怒之下拂袖而去，没有设法解决问题，也没有查明为了澄清事实和做出决定需要做些什么。沃尔对哈特勒达尔挽回局势的努力一无所知，所以把他也算进了“懦弱无能，在当前形势下不适合承担重任”的军官之列。[56]

在当晚与政府其他成员重聚时，沃尔语气强烈地描述了雷纳的这次会议。由于此时与德方谈判的基础已不复存在，沃尔的叙述让众人对拉克产生了非常负面的印象。政府认定拉克不是国难当头时需要的指挥官，“他的辞呈将被接受”。58 岁的陆军总监奥托·鲁格将晋升为少将，并被指定为他的继任者。永贝里虽然一度表达了反对意见，但未能说服众人，反而接到了“尽可能温和地”安排这次人事变动的指示。于是拉克少将被召唤至尼伯格松，他于 4 月 11 日早上在罗舍尔 – 尼尔森（Roscher–Nielsen）中校陪同下到达。永贝里把拉克拉进一间私人房间，向他透露了消息：他不再是陆军总司令了。拉克从房间出来时，罗舍尔 – 尼尔森发现他“一脸不快，但又多少有些如释重负”。官方的声明是，陆军总司令因为年事已高主动提出辞职并被准许。[57] 鲁格在 10 日晚上与特吕格弗·利通电话时得知了这一决定，但他颇有个性地将此事视作误会而未加理睬。直到次日上午，永贝里才正式通知他，并请他来雷纳。海军总司令迪森自愿服从鲁格的命令，至此挪威军队第一次有了统一指挥。[58]

58岁的奥托·鲁格在1940年4月11日早上被提拔为少将并被任命为陆军总司令。（NTB arkiv/Scanpix 供图）

奥托·鲁格立刻接管指挥权，在继续动员的同时开始建立一系列防线遏制德军的攻势。4 月 13 日，他下令在尽可能靠近奥斯陆的地方爆破所有公路和铁路桥梁并切断电话和电报线。“我们应该战斗——而且必须立足于现有装备战斗。”他反复表达了这个意思。全国各地的年轻人和一些不那么年轻的人都愿意战斗。动员工作逐渐见效，部队的第一批新兵完成了战斗准备。鲁格的决心在很大程度上立足于对同盟国援助即将到达的确信，他的策略就是在保持部队战斗力的同时缓慢后撤，等待同盟国支援。

一些求战心切的人在兵营和仓库遇到了并没有理解局势的严峻性也不能从实际出发采取行动的士官和军官。不少人因为不属于“正确”的部队而被遣返回家，此类事例有很多都是能得到确证的。完成了集结的部队则严重缺乏大炮、机枪、反坦克武器，而最短缺的就是防空武器。这些武器有一部分存放在仓库里，但是没有及时下发。由于同盟国也没能投入得到充足训练和完善装备的部队，这场会战的结局是不可避免的。不过挪威军队和同盟国军队都在许多地方进行了顽强抵抗，证明了在侵略者没有压倒性空中优势和重武器优势的情况下，他们完全能够与之抗衡。

年轻人——和许多不那么年轻的人——成群结队涌向动员中心。（作者的收藏）

雷纳的情况很糟糕，众人决定再次转移，这一方面是由于缺少合适的住宿条件，另一方面是由于埃尔沃吕姆遭到轰炸。这一次转移的目标是利勒哈默尔附近的奥于厄尔（Øyer）。哈特勒达尔上校的健康状况继续恶化，令他失望的是，鲁格由于他身体欠佳不得不要求他休一段时间的假。哈特勒达尔在4月14日离职，同时莱夫·罗尔斯塔上尉被任命为鲁格的副手。[59]

在尼伯格松，4月11日上午响了几次空袭警报，但没有飞机出现。17:00前后，几架He-111轰炸机突然出现在哈康国王和政府人员住的房屋上空，开始投弹和扫射。一台用汽车喇叭临时改装的警报器响起，人们纷纷跑出房子，尽可能寻找避弹场所。国王、奥拉夫王子和几名大臣间不容发地逃进了附近的树林。尼高斯沃尔和另一些人靠躲在一个坚实的木棚里才活了下来，而且被几发近失弹震得不轻。库特躲在一辆汽车后面，一串燃烧弹就落在离他几米远的地方。“它们离我太近了，我都能看清它们是怎么工作的，”他说，“那就像一个从瓶颈往外喷火的熔炉。”这次空袭奇迹般地没有出现死伤者，不过房屋和设备都遭到严重破坏。尼高斯沃尔等人趁轰炸间歇乘车离开，但车子在路上被困，他们只能在深深的积雪中徒步赶路。[60]

德军空袭的凶残显然令尼高斯沃尔深受打击。在积雪中的奔走令他筋疲力尽，被枪杀的可能也让他担惊受怕。在因比格达（Innbygda）休息后，尼高斯沃尔向同行的大臣们建议，应该考虑越境进入瑞典。不知道他是想在瑞典短暂停留恢复元气，还是想在那里建立一个永久的安身之所，不过他当时想的很可能是后者。这个提议引发了热烈讨论，最后被否决了。众人决定继续前往鲁格将军即将进驻的雷纳，以后如果有必要，可以从那里继续北上至居德布兰河谷。

但是他们也小心地询问瑞典方面，哈康国王和奥拉夫王子是否有可能进入该国短暂休整。瑞典外交大臣云特在与古斯塔夫国王商议后回答，挪威国王如果越过边境，就有可能遭到软禁，无法返回挪威。听闻此言，哈康国王和奥拉夫王子立刻拒绝再讨论任何前往瑞典的话题。在此后前往居德布兰河谷的途中，政府出于安全考虑分头行动。有几辆车迷了路，因此过了将近一个星期，尼高斯沃尔才得以在乌塔（Otta）河畔与大部分大臣再次聚首。[61]

英国驻挪威大使塞西尔·多默爵士通常被认为是个有点“无趣和冷漠”的人，但是在 4 月 9 日早晨被库特叫醒后，他表现出了处变不惊的定力。在撤退途中，他曾几度与库特和尼高斯沃尔产生分歧，部分原因是多默不一定能理解挪威人对生命和财产的关切，或者他们同时考虑多种选择的愿望，但总的来说，多默和他手下的工作人员在这一时期为挪威做的努力得到了高度评价。[62]

在 4 月 11 日上午，多默与助理空军武官多尔被引见给鲁格。多尔后来形容鲁格享有“军人典范和品格出众的美名，后来其他武官和我本人在总司令部与他的交往完全证实了这一点”。鲁格催促同盟国迅速采取有效措施，认为这具有生死攸关的重要性，而多默根据前一天从战时内阁接到的电报，向他确认援助即将来临。接着多默前往尼伯格松，那里的挪威人向他保证，国王和政府已经驳回德国人继续谈判的所有试探，还告诉了他吉斯林在奥斯陆发动政变的事，这都让他大感宽慰。在当天夜里，多默得到了政府将会“北上”的通知，但没有任何细节。在尼伯格松遭轰炸后，挪威政府就不愿透露自身的行踪，因此多默只能猜测。他最终在靠近瑞典边境的德雷夫舍（Drevsjø）找到了他们，并注意到：

……除了风采依旧的王太子外，他们所有人都显得非常疲惫，于是我劝他们，如果有可能，他们应该轮流去国境对面安稳地睡一两个晚上。国王不愿离开，但是有几个人当晚去了赛纳（Särna）。其中包括库特先生，他要去和瑞典政府的代表讨论财政信贷问题，还希望在那里建立一个小型办事处，以便在挪威国内的机构能够运作前与斯德哥尔摩保持联络。[63]

多默后来在给哈利法克斯的信中描述了他在挪威的经历：

国王陛下和他的政府可以说要在完全没有准备且筋疲力尽的情况下临时决定（许多关键问题）。我在大多数日子里与他们保持联系，但没有时间进行对话。每当他们请我过去的时候，总是许多人挤在一个房间里，站着讨论某个特定问题，当时的情况可以说一片混乱。虽然没有行政机构可用——因为所有人都分散在各地，但他们还是成功地在没有德国人的地区建立起了表面上的政府管治。[64]

在奥斯陆，吉斯林于4月10日上午搬进德国士兵已经全部撤离的议会大楼。令国家统一党的党员们感到困惑的是，吉斯林选择了与他们保持距离，继续与哈格林和沙伊特密切合作。此时城中的德军士兵还比较少，给人一种较为和平地完成占领的印象。从这个意义上讲，德国人实现了他们最初的目的，只不过造成这一现象的原因是双方的主要对手都没到场，而不是两国展开了合作。4月10日奥斯陆曾出现过短暂的恐慌，当时谣传同盟国将会发动空袭，导致很大一部分平民逃出城外，但除此之外，首都的局势平静得令人惊讶。一些热衷于投机的年轻人前往国家统一党的办事机构报名，受到了热烈的欢迎。他们穿上挪威陆军的制服，荷枪实弹，再戴上缀有国家统一党的黄色"太阳十字"的臂章，成为奥斯陆各个战略要点的"警卫"。在一段短暂的时期里，禁卫军的士兵在大陆酒店门外与德军士兵并肩站岗，国家统一党的年轻党徒则把守着大堂。

吉斯林在4月9日任命的"大臣"基本上都没有露面，而且这8人中至少有5人拒绝了任命或未作回应。这对吉斯林来说是个沉重的打击，而且很可能引起了柏林方面的注意，加深了他们心中奥斯陆局势不稳的印象。雪上加霜的是，许多长期支持者不愿卷入一场明目张胆的政变，对他们的"Føreren"（"导师"，这曾是他的支持者们对他的亲切称呼）不理不睬，有些人甚至违背他的命令，加入了挪威军队。这个叛国的"政府"没有工作计划，没有公开宣布的志向，没有议程，所有事情都只能凑合——这些并非吉斯林所长。一些确实前来报到的大臣被丢在一边无事可干，没能参与任何重要事务。他曾在希特勒面前吹嘘的"身居要职"的支持者只有极少数现身，大部分公务员都把他的指示当作耳边风，这削弱了他的权威并制造了混乱。吉斯林是个思想家和理论家，而不是在当时的局势下有可能干出些名堂的实干家。[65]

"吉斯林长于批评而短于建设，不能胜任。"布罗伊尔在给柏林的一份报告中这样写道。"阿勃维尔"特工贝内克也通过自己的渠道向柏林发送了好几份批评新"首相"的报告，认为他自封国家领导人的行为实际上坚定了挪威人的抵抗决心。

吉斯林感到局势正在朝着不利于他的方向发展，于是派哈格林前往柏林。但是哈格林也没能让德国人恢复信心，柏林的支持来得快，去得也快。4 月 13 日，吉斯林就被禁止使用电台广播，国家统一党的年轻党徒们也被勒令从街头消失。到了 15 日 17:00，一切都结束了。布罗伊尔告诉吉斯林，希特勒已经决定让他下台。他的“政府”宣告寿终正寝，它实际上从未发挥作用，在存在的五天时间里一事无成。[66]

一个混合“政府”或行政委员会在布罗伊尔策划下取而代之。它以首席大法官波尔·贝格（Paal Berg）为首，旨在对被占领地区行使管辖权。因为它并无宪法基础，而且自始至终都是权宜之计，所以也没有起到什么所用。4 月 19 日，希特勒决定快刀斩乱麻，任命约瑟夫·特博文（Josef Terboven）作为他的代表和帝国驻挪威专员。[67] 特博文是希特勒的老战友，他将成为此后五年中挪威的最高统治者。德国进行和平占领的所有尝试都已失败，它只能用铁拳——而且丝毫

挪军士兵正准备在海于格斯比格德（Haugsbygd）的诺德霍夫教堂进行抵抗。（挪威军事博物馆供图）

不做裹以丝绸的尝试——来获得对挪威一定程度的控制。它要以强硬的方式将这个国家“纳粹化”。4 月 24 日，新上任的挪威地区海军总指挥伯姆上将向雷德尔报告说，被占地区表面上局势平静，但“居民的负面态度明显加强，消极反抗行为有所增加”。[68] 两天后的 26 日，为避免还有人心存疑惑，德国控制下的广播电台宣布，德国与挪威之间正处于战争状态。[69]

对维德昆·吉斯林来说，他的人生注定要以被行刑队枪决告终，他的姓名也将永远成为叛国通敌者的代名词。这个在大多数语言中发音都很奇特的姓名将在短短几天里传遍世界各地的新闻界，创造出一个全新的叛国概念。

第六章

克里斯蒂安桑—阿伦达尔

南方珍珠[1]

4月9日上午，巡洋舰“卡尔斯鲁厄”号的舰长弗里德里希·里夫上校非常不快。已经快到10: 00了，他指挥的第四战斗群五个多小时前就该让登陆部队下船。但是计划执行得一点也不顺利。大雾耽搁了他的行程，而挪威岸防要塞又进行了顽强的抵抗——虽然遭到反复轰炸和炮击,但还是几度击退了德国舰队。怀着孤注一掷的心态，里夫重整舰队，发出了再次进入峡湾的命令。

在1927年的国防预算削减中，克里斯蒂安桑要塞被划入预备役，事实上遭到废弃。尽管人手奇缺、资金微薄，64岁的要塞司令奥勒·福斯比（Ole Fosby）中校还是尽最大努力维持这个要塞，使那里的老式火炮保持了相当不错的状态。1937年，议会接受了对克里斯蒂安桑的防务进行现代化改造的提案，但因为缺乏有相应资质的人员，除了部分弹药得到升级外，并无多少改进。在中立期间，军方征募了最低限度的人员来把守奥德略亚要塞的主要炮台。截至1940年春，第一批应征人员的服役期已满，因此在3月，炮台守军几乎完全换了一茬。4月8日夜里，由于许多人患病、休假或担负警卫任务，奥德略亚要塞各炮台只有大约25名军官和150名士兵把守。这些人的平均年龄为30岁，但大部分军官和士官的年龄不是比这大得多就是小得多。枪炮长桑贝格（Sandberg）少校已经56岁，他上次服役还是1918年。而一门210毫米炮的炮长艾兴格（Eichinger）中士只有22岁。[2]

奥德略亚的主炮台装备了4门240毫米榴弹炮、2门210毫米炮和6门150毫米炮。由于高低射角受限，210毫米炮的最大射程仅有12000米，能够覆盖峡湾，但无法将炮弹打到开阔海域，其他火炮的射程甚至更近。2门老旧的75毫米高射炮无人操作，能使用的防空武器只有4挺过时的7.92毫米机枪。没有水雷和鱼雷发射台，也没有任何步兵防御来自陆地一侧的攻击。

位于格列奥登（Gleodden）的副炮台在市区与马尔维卡（Marvika）之间，有 3 门 150 毫米炮用于防守峡湾内段。这个炮台在中立警戒期间没有部署人员，但福斯比中校 3 月份悄悄让这些大炮做好了准备，还给那里的弹药库送去了一百发左右的炮弹。4 月 1 日，一队来自奥斯卡堡的士官生抵达克里斯蒂安桑以进行训练。8 日下午，第 1 海防区的一道命令要求这些人转移到格列奥登，使炮台进入战斗状态。大部分备战工作其实已经完成，他们要做的只是砍伐一些乔木和灌木来扫清视野和射界而已。入夜时分，已经有两门大炮可以作战。士官生们对 150 毫米大炮了如指掌，但军官还来不及熟悉当地情况。格列奥登与奥德略亚之间唯一的通信手段是公用电话网。

克里斯蒂安桑海防分区的司令塞韦林·维格斯（Severin Wigers）准将受霍

克里斯蒂安桑的航拍照片。奥德略亚炮台就在那个从道路网非常规整的城区突出的岛屿上。主要的港湾在城市的右侧（西面）。（挪威王家海军博物馆供图）

滕的斯米特－约翰森少将领导。他的办公室和司令部位于马尔维卡海军基地。两个鱼雷艇分队被分配到克里斯蒂安桑海防分区，共有8艘艇，部署在防区各处的小港湾中。[3]潜艇B2号和B5号驻扎在马尔维卡，并且都能作战。此外克里斯蒂安桑及其周边还有9艘军辅船，马尔维卡有3架MF-11侦察机。一连串灯塔标出了克里斯蒂安桑禁区的边界，也标出了峡湾入口。

埃纳尔·利耶达尔（Einar Liljedahl）少将是克里斯蒂安桑有限的陆军部队的总指挥。4月里，这支部队只包括缺乏经验的第3步兵团第1营，驻扎在吉姆勒穆恩（Gimlemoen）兵营。他们大多来自东边的泰勒马克（Telemark），无论军官还是士兵，都不熟悉克里斯蒂安桑地区。4月8日夜里，有一挺机枪和一个步兵排部署在谢维克机场，一个连被派到利勒桑照看"里约热内卢"号的幸存者，两个连在克里斯蒂安桑城里承担一般的警卫任务。各炮台都没有陆军部队防守。

谢维克机场是苏拉和福尼布之间唯一的混凝土机场，但8日那里没有军用飞机。下午主跑道外的区域被封锁，机场人员做好了在得到通知后立即停止休息的准备。[4]

在克里斯蒂安桑，4月8日是个晴好的冬日。天气很冷，有一些霜冻，港湾内部结了一层薄冰。白天晚些时候，海上飘来团团浓雾。上午人们纷纷围在报摊边，或是用收音机收听英国人布雷的消息。维格斯准将确保了海岸警卫队的哨站处于戒备状态，并找福斯比中校核实了斯摩瓦登（Smørvarden）、奥克索（Oksøy）和赫格山（Høgfjell）的观察站是否都有足够的人手。"里约热内卢"号遭雷击事件将在这一天吸引克里斯蒂安桑海防分区的主要注意。在下午，驱逐舰"奥丁"号运来了18具德国人的尸体和17名伤员。许多人前去围观，伤亡景象给他们留下了深刻印象。战争与他们从未如此接近。维格斯和利耶达尔碰头讨论此事，得出的结论是，由于"缺少德国战舰或其他运输船开往挪威的证据"，卑尔根不太可能成为攻击对象。16: 21，海军总参谋部发来电报，说有一支英国海军舰队正在进入卡特加特海峡。显然皇家海军已经出动，将会料理局势。[5]

19: 35，霍滕传来提高战备等级的命令，命令转发到了马尔维卡和要塞。由于雾气渐浓，军辅船按惯例被部署到峡湾入口——"鲸鱼四"号（*Hval* IV）和"鲸鱼六"号（*Hval* VI）在奥克索加佩（Oksøygapet），"闪电"号（*Lyn*）和"克维克"

号（*Kvik*）分别在韦斯特加佩（Vestergapet）和兰德于松（Randøysund）——但是这些船没有收到加强戒备的通知。陆军也是一样。

德国货船“西雅图”号（*Seattle*）在挪威驱逐舰“于勒”号（*Gyller*）护送下从西方接近克里斯蒂安桑。对“西雅图”号和船长莱曼（Lehmann）来说，一次漫长而危险的旅程已近尾声，他盼望着在一两天内进入德方控制水域。他的船满载着小麦、木板和原木，在库拉索岛（Curaçao）逃脱荷兰人的扣押，又在冰岛以北成功溜过英国人的封锁线，于一星期前在特罗姆瑟附近进入挪威航道。[6]“于勒”号在埃格尔松附近开始为它护航，但是大雾耽搁了行程，于是两艘船都决定在克里斯蒂安桑过夜。进入奥克索加佩后，莱曼在入口西侧的奥克索灯塔附近下锚。“于勒”号继续驶向峡湾深处的克里斯蒂安桑港，在那里加油后，于 21: 00 前后停泊在海关码头（Tollbodkaia）。不需要值班的人在当晚放了假，舰长洛伦茨·霍尔克（Lorentz Holck）少校去马尔维卡找维格斯了解最新情况并领受当晚的任务。维格斯要求这艘驱逐舰保持战备状态并召回人员。这个命令得到了执行，截至 22: 30，所有人员都已回到舰上。“于勒”号的姊妹舰“奥丁”号已经在马尔维卡了。这两艘驱逐舰通常直属海军总司令，用于南部沿海的护航任务。在进入克里斯蒂安桑之后，它们就要接受维克斯准将的指挥，但霍尔克少校和“奥丁”号舰

奥德略亚的240毫米圣沙蒙榴弹炮。（作者的收藏）

长贡瓦尔森（Gunvaldsen）少校都没有接到任何战术命令，也没有得到关于在当晚发生变故时应该采取何种行动的具体指示。

在午夜前后，从霍滕打来的电话通报了厄伊岛和博拉尔内岛开火的消息。这个消息被立刻转发到要塞、海军航空基地和马尔维卡与克里斯蒂安桑港湾中的舰船——但军辅船又被遗忘了。福斯比中校在这天夜里早些时候给 210 毫米炮台下了“三级状态”的命令——各炮的炮手进入战位，做好准备。其他炮台则是“二级状态”，也就是说人员要在大炮旁边，但可以在掩体里休息和睡觉。他认为没有必要改变这一命令。炮台指挥官桑贝格少校请求将实弹运到炮台上，得到了批准。

在海军航空基地，埃利亚森（Eliassen）少校命令他的 MF–11 飞机做好黎明时起飞的准备。U–21 号潜艇自从 3 月搁浅以来一直被扣押在马尔维卡，此时艇长施蒂布勒上尉和大副被勒令下艇，转交给陆军羁押。各灯塔已经按照海军总司令的命令熄灯，克里斯蒂安桑城区和马尔维卡部分区域也已停电，一股诡异而紧张的气氛蔓延开来。

临近 02: 00，传来一份电报，说是有不明身份的舰船正在接近卑尔根。维格斯准将致电霍滕，与斯米特 – 约翰森少将进行了对话，但是对方也无法补充多少信息。整晚都很浓的雾气逐渐消散于陆上，到了 04: 30，能见度有所改观。04: 45，鱼雷艇“鸬鹚”号（*Skarv*）的一名军官从埃格尔松打来电话，声称他的船被德国士兵缴获了，而且他们正在开进城里。没有人知道该如何应对。[7]

一架 MF–11 在大约二十分钟后起飞。05: 00 前后，这架飞机发来电报，说不明身份的海军舰船正在驶向奥克索加佩。不久以后，索托森（Sotåsen）海岸警卫站打来电话：“可以看见多艘战舰，有大有小，正在向西行驶。速度不快。”几分钟后，斯摩瓦登观察站也报告：“在托瑟于（Torsøy）附近一海里外发现大型战舰。速度很慢。航向朝西。”

福斯比中校拉响了警报。所有情报都没有说明来犯舰船的国籍或类型。唯一明确的是，它们不是挪威的船，如果进入禁区，就要用一切可用的手段加以阻止。福斯比给维格斯打了电话，声明如果这些船继续驶向克里斯蒂安桑，自己就开火，司令表示同意。没过多久，所有炮台都报告准备就绪，并得到了给大炮装弹的命令。当可以透过雾气看见一队首尾相连的战舰接近奥克索加佩时，炮台进行了两次落点很远的警告射击并升起黑色的警告旗。随着为首的战舰出现在禁区深处的德韦瑟于（Dvergsøy）附近，福斯比命令桑贝格少校用 210 毫米炮打一发以示警告。桑贝格执行了命令，由于没有一艘船改变航向或减速，福斯比中校命令他正式射击入侵军舰，时间是 05: 32。[8]

第一次进击

除了轻巡洋舰“卡尔斯鲁厄”号之外，第四战斗群还包括鱼雷艇“山猫”号和“海雕”号、补给舰“青岛”号，以及 7 艘 S 艇。第三艘鱼雷艇“狮鹫”号被派往阿伦达尔，此时正在独立行动。这些船上大约有 970 名陆军士兵，其中许多人来自第 163 步兵师第 310 步兵团第 1 营，还有一些海军炮兵。[9] 第 310 步兵团的团长瓦克斯穆特（Wachsmuth）中校就在这艘巡洋舰上，与他同行的还有被指定为挪威南方岸防司令的奥托·申克少将。这两人都是乘客，除了提建议外，对里夫上校的指挥不能施加任何影响。

卡尔·卡斯鲍姆上尉指挥的1320吨鱼雷艇“山猫”号属于猛兽级。它的主要武器是三门105毫米炮和两座三联装鱼雷发射管。“海雕”号和“狮鹫”号属于排水量稍小但其他方面与其相差无几的猛禽级。（作者的收藏）

第四战斗群在 02: 45 到达距挪威海岸 200 米处，然后掉头向东，在回声测深仪指引下始终与海岸线保持适当距离。此时海雾浓度达到空前水平，完全看不到陆地。船队里没有一艘船装备雷达，因此如果雾气不散，行动延迟不可避免。船只搁浅将会危及整个作战，因此不能冒险近岸。按照原计划，第四战斗群应该在 04: 15 开始让登陆部队下船，就在这一时刻过后不久，雾气略微消散，已经能辨认出克里斯蒂安桑以东托瑟于灯塔漆黑的身影。如果按计划先将陆军士兵转移到 S 艇，只会造成进一步的延迟，因此里夫上校决定直接冲进港湾。所有陆军士兵都被送到甲板下方，水兵纷纷登上战位。就在此时，右侧出现一架水上飞机。它从船队上方掠过，没等众人开火就转向离去。奥斯卡（Oscar）准尉没有携带炸弹，在确认这些舰船非挪威籍后，他就驾着他的 MF-11 钻进雾中，并向马尔维卡发送报告。里夫意识到突然性已经丧失。对他和他的部下来说，充满艰辛的一天才刚刚开始。

S14号。鲁道夫・彼得森上尉的第2鱼雷艇纵队（S9、S14、S16、S30、S31、S32和S33号）被编入第四战斗群，混杂了多种设计不同的快艇，给作战带来不小的难题。86吨的S9号是其中较小的一艘艇，属于1935年入役的批次。其他快艇的基本设计和武备与其相似，但排水量较大（100吨左右）。S14号和S16号是1936—1937年服役的，配备不可靠的旧式曼恩发动机，而四艘“30艇”配备的是戴姆勒-奔驰发动机。这后几艘艇是战争爆发后服役的，最晚的S33号在3月23日才入役。（作者的收藏）

05: 23，舰队将航向改为西北偏北，通过奥克索加佩。右前方能见到格热宁根灯塔（Grønningen Lighthouse），左边是较小的奥克索灯塔，二者都没有亮灯。“卡尔斯鲁厄”号一马当先，两艘鱼雷艇排成纵队尾随，跟在更后面的是 S 艇和“青岛”号。所有火炮都指向船艏和船艉，炮手们躲在炮塔里面或防盾后面，营造出人畜无害的表象。行进速度很慢，起初一切顺利。当舰队接近奥克索时，一艘渔船模样的船上射出两发红色的信号火箭（这是“鲸鱼六”号），但是之后连续几分钟都不见动静。[10] 右舷的一名瞭望员认为自己瞥见一个潜望镜时，立刻高喊“潜艇警报”，紧张的气氛一时间笼罩了舰桥。然而无论他在黑暗中看见的是什么，那都不是潜望镜，最终还是无事发生。

挪威引水船“奥克索一”号（*Oksøy* I）和往常一样等候在奥克索附近。船上没有电台，当晚也没有人想起将局势通报给引水员。此时它靠近“卡尔斯鲁厄”号，准备提供必要的引水员。略感困惑的里夫决定接受这一好意，因为在深入峡湾后他们也许很有用处。“奥克索一”号配合巡洋舰的航速，挪向舷侧抛下的绳梯。引水员托马斯·阿能森（Thomas Aanundsen）爬了上去，但是等他被带到舰桥时，事态已经升级，里夫上校的注意力都在别处。于是惊愕的阿能森被遗忘在舰桥一角，从史无前例的旁观者视角目睹了德军的第一次进击。[11]

接下来，“西雅图”号穿过迷雾接近德军舰队。莱曼船长决定进入克里斯蒂安桑，想请求这些军舰护送他继续向东行驶。里夫起初挺欢迎这个不速之客，因为他觉得也许能利用它给自己打掩护，但是当他意识到“西雅图”号是一艘德国商船后就打消了这个念头。他下令发信号让对方回避。莱曼始终没有观察到任何信号，但是他以为这些战舰是英国人的，因此立刻左转，打算躲到欣岛（Kinn）后面。就在此时，挪威炮台打出的第一发炮弹呼啸着穿过了峡湾。

桑贝格少校把所有炮火都集中到为首的军舰上。第一次警告射击的落点在“卡尔斯鲁厄”号前方很远处，但是随后的齐射落点就近了。炮弹爆炸掀起的水花把这艘巡洋舰的上层建筑淋得湿透了，舰桥上的军官们明显惊讶于挪威人的抵抗决心。里夫下令开火，但是由于只有前炮塔能瞄准目标，他的处境很不利。[12]“山猫”号和“海雕”号也用它们的单装 105 毫米炮开了火，但是这些舰炮在这个距离上精度实在欠佳，而且几次齐射后，“山猫”号就报告说前主炮出了问题。这样的情况不能再持续下去了。不仅这些舰艇及其舰员面临危险，各艘船上还有近千名陆军士兵，包括预定管理挪威南部被占地区的整个指挥机关。又一次潜艇警报使局势进一步恶化。里夫上校不得不承认，只有先压制炮台才能继续前进，他下令右转掉头。[13] 这个转弯一度使舰上所有火炮都能瞄准目标，但是在完成转弯后距离迅速拉大，只有尾部炮塔打了几次齐射。巡洋舰用烟幕掩护撤退，各鱼雷艇也丢下了发烟浮标。临近 05: 45，从奥德略亚再也观察不到这些军舰，炮台停止了射击。这次进攻持续了大约二十分钟——炮战的实际持续时间大约是十分钟。[14]

“卡尔斯鲁厄”号射出的第一排炮弹弹道过低，落在炮台下方。随后德军调高了射角，尽管有多发近失弹震撼了炮位和地堡，可是没有后果严重的命中弹。由于弹道比较平直，又是射击高处目标，一些炮弹掠过炮台落进了城里。当地居民几分钟前刚被警告射击的巨响惊醒下床，此时立刻乱作一团。有能力的把全家和值钱物品都装上车，忙不迭地开出城外。其他人纷纷躲进地下室和防空洞，还有些衣衫不整的人在恐惧中四处乱跑，只求找个能躲避灾祸的地方。少数没有意识到事态严峻性的人则爬上高处看热闹。[15]

德国空军的第一批轰炸机在舰队转弯进入奥克索加佩时到达。“山猫”号和“海雕”号上警觉的高射炮手还在为先前放跑那架 MF-11 懊恼，见到飞机就立即开了火，但识别信号很快消除了误会。第 4 轰炸机联队第 7 中队的 6 架 He-111 在城区以北掠过，评估了局势。领队长机上的埃里希 · 布勒多恩（Erich Bloedorn）上尉和哈约·赫尔曼（Hajo Herrmann）少尉看见舰队在敌炮火下后退，便把炸弹设定到待发状态。He-111 的炸弹投放系统中有一个可调延时机构，理论上，通过调整飞机的高度和速度，可以按一定间隔投放炸弹，使它们的落点相距 10 到 100 米。德国飞行员事先得到警告，不能将炸弹投到市区，而奥德略亚又是个相当狭小的目标，因

05: 40前后，第一次进攻后的“卡尔斯鲁厄”号正在转向。舰上放出浓烟以掩护撤退。（里夫上校的收藏；K. 马塞尔供图）

05: 50前后，奥德略亚的西侧弹药库发生爆炸。（卡尔·艾勒特·格隆达尔的收藏；K.马塞尔供图）

此布勒多恩下令把投弹间距调节到 10 米。赫尔曼小心地在炮台上空投下了他的炸弹。但是后一架飞机错误地把投弹间距调到了最大，至少两发炸弹落点过远，掉进了港口地区，引起多处火灾。[16]

其他飞机都把火力集中在奥德略亚炮台上。一架飞机幸运地命中了西侧弹药库。由此引发的爆炸震撼了全岛，航弹弹片、炮弹和药筒碎片在各炮位上横飞，并且掉进树林里引发多处大火。另一串炸弹命中主要指挥地堡旁边的信号站，当场炸死两人，炸伤多人。这些炸弹还切断了奥德略亚的大部分对外通信线路。炮台一度陷入混乱，但是并没有多少炮手遭到杀伤，而且所有大炮都完好无损。由于这些飞机基本保持一千米以上的高度，挪军的柯尔特机枪对它们毫无威胁。[17]

第二次进击

从“卡尔斯鲁厄”号的舰桥观察，轰炸效果显著。到处都冒出浓烟，而弹药库的大爆炸似乎是毁灭性的。里夫估计炮台的火力已经被大大削弱，便在 05:55 命令他的舰队再次进入奥克索加佩。[18] 鱼雷艇和“青岛”号此时在巡洋舰两侧摆开雁行阵以改善射界。S 艇则留在外面保护后方。福斯比中校认为这支去而复返的舰队得到了“又一艘大型军舰”的加强，当它们再次经过德韦瑟于时，他又开了火。[19] 东侧炮台此时由于机械故障无法作战，但其他火炮和先前一样，将火力集中到“卡尔斯鲁厄”号上。炮弹落点越来越近，而且有一发炮弹在右舷飞机弹射器上跳飞。

这一次“卡尔斯鲁厄”号自身的射击也更准确了。好几发高爆炮弹击中炮台内部，不少人因冲击波和弹片而受伤。有两发炮弹就打在一门 210 毫米炮前方的水泥地上。炮手们被冲击波掀翻，有几个人被弹片和碎石打伤。艾兴格中士虽然也挂了彩，但还是在几分钟内让他的大炮恢复了射击。[20] 此时那几架 He-111 还在上空盘旋，它们已经没有炸弹了，只能通过机枪扫射骚扰炮手。但这一次驱逐舰“奥丁”号和“于勒”号的高射炮发挥了一些作用，使得德国飞行员不敢下降到能够有效扫射的高度。

和先前一样，又有多发炮弹掠过小岛，落在城区，使居民们越发恐慌。许多小型的木制房屋被摧毁，在废墟之间移动变得非常危险。开始有平民受伤，不久就出现了死者。[21]

奥德略亚的大炮和挪军的所有大炮一样，明显有些年头了，即使炮手全力以赴，要维持射速也是很困难的。长时间射击的压力导致炮闩卡死或故障，工程军官贝肯（Bekken）枪炮准尉不得不竭尽所能在这些大炮之间奔波。在他的努力下，大部分火炮整个上午都保持了作战能力，只是射速不可避免地下降了。但德国军舰上几乎没有人注意到这一点，深感忧虑的里夫上校不得不在 06: 23 再次下令折返。福斯比上校后来声称，他观察到这些军舰被多次命中，但德方报告并不支持这种说法。

里夫认识到一个残酷的现实：用这种打法不可能压制这个炮台，必须改变战术。作战命令中建议让部队在韦斯特加佩登陆，但是考虑到大雾弥漫的天气，他认为这个选择并不会更好。里夫决定撤到奥克索加佩以外的西南方，在那里舰队有机动空间，还能用全部火力对炮台进行舷侧齐射。距离拉长意味着要用间接瞄准的曲射炮火打击敌人，他相信这对敞开的炮位更有效。最重要的是，这艘巡洋舰将位于挪军火炮射程之外。这次远程炮击在 06: 50 前后开始，还是有许多炮弹超越目标，落进了城区。击中小岛的炮弹主要落在山顶附近，虽然震撼了指挥地堡，却未对任何人造成严重伤害。守军能够透过雾霭看到炮口的闪光，因为对方在有效射程之外，所以没有还击。[22]

“山猫”号和“海雕”号接到了在“卡尔斯鲁厄”号炮火掩护下尝试突破狭窄入口的命令，但是没等这两艘鱼雷艇执行命令，雾气就再次变浓，这次尝试只能作罢。懊恼的里夫向基尔发出了再次空袭的请求。舰炮的远程轰击持续了大约 40 分钟，随后“卡尔斯鲁厄”号和它的护航船只便消失了。

随着炮火平息，“西雅图”号的莱曼船长决定离开这个是非之地，于是从欣岛后面冒了出来。奥德略亚的军官们以为“西雅图”号是一艘运兵船，自然觉得没有理由不攻击它。西炮台射出的一发 150 毫米炮弹，击中这艘货船的舯部，引燃了存放在那里的一些用于自毁的汽油桶。“西雅图”号随即驶向弗莱克岛（Flekkerøy），又挨了至少一发炮弹后搁浅于该岛。船员们坐上救生艇逃离熊熊燃烧的残骸。一名水手受了重伤，还有几人受了轻微的挫伤和割伤。军辅船“鲸鱼六”号最终赶来，拖着这些救生艇驶向马尔维卡。[23]

07: 30 前后，一架双发飞机从西南方飞近。它在奥德略亚以南飞越峡湾，然后低空掠过马尔维卡，扫射了 U-21 号和军辅船“威廉·巴伦支”号（*William*

“西雅图”号正在燃烧。这张照片是从并未开火的格列奥登炮台拍摄的。（卡尔·艾勒特·格隆达尔的收藏；E. 绍尔德供图）

Barents）。海军仓库的高射机枪和驱逐舰“奥丁”号都开了火。但是有人认出这架飞机是英国的，下了停止射击的命令。再一次掠过马尔维卡后，第 220 中队的查尔斯·赖特（Charles Wright）中尉拉起他的“哈德逊”式飞机，重新钻进了云里。这架飞机中了弹，虽然损伤不大，但足以使他决定打道回府。在途中他发了一份电报，称自己遭到一艘挪威驱逐舰射击，并且在弗莱克岛看到一艘燃烧的运输船（“西雅图”号），但除此之外克里斯蒂安桑一片平静。他在雾中没有观察到任何潜伏在近海的德国军舰。[24]

此后克里斯蒂安桑出现了一段宁静的时期。死者和伤员得到处理，口粮被分发下去，被切断的电话线也得到修复。贝肯枪炮准尉竭尽所能维护大炮。榴弹炮台报告说，未受伤的人员只够操作一门火炮，其他炮台的人手也严重短缺。福斯比中校命令大门口的警卫排赶往各炮台，还召回了被派到马尔维卡放哨的人员。经过电话求援，上级派出了 40 名陆军军官学员协助扑灭弹药库的火灾。

奥德略亚的人们普遍感到战斗已经结束，或者至少会长时间停歇。桑贝格少校后来写道：“……我们燃起希望，觉得那些军舰遭到如此痛击，已经放弃了进攻。” 07: 35 前后，克里斯蒂安桑海防分区接到第 1 海防区的通报，得知霍滕港发生了战斗，卡尔约翰堡即将投降，与海防区的所有后续通信都将被切断。维格斯准将尝试联系霍滕和奥斯陆的海军总参谋部，他想知道如果英国飞机再来，上级有什么处置指示。但是这两个地方都联系不上，最后他终于联系到了斯莱

07: 30前后，尽管在被认出是英军前曾遭挪军防空部队射击，第220中队的查尔斯·赖特中尉还是驾驶他的“哈德逊”式飞机两次掠过克里斯蒂安桑。这架飞机虽然中了弹，但伤势不重，安全返回了基地。（卡尔·艾勒特·格隆达尔的收藏；K. 马塞尔供图）

姆达尔旅馆的陆军总司令部里一名身份不明的军官。此人给维格斯的命令是“让英军通过”。维格斯接受了这个命令，并在 08: 05 将其转达给奥德略亚，还补充说,以后不得射击英军飞机。类似的命令后来也转达到了驱逐舰“奥丁”号和“于勒”号。[25]

09: 00 前后，雾气曾短暂消散，能见度有了足够的改善，于是里夫上校决定再试一次独闯奥克索加佩。但是气象条件一变再变，“卡尔斯鲁厄”号没有找到入口，反而差一点在奥克索西边搁浅。里夫觉得拿自己的军舰冒险不值得，只好继续无聊地等待。[26]

09: 30,维格斯准将命令副官伯尔克少校（Boehlke）跟随自己离开马尔维卡，前往奥德略亚炮台。他在那里进行了巡视，检查了炮台状况，还表扬炮手和军官们表现出色。福斯比中校陪了他一阵，但很快就回到自己的地堡中。两人都相信德军的进攻已被击退。稍后，在 10: 00 到 10: 30，防空中心通过电话传达了“不得对英军开火”的指令。这个信息也被转发到炮台。新的指令加上先前关于英国海军进入卡特加特海峡的错误情报，使挪威军官们对同盟国海军部队的驰援产生了强烈期待。[27]

苦涩时刻

与此同时，“卡尔斯鲁厄”号舰桥上的气氛变得非常紧张。里夫意识到自己正面临着危及前程的失败。他在海上停留的时间越长，舰队就越有可能遭到英国飞机和潜艇攻击，而这些船上还搭载着陆军部队。到了 09: 25，随着一阵微风吹拂,大雾开始散去。里夫决定不再浪费时间。他命令四艘最现代化的 S 艇靠上“青岛”号的船舷接收陆军士兵,准备实施最后的总攻。这几艘艇速度最快也最结实,艇上挤满了人,其中包括 50 名海军炮兵和他们的指挥官米夏埃尔森（Michaelsen）上尉。这些部队将在“卡尔斯鲁厄”号和其他军舰的支援下,顶着守军的抵抗登陆。一旦上了岸，他们就要尽快控制港口和奥德略亚。这一次只能成功，不能失败! 10: 10，登陆部队换乘完毕，“山猫”号和“海雕”号奉命高速驶向奥克索加佩，S30、S31、S32 和 S33 号紧随其后沿之字形航线前进。“卡尔斯鲁厄”号和其余的 S 艇在后面跟进，“青岛”号殿后。[28]

10: 25，斯摩瓦登的信号站报告“两艘巡洋舰在西南偏西方向驶来”，几分钟后赫格山的观察站也报告有军舰从南方接近。报告的措辞和来船的方向使奥德略亚指挥地堡里的大部分军官相信这些船属于另一支军队。但是索托森海岸警卫站的信号兵却认出那是德国船，并意识到是同一批军舰再次来袭。那里的四个人后来都表示，他们曾按照标准程序用电话向马尔维卡的通信室报告，“先前那些军舰正在接近”。但是这样的报告却没有记载在通信记录中，因此也没有转发到奥德略亚。有迹象表明,马尔维卡的通信人员并不信任在索托森值班的“老百姓”，因此无视了他们发出的信息。[29]

峡湾里雾气消散的速度不如峡湾外快，奥德略亚指挥地堡里的人员直到德军舰船开进德韦瑟于才观察到它们。10: 30，它们从雾气中现身，径直驶向西侧港湾入口，福斯比中校又一次下达了射击命令。枪炮长桑贝格少校以为这是对又一队舰船进行警告射击的命令，便相应地用电话通知了西炮台。但是没等炮台做好射击准备，包括指挥地堡中的测距员在内的多名观察员却匆忙报告：这

10: 00前后，米夏埃尔森上尉的部下已经从“青岛”号转移到一艘S艇上，准备前往港湾。（米夏埃尔森上尉的收藏；K.马塞尔供图）

两艘S艇满载陆军士兵向岸边驶去。（米夏埃尔森上尉的收藏；K. 马塞尔供图）

次来的军舰挂着法国的三色旗！福斯比立刻撤销了他的上一条命令，下令“停止射击”。因此这一次奥德略亚没有一门炮开火。

几分钟后，一些人相信自己看见为首军舰的前甲板上一个圆圈里画着卐字标志。另一些人则看见船艉飘扬着一面红色旗帜。直到这些军舰开进只有西炮台的火炮才能打到的区域，才有人明确地认出了其中一艘鱼雷艇上的德国海军军旗。据说福斯比中校当时大喊：“开火，该死的！”但是西炮台此时只有一门火炮有人操作，而且只是准备做警告射击，炮管朝着错误的方向。[30]

有一个事实很清楚，德军的舰船没有悬挂任何法国旗帜。所有船上都有英军的旗帜，但是接近炮台时使用这些旗帜的命令早在 4 月 8 日下午就被撤销了。申克少将和他的参谋长后来以书面形式声明，在进入克里斯蒂安桑的任何一次尝试中都没有悬挂任何外国旗帜。此外也没有报告称有任何一艘德国舰船在最后一次进击前或抵达港湾后有过改换旗帜的举动，而旁观者看到所有这些船只在港湾里悬挂的都是正规的德国海军旗帜。无论如何，里夫上校没有理由期待他的舰队不被认出是已经两次遭到击退的那一支：伪装成另一队舰船对他来说毫无意义。他也不可能知道挪威军队在期待同盟国的援助。然而，炮台里还是有多名通过望远镜和测距仪进行观察的军官和士兵以十足的把握认为他们看见了三色旗飘扬，并坚持认为他们发给指挥地堡的报告是正确的。

1946年调查委员会得出结论：德军第四战斗群没有悬挂法国旗帜，当时实际发生的情况成为战后许多年里挪威海军史界最有争议的话题之一。许多当天在奥德略亚的官兵遭到怀疑，有人指责他们用蹩脚的借口为自己在关键时刻的失败开脱。“简单的借口”之说给一段本来可敬的克里斯蒂安桑保卫战历史打上了不光彩的烙印。

向多名幸存的德国军官核实后，海军历史学家斯滕在1953年得出结论，“最后一次进入峡湾时德军舰船之间用旗帜传递了一些信号”，其中包括德国海军的信号旗“H”。这种旗的颜色与法国三色旗近似，只不过红色部分是在最贴近桅杆的位置。在1940年的德国海军中，旗语通信被大量使用。当时无线电还是很不可靠的新生事物，白天的通信仍然依靠旗语，夜晚则依靠闪光信号灯。在上级下发信号后，两名信号兵会组合相应的信号旗，然后悬挂在信号桅杆的指定位置。在任何时候，桅杆上的不同位置都可能有多条信号，它们通常会一直悬挂到信号被撤销或更换为止。旗语信号本中包含了大量单字母、双字母和三字母组合。这种方法很古老，但是对习惯它的人来说非常高效。只有S艇从实用角度考虑完全改用了无线电或闪光信号灯，但它们仍然可以识别旗舰的旗语信号。

在“卡尔斯鲁厄”号的战争日记中，09: 29（德国时间10: 29）有一条记录，内容是下令挂出信号“heranschliessen”（即“紧跟我舰”），很可能进入峡湾时这条信号仍然挂在信号桅杆上。按照德军的信号本，这个命令应该用信号旗“H–Ch”表示，换句话说，就是挂出反转的“三色旗”和另一面旗。当地历史学家威廉·贝格（William Berge）指出，几乎可以肯定，行驶在最前面的“山猫”当时就悬挂着“H–Ch”的信号旗，而克努特·马塞尔（Knut Mæsel）出示了一张“卡尔斯鲁厄”号的（黑白）照片，证明它在某个阶段可能悬挂着信号“D–H–O”，意思是“durch”（即“穿过去”）。因此，在最后一次进击时，有不止一艘德国军舰在其信号桅杆上悬挂红白蓝三色旗。[31]

由于收到了不得对英军部队开火的命令，再加上英国海军部队进入斯卡格拉克海峡的错误报告，守军在4月9日上午晚些时候产生了同盟国援军即将赶到的期待。在这个关键时刻，一面酷似法国国旗的旗帜被人瞥见，自然会点燃希望，让人把去而复返的德国舰队认作终于到来的同盟国援军。我们凭着事后

11: 00前后，“卡尔斯鲁厄”号刚刚在克里斯蒂安桑港内抛锚。（作者的收藏）

聪明指责他们，认为他们应该更快认清事实，当然是很容易的事。但是这些人在几小时前刚刚参加了生平第一次实战，目睹了他们的朋友和同事死于非命或缺胳膊断腿。他们的希望都寄托于外援的到达，因此很容易相信这些舰船是赶来的友军，而不是再次来袭的敌军。也许可以说，按照中立指示，福斯比中校无论如何都应该对这些船只开火，因为它们未经许可就进入了克里斯蒂安桑禁区。但他事后争辩说，禁止对英国飞机开火的命令无疑也意味着同盟国舰船可以进入。福斯比在那天上午承受了巨大压力，而且他只有几分钟时间来做会引发重大军事与政治后果的决定。

在德军舰船上，军官和士兵们简直不敢相信此时发生的事情。守军竟然一炮未发。两艘鱼雷艇以 27 节航速穿过奥德略亚和小岛迪宾根（Dybingen）之间的狭窄海峡，S 艇紧随其后。“山猫”号和“海雕”号在冲进内港湾时差点相撞，最后它们停泊在市政码头（Kommunebrygga），与“于勒”号相距不远。S 艇驶向奥德略亚的“粮仓”码头。“卡尔斯鲁厄”号和“青岛”号在后面跟进。后者停泊在鱼雷艇附近，而巡洋舰在 10: 50 下了锚。[32]

得知有战舰再次接近时，维格斯准将正在一个炮台上和炮手们交谈。他能看见一些船驶来，但还看见了军辅船“鲸鱼六”号似乎正拖着（来自“西雅图”号的）两条舢板无所畏惧地驶向马尔维卡。维格斯走向指挥地堡去了解情况，他的副官伯尔克少校与他同行。伯尔克进入地堡，然后出来报告说，正在接近的舰队是法军。同盟国援军赶到的消息令维格斯深受鼓舞，于是他决定驱车返回港口，与法军指挥官会谈。他始终没有想到对闯入者身份的识别可能出错，直到大约20分钟后，他在“山猫”号的舷梯上爬了一半，才万分震惊地发现这些船都是德国人的。艇长卡斯鲍姆（Kassbaum）上尉看出上船者的身份后，要求维格斯立即下令全军投降。他威胁说，如果守军不投降，克里斯蒂安桑就会遭到无情的轰炸。此时德军士兵已经从船上蜂拥而下，沿着街道奔向市中心。完全摸不着头脑的维格斯感到除了屈服别无选择。[33]

几艘S艇刚刚下锚，米夏埃尔森上尉和他的部下就挥舞着冲锋枪和手榴弹跳到岸上，朝山上的炮台前进。他们很快就遭遇了两辆卡车，并强迫其中一辆载着他们沿陡峭的山路驶向炮台。他们没有遇到任何抵抗，几乎所有警卫都被调到炮台上替补伤亡人员了。与此同时，第310步兵团第3连的另一支陆军部队也在韦斯特法尔（Westphal）少尉率领下离开S艇，开始攀爬岛上的后山。

米夏埃尔森上尉在10: 45前后到达奥德略亚的指挥地堡，与他同乘那辆卡车的只有寥寥几个部下，但他还是走向了福斯比中校。敬了一个礼后，他声称德军是“以元首的名义来帮助挪威自卫，防止这个国家被英国占领”。他说为了避免不必要的流血，炮台应该投降。福斯比感到非常气愤，回答说，德军“是打着假冒旗号来的”。米夏埃尔森没有和他争辩，而是告诉他有一分钟时间来考虑接受现实，在这之后，自己的部下就会动用武力。福斯比觉得无计可施，他的部下全都

福斯比中校经历了他人生中最痛苦的时刻。（里夫上校的收藏；K. 马塞尔供图）

米夏埃尔森上尉攥着一颗手榴弹，逼迫桑贝格少校同意投降。（米夏埃尔森上尉的收藏；K. 马塞尔供图）

手无寸铁，在德国人的冲锋枪面前毫无机会。“某人体味了一生中最苦涩的时刻。”他后来写道。[34] 米夏埃尔森对桑贝格少校说，军官可以保留自卫武器，士兵可以保留个人物品，但是炮台必须完好无损地交出，而且军官们应该为交接提供便利。于是桑贝格和米夏埃尔森签署了投降协定，奥德略亚炮台被德军控制。德军还接管了指挥地堡中的电台，并与“卡尔斯鲁厄”号以及申克少将和瓦克斯穆特中校建立了联系，后者此时正要在城里安营扎寨。11: 08，米夏埃尔森上尉已经可以骄傲地向里夫上校报告：“已控制奥德略亚的所有炮台。”事态发展之迅速让里夫也大为惊讶。半小时后，“狮鹫”号也从阿伦达尔赶来，并且报告说完成了那里的任务。

韦斯特法尔少尉和他的部下赶到炮台的时间只是稍晚于米夏埃尔森的枪手，在米夏埃尔森与福斯比谈判时，他们直奔位于全岛最高点的旗杆。挪威国旗被降下，德国的卐字旗随后升起。韦斯特法尔显然很不甘心被米夏埃尔森抢走头功，他对挪威战俘的态度非常粗暴，还违反协议，强迫军官们交出手枪。大部分士兵和士官在下午获准离开奥德略亚，而福斯比中校和他手下的 29 名军官都被扣留。

格列奥登的三门150毫米炮在这天上午一炮未发。福斯比中校给炮台指挥官桑内斯（Sannes）少尉下达的命令是，对任何进入该炮台7000米（相当于距奥德略亚6000米）范围内的入侵者开火。桑内斯后来表示，在入侵者的前两次进击中，它们始终距离炮台10000米以上，由于格列奥登的测距仪无法用于超过6000米的范围，他无法朝它们射击。当德军舰队第三次来犯时，奥德略亚没有开火，因此桑内斯少尉也没有射击。福斯比中校后来对格列奥登炮台的作为持非常严厉的批判态度，他认为那里的军官没有尽到自己的职责。格列奥登是与奥德略亚一起投降的，在下午晚些时候被德军炮手接管。[35]

奥德略亚的210毫米炮总共射出大约60发炮弹。150毫米炮也射弹60发左右，榴弹炮射了12到14发炮弹。1名军官、2名军士和5名士兵阵亡，还有40多人负伤，其中一些人伤势严重。平民有13人丧生，大约20人负伤。德军没有伤亡。如果炮台在他们最后一次进击时开火，很可能这次进攻也会被击退。但是在此期间，又有飞机带着重磅炸弹上路了。如果德军实施大规模轰炸，伤亡很可能非常严重，而最终结果还是一样，只不过德国人可能需要花更长时间，并蒙受一定的损失。

德军舰队到达内侧港湾后不久，第26轰炸机联队第1大队的8架He-111应里夫的请求飞抵克里斯蒂安桑上空提供更多空中支援。在低空掠过城区时，格哈德·舍佩尔（Gerhard Schäper）少校的飞机左发动机被击中，很可能是“奥丁”号所为。驾驶员希佩尔（Hippel）中尉努力让飞机继续飞行，但是由于发动机停转，他不得不在离岸约30千米的海上迫降。5名机组成员中有3人受伤，其中一人伤势严重，但他们在飞机沉没前成功爬上了橡皮救生筏。其他飞机中也有多架被击伤，不过全都回到了基地。

15:00刚过，英军第9中队一架从洛西茅斯（Lossiemouth）起飞的“惠灵顿”式飞机出现在城区上空。贾曼（Jarman）少校接到的任务是侦察从克里斯蒂安桑到卑尔根的海岸线。他从非常低的高度进入，完全出乎德军炮手意料，没等他们开火就飞出了视野。在向北飞行途中，他发出一份电报，称克里斯蒂安桑港湾内有“一艘埃姆登级巡洋舰和四艘较小的军舰”。两小时后，同样属于第9中队的希思科特（Heathcote）少尉驾着他的“惠灵顿”掠过市区，拍摄了好几张照片并报告说，一艘“柯尼斯堡级巡洋舰”仍在港湾中，而几艘扫雷艇正在离开。德军的高射炮开了火，希思科特和他的机组虽然被吓坏了，但还是成功逃脱。20: 42，英军当天派出的最后一架侦察机到了，这一次是第220中队的“哈德逊”式，驾驶员是凯里（Carey）少尉。虽然此时“卡尔斯鲁厄”号和两艘鱼雷艇都已离开，但这架飞机还是受到了热烈的“欢迎”，而且当时天色太暗，除了港湾外“西雅图”号燃烧的残骸，飞行员并没有观察到多少东西。[36]

截至14: 00，德军人员和装备已经基本完成登陆，到了16: 00，如释重负的里夫上校接到第310步兵团第1营营长施勒德（Schröder）少校确认克里斯蒂安桑已被德军牢牢控制的报告。虽然时间大大晚于预期，但毕竟是成功了——而且没有一个德国人丧生。既然任务完成，里夫自然不愿在克里斯蒂安桑过夜。事实已经多次证明，这座城市处在英军轰炸机可以轻松到达的范围，他停留的时间越长，就越有可能遭到攻击。18: 00，“卡尔斯鲁厄”号在“狮鹫”号、“山猫”号和“海雕”号陪同下通过奥克索加佩出港。

与此同时，申克少将正式就任挪威南方岸防司令，并在“青岛”号上建立了临时指挥部，这艘船也将暂时留在当地。维格斯准将与申克少将会面的请求未被理会。少将要考虑的事情很多，而挪军指挥官既然已经投降，就无关紧要了。

运输船“西海”号（*Westsee*）、“奥古斯特·莱昂哈特”号（*August Leonhardt*）和“维甘德”号（*Wiegand*）在下午抵达，然后立即开始卸载。这些船带来了给养、重武器、油料、车辆和第310步兵团第1营剩余的三分之一人员。装载着重型高射炮的第四艘运输船“克里特”号是被英国潜艇“三叉戟”号一路追到挪威领海的，需要再过几天才会抵达。4月11日上午，鱼雷艇“隼”号（*Falke*）和“美洲虎”号（*Jaguar*）从基尔赶来。它们也搭载了少量陆军部队，其作用主要是加强防务。在此后的几天里，它们一直留在港口或在近海巡逻。[37]

阿伦达尔

在西起克里斯蒂安桑、东至奥斯陆峡湾的挪威海岸线上，维护中立的任务由年轻的托勒·霍尔特（Thore Holthe）少尉负责，他是鱼雷艇“贼鸥”号（*Jo*）

的艇长，也是第 3 鱼雷艇分队的指挥官。4 月 8 日夜里，“贼鸥”号在阿伦达尔，“秃鹫”号（*Grib*）在里瑟尔（Risør），“渡鸦”号（*Ravn*）在朗厄松（Langesund）；“雕”号（*Ørn*）和“潜鸟”号（*Lom*）在霍滕的船坞里进行维修。“贼鸥”号通常的泊地在离阿伦达尔港不远的希瑟于（Hisøy），它在那里以船艉指向阿伦达尔的姿态系泊于岸边，有一条陆上的电话线路接到电讯室。由于接到了警报，舯部两门 37 毫米机关炮和一挺柯尔特机枪旁都准备了弹药。两枚鱼雷最近都检查过，所有设备都处于完美的状态。在这天夜里，霍尔特接到一些电报抄送，得知有德国舰船通过丹麦海域，还有不速之客进入奥斯陆峡湾。午夜过后，他没有再收到任何情报或命令。因此，霍尔特和他的 18 名艇员得到的最初也是唯一的事变消息就是 07: 00 的电台新闻广播。

在汉斯特霍尔姆附近与舰队主力分开后，海军上尉威廉・冯・林克男爵（Wilhelm Freiherr von Lyncker）指挥鱼雷艇“狮鹫”号独自驶向阿伦达尔。艇上有 90 名第 163 步兵师第 234 自行车连的官兵，他们的指挥官是施密特 – 韦森达尔（Schmidt–Wesendahl）上尉。和埃格尔松一样，阿伦达尔之所以重要，仅仅是因为存在一条通到英国的通信电缆（为了阻止挪威政府与同盟国通信，必须将其切断），以及当地的电报站是奥斯陆与挪威南方大部分地区进行通信的重要枢纽。为了控制电报站并切断电缆，“狮鹫”号上还搭载了 10 名电信专家。一旦上岸，登陆部队就将与克里斯蒂安桑的第 310 步兵团和奥斯陆的第 163 步兵师建立联系，然后等待增援。预计不会遇到激烈抵抗，所以士兵们都只配备了轻武器。“狮鹫”号得到的命令是，一旦这座城市被己方控制，就前往克里斯蒂安桑与第四战斗群会合。第 5 鱼雷艇纵队的领队指挥官沃尔夫·亨纳少校坐镇“狮鹫”号，负责指挥整个行动。

和在克里斯蒂安桑一样，浓雾使亨纳和冯・林克在威悉时过后不得不等了几个小时才进入阿伦达尔的狭窄入口。直到 08: 20，这艘灰色的鱼雷艇才缓缓通过加尔特松（Galtesund），驶向海关码头。船停稳后，陆军士兵们带着自行车跳到岸上，散开队形进入城里。他们没有遇到任何抵抗，接着电信专家们也下了船。不出 20 分钟，所有人员和装备都已上岸，亨纳随即命令冯・林克起航。“狮鹫”号在 09: 00 过后不久离开阿伦达尔，以 23 节航速驶向克里斯蒂安桑。

施密特 – 韦森达尔上尉在火车站、警察局和其他建筑布置了岗哨，自己则直奔主要目标——电报站。他还另外派出一个排骑自行车寻找电缆入海的位置并将其切断。在与上级单位建立起通信联络后，他们全都就地待命。整个过程一枪未放。其实阿伦达尔的通信电缆从圣诞节起就因为故障无法使用了，笔者不知道德国人什么时候才发现这一事实。

霍尔特少尉在上午用电话联系了“秃鹫”号和“渡鸦”号的艇长，约定下午三艘艇在林厄尔（Lyngor）会合。大雾刚散，他就开始做离开阿伦达尔的准备。08: 30 前后，一艘线条优美的灰色战舰从雾中钻了出来。“那是‘斯雷普尼尔’号。”有人这样说。但是霍尔特认出了德国海军军旗，于是纠正他说：“那是一艘该死的德国驱逐舰。”

霍尔特本能地想要发射鱼雷，但阿伦达尔不是禁区，没有上级命令不能在该地区动用武力。霍尔特没有接到这样的命令，而且除了在公共广播电台里听到的消息外，他并不知道国内其他地方发生了什么，也不知道挪威是否处于战争状态。更何况，“贼鸥”号必须解开缆绳、调转船头才能发射鱼雷。霍尔特估计德国军舰的火力远远强于他自己这艘小船，而且不等“贼鸥”号进入发射阵位就会开火，在这样狭小的水域，后果很可能是灾难性的。[38] 就在他思考对策时，“狮鹫”号后面的码头已经挤满了好奇的平民——如果德国军舰发生爆

停泊在阿伦达尔港外的鱼雷艇“贼鸥”号。（挪威王家海军博物馆供图）

炸，必然殃及无辜。没等年轻的少尉拿定主意，“狮鹫”号就帮他解决了这个问题。它朝着来时的方向离开，显然始终没有注意到将纤细的船艉对着港湾的“贼鸥”号。于是霍尔特也解开缆绳，让他的小艇以最高速度通过特罗默于松（Tromøysund），打算占据一个有利的攻击阵位，前提是“狮鹫”号进入开阔水域后也朝那个方向行驶。然而“狮鹫”号并没有这么做，“贼鸥”号上的人再也没有看到它。

等了一阵之后，霍尔特下令加速驶向林厄尔，与他的分队的其他船只会合。另两艘船在这天上午都没有见到任何德国军舰或飞机。霍尔特企图联系上级来接收命令。最后他终于得知，德军正在进攻挪威，第1海防区已经投降。这三艘鱼雷艇留在原地，企图建立一条海上防线，为泰勒马克的挪威军队争取动员时间。与上级的联络时断时续，而且消息非常混乱。霍尔特考虑了前往英国的可能性，但由于情报缺失，他的艇队又短缺燃煤，最终只能作罢。随后德军飞机不断追杀它们，三艘鱼雷艇在还击过程中都受了伤。到了4月17日，弹药所剩无几，局面已经难以维持。死战到底似乎毫无意义，于是将武器和设备搬到岸上以后，“贼鸥”号、“秃鹫”号和“渡鸦”号在林厄尔以南自沉。艇员们被遣散回家，三位艇长则前往西方寻找挪威王家海军的余部。[39]

一败涂地

克里斯蒂安桑的挪威海军舰艇的遭遇是个悲伤的故事。“奥丁”号和“于勒”号的吨位虽然小于德国鱼雷艇，但火力水平与对方相近，而且它们的敏捷性在克里斯蒂安桑禁区的狭小水域里本应是个优势。[40]此外，两艘潜艇虽然老旧，但各有四个鱼雷发射管，守军如果以坚定的决心运用它们，本可以取得重大战果——哪怕只是作为浮动鱼雷发射台使用，也可以借助岛屿和大雾的掩护打伏击。假如战前的警报得到重视，假如设置了更多防御阵地，假如岸防炮台得到扩增，那么克里斯蒂安桑的防御对第四战斗群来说就几乎是牢不可破的。福斯比中校后来声称，4月8日夜里维格斯准将曾经向他保证，将有一艘驱逐舰部署在韦斯特加佩，一艘驱逐舰部署在德韦瑟于后方，还有一艘潜艇在奥克索加佩。这些许诺都没有成真。[41]

4 月 8 日傍晚，维格斯准将曾命令 B2 号的艇长布罗（Bro）少校把驻扎在克里斯蒂安桑的两艘潜艇部署到奥克索以外，从而在晨曦初现时做好准备，以防敌军发动进攻。布罗是两位艇长中较资深的一位，令人难以置信的是，他竟然质疑命令，声称在夜里部署会使艇员过于疲劳。他建议让两艘潜艇等到晨曦初现时再出动。更匪夷所思的是，维格斯竟然接受了这个建议，让布罗自行决定出动时间。[42]

04: 45，马尔维卡方面接到一个电话，对方表示两艘潜艇将在 15 分钟内出发，并询问夜里有没有什么消息。布罗后来声称，他从电话里得知没有任何消息，于是判断先前通报中发生于外奥斯陆峡湾的事件是英德两军的冲突，对他们克里斯蒂安桑的驻军没有影响。05: 00 过后不久，两艘潜艇离开了它们的锚泊地——比“晨曦初现”晚了一些。[43] 两艘潜艇航行时可以听到奥德略亚传来第一次警告射击的炮声，按照中立警戒的现行命令，应该使用一切手段拦截进入禁区的外国舰船，而奥德略亚开火的事实已经毫无疑问地表明了当时的事态。

下潜时，B2 号的电罗经失灵了，而布罗少校认为没有这个设备就无法作战。于是他又浮出水面，驶向菲斯考沃克（Fiskå Verk），在那里他可以躲在一台巨型起重机下面尝试修理，并把发生的事情通报给马尔维卡。然而失去电罗经这个避战理由很难让人接受，峡湾水域狭窄，而且他也很熟悉地形，他完全可以冒险浮在水面上，从隐蔽的阵位发起攻击。

当 B5 号调整姿态准备下潜时，它的上空出现了飞机，有人认出这不是挪威的飞机。下潜过程中，飞机突然向它俯冲，并且扫射了指挥塔。布雷克（Brekke）少校认为，在有飞机骚扰的情况下，以潜望镜深度在峡湾的浅水区航行并不明智。因此他让潜艇下潜到港湾中 40 米深的海底，在那里停留了几个小时。10: 00 前后布雷克浮出水面停泊，然后上岸去找电话，而第四战斗群恰在此时进入了克里斯蒂安桑。后来布雷克转移到菲斯考沃克，在那里，B2 号和 B5 号都被德国军官解除了行动能力。[44]

维格斯准将认为“奥丁”号和“于勒”号这两艘驱逐舰最适合用来加强克里斯蒂安桑的空防，而且他“发现最好让它们留在原地”。因此，贡瓦尔森少校和霍尔克少校在夜里都没有接到任何战术命令，而且由于严重的疏忽，两人都没有接到外国军舰接近的通报。在炮台开始射击后，“奥丁”号离开马尔维卡前往托普达尔斯峡湾（Topdalsfjord），因为贡瓦尔森少校觉得他的船在那里面能得到更好的掩护。这艘驱逐舰多次用它的20毫米厄利空高射炮和两挺12.7毫米柯尔特机枪对被识别为德军的飞机开火，虽然确实击中了目标，但效果似乎很有限。一些飞机进行了还击，有的还投下炸弹，不过这艘驱逐舰并未受到损伤。10: 00前后，马尔维卡发来电报：“对英国舰船应该放行。”这被理解为有一支英国舰队正在赶来。在此后的一次空袭中，有人看到几艘军舰高速驶向港口，便认为它们都是英国船，炮台没有开火的事实更是坚定了他们的这个判断。后来，一名军官被派到马尔维卡了解情况，他带回来的消息却是海防分区已经投降，还命令各舰停火。贡瓦尔森少校致电维格斯准将，建议让“奥丁”号尝试向东脱逃。然而准将命令他返回马尔维卡，到港后一艘S艇靠了上来，派出一名军官登舰。此人做了检查，确认所有弹药都已入库，除此之外没有对这艘驱逐舰进行任何干预，任凭舰上的挪威旗帜继续飘扬。

“于勒”号留在海关码头，一直对进入射程的飞机开火，到了08: 00，霍尔克少校解开缆绳，把他的驱逐舰带到迪宾根岛和奥德略亚之间能够监视内港湾入口的位置。10: 00前后，“于勒”号接到了“对英国舰船应该放行”的电报，和贡瓦尔森一样，霍尔克也认为这是暗示有一支英国舰队正在接近。在上午的某个时候，霍尔克判断自己在港湾入口的位置过于暴露，决定去托普达尔斯峡湾与“奥丁”号会合。但是他先回了一次港口，想通过电话与海防分区讨论局势。就在他停泊时，两艘船高速驶入港湾（“山猫”号和“海雕”号），后面还跟着6艘小型鱼雷艇。霍尔克起初以为它们是英国军舰，后来才看到德国旗帜。于是他飞奔上岸，找到一部电话，向马尔维卡通报了这些舰船的国籍。在返回时，他看见维格斯准将走上了其中一艘船的舷梯。不久以后，“青岛”号舰长克林格尔（Klinger）上校带着手下的一些军官登上“于勒”号。他向挪威人保证德军是作为朋友而来的，并请求霍尔克提供合作。德国人在码头布置了岗哨，还拆走了电台的一些零件——但是允许挪威旗帜留在桅杆上。[45]

维格斯后来写道，他觉得自己不能命令这两艘驱逐舰攻击入侵舰队，因为他得到的情报是其中包含“两艘大型战舰和多艘巡洋舰”。他没有尝试通过要塞确认入侵舰队的实力，也没有和两位舰长讨论可行的对策。这个上午，克里斯蒂安桑周边峡湾中的军辅船基本上是在混乱和不确定中度过的。因为它们得到的命令是观察、报告和避免卷入战斗，所以也没什么好指责的。

在谢维克机场，早晨没有出现什么情况，也没有德国飞机前来试探。09: 30，从苏拉逃出的 6 架福克和 1 架卡普罗尼飞机曾短暂降落，但快速加油后就飞向了东方。到了下午，机场警卫部队的指挥官克里斯蒂安・松德比（Kristian Sundby）上尉认为，随着其他挪威军队撤退，他的部队即将被孤立。15: 00 到 16: 00 之间，他命令自己的部下封锁跑道，然后开始撤退。与此同时，从苏拉返航的第 106 特种航空联队的一架 Ju–52 在飞到斯卡格拉克海峡上空时燃油已经所剩无几。机长伯纳（Bøhner）上尉命令驾驶员罗尔（Roll）中尉飞向谢维克。就在最后一批挪军士兵驱车离开时，他们安全降落在遍布碎石的跑道上。谢维克就这样落入德军之手。当天夜里德军清理并控制了跑道，次日援军就开始抵达。

4 月 9 日和 10 日，大概有 2 万人从克里斯蒂安桑疏散，约占当地人口的 85%。大部分人乘火车沿塞特河谷（Setesdal）北上。人们预料英军将会攻击和轰炸这座城市，而且经历了这天上午的流血与破坏，没有多少人愿意留下来。德军对平民的疏散听之任之。这有利于他们控制这座城市，也给挪军防线的建立制造了困难。

截至 4 月 10 日上午，克里斯蒂安桑要塞已经被德军完全控制，而且除了运输船“克里特”号上的重型高炮没到外，扼守斯卡格拉克海峡入口的准备工作也已就绪。由第 310 步兵团第 2 营和第 3 营组成的援军陆续抵达。他们起初需要转道奥斯陆，但是在谢维克机场清理完毕后，空运就转到该机场以加快速度并减轻福尼布机场的负荷。到了 11 日夜间，已有大约 3000 名士兵和他们的装备通过空运抵达。[46]

4 月 9 日早晨离开埃格尔松的 M1、M9、M2 和 M13 号本来已经在回基尔的路上，但是 09: 00 前后却接到前往克里斯蒂安桑支援第四战斗群的命令。此时舍佩尔少校和他的机组成员正在斯卡格拉克海峡中苦不堪言地漂浮，幸运的是这几艘扫雷舰恰好从他们的救生筏旁边经过。M1 号停船将这些飞行员救起，然后与其他扫雷舰重新会合。托马少校带着这些扫雷舰在下午到达克里斯蒂安桑，但此时那里的德军已经不再需要它们的帮助了。因此，把获救的飞行员送上岸几小时后它们就启程离开了。M1 号除外，它因发动机问题而暂时留下。[47]

申克少将命令大部分挪威舰船前往马尔维卡（“奥丁”号已经在那里了），以免遭到英军空袭。维格斯 4 月 11 日下午终于受邀登上“青岛”号。申克少将告诉他，此时两国之间已经处于战争状态，德方必须接管这些挪威舰船的指挥权，挪军士兵应该立即离开，而且除了个人物品外不能带走任何东西，军官们只要在不抵抗声明上签字，就会被立即释放。[48] 会谈结束时，申克还告诉维格斯，福斯比中校和他手下的 29 名军官已被扣为人质，这些人都将被枪毙，除非此时仍被挪军扣押的 U-21 号艇长沃尔夫 - 哈罗 · 施蒂布勒上尉及其部下获释。最终施蒂布勒等人在 4 月 14 日被释放，但福斯比中校和他的军官们却被扣押到了 5 月中旬。维格斯准将在德军要求的声明上签了字，然后被准许前往霍滕，向斯米特 - 约翰森少将报到。[49]

当德军在克里斯蒂安桑登陆时，利耶达尔少将把分散于各处的部队撤向北方，企图在塞特河谷建立一条防线。但是一段时间后，挪军防线就被难民淹没，当德军侦察部队突破时，局势已经混乱得几乎无法收拾了。当时谣言满天飞，人们对关于强大德军在坦克和飞机支援下北上的各种传说都深信不疑。其实当地德军兵力不超过一个营，而且没有任何装甲车辆。不过他们确实得到了飞机支援，这些飞机竭尽全力在挪军防线上空飞行，肆意投弹扫射，吓唬军人和难民。这套战术确实有效，4 月 15 日，塞特河谷中大约 2000 人的挪军部队一枪未放就无条件投降了。这是挪威遭入侵期间最耻辱的事件之一，严重影响了南方挪军的战略态势和士气。[50]

第七章

斯塔万格—埃格尔松

北海角落

4 月初，装备 Ju–52 运输机的第 1 特种航空联队第 7 中队队长金特 · 卡皮托（Günter Capito）上尉受邀会见第 1 伞兵团第 3 连连长奥托 · 冯 · 布兰迪斯（Otto von Brandis）中尉。他被带进一个上了锁的房间，里面除了一个巨大的沙盘外空无一物。沙盘展现了一片细节丰富的微缩地形，其中有海滩、山丘和树林——在这一地域的中央，是一个机场。冯 · 布兰迪斯承认自己并不知道这个机场的位置，但是他知道它将在几天后成为一次作战行动的目标，而卡皮托和他的飞行员们将要用飞机运送伞兵投入战斗。两位军官花了一整夜讨论怎样接近这个机

1937年开放的斯塔万格—苏拉机场是挪威第一个正规民用机场，拥有若干混凝土跑道和一个水上飞机港。（T. 埃德莫特兰的收藏）

场、怎样在那里空投和怎样脱离。直到 4 月 8 日夜里，卡皮托和他的飞行员们在施塔德（Stade）机场被禁止外出后，他才得知自己看到的那个模型是挪威西南部斯塔万格郊外的苏拉机场。[1]

在 20 世纪 30 年代后期，新开放的斯塔万格—苏拉机场离英国比任何德国控制的机场都要近，距离斯卡帕湾不过 500 千米。[2] 如果德国牢牢控制苏拉机场，那么英国人对北海北部入口的封锁实际上就不可能实现。同样，如果英国人控制了这个机场，将给“威悉演习”行动带来灾难性的影响。德军策划者将苏拉定为高优先级目标,必须在入侵一开始就不惜一切代价夺取。他们一致认为，要完成这个任务，最好让德国空军的伞兵搭乘运输机打头阵。重装备将通过船只运到斯塔万格港。没有给这一部分作战分配海军部队的计划，因为没有任何要塞或炮兵阵地保护这个港口。[3]

成为猎物的猎手

6780 长吨的货轮“罗达”号是运输船梯队的七艘运输船之一。它在 4 月 7 日离开布伦斯比特尔，伪装成前往苏联北极圈地区的普通货船，实际上它运载的货物当中包括四门用于保护斯塔万格港湾入口的 105 毫米炮、若干高射炮，以及车辆、弹药和其他为将要空运至苏拉机场的第 193 步兵团官兵预备的物资。“罗达”号在 8 日深夜抵达斯塔万格，锚泊于洪沃格（Hundvåg）。它悬挂德国商船旗并向海关发出了进港申请。另外三艘计划前往斯塔万格的货轮——“门多萨”号（*Mendoza*）、“蒂茹卡”号（*Tijuca*）和“蒂宾根”号（*Tübingen*），则选择在近海等待。

“阿戈尔”号的舰长尼尔斯·布鲁恩少校。（挪威王家海军博物馆供图）

1940 年 4 月，挪威王家海军有大量舰船部署在西南海域，但大部分是老旧的小船。最现代化的军舰是驱逐舰“阿戈尔”号（*Æger*），4 月 8 日上午在近海巡逻时，舰长尼尔斯·布鲁恩（Niels Bruun）少校在电台里听到了关于英军部队的消息。布鲁恩后来写道，此事使他“相信挪威即将被拖入战争”，因此在获得卑尔根的上级汤克－尼尔森少将批准后，他就返回斯塔万格，让他的军舰做好相应准备。入夜后不久，“阿戈尔”号已经停泊在东港（Østre Havn）并加满燃油，鱼雷和深水炸弹都装上了引信，所有火炮都处于待发状态，还有一条电话线连到岸上。22: 00，布鲁恩接到第 2 海防区“准备迎接战争”的指示，此时他可以自信地报告，他的军舰已经做好了一切准备。电报中并没有说明将会发生什么，也没有暗示潜在的敌人是谁。

01: 00 前后，有两名军官登上“阿戈尔”号，报告说他们已经在“罗达”号停泊时对其进行了检查。这艘船提供的文件不合要求，而且舱口都被甲板上堆放的煤炭覆盖，无法确认它运载的货物。因此它没有获得进入斯塔万格港的许可，船长已经请求让德国领事上船处理。布鲁恩少校决定，任何想登上那艘船

驱逐舰“阿戈尔”号正在为美国货轮“弗林特城”号护航。“阿戈尔”号是1936年8月在霍滕的海军造船厂交付使用的。它的排水量为735吨，两台德拉伐式汽轮机使它的最高航速达到了32节。舰载武器为三门100毫米L/40炮、一门40毫米博福斯炮、两挺12.7毫米柯尔特机枪、两具鱼雷发射管，以及两个位于后甲板的深水炸弹投放器。

的人，都应该先带来见他。半小时后，德国副领事马蒂（Mathy）少校赶到。他无法解释自己为什么非要登上“罗达”号，因此布鲁恩拒绝了他的请求。[4] 相反，他派出两名警察和一名军官去查明这艘船运载的货物和它的目的地。但是船长维尔斯比茨基（Wiersbitzki）毫无合作之意，因此这几个挪威人返回时并没有带来更多的情报。

02: 30 前后，一份简短的电报通知布鲁恩，博拉尔内岛“正在交战”，但是电报没有说明敌人的身份，也没有说明原因。他回电请求提供更多信息，但是没有得到答复。04: 15 又传来一份电报，告诉他“战舰正在进入卑尔根航道”。电报中还是没有关于进攻者身份的任何信息。“在这几个小时里，有许多想法在我的脑子里打转，”布鲁恩后来写道，“最重要的是，我认为如果让我完全根据自己的决定来挑起战争，那是很不妥当的，特别是我还不能确定入侵者是什么人。”

他认为此时最好的做法是把那艘德国货轮赶走，好让“阿戈尔”号腾出手来处理其他任务。引水员建议把它拉到斯塔万格以东一处偏僻的峡湾，于是布

4月9日08: 00前后，斯塔万格港外正在下沉的“罗达”号。几艘救生艇已经转到舷外，虽然倾斜了一定角度，但还是悬在空中没有放下，显示出船员弃船时的匆忙。（挪威王家海军博物馆供图）

鲁恩开始了行动。莱因哈特森（Reinhardtsen）枪炮少尉和八名武装水兵被派到"罗达"号上，他们得到的命令是使电台无法使用，把德国旗换成挪威旗，并让这艘船做好移动准备。维尔斯比茨基依然态度冷淡，尽管挪威人反复下令，他对待一切事务的态度还是能拖就拖。挪威人封锁电报室并布置了警卫，虽然布鲁恩有明确指示，他们却没有对电台做任何处理。

直到破晓时分，"罗达"号还是没有动弹，布鲁恩失去了耐心。他命令登船队回到本舰，"罗达"号的船员乘上舢板。在自己的水兵回舰后，"阿戈尔"号移动到合适位置，然后布鲁恩下令将一发 100 毫米"冷"榴弹射进那艘货轮的船头，"这是为了解决它——哪怕这可能意味着与德国开战。"布鲁恩写道。他还补充说："我的舰员们不是完全赞同这个做法，我不得不把命令下达了三次，他们才终于开了火。"[5]

德国人终于乘上了舢板，07: 00 的时候，布鲁恩开始有条不紊地对"罗达"号右舷水线位置连续发射"冷"榴弹。打了大约 25 发后，他把"阿戈尔"号移动到另一侧。出乎意料的是，他发现有两个人正划着一条小筏子离开。原来这是船长维尔斯比茨基和一名水手。布鲁恩命令附近的一艘民船救起这两人并把他们送到岸上，同时"阿戈尔"号继续射击。布鲁恩不知道的是，先前维尔斯比茨基已经砸开被封住的电报室门,发出了一份电报。它被锚泊于苏拉附近的"蒂宾根"号收到，并转发给了汉堡的"威悉演习"行动指挥部。随着"罗达"号发生严重侧倾，布鲁恩停止了射击并拉远距离评估局势。[6]

在 08: 00 前后，西方出现几架飞机，机翼下的黑色十字清晰可见。布鲁恩不知道苏拉发生的事情，但是他确信国内其他地方报告的入侵者是德国人，因此命令"阿戈尔"号的 40 毫米博福斯机关炮和两挺 12.7 毫米柯尔特机枪开火。这些飞机无一中弹，全都消失在北方。不久以后，又出现了 8 到 10 架飞机，围着这艘驱逐舰打转。这些飞机是第 4 轰炸机联队第 8 中队的 Ju–88。有多份资料声称，它们是被"蒂宾根"号转发的"罗达"号求救信号引来的，但是这种说法无法得到证实，而且可能夸大了德军不同军种之间的沟通能力。这些飞机在战斗过后发送的电报暗示，它们是因为遭到射击才发起攻击的，这个解释比前一种说法可靠得多。

这些飞机起初对驱逐舰颇为敬畏，一直待在高空，逐一发起攻击。布鲁恩下令把航速提到最高，指挥着灵巧的驱逐舰左躲右闪，比较轻松地避开了炸弹。博福斯高射炮表现得特别好，给进攻的飞机造成了很大威胁，有好几架飞机被严重击伤。挪方事后声称有两架飞机坠毁，但是这个战果与经过确认的德军损失对不上。08: 30，灾难降临到了“阿戈尔”号身上。三架飞机在非常低的高度同时发起攻击，一枚250千克炸弹紧贴烟囱后方击中“阿戈尔”号，在甲板下面两个轮机舱之间的狭小空间内爆炸，高射炮手们死伤惨重。先前以25节高速闪转腾挪的“阿戈尔”号只能拖着残躯缓慢航行，它的甲板与水面齐平，浓烟从一堆扭曲的钢板间不断涌出。

德军飞机继续攻击。一枚炸弹擦过桅杆，另一枚击中艏楼侧面，但没有爆炸。看到博福斯高炮哑火，一些飞机大胆地低飞，扫射在甲板上四处移动、企图救助伤员的士兵。不可思议的是，没有一个人中弹。布鲁恩没有了防御手段，为了降低部下面临的风险，他决定降下自晨曦初现时就飘扬在桅杆上的旗帜以示投降。德国飞行员确认后收了手，不久他们就打道回府，因为机载燃油已经

“阿戈尔”号在洪沃格岛西北的克罗克内斯湾（Kråkenesbukta）搁浅，它的后部已经支离破碎。（挪威王家海军博物馆供图）

不多了。他们发出了一份电报："由于遭到抵抗，攻击了挪威驱逐舰。该舰两次中弹后沉没。"

布鲁恩少校命令部下弃舰。离战场不远就是洪沃格岛，附近民房中深感震惊的平民竭尽所能提供了帮助。7 名舰员阵亡，另有 11 人身负重伤，被送往医院，其中一人后来伤重身亡。布鲁恩遣散了其余的部下，建议他们在有条件的情况下重新加入海军。[7]"阿戈尔"号的残骸随海浪漂到洪沃格岛上。德国人发现两门 100 毫米主炮和那门博福斯高射炮都完好无损，于是将它们拆下来用于斯塔万格港的防御，替代因"罗达"号沉没而损失的火炮。[8]

首开纪录

3 月 29 日，挪威第 2 步兵团游骑兵营的 800 名官兵从奥斯陆赶来，承担苏拉和斯塔万格半岛的防务。这些人驻扎在机场和市区之间的马德拉穆恩（Madlamoen），被派遣到西部前经受过 60 ~ 80 天的训练，训练水平在承担中立警戒任务的部队中是数一数二的。斯塔万格地区的挪威陆军总指挥居纳尔·斯珀克（Gunnar Spørck）上校在苏拉部署了一个步兵排和一个机枪排，每周轮换一次，还保持了规模与之相仿的预备队。机场守军有 9 挺机枪可用，其中 3 挺有高射枪架。有一个地堡刚刚完工，另一个还在施工。[9]一挺机枪布置在地堡里，其余机枪都在露天阵地上。陆军私下筹集了大笔款项为机场采购高射炮，但是很难买到合适的，因此没有一门高射炮部署到位。

陆军航空兵的轰炸机联队在苏拉有 4 架福克 CV 双翼机和 4 架卡普罗尼 Ca-310 轰炸机，由哈夫丹·汉森（Halfdan Hansen）少尉指挥。[10]3 月中旬，陆军总参谋部决定让这个轰炸机联队与谢勒的侦察机联队互换驻地，侦察机联队的第一批人员已经抵达当地为互换做准备。[11]在机场以西的苏拉水上飞机基地，海军航空兵有 2 架 MF-11 侦察机和 1 架 He-115 在奥古斯特·斯坦斯贝尔（August Stansberg）少尉指挥下活动。[12]这些飞机定期在从埃格尔松到海于格松以北的海岸和近海水域巡逻。

汉森少尉确信英军布雷只是严峻事态的开始。他请求克里斯蒂安桑的军区司令部准许他做好破坏苏拉机场跑道的准备，但令他又惊又怒的是，这个请求被驳回了。[13] 尽管如此，他还是命令所有空勤人员留在基地里过夜，做好接到通知就迅速起飞的准备。奥斯陆峡湾发生战斗的消息又促使他命令机枪手进入阵地，所有飞机立即做好起飞准备。在 02: 00 前后，汉森致电卑尔根的第 2 海防区，告诉他们：他的福克和卡普罗尼飞机都已挂弹待命，可以攻击任何海上目标。令他失望的是，对方却告诉他此时用不着这些飞机，且没有给他任何命令。斯塔万格的陆军部队，包括苏拉机场的陆航飞机在内，都归克里斯蒂安桑的第 3 军区管辖，包括海航飞机在内的海军部队则归卑尔根的第 2 海防区管辖。这样的安排并不利于不同军种之间的联络和沟通。汉森与水上飞机基地的斯坦斯贝尔少尉讨论了局势，但是后者已经接到黎明时进行侦察巡逻的命令，认为不必再采取什么附加措施。汉森又与民用机场经理乌勒斯塔－奥尔森（Ullestad-Olsen）讨论对策。最后两人达成一致：应该尽量封闭机场，在跑道上每隔 100 米就拉一道横向的粗铁丝网，只留一小段开口，以便轰炸机在必要时迅速起飞。

05: 00，斯坦斯贝尔少尉乘坐他的 MF-11 从水上飞机基地起飞。[14] 在机场以南的费斯添英岛（Feistein Island），他遇到了货轮“蒂宾根”号，于是他先回到苏拉，投下一个说明其位置的传信包，然后继续巡逻飞行。他在近海又看到了另外十几艘货轮，还有一艘 U 艇（U-4 号）和几架德国飞机。在 08: 00 前后回到苏拉时，斯坦斯贝尔发现机场正遭到攻击。他判断自己除了避开危险外没有什么可以做的，便靠着所剩无几的燃油飞向北面的海于格松。汉森少尉根据斯坦斯贝尔少尉空投的报告，命令克里斯蒂安·让－汉森（Christian Jean-Hansen）少尉前往调查。让－汉森在 06: 00 乘坐一架挂载四枚 50 千克炸弹的福克飞机起飞。在他离开后，第 2 海防区通过电话下达命令：“不得投弹。”汉森觉得这个命令毫无道理，但是迫于职责，他还是把命令转发给了让－汉森，后者别无选择，只能遵命回到机场。[15]

与此同时，在距离苏拉大约 200 千米的地方，德军第一攻击波的飞机被浓雾笼罩，正处于进退两难的境地。[16] 负责指挥第 76 驱逐机联队第 3 中队 Bf-110 的戈登·戈洛布（Gordon Gollob）中尉认为继续前进不会有结果，于是掉转机头，打算在丹麦的奥尔堡机场着陆——他估计这个机场已经被德军控制——等待大雾消散。此时戈洛布处于严格的无线电静默状态，他只能希望中队里的其他飞机看见他的行动并效仿。有三架飞机确实这样做了。很可能还有一架也开始了转弯，但是与一架没有转弯的飞机相撞，因为两架飞机都消失得无影无踪。由弗莱什曼（Fleishmann）军士长和格勒宁（Gröning）上士驾驶的最后两架 Bf-110 则毫不知情，继续在迷雾中飞向斯塔万格。

卡皮托上尉的处境也差不多。他的 12 架 Ju-52 从汉堡以西的施塔德机场起飞，每架都搭载了 12 名伞兵。出发地距离苏拉近 650 千米，这些行动迟缓的容克飞机需要花三个多小时才能飞到，而让伞兵不早不晚地准时抵达是成功的关键：必须在轰炸机和战斗机压制防御之后，但又必须在其他运输机抵达之前及时夺取机场。在飞越斯卡格拉克海峡的中途，极浓的雾气使卡皮托只能勉强看见自己的翼尖，而且他对前方的情况一无所知。他后来写道：

> 当时很困难……整个中队都被大雾吞没了，虽然保持着最密集的队形，离得最近的飞机看起来还是像鬼影一样。要是飞机失事，就算那些士兵有降落伞，他们爬出飞机后也会降落在海上，而他们全都没有救生衣。要是陆地上也有雾怎么办？那肯定是自杀。但另一方面，这是我们第一次参加实战，伞兵们和我一样渴望胜利，而且如果我们掉头，后面的飞机就没有地方着陆了。这个任务不完成不行！我那时候只有 27 岁，下这个决心一半是因为勇气，另一半是由于年轻人的鲁莽。[17]

这些容克飞机继续飞行。又过了紧张的半小时。突然，天上出现一缕微光。接着就像有人施了魔法，卡皮托来到了晴空下。他此时离目标约 100 千米，刚好能看见前方岩石突兀的挪威海岸线。为了不惊扰伞兵们，他慢慢地倾斜转弯，望向后方的雾墙，发现他队里的飞机除一架之外都已经钻出浓雾。没有时间等待最后一架了，燃油很宝贵，而且他们已经落后于计划的时间表。[18] 于是年轻的上尉带着聚在身边的其他容克飞机，在擦着浪尖的高度继续飞向苏拉。他大胆的赌博成功了。在身后不远处，100 架 Ju-52 载着第 193 步兵团第 1 营和第 2 营跟了上来，其中包括冯 · 贝伦上校和他的团部。[19]

临近 08: 00 时，奥斯陆传来命令，要求苏拉的轰炸机联队尽快向东转移。汉森少尉不得不乘坐自己的飞机和部下一同起飞，在最需要他的时候离开了苏拉。机场的指挥权被移交给情报军官托尔·坦瓦尔（Thor Tangvald）少尉。就在这些卡普罗尼和福克飞机起飞时，第 4 轰炸机联队第 8 中队的 8 架 Ju–88 在离地数百米的高度呼啸着掠过机场，机载机枪吐出火舌。由于事先没有任何预警，所有人都大吃一惊。一架卡普罗尼连连中弹，不得不在铁丝网之间紧急着陆，其他飞机匆忙逃离，它们在空战中都发挥不了什么作用。[20]

那些 Ju–88 下降到二三十米的高度，一边投弹，一边用机枪扫射任何移动的目标。猝不及防之下，许多游骑兵几乎被吓蒙了。约翰·克里斯滕森（John Kristensen）少尉指挥三挺高射机枪开了火，但是除了吸引飞机的注意力外并无多少效果。经验不足的射手对着容克飞机乱射一气，很快这些水冷机枪就因为过热无法继续射击，克里斯滕森少尉不得不命令部下进入掩体。在机枪哑火后，许多游骑兵跑回阵地，有些人则临阵脱逃。过了一阵，Ju–88 扬长而去，但是两架 Bf–110 立即接替了它们——弗莱什曼军士长和格勒宁上士准时到达。如果这两架 Bf–110 和队友一样选择了掉头，守军也许有时间重整旗鼓并妥善部署，那么德军伞兵的处境就会比历史上糟糕得多。但是它们对守军保持了压制，恐惧和吉凶未卜的心态笼罩着地面上的人。

在 08: 20，Bf–110 拉起机头，为 11 架从东南方飞来的三发飞机让出空间。卡皮托上尉带着他的容克机队在机场以南贴地飞行，接近了在几座山丘后面的目标。这些飞机一边爬升到 120 米，一边打开舱门，伞兵们做好了跳伞的准备。卡皮托扫了一眼机场，发现它看起来和那个模型一模一样："按照我们在沙盘旁的讨论，我把机头对准机库，并命令其他飞机跟在后面。油门收了回来，指示灯转成绿色。伞兵们在几秒钟内就跳了出去，我们随即俯冲加速，躲过所有防空炮火迅速离开。我们的任务完成了。"[21]

挪威士兵们惊讶地看到，当德军飞机掠过机场上空时，一朵朵伞花在它们后方绽放。冯·布兰迪斯中尉和他的 134 名部下跳进了战场。第 4 连的战友已经早于他们一个多小时空降夺取了丹麦的斯托海峡大桥，但与那里的情况不同的是，在这里将会发生真正的战斗。

4月9日上午，德国伞兵在苏拉机场降落。地上至少有61个降落伞，其中一些是连在装备箱上的。空中的几个降落伞属于刚从右上角的飞机跳下的伞兵，是最后降落的一批。约翰森的机枪所在的地堡隐藏在黑色屋顶的小屋里，就位于这张照片的拍摄者所在飞机的机翼前方——这架飞机很可能是冯·贝伦上校搭乘的通信机，它正在空中等待，准备在机场被拿下后着陆。(苏拉航空历史博物馆供图)

德国伞兵在投入战斗时有两个特别严重的战术劣势。首先，伞兵和他的降落伞是通过后背正中的一条背带连接在一起的。在翻腾着跳出飞机后，一条固定拉绳会将降落伞张开，然后他就会悬垂在伞下，基本上无法控制自己的下落过程。因此着陆时冲击很大，要求伞兵做一个前滚翻来卸力，由此造成的摔伤是家常便饭。其次，正是由于着陆难度太大，伞兵们跳伞时除了一把手枪和一把小刀外，不会携带任何武器。武器装备都是装在箱子里，与人员交替空投的。伞兵着陆后必须先找到相应的箱子，拿回自己的枪支，才能参加战斗。在敌军火力下完成这样的任务可不轻松。

挪威守军对此一无所知，他们纷纷把有限的弹药浪费在飞机上。只有少数人保持了冷静，其中之一是25岁的机枪手朗纳·约翰森（Ragnar Johansen），他就在跑道以东位于斯维胡斯（Svihus）的唯一完工的地堡里。[22] 大部分德国伞兵都降落在约翰森的射界内，被机枪打得抬不起头，几乎无计可施。但最终有些

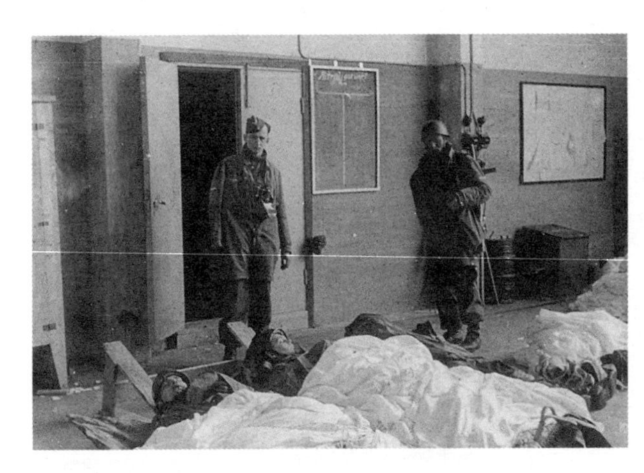

三名死去的伞兵正等待运回德国。有些资料声称这张照片摄于“纳尔维克地区”，但它毫无疑问是4月9日上午在苏拉拍摄的。（作者的收藏）

伞兵落在了比较远的地方，过了一段时间后他们成功找到了箱子，拿到了枪支和手榴弹。他们从后方接近地堡，炸开堡门后俘虏了负伤的约翰森。

约翰森的机枪哑火后，伞兵们就散开队形，歼灭还在抵抗的残敌。坦瓦尔少尉企图集中手下的士兵反击，但此时德军已经稳占上风，他们的凶猛攻势死死压制住了守军。[23] 坦瓦尔认为继续抵抗只会让他手下经验不足的士兵白白送命。他最终联系到冯 · 布兰迪斯，请求停火。09: 00 刚过，斯塔万格—苏拉机场就落入德军之手。这是历史上第一次通过伞兵空降攻击取得的胜利——守军对这种进攻形式毫无准备。约翰森后来估计交火中约有 40 名德国伞兵中弹，但是德方资料显示只有 3 人阵亡，10 人负伤，其中 4 人伤势严重。[24] 挪军士兵有 2 到 3 人负伤，但无人死亡。包括 7 名军官在内的大约 80 名挪威军人被俘，另有约 40 人在战斗中逃脱。

牢牢掌握机场的控制权后，一些伞兵立刻开始清除跑道上的铁丝网障碍，很快就有几十架 Ju–52 连续降落，它们在着地后就转弯开上草地，为后面的飞机腾出空间。冯 · 贝伦上校的飞机满载通信设备率先着陆。与福尼布的混乱不同的是，4 月 9 日在苏拉机场没有一架容克飞机损失。在清空货舱并加油后，这些飞机就匆忙起飞以避免拥堵。这套做法的效果超出了所有人的预期，截至午后已经有 2000 多士兵空运抵达，此外还有机场地勤人员、行政官员、弹药、高射炮、通信设备以及大约 9000 升燃油。伞兵们完成任务后，大多于当天就乘坐返回的运输机离开了苏拉。[25]

大致就在伞兵们开始控制苏拉机场的时候，第 108 特种航空联队的 12 架 He–59 水上飞机在哈伏斯峡湾（Hafrsfjord）降落,然后滑向当地的水上飞机基地。那里没有机枪，少数陆军士兵和海军航空兵猝不及防，被从水上飞机跳上岸的 40 名德军士兵轻松制服。[26] 11: 00，第 106 海岸飞行大队第 1 中队的 10 架 He–115 水上飞机完成对北海的侦察后也来到此地。

在苏拉建立起环形防线后，先头部队的几个连便向马德拉穆恩和斯塔万格城进发。坦瓦尔少尉在枪口威胁下举着白旗走在最前面，德军的前锋紧随其后。在靠近斯塔万格的道路两旁聚集了许多平民，基本上没有人对德军持友好态度，但是也没有发生任何冲突。电台、电话交换站、警察局和其他公共设施都被占领，几个小时后，德军就兵不血刃地控制了斯塔万格。第 193 步兵团第 7 连的塔拉巴中尉发现占领过程几乎可以用怪异来形容：

> 我们匆忙从飞机上卸下装备和弹药，堆放在跑道旁边的草地上。第 5 连开向苏拉和斯塔万格之间的马迪亚营地（Madia Camp）。他们没有遇到任何抵抗，原因是那里的所有部队都已经撤向桑内斯（Sandnes），通向斯塔万格的道路已经畅通无阻……克里斯特（Christ）中尉缴获了一辆公共汽车，命令司机带我们进城。我们控制了港口，魏森贝格（Weissenberg）中尉带着几幅地图出现在那里，那是他在附近一家书店里买的……真是奇怪的战争！[27]

第 10 航空军发送的一份电报在 14: 00 传到冯 · 法尔肯霍斯特的指挥部，其中报告说，这座城市里没有任何战斗，机场已被完全控制，整个场面可以说是“波澜不惊”。入夜后不久，运输船“蒂宾根”号、“蒂茹卡”号和“门多萨”号靠上码头，开始卸载弹药、燃油、装备、高射炮、重武器、马匹、车辆和另外 900 名士兵，其中大多是行政人员。令人失望的是，在金钱、香烟和美酒的诱惑下，有太多码头工人接受了德国人提出的协助货轮卸载的邀请。4 月 10 日，第 193

货轮“蒂茹卡”号正在斯塔万格港卸载。（作者的收藏）

步兵团第 3 营乘坐飞机抵达，冯·贝伦开始着手执行控制整个地区的任务。12 日，水上飞机勤务舰“卡尔·迈尔”号（*Karl Meyer*）带着航空燃油、浮标和其他用于苏拉水上飞机基地的设备抵达。“迈尔”号原计划去克里斯蒂安桑，中途转到了苏拉。原来，德国空军没有发现哈伏斯峡湾入口有一座平旋桥。这座桥的桥墩间隔太小，船体很宽的“迈尔”号无法通过。因此这些设备只能先运到斯塔万格港，再通过卡车运至苏拉水上飞机基地。[28]

***

英国驻斯塔万格的领事馆在 3 月和 4 月间已经得到显著“加强”。除了领事斯彭斯（Spence）外，还有皇家海军的弗兰克·普拉特（Frank Platt）中校与约翰·奥尔森（John Olsson）上校，陆军的霍华德·考克森（Howard Coxon）和无线电操作员阿尔伯特·韦尔（Albert Ware），以及军事情报研究局的军官马尔科姆·芒蒂（Malcolm Munthe）上尉。[29] 芒蒂是作为 R4 计划的先遣人员在 4 月 5 日经由奥斯陆的大使馆来到斯塔万格的，他的任务是作为联络军官与罗加兰（Rogaland）

地区的挪威陆军建立联系。截至 4 月的第一个星期，普拉特、芒蒂和另一些人都住进了维多利亚旅馆（Hotel Victoria），他们携带着一部电台，并且从客房的窗口可以俯瞰港湾。

当这天上午德军进攻的消息传开时，斯彭斯领事离开领事馆，把他的挪威妻子和家人送到他们的乡间别墅。维多利亚旅馆的英国特工们则遭到了德军的突然袭击，后者是来征用旅馆作为港务局的，并不知道他们的存在。当德国人进入前门时，英国人从后门逃脱。这几个军官销毁了无线电设备，最终与领事及其家人会合。一行人在挪威人的帮助下成功逃脱了追捕，而芒蒂相信英军将会发起他受命准备的登陆行动，因此与其他人分手，前去寻找同盟国军队。令他失望的是，无论在哪里都找不到他们。[30]

廉颇老矣

四烟囱驱逐舰“尸鬼”号（*Draug*）中立警戒期间驻扎在海于格松，但经常在沿岸来回执行各种护航任务。4 月 8 日下午，它在埃格尔松外海将德国货船“西雅图”号交给“于勒”号，随后就返回母港停泊。16: 00 从第 2 海防区发来多份给舰长托勒 · 霍尔弗（Thore Horve）少校的电报，告诉他有德国舰队进入卡特加特海峡，以及“里约热内卢”号被击沉了。看来有很多工作要做，于是霍尔弗立即开始加煤，同时致电卑尔根的汤克 – 尼尔森少将讨论这些消息并领受命令。[31] 考虑到海于格松只有霍尔弗这一艘船，而且随着局势发展通信可能会变困难，汤克 – 尼尔森建议他自行判断，必要时自主行动。霍尔弗认为这道命令意味着德军即将攻击挪威，他与自己的大副讨论后下令加快加煤速度，并把弹药运到炮位上。午夜过后，一份来自卑尔根的电报告诉他，奥斯陆峡湾中的炮台正在与敌人交战。虽然电报没有说明入侵者的国籍，但霍尔弗认定那是德国人。在这天晚上，好几艘德国船从南边进入挪威航道。一艘悬挂德国国旗的船被允许继续前进，风险自负，其他船则被勒令等待。霍尔弗试图联系卑尔根，但无法接通。

03: 00 前后，一艘熄了灯的商船匆匆穿过海峡，船上没有打出任何旗帜——这是公然违反《中立法案》的行为。停船信号和警告射击都没有见效，于是“尸鬼”号不顾尚未完成加煤作业导致的 12 度左舷侧倾，起锚追赶对方。那艘船是 7600 吨的德国货轮“美茵”号，它在海于格松以北不远的开阔水域被追上了。又经过两次警告射击后，德国船长终于掉头回到峡湾水域。大副舒尔·厄斯特沃尔（Sjur Østervold）少尉带着两名海关官员登上该船，要求查看它的文件。文件显示船上装着要运往卑尔根的 7000 吨各类货物，但是所有舱口都被煤炭覆盖，而且傲慢的德国船长不愿为海关人员检查船舱提供任何帮助。厄斯特沃尔决定扣押这艘船。他在电报室门口贴了封条，并命令德国船长跟他到“尸鬼”号上接受进一步的讯问。

陈旧的驱逐舰“尸鬼”号，这张照片是它在英国接受改造后拍摄的，安装了几门高射炮并拆除了前烟囱。它被用于在近海保护运输船队，一直服役到1943年11月。（挪威王家海军博物馆供图）

和“罗达”号一样，“美茵”号也属于运输船梯队。它接到的命令是在威悉日到达特隆赫姆，但是未能预见引水员短缺问题，被迫在科珀维克等待了一阵。直到 4 月 8 日 23: 30 前后，才有一个合格的引水员来到船上。此时“威悉演习”行动指挥部已经命令“美茵”号改去卑尔根，替代不幸的“里约热内卢”号。当厄斯特沃尔少尉还在“美茵”号上时，霍尔弗少校把“尸鬼”号开回码头完成加煤，自己上岸寻找电话。他把电话打到了卑尔根的马林霍尔门（Marineholmen），与西古德·奥尔斯塔（Sigurd Årstad）上尉进行了对话。令霍尔弗感到迷茫的是，奥尔斯塔对他说，自己实际上已经成了战俘，身边正站着一个德国军官，所以不能说太多。接着电话就被挂断，心乱如麻的霍尔弗匆忙回到自己的战舰上。不久以后，斯坦斯贝尔少尉驾着他的 MF-11 降落在附近，然后滑行到“尸鬼”号边上。斯坦斯贝尔对霍尔弗描述了苏拉机场上空的德国轰炸机、他在侦察时看到的情景，以及他了解的关于“阿戈尔”号遇袭的一点点信息。最后他下结论说，德军正在展开占领斯塔万格的行动。加完油后，斯坦斯贝尔重新起飞，继续向北飞去。

“尸鬼”号的舰长托勒·霍尔弗少校。（挪威王家海军博物馆供图）

霍尔弗少校深感忧虑。旨在占领卑尔根和斯塔万格的德国军队已经出现，而且德国海军已经在奥斯陆峡湾进入挪威领海。“尸鬼”号老态龙钟、火力贫弱，根本不是现代化战舰的对手，霍尔弗觉得以决死姿态对抗优势敌军只会让舰员白白牺牲。在他看来，挪威毫无疑问将会站在同盟国一方参战，因此更明智的做法是保存他的部下，等待更好的战斗机会，“操纵英国战舰而不是老朽的‘尸鬼’号”打回来。经过一番思考，他认为自己能做的最佳选择就是穿越北海去英国，并带上“美茵”号作为战利品。[32] 于是霍尔弗把“美茵”号的船长送回那艘船上，并指示对方做好继续前往卑尔根的准备，因为他觉得过早打草惊蛇没有必要。“尸鬼”号和“美茵”号在 09: 00 前后离开海于格松。

离岸后不久，霍尔弗把“尸鬼”号转向西方，并发信号要求“美茵”号跟随。不出所料，德国人没有从命，而是继续向北航行。于是“尸鬼”号转回来用火炮和鱼雷瞄准对方，货船船长终于不情不愿地改变了航向。上午晚些时候，离海岸约 40 海里的地方出现了 6 架飞机。其中一架脱离编队，向“美茵”号俯冲。它至少投下两枚炸弹，然后重新与其他飞机会合，飞向挪威海岸。这些飞机的身份始终没有得到确认。“尸鬼”号上的人都认为它们是德国的，而“美茵”号的船员认为攻击者是英国人。和运输船梯队的其他船只一样，“美茵”号也接到了在任何情况下都不能被俘或投降的命令。那架飞机离开几分钟后，“尸鬼”号的舰员就惊讶地发现“美茵”号的船员们登上了舢板。海上风浪很大，舰员们花了不少时间才把这些人捞上来——包括挪威引水员埃里克森在内，共有 67 人——并检查了他们身上有无枪支。[33] 与此同时，“美茵”号的通海阀显然已被打开，它正在不断下沉。为了加快这个过程，霍尔弗朝它的水线处打了五六发炮弹，然后

"美茵"号心有不甘地跟着"尸鬼"号西进。（挪威王家海军博物馆供图）

闷闷不乐的"美茵"号船员在"尸鬼"号后甲板上受到严密看管。（挪威王家海军博物馆供图）

下令加速驶向西方。由于船舱里没有空间容纳德国人，他们都被集中在甲板上。令霍尔弗高兴的是，大多数人都出现了晕船症状，没有惹出任何麻烦。

第二天上午，三艘英国驱逐舰出现，其中的一艘（“锡克人”号）护送“尸鬼”号前往设得兰群岛的萨洛姆湾。当他们到达时，港口里的英国舰船纷纷让船员在船舷边列队欢呼，而霍尔弗也让舰员回礼。卸下闷闷不乐的德国俘虏后，“尸鬼”号继续开往斯卡帕湾，并在次日上午到达。4 月 12 日与哈利法克斯（Hallifax）少将的会谈中，霍尔弗被邀请作为联络军官加入一艘英国驱逐舰。他欣然接受，并建议英国人让“尸鬼”号的其他官兵也参与作战。最后有大约十五名军官和士官被派遣到即将前往挪威的第 3 和第 6 驱逐舰纵队。[34]

1942 年，霍尔弗少校和另外五名军官由于“在外敌入侵期间及其后的杰出功绩”，被伦敦的挪威流亡政府授予由哈康国王认可的宝剑战争十字勋章。战后，军事调查委员会得出结论，“根据当时的情势和掌握的情报”，霍尔弗的决定是“可以接受的”。[35]

轻易取胜

埃格尔松位于斯塔万格南方约 80 千米，是这一部分挪威海岸线上少数能为相当吨位的船只提供避风港和补给的地点之一。在 1940 年，它也是一条通到苏格兰彼得黑德的通信电缆的起点，“威悉演习”行动的策划者下定决心要让这条电缆处于德国人的控制下。此外，他们还认为必须控制港口，以防挪威或同盟国军队利用它建立起可能威胁斯塔万格—苏拉的桥头堡。

通到埃格尔松的狭窄海湾入口在南方，经过埃格罗亚（Eigerøy）岛后有个分支向东北方弯曲，通入港口本身。在 1940 年，港口设施和码头大半在入口南侧。4 月 8 日夜间，挪威王家海军在埃格尔松部署的兵力只有鱼雷艇“鸬鹚”号上 24 岁的亚尔马·斯瓦（Hjalmar Svae）准尉和他手下的 17 名艇员。驱逐舰“于勒”号平时驻扎在埃格尔松，但当天晚上在克里斯蒂安桑。

中立警戒期间这座小城一直没有陆军部队驻守。8 日，斯珀克上校命令一支小部队从马德拉穆恩南下以防万一。这支部队在深夜到达，戴利（Dæhli）上尉联系了“鸬鹚”号上的斯瓦准尉讨论局势，并让自己的部下安营扎寨。斯瓦告诉戴利，自己从克里斯蒂安桑接到了提高战备等级的命令，他的鱼雷艇已经加油装弹，一旦有警报，很快就能出发。斯瓦曾建议把船开到埃格尔松港湾入口外巡逻，但被上级否决，因此他会根据指示留在港口警戒。两位军官都相信埃格尔松没有任何迫在眉睫的威胁，因此他们决定趁有条件的时候睡个觉。斯瓦准尉平时睡在城里的一座旅馆，但这天夜里他决定留在艇上。

埃格尔松城里谁都不知道，此时此刻，两艘扫雷舰——M1 号和 M9 号已经沿着挪威海岸悄悄逼近。库尔特·托马少校在雾中与其他舰船失去接触，此时还未恢复联络，但他认定友军离自己不会太远。托马和随舰陆军部队指挥官弗里德里希·艾克霍恩上尉对他们的目标的了解都很有限。[36] 他们听说这座小城既没有堡垒也没有驻军，但托马得知港口里可能有一两艘鱼雷艇或驱逐舰。甲板下面的陆军士兵大半都晕了船，无论有没有抵抗，他们都盼着早点到达埃格尔松。艾克霍恩后来说，由于吉凶难料，再加上和一半部下失去联系，他当时极度紧张，根本顾不上晕船。令他如释重负的是，02: 30 以后大雾消散，终于能看见海岸线了。这是一个寒冷的夜晚，虽然天上阴云密布，看不到月亮，但山上的积雪还是勾勒出了地形的轮廓。

04: 00 过后不久，可以看到右舷前方有一点灯光。用双筒望远镜观察，可以辨认出那是埃格尔松港湾入口东端的灯塔，几分钟后西边的灯塔也出现了。他们被发现了！但是灯光既然还亮着，可能就表示没有人知道来者不善，奇袭的可能性依然存在。[37] 此时无论哪里都看不到那两艘失踪的扫雷舰。艾克霍恩只能靠 M1 号和 M9 号上的 75 名士兵登陆，这让他很不放心，但却不能不做。时间正在流逝，他们已经等不起了。两艘扫雷舰的火力相当强大，在这狭窄的水域，即使遇上一艘驱逐舰，它们也对付得了。M1 号装的不是普通的舵和螺旋桨，而是福伊特－施耐德摆线传动推进装置，这提高了它的机动能力，所以它应该能比友舰更快进入泊位。因此，艾克霍恩在汉斯·巴特尔斯（Hans Bartels）上尉的 M1 号上，而不是和托马一起在 M9 号上。进入港湾隐蔽处后，经过短暂商议，托马、巴特尔斯和艾克霍恩决定按计划继续实施作战。巴特尔斯和艾克霍恩又悄悄进行了对话，尽可能控制彼此之间的紧张关系。这两位军官的个性差异非常大，从巴特尔斯对一系列事件的叙述可以看出，一开始两人之间就存在

M1号。尽管有一些稳定性问题，这种874吨的扫雷舰仍然是德国海军最成功的设计之一。它们武备精良、机动能力出色，是可怕的敌人。不过它们也是复杂而昂贵的军舰，而且发动机的维护需要专门的工具和熟练的人员。M1号在1938年入役，有两门105毫米主炮——其中前主炮安装在带防盾的底座上，还有一门37毫米炮、两门20毫米炮和大约30枚水雷，其巡航速度是18节左右。（作者的收藏）

严重的不信任。经过一夜航行，这种紧张的关系似乎得到了缓解，而此时他们需要打起全部精神来执行共同的任务。在甲板下面，陆军士兵们开始做登陆准备，所有残存的晕船症状都迅速消失了。[38]

04: 15，M1 号准时绕过瓦尔贝里（Vardberg）岬角进入埃格尔松港。M9 号留在港湾外面。凌晨时分，万籁俱寂。岸上亮着几盏灯，而且黎明将近，因此能看见港口的轮廓。艾克霍恩和巴特尔斯开始寻找可以登陆的地方。瞭望员报告说，港湾里停着一艘潜艇，其实是“鸬鹚”号细长而陌生的外形让他搞错了。巴特尔斯意识到这是一艘挪威鱼雷艇，于是决定尽快让陆军士兵离开 M1 号。巧的是，他选择的系泊地点靠近“于勒”号平时的泊位，离“鸬鹚”号不到 100 米。“鸬鹚”号上的瞭望员听到了舰船驶近的声音，但是因为光线太暗，他只能看见一个模糊的轮廓，所以没有拉响警报。艾克霍恩是最先跳上岸的人之一，在他控制登陆场的同时，十几名士兵悄无声息地沿着码头奔向“鸬鹚”号。[39]“鸬鹚”号的瞭望员突然发现一支冲锋枪指向了自己，接着他的步枪也被抢走。后来他声称，自己曾听说当晚“于勒”号会回来，因此他相信来船就是它，对整件事都没有太注意，最终贻误了战机。

在甲板下面的卧室里，斯瓦准尉刚被陌生的噪声吵醒，就看见三个全副武装的士兵破门而入。令斯瓦愤怒的是，由于在毫无防备的情况下遇袭，“鸬鹚”号根本没有机会自卫。它的主要武器鱼雷无法在狭窄的港湾里使用，而它的两门 47 毫米炮也完全敌不过那艘扫雷舰的 105 毫米主炮和重型机关炮。假如斯瓦的请求得到批准，他能把“鸬鹚”号拉到港湾外面，情况也许会大不一样。

德国人让斯瓦准尉穿好衣服，然后把他带到一名军官面前，后者告诉他德军是来协助保卫挪威的中立的，而且两国政府已经达成合作协议。年轻的准尉并不相信这套说辞，他的怀疑和愤怒肯定溢于言表，因为德国人没有准许他返

被俘后的“鸬鹚”号。（达拉纳历史文化博物馆供图）

M2号和M13号在临近06: 00时离开。（达拉讷历史文化博物馆供图）

回自己的军舰。不过他还是设法向留守在“鸬鹚”号上的人员发出了信息，让他们销毁地图和文件并通知克里斯蒂安桑海防分区，这些行动在德国人发现船上有电话前都完成了。

在陆军士兵和他们的装备都登陆后，M1 号立即再次发动，驶出港湾。从它到达时算起，才过了不到 15 分钟，巴特尔斯感到非常满意。整个过程一枪未放，看起来一切都很顺利。M9 号随即开进港湾，将更多士兵送到岸上。然后是自行车、摩托车、重机枪、迫击炮和弹药。依照艾克霍恩的命令，12 名士兵留下来看守“鸬鹚”号和码头，其他人则分散进入城中。他们在电话电报局、火车站和警察局都设立了机枪火力点。

一个小分队骑上自行车沿海岸公路南下，在海湾最狭窄处建立了一个预警哨。挪威与英国之间唯一的直接联络手段就这样被德国人控制了。

戴利上尉似乎是通过港区一个平民的电话才得到第一条也是最后一条登陆警报的，大致与此同时，挪威陆军和德国陆军的士兵也发现了彼此。打电话的人声称埃格尔松已经“满是德国人”，大吃一惊的戴利没有提醒自己的部下，而是打电话给斯塔万格的斯珀克上校，企图向他通报情况。艾克霍恩在发现挪军士兵时的惊讶之情也不亚于对方，但他果断采取行动，带着一小队部下冲进了挪军的兵营。这完全出乎对方意料，因此他们没有遇到任何抵抗。戴利根据自己刚从电话中听到的消息，以为有一支大部队等在外面，于是立即投降了。就在即将被德国人扣押的时候，他接通了斯塔万格的斯珀克的电话，告诉对方在埃格尔松有“一支庞大的入侵部队”。

M2 号和 M13 号在一小时后赶到，此时一切都已结束。它们尽快卸下了搭载的人员和装备，到了 05: 57，四艘扫雷舰都已经在驶出海湾。托马少校起初下令返回基尔，但是在离开港口几小时后，他接到了前往克里斯蒂安桑协助第四战斗群的命令。

虽然任务完成得如此轻易，但是在异国他乡带着一小撮被抛下的部队，艾克霍恩上尉肯定感到很孤立。[40] 他决定不切断连到苏格兰的通信电缆，而是在电缆入海处安排了一个岗哨，并下令一旦情况有变就实施爆破。后来，上级下了永久切断电缆的命令，他们也就执行了。[41]

游击式作战

斯珀克上校确认德军降落到苏拉机场后，就立刻决定弃防斯塔万格半岛。他认为单凭一个营不可能在那些滩头和沿海地区建立有效的防御，希望把他的部队转移到更有利的地形中。他担心报告中出现于近海的德国运输船会把部队送上海岸，而埃格尔松的戴利上尉打来的电话又（错误地）提到大批德国军队，这更是坐实了他的担心。虽说一旦弃防，苏拉机场以及斯塔万格城和港口都会对侵略者敞开大门，但这是斯珀克愿意付出的代价。[42] 而对德军来说，挪威军队的主动避让大大方便了他们。尽管这给斯珀克赢得了动员更多当地部队和准备防御阵地的时间，却也给了德军运来士兵和重武器的时间，最重要的是，让他们从容地在苏拉建立起空中支援基地。

德军与挪军最初的遭遇战发生在 4 月 15 日。随着挪军第一次从他们的阵地前出，一系列小规模战斗爆发了。而在德军攻势加强后，挪军又逐步退回山里，坚守迪尔达尔（Dirdal），因为那里陡峭的山坡和狭窄的峡谷提供了很好的防御阵地。严重的伤亡最终使德国陆军决定依靠苏拉机场的空军来削弱挪军防御。到了 4 月底，挪军的弹药已经耗尽，由于得不到任何增援或来自同盟国的帮助，斯珀克发现除了投降别无选择。[43]

由于控制了斯塔万格—苏拉，还有克里斯蒂安桑和奥尔堡的机场，德国空军在斯卡格拉克海峡和北海东部掌握了有效的空中优势。4 月 9 日，第 76 驱逐机联队第 3 中队其余的 Bf–110 从奥尔堡回到苏拉。[44] 此后，第 1 俯冲轰炸机联队第 1 大队的斯图卡和第 30 驱逐机 / 轰炸机联队的 Ju–88 到达该地，第 26 轰炸机联队的大部也在 4 月 16 日转场至苏拉，为挪威境内持续的战事提供支援。还有许多部队使用这个机场作为前进基地。德军曾认为英军的空袭不可避免，还担心盟军部队会在斯塔万格以南的海滩登陆，挪军也会发动反击。结果空袭确实来了，但却没有登陆，于是在几个星期之后，对这个机场的大规模扩建就开始了。德国人加长了跑道，建造了机库，并在这一地区分散储存了大量装备、给养、燃油和弹药。他们还给建筑物加了伪装，并在机场周边布置了地堡和高炮阵地——当地有不少挪威人参与了这些工作。[45]

皇家空军海防司令部从 4 月 10 日下午开始空袭苏拉，第 254 中队的罗斯（Rose）中士驾驶他的“布伦海姆”式飞机扫射了这个机场。一架 Ju–52 被击伤，另有一架被击毁，水上飞机基地也有一架 He–59 被毁。[46]

4 月 11 日，皇家空军轰炸机司令部接到两条指示：

1. 在北纬 61° 00' 以南、东经 06° 00' 以东和北纬 54° 00' 以北的挪威海岸 10 海里范围内，给予你部飞机不经警告攻击航行中的任何舰船的一般许可，不论它们是否为商船。锚泊中的船只，如果观察后确定为敌船，也可攻击。

2. 今天总司令与 D. H. O. 的对话确认，应该尽快实施针对斯塔万格机场和水上飞机锚地的游击式轰炸作战，并持续至后续命令下达为止，目标是摧毁机场设施和跑道。每天动用的兵力不应超过一个“惠灵顿”中队。应该以小编队或单机形式实施攻击，时间上按照最有利于避开战斗机防御的原则错开。[47]

斯塔万格郊外的一门35毫米高射炮。这种火炮需要配备一个相当大的炮组才能高效作战，不过它能非常有效地对付低空飞行的飞机。（作者的收藏）

此外，轰炸机司令部总司令查尔斯·波特尔（Charles Portal）少将还接到了对斯卡格拉克海峡、卡特加特海峡和基尔湾的德国海上交通线开展攻击的指示。波特尔认为这些地方都是次要战场，不愿为此投入重兵，希望把他的飞机保留下来用于西线。他认为，上级是要求他的部下在挪威扮演“他们既没有得到相应训练，也没有获得合适装备来扮演的角色”，这只会浪费兵力，得不到多少收益。为了离北海近一些，装备“布伦海姆”式轰炸机的第 107 中队和第 110 中队以及装备“惠灵顿”式轰炸机的第 9 中队和第 115 中队已经转场到苏格兰的洛西茅斯和金罗斯（Kinloss），波特尔认为用它们去轰炸挪威就已足够。如有必要，其他中队也可以从更南面的机场起飞，只不过要付出效率和航程上的代价。[48]

斯塔万格机场在 4 月 11 日夜里成为第 115 中队 6 架“惠灵顿”的轰炸目标，海防司令部也派出第 254 中队的 2 架“布伦海姆”Mk IV–F 作象征性的护航，这是皇家空军在这场战争中第一次空袭欧洲大陆上的目标。[49] 但是“惠灵顿”迟到了，“布伦海姆”因为燃油告急不得不返航，其中一架离去前扫射了机场，结果德军防空部队被惊动，紧急起飞了多架战斗机。因此，“惠灵顿”飞到目标上空时遭到多架 Bf–110 拦截。巴伯（Barber）少尉的飞机在做躲避机动时飞到斯塔万格城上空，被那里新近部署的高射炮击落。它坠落在市中心，除机组成员全部牺牲外，还有三名平民丧生，多座房屋受损。[50]

第二天，第 38 中队和第 149 中队的 12 架“惠灵顿”前去搜索返航的德国战列舰，在斯塔万格附近遭到 Ju–88 和 Bf–110 攻击，损失了 3 架。考虑到在克里斯蒂安桑的惨重损失，波特尔认为自己的担忧已被事实证明，于是在 4 月 14 日，他命令两个“惠灵顿”中队南下，用增加的“布伦海姆”和负责空袭特隆赫姆地区的第 77 中队的“惠特利”式轰炸机取代它们，理由是后者的航程比较远。[51] 在 4 月 12 日以后，除了“布伦海姆”或海防司令部的“哈德逊”实施的空袭外，大多数空袭都是借着黑暗掩护进行的，这主要是为了避开战斗机，但也是因为英军相信夜里机场上会停放更多飞机。除了苏拉之外，瓦尔内斯、谢维克、福尼布、谢勒以及丹麦的奥尔堡和叙尔特（Sylt）岛上的韦斯特兰机场都是轰炸目标，在近海发现的海军舰艇或运输船也在打击范围内。偶尔，宝贵的“惠灵顿”和“汉普敦”式轰炸机也会从英格兰的基地出发飞临挪威南部上空。

4月下旬，位于苏拉教堂墓地的英国飞行员坟墓。请注意当地挪威人放置的挪威国旗和鲜花。（作者的收藏）

对苏拉机场的“游击式”轰炸主要由装备“布伦海姆”的中队负责。近 1800 千米的往返航程已接近它们的最大续航力，人员和装备承受的压力都接近极限。除了长途飞越危险水域的艰辛，还有导航困难、天气无法预测、目标附近有敌机拦截等阻碍。从 4 月 15 日起，到 5 月 10 日德军在西线发起攻势并完全改变战局为止，英军对苏拉机场共实施了大约 35 次空袭，虽然干扰了其扩建，但基本上没有其他收获。这个机场没有多少可以成为目标的大型设施，而且飞机停放得非常分散。跑道上的弹坑都被连夜填平，机场和水上飞机基地在大部分时间都能保持运作。截至 4 月 15 日，机场附近已经部署了一个重型高炮连和一个轻型高炮连。这些高炮与战斗机配合，使机场成为一个风险很高的目标。4 月里在苏拉机场或其附近，轰炸机司令部损失了 27 架飞机，海防司令部损失 5 架飞机。部队很难承受这样的损失，随着法国前线的压力增大，空袭次数也减少了。

皇家空军对苏拉和其他机场使用的兵器相当有限：40 磅、250 磅和 500 磅通用炸弹，以及 4 磅燃烧弹。除了 500 磅炸弹外，其他任何兵器对跑道造

第107中队的“布伦海姆”Mk IV在4月17日空袭苏拉时拍摄的立体成像照片。在右边的照片上，可以看到四枚250磅炸弹正在落下。跑道上有多处中弹痕迹，飞机被分散停放。（作者的收藏）

成的破坏都微不足道,可以轻易修复。[52]为了封锁机场,皇家空军试用了3 ~ 36小时的延时引信，但是只要炸弹没有落在跑道上，效果就很有限。英国人认为，在大约2500到1000米的高度进行俯冲攻击是躲避高射炮火的最佳方式，不必俯冲到太低的高度就能获得脱离的速度。他们还进行了使用小威力炸弹、燃烧弹和扫射摧毁油槽与仓库的试验，但发现效果并不比按通常方式使用燃烧弹强。使用诱饵飞机吸引探照灯注意力和从不同高度与方向协同攻击都是比较有效的战术，而低空扫射战术不出所料地取得了最佳也最可靠的直接打击效果。但是这种战术需要使用大量弹药，还要求飞行员与机枪手技艺高超、临危不乱。

在对苏拉机场的空袭中，有一个特别突出的不利因素，就是缺乏挪威南部的准确天气预报。能够用于准确预报的气象数据不足，致使空军浪费了大量资源。虽然制定了让相关海域船只和海防司令部巡逻机转发天气报告的规程，但这类报告数量稀少且不规则，帮助很有限。4月16日，第110中队的爱德华兹（Edwards）中尉在同行的另外5架飞机都因为严重结冰而返航的情况下坚持飞向目标，因此获得杰出飞行十字勋章。三天后，第107中队的9架飞机中有7架在遭遇晴朗天气后返航，因为它们得到的命令是只有云层能提供充分的掩护才能发起攻击。[53]其余的两架飞机中，一架轰炸了一个机场，另一架损失了。在4月20日、21日和24日，被派出去空袭苏拉的大部分飞机都因为气象条件不利而放弃执行任务。

同盟国部队从挪威中部撤退期间，为了减轻翁达尔斯内斯和纳姆索斯（Namsos）的作战部队的压力，英军加强了对苏拉的空袭。但此时德军已经在斯塔万格附近的海岸上临时架设了监视海面方向的雷达，部署在苏拉的战斗机也构成了更加严重的威胁。5月3日，第107中队和第110中队奉命返回沃蒂舍姆（Wattisham），截至此时它们仅对斯塔万格机场就执行了113架次的轰炸。轰炸机司令部对苏拉的最后一次攻击发生在5月7日夜至8日晨。由于机场被低空云层覆盖，9架飞机中有8架未能找到目标。此后对苏拉机场的零星攻击偶有发生，主要以单机形式进行，毫无系统性。[54]

“鸭子”行动

为了加强对斯塔万格—苏拉的轰炸，并减轻在特隆赫姆地区支援盟军登陆的海军部队的压力，英国海军部希望“对该机场造成尽可能大的破坏，以限制从那里起飞的飞机的活动”。重巡洋舰“萨福克”号（*Suffolk*）与为其护航的四艘驱逐舰“吉卜林”号（*Kipling*）、“天后”号（*Juno*）、“两面神”号（*Janus*）和“赫里沃德”号（*Hereward*）被选中实施这个代号为“鸭子”的作战行动。“萨福克”号装备 203 毫米主炮（安装在四个两联装炮塔中）和 102 毫米副炮。它的防空火力在 1938 年的一次改造中已增加为 16 门砰砰炮，以及相当数量的 20 毫米厄利空和 40 毫米博福斯高炮。但是它的装甲很有限，这个问题在甲板和上层建筑上尤其突出。

在支援方面，按计划轰炸机司令部应该在这艘巡洋舰即将到达目标前实施大规模的夜袭，造成尽可能多的破坏并吸引敌军的注意力，还要通过点燃建筑物和停放的飞机来照亮目标。接着在中午时分还要用 12 架“布伦海姆”进行空袭，从而在巡洋舰撤退时压制敌军的任何反击。为了进行侦察和校射，“萨福克”号搭载了两架“海象”式水上飞机，而且海防司令部还会提供飞机进行空中掩护和补充性的炮兵观测。

丘吉尔批准了将在海军部直接指挥下进行的“鸭子”行动。这将是自第一次世界大战以来，海军重型舰船进行的首次大规模对岸炮击。但是，人们忘记或者忽略了这样一个事实，从那时起，飞机的性能和它们精确投掷重磅炸弹的能力已经提高了几个数量级。同样被忽略的是，“萨福克”号和它的舰员此前并没有对岸炮击的经验，而且“萨福克”号弹药库中储备的高爆炮弹数量有限。因此，英国人将以痛苦的方式尝到在敌军全面空中优势下实施海军作战的后果。

邓福德（Durnford）上校 4 月 16 日 16: 25 带着“萨福克”号和护航驱逐舰从斯卡帕湾出海。驱逐舰来迟了，而且它们花了一些时间加油，所以为了按命令时间抵达目标，舰队以 26 节航速穿越北海。已经在那一带活动了几天的潜艇“海豹”号开到斯屈德内斯港（Skudeneshavn）外，使用它的水听器侦听到舰队行踪，然后用一盏告警灯发送灯光信号，引导它们向陆地前进。这个方法效果很好，舰队于 4 月 17 日 04: 35 在斯塔万格以北的克维特绥（Kvitsøy）附近经过“海豹”号所在的位置。[55]

但是从这一刻起，基本上就没有什么事情是按计划进行的。12 架执行夜间攻击任务的“惠灵顿”在北海上空遭遇恶劣天气，最后只有两架找到了目标机场。不知为什么，它们认为机场已经被摧毁，所以没有投弹。海防司令部的两架“哈德逊”之一也因为出了问题而返航。第二架“哈德逊”来自第 233 中队，在格罗恩·爱德华兹（Gron Edwards）中尉驾驶下于 03: 55 按计划抵达。盘旋了一阵评估情况后，他从 1000 米高度俯冲，在机场上投下 25 磅燃烧弹和照明弹，为“萨福克”号的枪炮军官照明。爱德华兹的飞机上由弗莱明（Fleming）少校担任观测员，他按照事先商定的频率发报以联系“萨福克”号。但是通信很不稳定，几分钟后就完全中断了。[56] 04: 55，驻扎在苏拉的第 30 驱逐机 / 轰炸机联队的一架 Ju–88C 攻击了爱德华兹。两架飞机在此后的缠斗中都没有受到多少损伤，爱德华兹最终甩掉了这个敌人。与此同时，“萨福克”号已经弹射了第一架“海象”式水上飞机，以便校射。它爬升到 4000 米高度，从那里可以轻松看到苏拉机场，但是观测员无法通过无线电联系到“萨福克”号。他只能不断发报，寄望于被母舰接收。

04: 45，“萨福克”号减速至 15 节，随后舰队在距离海岸约 18 千米处转到与海岸线平行的航向。令邓福德上校非常恼火的是，“萨福克”号无法用电台与任何一架飞机取得联系。此时局势变得严峻起来，因为眼看天色就要完全变亮，时间已经不多了。最终“萨福克”号在没有校射的情况下，于 05: 13 开火，惊醒了斯塔万格各地的人们。从这艘巡洋舰上能够清晰地观察到陆地，但是看不出任何细节。此外，背景中山峰覆盖的新雪使人很难分辨出爱德华兹投下的燃烧弹和照明弹。“萨福克”号的前两次齐射落在机场以北。接下来的四次齐射都打进了海里，随后经过调整，终于击中了水上飞机基地。多个地方起火并冒出黑烟。05: 22，那架“海象”式飞机因为燃油所剩无几，掉头飞向了苏格兰。

第二架“海象”一直在巡洋舰上待命，准备在第一架飞机离开时接替它。此时它也起飞了，但是显然高度较低或者位置不对，因为除了水上飞机基地冒出的浓烟外，观测员几乎什么都看不到。“萨福克”号随后几次齐射的落点似乎基本上位于这个基地和机场北部边缘的机库之间。在 05: 48，第二架“海象”也不得不打道回府。两架飞机上的观测员后来都指出，观察落在地上的高爆炮弹非常困难，原因是积雪造成了干扰和炮弹爆炸时缺少明显的火光。

“萨福克”号沿着海岸扫荡三次，发射了 202 发 203 毫米炮弹，直到 06: 04，邓福德判断已经造成了足够的破坏，这才掉头以 30 节航速西进。在东方山脉后方升起的太阳使观察变得更加困难，枪炮军官最后几乎是在盲射。“萨福克”号射出的大部分炮弹都落在机场以北，苏拉湾的水上飞机基地附近。爱德华兹中尉在被 Bf-110 驱逐后返回，看到炮弹落点并不在目标区域，但是由于无线电通信一直未能恢复，他无法提供校正信息。炮弹对苏拉湾水上飞机基地的破坏很有限，但最后一次齐射是例外，它摧毁了管理大楼和第 106 海岸飞行大队第 1 中队的 4 架 He-59 水上运输机、4 架 He-115S。苏拉机场本身几乎毫发无伤，只有平安返回基地的爱德华兹投下的燃烧弹造成了轻微破坏。[57]

炮击结束后，“萨福克”号原本应该在海防司令部提供的战斗机掩护下向西返航。但是在行动前一天，有报告（错误地）声称斯塔特岛一带的挪威近海出现了一队德国驱逐舰，因此本土舰队派出了多艘巡洋舰前去围剿。4 月 16 日夜里，海军部决定让“萨福克”号及其护航舰艇在完成炮击后北上参与追击，于是在 23: 00 发出电报，命令“萨福克”号结束“鸭子”行动后“向北扫荡，截击敌驱逐舰”。这个决定打乱了整个作战计划，严重拖慢了舰队撤离危险区域的速度。[58] 电报的结尾还有“……正在安排空中侦察”的文字。但是海军部与海防司令部之间的沟通出了问题，当第 254 中队的“布伦海姆”出发护航时，飞行员在预定的区域根本找不到“萨福克”号和驱逐舰们。邓福德按照新的命令向西航行至 07: 04，然后将航向改到北方，并把“萨福克”号的速度降至 25 节以节省燃油。他在 07: 20 向海军部通报了这艘巡洋舰的方位，但是这一信息直到 5 个小时后才被转发到海防司令部。

第 106 和 406 海岸飞行大队的 Do-18 在英军舰队撤退时尾随其后。08: 25，新近进驻斯塔万格—苏拉的第 26 轰炸机联队第 1 大队的 10 架 He-111 赶到。它们大多将火力集中在“萨福克”号上，同时也有一些攻击了驱逐舰。由于这些飞机始终在高空水平投弹，舰队靠机动安全避开了几乎所有炸弹，只有两枚 250 千克炸弹在“吉卜林”号附近爆炸，把它的轮机底座震出了裂缝。第 506 联队第 3 中队两架装备鱼雷的 He-115 也企图攻击，但由于风浪太大，不得不放弃。这些攻击使邓福德意识到，没有战斗机掩护带来了巨大风险，于是他决定放弃搜索德国驱逐舰，先返回基地。

德军相信斯塔万格附近有一支英国海军的主力舰队，因此第 4 轰炸机联队第 2 大队、第 26 轰炸机联队和第 30 轰炸机联队所有可用的飞机纷纷从苏拉、奥斯陆—福尼布、奥尔堡和韦斯特兰出动，向西搜索。4 月 17 日上午天气晴朗，空中只有几朵白云，能见度极佳。第 4 轰炸机联队第 2 大队的亨克尔飞机在海洋上空作战的经验有限，因此虽然有这样有利的条件，这个大队的大部分飞机还是没有找到英国舰队。第 26 轰炸机联队在搜索这艘巡洋舰时取得的成果也不多。在德军夺取斯塔万格—苏拉机场后，第 30 轰炸机联队的反舰专家们就将这个机场作为他们扫荡北海的前进基地，从 4 月 11 日起，该联队就有一部驻扎于此。4 月 17 日上午，共有 28 架 Ju-88 轰炸机随时待命，它们大部分属于第 2 大队，也包括一些驻扎在韦斯特兰的飞机。它们分成小队在 10: 00 到 13: 00 之间起飞。这 28 架飞机中，有 12 架在离海岸 100 千米处发现并攻击了“萨福克”号。第 30 轰炸机联队的飞行员此时已经完善了他们的反舰战术，擅长从多个方向和高度对目标实施大角度俯冲。这天上午早些时候，邓福德上校已经领教过第 4 轰炸机联队和第 26 轰炸机联队威胁较低的水平轰炸，他以为这一次德

第26轰炸机联队第7中队的He-111正在搜索猎物。（作者的收藏）

军还会故伎重演，于是把这艘巡洋舰的舷侧转向最近的敌机以方便高炮瞄准。如此一来，“萨福克”号在第 30 轰炸机联队经验丰富的飞行员眼中成了更容易击中的目标。[59]

10: 37，一枚 500 千克炸弹命中这艘中巡洋舰的 X 炮塔前方不远处。它先是穿过军官餐厅、士官长住舱和几间储藏室，然后在船舱甲板左侧，后轮机舱舱壁与 X 炮弹舱和发射药处理舱之间的位置爆炸。冲击波在轮机舱中制造了一场浩劫，并引爆了发射药处理舱中的一个药包，后者产生的火焰通过扬弹机钻进 X 炮塔，随后引发的爆炸又掀飞了炮塔顶盖。此外，Y 炮塔也失去作战能力。火焰从多个舱门及发动机舱排气总管窜出，引发的火灾蔓延到主桅杆的斜桁，烧毁了军旗。爆炸还造成多处结构损伤，弹片更是造成大面积破坏。肆虐的大火直到人们往弹药舱注水才得到控制。不到 20 分钟时间，这艘巡洋舰就进水 1500 吨，它的速度也降到了 18 节，后来又降至 15 节。无线电装置失灵，信号只能通过目视手段发到“吉卜林”号，再由后者转发。由于油舱破裂，舰尾出现一道可供飞机跟踪的明显油迹。

这天上午，英军继续派出“布伦海姆”和“哈德逊”搜索，但都没有找到这支舰队。然而原计划在中午攻击苏拉的 12 架“布伦海姆”却纯属偶然地撞见了德军的攻击机群。第 107 中队的恩布里中校并不是十分清楚眼前的情况，但他认出被德军轰炸机攻击的是英国军舰，便不顾自身挂载了大量炸弹，决定出手相助。他希望德军把它们错认成“布伦海姆”IV–F 型战斗机，命令 5 架飞机跟着他攻击敌机，其余飞机继续飞向苏拉。恩布里的这个计策成功了，这些轰炸机吐着火舌俯冲下去驱散了德军飞机，后者大多掉头返航。但是这些“布伦海姆”也因此分散开来，等到恩布里到达苏拉上空时，守军已经因为第一队飞机而全神戒备。两架“布伦海姆”被 Bf–110 击落，第三架受了重伤，在洛西茅斯着陆时坠毁。[60]

在“萨福克”号遭到的攻击达到高潮时，本土舰队总司令发来一份电报，说是“反击”号与“声望”号已经带着护航舰艇从斯卡帕湾赶来。邓福德上校的答复是，他建议这支舰队与自己保持距离，同时请求紧急提供空中支援。在下午，速度大减的“萨福克”号继续西进时，第 30 轰炸机联队的 Ju–88 还是不断袭来。操舵电动机一度发生故障，导致这艘巡洋舰无法采取规避机动。13: 25，两枚500千克炸弹在右舷外五六米处，比已经被毁的X炮塔略微靠近船艉的地方爆炸。除了弹片造成广泛破坏外，这艘巡洋舰的整个后舱都被水淹没，情况到了令人绝望的地步。

13: 15，第233中队的3架“哈德逊”终于找到了“萨福克”号和它的护航舰船。已经饱受折磨的舰队高射炮手们不敢怠慢，他们不顾这些英国飞机反复发出的识别信号，用猛烈的炮火迎接了它们。半小时后赶到的第801和803中队的9架“贼鸥”也遭到射击，但它们最终让舰上人员认出了自己的身份并在舰队上空巡逻。下午，第4轰炸机联队又派出24架He-111进行最后一次攻击。其中11架找到了“萨福克”号，但此时“贼鸥”和“哈德逊”已经建立起有效的防护网，基本上没有炸弹能落到这艘巡洋舰附近。到了15: 15，最后一架亨克尔飞机离开，它的磨难终于结束了。

“萨福克”号受到的损伤。4月18日抵达斯卡帕湾时，它已经明显向左侧倾斜，后甲板没入水下，龙骨前端则与水线齐平。（帝国战争博物馆供图）

虽然记录显示德军共进行了 33 架次的攻击（21 架次水平高空轰炸，11 架次俯冲轰炸），但“萨福克”号只挨了一发直接命中弹和三发近失弹。在近七个小时里，统计到的炸弹溅起的水柱共有 88 道。德国空军动用了至少 60 架轰炸机，其中大约 23 架发现并攻击了英军舰队。但是德国飞行员们始终没能实施集火攻击或多方向的同时攻击，因为投入攻击的编队都太小了。虽然英军炮手报告至少击落一架敌机，但攻击机实际上无一损失。[61]

“萨福克”号在 4 月 18 日晚些时候终于到达斯卡帕湾，此时它已经明显向左侧倾斜，后甲板没入水下，龙骨前端则与水线齐平。由于船舵全毁，邓福德靠螺旋桨调整航向，行驶了至少 160 海里。损管人员为它的幸存立下大功。舰员中有 32 人阵亡，38 人负伤——其中许多被严重烧伤或烫伤。为了防止这艘船沉没，邓福德在朗霍普（Long Hope）坐滩进行临时修理，并最终于 5 月 5 日驶向克莱德。“萨福克”号将在近一年的时间内都无法战斗。[62]

为了避免“萨福克”号沉没，邓福德上校在朗霍普坐滩进行临时修理。（帝国战争博物馆供图）

第八章

卑尔根

等待后续命令

1940年，卑尔根的人口大大超过10万。这些人中，4月8日星期一晚上感到特别焦虑的并不多。他们通过电台广播和新闻报纸得知了英军的布雷行动、“里约热内卢”号的沉没和德国舰队的出海，但是基本上没有人认为这些事件会给自己带来多大影响。以前也有过侵犯中立的事件，这一次很可能和以往一样，在政府抗议之后就不了了之。这是一个黑暗而寒冷的夜晚，伴着凛冽的寒风，湿雪开始落下，大多数人都留在室内。到了午夜时分，整个城市都进入了梦乡。

在马林霍尔门海军基地的指挥部里，第2海防区司令卡斯滕·汤克–尼尔森少将能够与海军总参谋部的情报与通信中心，其他海防区，驻特隆赫姆、莫吕（Måløy）、海于格松和斯塔万格的下属指挥官，还有卑尔根要塞联系。他还和陆军、海岸警卫队，以及航空作战中心建立了联系。但是部署在这个海防区的舰船大多没有舰载电台，大多数舰长需要去岸上找一部电话才能报告和领受命令。

第2海防区司令卡斯滕·汤克–尼尔森少将。（挪威王家海军博物馆供图）

第2海防区最现代化的军舰是布雷舰“奥拉夫·特吕格瓦松”号，正在霍滕接受升级改造。鱼雷艇“暴风”号（*Storm*）、“烈火”号（*Brand*）、“海豹”号（*Sæl*）、潜艇B6号和驱逐舰“加姆”号（*Garm*）都是速度慢、武备差的老船，不是任何现代化海军舰艇的对手。不过，它们的鱼雷仍有可能一击致命。汤克－尼尔森手下还有四艘布雷舰和两艘扫雷舰，但是除了承担布雷和扫雷任务以外，它们没有任何作战价值。在弗拉特岛（Flatøy）海军航空兵基地，曼斯海于斯（Manshaus）少校有两架 He-111 和三架 MF-11 水上飞机。[1]

进入卑尔根港的路线有好几条。为了控制它们而修建的卑尔根要塞拥有一条由掩护雷区的小炮台组成的外围防线 [赫德拉（Herdla）炮台和霍于（Håøy）炮台在北面，费尔岛（Færøy）炮台在西面，莱瑞（Lerøy）炮台在南面]，两个主炮台 [克法芬（Kvarven）炮台和海伦（Hellen）炮台] 在一个鱼雷发射台支援下保护港口本身。这个要塞是 19 世纪 90 年代设计的，当时潜在侵略者的军舰装备了很多大炮，但航速缓慢。然而到了 1940 年，主炮台就显得离城区太近，无法提供有效防御了。曾有多个委员会建议用更大的火炮加强外围炮台以扩大防御范围，但是在国防预算有限的情况下，这些建议都不了了之。[2] 作为替代措施，在各个岛屿和山头建立了一套由观测和信号站组成的网络，以求为炮台争取准备时间，理论上它们还能引导间瞄炮火。

从克法芬炮台的210毫米炮位向北眺望西碧湾对岸。（克努森/塞达尔的收藏）

卑尔根要塞的指挥官居纳尔·伊萨克森·维洛克（Gunnar Isaachsen Willoch）上校是汤克－尼尔森少将的下级，并且担任他的副手。他的炮台守军都是第三批中立警戒人员，3 月才应征入伍，没有多少时间接受训练和熟悉装备。士兵们大多在 35～45 岁之间，充其量只受过基本的军事训练。没有一个士兵打过实弹，甚至军官中打过实弹的也寥寥无几。各炮台也没有用于防御陆地方向的步兵。

由佩德·沃格（Peder Waage）少校指挥的克法芬炮台有三门 210 毫米圣沙蒙大炮和三门 240 毫米榴弹炮。炮台里共驻扎了大约 60 名军官和 400 名士兵，包括参谋人员、高炮射手、探照灯操作员、信号站人员、通信和情报人员。三个信号站都安排了人手，其中一个在克法芬山的高处，一个在莱德霍恩山（Lyderhorn），一个在大孔斯海于格山（Store Kongshaug），全都能俯瞰从南面进入卑尔根的通道。

克里斯滕·瓦尔德（Kristen Valde）少校指挥下的海伦炮台有三门 210 毫米圣沙蒙大炮。由于部分人员患病和休假，4 月 8 日下午炮台只有 9 名军官和 83 名士兵。位于桑德维克斯峰（Sandviksfjellet）的炮连的榴弹炮和 65 毫米火炮完全无人操作。

维洛克在德军入侵后提供的报告中非常明确地指出，这些火炮和它们的瞄准机构都已过时，特别是笨重的弹药搬运不便，导致无法快速射击。但是这些火炮被保养得很好，4 月 9 日上午，它们一度工作得相当出色。最后它们的闭锁机构出了问题，由于能确保火炮持续射击的技术人员远远不够，射速才慢了下来。测距仪普遍状况良好，但操作员只有借助日光或探照灯光才能用这些光学设备看到目标。最严重的缺陷是弹药状况不佳，一些炮弹的引信已经存放了 20 年之久。

外围炮台装备的是 65 毫米或 57 毫米火炮和探照灯，此外还各配备一个信号站。每个炮台都有一艘护卫舰和若干与其相关的辅助船只。但是当时并没有布雷，而维洛克认为，这些外围炮台“没有任何意义”，除非雷区已经布设完毕。布雷的决定要由国防大臣做出，也就是说，权限握于政府之手。[3]

卑尔根周围部署了三个重型高射炮连，每连装备两门 75 毫米高射炮和几挺柯尔特机枪。一个连在克法芬附近，一个连在海伦附近，第三个在城区以南。

在内港东北侧的中世纪古堡——卑尔根胡斯堡（Bergenhus Castle）中设有陆军第 4 军区司令威廉·斯特芬斯（William Steffens）少将的指挥部。如果动员全部完成，第 4 旅应该有四个营的兵力（第 9 步兵团和第 10 步兵团各两个营）。但是当时按照轮换原则，在任何时候都只征召一个营。4 月 8 日，卡尔·斯特纳森（Carl Stenersen）少校指挥的第 9 步兵团第 1 营的 775 名官兵部署在卑尔根以南的于尔芬（Ulven）兵营。虽然大部分士兵（年龄基本都在 25 岁以上）是 3 月才应征的，但有许多军官已经服役了一个或更多役期，经验颇为丰富。陆军与海军之间的沟通在冬季很有限，除了陆军应该在海军提出请求的情况下向炮台部署应急部队外，并没有什么达成一致的事项。

在汤克－尼尔森少将看来，英军在 4 月 8 日的布雷行动使前几天就令人很不安的事态雪上加霜。他担心这些布雷行动会导致德军采取反制措施，从而使局势更加紧张，最终无法控制，将挪威卷入战争。曼斯海于斯少校在这一天奉命沿海岸进行侦察，但是回来的飞机都报告没有异常。当天上午，汤克－尼尔森致电海军总司令请求指示。双方的对话发展成一场常见的争吵，他被要求除了“遵守中立指示”外不能采取任何措施。汤克－尼尔森十分恼火，他命令防区内所有舰船，除看管英军所谓雷区的以外，必须全都完成燃油、物资和弹药的补充，并开赴作战部署位置。卑尔根要塞和航空兵部队也接到了备战命令。汤克－尼尔森对已经实施的措施感到满意，随后又给陆军第 4 军区打了电话。斯特芬斯少将也认为局势严峻，但是和以往一样，这两位军官没有确定任何协同措施。

在 14: 00 前后，马林霍尔门接到海军总参谋部多份关于德国舰队通过丹麦水域的电报。汤克－尼尔森再度致电奥斯陆，这一次和他对话的是丹尼尔森（Danielsen）上校，此人向他保证，海军总参谋部非常了解德军的活动，但他们都认为这些德国军舰的目的地不是挪威，而是“别的地方”。[4] 不久以后，关于“里约热内卢”号在利勒桑附近沉没的第一批消息传来。接着又有电报称，幸存的船员穿着军装，还声称他们要前往卑尔根“帮助挪威人抵抗英国人的侵略”。15: 39，从科珀维克发来一份电报，说那里有许多德国船只接到了德国大使馆让它们等待后续命令再行动的指示。[5] 这个情报在 16: 00 被转发到海军总参谋部。

汤克－尼尔森确信德国人正在开展进攻挪威的行动，而卑尔根极有可能成为目标，于是他在马林霍尔门召开了会议。他手下的参谋人员和高级军官全部到场，包括基地内各艘舰船的舰长。维洛克没有被邀请与会，汤克－尼尔森认为在会后给他打个电话就已足够。这不能不说是个严重的错误，维洛克是汤克－尼尔森的副手，除了负责要塞的备战，他还需要了解当时的整体形势以及其他人接到的命令，这样才能与他们充分合作，并在必要时接管指挥权。有可能汤克－尼尔森喜欢把“炮兵”当作独立的指挥体系来处理，如果确实如此，那么这真是非常不幸。岸防炮兵是几年前才划归海军的，它与海军其他兵种之间仍然存在着关于能力、资历和战术的分歧。从维洛克的报告来看，他显然并不乐意接受来自“海军”的命令，而是将他自己视作“唯一有权指挥要塞的人”。[6]

在这次会议上，汤克－尼尔森梳理了手头的情报并得出结论：德国发动侵略的威胁是实实在在的。他也特别强调，海军总参谋部和国防部都没有下达任何命令，因此《中立法案》仍然适用。在随后的讨论中，众人都认为德军很可能在同盟国援助来临之前进攻。关键是，在外围防线巡逻的军辅船要正确识别入侵者身份并迅速报告指挥部，要尽可能避免对英国舰船开火。[7]德军最有可能从南路经科尔斯峡湾进入卑尔根，鱼雷艇“暴风”号的艇长托尔莱夫·彼得森（Thorleif Pettersen）少尉建议把他的船部署在该峡湾禁区边缘的内侧，把“烈火”号和“海豹”号部署在禁区更深处，这个建议被采纳了。外国军舰不得进入禁区是各方都早已熟悉的规定，因此如果它们强行经过军辅船进入，那就构成侵略行为，挪威军队可以按照《中立法案》以武力制止。

鱼雷艇“暴风”号的艇长托尔莱夫·彼得森少尉。（挪威王家海军博物馆供图）

在会后，汤克－尼尔森向卑尔根要塞、弗拉特岛航空基地和他指挥下的海军舰船发布一般指示，要求各部注意当晚可能发生的变故，各级人员都要保持“加强的戒备”并“做好战争准备”。各舰长和指挥官在很大程度上有权自行解释这一指示。维洛克上校接到了一通总结局势并确认备战指示的电话。一些驻扎在卑尔根以外的军舰的舰长，例如“阿戈尔”号的布鲁恩和“尸鬼”号的霍尔弗，也都接到了电话，内容是告诉他们在形势危急时必须根据自身的判断独立行动。在弗拉特岛，曼斯海于斯少校开始准备他的飞机，以便在黎明时起飞。

18: 40，海军总司令向维洛克和汤克－尼尔森发来电报，命令在外围炮台部署重机枪及配套弹药。19: 00 前后，又收到两份来自奥斯陆的电报。第一份电报声称，来自哥本哈根的报告确认一支搭载陆军部队的德国舰队正通过大小贝尔特海峡北上。第二份电报要求卑尔根方面通过电话报告是否有可能动员一个禁卫连保护卑尔根要塞。汤克－尼尔森致电斯特芬斯少将讨论这一问题，但是这两位在其他情况下很果断的军官还是没能就任何具体措施达成一致。[8] 汤克－尼尔森在 22: 00 给海军总司令办公室打了电话。他确认可在必要情况下安排陆军部队，同时请求上级批准在进入卑尔根港的航道上布雷。他通过丹尼尔森上校得到的答复简短而令人失望：“等待后续命令。”这样的命令自始至终都不会来，因此汤克－尼尔森少将的行动自由依然受限。

22: 18，海军总司令通过公共广播电台发布命令，要求熄灭位于卑尔根南入口附近的马尔斯泰宁（Marsteinen）以北的所有灯塔。汤克－尼尔森再次把电话打到奥斯陆，想和海军总司令讨论局势，但是总司令和参谋长科内柳森都不在办公室，和少将对话的又是丹尼尔森。汤克－尼尔森询问，作为最起码的预防措施，是否可以熄灭乌特瓦尔（Utvær）以北的灯塔和卑尔根周围内侧航道的灯火。这个建议被采纳了，而且在命令转发给灯塔管理人后立即得到执行。[9] 马林霍尔门也实行了灯火管制，军方还致电当地警察局长，建议关闭路灯。汤克－尼尔森和他的参谋们当晚都留守在马林霍尔门，但是几个从白天起就一直值班的士官和军官在临近午夜时获准回家。

维洛克上校在与汤克－尼尔森通话后命令各炮台进入“一级状态”。这意味着增加岗哨并派人在炮位和指挥所值守。实弹被吊运到炮位上，高射机枪也进入发射阵地。截至 22: 00，所有炮台都确认“准备完成”。至于这些措施在多大程度上提高了炮台的战备水平、实现了少将的意图，则是值得商榷的。当时没有启动任何正规程序或实际准备，大部分士官和军官都以为这只不过是又一次演习。克法芬下方的鱼雷发射台没有得到进行准备的命令——这个疏忽并没有令人满意的解释。维洛克后来给出的理由是，海军总司令曾经直接命令他不要为中立警戒任务准备鱼雷发射台，因此既然没有发生动员，他也就无权进行准备。但是他从未请求改变这一命令，而其他所有人似乎都忘记了这个鱼雷发射台的存在，或者想当然地以为它正在进行战斗准备。维洛克在 22: 00 驱车前往海伦炮台视察准备情况。一个半小时后，在返回克法芬途中，他到马林霍尔门与汤克 – 尼尔森进行了对话。就在他停留期间，关于入侵者进入奥斯陆峡湾的第一批电报传来，于是维洛克让他的副官夸门（Kvammen）少尉通过电话提醒各个炮台。在离开时，汤克 – 尼尔森给维洛克下了让所有炮台对试图进入卑尔根禁区的战舰开火的命令。[10]

正指挥第三战斗群逼近卑尔根的侦察舰队代理司令胡贝特 · 施蒙特少将得到的命令是，在威悉时（挪威时间 04: 15）把舰队搭载的部队送上岸。一份日期注明为 3 月 24 日的作战命令指示，如果进入时遭到巡逻艇或岸防炮台盘问，应该用英语回答“到卑尔根作短期访问，没有敌意”。“科隆”号应该自称为“英国战舰‘开罗’号”,而“柯尼斯堡”号应该自称是“英国战舰‘加尔各答’号”。德国人希望这次入侵不会遭到反抗，但是如有必要，这些军舰应该在登陆时提供火力支援并保护桥头堡，对抗此后英军的海空攻击。一旦部队建立起稳固的防线并控制各炮台，巡洋舰和鱼雷艇就要离开，以避免被困于当地。

午夜过去半小时后，施蒙特的舰队以 10 节航速经过已经熄灯的马尔斯泰宁灯塔以北，不久以后就进入了卑尔根航道的南入口——科尔斯峡湾。峡湾内部的一些导航灯并未熄灭，舰上人员可以清晰地辨认出群山和较大岛屿的轮廓，从而保持正确航向。片刻之后，舰队就遭到一艘挪威巡逻艇的盘问。[11]

进攻

军辅船“芒厄尔”号（*Manger*）就在科尔斯峡湾入口内侧巡逻。在峡湾更深处,“林多斯”号（*Lindaas*）监视着第一段狭窄航道莱瑞森（Lerøyosen）的入口。

临近 01: 00 时，舰桥上的比格尔·布吕希尔森（Birger Brynhildsen）少校看见一艘战舰黑漆漆的身影正在驶向峡湾深处，瞭望员报告说它后面还跟着其他船只。布吕希尔森一边按规定用闪光信号灯询问来船身份，一边发射两发红色信号弹，通知莱瑞炮台和峡湾更深处的信号站。有一个信号站向马林霍尔门打了电话，后者收到这一消息的时间是 01: 10。

直冲云霄的信号弹照亮了舰队的一部分，此时在为首的两艘船中较大那一艘的上层建筑上，一盏信号灯开始闪烁，布吕希尔森少校不知道的是，那艘船就是"科隆"号。它发送的信号是"HMS *Cairo*"（英国战舰'开罗'号），但是"芒厄尔"号上的人却把它认作德语"Sei ruhig"（冷静一点），确认了入侵者是德国人。[12] 于是"芒厄尔"号又打了两发信号弹，并用灯光向离得最近的信号站发送消息"五艘大型和两艘小型德国军舰已经过我处"，后者在 01: 35 将其转发至马林霍尔门。当下一艘军辅船——位于博恩斯唐恩（Børnestangen）的"林多斯"号——观察到德国舰队时，又有更多信号弹飞上天空。"科隆"号再次发送信号"HMS *Cairo*"，舰队也继续前进。[13] 与此同时，两艘经过改装的拖网渔船"9 号船"（Schiff 9）和"18 号船"（Schiff 18）跟在德军编队后方，按计划这两艘船要在登陆时提供协助，并处理港口交通、布雷等事务。[14]

汤克－尼尔森少将在 01: 10 接到报告，又在 01: 35 确认入侵者是德国人，便向奥斯陆的海军总司令迪森打了电话。很显然，迪森除了援引《中立法案》，还是没有给他任何指示。《中立法案》的规定是，对进入禁区的战舰应该进行盘问，如果对方拒绝回头，应该视其为有敌意，并对其开火。于是汤克－尼尔森在马林霍尔门的情报与通信中心召集手下大部分参谋和高级军官开会，众人进行了热烈的讨论。[15]

位于索特拉（Sotra）岛的布雷舰"提尔"号（*Tyr*）的舰长约翰·乌尔斯特鲁普（Johan Ulstrup）少校是监视南方航道的各舰船的总指挥。他 00: 30 从马林霍尔门接到入侵者进入奥斯陆峡湾的通知，随后便下令给"提尔"号上装载的水雷加装引信并做好准备。一个小时后，乌尔斯特鲁普接到"芒厄尔"号所发信息的抄送，随即请求在莱瑞森的狭窄航道中布雷。马林霍尔门的汤克－尼尔森少将决定不再等待奥斯陆的指示，独立自主地批准了布雷。仍在马林霍尔门的鱼雷艇“海豹”号和“烈火”号奉命立即出动,分别前往莱瑞和阿尔沃(Alvøy)攻击入侵者。布雷舰“乌勒尔”号(*Uller*)接到了在北方狭窄航道布雷的命令，而驱逐舰“加姆”号奉命南下穿过耶尔特峡湾(Hjeltefjorden)，准备在入侵者到达西碧湾(Vestre Byfjord)时发起鱼雷攻击。潜艇B6号的艇长埃里克森(Eriksen)少校接到了尽快让他的艇做好准备并转移到弗拉特岛的命令，他可以从那里出发，攻击黎明后进入卑尔根港的舰船。[16]

汤克－尼尔森在02: 30给卑尔根胡斯的斯特芬斯少将打了电话，向他通报最新局势。此时挪军已经判明，德军舰队直奔卑尔根港而来，没有像大多数演习预计的那样前往这座城市郊外的登陆场。[17] 两人一致同意立即采取行动，因此斯特纳森少校很快接到命令，带着他的营(第9步兵团第1营)赶赴卑尔根，在于尔芬只留少数兵力作为后卫。03: 35，陆军总参谋部发来一份电报：“第4旅应动员所有单位。隐秘动员。第一个动员日为星期五。”斯特芬斯认为这个命令很荒谬，便指示他的参谋长普兰(Pran)少校通知奥斯陆，除非得到其他命令，否则第4旅将在4月10日动员，此外他还关闭了电话局。04: 30，斯特芬斯和他的参谋部离开卑尔根胡斯，为的是前往通向沃斯(Voss)的铁路沿线的奈斯顿(Nestun)，建立更安全的指挥部。[18]

维洛克上校回到克法芬后，快速视察了一遍炮台，对看到的情况感到满意。01: 20，汤克－尼尔森打来电话，告诉他已有军舰进入禁区，如果它们到达莱瑞以北区域，他就应该用间瞄火力攻击它们。维洛克回答说这不可能办到，因为观测所的测距仪在黑暗中无法使用。汤克－尼尔森只能接受炮台只有等入侵者进入西碧湾才能开火的事实，他强调届时务必开火。[19]

维洛克拉响了警报，然后和他的参谋部一起转移到炮台内部的指挥地堡。截至01: 30，所有炮位都报告准备就绪。他没有尝试给副炮和任何机动炮兵单位分配人手。榴弹炮连一号炮的炮长卡尔索斯(Kalsås)少尉后来写道，他的炮组对给大炮装填实弹的命令感到迷惑。以前从来没有执行过这样的操作，炮位里没人知道究竟发生了什么。[20] 克法芬下方的鱼雷发射台也接到了警报信号，但是他们报告说至少需要12个小时才能做好准备，部分原因是装备出于安全考虑被存放在异地。[21]

卑尔根要塞的指挥官居纳尔·伊萨克森·维洛克上校。（艾伦·M. 维洛克供图）

在准备过程中，民防部门向要塞询问是否反对在城里实施灯火管制。克法芬炮台和海伦炮台都是连接到公用供电网络的，如果电力被切断，就会影响到大炮、指挥所、弹药升降机和探照灯。除了其他困难外，重达 140 千克的炮弹将不得不由炮手们通过绳索和钩环来搬运。维洛克一时犹豫不决，但最终还是同意断电。后来他声称自己是把城市的安全置于炮台的便利之前，但是有可能他并未充分认识到批准断电给要塞作战能力带来的影响。探照灯部队的指挥官如果在场，几乎肯定会反对这个使他的设备失去作用的措施，但是他当时正好在休假，而炮台也没有指定别人代理他的职务。于是电力在 01: 45 被切断，卑尔根的大部分地区都陷入一片黑暗。[22]

彼得森少尉在会后按照约定指挥鱼雷艇“暴风”号离开卑尔根，于 22: 00 前后在莱瑞炮台附近占领阵位。彼得森的艇上没有电台，他不知道的是，另两艘鱼雷艇“烈火”号和“海豹”号都没能及时离开马林霍尔门,因为尽管有“加强戒备”的命令，它们的艇长还是让大部分艇员上岸休假了。此时他站在这艘孤零零的鱼雷艇狭小的舰桥上眺望海面，在会议上听起来颇为牢固的防线显得脆弱异常：

我必须承认，由于时间不断流逝，另两艘鱼雷艇却始终没有出现，我感到非常孤独。再加上必须为战争做准备，而且极有可能不得不攻击优势的敌军，我产生了一种灰心丧气的无力感。但是一想到有人可能在考虑用武力入侵我们的国家，我又感到非常愤怒。对近在眼前的未来，我的心中充满恐惧。另一方面，德国人作为侵略者来犯，又让我有一种还击的渴望……等待很漫长，这是一切作战行动中最难熬的阶段。对付过去的办法就是别让艇员闲着，而我们确实有许多事要做。我们的鱼雷瞄准装置是40年前为另一种战争设计的，在黑暗中不是很好用。我计算了对航速16节的目标的瞄准角度，然后我们相应地调整了发射管。这样一来，我就能直接对准目标，在预先设定的距离上开火。此外，这还能减少“暴风”号在攻击关键阶段的投影面积，让她不是非常显眼。[23]

01: 00刚过，第一批信号火箭就画着弧线飞向西南方的天空。入侵者！“暴风”号随即转向科尔斯峡湾，甲板上的所有人都接到了眺望海面寻找敌舰的命令。过了大约一个小时，在莱瑞炮台探照灯的光柱下，几艘战舰出现在海峡中。为首的大型战舰速度太快，已经开了过去，因此彼得森瞄准了跟在后面的一艘船。02: 20，他从大约1200米距离射出一枚鱼雷，目标很可能是“卡尔·彼得斯”号。德方巡洋舰始终没有注意到这次攻击，但S21号和S24号上的人看到了鱼雷发射，立刻追击挪军鱼雷艇。[24]这两艘S艇的航速能达到40节，而“暴风”号只有16节，双方的距离迅速缩短。彼得森命令轮机舱开足马力，驶向莱瑞以东几个小岛之间的一条狭窄航道。轮机长一屁股坐在安全阀上将它堵死，使这艘老船达到了

鱼雷艇“暴风”号。（挪威王家海军博物馆供图）

前所未有的速度。最终它比 S 艇抢先一步进入那条航道，消失在阴影中。德军不敢继续追击，掉头回到了编队中。双方在此过程中都没有开火。“暴风”号还剩一枚鱼雷，彼得森决定在莱瑞以北再次攻击。但是没等他赶到那里，德军就已经扬长而去，于是他回到莱瑞森，等待他预计会跟在舰队后面的运兵船。[25]

在狭窄的航道中导航很困难，因此第三战斗群接近莱瑞森时航速进一步放慢。“提尔”号已经开始布雷，但只布下七颗水雷德国舰队就已驶近，乌尔斯特鲁普少校不得不暂停布雷以避其锋芒。“科隆”号舰桥上的人没有意识到“提尔”号在干什么，因此舰队在这艘布雷舰的信号弹和探照灯照耀下继续我行我素地前进。“豹”号向“提尔”号打出“British destroyer”（英国驱逐舰）的信号，“科隆”号照例还是打出“HMS *Cairo*”，不过这两个信号都没有被挪威人看懂。“提尔”号布下的水雷全都没来得及激活，未能给第三战斗群造成任何威胁，这是因为海水需要过一段时间才能溶化水雷的保险机构，使引信开始工作。

德军舰队还一度被莱瑞炮台的探照灯照射。“科隆”号打出英语信号“Entering Bergen for short visit”（进入卑尔根作短期访问），但是这一信息未被理解。鉴于这些船已经进入禁区，经过一次警告射击后，坦根（Tangen）少校命令他的两门 65 毫米炮对准目标射击。这两门炮对位于纵队后部的船只打了 15 发炮弹。“9 号船”挨了一发近失弹，不过只受到轻微破坏。虽然两艘拖网渔船都暂时后退，德国人的军舰还是继续通过莱瑞森，而且没有还击，施蒙特以为来自莱瑞炮台的炮火都是警告射击。不久以后，舰队前方出现两艘商船，它们看到军舰便掉头返回。令施蒙特恼火的是，为了避免在狭窄的瓦特尔斯特劳曼（Vatlestraumen）海峡里超越它们，他不得不进一步放慢速度。[26]

鱼雷艇“海豹”号在 02: 30 离开马林霍尔门。大约一小时后，它在瓦特尔斯特劳曼海峡中绕过一个岬角，与第三战斗群的舰船狭路相逢。“海豹”号的艇员们匆忙操作枪炮和鱼雷发射管，而“科隆”号开始用英语发送信号。居尔布兰森（Gulbrandsen）准尉在狭小的舰桥里全神贯注地操艇规避，始终没有注意德军的信号。在这次遭遇后，惊魂未定的他把船开进多尔维克（Dolvik），在那里遇到了中止布雷后躲进来的“提尔”号。乌尔斯特鲁普少校命令“海豹”号追击德军，但是这艘鱼雷艇磨蹭了一段时间才出发，而且居尔布兰森最终觉得“天色太亮”，不愿冒险发起任何攻击。与此同时乌尔斯特鲁普把“提尔”号开进瓦特尔斯特劳曼海峡的南入口，在那里又布设了16颗水雷。[27]

第三战斗群在03: 40前后到达西碧湾前最后一个岬角处的斯坦根灯塔（Stangen Light），然后暂停前进，“柯尼斯堡”号脱离编队，S21号、S24号和两艘拖网渔船紧随其后。[28]按照计划，这艘巡洋舰上搭载的陆军部队要转移到小船上，然后视战局发展，在靠近炮台处登陆以确保迅速将其攻占。换乘过程至少需要半个小时，鉴于时间紧张，施蒙特少将决定让舰队主力丢下“柯尼斯堡”号继续前进。此时“狼”号和S22号重新与舰队会合，施蒙特命令S22号也去陪伴“柯尼斯堡”号，并发信号让“牛虻”号、“卡尔·彼得斯”号、“狼”号和“豹”号跟着自己，在还差几分钟到04: 00时继续向海岬进发。[29]施蒙特起草的命令含混不清，因此“9号船”和“18号船”也跟随“科隆”号前进，没有按他的意图陪着“柯尼斯堡”号。鲁富斯（Ruhfus）上校也以为上级命令自己跟进，因此“柯尼斯堡”号也提高了航速，逼得S艇不得不加速追赶。不过最终这艘巡洋舰收到了澄清的命令，又退回隐蔽处继续让部队换乘。

施蒙特明白，所有突袭的机会都已丧失，但他还是让舰队保持中速，陆军人员留在甲板下方，舰炮分别指向舰艏和舰艉，企图尽可能长久地保持友好的形象。但是各舰都处于战斗部署状态，火炮已经装填炮弹，炮手全部就位。

克法芬炮台的各个炮位都设在一座陡峭的悬崖上，高出海平面一百五十米到数百米不等，拥有绝佳的射界。但是它们的有效射击区纵深只有3500米左右，一艘航速10节的船只要十一二分钟就能穿越这段距离。因此对克法芬的炮台指挥官来说，一旦发现目标就立即开火至关重要。大孔斯海于格山的信号站在03: 34报告说看见三艘军舰，大约15分钟后，又报告说发现了另外四艘。因此，守军预计这些军舰将会绕过岬角进入西碧湾。然而进入他们视野的却是两艘货船。“这是个意外，”维洛克后来写道，“如果这些船属于入侵者，那么让它们打头阵是非常不寻常的。它们看起来像是被强迫行驶在前方的民船。我觉得此时开火不妥，应该先等它们跑开足够的距离，让我们的炮火能够毫无风险地越过它们再说。结果，宝贵的时间就这样丧失了。”维洛克猜对了，这些货船并不是他要打击的目标，军舰在它们后面四五百米的地方。但是，他因此丧失的时间非常少。按照维洛克的说法，在测量军舰的速度和距离时，又过去了“几分钟时间”，但是这段时间很可能不像他后来回忆的那么长。根据德方资料，“科隆”号转进西碧湾后守军几乎立即开了火，时间是将近 04: 00。此时，“豹”号行驶在最前方，刚刚超越了巡洋舰的“狼”号紧随其后。而根据马克斯少校的说法，第一发炮弹落下时，“豹”号在峡湾中至多前进了 150 米。因此，守军看到“豹”号之后，肯定不到一分钟就开了火。[30] 在战争结束后，维洛克因为“坐失战机”而遭到指责，具有讽刺意味的是，这似乎正是源于他自己对事件的叙述，而不是实际情况。

沃格少校命令："210 毫米炮连射击第一艘船，240 毫米炮连射击第二艘船。”起初炮弹落点偏近，没有够到那两艘鱼雷艇。但落点随后不断接近目标，一发炮弹的弹片落到了“狼”号甲板上。两艘鱼雷艇都提高了航速，沿着之字路线驶向克法芬炮台的悬崖，企图进入火炮下方的死角。霍布瑟于（Håbsøy）的探照灯打开了，但是照明效果在雾霾中很差，测距手和火炮瞄准手们都无法清晰地看到目标。炮台指挥官们使用他们的双筒望远镜观察，但是在昏暗的光线下也找不到这两艘灵活的鱼雷艇。结果炮台一阵慌乱，耽误了射击。[31] 随后炮台将火力转移到“科隆”号上，因为它保持直线航行，是更容易瞄准的目标。虽然没有炮弹命中，但是有好几发近失弹，还有一发 210 毫米炮弹从两个烟囱之间穿过。因为挪军的炮弹落点多少有些飘忽不定，而且似乎都是单发射击而非齐射，所以施蒙特仍然认为这是警告射击，遂命令所有舰艇都不得开火。这艘巡洋舰的信号平台开始反复发送："Stop firing, English ship, good friends."（停止射击，英国军舰，好朋友。）[32] 克拉岑贝格（Kratzenberg）上校在“科隆”号的战争日记中写道："如果挪威人下定决心并做好充分准备，那么毫无疑问他们能够阻止德国舰队进入。”“豹”号上的马克斯少校在他的战争日记中写道，他发现挪军的炮火“漫无目标”，很可能是“意在挽回荣誉”，而不是为了击中这些舰艇。在他看来，守军占尽优势，“每一发炮弹应该都能命中”。[33]

在开始射击时，克法芬炮台将这一事实报告到马林霍尔门，并补充说没有遭到还击，请求上级确认是否应该继续射击。据情报参谋马斯特兰德（Marstrander）少尉称，汤克 – 尼尔森表现出了短暂的犹豫，考虑了双方发生激烈炮战会给城市带来的后果，但在参谋们的建议下，他还是确认应该继续射击。

克法芬山脚下的鱼雷发射台控制着卑尔根港的入口，但它的射击扇区很窄。（克努森/塞达尔的收藏）

当德军舰队接近克法芬悬崖下方的鱼雷发射台，并短暂地将航速提高到20节以上时，各舰上的气氛顿时变得紧张起来。结果没有鱼雷袭来，众人都长长出了一口气。“狼”号和“豹”号在04: 13灵巧地转进港湾，它们都一炮未发，也未出现任何损伤，几分钟后“科隆”号也开了进来。

当第四艘船出现在这艘巡洋舰身后时，榴弹炮台奉命将火力转移到这艘船上，它正是炮术训练舰“牛虻”号。炮台指挥官海于格斯塔（Haugstad）少校命令他的火炮逐一开火以获得正确的射击诸元，他估计第三发炮弹命中了目标。由于“科隆”号已经离开视野，奥尔森（Olsen）少校也把他的210毫米炮转向已经接近到在炮瞄镜中清晰可见的“牛虻”号。奥尔森后来声称他两次命中目标，一次打在前部的水线附近，另一次打在后甲板上。没有任何记录显示“牛虻”号的后甲板中弹。但是这艘船挨了许多发近失弹，很可能两位炮台指挥官都观察到了它们，且以为是直接命中。一发炮弹在水面弹跳后径直穿过“牛虻”号船艏薄薄的船壳，但是没有爆炸——这极有可能是一发210毫米炮弹。[34]在“牛虻”号钻进港湾后，榴弹炮还以间瞄的方式朝它打了两发，但是都没有命中。

炮火转向了下一艘船“卡尔·彼得斯”号，可是在目睹“牛虻”号中弹后，欣茨克（Hinzke）上尉掉头开向斯坦根。在朝反方向航行时，一发炮弹从船艉穿过前桅，虽然没有爆炸，但摧毁了测距仪。[35]

从海伦炮台到斯坦根的距离大约是 9 千米，但是瓦尔德少校的大炮基本没有射击死角，可以对通过西碧湾的舰船全程射击，并且把炮弹打进卑尔根港。在第一阶段的战斗中，维洛克没有让海伦炮台开火。毕竟大雾使观测无法进行，测距手和火炮瞄准手都报告“看不到目标”。随着德国舰队越来越近，终于可以通过光学仪器模糊地辨认出它们。瓦尔德估计离得最近的船在 7800 米外，当克法芬最终传来射击命令时，他大声地将这一数据通报给手下的炮长们。海伦炮台在这一阶段射了七八发炮弹。瓦尔德少校后来宣称有两发命中，但这并不正确，至少一发炮弹在陆地上爆炸。一号炮出了故障，不得不按照装填程序暂停射击。稍后它再次报告“准备就绪”，但驻退机在开火时毁坏，此后这门炮就再也无法使用了。二号炮的闭锁机构在每次射击后都膨胀过度，很难打开，导致射速减缓。三号炮运转良好，可是炮手短缺。炮长达勒内（Dalene）准尉亲自坐在瞄准手座席上，还有一些厨师志愿搬运炮弹。04: 15，瓦尔德下令“停止射击”。“我刚刚收到中央炮台的信号，说是我们自己的鱼雷艇正在克法芬附近准备发动鱼雷攻击，”他后来写道，“还有一份通信告诉我，我们的四艘军辅船中的一艘将要沿西碧湾北上，因此我决定停止射击，在昏暗的光线下我无法识别敌我。”炮击随即暂停。[36]

瓦尔德少校接到的通信中所说的鱼雷艇是“烈火”号。米特兰（Midtland）准尉在 02: 00 前接到汤克－尼尔森少将的命令，内容是开到斯坦根以南的阵位攻击入侵者。但是“烈火”号直到 03: 30 才做好出发准备，而在它离开前，给“烈火”号的命令又改为代替克法芬鱼雷发射台，因为少将刚刚得知鱼雷发射台无法作战。离开马林霍尔门后不久，就能听到克法芬方向传来炮声，米特兰准尉把他的鱼雷艇开进了位于格拉夫达尔（Gravdal）的港湾。鱼雷准备就绪，所有艇员都进入了战位。过了 15 到 20 分钟，第一批德军战舰就通过了入口。此时光照条件迅速改善，操纵鱼雷瞄具的延森（Jensen）下士能够清晰地看到 600 ~ 1000 米外的几个目标。他认为命中目标的机会很大，但令他苦恼的是，开火命令却迟迟未来。米特兰准尉非常年轻，担任艇长的时间并不长。他觉得此时天色太亮，“攻击成功的机会非常小，而且非常危险，因为敌人已经在峡湾中活动了”。于是米特兰把“烈火”号停泊在附近的码头，然后下船返回马林霍尔门，最终在 10: 00 前后到达——结果只能是被已经在那里控制了局面的德军士兵扣押。[37]

港湾里，“科隆”号试图锚泊在诺德勒斯（Nordnes）附近，但是因为船锚固定不住这艘船，它的位置不断变动。第 159 步兵团第 3 连的士兵们换乘舢板和摩托艇，在港湾东侧登陆，控制了这座城市名为桑维肯（Sandviken）的部分。接着他们分兵多路控制港口的这一侧，然后向卑尔根胡斯、电报局和火车站进发。到了 05: 15，多发白色信号弹从卑尔根胡斯升空，然后一面纳粹旗帜升起，标志着德军控制了东侧港湾。

负伤的“牛虻”号从拉克瑟沃格（Laksevåg）附近的临时锚地转移到斯科尔特格伦斯码头（Skoltegrunnskaien），在那里卸下了它搭载的部队和装备。“豹”号和“狼”号系泊于多克沙尔斯（Dokkeskjærskaien），第 1 连占领了该码头和那里的煤气厂，然后向马林霍尔门开进。

夹道鞭笞

按照命令要求，鲁富斯上校把“柯尼斯堡”号搭载的部队转移到三艘 S 艇和小快艇之后，就应该跟着其他舰船进入卑尔根港。他已经听到克法芬炮台传来的炮声，但由于旗舰没有还击，他也认为那只是警告射击。04: 40，鲁富斯下令“全速前进”，离开了斯坦根悬崖下的隐蔽处。

与此同时，在弗拉特岛，一架 MF–11 奉命于 03: 52 起飞，接着一架 He–115 在 04: 10 升空。这两架飞机接到的命令都是搜寻并攻击卑尔根港附近的舰船。斯文宁（Svenning）少尉一小时后驾驶那架 MF–11 返回，他报告说自己看到了入侵者，但是因为克法芬炮台已经在炮击它们，所以他觉得自己不便发起攻击。驾驶那架 He–115 的布格（Bugge）少尉在克法芬以北看见一艘船，于是从 3000 米高度投下两枚 250 千克炸弹，但是没有命中。接着他继续向西飞行，04: 30 前后在“斯坦根以南”又看见另一艘船。他驾驶这架亨克尔飞机俯冲到 1500 米，投下最后一枚炸弹，也没有击中目标。因为已经没有炸弹，布格便驾机返回了弗拉特岛。[38]

关于布格的报告和他实际攻击的舰船，存在许多令人困惑的地方。大约在同一时间，四烟囱驱逐舰“加姆”号正按照汤克－尼尔森少将攻击入侵者的命令，从北面接近西碧湾。舰长绍尔登（Skjolden）少校听到了克法芬炮台开火的声音，决定在斯坦根对面的耶尔特角（Hjelteneset）附近占领阵位。他在那里看到了刚从岬角后面隐蔽处开出来的“柯尼斯堡”号。按照绍尔登的说法，这艘巡洋舰朝他的驱逐舰开了火，于是他就掉头躲到了烟幕后面。与此同时，绍尔登看到一架“德国飞机”出现，便决定把他的驱逐舰开进附近的一个峡湾，在当天剩下的时间里，他一直停留在那里，并企图联系马林霍尔门。然而没有任何记录显示“柯尼斯堡”号发现了“加姆”号，更不用说朝它开火。鲁富斯上校明确表示，离开斯坦根时他的舰炮全都指向舰艏和舰艉方向，直到遭到克法芬炮台攻击后他才开火。不仅如此，此时在卑尔根上空也没有任何德国飞机。因此，布格可能是迷失了方向，在昏暗的光线下把“加姆”号错当成德国军舰，而绍尔登少校又被这架 He-115 和它的炸弹搞糊涂了，以为那是敌舰朝他射来的炮火。[39]

在“柯尼斯堡”号进入克法芬炮台的射界时，能见度已经有了一定改善，因此舰员们都打起了十二分精神。210 毫米炮的第一次齐射在 04: 43 来临，炮弹落点离这艘巡洋舰非常近：一发落在舰艏前方，一发落在 C 炮塔的右舷外 30 米处，溅起的水花浇透了后甲板，连轮机舱成员都被惊动了。鲁富斯仍然希望这只是警告射击，他命令从前桅楼用闪光灯发送英语信号“Stop firing – good friends”（停止射击——好朋友），同时仍然要求自己的舰炮不要开火。给轮机舱的指令依然是“全速前进”。下一次齐射终于让他醒悟。一发 210 毫米炮弹击中舰舯右舷，在水线处开了个大口子。这发炮弹似乎是在三号发电机舱的舱壁上撞碎了，没有正常起爆。碎片和弹片飞进三号锅炉舱，造成严重破坏。多条管道和电缆被切断，至少两条回路的蒸汽压力开始下降，导致航速降低。泄漏的机油被点燃，两个舱室的人员都不得不撤离。在损害得到控制之前，这两个舱室和上方的第二层甲板都被部分淹没。第二发炮弹击中与右前部 37 毫米炮座齐平的艏楼右舷。这发炮弹显然也在撞击时破碎：一部分继续穿过上层建筑下部和前烟囱，摧毁了左舷的一门 37 毫米炮；其余部分则穿透甲板，在下方引发多处火灾，击毁舱壁并切断管道和电缆，造成了停电。舰上出现大量伤亡。[40]

鲁富斯上校决定还击。他后来认为是“柯尼斯堡”号的舰炮打哑了炮台，但实际上它们的效果很有限：只有一发 150 毫米炮弹在 210 毫米炮连的二号炮附近爆炸，弹片钻进炮管里，使这门炮失去战斗力，另两门炮仍然继续射击。但是截至此时，长时间的实弹射击已经导致闭锁机构过度膨胀，一号炮在 04: 52 报告无法战斗。4 分钟后，三号炮也卡了壳。榴弹炮连虽然接到了射击“柯尼斯堡”号的命令，却没有开火，就在炮台指挥官沃格少校准备打电话询问原因时，维洛克上校却突然发来了要他停火的命令。[41]

“卡尔·彼得斯”号跟在“柯尼斯堡”号之后离开斯坦根。看到巡洋舰中弹，欣茨克上尉下令右舵开往奥尔斯维克（Olsvik），那是峡湾南边的一处小港湾，位于炮台射界之外。“卡尔·彼得斯”号在此处一直停留到 07: 00 以后。

在“柯尼斯堡”号上，蒸汽压力还在持续下降。火灾产生的呛人浓烟和破裂的排气管道中冒出的废气使损管团队处境艰难。电力驱动的舵机发生故障，不过很快被修复。一些水管也被击破，锅炉一度因为缺水而有损坏的危险，不得不关停至水管被紧急接合为止。进入港口的安全区域后，鲁富斯下令抛锚。但是两个船锚都未能抛下，导致这艘巡洋舰失去控制，随波漂流了几分钟。最后终于有一个船锚入水，“柯尼斯堡”号停在了峡湾西侧拉克瑟沃格附近。[42]

当克法芬炮台的炮火停歇时，海伦炮台的瓦尔德少校感到很困惑。他打电话询问情况，结果得知大部分炮手已经离开炮位，正准备在敌人的地面攻击下保卫炮台。瓦尔德随后致电马林霍尔门，得知那里也遭到了攻击，而且少将已经离开。他与留下的高级军官之一奥尔斯塔（Årstad）少校进行了对话，得到的命令是继续射击，能打多久就打多久。[43] 瓦尔德评估了一下局势，在 06: 00 过几分钟后又开了火。他和三号炮的炮长达勒内准尉后来都在报告中明确表示，他们瞄准了锚泊在约 4600 米外的拉克瑟沃格附近的巡洋舰。如此看来他们瞄准的是“柯尼斯堡”号，但是炮弹的落点却更接近正在附近将所搭载士兵转移到拖网渔船和 S 艇上的“科隆”号。炮台打了三次齐射，落点最近的炮弹离“科隆”号最多只有 5 ~ 10 米，但是它没有受到任何损伤。两艘巡洋舰都开炮还击，“柯尼斯堡”号进行了舷侧齐射，但“科隆”号只有 A 炮塔能瞄准挪军炮台。德军的所有炮弹都打得太低，只击中了炮台下方的悬崖。[44]

第一批德军飞机（第 4 轰炸机联队第 9 中队的 6 架 He–111）在 05: 00 过后不久到达卑尔根上空，与“科隆”号交换过识别信号后，它们在城市上空散开，开始投放传单。挪军的高射炮开了火，最终有一架飞机被击落。

当海伦炮台开火时，德军的亨克尔飞机向炮台俯冲，投下一连串的 250 千克炸弹。瓦尔德少校命令所有人员进入火炮后方的弹药库隧道。不久以后，他得知三号炮被击中，炮组死伤大半。当时炮位上已经有一些人被飞机扫射击伤，正在炮盾后面接受急救，结果一枚炸弹在医护人员中间炸开，5 人当场丧生，还有 6 人被炸伤。瓦尔德带着一名志愿者跑出隧道，想看看能做些什么。他们找来布盖住死者以便稍后安置，并帮助伤员进入防空洞。此时德军的两架飞机仍然在炮台上空盘旋，扫射落入视野的每个人。挪军的高射机枪一度进行了还击，但是效果甚微，而且在与一架亨克尔飞机对射时，汉斯·谢尔弗拉特（Hans Tjelflaat）军士受了致命伤。此后海伦炮台的大炮就再未开火。[45]

福星高照

汤克－尼尔森少将意识到德国入侵舰队即将成功进入卑尔根港，他在 04: 30 前后决定离开马林霍尔门，前往更安全的地方。参谋长谢尔斯特鲁普（Kjelstrup）上校、基地指挥官雅各布森（Jacobsen）上校和大部分官兵都留了下来。基地向克法芬炮台发出了少将已经离开的信号，但是维洛克显然始终没有收到。走到半山腰时，汤克－尼尔森能够看到港湾中的德国军舰正在卸下部队。他随后继续前往奈斯顿，并得知斯特芬斯少将已经在当地建立了临时指挥部。然而德军飞机也已经飞到这个小镇的上空，汤克－尼尔森和斯特芬斯觉得他们需要更多时间才能建立像样的防线。因此，他们 05: 30 坐火车前往沃斯，并在大约三小时后到达。但是在转移到沃斯后，汤克－尼尔森事实上就无法再对卑尔根一带发生的事施加任何影响了。[46]

与此同时，挪威第 9 步兵团第 1 营的士兵们抵达了马林霍尔门以南一千米处的克龙斯明讷（Krohnsminde）。其中一个连奉命前出，在几挺机枪的支援下占领了尼高斯（Nygårds）桥附近的阵地，另一个连则奉命向克法芬炮台急进，以协助那里的守军。[47]

谢尔斯特鲁普上校手下有二十来个水兵能用于防守这个海军基地，但是发现这些人的子弹加起来也不超过五十发时，他觉得任何抵抗都是徒劳无益的。于是他靠对话和谈判来拖住从“豹”号和“狼”号登陆的德军士兵，好让尼高斯桥的陆军士兵赶过来支援。虽然那些陆军士兵看到了德军逼近马林霍尔门，但是由于桥上和周边的街道上站满了被炮声惊醒、想弄明白发生了什么事的平民，根本无法开火。他们的军官觉得这个阵地无法久守,决定后撤到更好的防御阵地。于是马林霍尔门就在平静中投降了。[48]

“柯尼斯堡”号离开斯坦根时，几艘S艇也跟随其后，在克法芬炮台下方的指定地点将陆军士兵和海军岸防炮兵送上岸，这些人随后就开始爬向炮台。至少有一艘S艇撞上了水下的暗礁，导致螺旋桨和船舵受损。“柯尼斯堡”号的舢板驶向霍布瑟于，因为德军以为那里还有一个炮台。他们在那里只找到一盏探照灯，于是留下几名士兵看守，其他人穿过峡湾前往克法芬。

对“柯尼斯堡”号的炮击停止后不久，挪军指挥官就收到了多份关于德军登陆的报告。最危险的登陆场看起来是克法芬炮台下方的海斯特维肯（Hestviken），它靠近通向炮台和鱼雷发射台的主干道。05: 05，维洛克上校命令自己的部下离开炮位，进入炮台外围的防御阵地，炮台也就因此失去了作战能力。

约有160名德军士兵在海斯特维肯登陆。那里的少量挪军士兵都被俘虏，在枪口下被逼着给德军带路前往炮台。他们刚开始向山上攀爬，挪军的机枪就响了。几名德军士兵和两名挪军战俘当场身亡，还有许多人挂了彩。德军的进攻一时受阻，但是缺乏经验的挪军机枪手连续不断地扫射，过了一段时间，他们的弹药就开始紧张了。[49]随着机枪火力减弱，德军散开队形，利用地形掩护老练地推进。[50]S艇靠近岸边，用它们的20毫米机关炮精确射击。还有一些较大的军舰用它们的副炮提供支援。几架飞机也赶来投弹扫射。挪军机枪手不得不撤回炮台。接着德军又有一个排在克法芬角（Kvarvepynten）登陆，攀上另一边的山坡，与从海斯特维肯推进的友军一起逼近山顶。第三股德军在奥尔斯维克登陆，夺取那里的高射炮以后，也开始向克法芬推进。

巡视过外围防线后，维洛克通过电话联系第 9 步兵团的团长厄斯特比（Østbye）上校，询问步兵为何还不出现，这时外面又进来一个电话打断了他们。来电者是正在马林霍尔门的谢尔斯特鲁普上校，他说自己身边正站着一个德国军官，此人坚持要和“Der Kommandant”（指挥官）通话。

这个德国人是米勒（Müller）上尉，他敦促维洛克放下武器，以免再发生流血事件。当维洛克提到汤克－尼尔森少将和斯特芬斯少将时，米勒说这两个人都已经离开卑尔根，因此现在维洛克需要担起责任。维洛克不想给出任何答复，便把电话暂时挂断。然后他再次致电厄斯特比，终于确认被派去防守炮台的步兵本来应该早就到达了，显然他们遇到了麻烦。这时米勒又接通了电话，他宣称港口和马林霍尔门都已在德军控制之下，并威胁说，如果得不到建设性的答复，这座城市就会遭到轰炸。维洛克感到自己陷入了困境，他此时已经能听到枪声，并看到德军士兵出现在他的办公室外面，因此他判断除了投降别无出路。他在 06: 20 发出了停火的命令，截至 07: 00，克法芬炮台已经落入德军之手。此时三门 210 毫米炮中有两门已无法作战，但是守军没有采取更多的措施来破坏炮台。

在“柯尼斯堡”号锚泊后，一艘拖网渔船靠上它的船舷，接收负责夺取海伦炮台的部队。这些人在海伦炮台以北的埃兹沃格（Eidsvåg）未遭到任何抵抗就上了岸，然后就向厄于尤尔（Øyjord）高射炮台和海伦炮台挺进。来自“卡尔·彼得斯”号的部队此时还在奥尔斯维克，他们被一艘 S 艇接到桑维肯，然后也向海伦炮台推进。瓦尔德少校发现自己的炮台被包围了，经过短暂的谈判，他在 07: 35 投降。截至 08: 00，卑尔根城及其防御设施都已被德军控制。[51]

蒂特尔少将在卑尔根胡斯建立了他的指挥部，与此同时，新任挪威西方岸防司令冯·施雷德也安顿在系泊于斯科尔特格伦斯码头边的“卡尔·彼得斯”号上。这艘补给舰上有功率强大的电台，与西集群通信很方便。八名无线电技师从“柯尼斯堡”号转到这艘船上以确保电台持续运转。[52] 当天上午，水上飞机勤务舰“汉斯·罗尔斯霍文”号（*Hans Rolshoven*）和“伯恩哈德·冯·奇尔施基”号（*Bernhard von Tschirschky*）带着航空燃油、浮标和其他设备抵达，在桑维肯的克里斯蒂安斯霍尔姆（Kristiansholm）岛建立水上飞机基地。[53] 下午，莱辛少校率领第 108

一艘S艇正在从“科隆”号上接走陆军士兵。（作者的收藏）

在码头上整队。左边的船是“飞鱼”号，是当时卑尔根港内唯一的美国货轮。（作者的收藏）

比恩巴赫尔上尉第1鱼雷快艇纵队的S艇在理想条件下能够达到40节的最大航速，但在近海作战时很容易受损。（作者的收藏）

士兵们正在等待“18号船”——“阿尔特兰”号将他们从“科隆”号上接到岸上。（作者的收藏）

特种航空联队装备浮筒的 Ju–52 抵达，同时到达的还有被大雾耽搁行程的一队 He–59 水上飞机，后者搭载着第 159 步兵团第 5 连。

当天上午在卑尔根约有 60 艘民船，至少一艘是在美国注册的，还有一艘是德国的，不过大部分非挪威籍的船只都属于丹麦、瑞典或芬兰——这反映了正常的航运状况。[54] 德军在当天对这些船都进行了检查，封死了它们的电报室，并在每艘船上都部署了武装警卫。这些船大多装载着木材、纤维素化合物和其他木制品。两艘芬兰船装载了英国援助芬兰陆军的各种装备，包括卡车、武器和弹药。德军将这些货物全部没收，并在卸载后立刻投入使用。[55]

英国领事馆是德军优先占领的目标。英国领事埃德蒙（Edmond）和三名副领事一起遭到扣押，其中有些人后来成功逃脱。还有一名副领事是皇家海军志愿预备役上尉詹姆斯·查沃思 – 马斯特斯（James Chaworth–Musters），此人无疑与英国情报部门有关联，他在挪威朋友的积极帮助下逃脱了德军的围捕。最后由于风声太紧，他在 5 月初搭乘一艘挪威渔船前往英国。军事情报研究局的军官克罗夫特上尉是几天前才通过奥斯陆的大使馆到达卑尔根的，他的使命是担任 R4 计划的部队与卑尔根当地挪威驻军之间的联络官。起初克罗夫特预计盟军部队将会如期到达，因此打算留在当地。他一直与查沃思 – 马斯特斯和领事馆的助理航运顾问麦肯尼迪（McKennedy）保持着联系，但他们最终判断分头行动逃脱的机会更大。经过一段穿越挪威被占领土的惊险旅程，克罗夫特终于在奥勒松找到了英军部队，并搭乘驱逐舰“阿散蒂人”号（*Ashanti*）回到英国。

乔治·维利尔斯（George Villiers）少校是英国海军航运管理局（NCS）驻卑尔根的军官。4 月 9 日上午他被炮声惊醒，匆忙跑到自己的办公室，在那里遇到了值夜班的军官圣约翰（St John）上尉和米勒（Miller）中尉。他们都不知道发生了什么事，但是很快窗外就能看见德国士兵了。圣约翰上尉建议大家分散逃跑，同时他自己留下来销毁密码本。维利尔斯和另一些人带着家人逃离卑尔根，在哈当厄（Hardanger）地区找到了挪威军队，并最终在 7 月初搭乘水上飞机返回祖国。圣约翰上尉也成功逃脱，但是至少四名航运管理局工作人员遭到扣押。[56]

在克法芬炮台投降后，维洛克上校被带到“卡尔·彼得斯”号上与冯·施雷德中将见面。中将照例告诉他“我军是作为朋友来这里的”。然后维洛克被带到马林霍尔门，他的部下已经被关押在那里。挪军除了两人在海斯特维肯死于己方火力、六人在海伦炮台阵亡外，总共伤亡 20 人左右。德军有四人在克法芬炮台阵亡，此外还有许多人受了轻伤。[57]

被扣押的军官们都感到有心无力，心情很是郁闷。卑尔根在德军的大胆进攻下沦陷了。尽管守军得到了充分的预警（从“芒厄尔”号第一次发信号到“科隆”号绕过斯坦根灯塔，相隔近三个小时），相对而言实力并不强的德军舰队还是以很小的代价突破了防御。维洛克在他的报告中将失败主要归咎于陈旧而有缺陷的武器系统、捉襟见肘的兵力和不尽人意的准备。他说的确实很有道理，但他本人也必须为炮台的战备（或者缺乏战备）以及利用武器的方式承担一部分责任。与当天早上全国各地的其他许多指挥官不同的是，维洛克在大部分时间里都与他的上级保持着通信联络，不必独自做出决策。也许由于他和汤克－尼尔森之间缺乏交情，他觉得自己比实际上更孤单。汤克－尼尔森少将也必须为阻击德国侵略者失败承担一定的责任。第 2 海防区所掌握的岸炮和舰船虽然老旧，但是数量众多，如果得到坚决的运用，足以给敌人造成很大威胁。汤克－尼尔森无疑有着果断行动的意愿，但缺乏上级授权给他带来了不小的阻碍，而下级的优柔寡断更是严重拖了后腿。假如奥斯陆方面能及时批准他布雷，假如鱼雷发射台做好了战斗准备，假如三艘鱼雷艇能够按照事先的商定部署在莱瑞森，假如炮台能够以间接瞄准方式对德军舰船开火，假如应急发电机（以及由它供电的主探照灯）能够运转,假如于尔芬的陆军士兵在 4 月 8 日夜里部署到位，等等等等，那么装备不佳也许就不是那么严重的问题。“暴风”号射出的那一枚鱼雷没有命中目标，但是“暴风”号、“烈火”号、“海豹”号、“加姆”号和 B6 号共有 13 枚鱼雷，哪怕只有半数发射出去，也很有可能取得一定的战果。

意识到这一仗赢得有多么惊险的蒂特尔少将曾如释重负地对手下的军官评论说，攻占卑尔根是靠“95% 的运气和 5% 的合理性”。[58]

尘埃刚一落定，施蒙特少将就派出舰队的总轮机长登上“柯尼斯堡”号评估其伤势，并请鲁富斯上校到旗舰报到。在等待鲁富斯时，施蒙特浏览了当天上午收到的电报。英军的几艘大型战舰已经出海，在挪威西部沿海至少观察到一个战斗群。与此同时，似乎还有多艘巡洋舰和驱逐舰正驶向卑尔根港的入口。

英军很可能正准备攻击这座城市，离开峡湾时遭遇优势敌军的风险似乎每个小时都在增大。另一方面，一艘航速和战斗力都有所下降的负伤军舰很可能成为舰队中的负担。

总轮机长报告说，他认为“柯尼斯堡”号可以在比较短的时间内做好出海准备，但是不敢确定这艘船上经验不足的舰员们是否能够胜任。鲁富斯和自己的轮机长商议后表示，他们需要至少一天时间才能恢复到可作战的状态，也许需要两天。如果“柯尼斯堡”号在当天夜里出海，那么它的航速只能达到 20 节出头，而且对右舷破洞的临时修补无疑会影响它在当前恶劣天气下的适航性。鲁富斯建议舰队在 4 月 10 日下午一起离开。冯·施雷德中将也急切地补充说，他认为所有舰船都应该暂时留在卑尔根。施蒙特不同意这两个人的意见，他等待的时间越长，就越容易遭到攻击。11: 45 发送到西集群的一份电报表达了他的意图：“‘柯尼斯堡’号已负伤。修理所需时间尚未确定。计划在 22: 00—23: 00 率‘科隆’号、‘豹’号和‘狼’号离开。撤退路线取决于敌军方位。”与此同时，“柯尼斯堡”号需要完成修理，并准备一有可能就独立返回德国。施蒙特也考虑过让这艘负伤的巡洋舰躲进峡湾以减少遭空袭的风险，但最终还是觉得让它留在卑尔根更好，因为万一英军发起攻击，它的舰炮可以支援岸防炮台。他指示鲁富斯在下午和夜间将“柯尼斯堡”号的阿拉多飞机放出去侦察近海情况。[59]

当天有多架英军飞机出现在卑尔根上空。第一架是临近 09: 00 时出现的第 224 中队的一架“哈德逊”，10: 45 出现的是一架属于第 240 中队的“伦敦”式水上飞机，13: 00 前后又来了第 254 中队的一架“布伦海姆”。[60] 英军起初没有得到进行轰炸的授权，但是在 15: 10，第 9 中队和第 115 中队的 12 架“惠灵顿”获准攻击德国舰船。第 9 中队的飞机在临近 18: 30 时到达城区上空，发现两艘巡洋舰后，“从 6500 英尺下降到 2000 英尺”，攻击了“科隆”号。它们共投下 18 枚 500 磅炸弹。一些炸弹落在这艘巡洋舰附近，但是没有爆炸，因此它未受任何损伤。中队长皮科克（Peacock）的炸弹卡在了挂架上。他勇敢地进行了第二次攻击，随后又冒着猛烈的炮火让他的“惠灵顿”低空掠过“科隆”号，后座机枪手扫射了高射炮位，为其他飞机压制防空火力。这一通扫射打死了 3 个德国水兵，还打伤了 5 个人。第 115 中队在几分钟后赶到，集中攻击了“柯尼斯堡”号。他们在报告中称一枚炸弹命中其舰艉，但这并不符合事实。所有飞机都在5个多小时的飞行后返回基地。[61]

这次攻击后不久，“科隆”号、“豹”号和“狼”号就离开了卑尔根港。施蒙特一如既往地谨慎，在顺峡湾南下时他命令两艘鱼雷艇行驶在前面并展开扫雷装置。事实证明这个决定很有道理——在通过“提尔”号前一天晚上布设的雷区时，至少两颗水雷被切断锚链，浮出了水面。20:00前后，英军第50中队的12架“汉普敦”杀到，其中一些攻击了港口，另一些攻击了正在离开的舰队。但此时太阳已经落山，在渐浓的夜色中，英军一弹未中。有一两架“汉普敦”冒着猛烈的高射炮火在舰队附近盘旋了一阵，施蒙特估计它们是在跟踪自己。[62]由于从德国方面又接到一些英国驱逐舰和巡洋舰到达挪威近海的报告，他认定自己一旦进入公海就会遭到拦截，便命令舰队躲进卑尔根以南密如蛛网的峡湾中等待下一个夜晚来临，因为气象员预测届时的天气更适合突围。于是“科隆”号在02:00前后在迈于朗厄尔峡湾（Maurangerfjord）中抛锚，它的护航舰艇则在附近展开阵型提供保护。[63]

黎明时，斯坦斯贝尔少尉驾着他的MF-11离开沃斯附近的一个临时航空基地进行侦察，在迈于朗厄尔峡湾中看见两艘鱼雷艇正在巡逻。在朦胧的晨曦中他把它们当成了挪威的安全级鱼雷艇，决定问它们有没有值得分享的情报。于是斯坦斯贝尔降落在离“豹”号大约一千米的海面上，发现船上的人显然很意外。朝着这艘船滑行时，对方的信号灯开始闪烁，斯坦斯贝尔意识到了自己的错误，立刻猛推油门并掉头，与此同时后座的阿比尔瑟准尉也开了火。对方立刻还击，一阵20毫米炮的弹雨泼向这架不断加速的飞机。就在MF-11安全升空时，一发炮弹击中了阿比尔瑟的机枪，他被震倒在机舱的地板上，虽然头晕目眩，但是并没有受伤。斯坦斯贝尔于08:00降落在埃德峡湾（Eidfjord），虽然惊魂未定，却带回了一个无比珍贵的故事和关于舰船识别的宝贵教训。

当天上午晚些时候，鱼雷艇“雄松鸡”号（*Stegg*）的艇长汉森（Hansen）少尉从一些渔民口中得知，有几艘敌军的驱逐舰正在迈于朗厄尔峡湾中活动。他确认过这个报告，又用电话与身在沃斯的汤克-尼尔森少将短暂商议，决定尝试伏击敌军。临近黄昏时，“豹”号和“狼”号接近了伏击地点。就在看似万

迈于朗厄尔峡湾中的“豹”号。（作者的收藏）

躲藏在迈于朗厄尔峡湾中的“科隆”号。为了方便飞机识别而漆成亮黄色的炮塔顶部已被防水帆布覆盖。请注意低垂的云层。（作者的收藏）

事俱备，敌人就要上钩时，“豹”号和“狼”号却突然转向，跟随已经起锚的“科隆”号匆匆离开，趁着夜色南下。原来施蒙特判断返航的时间已经到了。

德军舰队顺着航道南下，驶向海于格松，在午夜时分悄悄进入北海。舰队没有遭到任何英军舰船或飞机的阻挠，4 月 11 日临近 19: 00 时进入威廉港锚泊。在关于此次作战的最终评论中，施蒙特指出，虽然他和他的参谋们为了确保胜利做了能做的一切，但在作战中发挥主要作用的还是运气。是运气使浓雾掩盖了舰队的出海，是运气使“科隆”号在与克法芬炮台的交战中毫发无伤，也是运气使英军飞机在卑尔根港投下的炸弹没有爆炸。最后，在他看来，迈于朗厄尔峡湾上空低垂的云层在4月10日隐藏了舰队的行踪也是天大的幸事。[64]

"柯尼斯堡"号的沉没

在施蒙特少将离开卑尔根后，冯·施雷德手头除了"柯尼斯堡"号外，只剩"9号船"、"18号船"、"牛虻"号、"卡尔·彼得斯"号、"罗尔斯霍文"号、"奇尔施基"号和四艘S艇。[65]"111号船"也在当天带着隐藏在木材下的一批水雷抵达，但是和另两艘拖网渔船一样，除了这些水雷，它没有任何作战价值。[66]挪军显然会对德军的入侵进行反抗，但是他们在卑尔根地区的作战意图还不明朗。由于情报有限，冯·施雷德和蒂特尔少将都觉得形势并不安全。他们两人也都没有击退挪军和英军联合反击的把握。克法芬和海伦的炮台在一段时间内都不会形成战斗力。[67]

4月9日入夜后不久，"柯尼斯堡"号在一艘拖船协助下，以右舷对岸的方式锚泊在斯科尔特格伦斯码头。舰艉没有靠上码头，这是为了方便它的舰炮射击可能进入西碧湾的不速之客。靠近舰艉的两座150毫米炮塔可以攻击南面过来的舰船，与此同时全部三个炮塔和左舷的鱼雷发射管又能封锁北面的入口。带着电台的炮兵观察员被派到俯瞰峡湾西部的一些信号站，以便在必要时引导间瞄炮火。

"牛虻"号锚泊在多克沙尔斯码头，它的火炮从那里可以封锁普德峡湾（Puddefjorden），"卡尔·彼得斯"号则停泊在马林霍尔门以北。港湾中的商船都被挪动了位置，既堵死了位于火炮死角的入口，又不影响战舰的射界。由于没有防雷网，负伤的S艇奉命停泊在"柯尼斯堡"号舷侧，能够作战的则在进入港湾的航道上巡逻。大约100名不需要参加修理工作或火炮操作的水兵奉命上岸，以加强实力薄弱的地面部队。

第1鱼雷快艇纵队的指挥官比恩巴赫尔上尉找到冯·施雷德中将的参谋长朔姆堡（Schomburg）上校，向他指出自己的部下连续值勤超过48小时后已经筋疲力尽，急需休息。朔姆堡的回答反映了战局的惨淡："保持警惕，英国人要么今晚就来，要么永远不来。"当天傍晚，"9号船"和"111号船"在卑尔根港的入口布设了四个雷区，但是敌军没有来，这个夜晚平静地过去了。除了“柯尼斯堡”号和“牛虻”号通宵工作的医疗团队与轮机人员，大多数人实际上都在值夜班的时候打了个盹。[68]

英军在 4 月 9 日夜里通过对卑尔根的空中侦察确认，港湾中有德国军舰，而且“惠灵顿”和“汉普敦”的轰炸效果甚微。出于种种原因，轰炸机司令部在此后几天的作战重点将是赫尔戈兰湾。卑尔根留给了海军航空兵，而他们也欣然接受了。“暴怒”号尚未加入本土舰队，因此可供选择的就是第 800 和 803 中队的布莱克本“贼鸥”式轰炸机，此时它们驻扎在奥克尼群岛（Orkney Islands）中的哈茨顿，为斯卡帕湾提供保护。[69] 从哈茨顿到卑尔根的往返航程超过 560 海里，给导航错误或应对坏天气留下的余地很少。不过英军尚未发现“科隆”号已经离去，而两艘出现在轰炸机打击范围内的德国巡洋舰还是值得他们冒一点险的。更何况即使当地可能有比较重型的飞机活动，估计也不会有战斗机抵抗。[70]

16 架“贼鸥”在 05: 15 从哈茨顿起飞，每架挂载一枚 500 磅半穿甲炸弹。其中 7 架飞机的领队是第 800 中队的中队长“小鸟”理查德·帕特里奇（Richard ‘Birdie’ Partridge）上尉，另外 9 架的领队是第 803 中队的中队长威廉·卢西（William Lucy）中尉。[71] 爱德华·泰勒（Edward Taylour）中尉起飞后不久就在一场阵雨中与其他飞机失联，但是他对自己的领航员坎宁安（Cunningham）少尉的本领很有信心，因此勇敢地继续单机飞行。飞机飞行近两个小时后，在科尔斯峡湾以南不远处看到了陆地。两个中队在最后一段航程中分道扬镳，各自独立地接近卑尔根。帕特里奇写道：

> 我们前方就是卑尔根，在清晨耀眼的阳光下显得宁静而祥和。我们左边是三个大型储油罐，前面和右边是许多船，但是只有商船——没有巡洋舰。当地没有任何敌军活动迹象，既没有敌方战斗机，也没有高炮射击。我们在下降到近 8000 英尺时终于找到了她，静卧在码头边的一个细长的灰色身影。我驾机左转脱离，为的是绕一个大弯掠过山头和卑尔根城本身，背着初升的太阳发起攻击。现在我转回来了，

英国海军航空兵在战争初期使用的布莱克本“贼鸥”式战斗/俯冲轰炸机。布里斯托尔“英仙座”XII发动机使它在2000米高度的最大速度达到了362千米/时，在海平面达到了328千米/时。机身中线下方的炸弹挂架可挂载一枚500磅半穿甲炸弹，在俯冲攻击时将它向外甩出以避开螺旋桨。（作者的收藏）

直奔德国巡洋舰而去，同时努力集中精神，把我的“贼鸥”和跟在后面的友机带进正确的俯冲位置……到达合适位置后，我做了个90°的左转弯，轻轻往回收操纵杆，放下襟翼，继续收操纵杆，向右做半失速倒转，然后我就开始了控制良好的俯冲，那艘巡洋舰被稳稳地套在我的瞄准具里。[72]

这时候是07: 20。帕特里奇高兴地发现第803中队正在他前面俯冲。所有“贼鸥”都发现了目标，实施了集火攻击。在2500米高度有一层薄云，下方能见度良好，那艘静止不动的船成了绝好的目标。[73]

***

大约30分钟前，空袭警报曾在卑尔根上空响起，但是德军将来袭者识别为一架He–111，高射炮手们都放松了警惕。这架飞机实际上是英军第233中队的“哈德逊”，它在城区上空绕了几个大圈子。[74] 当高空出现一群体型较小的飞机时，它们又被当成了德国战斗机。最先意识到这一错误的似乎是水上飞机勤务舰“罗尔斯霍文”号的舰员，这些属于德国空军的人员很可能更擅长飞机识别。于是空袭警报再次拉响，防空部队也开了火，但为时已晚。

“柯尼斯堡”号理论上拥有精良的防空武器，但是其中只有前部的两门 20 毫米炮能有效射击以 60 度角俯冲逼近的“贼鸥”。这艘军舰的上层建筑和码头的许多起重机与高层建筑妨碍了后部 88 毫米高炮的射击。前部幸存的 37 毫米炮也在很大程度上被遮挡，只能间歇性射击。第一批命中的炸弹中有一枚切断了这艘巡洋舰的供电系统，使得装在电动底座上的 88 毫米炮几乎完全失去作用，而 37 毫米炮也只能靠人力笨拙地转动。因此英军飞机比较安全地逃出了高炮射程。最危险的高射炮火来自克里斯蒂安斯霍尔姆岛上的几门 20 毫米炮。来自“罗

4月10日06: 50前后的卑尔根港。这张照片是从当时引发空袭警报的那架第233中队的“哈德逊”上拍摄的，在照片中央偏左一点的地方，可以清晰地看到锚泊在斯科尔特格伦斯码头的“柯尼斯堡”号。（英国国家档案馆, AIR 28/470）

尔斯霍文”号的防空炮火也很密集，以至于一些“贼鸥”飞行员在他们的战斗报告中将它描述为一艘“防空船”。帕特里奇写道：

> 我是沿着从舰艏到舰艉的方向攻击这艘船的，对方唯一的抵抗来自前甲板上的一门轻型博福斯高射炮，它全程都在开火，曳光弹不断掠过飞机两侧。我的俯冲动作依然坚定，把这艘船稳稳地控制在我的瞄准具中，我能看到水和油从她的水线下方涌出，猜测她已经被击伤。现在我下降到了3500英尺，开始注意我的高度……在1800英尺，我按下操纵杆上的投弹按钮，丢下炸弹，然后猛地右转，俯冲到水面高度脱离。[75]

“贼鸥”们纷纷在600 ~ 800米高度投下炸弹。完成攻击后，每架飞机都是一边爬升，一边向西飞过阿斯克于（Askøy）。第803中队的丘奇（Church）中尉

第一批击中“柯尼斯堡”号的炸弹中有一枚撞在码头上反弹，击穿右舷侧面装甲，撕开一个大洞后钻进舯部的一号锅炉舱。尽管起重机和油桶看似基本完好，可破洞上部周边的部分装甲板似乎向外弯曲，很可能是炸弹击中码头后的旋转造成的。（作者的收藏）

在第一次俯冲时因为觉得位置不合适而没有投弹，然后他从舰艉大胆地进行了第二次攻击。整个过程在几分钟内即告结束，最后投弹的是姗姗来迟的泰勒和坎宁安。所有飞机都离开了港口，但不久以后，布莱恩·斯米顿（Brian Smeeton）中尉和沃特金森（Watkinson）候补少尉的飞机进入尾旋，在卑尔根以西 40 海里处坠入大海。[76] 其他飞机都回到了奥克尼，其中两架被高射炮火击伤，它们在空中共飞行了四个半小时。

在任务报告会上，海军航空兵的飞行员们都为自己明显的成功而兴奋不已，不过也承认这在很大程度上要归功于对方几乎没有抵抗。他们宣称有三枚炸弹确认命中，另外还有多枚近失弹。那艘巡洋舰无疑遭到了重创，但是来自卑尔根的情报很少，他们还需要过一段时间才能确认遭攻击的巡洋舰的身份和它的最终命运。[77]

"柯尼斯堡"号确实遭到了沉重打击。在短短几分钟内，至少有 6 枚炸弹命中这艘军舰，或在与命中无异的极近距离爆炸。第一批落下的炸弹中有一枚在码头上反弹，撞到右舷侧面装甲上，撕开一个大洞后钻进舯部的一号锅炉舱。弹片击破燃油槽并切断蒸汽管道，蒸汽和燃烧的油料顿时充满舱室。另一枚炸弹穿过左舷信号甲板后在四号发电机舱中爆炸。这枚炸弹在水线以下的船舷上炸开一个大洞，海水立刻淹没四号发电机舱和相邻的四号锅炉舱，并涌入指挥中心、电报室和射击控制室。全舰开始向左侧横倾。第三枚炸弹击中的位置比第二枚偏向舰艉约 40 米，在第二层甲板的辅助锅炉舱中爆炸。全舰多处燃起大火，严重妨碍了损管团队的工作和伤员的疏散。

接着又有两枚炸弹在第二层甲板上爆炸，一枚是在六号舱段的辅机舱中，一枚炸坏了二号锅炉舱。第六枚炸弹在左舷附近的水中爆炸，造成舰艉漏水。涌入舰体的海水使船身进一步向左侧倾斜。六个锅炉舱全部进水，电气设备不得不关闭。前一天受损的柴油发电机彻底停机，无法启动。因此再也没有水泵能够运转，既无法扑灭火焰，也无法抽出海水。码头上的消防水管也起不了作用，因为它们也被炸弹摧毁了。

呛人的浓烟形成一道黑色的烟柱，从"柯尼斯堡"号拔地而起，并随着火势失去控制越升越高。鲁富斯上校明白自己的军舰已经无药可救，于是下令弃

飞机刚刚离开时，“柯尼斯堡”号的情况似乎还不太严重。（施佩尔邦德/塞达尔的收藏 ）

舰，大部分舰员因此得救，但是除了两门被匆忙拆下并运走的 20 毫米高射炮外，基本上没有什么设备幸存。随着背离码头的左侧横倾越来越严重，“柯尼斯堡”号最终在临近 10: 00 时在防波堤边倾覆，它的螺旋桨和部分船底一度露出水面。舰员中有 18 人丧生，大约 20 人负伤——其中半数伤势严重。导致“柯尼斯堡”号沉没的有可能不仅仅是炸弹，还有舰员在控制火灾和进水时的无能表现，以及前一天被克法芬炮台击中造成的损伤。[78]

“柯尼斯堡”号的一些幸存者被部署到克法芬和海伦炮台，因为那里急需人手，他们既可以充当警卫，也可以操纵火炮。[79] 鲁富斯被任命为港务长，部分其余的舰员也在港口承担警卫和防御任务，从而使陆军能够腾出两个连作为机动预备队，防范敌军的反击。大部分水兵直到 5 月下旬才返回德国。[80]

英国海军部对此战“非常满意”，但是出于某些说不清道不明的原因，他们并没有宣传这些“贼鸥”的功绩，更谈不上利用它们独一无二的成功经验建设部队。这是“贼鸥”第一次被用于它们的设计用途，而且只损失一个机组就取

这艘军舰已经无法挽救。背离码头的左侧横倾越来越严重，“柯尼斯堡”号最终在临近10: 00时在防波堤边倾覆并沉入水中。（作者的收藏）

得了首次击沉大型军舰的战果。然而，上级对此漠不关心，这在英国海军航空兵将士眼中肯定颇具讽刺意味。

铁蹄之下

在 4 月 10 日，挪军余部后撤至沃斯，卑尔根半岛事实上已经全部落入德军之手。斯特芬斯少将打算先等动员见效，在自己掌握了足够的全副武装的部队后再发动反击。[81] 后来批评家们认为，斯特芬斯撤出卑尔根太早，他有可能高估了在卑尔根登陆的德军部队的实力。也可能是因为“科隆”号和两艘鱼雷艇出现在迈于朗厄尔峡湾的报告使他相信沃斯受到威胁，需要把所有兵力都集中在那里。

4 月 10 日近中午时，德国拖网渔船“克雷蒙”号（*Cremon*）带着夜里在瓦特尔斯特劳曼海峡搭救的运输船“圣保罗”号的幸存者进入卑尔根。“圣保罗”号前一天夜里在该海峡被极有可能是“提尔”号布设的水雷炸沉，船上有大量人员丧生。[82] 冯・施雷德中将下令调查此事，而当被关押在马林霍尔门的谢尔斯特鲁普上校在讯问中请求德国人确保民船不会误入雷区时，冯·施雷德立刻明白自己遇上了一个棘手的问题。令中将恼火的是，4 月 11 日中午他才收到西集群司令部一份耽搁许久的电报，告诉他两天前鱼雷艇离开时切断了至少两颗挪威水雷的锚链。接下来的几天里将有多艘补给船抵达，因此必须扫清这些水雷——然而他手上没有扫雷舰艇。于是德国人把带有线缆和扫雷具的简易装置安装在“9 号船”和“克雷蒙”号上，让它们在 11 日入夜后不久启程前往瓦特尔斯特劳曼海峡。[83]“卡尔·彼得斯”号的两艘汽艇和“牛虻”号的一条舢板也加入了它们的队列。就在接近海峡时，“9 号船”撞上了“111 号船”前一天夜里布下的一颗水雷。它的船头在剧烈的爆炸中被炸飞，几分钟后它就沉入海底。停泊在斯坦根附近担任岗哨的“8 号船”目睹这场事故，急忙开过来搭救不幸的船员们。但是没等它到达事故现场，“克雷蒙”号又在一声巨响中被炸成碎片，“牛虻”号的舢板也毁于这次爆炸。“8 号船”非常小心地靠近，成功救起了许多人——不过有些人宁可选择自己游上岸，也不想被一艘他们估计随时可能被炸飞的船搭救。把幸存者送到卑尔根以后，“8 号船”的船长显然再也不想冒险，便报告“锅炉出了问题”。冯·施雷德不得不请求西集群暂时停止一切前往卑尔根港的航运。他向“8 号船”发出一份语气严厉的电报，命令它尽快解决问题，然后带领剩下的两艘汽艇去海峡继续扫雷。这道命令得到了执行，截至 4 月 13 日上午，卑尔根方面报告已经扫出一条通过瓦特尔斯特劳曼海峡的航道，只不过由于缺乏正规扫雷设备，不能保证安全。[84]

“111 号船”带着它剩下的水雷前往南边哈当厄地区的南峡湾（Sørfjorden），以封锁潜在的英军登陆场。4 月 12 日早晨，它在那里遭遇一场雪飑并搁浅。不过“111 号船”还是完成了封锁南峡湾的雷障，并挣扎着回到了卑尔根，但它实际上已经无法使用了。[85]

当“牛虻”号在 13 日报告自己已经做好准备，可以出动时，情况多少有了些改善。S 艇从一开始就证明它们是在卑尔根一带的峡湾和航道中行动的理想舰艇，因此修复它们成了最优先的事务。S19 号最终从塞尔比约恩峡湾赶到卑尔根，S23 号和 S25 号也在 4 月 14 日从德国赶来。不过这六艘 S 艇要完全恢复战斗力尚需时日。[86]

航道被临时封闭前，两艘货轮“玛丽・莱昂哈特”号和“贝伦费尔斯”号在 4 月 10 日开进港口停泊。“玛丽・莱昂哈特”号是计划前往卑尔根的运输船中唯一真正抵达的。“库里提巴”号在瑞典海岸搁浅，后来改去了奥斯陆，而“里约热内卢”号在利勒桑附近沉没。“贝伦费尔斯”号原本计划前往纳尔维克，为迪特尔的山地兵们运送物资。但是由于引水员不足，它滞留在科珀维克，然后改为前往卑尔根。“玛丽・莱昂哈特”号在 12 日卸载货物后离开。[87] 7569 吨的“贝伦费尔斯”号需要更长的时间来卸货。但德国人发现这么大的船白天停泊在码头很危险，因为如果英军再来空袭，它会不可避免地吸引他们的注意。

第一次空袭在 4 月 12 日下午来临，第 800、801 和 803 中队的 20 架“贼鸥”再次从哈茨顿起飞穿越北海。“贝伦费尔斯”号在峡湾中保持锅炉不停机的状态，乘“贼鸥”集中火力攻击港湾中的其他船只时转移到了安全的地方。英军攻击船只的炸弹无一命中，但他们对码头的扫射击伤了 S24 号，打死 9 名德国水兵，还打伤至少 8 人。“牛虻”号和“卡尔・彼得斯”号也有伤亡，还有一些仓库被毁。加德纳（Gardner）少尉的飞机被高射炮火击伤，不得不迫降，不过他和他的观测员艾伦・托德（Alan Todd）都在挪威人的帮助下逃到莫尔德，然后返回了英国。[88]

黄昏时“贝伦费尔斯”号停泊在斯科尔特格伦斯码头的防波堤边，另一边就是“柯尼斯堡”号沉没的地方。没有能为它卸货的码头工人，码头的正式员工都拒绝干这份工作，一方面是因为他们缺乏给德国船卸货的热情，另一方面也是因为这份工作显然很危险。第二天，德军强行拉来几群人送到船上，并许诺他们只要干得好就能拿到大笔酬金和好酒。德军士兵也到船上监督他们工作。经过一天一夜的工作，约有 87000 升航空汽油被搬到驳船上运往克里斯蒂安斯霍尔姆岛。“贝伦费尔斯”号上还剩 60000 升汽油和另一些货物，4 月 14 日黎明时它依然停靠在防波堤边。

到了 07:15，第 800 中队的“贼鸥”又来了。工人们一哄而散，大部分德军士兵也和他们一起跑路。英军的炸弹无一命中，但是有一枚击中了防波堤上的一堆油桶。这些油桶随即被引爆，在这艘货船的舷侧炸开一个大洞，由此引发的大火很快就失去控制。一小时后，第 803 中队也掐马杀到。此时天气已经恶化，但是卢西中尉和全队 9 架飞机中的另两架穿过云层，决定了这艘货船的命运。至少一枚炸弹命中，炸开尾部船体。德军的高炮团宣称在此次空袭中击落两架“贼鸥”，但实际上英军只损失了一架——麦基弗（ McIver）上尉驾驶的那架。[89] 这艘货船的火势愈演愈烈，由于船上还有 150 吨弹药，爆炸已经不可避免，附近建筑里的人都被疏散。到了 09: 00，“贝伦费尔斯”号上开始传出阵阵巨响。对这座城市来说幸运的是，爆炸不是一次性的，而是断断续续地持续了一整天。包括起重机和仓库在内，码头遭到严重破坏。全城的窗户都被震碎，但基本上没有人受伤。最终“贝伦费尔斯”号向右侧翻倒，船艉朝下沉没，海水一直淹到船桥。船头靠系留缆绳牵着仍然浮在水面上，在火势减弱后，德国人发现前

卑尔根的照片，可以看到“贝伦费尔斯”号正在“柯尼斯堡”号沉没的斯科尔特格伦斯码头的另一侧燃烧。

部船舱的货物基本上完好无损。这些货物被尽可能地搬到了岸上，包括三门 150 毫米野战炮、一门 105 毫米高射炮、部分弹药和一些卡车。[90]

4 月 16 日，“贼鸥”再次来袭，这一次它们炸伤了 U–58 号和被俘的鱼雷艇“烈火”号。第二天，“牛虻”号也遭到攻击，但没有损伤。在此之后，第 800、801 和 803 中队的“贼鸥”被调到“皇家方舟”号（*Ark Royal*）和“光荣”号（*Glorious*）上用于北方的作战，卑尔根度过了几个星期相对平静的日子，直到第 806 中队完成训练为止。该中队继续从哈茨顿出发攻击卑尔根，在 5 月 9 日到 16 日的一系列空袭中摧毁了阿斯克于的多个储油罐。[91]

从 4 月 11 日到 5 月 17 日，没有一艘德国补给船到达卑尔根。奥斯陆、特隆赫姆和纳尔维克的优先级都在它之前。冯 · 施雷德和蒂特尔虽然一再抗议，却也只能等待，这一方面是因为卑尔根的战略意义在此时的形势下很有限，另一方面是因为同盟国似乎也把用兵重点放在北面。如果盟军与从沃斯反击的挪军协同进攻卑尔根，当地兵力有限的德军部队将处于非常不利的境地，但是这种情况从未出现。4 月 15 日夜间，扫雷舰 M1 号带着第 193 步兵团的 220 名官

“贝伦费尔斯”号的残骸。斯科尔特格伦斯码头的建筑和起重机也受损严重。（P. 塞达尔的收藏）

兵从斯塔万格赶来,此后该团第1营和第3营的人员也通过空运或海运陆续北上。18日，从斯塔万格向卑尔根运输人员与物资的水上飞机航线开通，形势已经不再那么危急了。一段时间后，甚至有一些物资从特隆赫姆转运过来。S艇恢复战

4月9日和10日丧生的7名挪威人和19名德国人在4月13日下午被安葬。（作者的收藏）

斗力后被用于斯塔万格、海于格松和卑尔根之间的交通。蒂特尔少将终于能把注意力放在向东扩张的作战上，冯·施雷德中将也作为挪威西部的最高指挥官安顿下来。到了 4 月 20 日，蒂特尔少将感到自己已经有了足够实力，可以考虑从桥头堡突破了。冯·施雷德同意他的判断，于是两人商定在 4 月 25 日开始推进。争夺挪威西部的战斗已经超出了本书的叙述范围。笔者只想说，双方都伤亡惨重——直到 6 月 16 日，通向沃斯的铁路线才被打通。

德国人从一开始就想把对卑尔根的占领常态化，在当地居民中间建立友好的民意基础。他们把入侵期间阵亡的陆海军士兵的葬礼看得很重，想在市中心修建一个大墓，并树立一块高大的纪念碑。挪威当局表示反对，并坚持要求在一个普通墓地中为每个死者分别安排墓穴。最终德国人接受了他们的意见，于是在 4 月 13 日下午，7 名挪威人和 19 名德国人被安葬。冯·施雷德中将、维洛克上校和斯滕萨克（Stensaker）市长都致了悼词。[92] 尽管德国人竭力营造亲善友好的氛围，可挪威士兵在一场谁都不曾期盼的入侵中被杀害却是不争的事实。如果说这一事件预示着什么的话，那就是德国人将在卑尔根度过艰辛的五年。当地人从一开始就对侵略者充满敌意，而且由于种种原因，这座城市比挪威的其他城市更像前线。

第九章

兵临险境

航空反舰

4 月 9 日 04: 46，英国海军部通知福布斯上将“据报四艘德国军舰正进入奥斯陆峡湾……与守军发生交战，五艘船逼近卑尔根，至少一艘在斯塔万格，两艘……在特隆赫姆”。挪威正在遭到入侵。福布斯在夜里一直率领“罗德尼”号和本土舰队向南航行，他判断此时的最佳行动路线是继续南下与各巡洋舰中队会合，同时准备进攻卑尔根。他建议海军部考虑派潜艇“击沉位于斯塔万格的敌舰”，并请求提供“关于卑尔根敌军性质”的情报。海军部在 08: 25 给出答复，但价值有限：“没有情报，但正在实施航空侦察。据报卑尔根已被敌军控制，而且当地有雷区。已命令潜艇攻击斯塔万格的敌军。”[1]

杰弗里 · 莱顿中将率第 18 巡洋舰中队在 06: 30 与本土舰队会合，大约三小时后爱德华 – 柯林斯中将、坎宁安中将和德里安中将也带着 7 艘巡洋舰和 13 艘驱逐舰赶到。[2] 海军部又发来一份电报，确认他们也认为卑尔根是主要目标。该命令还要求部队准备攻击位于卑尔根（如有可能，也包括特隆赫姆）的德军战舰和运输船，“前提是防御设施仍在挪军手中”。对纳尔维克也要进行监视，“以防止德军登陆”。

福布斯回复说，维恩上校指挥下的部族级驱逐舰“阿弗利迪人”号、“莫霍克人”号、“索马里人”号、“廓尔喀人”号、“锡克人”号、“马绍那人”号和“马塔贝列人”号，在莱顿中将第 18 巡洋舰中队的“曼彻斯特”号、“谢菲尔德”号、“格拉斯哥”号和“南安普顿”号掩护下，正在准备攻击据信位于卑尔根的科隆级巡洋舰。这些驱逐舰将兵分两路，一路从南面经科尔斯峡湾进入卑尔根航道，另一路从北面经费尤森（Fejeosen）进入，巡洋舰将留在外海提供支援。一旦接到发起攻击的明确命令，这些驱逐舰就可在三小时内进入峡湾。福布斯还建议，如果挪威的炮台已经落入德军手中，那么最好由“暴怒”号的鱼雷机在次日黄昏实施攻击。[3] 海军部在 10: 15 批准了针对卑尔根的作战，但鉴于尚未确定德国战列舰的行踪，为避免不必要的兵力分散，取消了对特隆赫姆的攻击。于是“鞑靼人”号和三艘波兰驱逐舰“闪电”号、“霹雳”号及“风暴”号离队去接应从挪威西部的霍夫登（Hovden）驶向英国的 HN25 船队（共 39 艘船），本土舰队余部则继续南下。[4]

维恩和莱顿在 11: 25 与舰队主力分离。此时他们已经位于卑尔根南面相当远的位置，他们发现顶着强劲的西北风和汹涌的海浪根本跑不快，各驱逐舰最多只能达到 16 节航速。莱顿中将向来直言不讳，他坦率承认自己觉得用驱逐舰攻击卑尔根是很冒险的做法。“由于上午舰队一直在向南运动，此时就很不幸，我们必须顶风折返很长的距离。”他后来这样写道。而且（在得知卑尔根有两艘巡洋舰后）他还补充说，“由于只有七艘驱逐舰可用，攻击成功的可能性明显不大，只不过我们还抱有一丝希望，觉得敌人可能还无法有效操纵那些岸防炮台”。维恩也持怀疑态度，认为这是“一个值得商榷的提案”。这次攻击将在黑暗中进行，而英军对德军的防御设施（岸防炮台、水雷或阻拦障碍）一无所知，也不了解对手的数量和位置。[5]

在 14: 00 前后，皇家空军报告，卑尔根有两艘柯尼斯堡级巡洋舰。鉴于只有七艘驱逐舰可用，而且岸防炮台控制权的不确定性越来越大，海军部在这些驱逐舰即将接近卑尔根航道时取消了作战行动，将舰队的任务改为在近海巡逻，防止敌军增援部队进入和战舰离开卑尔根。“事后回想起来，我认为海军部对舰队总司令管得太严了，在得知他强行冲进卑尔根的原计划后，我们就不应该采取除提供情报之外的任何干预措施。”丘吉尔后来写道。就这样，莱顿中将的舰队又掉头与本土舰队会合。[6]

第 30 轰炸机联队的飞行员在德国空军中属于经验最丰富的。他们已经在英国、挪威和德国之间的湿三角（Nasse Dreieck）海域与皇家海军多次交手，并完善了对防守严密的军舰进行俯冲轰炸的战术。英国海军对“威悉演习”行动的反应是不可避免的，而作为第 10 航空军公认的反舰专家，勒贝尔（Loebel）中校率领的装备 Ju–88 的第 30 轰炸机联队（充当战略航空预备队），4 月 9 日上午就于叙尔特岛上的韦斯特兰机场集结待命。

当天大部分时间里，德国飞机一直在跟踪本土舰队和莱顿中将的分遣队。晌午时分，第 30 轰炸机联队的 47 架 Ju–88 奉命从韦斯特兰升空，随后第 26 轰

第30轰炸机联队造型优美的Ju-88轰炸机，这种飞机在战争初期紧急服役，用于对付皇家海军的战舰。它装备了俯冲减速板，能在大角度俯冲后从低空投弹，这种战术对付战舰远比传统的水平轰炸有效。（作者的收藏）

炸机联队的 41 架 He-111 也加入了它们。经过一个多小时的飞行，第一批 Ju-88 在卑尔根西南方发现了英国舰队。对巡洋舰的攻击始于 14: 25，地点是科尔斯峡湾以西约 30 海里。尽管高炮火力相当密集，“格拉斯哥”号和“南安普顿”号还是双双被近失弹炸伤，后者有 5 人伤亡，其中 2 人丧生。[7]

巨浪涌上驱逐舰的前甲板，拍打在前部火炮和火炮射击指挥仪上，使它们的高炮火力大打折扣。“廓尔喀人”号的舰长安东尼·巴扎德（Anthony Buzzard）中校感到越来越苦恼，最终把军舰转到与风向和海浪错开的方向，想为他的炮手和火控军官改善一下条件。尽管这个机动使“廓尔喀人”号转向了护卫阵型后方，可不知为何维恩没有干预他。显然英国人始终没有意识到，这艘军舰与其说是在独立采取规避机动，不如说即将脱离舰队主力。这艘落单的驱逐舰立刻吸引了 Ju-88 的注意力，更何况它能射出的高炮火力远远不如巡洋舰。巴扎德后来写道：

> 15: 07，我舰位于巡洋舰中队侧后方约五海里处，航向 290° ，此时有多架敌机出现，一架四发轰炸机从右舷侧后方沿着稳定的航线接近，高度约为 10000 英尺。我舰改变航向，使这架飞机处于正横方向，好让所有火炮都能瞄准它。但打了几发炮弹后，瞄准角就超出了 4.7 英寸炮有限的最大射角。不过我舰仍然将目标置于正横方向，如果这架

> 飞机开始俯冲，砰砰炮就能瞄准它。但是很快就清楚了，它进行的是高空水平轰炸，于是操舵指令改为“右满舵”，以进行规避机动……6 枚炸弹连续落在右舷外与舵机舱并排的方向，距离最远的在大约 150 码外，最近的紧贴舷侧。舵机舱很快被水淹没，接着是轮机舱，然后大部分后部隔舱都步其后尘。[8]

强力的损管措施阻止了灾难立即发生，但是很快舰艉就与水面齐平，并且出现朝右侧的 45 度横倾，这艘驱逐舰开始无助地随波漂流。下层甲板都被疏散，所有伤员都被送到艏楼。许多人的眼睛因为接触燃油而失明，而且在严重的风浪下，每个人都不得不紧紧抓着栏杆或锚链，才不至于被甩进大海。无线电设备全部失灵，也无法通过任何目视手段吸引其他友舰的注意。前部的火炮仍然能操作，当天德军飞机的后续攻击都被击退。随着夜晚临近，已经可以清楚地看出，这艘驱逐舰无法再浮在水面上了。

舰员们架设了应急天线，一个小时后，“廓尔喀人”号的报务员雷纳（Rainer）军士开始发报求助。从巡洋舰中队得不到任何答复，但是在试过几个频率并调整应急天线的长度后，雷纳终于能向巴扎德报告说，巡洋舰“欧若拉”号已答复“正在援助你舰途中”。“欧若拉”号是单独行动的，它从克莱德出发后一直在寻找舰队主力，但舰长路易斯·汉密尔顿（Louis Hamilton）上校接到求救信号后就毫不犹豫地驶向“廓尔喀人”号。巴扎德下令以最大射角发射高爆炮弹，为“欧若拉”号导航。18: 55，后者出现在了地平线上。恶劣的海况导致“廓尔喀人”号人员转移的速度很慢，当这艘驱逐舰再也容纳不下任何人时，只有大约一半人转到“欧若拉”号上。20: 45，巴扎德下令“弃舰”，不久它就沉入海底。其他人都是在水里或卡利救生筏上，被“欧若拉”号的舰员用精湛的航海技术搭救的。就在“廓尔喀人”号沉没时，另一些被派来寻找它的驱逐舰也协助了救援工作。全舰 215 名官兵中，共有 199 人生还。[9]

就在“廓尔喀人”号孤军奋战时，该中队的余部与本土舰队会合，而德国第 30 轰炸机联队的 Ju-88 和第 26 轰炸机联队的 He-111 也把注意力转向了英军的主力舰。此时本土舰队中包括战列舰“罗德尼”号和“刚勇”号，巡洋舰“加

部族级驱逐舰“廓尔喀人”号是1938年10月入役的。1940年2月21日，它在法罗群岛以南击沉了U-53号潜艇。（作者的收藏）

拉蒂亚”号、“德文郡”号、“贝里克”号和“约克”号，以及驱逐舰“科德林顿”号、“狮鹫”号、“朱庇特”号、“厄勒克特拉”号和“冒险”号。此外，法国巡洋舰“埃米尔·贝尔汀”号和驱逐舰“塔尔图”号（*Tartu*）、“马耶 – 布雷泽”号（Maill é –Brézé）也配属本土舰队。在一片晴空下，本土舰队吸引的德国空军的关注将超过此前的任何一次。

英军舰艇密集的高射炮火将大部分德军飞机挡在一定距离之外，但在此过程中，一些舰艇消耗了多达 40% 的备弹。有几架飞机通过大角度、高风险的俯冲发起坚决的突击。15: 30，一架 Ju–88 朝“罗德尼”号俯冲下来，用一枚 500 千克炸弹击中了它。好在这枚炸弹在 152 毫米厚的装甲甲板上撞碎，没有正常起爆。“罗德尼”号受到的结构损伤很轻微，伤亡也很少，但在当时炸弹的冲击看起来很严重。[10] 在此后的攻击中，又有几枚炸弹落在“罗德尼”号附近。“刚勇”号、“贝里克”号、“德文郡”号和几艘驱逐舰也挨了近失弹。4 架 Ju–88 被击落，其中包括第 30 轰炸机联队第 3 大队大队长西格弗里德·马伦霍尔茨（Siegfried Mahrenholtz）上尉的座机。攻击一直持续到临近 18: 00，夜幕开始降临时。

福布斯在空袭后向北行驶了几个小时，然后在夜间以 16 节航速向西航行，4 月 10 日 05: 00 又转为东进，为的是进入合适的位置，好让“暴怒”号的飞机起飞攻击特隆赫姆的船只。他选择的这条路线也为 HN25 船队提供了掩护，该船队成功逃离挪威海岸，此时正在前一天分配的 4 艘驱逐舰的护航下前往英国。07: 30，“厌战”号和“暴怒”号带着几艘新到的驱逐舰加入舰队，原来的护航驱逐舰则返航加油。此时舰队中有“罗德尼”号、“刚勇”号、“厌战”号、“德文郡”号、“贝里克”号、“约克”号、“暴怒”号和 18 艘驱逐舰。[11]

考虑到先前的猛烈空袭，福布斯上将认为，在只有一艘航母的情况下，本土舰队不应该在德国陆基航空力量控制的区域内作战。他觉得最好“把卑尔根留给从哈茨顿起飞的‘贼鸥’”，而把本土舰队的兵力集中于北方，首要的目标就是纳尔维克（此时英军已经意识到该地也被德军占领了）。在北上途中，可以从“暴怒”号派出飞机攻击位于特隆赫姆的战舰。于是，这位总司令率舰队掉头北上。4 月 10 日夜间，海军部同意“收复纳尔维克优先于针对卑尔根和特隆赫姆的作战，（同时）对南部海域交通的袭扰应该主要通过潜艇、飞机和水雷实施，在兵力允许的情况下应进行间歇性扫荡”。丘吉尔又在一份从他的私人办公室发给福布斯的电报中补充说，他认为德国人“对挪威沿岸用兵是犯了战略性错误，我军很有可能在短期内将这些部队消灭”。[12]

与此同时，第 2 和第 18 巡洋舰中队根据海军部的命令被重新派往挪威近海，任务是监视卑尔根的德军并阻止他们获得补给。“格拉斯哥”号、“谢菲尔德”号和第 6 驱逐舰纵队在 4 月 9 日夜至 10 日晨到科尔斯峡湾入口附近巡逻，而“曼彻斯特”号、“南安普顿”号和第 4 驱逐舰纵队负责监视费尤森。“欧若拉”号在救起“廓尔喀人”号的大部分舰员后与“格拉斯哥”号一行会合。它当晚在更偏南的伯梅尔峡湾（Bømmelfjorden）一带巡逻，次日则带着幸存者们前往斯卡帕湾。这天清晨，莱顿中将离开挪威海岸，再次与舰队主力会合，而佩格勒姆（Pegram）上校率“格拉斯哥”号及其护卫舰艇南下，然后转向西北方，在 05: 00 前后到达于特西拉靠海一侧。此时英军没有意识到“科隆”号和几艘鱼雷艇还在峡湾中徘徊。[13] 当晚没有发生接触，只有“曼彻斯特”号曾企图撞击一艘在水面发现的潜艇，但未能成功。那艘潜艇及时下潜，只不过被“擦了一下”。英军似乎没有使用深水炸弹，也没有进行搜索。

两个巡洋舰中队于09: 00在会合地点找到了坐镇“科德林顿”号的克里西（Creasy）上校和他手下的一些驱逐舰，它们带来了本土舰队总司令要求全体进港加油的命令。于是驱逐舰驶向萨洛姆湾，巡洋舰开往斯卡帕湾。入夜时，巡洋舰抵达目的地，立即开始补充弹药和油料。

第30轰炸机联队第1大队和第2大队的19架Ju–88在下午从韦斯特兰起飞，直奔斯卡帕湾。它们在黄昏时抵达，然后分成四个波次从6000米高度俯冲，每个波次有4到6架飞机。英军通过雷达得到充分预警，因此岸炮和舰炮都已准备就绪，还有一队战斗机迎击敌军。德军飞机无一能够接近英军巡洋舰，事实上也没能将任何炸弹投入斯卡帕湾。两架容克飞机被英军高射炮火击落。[14]

***

4月10日上午，回收空袭特隆赫姆的飞机后，本土舰队再度驶向北方。当天晚些时候，德军飞机又攻击了大约一个小时，但与4月9日的情况截然不同。“蚀”号（*Eclipse*）轮机舱右舷侧被一枚炸弹击中，还有三枚炸弹的落点接近这艘驱逐舰，在两舷外二十米范围内爆炸。轮机舱和弹药库迅速被水淹没，其中人员不得不撤离，同时锅炉舱也只能关闭。好在抽水泵坚持工作到了船舷破洞被封堵到水线以上，随后“蚀”号在“约克”号拖曳下前往勒威克（Lerwick）。[15]

4月11日15: 00，坎宁安中将率“德文郡”号、“贝里克”号、“伊西斯”号、“冬青”号、“英格尔菲尔德”号和“伊摩琴”号与本土舰队主力分离，沿特隆赫姆以北的内侧航道搜索德国军舰或货轮。在这次扫荡中“伊西斯”号和“冬青”号冒险进入特隆赫姆峡湾（Trondheimsfjorden），吸引布雷廷根（Brettingen）炮台的火力。它们没有遇到任何德国舰船，但“伊西斯”号在桑内舍恩（Sandessjøen）附近遇到挪威军辅船“北角”号（*Nordkapf*），后者通报说，自己在格洛姆峡湾（Glåmfjord）中击沉了德国油轮“卡特加特”号。4月12日15: 30，这两艘驱逐舰在北极圈以南不远处与巡洋舰会合，次日上午它们全都在罗弗敦群岛附近汇入本土舰队。坎宁安中将报告称，挪威航道中“已无敌军”。随后驱逐舰继续前往谢尔峡湾（Skjelfjord）加油，巡洋舰则随旗舰行动。[16]

第十章

特隆赫姆

古都

特隆赫姆在挪威的历史和文化中占有特殊的地位。它是挪威最早的首都，至今仍是新登基的国王举行加冕仪式的城市。从战略意义上讲，特隆赫姆恰好位于挪威的中心。来自南方奥斯陆和瑞典的好几条公路和铁路沿海岸或穿过群山汇聚在这座城市。北上的公路也是从这里出发——这条公路在 1940 年充其量只能用简陋来形容。作为农业和木材行业中心，这座城市有一个庞大的港口，可以很好地容纳吃水深的船舶。

三个统称为阿格德内斯要塞（Agdenes Festning）的炮台拱卫着特隆赫姆的海上入口，在 1940 年 4 月，要塞的指挥官是弗里肖夫・雅各布森（Frithjof Jacobsen）中校。对进入峡湾的入侵者来说，在其左侧有布雷廷根炮台和黑斯内斯（Hysnes）炮台，右侧有汉博拉（Hambåra）炮台。位于北岸的布雷廷根炮台是在一处岩石海岬的峭壁中修建的，控制着特隆赫姆峡湾的入口。它有一个装备两门 210 毫米炮的炮连和一个装备三门 150 毫米炮的炮连，此外还有两部 110 厘米探照灯和一些轻型防空火炮。炮台的轮班制度确保了一门 150 毫米炮始终有人操作，指挥和通信中心也始终有人值守，在夜间还有一部探照灯横跨入口照向峡湾对岸的阿格德内斯灯塔，但三门 65 毫米炮无人操作。该炮台的指挥官是亨里克・施吕特（Henrik Schlytter）少校。

如果在峡湾中继续深入大约两海里半，就会到达位于同一侧海岸的黑斯内斯炮台，它有一个装备两门 210 毫米炮的炮连和一个装备两门 150 毫米炮的炮连，外加一部 110 厘米探照灯和一些轻型防空火炮。该炮台的指挥官是厄于温・朗厄（Øyvin Lange）上尉。与布雷廷根炮台一样，那里的 65 毫米炮也无人操作。汉博拉炮台位于峡湾南岸，配备两门 150 毫米火炮，但是没有任何人员。

在 1940 年 4 月 8 日，包括非战斗人员和辅助人员在内，这些炮台合计只有不到 350 人。与阿格德内斯要塞发挥全部战斗力所需的编制相比，军官只有三分之一，士兵不到四分之一。没有动员任何地面防御部队，也没有任何预备或支援部队。各炮台的火炮和装备都使用多年，磨损严重，炮手们在 4 到 6 个星期前才来到炮台，仅接受了有限的训练。

当地守军普遍承认，如果从海上来的敌军突破要塞防御，那么无论这座城市还是当地驻军的兵营和弹药库（为了方便补给和运输，它们被特意设在峡湾附近）都是不可能守住的。第 5 军区司令雅各布·洛朗松（Jacob Laurantzon）少将和雅各布森中校在中立警戒期间都曾几次向上级呼吁充实阿格德内斯要塞的人员，包括地面防御部队。但是他们的呼吁毫无结果，因此在 4 月 8 日，保卫挪威最具战略意义的城市的阿格德内斯防线充其量只是镜花水月。[1]

特伦德拉格海防分区的司令是驻特隆赫姆的奥拉夫·贝格森（Olav Bergersen）上校。阿格德内斯的雅各布森与贝格森关系紧张，两位军官似乎把彼此之间的沟通保持在最低限度。[2] 8 日下午，该海防分区的舰船部署如下：

黑斯内斯炮台的大炮。当地岸防炮台的主力火炮是1895到1900年间采购的210毫米圣沙蒙炮，它们的标称射程可达16000米。这些炮配备半穿甲弹、高爆弹和照明弹，但实际上弹种不一定齐全。（挪威王家海军博物馆供图）

驱逐舰“斯雷普尼尔”号在许斯塔维卡守卫英国人声称的雷区，鱼雷艇“鲱鱼”号（*Sild*）前往克里斯蒂安松扣押“希佩尔海军上将”号的阿拉多侦察机（见下文），鱼雷艇“鳕鱼”号（*Skrei*）则位于希特拉岛（Hitra）附近的锚地，两艘军辅船“福森”号（*Fosen*）和“斯泰恩谢尔”号（*Steinkjær*）在进入阿格德内斯的航道上巡逻，“海尔霍恩”号（*Heilhorn*）位于炮台下方的锚地作为预备队。事后看来，阿格德内斯外面军辅船巡逻的位置离要塞太近了。从巡逻线到炮台只有15千米，任何通过巡逻线的入侵船只即使仅以中速行驶，也会在几分钟内进入炮台射程。

4月8日上午，贝格森上校和雅各布森中校都接到了关于英军布雷的通知。但出于一些说不清道不明的原因，关于德军舰队通过丹麦海域、“里约热内卢”号沉没和英国海军部警告纳尔维克可能遭到攻击的情报，基本上都没有从卑尔根的第2海防区转发到特伦德拉格海防分区。海防分区既没有收到关于局势的任何评估，也没有收到下发给其他海防分区的加强戒备的指示。这个沟通不畅的问题从来没有得到解释，但极有可能是人为失误造成的，而不是缘于故意忽略。贝格森从似乎消息灵通的维旺海岸警卫站得到了一些情报，他还在当天收听了电台广播，意识到斯卡格拉克海峡中有些异动，但对自己防区面临的威胁一无所知。当通过公共广播电台得知卑尔根以南的灯塔和导航灯都要关闭时，他认为这等于确认了当晚在特隆赫姆不需要采取任何特别措施。

在阿格德内斯，雅各布森得到的情报甚至更少。接到英军布雷的报告后，岸防炮兵司令部命令他准备人手，以进驻峡湾南岸的汉博拉炮台。但这道命令没有一点紧急的意味，因此他只是准备了动员信件并在当晚送到邮局，打算在以后几天里寄出。[3] 海军总司令要求特伦德拉格海防分区通过电话报告，是否有可能依靠当地陆军部队加强炮台的地面防御。贝格森联系了第5军区，得知第13步兵团第2营几天前已经集结在特隆赫姆以北的斯泰恩谢尔桑南（Steinkjærsannan）兵营，正准备调往纳尔维克，以接替那里服役期满的第1营。第5军区决定推迟这次调动，洛朗松少将命令一个连做好部署到阿格德内斯的准备。洛朗松虽然就这一问题反复致电陆军总参谋部，但没能获得将这些部队调动到炮台的许可，因此他们依然留在斯泰恩谢尔桑南。[4]

由于当天没有从上级指挥机关得到任何消息，雅各布森得出了和贝格森相同的结论：特隆赫姆没有受到威胁，不需要采取任何特别措施。于是相信自己将度过平静一晚的雅各布森中校回到了他在要塞外面的家。这两位海军高级军官都认为没必要就局势与对方或陆军进行讨论。[5]

芬兰的战火平息之后，870 吨的布雷舰“芙蕾雅”号（*Frøya*）结束了在芬马克（Finmark）的临时部署，奉命返回霍滕。4 月 8 日上午，舰长施勒德－尼尔森（Schrøder-Nielsen）少校通过电台得知了许斯塔维卡和斯塔德的（假）雷区，决定在特隆赫姆峡湾等待“局势变得明朗”。

“芙蕾雅”号于 19: 15 在阿格德内斯以西的厄尔兰湾（Ørlandsbukta）抛锚。汤克－尼尔森少将认可了这个等待的决定，但他建议施勒德－尼尔森联系特隆赫姆和阿格德内斯，说明该舰在当地。施勒德－尼尔森照办了。汤克－尼尔森还询问是否有可能使用水雷在炮台前方封锁峡湾，但“芙蕾雅”号上只有用于 200 米水深的水雷，对相关海域的水深来说其锚链太短，因此这个想法被放弃了。[6]

这个夜晚起初平安无事。天气很冷，北风劲吹，偶尔还夹着雪花，限制了能见度。最初的异变迹象是 00: 54 发到通信中心的一则简短电文，内容是厄伊岛和博拉尔内岛已经开火，奥斯陆还响起了空袭警报。这份电报被转发到阿格德内斯、特罗姆瑟的第 3 海防区和陆军。在这之后又是一阵沉寂，直到 02: 15

布雷舰“芙蕾雅”号是1916年入役的，它装备了4门100毫米炮和1门76毫米炮，此外还有2枚鱼雷和大约180枚水雷。（作者的收藏）

卑尔根方面报告："奥斯陆的空袭警报已经解除。费尔德尔发生交战。不明船只正在突破科尔斯峡湾。"半小时后又传来"德国军舰正在强行进入卑尔根"的消息。贝格森上校收到了这些电报，并确保将它们转发到阿格德内斯和特罗姆瑟，但是他认为没有理由再采取其他措施。

阿格德内斯最初在 00: 56 收到了上述电报中的第一份。黑斯内斯的朗厄上尉立刻拉响警报并命令炮手上炮位。布雷廷根的施吕特少校则什么也没做。雅各布森中校在家里接到电话，听对方念了电文。他和施吕特意见一致，于是朗厄又接到了让部下回到营房的命令。雅各布森后来解释说，因为没有替换的人手，他担心炮手们如果整晚保持戒备，可能过于疲劳。然而他却命令这些人员参加了给火炮运送弹药的工作。由于弹药库与炮台隔着一定距离，这是一项相当费力的任务。[7]

没有不友好的意图

遭遇海德上尉的"桑德兰"式飞机后，海耶上校估计英军和挪军即将得知他的存在。因此在 16: 50，"希佩尔海军上将"号起飞一架阿拉多侦察机搜索哈尔滕、弗鲁湾（Frohavet）和特隆赫姆以西的近海。魏尔纳·特尚（Werner Techam）中尉和汉斯·波尔青（Hans Polzin）少尉得到的指示是，始终在海岸线上飞行，任何情况下都不得接近特隆赫姆或阿格德内斯，以免进一步惊动挪威守军。这架阿拉多的燃油不够返回"希佩尔海军上将"号，因此飞行员们打算在报告看到的情况以后找个合适的偏僻地点降落，等待母舰回收。特尚和波尔青看到特隆赫姆峡湾入口处有两艘商船，但是没有发现军舰。报告以上情况后，他们在 19: 00 前后降落于克里斯蒂安松附近的林斯塔（Lyngstad）。[8] 第二战斗群随即转向特隆赫姆，在入夜时经过哈尔滕灯塔。

舰队在黑暗掩护下于 23: 30 进入弗鲁湾，以战斗部署状态接近。"里德尔"号（Z6）和"雅各比"号（Z5）带着扫雷装置打头阵。"希佩尔海军上将"号跟在后面，"埃克霍尔特"号（Z16）和"海涅曼"号（Z8）与它并排航行，作为反潜护卫。在 00: 40 看见塔尔瓦岛（Tarva）灯塔时，海耶转向南边弗莱萨（Flesa）一带的海峡。所有灯塔都灯火通明，导航灯也照常亮着，没有任何迹象表明挪军对这支舰队有所防备。01: 55，它们转进航道，接近了阿格德内斯的巡逻线。此时“希佩尔海军上将”号一马当先，驱逐舰们则收起扫雷具，排成首尾相接的纵队，紧跟巡洋舰航行。特隆赫姆一带水文条件复杂，岛屿、礁石和浅滩星罗棋布，需要专业的导航。不过，德军舰队还是提速到了 25 节。雪下得不太大的时候，前方能看到阿格德内斯的山丘。[9]

海耶上校和第138山地团的团长魏斯上校在“希佩尔海军上将”号的甲板上。（德国联邦档案馆，Bild 101I-757/0037N-10A）

左转绕过斯梅林斯福卢阿（Smellingsflua）浅滩后，阿格德内斯角和特隆赫姆峡湾本身的入口就出现在前方。“希佩尔海军上将”号舰桥上的气氛顿时紧张起来：西集群刚刚发来电报，说是挪威南部的灯塔都已熄灭，而且奥斯陆峡湾的炮台已经对第五战斗群开火。02: 53，左舷外出现一条黑影，随后一盏信号灯亮起，要求这些不速之客表明身份。这是在阿格德内斯外围防线巡逻的军辅船“福森”号。“希佩尔海军上将”号用英语作答，自称英国军舰“复仇”号，还补充说：“奉政府之令前往特隆赫姆。没有不友好的意图。”“福森”号的舰长尼克·布吕恩（Nie Bryhn）少校没有看懂信号，于是将探照灯对准这艘军舰，想要确认其身份。没等他看清楚，对方射出的一束强光就完全笼罩了他的小船，导致他什么都看不见。原来海耶用“希佩尔海军上将”号上的大型探照灯反照对方，使挪威船员们完全成了瞎子。如果挪威炮台开火，海耶就打算以最高速度进入峡湾，并且火力全开，压制守军。但是在遭到射击之前，他只会使用探照灯。布吕恩很快回过神来，尽管不知道对方有多少船，更不知道它们的国籍，他还是打出两发红色信号火箭，表明有敌舰入侵，还用信号灯向最近的信号站重复了这一消息。[10]

第二艘军辅船“斯泰恩谢尔”号位于峡湾上游两海里处,船员们看见了灯光,也读出了“希佩尔海军上将”号发出的部分信号。奥尔森(Olsen)准尉也射出两发火箭,并用灯光向贝阿恩(Beiarn)海岸警卫站报告:“外国军舰正经过 B1’(即“福森”号)。”[11] 此时德国舰艇开始施放烟幕,当它们经过“斯泰恩谢尔”号时,奥尔森只能识别出一艘巡洋舰和一艘驱逐舰,他将这些情报也通报给了贝阿恩。

布雷廷根和黑斯内斯都观察到了两艘军辅船发射的火箭,于是警报在 02: 55 拉响。几分钟后,多个海岸警卫站和信号站纷纷打来电话,确认有敌舰入侵。雅各布森中校先前去黑斯内斯视察了一趟,刚回到家里,一个传令兵就开着汽车来报告,并接他去炮台。在离家前,他给施吕特少校打了电话,命令后者不要作警告射击,直接对入侵者开火。黑斯内斯炮台也接到了同样的命令。当汽车开近布雷廷根时,雅各布森能看到炮台遭到炮火打击,还有几艘船正在进入峡湾。他命令汽车掉头开向黑斯内斯。但是等他赶到那里,德国军舰也已经通过了那个炮台,因此这位总指挥缺席了整场战斗。

在布雷廷根,施吕特少校命令各炮连发现目标后就立即射击,然而这却花了不少时间。许多正在搬运弹药的人不得不匆忙返回炮位,在一切准备就绪时电动击发机构又失灵了,炮手们只能切换成人工击发。直到 03: 12 布雷廷根的大炮才开火,距离警报响起已经过去近 15 分钟。此时“希佩尔海军上将”号已经通过该炮台的射界,因此各炮只能瞄准驱逐舰。第一次齐射的落点离“里德尔”号(Z6)很近,但海耶又用“希佩尔海军上将”号的探照灯照射炮台,使炮手们看不见目标,因此后面的炮击就只是乱射一气。“希佩尔海军上将”号也用后部炮塔打了两次齐射。炮弹没有直接命中目标,但其中一发炸断了给探照灯和大部分其他电灯供电的炮台主电路,导致炮手们不得不在一片漆黑中操作。[12] 爆炸的炮弹还激起大团尘雾与烟云,进一步降低了能见度。最终布雷廷根的 210 毫米炮打了两次齐射,150 毫米炮打了七次。[13]

在黑斯内斯,按理应该由一名号手吹响警报,但此人刚好睡着了。直到布雷廷根开了火,黑斯内斯的炮手们才赶到炮位。此时“希佩尔海军上将”号已经位于炮台对面,驱逐舰紧随其后。就在炮台将要开火时,电灯却纷纷熄灭(因为布雷廷根的主电路被炸断了)。各炮连的指挥官们在这个突发情况下不知所措,又被探照灯照得睁不开眼，结果没能确认任何目标。有一门 150 毫米炮位于探照灯的光柱之外，炮手们能够看到德军舰队，但是炮长不愿在没有得到命令的情况下开炮，而命令又因为电话交换台出了故障传不过来。结果黑斯内斯炮台一炮未发——德军舰队也保持了沉默。03: 20，雅各布森向特隆赫姆发报说，已有至少两艘国籍不明的战舰通过各炮台。此时距离“福森”号发射火箭只过了不到 20 分钟。

安全通过危险区域后，“雅各比”号（Z5）、“里德尔”号（Z6）和“海涅曼”号（Z8）脱离大队，“希佩尔海军上将”号和“埃克霍尔特”号（Z16）继续驶向峡湾深处，于 04: 25 在特隆赫姆港抛锚，船上搭载的部队立即开始下船。第 138 步兵团的第 13 连和第 14 连离开巡洋舰，乘坐舢板上岸，临近 05: 00 时第一批部队登上了布拉特拉（Brattøra）和拉芙克罗雅（Ravnkloa）的码头。德军控制了周边区域并借助三艘被征用的汽船继续登陆。“希佩尔海军上将”号上剩下的两架阿拉多飞机被派出去侦察，一架飞到炮台和峡湾上空，另一架则飞向东方的内陆。除了发现舍恩峡湾（Stjørnfjorden）中的“芙蕾雅”号外，飞行员没有报告任何异动。

05: 10，特伦德拉格海防分区向海军总司令和海军总参谋部发出一份电报：“一艘德国战列舰和一艘驱逐舰锚泊在特隆赫姆港。”特隆赫姆，这座挪威的第三大城市在侵略者面前门户洞开，已经有 1000 多名士兵上了岸。过时的装备、技术上的缺陷和高级指挥官的失误都不能不受到指责，但是懦弱的一线指挥官也难辞其咎。假如在“福森”号发出信号后所有火炮的操作人员立刻就位，假如每门炮的指挥官都得到自由开火的权限，假如海军的一些舰船能被利用起来担任前沿哨舰，而不是留在后方充当预备队，那么结局也许会不同。由于种种原因，挪军无所作为，等到阿格德内斯炮台做好准备为时已晚。海耶上校肯定感到出乎意料，并长出了一口气。他后来写道：“挪威炮台做好准备的时间迟了几秒钟。当他们开火时，我们刚好通过了危险区域。”[14]

我们能坚守阵地

为了夺取并控制各炮台，“雅各比”号（Z5）、“里德尔”号（Z6）和“海涅曼”号（Z8）各搭载了一个山地兵连，还加强了火焰喷射器、迫击炮和重机枪分队。“雅各比”号（Z5）带着“海涅曼”号（Z8）开往峡湾西侧的卡鲁达尔湾（Kalurdalsbukta）。这里的深水区几乎延伸到岸边，德军预计驱逐舰可以躲在海边的峭壁下；而陆军士兵可以乘坐汽艇在北边登陆，然后爬到山上的汉博拉炮台（德军不知道的是，尽管火炮完全可以使用，那里却空无一人）。“海涅曼”号（Z8）上的那个连将作为预备队，只有在需要时才会上岸。

“里德尔”号（Z6）开往峡湾东侧准备卸下搭载的士兵，他们将先占领黑斯内斯，然后夺取布雷廷根。布雷廷根射出的炮弹使舰长伯米希（Böhmig）少校明白，过于靠近炮台是不智之举，因此他决定在原定登陆场的下游让部队登陆。这意味着山地兵们要在陆地上走更多路程，但对驱逐舰来说更安全。在部队下船过程中，“里德尔”号（Z6）碰到一处暗礁，船底受损，于是匆匆将山地兵们送到了岸上。

随着晨曦渐现，在黑斯内斯和布雷廷根已经能看到“雅各比”号（Z5）和“海涅曼”号（Z8）。挪军发现其中一艘驱逐舰上有部队下船，两个炮台的各个炮位都报告“射击条件良好”。但是雅各布森中校迟迟没有下达射击的命令，不久以后，“海涅曼”号（Z8）消失在峡湾深处。各炮的炮长们继续报告“射击条件良好”，并反复请求上级批准对剩下的那艘驱逐舰开火。雅各布森直到07: 00才终于同意黑斯内斯的210毫米炮射击。这些火炮打了四次齐射。第一次落点偏近800米左右，其余三次都对这艘驱逐舰形成了跨射。炮连指挥官斯特兰德（Strande）少尉后来说，他看到至少一发炮弹击中了水线以下的船体，但是德方档案中没有任何记录。“雅各比”号（Z5）一边还击、一边驶向隐蔽处，但它的所有炮弹落点都偏近，没有给炮台造成任何损伤。黑斯内斯的指挥官朗厄上尉估计入侵者企图从陆地方向占领他的炮台。因此在03: 30，他命令炮台的防空分队以及没有部署到炮位上的人员和他一起到炮台南边的山头建立临时防线。[15] 这个分队一共有25人左右，除了手枪之外，还携带了六挺装在三脚架上的重机枪。这些人中间只有个别人有机枪使用经验。

与此同时，从黑斯内斯可以看到一些士兵沿着峡湾西侧的公路运动。挪军士兵估计这些人是在前往无人驻守的汉博拉炮台，但雅各布森拒绝开火，理由是西岸的民房太多了。他派了两个人乘坐小艇横渡峡湾，去解除那些火炮的作战能力——他们在德军到达前的那一刻及时完成了任务。

朗厄和他的 25 个部下在黑斯内斯以南的山丘上建立了阵地。06: 45，“希佩尔海军上将”号的一架阿拉多飞机轰炸了该炮台，但没能毁伤任何火炮。完成攻击后，这架飞机低空掠过机枪阵地，挪军机枪手开火，多次击中了它。[16] 不久以后，第一批德国山地兵进入视野。遭到守军射击后，这些山地兵纷纷寻找掩体。令朗厄大为恼火的是，在他报告自己开火后，雅各布森竟然命令他返回炮台。朗厄此时占领了很有利的防御阵地，因此他愤怒地回答：“不同意。我们能坚守阵地。”雅各布森中校相信了民间人士的电话报告，以为有多达 500 名德军士兵正在向炮台进攻。他重申了自己的命令，朗厄不得不开始后撤。德军追了上来，起初他们只是缓慢前进，但在接近炮台时就开始猛烈进攻。挪军进入战壕防守，虽然得到了一些增援，他们的处境还是变得艰难起来。不过这一小队基本上没受过什么训练的挪军士兵还是将德国山地兵阻挡了 5 个小时以上，直到他们的弹药开始告急为止。[17]

阿格德内斯的电话网络当天仍然畅通。来自特隆赫姆的报告明确指出，德军在中午前后已控制整座城市。电台中的报告还从其他城市带来了类似的消息，包括卑尔根和纳尔维克。因为无法联系到卑尔根的第 2 海防区和海军总司令，雅各布森只能独立决定该如何行动。他召开了一次军事会议，与会的高级军官们得出结论：由于各炮台没有防御陆地方向敌人的兵员和装备，而且看来短期内也不会有援军赶到，尝试抵抗只会白白浪费生命。因此在 15: 15，黑斯内斯炮台打出了白旗，朗厄上尉被派到前线商谈投降事宜。德军在进攻中阵亡 22 人，挪威守军有 2 人负伤。

各个炮台都被完整地交给了德国人，海于格利（Hauglie）少尉主动拆掉了黑斯内斯炮台 150 毫米和 210 毫米火炮的击发机构，而直到 4 月 11 日晚上，阿格德内斯的新任德军指挥官才能向德国地面部队的总指挥魏斯上校报告说，各炮台已经可以作战。挪军的炮兵和士官在 10 日得到释放，次日大部分军官也被遣散。[18]

洛朗松少将早就认为，一旦外国军舰通过阿格德内斯，他将无法守住特隆赫姆，因为在这座城市内部或附近都没有他的部队。他决定把自己的参谋部转移到莱旺厄尔（Levanger），在那里他可以利用第 13 步兵团的现有兵力建立一道防线，等待动员效果显现。第 12 步兵团的团长埃兰·弗里斯沃尔（Erland Frisvold）上校奉命留下，“不流血”地带领这座城市投降。[19]

第138山地团的士兵们准备下船。（作者的收藏）

在洛朗松离开后，弗里斯沃尔联系了警察局长勒克斯特尔（Løchstøer），这两人判断，为了避免恐慌或可能造成军民冲突的情况，最好不要惊动普通民众。因此德军士兵进入了一座安静地沉睡的城市。当特隆赫姆的居民最终醒来时，他们发现街道上出现了全副武装的外国军队，横跨河流的桥梁上还设置了机枪火力点。整个过程一枪未放，在一些地方还有挪威士兵在德国士兵身边站岗，双方多少带着疑惑对视。[20]

06: 35，魏斯上校带着他的参谋部来到第 5 军区的指挥部，要求面见洛朗松少将。弗里斯沃尔告诉他将军已经离开，但是已授权自己带领全城军民投降。稍后，魏斯在一场匆匆安排的会议上告诉贝格森上校和几个民政部门的官员，德军是来“协助挪威人自卫”的，为了表示善意，在关键地点将同时悬挂两国国旗。[21] 挪威人没有什么可说的，毕竟德军已经控制了全城。

4 月 9 日上午晚些时候，第 506 海岸飞行大队的两个 He-115 中队在海因里希 · 明纳（Heinrich Minner）少校率领下降落于特隆赫姆港。它们是当天上午从叙尔特岛起飞的，途中还散开队形对北海进行了一次侦察。一些飞机在与英国海防司令部的“哈德逊”飞机的遭遇战中被击伤。由于油轮尚未到达，合适的燃油

4月9日上午，海因里希·明纳少校第506海岸飞行大队的He-115降落在特隆赫姆港内。（作者的收藏）

很紧缺，在此后几天里这些亨克尔飞机中只有两三架能执行侦察任务。另一方面，“希佩尔海军上将”号的两架阿拉多飞机在这艘巡洋舰逗留期间被广泛使用。

计划前往特隆赫姆的三艘运输船和两艘油轮中，最终只有运输船“黎凡特”号抵达，而且迟了三天。[22] 燃油短缺很快成为德军的严重问题。与预期相反的是，德军在当地只找到了少数油库，而且其中适合用于驱逐舰的燃油数量有限。德方押解船员接管了港湾中的十艘挪威商船，以及一艘瑞典船和两艘芬兰船，但它们基本上没有搭载任何对占领军有用的货物。[23] 最终德国人组织 6 艘 U 艇紧急驰援，运入大约 270 吨物资，可在奥斯陆地区组织起空运之前，特隆赫姆的后勤供应始终处于危急水平。[24]

特隆赫姆以东的瓦尔内斯机场，驻军在 03: 00 接到电报，内容是命令侦察联队的 8 架飞机撤往内陆。这些飞机仅装备侦察器材，没有任何战斗价值。大约 50 名官兵留下来保卫机场。上午，“希佩尔海军上将”号的两架阿拉多 196 赶来扫射了机场。年轻的挪军士兵们使用三挺高射机枪进行了猛烈抵抗，逼退了这些阿拉多飞机。不久以后，一架 Ju-52 出现，侦察着陆场情况。这架飞机也遭到火力驱逐，不得不在附近紧急迫降。下午 Ju–52 机群又两次出现，企图着陆，但都被迫转往别处。4 月 10 日上午，大约 400 名全副武装的德国山地兵杀到，弹药已经不多的挪威守军随即撤退。他们没有进行破坏机场或跑道的尝试，不过瓦尔内斯机场的地面状况非常差。德军立刻启动了改善机场的工作，大量当地人在丰厚的酬金和充足的烈酒诱惑下前来协助。与此同时，德军还在附近的永斯湖（Jonsvatnet）建立了一个临时机场。

僵局

随着陆军部队下船并牢牢控制特隆赫姆，“希佩尔海军上将”号和第 2 驱逐舰纵队的任务便告一段落。陆军请求部分军舰留下来，以防御盟军为了夺回该城发动反击，雷德尔在一次与希特勒的对话中接受了这个请求。依靠现存的史料无法完全查明德国海军打算如何组织防御，但解决方案却多少是自行浮现的。

4 月 9 日入夜后不久，海耶上校和冯 · 普芬多夫中校上岸与魏斯上校和明纳少校开会。此时的局势不容乐观，除了“希佩尔海军上将”号有伤外，各驱逐舰也在风暴和战斗中不同程度受损，而且它们全都缺少燃油。[25] 油轮并未按计划到来，如果“希佩尔海军上将”号要按计划与战列舰会合，那么就要把好几艘驱逐舰留下。这艘巡洋舰的燃油只够勉强返回母港，一点都不能匀给驱逐舰。西集群无疑希望“希佩尔海军上将”号返回，尽管这意味着它要在没有反潜舰艇护卫的情况下航行。阿格德内斯已经投降，但各炮台还无法作战，尽管已经有三四艘 U 艇奉命进入峡湾，同盟国的干涉行动还是可能造成灾难性后果。[26] 海耶希望当晚就前往公海，但迫于现实，他还是决定 10 日夜间在驱逐舰“埃克霍尔特”号（Z16）的陪同下出发。“雅各比”号（Z5）和“海涅曼”号（Z8）需要将各自的燃油抽出来供“埃克霍尔特”号（Z16）返程之用，而这需要一定的时间。[27]

4 月 10 日，海耶与冯 · 普芬多夫及各驱逐舰的舰长们又开了一次会。丢下山地兵和这些驱逐舰是个艰难的决定，但他无论如何也不能让“希佩尔海军上将”号冒险留下：虽然在回港途中也有遭到拦截的风险，但两害相权取其轻。与会者们支持这个决定。为了给正在形成战斗力的阿格德内斯要塞加强火力，会议决定将负伤的“里德尔”号（Z6）置于斯特热姆湾（Strømsbukta）中的一处砂质

“希佩尔海军上将”号在特隆赫姆港内卸下陆军士兵。旁边的拖船正在修补“萤火虫”号造成的损伤。（德国联邦档案馆, Bild 101I−757/0037N−26A）

浅滩上，作为固定的鱼雷和火炮发射台。冯・普芬多夫中校将留下来指挥这些驱逐舰，并最终将它们带回德国。

下午，驾驶员施雷克（Schreck）中尉和观测员施雷韦（Schrewe）中尉的阿拉多 196 降落在特隆赫姆港。这架飞机来自“沙恩霍斯特”号，于当天上午从扬马延岛（Jan Mayen）以南起飞，飞越大约 1000 千米的距离才到达。吕特晏斯中将派它进行联络是为了不打破无线电静默。飞行员们带来一份要从特隆赫姆发送到西集群（并抄送给海耶）的报告，其中叙述了在罗弗敦群岛附近发生的事件、两艘战列舰的位置和吕特晏斯的意图。海耶据此向西集群报告说，他此时决定独立前往德国水域。千里迢迢与油轮或战列舰会合在他看来是不必要的冒险。如果遭到英军拦截，海耶打算前往“沿岸尚未被占领的地点”，例如翁达尔斯内斯和特罗姆瑟。[28]

最终一切准备就绪，“希佩尔海军上将”号和“埃克霍尔特”号（Z16）在 10 日 20: 30 起锚。在白天接到了峡湾入口出现英国潜艇的报告，因此两艘军舰都处于战斗部署状态。22: 20，经过搁浅的“里德尔”号（Z6）后不久，有人看见一艘浮出水面的潜艇，于是所有能够瞄准的枪炮一齐开火。狭窄的峡湾里顿时乱作一团。这艘潜艇其实是弗里茨－尤利乌斯·伦普（Fritz–Julius Lemp）上尉的U–30号，它紧急下潜后惊险地逃过一劫。先前抵达特隆赫姆的U–34号艇长罗尔曼（Rollmann）上校曾向海耶保证，德国U艇将在他们离开时退避三舍，因此海耶在水面上看到潜艇就不分青红皂白开了火。接着“希佩尔海军上将”号和“埃克霍尔特”号（Z16）一边调头向峡湾深处驶去，一边继续朝潜艇下潜的地方射击。“里德尔”号（Z6）也开了火。“雅各比”号（Z5）和“海涅曼”号（Z8）通过电台接到警报，不顾燃油舱近乎空空如也的现实，也驶向峡湾外侧助战。“海涅曼”号（Z8）在此过程中显然发生了轻微擦撞，不过最终误会得到澄清，德军舰艇没有再遭损伤。

登陆过程未遇抵抗，几乎有点令人扫兴的意味。请注意舰体前部由“萤火虫”号造成的损伤。（德国联邦档案馆, Bild 101I–757/0038N–11A）

22: 44，西集群向海耶发了一份电报，指示他即使没有驱逐舰护航，也要在当晚离开特隆赫姆。不过这份电报送到“希佩尔海军上将”号的舰桥时，这艘巡洋舰已经再次上路。为了避开据报出没于特隆赫姆峡湾入口的潜艇，海耶决定南下，通过拉姆瑟于峡湾（Ramsøyfjorden）进入远海。对“希佩尔海军上将”号这样大小的船只来说，即使在白天通过这条水道也是困难重重，而海耶和航海长欣策（Hintze）借助导航灯的指引毫发无伤地通过，着实令人钦佩。在01: 30进入远海后，“希佩尔海军上将”号便将航速提到最高，向西驶去。令海耶失望的是，“埃克霍尔特”号（Z16）发信号说，它在此时的海况下无法维持29节航速。海耶别无选择，只能命该舰返回。“希佩尔海军上将”号独自继续航行。

海耶一直朝西北方向航行到 4 月 11 日拂晓，此时距离海岸已有约 300 海里，于是他改用之字形航线南下。本土舰队就在附近，但对海耶来说幸运的是，他们的目标是更北边的挪威海岸，因为“暴怒”号正准备在天亮时出动飞机空袭特隆赫姆。当天“希佩尔海军上将”号上的气氛始终很紧张——接到“埃克霍尔特”号（Z16）在返回特隆赫姆途中遭到鱼雷机攻击的电报后，众人的紧张情绪更是有增无减。附近至少有一艘航母！然而一整天都平安无事，只不过出现了几次潜艇警报，但海耶相信它们不是误报就是正在北上的 U 艇。

气象员预报挪威沿岸天气即将恶化，因此海耶让“希佩尔海军上将”号先向东航行了一段，然后继续南下。入夜后，在 9 级大风吹拂下，“希佩尔海军上将”号警觉的雷达操作人员追踪到一些可能是英国驱逐舰的船只，因此这艘巡洋舰灵巧地转向规避。虽然由于海上巨浪如山，舰桥前方甲板上的人员都不得不撤离，但 29 节的航速还是保持了一整夜。12 日 08: 24，“希佩尔海军上将”号在埃格尔松西南方与“沙恩霍斯特”号和“格奈森瑙”号会合，随后这三艘军舰平安无事地在 11: 00 抵达威廉港。由于云层低垂、雨雪交加，英军派出的近百架飞机都没能找到这些德国军舰。在进港时，“希佩尔海军上将”号的燃油舱里只剩 120 立方米燃油，不到出发时的 5%，只够它继续高速行驶数小时。[29]

“希佩尔海军上将”号被拉进浮船坞接受检查。它水线以下的装甲板上有一道 30 米长的裂缝，撞击使这舷侧装甲出现了不少凹痕和擦伤。损伤比预期严重，但装甲带防止了任何真正严重的问题发生。经过两个星期的紧张修理，“希佩尔海军上将”号离开船坞，完全恢复了战斗力，调往波罗的海参加演习。[30]

4 月 12 日，德军发现了数量有限的合用燃油，因此“海涅曼”号（Z8）和“埃克霍尔特”号（Z16）两天后离开特隆赫姆。它们在次日平安抵达德国。“雅各比”号（Z5）在 5 月初做好了出航准备，于是在内特隆赫姆峡湾支援德国陆军与英军及挪军作战后，它也通过挪威航道返回德国。“里德尔”号（Z6）在 4 月 20 日重新浮起，进入特隆赫姆的船坞。它直到 6 月才做好返航的准备。在进坞修理期间，“雅各比”号（Z5）后部的鱼雷发射管被拆下，两两成对地安装到两艘被德军征用的小艇上。“里德尔”号（Z6）也有一组鱼雷发射管被拆下，安装在阿格德内斯附近的陆地上。[31]

布雷舰“芙蕾雅”号4月8日夜至9日晨锚泊在厄尔兰湾中。03: 00过后不久，舰长施勒德－尼尔森少校被他的值班军官叫醒了，得知有人看到不明国籍的军舰进入特隆赫姆峡湾，还听到阿格德内斯方向传来隆隆炮声。施勒德－尼尔森少校试图联系卑尔根、特隆赫姆乃至海军总参谋部，但都没有成功。最终贝阿恩海岸警卫站通知他，有军舰正在逼近卑尔根和奥斯陆。这天上午，“芙蕾雅”号的一名军官终于在岸上成功打通了特隆赫姆的电话，得知德军已经占领了这座城市，而且峡湾中有多艘德国战舰。“芙蕾雅”号上共有96颗水雷，在交战中这些水雷将使它不堪一击，施勒德－尼尔森少校决定暂时丢弃这些水雷，然后转移到舍恩峡湾的更深处。[32]他相信自己的军舰在与德国驱逐舰的对抗中没有什么获胜的机会，但认为在峡湾中的胜率总比在开阔水域大，于是决定留在近海。英国军舰很可能迟早会来，而如果德国人先到，他决心不让“芙蕾雅”号落到敌人手里。当天有侦察机出现在他头顶上，但除此之外平安无事。[33]

在进入特隆赫姆的船坞修理期间，“雅各比”号（Z5）后部的鱼雷发射管被拆下，两两成对地安装到两艘被征用的小艇上。（T. 埃根的收藏）

4 月 10 日也没有什么大事。11 日出现了多架飞机，既有英国的也有德国的。中午刚过，来自“暴怒”号的两架“剑鱼”式飞机攻击了“芙蕾雅”号，但是它没有中弹。英国飞行员将它当成了德国军舰，而且显然不觉得它没有还击是什么奇怪的事。13: 30，阿格德内斯方向传来炮声，遗憾的是施勒德 – 尼尔森并不知道，这正是他一直苦等的英国军舰。4 月 12 日也一直很平静，但黄昏时“芙蕾雅”号遭到了岸上的机枪扫射。舰上无人中弹，军舰本身也未受损伤就躲进了邻近的峡湾。在那里舰员们设置了岗哨，而且炮手整夜都待在炮位上。第二天早晨，传来德军士兵从陆地逼近的报告，施勒德 – 尼尔森决定开出峡湾，以免被困死。11: 45，这艘军舰在向峡湾下游运动时再一次遭到了重机枪扫射。这一次子弹给军舰造成了损伤，但舰员还是无一中弹。“芙蕾雅”号用舰炮进行了还击，而且似乎占了上风，直到德军拉来一门 100 毫米大炮为止。有一两发炮弹击中舰桥的左舷侧，于是施勒德 – 尼尔森驾驶“芙蕾雅”号穿过一条位于岛礁后方的浅水航道逃跑。这艘军舰几次擦到了海底，但还是再次成功脱险。炮弹造成的损伤基本上仅限于表面，但与海底的碰撞造成了几处漏水。

施勒德 – 尼尔森少校判断，此时的最佳选择是弃舰并自沉，以免它落入德军之手。由于舰上物资所剩无几，阿格德内丝又被德军控制，成功逃脱的机会“实际上等于零”。于是舰员们销毁了地图和密码本，破坏了舰炮，并把机枪和步枪装进救生艇。一切就绪后，舰员们被送到岸上，随后“芙蕾雅”号冲滩，轮机舱被海水淹没。12: 30，这艘布雷舰沉入离岸约 20 米的浅水中。大部分甲板和上层建筑仍然高出水面。当天下午晚些时候，正在赶往特隆赫姆的 U–30 号和 U–34 号来到此地。后者射出一枚鱼雷，击中了船体后部，将“芙蕾雅”号炸成两截。与此同时，施勒德 – 尼尔森和他的舰员已经征用了一些卡车开往纳姆索斯，在 4 月 14 日中午到达。“芙蕾雅”号装备了四门 100 毫米炮、一门 76 毫米炮和两具鱼雷发射管。它不可能是“希佩尔海军上将”号的对手，但是如果侦察得当，它也许可以对负伤的德国驱逐舰发起大胆突击，而且有相当大的成功希望。[34]

鱼雷艇“鲑鱼”号（*Laks*）4 月 9 日上午位于特隆赫姆海军造船厂。年轻的艇长朗瓦尔·坦贝（Rangvald Tamber）少尉对德军入侵挪威的行为感到义愤填膺，但最让他气愤的是特隆赫姆被如此轻易地占领。在获得贝格森上校批准后，他把鱼雷、弹药和燃煤陆陆续续运到船上，准备率领这艘鱼雷艇夜袭仍然锚泊在港口中的“希佩尔海军上将”号。但就在坦贝要出发时，他却听说了德军巡洋舰已经带着驱逐舰离开的消息。由于并未意识到德国驱逐舰将去而复返，这次攻击就此流产，鱼雷艇也被放弃了。[35]

对从英国出发的皇家空军飞机来说，特隆赫姆和瓦尔内斯机场位于它们的极限作战距离。海防司令部麾下只有“桑德兰”式飞机能冒险飞这么远，轰炸机司令部则只有驻扎在金罗斯的第77中队的“惠特利”式飞机能够胜任。后者做了几次袭击该机场和永斯湖临时基地的尝试，但它们数量太少，而且行动受到天气的严重影响，战果微乎其微。[36]

4月9日上午08: 30前后，福布斯上将接到指示，要制订计划攻击预计位于卑尔根和特隆赫姆的德国军舰与运输船，并控制进入这两座城市的航道——前提是有足够的兵力可以调用，而且防御设施仍被挪军掌握。这一天本土舰队在卑尔根附近遭到猛烈空袭，就在“暴怒”号即将与舰队主力会合之际，福布斯决定“把卑尔根留给‘贼鸥’，使用‘暴怒’号的飞机攻击特隆赫姆的敌方舰船”。[37]“暴怒”号在4月10日上午与旗舰会合，它的两支“剑鱼”机部队（第816中队和第818中队）已经降落在船上，但是现在没有战斗机。[38]

10日下午，第228中队的一架“桑德兰”确认了特隆赫姆有德国舰船。4月11日04: 00，“暴怒”号从距离海岸约90海里的位置放飞它的全部18架“剑鱼”式飞机，执行战争中的第一次航空鱼雷攻击。福布斯不知道的是，“希佩尔海军上将”号已经离开赫隆赫姆，实际上此时位于本土舰队西方。

第816中队在05: 14抵达特隆赫姆上空，发现港湾被乌云覆盖。加德纳（Gardner）少校勇敢地带着他的中队穿过云层俯冲攻击，却发现海面上空空如也。它们继续飞向舍恩峡湾，发现一艘锚泊中的驱逐舰，这是个理想的目标。全中队9架飞机都投下了鱼雷，但是令飞行员们大吃一惊的是，鱼雷的航迹在距离那艘船大约500米处就戛然而止了。这个目标正是搁浅的“里德尔”号（Z6）。9枚鱼雷中有4枚爆炸但未造成任何伤害，其余的都在砂质海床上耗尽了动力。[39]

与此同时，第818中队发现了随“希佩尔海军上将”号出航又折返的“埃克霍尔特”号（Z16）。考虑到它是个合理的目标，西德尼－特纳（Sydney-Turner）

少校发起攻击。投下的 8 枚鱼雷中，2 枚过早爆炸，其余 6 枚都被目标灵巧地躲开。[40] 飞行员们在 06: 30 垂头丧气地回到母舰上，可怜的战果令福布斯上将颇为恼火，他下令对特隆赫姆实施“适当侦察”。第 816 中队的两架飞机对峡湾和港口进行了长时间的调查。在特隆赫姆，它们只看到几架水上飞机停泊在锚地。被发现的舰船只有“芙蕾雅”号，而它被识别为“一艘小型敌舰，很可能是狼级驱逐舰”，并遭到了炸弹袭击。这艘挪威布雷舰幸运地没有中弹，而它也没有开火还击，因此两架“剑鱼”飞机都毫发无伤，在 13: 45 平安返回。一架身份不明的水上飞机在这两架“剑鱼”返回母舰时尾随其后，下午德国空军就在维克纳岛（Vikna）附近攻击了舰队。但德军在这次攻击中热情不高，仅进行了一连串高空水平轰炸而已。

4 月 11 日上午，英国海军部指示福布斯上将核实关于特隆赫姆峡湾一带出现德国商船的报告，因此驱逐舰“冬青”号和“伊西斯”号被派到了弗鲁湾。由于一无所获，“伊西斯”号舰长克劳斯顿（Clouston）中校决定继续朝特隆赫姆方向搜索，于是在“冬青”号北上进入舍恩峡湾的同时，“伊西斯”号大胆右转，开进了特隆赫姆峡湾。13: 20，当它接近黑斯内斯时，位于它左后方约 3000 米的布雷廷根炮台开了火。“伊西斯”号进行了还击，尽管德军炮手似乎还不能熟练操作他们的新火炮，克劳斯顿中校还是觉得形势不容乐观，便命令两艘驱逐舰都在烟幕掩护下高速撤出峡湾。与炮台的交火一直持续到目标进入火炮射击死角为止，“冬青”号也参与了进来。双方都没有遭受任何损失。将此事报告给上级后，两艘驱逐舰奉命与第 1 巡洋舰中队会合，继续在特隆赫姆以北的峡湾中搜索德国运输船。

这一战中只有布雷廷根的炮台开了火，因为黑斯内斯和汉博拉的大炮还没有形成战斗力。英军报告认为布雷廷根射出的炮火效果很差，也不是十分准确，但那里的大炮已经能够作战，而且显然是在德军炮手操纵下。单是这个事实就足以使本土舰队的部署发生一些重大调整，并对后续作战造成深远影响。4 月 10 日夜里，福布斯上将收到海军部的电报，得知收复纳尔维克的任务要优先于卑尔根和特隆赫姆，他判断在挪威中部近海不会有什么收获，于是率领舰队驶向了罗弗敦群岛。[41]

第十一章

风暴中的遭遇战

正在与敌交战

4月8日下午在韦斯特峡湾入口处与前往纳尔维克的驱逐舰分手后，“格奈森瑙”号和“沙恩霍斯特”号驶向西北方，进入了挪威海。此时来自西北偏北方向的狂风肆虐，临近午夜时更是达到飓风级别。“沙恩霍斯特”号的舰长库尔特·恺撒·霍夫曼（Kurt Caesar Hoffmann）上校忧心忡忡。如山的巨浪拍打着他的战舰，导致舱壁变形，出现裂缝。甚至有报告说，舰艏和干舷部分出现了金属疲劳的迹象。午夜刚过，就有一个凶猛的浪头拍碎了一个通风井的挡板，海水从通风口涌入，污染了七个油槽，导致大约470立方米燃油无法使用。左舷

“沙恩霍斯特”号和“格奈森瑙”号装备9门280毫米炮，一次舷侧齐射能够打出近3000千克的炮弹，射速为3.5发/分钟。它们的副炮包括安装在左右两舷各两个双联装炮塔和两个单装炮座中的12门150毫米炮，以及安装在双联装炮座中的14门105毫米高平两用炮。主炮和副炮的火控是由多部立体测距仪处理的。前桅楼和舰艉的火控中心以及每个炮塔都配备了10.5米测距仪。前部火控中心还有一部装在旋转底座中的6.5米测距仪。

发动机不得不暂时关停。旗舰指示他以 9 节速度航行，每个传动轴只开一台锅炉。霍夫曼认为在此时的海况下采取这种操作太轻率，便命令他的轮机长莱布哈德（Leibhard）中校保持每个传动轴有两台锅炉驱动。到了 02: 00，舰队位于罗弗敦群岛西南约 30 海里外，向西北方向航行。此时海浪稍缓，航速提高到 12 节。西方的能见度很差，频繁出现降雪和冰雹。北方和东方则几乎是万里无云。天气寒冷，温度在夜间显著低于冰点。[1]

跟随惠特沃斯中将的“声望”号航行的驱逐舰——“埃斯克”号、“灵猩”号、“哈迪”号、“莽汉”号、“浩劫”号、“猎人”号、“艾凡赫”号、“伊卡洛斯”号和“冲动”号——在 4 月 9 日上午仍然浮在水面而且舰况尚可，这让舰员们自己也多少感到惊讶。刚刚过去的是一个可怕的夜晚，就连久经风浪的老水手都很难想起有过什么类似的经历。[2] 当第一缕晨光出现时，风浪依然骇人，但比起夜里已经明显减轻,足以促使惠特沃斯重新转向韦斯特峡湾。按照海军部的命令，他此时应该已经到那里了。[3] 中将不知道的是，他要拦截的德国驱逐舰此时正以 27 节的速度接近纳尔维克。

“从午夜起，天气有所改善，”惠特沃斯后来写道，“但我知道驱逐舰由于天气原因会散得很开，所以决定等到晨曦初现、有充足光照时再转向东南，以免与它们失去接触。”这些驱逐舰在汹涌的浪涛中毫无损伤地完成了转向，截至 02: 40，英军舰队的航向已经变为 130° ，航速为 12 节。虽然风浪依然很大，驱逐舰还是紧跟旗舰航行。

03: 37，“声望”号发现东方约 10 海里外的一团雪飑中有一个乌黑的船影，几分钟后在其后方又看到了另一个船影。这两艘船正朝西北方向航行，大致与英舰背道而驰，位于斯库姆韦尔岛灯塔以西约 50 海里。英军认为这是一艘沙恩霍斯特级战列巡洋舰和一艘希佩尔海军上将级巡洋舰。惠特沃斯中将让“声望”号保持航向继续航行了 10 分钟，同时提高航速并做好战斗准备。03: 37，他将航向转到 080° ，10 分钟后又改为 305° ，大致与德国军舰平行。此时那艘硕大的战列巡洋舰已经处于惠特沃斯所期望的位置：距离约 17 千米。德舰的轮廓在东方的地平线上被晨曦映照得清清楚楚。“声望”号于 04: 05 对“格奈森瑙”号开了火，第 6 次齐射时形成跨射。这是 25 年来英国的战列巡洋舰第一次对德国的同类战舰开火。[4]

英国海军“声望”号是1916年完工的两艘26500吨的战列巡洋舰之一。它在两次世界大战之间经历多次大规模改造，提高了针对炮弹和鱼雷的防护能力。最后一次改造完成于1939年9月。（赖特与罗根供图）

同时挑战两艘德国战舰是个大胆的举动，不过英军相信其中一艘是巡洋舰，这可能使他们觉得难度没那么大。“声望”号有6门381毫米主炮和12门114毫米副炮，但它是第一次世界大战时期的老船，而且速度较慢。历次改装和现代化改造使它的排水量增加近5000吨，最大航速降至30节以下，干舷也被压低1英尺，因此它的舰艏在高海况下上浪严重。“沙恩霍斯特”号和“格奈森瑙”号的主炮口径不如对手，但它们毕竟各有九门280毫米主炮和12门150毫米副炮。

惠特沃斯下令“全速前进”，但令他恼火的是，不断涌上前甲板的海浪使这个命令根本无法执行，因此他只好满足于“声望”号此时所能维持的最大航速——24节。英军的驱逐舰在旗舰后方展开队形，而且也勇敢地开了火。从起伏不定的驱逐舰射出的120毫米炮弹在这个距离上毫无效果，眼看“哈迪”号和“猎人”号险些被敌舰击中，惠特沃斯命令它们撤到安全距离之外。在此时的大浪中，它们根本没有希望抢占鱼雷发射阵位。惠特沃斯最初给沃伯顿－李上校的命令是回到罗弗敦群岛以东的某个位置，后来又改为前往韦斯特峡湾。[5]

04: 07，“声望”号向本土舰队总司令和海军部发了一份电报：“正在与敌交战。”这肯定是对方最想收到的电报，尽管它也造成了相当严重的焦虑。终于有一些德国军舰被找到了。[6]

处于不利境地

03: 50，“格奈森瑙”号的 DeTe-Gerät 雷达向舰桥报告，左舷船尾方向出现一个目标。[7] 由于前几天雷达在恶劣天气下表现不佳，舰长内茨班特（Netzbandt）上校希望先通过目视确认，再向舰队司令报告。于是他和自己的第一枪炮长冯·布赫卡（von Buchka）中校一起操纵测距仪，企图确认雷达的发现。由于西南方向的能见度时好时坏，直到 03: 59，前桅楼才报告说，雷达探测到目标的方向有一个船影。冯·布赫卡被派去通知吕特晏斯中将，与此同时内茨班特回到他的舰桥，在 04: 00 拉响了警报。被发现的那艘军舰就在不到 20 千米外，但是在黑暗中，它先是被当成油轮，随后又被识别为“纳尔逊级战列舰——艏段非常低，舰桥结构很靠后”。位于旗舰东边的“沙恩霍斯特”号在接到“警报”信号前没有发现任何目标，又过了几分钟它的瞭望员才报告说，西方地平线上有个隐藏在夜色中的黑影。[8]

04: 05，那个船影通过开火表明了自己的敌舰身份。德军瞭望员透过风雪观察到了炮口的火光，不久以后，飞来的炮弹就落在“格奈森瑙”号舰桥正横方向 300 ~ 500 米外。从激起的水柱大小来看，它们显然是大口径火炮射出的炮弹。最早报告给舰队司令的敌舰距离是 14.8 千米。“沙恩霍斯特”号在 04: 10 还击，一分钟后“格奈森瑙”号也开了火。值得注意的是，从警报拉响到“格奈森瑙”号主炮开火，足足过了 11 分钟。而且又过了 5 分钟，在 04: 16，该舰的航海日志上才有一条记录注明全舰完成“战斗准备”。这样的延误导致惠特沃斯在自己的报告中评论说，他相信德军在“声望”号开火前并未发现它。他还觉得两艘德国战舰的炮火“无论测向还是测距都非常粗糙，而且落点散布非常不稳定”。

吕特晏斯中将事先接到了尽可能避免与优势敌军缠斗的命令，他相信此时遇到的就是优势敌军，于是下令转向躲避。起初，从中将所在的舰桥无法清楚地观察到敌舰，只能根据炮口火光来辨认。因此吕特晏斯和他的参谋们都无法确定和自己交战的是什么军舰。在能见度一度改善后，德军正确地识别出一艘“声望级”战列巡洋舰，但英军的一些驱逐舰也开了火，它们的炮口火光使吕特晏斯认为西南方向有不止一艘大型军舰。内茨班特上校和手下的军官们根据最初一艘纳尔逊级战列舰和后来一艘声望级战列巡洋舰的报告，也相信对方可能有两艘大舰。“沙恩霍斯特”号上的人员只看到一艘战列舰，但是在这场遭遇战开始时，他们也认为敌舰后方可能还有“一到两个目标”。

吕特晏斯下令航向右转 40°，也就是转到 350°，尽管这意味着只有后部炮塔能够瞄准对手。他还要求将航速提到最高，因此德军舰队最终加速到了 27 节。凶猛的海浪拍打着艏楼，导致舰桥和射击控制站的光学仪器纷纷起雾，而用于去雾的电机又不断短路，观测变得非常困难。内茨班特上校建议将航向多少向左转一点，吕特晏斯同意改为 330°，这个转向也使得德舰的所有炮塔都能使用了。此时海上的风力再次加大，而且风来的方向在战斗过程中从西北偏北转到了东北偏北。[9]

虽然德军的炮击很“粗糙”，但还是有至少一艘战舰测准了距离，在 04: 15 前后，“声望”号被两发 280 毫米炮弹击中。一发炮弹打在前桅，炸断大部分无线电天线，摧毁无线电测向仪的电缆，还把一些灯具炸得七零八落。第二发炮弹击中舰艉，摧毁了几个储藏室并造成少量进水，但除此之外没有造成什么破坏。英方报告暗示这两发炮弹都没有正常引爆，但鉴于“格奈森瑙”号舰桥上的人员观察到了火焰和烟雾，所以更有可能的情况是，这两发炮弹是高爆弹而非穿甲弹。[10] 德军还打出了一两发近失弹，但此后就再未命中。英军很快就架起应急无线电天线。

内茨班特上校指示舰桥上的一名信号兵打电话给冯・布赫卡：“你的炮打得很准，让他们尝尝厉害。”就在此时，也就是 04: 17，“格奈森瑙”号前桅楼左侧近船艉处被“声望”号第 16 次齐射中的一发 381 毫米炮弹击中。包括冯・布赫卡中校在内的 6 名官兵当场丧生，还有至少 9 人负伤。测距仪、雷达和主火控系统全部失灵，“格奈森瑙”号的舰炮沉默了几分钟，直到命令先后传递到前部左舷射击指挥仪和第三枪炮长布雷登布罗伊克（Bredenbreuker）少校指挥的后部射击指挥仪为止。而等到“格奈森瑙”号的舰炮恢复指挥时，只有后部炮塔和左舷的 150 毫米副炮能瞄准目标了。几分钟后，“声望”号射出的两发 114 毫米炮弹也击中了“格奈森瑙”号。一发在舰艉高炮平台的左舷侧爆炸，没有造成什么破坏；另一发则打飞了 A 炮塔测距仪塔的一部分，导致炮塔内部进水，最终彻底失去战斗力。[11] 目睹旗舰中弹,此前一直在与“声望”号的副炮交战的“沙恩霍斯特”号横穿“格奈森瑙”号后方施放烟幕，企图吸引敌舰火力。这一手确实有效，“声望”号在 04: 20 改变了主炮的射击目标。

“格奈森瑙”号转向东北偏北方向躲避，“沙恩霍斯特”号也紧随其后，惠特沃斯不得不也将舰艏转到北方，正面迎接狂风大浪的冲击。从纸面上来看，“声望”号只比它的对手慢几节而已，但是在高海况下，它的前甲板和前部炮塔不断遭到大量海水浇灌，操作条件变得极其恶劣。在这艘颠簸不定的军舰上搬运弹药非常危险，不仅如此，前部炮塔的炮室和工作舱室还弥漫着海水浇在滚烫的炮管上产生的蒸汽，打开后膛装弹时还会有海水从炮管倒灌进来。大量飞溅的浪花还严重干扰了射击指挥仪的光学系统和炮塔测距仪，使它们在大部分时间被浇得湿透。因此，“声望”号主要依靠从射击指挥塔观察 381 毫米炮弹的落点来校正炮火——在不良的能见度下这并非易事，因为目标不断劈开海浪并被溅起的水雾遮盖。随着德国舰队与追击者的距离逐渐拉大，德国人已经有时间在观察到“声望”号的炮口火光后改变航向，于是英国枪炮军官们只能苦恼地看着对方每次都在炮弹落下之前逃离火线。当德国舰队暂停射击并借助雪飑掩护逃出视野后，英舰曾尝试将航速提高几节，但由于不知道准确的追击方向，这样的操作有时反而拉大了双方的距离。于是“声望”号的射击间隔变得越来越大。

在能够透过夜色看见“声望”号的时候，德国战列巡洋舰的后部炮塔一直在不断还击，“沙恩霍斯特”号偶尔还会改变航向进行一次舷侧齐射。04: 28，吕特晏斯在他的战争日记中写道：

航速 27 节。航向 030° 。很显然，在上一次改变航向之后，敌舰处于不利境地，无法有效发扬其火力。在跟随我军转向后，他们只能使用前部的两个炮塔，而这些炮塔射出的炮火变得非常不稳定和不准确。我军通过紧急启用闲置锅炉施放的烟幕也妨碍了他们的观测。战斗距离正在迅速拉大，（而且）阵雨使双方都无法保持火力覆盖。另一方面，我军自身的观测有所改善，不过（每舰）只有一个炮塔能够瞄准，而且目标投影狭小，命中的概率很低。[12]

04: 40，“声望”号为了让前部主炮能够继续作战，不得不将航速进一步降低至 20 节。它在 04: 59 至 05: 15 转为向东航行以便提高航速，与此同时德军舰队在一阵长时间的雨夹雪掩护下转向东北偏北方向，因此双方的距离进一步拉大。在 05: 15 再次发现对手后，惠特沃斯也转向东北偏北，但此时距离已经超过 25 千米，仅靠前部炮塔射击渐行渐远的目标基本没有效果——更何况 A 炮塔的一门炮还由于机械故障一度停止射击。

05: 57，德军舰队消失在又一团雪飑中，英舰的追击事实上已经结束。惠特沃斯中将做了最后一次追赶敌舰的努力，下令转开炮塔以避免海浪直击，并将航速提高到 27 节，随后又提至 29 节。这番操作将这艘老旧的战列巡洋舰的性能压榨到了极致，但是效果甚微。06: 15，当降雪短暂停止时，英军最后一次发

一张在高海况下拍摄的“声望”号照片。请注意，前部炮塔已经转开以避免海浪直击。（作者的收藏）

现德国舰队，但此时对方已在射程之外，而且很快就彻底消失了。惠特沃斯继续向北航行至 08: 00 过后几分钟，随后转向西进，寄望于截击“可能重新南下”的敌人，但是双方再未发生接触。

“声望”号的主炮打了 230 发炮弹，主要是从 A 炮塔和 B 炮塔射出的。此外，右舷的 114 毫米副炮也发射了 1065 发炮弹。“声望”号在自己的 381 毫米主炮的炮口爆风冲击下受到不小损伤，防浪板后方的一扇舱门甚至被向内震飞，导致大量海水涌入艏部船体。前部炮塔的防冲击波包也在战斗初期被震破，海水通过破口涌入炮塔。不过这艘战列巡洋舰上唯一的伤亡人员是航海长马丁 · 埃文斯（Martin Evans）少校，他的左腿被一发近失弹的弹片击伤。[13]

与德国战列巡洋舰失去接触后，惠特沃斯命令“反击”号及其护航船只驶向他的驱逐舰正在前往的韦斯特峡湾，然后自己转向西进。[14] 但是海军部出手干预，惠特沃斯在 09: 18 接到了结束追击并掉头的命令，海军部要求他集中兵力于韦斯特峡湾一带，防止德军在纳尔维克登陆。他执行了命令，并发报要求“反击”号及其护航船只，以及他的驱逐舰在罗弗敦群岛末端的西南方与他会合。但是当“声望”号和“反击”号在 14: 05 会合时，海军部已经得知德军舰队出现在纳尔维克，沃伯顿 – 李上校奉命前去调查。

福布斯上将后来多少有些傲慢地评论道，这一仗“验证了普拉特河口之战的经验，即敌军对近战没有什么兴趣，而且在军舰中弹后他们的士气就会一落千丈”。他也许并没有完全说错，但不管怎么说，任何一个舰队司令低估自己的对手都是危险的。而且福布斯似乎也没有认识到，惠特沃斯之所以不得不靠一艘老旧的战列巡洋舰对抗两艘现代化战列巡洋舰，正是因为福布斯和海军部没能正确判断德军的战略意图。[15]

终于甩掉英国战列巡洋舰之后，“沙恩霍斯特”号在 06: 22 恢复了它通常的阵位，即在旗舰右舷外与其并排行驶。“格奈森瑙”号前桅楼射击指挥站的损失很严重。这削弱了它的远距离交战能力，而且无法在海上修复。“沙恩霍斯特”号没有中弹，但是它的 A 炮塔的两部电机都发生了短路，这在一定程度上是因为炮塔以最大角度转向后方射击时，炮塔后部遭到海浪冲击，海水从抛壳口灌入。虽然拼凑了应急手动转向装置，但是效果很差，因此该炮塔在 05: 25 前后失去了作战能力。B 炮塔和前部的一些副炮也遭到水淹。此外，有一个蒸汽阀门在 06: 18 跳闸，导致中央汽轮机停机近一个小时，使该舰的最大航速降至 25 节。

吕特晏斯决定继续避开潜在的危险区域，在英军航空侦察范围以外尽可能修复各舰的损伤。因此他以 24 节航速向北航行至中午，然后在北纬 70° 附近转向西进。此时天气放晴，当天余下的时间一直平安无事。伤亡仅限于“格奈森瑙”号前桅楼的人员，舰队在 09: 00 解除了战斗部署状态。

“格奈森瑙”号的主炮发射了 44 发高爆弹和 10 发穿甲弹。用高爆弹对付“声望”号这样有良好装甲防护的目标实在令人难以理解，而且这很可能就是“声望”号两次中弹却受损轻微的原因。“沙恩霍斯特”号射出了 182 发 280 毫米穿甲弹，它的 C 弹药库消耗巨大，以至于不得不从 A 弹药库向舰艉转运炮弹。

总而言之，这两艘德国战列巡洋舰并没能证明自己是可靠的火炮平台。严重的上浪加上复杂而敏感的发动机，使它们并不适合北极地区的海战。这两艘船在服役后都经过改造，换上了和重巡洋舰一样的“大西洋船艏”。这种低矮的飞剪式船艏旨在尽量减轻高海况下船体的纵摇，但在某些情况下却适得其反。由于船艏下沉后回正的速度慢于预期，再加上干舷较低，上浪现象非常严重。不仅如此，实践证明由高压过热蒸汽驱动的动力装置也很脆弱，轮机舱人员因此

“格奈森瑙”号前桅楼左侧被“声望”号一发381毫米炮弹命中。在照片上那个军官的左边可以看到那部表现不佳的雷达的一部分。（J. 阿斯穆森的收藏）

忙得焦头烂额。毫无疑问，如果吕特晏斯不敢冒着在风浪中受损的风险高速航行，或者追击它们的是更现代化的主力舰，“沙恩霍斯特”号和“格奈森瑙”号就会有大麻烦。[16]

在形势有所缓和之后，吕特晏斯对自己的撤退决定产生了怀疑。05: 07，他就向“沙恩霍斯特”号发了一份电报，询问对方观察到的敌舰数量。“沙恩霍斯特”号在半小时后答复说，已经识别出的敌舰“截至目前只有一艘”。随后，在吕特晏斯的战争日记中就记录了一系列耐人寻味的通信：

> 08: 05：发往“沙恩霍斯特”号的超短波通信：你们确定只有一艘敌舰吗？从这里看到了两艘。
>
> 08: 17：收自“沙恩霍斯特”号的超短波通信：已经调查过了，战斗开始时似乎有两艘敌舰。
>
> 08: 29：收自“沙恩霍斯特”号的超短波通信：所有舰载机都无法使用。根据后甲板上找到的弹片判断，敌舰使用的是 38 厘米炮。
>
> 08: 34：收自“沙恩霍斯特”号的超短波通信：战斗开始时在“沙恩霍斯特”号舰艉方向曾看到第三艘敌舰。[17]

在吕特晏斯看来，显然把这些通信记录下来很重要，最后一则通信还附加了用括号括起的说明“……在‘格奈森瑙’号上没有看到”，仿佛是在强调其他敌舰并非旗舰指挥人员臆想的产物。

起航出海

来自第二战斗群的电报说，“希佩尔海军上将”号和为它护航的驱逐舰已经进入特隆赫姆，仅遭遇轻微抵抗。但是奥斯陆峡湾中第五战斗群的“吕佐夫”号却发来令人不安的消息，说是“布吕歇尔”号陷入困境，德勒巴克海峡将被封锁。“威悉演习”行动已经开始，却和计划不太相符。忧心忡忡的吕特晏斯在他的战争日记中这样写道：“……南方的作战行动似乎遇到了挪军出人意料的抵抗。”[18] 根据西集群在下午发来的后续电报，吕特晏斯于 21: 00 在日记中写下了他的推断:海上有英军的两队大型舰船，其中一队在韦斯特峡湾一带，包括“‘反击’号和另一艘显然在场的战列舰（一艘纳尔逊级还是一艘巴勒姆级？）”，另一队在卑尔根—设得兰海峡以北，包括“三艘大型军舰和三艘重巡洋舰、五艘轻巡洋舰”。此外,据报还有一支法国舰队位于“苏格兰水域”,包括三艘军舰,“其中一艘很可能是敦刻尔克级”。吕特晏斯将挪威的整体局势形容为“不明朗”——特别是第一和第二战斗群的舰船状况以及返航准备情况。[19]

4 月 10 日,除了关于纳尔维克的戏剧性事件的报告外,还传来了“布吕歇尔”号在奥斯陆沉没、“柯尼斯堡”号在卑尔根倾覆、“卡尔斯鲁厄”号在克里斯蒂安桑附近沉没和“吕佐夫”号在卡特加特海峡中挣扎逃生的报告。此时在吕特晏斯和他的参谋眼中，“威悉演习”行动肯定无论如何都算不上成功。由于对大局缺乏准确认识，也不了解英军的意图，吕特晏斯认为局势已经“彻底改变”，以至于他痛感上级关于后续行动的指示不够充分。无论是他自己，还是纳尔维克的邦特和特隆赫姆的海耶，都因此无所适从。为了减轻纳尔维克的驱逐舰受到的压力，他考虑过攻击据报出现于韦斯特峡湾一带的英军舰队，但由于很难找到这些敌舰并在有利条件下将它们拖入战斗，他还是放弃了这个想法。另一方面，把两艘战列巡洋舰开进韦斯特峡湾也是不可能的。最终吕特晏斯的结论是，那些驱逐舰以及“希佩尔海军上将”号应该能够独立通过挪威航道返回母港。他自己的燃油状况很乐观，因此他要让两艘战列巡洋舰继续在海上活动，修复损伤。天气预报显示天气将会恶化，所以吕特晏斯决定在 4 月 11 日夜至 12 日晨突入北海。

西集群对两艘战列巡洋舰的位置所知有限，他们在 4 月 10 日上午请求吕特晏斯提供信息。吕特晏斯不想打破无线电静默，他还（正确地）怀疑先前几次通报位置的简短电报没有传到威廉港。因此“沙恩霍斯特”号的一架阿拉多飞机在对战斗中所受损伤进行了充分修复后，在临近中午时从扬马延岛以南起飞。飞行员施雷克中尉和施雷韦中尉得到的命令是，飞向大约 1000 千米外的特隆赫姆（这已经接近这架小型水上飞机的最大航程），从那里拍发详细的报告，包括两艘战列巡洋舰的位置和舰队司令的意图。[20]

15: 00，从西集群发来一份电报：“所有可以使用的巡洋舰、驱逐舰和鱼雷艇都要在今晚起航出海。纳尔维克的驱逐舰应集中在总指挥手下。你可自主决定‘希佩尔’号与三艘驱逐舰应该与你会合还是突破封锁直接返回母港。”[21] 吕特晏斯认为这道命令是在不了解他的战列巡洋舰位置的情况下拟订的，他估计等到“沙恩霍斯特”号的水上飞机发送的电报被接收，上级就会取消这道命令。

22: 38，果然传来了取消先前命令的电报，电报中还指出，包括“暴怒”号在内的英国本土舰队正位于卑尔根—设得兰海峡以北的某个地方。给两艘战列巡洋舰的新命令是继续按计划向西航行，给驱逐舰的命令是留在挪威航道以内。[22]“希佩尔海军上将”号需要自主决定如何行动，但应该尽快离开特隆赫姆，哪怕没有任何驱逐舰护航。吕特晏斯对这些安排并不满意，他带着舰队转向了西南方，前往设得兰群岛附近的北海入口。航母舰载机攻击特隆赫姆的消息意味着本土舰队极有可能位于特隆赫姆以北的位置，这有利于他实施在下一个夜晚向南脱逃的原定计划。吕特晏斯（正确地）估计，除了“厌战”号和法军的“敦刻尔克”号（*Dunkerque*）以外，同盟国的所有大型舰船此时都已经位于他的北方。假如“希佩尔海军上将”号安全离开挪威海岸，那么它应该有相当大的机会溜过封锁线。4 月 11 日临近中午时分，两艘战列巡洋舰位于法罗群岛以北约 75 海里处，“沙恩霍斯特”号报告说航速已经能达到 28 节，几个小时后更是达到 28.5 节。舰队的航向指向了母港。在雨雾掩护下，两艘战列巡洋舰神不知鬼不觉地以最大航速溜进北海，并在 4 月 12 日上午与“希佩尔海军上将”号会合。

在 12 日早晨 06: 45，出现了第一架英国飞机。整个上午舰队都被英国飞机尾随，直到 He-111 和 Bf-110 远程战斗机组成的护航机群赶到为止。上午晚些时候，驱逐舰“拜岑”号（*Beitzen*，Z4）和“舍曼”号（*Schoemann*，Z7）也加入舰队，到 20: 00 舰队就进入了亚德河口。22: 30，两艘战列巡洋舰已经锚泊于威廉港航道中。吕特晏斯 4 月 13 日 09: 00 离开“格奈森瑙”号，换乘他的指挥舰“瞪羚”号（*Gazelle*）。对德国海军来说，“威悉演习”行动已经告一段落。

“希佩尔海军上将”号急需修理，因此被直接拉进船坞，在那里一待就是三个星期。两艘战列巡洋舰中，“沙恩霍斯特”号问题尤其严重，它的主机需要长时间大修，据霍夫曼说至少要在船坞中修理十到十二天。海军总司令部命令所有修理工作都尽可能加快速度，而且不得启动可能使军舰无法出海的工作。各舰还必须每天提交关于舰况的报告。但最终海军总司令部不得不接受这样的事实：客观来看，这两艘战列巡洋舰至少在当月余下的时间都无法参加战斗了。[23]

吕特晏斯中将在6月14日被授予骑士十字勋章。他在海军中始终保持着非常高的声望，1940年7月被任命为舰队总司令。1941年年初，已经晋升为海军上将的吕特晏斯率“格奈森瑙”号和“沙恩霍斯特”号出海，在“柏林”行动中击沉或俘获22艘商船。1941年5月，吕特晏斯坐镇全新的战列舰“俾斯麦”号（*Bismarck*）再度出海，从此一去不归。

惠特沃斯中将在1940年晚些时候把他的司令部搬回了重新加入本土舰队的“胡德”号（*Hood*）。1941年5月初他被召回海军部，仅比“胡德”号追击“俾斯麦”号的最后一次出航早了几个星期，因此两位将军再也不曾交过手。惠特沃斯被任命为海军部特派专员兼第二海务大臣，他担任这些职务直到1944年，随后改任罗赛斯总司令。绰号“苏格兰佬”的威廉·惠特沃斯在1943年12月晋升为海军上将。他1946年退休，1973年10月25日去世，享年89岁。[24]

第十二章

纳尔维克

矿石城

“战争来到这么近的地方是我们始料未及的。邻居房屋燃烧的浓烟和军人尸体的腐臭已经飘进了我们的国土，我们对自己的未来一片迷茫。”纳尔维克市长特奥多尔·布罗克（Theodor Brock）1940 年 1 月在《前进报》（*Fremover*）上这样写道。四个月之内，战争就将降临到他自己的城市，许多人将会死去，既有军人也有平民。

纳尔维克坐落于北极圈以北约 200 千米，嵌在深深的峡湾和陡峭的群山之间，一向是个很特别的地方。在 1940 年，它拥有近 10000 人口，而在 1898 年，当人们第一次讨论修建一条从基律纳—耶利瓦勒地区通到这个挪威不冻港的铁

20世纪30年代后期的纳尔维克港。（作者的收藏）

路时，它的人口只有 300 左右。等到铁路和矿石装载码头在 1906 年完工，纳尔维克便具备了与它的大小完全不相称的战略意义。

从海上进入纳尔维克的通道要先经过漏斗形的韦斯特峡湾，峡湾入口处的罗弗敦群岛形成一道保护屏障，将挪威海的惊涛骇浪阻挡在外。在韦斯特峡湾尽头不远处，切尔海峡（Tjelsundet）提供了一条北上哈尔斯塔（Harstad）和特罗姆瑟的安全通道。若继续向东，在巴勒伊海峡（Barøy Narrows）之后豁然开朗的奥福特峡湾（Ofotfjorden）可直通纳尔维克城。峡湾中的潮汐差超过三米，因此巴勒伊海峡水流湍急。韦斯特峡湾长达 120 千米，而经奥福特峡湾到达纳尔维克还需再航行 60 千米。奥福特峡湾最窄处在纳尔维克以西，仅宽 3 到 4 千米，在巴朗恩（Ballangen）和埃沃内斯（Evenes）之间则加宽至 15 到 18 千米。过了纳尔维克之后，罗姆巴克斯峡湾（Rombaksfjorden）继续通向东方（峡湾尽头距离瑞典边境不超过 10 千米），赫扬斯峡湾（Herjangsfjorden）则通向北方。

挪军早就计划在奥福特峡湾入口处修建一座要塞，以保护纳尔维克和位于拉姆松（Ramsund）的海军仓库。议会曾经批准了奥福敦要塞（Ofoten Fortress）的建造计划，工程在第一次世界大战爆发前夕开始。按照计划要造两座炮台：在峡湾南岸的拉姆角（Ramneset）架设三门 150 毫米炮，在峡湾北岸架设两门 105 毫米炮。[1] 第一次世界大战结束后，工程被叫停，大炮被放进库房。1927 年有人再度提起这些计划，但是由于造价太高，它们又被束之高阁。[2]

与挪威大多数其他大港不同的是，为了避免妨碍国际航运交通，纳尔维克并未被宣布为禁区。这意味着只要整体上尊重《中立法案》，任何船只进出该港口都不受限制。1940 年 3 月 29 日，海军总司令应外交大臣库特的请求，起草了一份关于在纳尔维克设立禁区的备忘录。这份手写的草稿强烈支持设立这样的禁区，因为这将大大改善海军控制该区域交通的能力。[3] 但海军总司令始终没有提交正式的备忘录。

1939 至 1940 年的冬季是多年来最冷的一个冬天。严寒造成了严重后果，纳尔维克周边积雪过多，导致道路无法保持畅通。呼啸的寒风把飘雪卷成雪堆，冻得严严实实，就连铁路也几度被封闭。不过峡湾中还是没有浮冰，4 月 8 日夜里，至少有 26 艘民船锚泊在纳尔维克港或其周边，其中 10 艘是德国籍。驻纳尔维克的副领事——英国的吉布斯先生（Gibbs）和德国的武索先生——都是城里的名人，人人都知道他俩一直在勤勉地向各自的外交部报告进出港口的所有船只活动。弗里茨·武索（Fritz Wussow）有一个习惯尤其出名，那就是经常在夜里带着一副上好的双筒望远镜到山上散步。最近几天，除了矿石运输船的动向外，两位副领事还报告了纳尔维克港中挪威军舰的存在。[4]

芬兰屈服后，苏联军队止步于挪威领土之外似乎已成定局，因此在冬季被调到北方的大部分海军舰艇又被重新部署到南方。但是装甲舰“挪威”号和“埃兹沃尔”号接到了驻扎在纳尔维克的命令，并于4月1日抵达该地。它们与潜艇B1号和B3号、勤务舰“灵恩”号（*Lyngen*），以及军辅船“米凯尔·萨尔斯”号（*Michael Sars*）和“凯尔特人”号（*Kelt*）一起组成了奥福敦分队，由59岁的佩尔·阿斯基姆（Per Askim）上校指挥，隶属特罗姆瑟的第3海防区。德国海军武官施赖伯向挪威海军总参谋部探询纳尔维克守军增兵的目的时，得到的回答是“演习”。而真实的原因是，外交大臣库特担心在芬兰的借口消失之后，同盟国会将德国的矿石运输作为借口出兵干涉。4月5日，第3海防区司令哈格吕普（Hagerup）少将经海军总司令批准后开始休假，阿斯基姆成为该海防区的代理司令。除了短暂地走访一次特罗姆瑟外，他仍然驻守在“挪威”号上，但是新增的责任意味着阿斯基姆无法把全部精力都集中在纳尔维克的防守上，两艘装甲舰在4月的第一个星期仅仅开进奥福特峡湾做了一次侦察巡航，评估了合适的阵地而已。[5]

挪威北部的陆军部队都归第6军区司令卡尔·古斯塔夫·弗莱舍尔（Carl Gustav Fleischer）少将指挥。陆军曾经应芬兰的请求增加了在北部维护中立的部队，而且在冬季战争结束后并未遣散这些部队。4月8日，弗莱舍尔和他的参谋长下部队视察，评估当时的局势。[6]

应该以武力回击

4月8日上午，“埃兹沃尔”号和“挪威”号以舰艉靠岸的姿态锚泊在纳尔维克，船上还拉了电话线。勤务舰“灵恩”号及潜艇B1号和B3号也在港内，一同停泊的还有港口巡逻艇“塞尼亚岛”号（*Senja*）。“凯尔特人”号和“米凯尔·萨尔斯”号在海峡中巡逻。

阿斯基姆上校 06: 00 前后接到英国驱逐舰在韦斯特峡湾中布雷的消息，随后命令两艘装甲舰升火烧锅炉并做好战斗准备。船上的每个人都接到了上岗前换上干净内衣的命令，大家都意识到局势非常严峻。[7] 阿斯基姆非常清楚矿石运输在英国海军部眼中的战略意义，他担心港口的德国船只足以诱使英军冒险进入峡湾发动袭击。“叙利亚人”号在 10: 45 报告了英国驱逐舰离开雷区的消息，但阿斯基姆认为它们不会走远。为了加强防御，阿斯基姆命令两艘潜艇转移到位于峡湾下游约 20 千米处的北岸的利兰（Liland），“灵恩”号也一同转移。但是此后一直平安无事，到中午他下了减少蒸汽量的命令，不过要求两艘装甲舰保持接到通知后能迅速出动的状态。“我和分队的其他军官意识到，重大的事件即将降临到挪威海岸。”阿斯基姆 1940 年 6 月在伦敦这样写道。[8] 这段叙述在当时也许并没有批评的意味，但是它反映了对军政两界高层人士的怀疑，这些在奥斯陆身居高位的人并没有意识到那些威胁。

17: 30 前后，12000 吨的德国油轮“约翰 · 威廉二世”号开进了港湾。“塞尼亚岛”号的伦德奎斯特（Lundquist）少尉和一个海关官员按照惯例一起登上这艘船，检查它的文件和货物。油轮的船长告诉他们，船上搭载了 8500 吨燃料

1940年4月8日下午位于纳尔维克港中的装甲舰“挪威”号和“埃兹沃尔”号。（挪威军事博物馆供图）

油和8089箱各种给养。他说他的船先前到过苏联的北极地带，此时正要返回德国。伦德奎斯特觉得船上并无异常，因此在稍作检查后就离开了，但让他很纳闷的是，这艘船不知为何要沿着峡湾一直开到纳尔维克，这等于钻进了死胡同。其实德国人对他说的都是实话，但他们没有告诉他，“约翰·威廉二世”号计划在纳尔维克停留一阵，船上的燃油是为第一战斗群的驱逐舰准备的，后者此时正在接近韦斯特峡湾入口。[9]

阿斯基姆在19: 30接到驻伦敦大使馆发来的电报，得知英国海军部认为德军正准备进攻纳尔维克，便邀请“埃兹沃尔”号的舰长奥德·维洛克（Odd Willoch）上校到“挪威”号上开会。与此同时，两艘军舰又重新加烧锅炉，召回所有上岸人员。[10]两位舰长一致认为，应该把防线设置在拥挤的港湾之外，“埃兹沃尔”号应该在准备就绪后立即出动。“挪威”号将暂时留在原地，与海军司令部、第3海防区和奥福敦分队的其他舰船保持电话联系。阿斯基姆把电话打到海军总参谋部，询问对方关于这份情报的意见，结果值班军官告诉他“这里没人相信这是真的”。22: 00，“埃兹沃尔”号离开纳尔维克港，在距离弗拉姆内斯角（Framnesodden）灯塔六七百米的地方下锚。两艘装甲舰此时都处于战时部署状态（一半舰员在战位上，一半舰员休息）。此时寒风呼啸，大雪纷飞，天气非常恶劣。

阿斯基姆还在担心港口里的德国船只可能引来英国驱逐舰，他在23: 45向海军总司令迪森发出了下列电报：“纳尔维克有14艘德国货轮，部分满载货物，还有一艘装载燃油和给养的大型油轮。万一英国战舰进入纳尔维克，请指示是否应该动用武力（炮火）来阻止它们攻击德国船只。”[11]临近午夜时，海军总司令发来了明确的答复：“如纳尔维克遭到攻击，应该以武力（炮火）回击。”[12]这份电报被转发给了奥福敦分队的所有舰船。位于利兰的潜艇指挥官布雷克(Brekke)少校建议把潜艇转移到峡湾中，但上级给他的命令是暂时留在原地。

稍后，在4月9日凌晨，从特隆赫姆传来三份电报。[13]01: 25的第一份电报说：“厄伊岛和博拉尔内岛已经开火。奥斯陆由于空袭警报已中断通信。”02: 35的第二份电报说：“奥斯陆的空袭警报已解除。费尔德尔发生战斗。不明身份的舰船正在突破位于卑尔根南入口的科尔斯峡湾。”03: 00的第三份电报说：“德国军舰正在强行闯入卑尔根，有五艘大型军舰、三艘小型军舰、三艘运输船。要塞正在战斗。不明身份的舰船正在突破特隆赫姆峡湾。阿格德内斯已准备战斗。”阿斯基姆请求海军总司令迪森提供新的指示，迪森此时已经确认入侵者是德国人，他与外交大臣商议后，在 04: 20 作出答复：“不得射击英军舰船，应射击德舰。”这份电报就在战斗打响前的一刻通过第 3 海防区发到“挪威”号，但没有转发到“埃兹沃尔”号。[14]

20: 00，弗莱舍尔少将接到抄送的警告，得知德国海军舰队可能正在驶向纳尔维克。他把这份情报转发给了纳尔维克的陆军指挥官康拉德 · 松德洛（Konrad Sundlo）上校，并命令对方部署其掌握的步兵连和机枪分队。[15] 此外，位于埃尔维加兹莫恩（Elvegårdsmoen）兵营的斯普耶尔德内斯（Spjeldnes）少校接到了立即率领第 13 步兵团第 1 营余部开赴纳尔维克的命令。第 15 步兵团第 2 营则奉命从巴杜弗斯（Bardufoss）转移到埃尔维加兹莫恩作为替补，同时还有一个山炮营也要尽快赶往纳尔维克。几小时后，从奥斯陆发来电报，说是在次日上午前不考虑进一步动员。弗莱舍尔没有理会，他在接到奥斯陆和卑尔根遭到入侵的消息后，于 04: 45 命令第 16 步兵团开始动员。斯普耶尔德内斯少校在 01: 00 前后带着他的营到达纳尔维克。士兵们经过长途行军，又搭乘渡轮穿越了罗姆巴克斯峡湾，全都人困马乏，冻得瑟瑟发抖。松德洛命令一个加强了几挺机枪的连部署到战略要地，其余人员住进营地。[16] 在战争爆发前，松德洛上校早已是吉斯林国家统一党的知名成员，他从未隐瞒这一身份，也并不掩饰自己是希特勒的狂热崇拜者的事实。

军辅船“米凯尔 · 萨尔斯”号和“凯尔特人”号部署在纳尔维克以西约 50 千米外的奥福特峡湾入口处。通常，这两艘船中会有一艘在巴勒伊与切尔角（Tjeldodden）之间的海峡巡逻，另一艘则处于停泊状态，以便让船员休息，并与纳尔维克保持电话联络。这两艘船都有电台，但不如电话线可靠。“米凯尔·萨尔斯”号的船长亚克维茨（Jackwitz）少校在 4 月 8 日夜里与阿斯基姆通了话，接到的命令是与“凯尔特人”号一同在海峡中巡逻，以防任何船只借大雪掩护溜过巡逻线。23: 00，两艘船都在海峡中，“凯尔特人”号位于南段，“米凯尔·萨尔斯”号位于北段。两艘船与“挪威”号的无线电通信状况都令人满意。虽然频繁出现的雪飑限制了能见度，但此处的峡湾仅有约 3 千米宽，因此两艘船在大部分时间都能看见彼此和海岸线。如果发现外国军舰，无论是德国的还是英国的，这两艘船得到的指示都是向纳尔维克报告并避免惹是生非。“米凯尔·萨尔斯”号装备了两门47毫米炮，“凯尔特人”号有一门76毫米炮，但上级的命令是只有自卫时才能开火。[17]

03: 10，第一战斗群的驱逐舰以27节航速经过巴勒伊，进入奥福特峡湾。此时天色依然黑暗，但黎明已经不远。[18]所有驱逐舰都处于战斗部署状态。舰员们一天两夜不曾合眼，都已经筋疲力尽，但至少此时风浪已经平息，甲板又变得平稳了。饱受晕船之苦的山地兵们还没完全恢复过来，他们慢吞吞地收拾行装，准备登陆。

“海德坎普”号（Z21）一马当先。邦特准将站在舰桥上，与他同在的还有登陆部队指挥官迪特尔少将和旗舰的舰长埃德蒙格少校。气氛非常紧张。他们在纳尔维克会遇到什么？挪威军队会反抗吗？这些驱逐舰的燃油舱已经快见底了，在加油之前，它们的战术机动能力将很有限。按照计划，应该有一艘油轮在纳尔维克等待它们，还有一艘将在同一天到达。“吉泽”号（Z12）还没有追上大部队，超短波电台接到的报告显示，它将会迟到约三个小时。当这些驱逐舰通过入口时，“米凯尔·萨尔斯”号和“凯尔特人”号都观察到了它们，“挪威”号的电报室随即收到多份电报。03: 20收到的最后一份电报总结了情况：“九艘德国驱逐舰已进入奥福特峡湾。”这份电报被立即抄送至第3海防区，后者在03: 37将它转发给海军总司令，随后又转发给当地陆军部队。电报是以明码发送的，也被“海德坎普”号（Z21）截获，因此邦特知道对方已经得到预警。德军驱逐舰通过后，两艘军辅船按照指示继续在峡湾中巡逻。

44岁的弗里德里希·邦特准将。（作者的收藏）

旗舰“威廉·海德坎普”号（Z21）的舰长汉斯·埃德蒙格少校1925年加入海军前曾在奥尔德鲁夫（Ohrdruf）的军官学校短期进修，而当时迪特尔上尉就在那所学校教战术。据说这两人的关系不怎么好。（作者的收藏）

“你必须赢得士兵们的心，”爱德华·沃尔拉特·克里斯蒂安·迪特尔少将曾这样说道，“到那时，只有到那时，你才能带他们去闯荡地狱，命令他们把魔鬼抓回来。”在这张拍摄于1940年6月的照片上，他正和第139山地团的高级军官们在一起。自左至右依次是第139团团长阿洛伊斯·温迪施（Alois Windisch）上校、迪特尔、第139团第3营营长沃尔夫·哈格曼（Wolf Hagemann）少校、第139团第1营营长路德维希·斯塔图特纳（Ludwig Statutner）少校和第139团第2营营长阿图尔·豪塞尔斯（Arthur Haussels）少校。（作者的收藏）

03: 40，德军驱逐舰通过拉姆尼斯（Ramnes）—哈姆尼斯（Hamnes）一线，第3驱逐舰纵队的指挥官汉斯－约阿希姆·加多中校率领“吕德曼”号（Z18）、“施密特”号（Z22）和“勒德”号（Z17）离开大队，前去占领被他们错误地认为保卫着峡湾的炮台。不久以后，第4驱逐舰纵队的指挥官埃里希·拜（Erich Bey）中校也率“岑克尔”号（Z9）、“克尔纳”号（Z13）和“金内”号（Z19）单独行动，这几艘船搭载的部队负责占领位于埃尔维加兹莫恩的陆军兵营和库房，该地位于纳尔维克以北，在赫扬斯峡湾的尽头。邦特准将率“海德坎普”号（Z21）、“蒂勒”号（Z2）和“阿尼姆”号（Z11）继续驶向纳尔维克。“威悉演习”行动即将降临到纳尔维克。[19]

“塞尼亚岛”号在01: 35离开了纳尔维克，它得到的命令是前往韦斯特峡湾中的雷区护送商船通过，并等待扫雷舰艇到达。伦德奎斯特少尉被告知有德国军舰正驶向挪威，但如果遭遇德国军舰，他不得与其交战，只能观察和报告。“塞尼亚岛”号冒着漫天飞雪向奥福特峡湾下游驶去，没有见到来犯的德国驱逐舰。但是当它经过拉姆尼斯时，降雪稍停，船员们看到陆地附近有一艘驱逐舰。伦德奎斯特以为这是英国的，便向纳尔维克发送了电报“英国驱逐舰位于拉姆尼斯”。这是用密码发送的电报，由于“挪威”号上接收质量不佳，被解读为“英国巡洋舰位于拉姆尼斯”。“感谢上帝，峡湾里有英国军舰，”阿斯基姆在看到电文时这样说道。实际上，再过 22 个小时才会有英国军舰进入奥福特峡湾。伦德奎斯特驾船驶向那艘驱逐舰，想知道它在峡湾中干什么，但很快就意识到自己搞错了。那艘驱逐舰就是“施密特”号（Z22）。不久以后，“勒德”号（Z17）也出现了。伦德奎斯特立刻发出更正电报：“两艘德国驱逐舰正在接近。”这份电报根本没有被“挪威”号收到，而先前那份错误的电报很可能使阿斯基姆担心误击友军，导致他采取了非常谨慎的态度。[20]

纳尔维克港中，英国矿石运输船“布莱斯莫尔”号（*Blythmoor*）的船长尼古拉斯（Nicholas）在 02: 00 前后从睡梦中醒来，看到外面风雪大作。为了安全起见，他找到自己的大副，命令他再抛下第二个船锚。重新上床睡觉时，他听到还有两三艘船也在进行同样的操作。[21]

我们要战斗了

“埃兹沃尔”号和“挪威”号之间通过超短波电台保持着联系，这种通信方式通常在狭窄的峡湾中效果良好。此时两艘军舰仍然处于战时部署状态，已经把实弹搬运到待发弹药架上。由于能见度有限，有时甚至下降到只有几百米，火炮标尺都被预先设定在 1400 米。[22]

在 03: 20 从“凯尔特人”号和“米凯尔·萨尔斯”号接到德国驱逐舰入侵的消息后，阿斯基姆上校立即下令断开从“挪威”号舰艉接到岸上的电话线并起锚。船上拉响了转入战斗部署的警报，舰炮都装填了炮弹。[23] 阿斯基姆通过超短波电台将自己采取的措施通知维洛克，并命令后者也让军舰做好战斗准备。他还向第 3 海防区发出电报，概述了当地局势，并表示从此刻起所有通信都将通过无线电传递。随着船锚出水，“挪威”号驶向港湾入口。04: 30，它在距矿石码头（Malmkaia）约 300 米处占领阵位，以左舷对准入口，并将右舷的救生艇降至

“埃兹沃尔”号的舰长奥德·维洛克上校。（英格丽德·维洛克供图）

水线。“那是我见过的最奇特的天气，”港口中的挪威货船“B 类”号（*Cate B*）的大副朗厄兰（Langeland）写道：“狂风卷着雪花和冻雨呼啸。天空浓云密布，几乎呈黄色。对德国人来说简直完美！”[24]

在“埃兹沃尔”号上，蒸汽烧足，舰炮上膛，水密门紧闭，甲板上所有舰员都奉命穿上了救生衣。救生艇都转到舷外，其中位于右舷的已经被降到水线处。一艘由两名水兵操作的舢板系在舰艉以防万一。天色正在逐渐放亮，但降雪的势头丝毫不减，能见度始终很差。在 04: 15，已经万事俱备，维洛克下令起锚。命令刚下，船锚还在出水时，两艘军舰从三四百米外的大雪中现出身影。维洛克下令用闪光信号灯询问为首军舰的身份，同时两门 210 毫米主炮和能够瞄准来船的 150 毫米副炮都指向了对方。[25]由于没有得到对方答复，他命令用 76 毫米炮打一发炮弹以示警告，并打出信号旗“停船”。炮弹落在“海德坎普”号（Z21）的尾流中，取得了预期的效果。它开始放慢速度，并打出了信号：“正派出载有军官的小艇。”此时“阿尼姆”号（Z11）和“蒂勒”号（Z2）继续驶入港湾。邦特的舰队穿越一千多海里的惊涛骇浪后几乎分秒不差地抵达目的地，这可以说是他作为驱逐舰指挥官的能力的有力证明。

“海德坎普”号（Z21）放下交通艇花了一些时间，这是因为前一天的风浪使小艇有些损坏，不过它最终还是顺利上路了。坐在艇上的是邦特手下的一个参谋格拉赫（Gerlach）少校和一名通信兵。“海德坎普”号（Z21）的舰炮还是分别指向舰艏与舰艉，但鱼雷发射管悄悄对准了挪威装甲舰。格拉赫与那名通信兵登上了“埃兹沃尔”号的右舷后甲板。这艘装甲舰的大副扬森（Jansen）少校接待了他们，把他们带到舰桥。在那里，格拉赫向维洛克上校行礼致意，发表了一番官样说辞，大意无非是德军作为朋友前来，目的是帮助挪威维护其中立地位，抵御英国的侵略。格拉赫建议维洛克认清形势，以拆除炮闩和关闭发动机的形式率领他的战舰投降——抵抗是毫无意义的，因为大部分挪威城市已经处于德军控制之下。[26] 维洛克回答说，他从自己的指挥官那里接到了反抗德国侵略者的命令，在未与旗舰商议的情况下，他无法服从德军的这些指示。格拉赫拒绝等待，转身上了他的小艇。维洛克来到后部舰桥下方的电报室，用超短波电台呼叫阿斯基姆，复述了与格拉赫的对话，并请求指挥官下命令。他得到的答复是毫不含糊：“开火。”维洛克随即回答：“我将攻击！”[27]

格拉赫少校的小艇刚开动就被叫了回去，他在后甲板上又一次见到维洛克。维洛克告诉这位德国军官，“埃兹沃尔”号刚刚确认了抵抗的命令，因此拒绝德军的劝降。格拉赫行礼后回到小艇上，再次开动了它。不久以后，一发红色信号火箭飞上天空，画着弧线朝“海德坎普”号（Z21）飞去，这是在报告挪军不会投降的事实。笔者无法确定维洛克是否看到了火箭，因为他当时正从格拉赫的小艇先前停靠的位置穿过火炮甲板奔向舰桥。半路上经过一门大炮时，维洛克向炮手们高喊：“小伙子们，上炮位，现在我们要战斗了。”[28] 维洛克到达舰桥后，机舱车钟就发出声响，“埃兹沃尔”号开始前进。

在“埃兹沃尔”号上的谈判进行时，“海德坎普”号（Z21）一直绕着这艘装甲舰打转，此时已经位于它舰艏左舷约三十度方向，距离约 700 米。邦特准将发现自己处境尴尬。他得到的命令很明确，只有在挪军先开火的情况下才能开火，因为一场炮战将会毁掉让挪威人默许德军占领的一切希望。此时这艘装甲舰的舰炮正对准他的旗舰，而红色信号火箭意味着他们随时可能开火。尽管如此，以侵略者身份先发制人仍然有违邦特的本心。另一方面，迪特尔少将把自己部队的安全置于首要地位。他是这艘驱逐舰上的乘客，原则上对海上发生的事没有发言权。可一个性格不强硬的人不可能成为第三帝国山地师的师长，迪特尔坚决要求驱逐舰发射鱼雷，以消除敌方装甲舰的威胁。邦特依然举棋不定，但埃德蒙格少校越来越不安，不仅因为两门 210 毫米炮和三门 150 毫米炮正在平射距离上瞄准他的驱逐舰，还因为双方的间隔正在迅速缩小！“埃兹沃尔”号已经提高了航速，正在快速接近。这艘装甲舰似乎有可能撞上德国驱逐舰。埃德蒙格下令全速前进，然后转弯拉开距离。他用紧迫的语气反复请求司令准许发射鱼雷。他指出，坐等“埃兹沃尔”号开第一炮只是维护荣誉之举，却可能付出非常高昂的代价。眼看和平解决的一切希望都将消失，邦特终于让步，点头同意发射鱼雷。埃德蒙格随即下达命令，四枚鱼雷从“海德坎普”号（Z21）舰艉的鱼雷发射管激射而出。[29]

“埃兹沃尔”号在最初的警告射击后一炮未发。这艘装甲舰在服役生涯的最后几分钟究竟发生了什么？史料中几乎没有相关记述，而且由于舰桥人员无一幸存，我们永远无法知道维洛克发出了哪些命令。从格拉赫发射火箭到第一发枚雷命中，大约过了两分钟。[30] 维洛克没有必要在开炮前拉近距离。所有舰炮都已经确认了目标，而且距离拉得太近反而不利，因为那样一来 210 毫米炮必须压低炮管才能击中驱逐舰低矮的船体。莫非维洛克还没有下定先发制人的决心？也许他想在开火前考验一下德国人的认真程度？这两种情况的可能性都非常小。他得到的命令很明确，而且他已经几次和阿斯基姆讨论过这个问题。维洛克非常了解自己这艘战舰的局限性和弱点，而且他必然对装甲薄弱的老旧船体遭到鱼雷攻击时的危险性了解得一清二楚。假如维洛克没有看见格拉赫发射的红色信号火箭，那么他有可能是想给这位谈判代表留出逃离危险的时间，而且期望德国人表现出同样的骑士精神。虽然事后德方的许多报告认为，他是像埃德蒙格担心的那样，想要采用撞击战术，但考虑到他的军舰老朽不堪，这也不太可能。[31]

亨利·巴克（Henry Backe）中士是 8 名幸存者之一，他后来说，自己曾听到战斗桅楼中的枪炮长托克尔森（Thorkelsen）少校下达了“左舷各炮，射击！”的命令，左舷炮长还重复了这一命令，另两位幸存者尼尔森（Nielsen）和奥普斯塔（Opstad）证实了这个说法。但是没等这道命令得到执行，第一枚鱼雷就击中了该舰。210 毫米尾炮的炮长卢多尔夫·霍尔斯塔（Ludolf Holstad）下士也听到了开火的命令，但他说当时“海德坎普”号（Z21）从右舷横穿舰艏移动到左舷，他的大炮没有跟上。没等他把炮塔转到新的方向并重新确认目标，鱼雷就命中了。

至于其他舰炮为何没有开火，他也说不清。当时风浪很大，火炮和瞄具都在随波起伏。也许即使在炮长们确认目标的情况下，炮手们也很难把目标保持在瞄具中。也许指挥官们遗漏了预先装弹的命令，或者炮手们就是犹豫了。在4月9日早晨，出现过多起挪威陆海军士兵下不了开火决心的案例。他们的思维模式还是以中立为导向，没有适应战争。“挪威”号的一名炮手卡尔·卡尔松（Carl Carlson）回忆说，他听到全力射击“阿尼姆”号（Z11）的命令时，第一反应是：“你疯了吗，我们搞不好会打中他们啊！”[32] 至于“埃兹沃尔”号上究竟发生了什么，我们永远也不会知道了。可以确定的是，维洛克上校确实下了开火的命令——只是由于某种原因，各炮保持了沉默。

“海德坎普”号（Z21）射出了四枚鱼雷。挪威方面的资料基本上一致认为有三枚命中，但德方资料却声称只有两枚命中。第一枚撞在左舷尾炮塔下方，很有可能引燃了210毫米炮的弹药库。几秒钟后，有一枚或两枚鱼雷击中舯部靠前的位置。接着就发生了剧烈的爆炸，可能是另一个弹药库爆炸了，也可能是锅炉爆炸了，转瞬间全舰就陷入了充斥着火焰、浓烟和蒸汽的梦魇。[33] 这艘装甲舰留在世间的最后景象是舰艉竖起并沉入深海，时间是04: 37，从挪军初次发现“海德坎普”号（Z21）算起，大约过去了20分钟。

“埃兹沃尔”号共有177人丧生，其中包括维洛克上校和除一名幸运儿之外的所有军官。总共只有8人幸存，其中4人被“玛尔塔·海因里希·菲塞尔”号（*Martha Heinrich Fisser*）的一条小艇从水中救起，2人靠一条小筏子漂到岸边。舰艉救生艇里的两个水手出于对被拖入水下的恐惧，及时解开了缆绳，但是在极度震惊之下，他们没找到任何可以搭救的人。[34]

“挪威”号在港湾入口占据的阵位理论上很理想，但是大雪导致能见度极低，众多船只锚泊，这削弱了它的优势。根据一小时前“塞尼亚岛”号的错误情报，阿斯基姆上校相信奥福特峡湾中既有英国军舰也有德国军舰，在观察到“阿尼姆”号（Z11）和“蒂勒”号（Z2）驶入港湾时，他下令打出信号“停船。什么船？”来询问其身份。这两艘船没有给出任何答复，而且似乎都无意减速。阿斯基姆下令进行警告射击，但是没等这道命令得到执行，降雪就再次加大，两艘驱逐舰都从视野中消失了。与此同时，维洛克通过超短波电台发来呼叫，叙述了与格拉赫的讨论。此时阿斯基姆已经明白，不速之客是德国人，按照上级命令应该主动开展抵抗。不久以后，港湾外面传来沉闷的爆炸声，但尽管两艘装甲舰的距离不超过一海里，“挪威”号的人员还是观察不到任何情况。

“阿尼姆”号（Z11）的舰长库尔特·雷歇尔（Curt Rechel）少校在进入纳尔维克港时几乎什么都看不到。他不敢怠慢，先是驾船驶向港湾北部，直到透过飘雪瞥见高耸的矿石码头，然后转向东方，因为他知道那是轮船码头（Dampskipskaia）所在的地方。终于在黑暗中看到码头后，他关停发动机，让他的驱逐舰漂到木制码头边，用右舷靠了上去。不久以后，“蒂勒”号（Z2）也停泊在码头的另一边。山地兵们立刻开始下船。

在 04: 45，也就是“埃兹沃尔”号沉没的几分钟后，“挪威”号的舰员再次观察到了“阿尼姆”号（Z11）和“蒂勒”号（Z2），发现它们显然正在轮船码头停泊。此时降雪多少小了一些，但透过测距仪还是几乎无法看到这两艘驱逐舰或其他任何东西。“挪威”号的第一次齐射落点过近，此后大部分炮弹都飞过了头，在陆地上爆炸。它在 600 ~ 800 米距离上总共发射了五发 210 毫米炮弹，左舷副炮也打出了七八发 150 毫米炮弹。

遭到“挪威”号射击后，雷歇尔少校立刻用能够瞄准对方的 127 毫米主炮和副炮还击。所有炮弹无一命中，但是有几次机枪扫射击中了这艘装甲舰的舰桥和上层建筑，造成轻微破坏。[35]“阿尼姆”号（Z11）发射了七枚鱼雷，因为港口中停泊着许多货船，能让鱼雷通过的间隙有限，所以都是一枚一枚地瞄准发射的。尽管“挪威”号在水中几乎静止不动，前五枚鱼雷还是全部射偏。[36]第六枚和第七枚鱼雷则几乎同时击中这艘装甲舰，一枚打在舰舯部，一枚打在舰艉。和“埃兹沃尔”号一样，爆炸惊天动地，很可能有一个或多个弹药库殉爆。这艘曾经威风凛凛的军舰向右翻倒，螺旋桨还在空转。随着舰上灯火熄灭，各个舱室里都响起喊声：“弃舰！各自逃命吧！”位于左舷的人员随着船体的翻滚翻过船舷，徐徐挪向龙骨，同时烟囱轰然入水——这番景象令人难忘。船底朝天的“挪威”号似乎犹豫了一阵，但不出一分钟它就从水面上消失了。[37]当海面重归平静，许多人浸泡在冰冷的海水中，在漂浮的碎片之间挣扎。“阿尼姆”号（Z11）和几艘商船派出的小艇捞起了 96 人，其中包括不省人事的阿斯基姆。105 人随舰沉没。

与此同时，埃德蒙格把“海德坎普”号（Z21）开进纳尔维克港，停泊在法格内斯码头（Fagerneskaia），开始卸下部队。时间是05:00，雪依然下得很大，除了离现场非常近的人之外，所有人都没有看到刚刚发生的悲剧。

港口中英国货船的船长们陷入了困境。他们无法逃脱，而他们的船无疑将被俘获。他们只能焦急地焚烧秘密文件、地图和密码。另一方面，德国货船的船员们都非常兴奋，纷纷唱起“德意志，德意志高于一切”。只有“博肯海姆”号（*Bockenheim*）的船长埃塞尔（Esser）是例外。他前一天晚上从武索领事口中听说了英军可能发动攻击的传言，在炮战开始时又没有认出本国的海军。为了避免被俘，他主动把船开到安克尼斯（Ankenes）搁浅，并在命令船员离船后引爆炸药。

阿斯基姆上校在医院里一直躺到4月15日，代理大副桑韦德（Sandved）少校担起责任，登记并照料了两艘装甲舰的幸存者，还埋葬了能找到的遗体。[38]“埃兹沃尔”号和“挪威”号的沉没给挪威人带来的惊恐超过了当天发生的其他任何事件。282名水兵在被认为毫无必要的暴力行动中丧生，这大大坚定了挪威人民抵抗侵略的决心。尤其是在军队内部，关于“埃兹沃尔”号和“挪威”号的记忆促使士兵们坚定不移地加入同盟国阵营，投身于反抗纳粹的斗争。事实证明邦特准将是对的：两艘装甲舰的沉没毁掉了和平占领的一切希望。

有人质疑4月9日上午两艘装甲舰的部署。由于火炮射程近、火控系统不良且装甲防护有限，这两艘军舰不堪一击，战术选择很是有限。它们的优势在于火炮的威力。任何一艘装甲舰的舷侧齐射都能给任何驱逐舰或轻巡洋舰带来浩劫，理论上讲，如果将它们作为浮动炮台使用，可以大大弥补奥福特峡湾中缺乏岸防设施的弱点。但是德军的大胆突击——得到了恶劣天气的有力帮助——在很大程度上消弭了这种优势，因为装甲舰的瞄准具和测距仪在暴风雪中几乎毫无用处。

在战后军事法庭对松德洛上校的审判中，阿斯基姆上校曾说过：“倘若我知道事态会如何发展，我就会让这两艘军舰在港湾入口两侧分别坐滩。维洛克和我讨论过这一方案，但是没有海军总司令的同意无法实施。”在被问及是否应该在峡湾中更靠近外海的位置阻击德国侵略者时，他的回答是：“在当时的天气条件下，能见度极低，这种做法毫无意义。我们在大风雪中就是瞎子。唯一可以迎击入侵者的地方就是港湾入口。但是我也意识到，这意味着任何交战都会很快决出胜负——不是敌死就是我亡。”[39]

没有岸炮

从“阿尼姆”号（Z11）、“蒂勒”号（Z2）和“海德坎普”号（Z21）下船的部队散开队形进入纳尔维克，在各个战略要地布置了机枪阵地。挪军士兵因为没有接到明确的命令，一时间不知所措。奥地利山地兵们事前被告知，己方是以朋友身份前来的，所以都希望以非暴力的方式收场。他们的人数约有 500，都属于豪塞尔斯少校指挥的第 139 山地团第 2 营，其中大部分人还没有从晕船中恢复过来，都觉得没有理由摆出咄咄逼人的姿态。因此双方并没有交火。

07: 30前后摄于纳尔维克。陆军士兵们正在邮政码头从“威廉·海德坎普”号登岸。（作者的收藏）

松德洛上校在自己的指挥部里听到了港口传来的爆炸声，不久以后，他就接到了德军士兵“成批涌入市区”的通报。他派贡德森（Gundersen）上尉前去了解情况，自己则走向耶尔德内斯少校宿营的学校，后者正在那里命令只睡了几个小时的部下集合点名。但是没等他们出动，学校就被一队德国山地兵包围了。一个德国军官走上前来，递给松德洛一份用挪威语写成的声明，其中声称丹麦和好几座挪威城市都已被接管，挪威政府已经决定不进行任何抵抗。“我们不会开火，除非你们先开火。”德国军官补充道。松德洛请求给半个小时的“停火”时间让他考虑，对方同意了这个要求，但与此同时德军还在源源不断地进入市区，很快就在市政厅升起了纳粹旗帜。松德洛找到一部电话，呼叫了位于哈尔斯塔的军区司令部，但是由于指挥官们都不在，对方只能建议松德洛根据他先前接到的命令自主决定如何行动。

当迪特尔少将上岸时，德国副领事弗里茨·武索已经在码头等候了。贡德森上尉撞见武索和迪特尔，立刻就被扣押。迪特尔征用了领事的汽车，然后与弗里茨－奥托·布施（Fritz–Otto Busch）少校和贡德森上尉一起出发，去找挪军总指挥。他们在被山地兵包围的学校里找到了他。迪特尔和善地向松德洛打了招呼，显然是期望对方做出类似的反应。但是松德洛的态度并不像预期的那么友好，于是迪特尔也不和他废话，立刻发出了威胁。他说，除非挪军立即投降，否则驱逐舰就会把纳尔维克变成一片废墟。松德洛屈服了，表示自己将会发出弃城投降的命令。此时是 06: 15。[40]

与此同时，耶尔德内斯少校联系到了弗莱舍尔少将，后者给出了明确的命令，要求进行抵抗并“把敌人赶下大海”。[41] 松德洛接过电话，告诉弗莱舍尔刚才发生了什么事。弗莱舍尔勃然大怒，认为松德洛辜负了自己的职责，便当场解除松德洛的指挥权，任命其副手奥姆达尔（Omdal）少校接替他。

双方谈判期间，豪塞尔斯少校的部下继续在城中巩固阵地。挪军如果此时在城中发起抵抗，将会造成严重的破坏和平民伤亡。最好的计划是把部队撤到东边重整，准备发动反击。于是奥姆达尔少校厚着脸皮无视了已经达成的投降约定，他让耶尔德内斯走在最前面，200 多名官兵排成一路纵队径直穿过德军的防线，还向哨位上的德方负责军官行礼致意。没等那个德国军官或其他任何人明白过来是怎么回事，这些挪军就消失在了风雪中。没能逃脱的官兵则在上午被包围缴械。奥姆达尔沿着铁路线继续东进，在尤普维克（Djupvik）附近打了一场小规模遭遇战，最终于 4 月 10 日在横跨诺道尔（Nordal）谷地的大桥上建立起一道防线。许多难民也沿着铁路逃难，导致奥姆达尔的士兵在每个车站都无法破坏铁路，不过他们还是做好了在德军进攻时爆破大桥的准备。[42]

英国军事情报研究局的托兰斯上尉 4 月 4 日经斯德哥尔摩到达纳尔维克，9 日上午被炮声惊醒。他起初还以为是英军早于他被告知的时间赶来了，看到街上全是德国士兵，他才意识到自己猜错了。托兰斯赶忙逃进山里，在一间小木屋中避难，因此与后来发生的事没有任何瓜葛。[43]

加多中校在拉姆尼斯海峡率“吕德曼”号（Z18）、“施密特”号（Z22）和“勒德”号（Z17）与主力分开后，就把陆军士兵送上海峡两岸，以夺取据说位于那里的炮台。“施密特”号（Z22）驶向位于峡湾南岸的拉姆尼斯，第 139 山地团第 1 营第 1 连在汉斯·冯·施勒布吕格（Hans von Schlebrügge）少校率领下在那里登陆，同时“吕德曼”号（Z18）靠近北岸的哈姆尼斯，把奥伯施泰纳（Obersteiner）少尉率领的第 6 连送上岸。“勒德”号（Z17）停留在海峡中充当哨舰，可以在必要时应召提供支援。海军的岸炮部队暂时留在船上，不过一旦山地兵占领了炮台，他们就会登陆。

士兵们立刻开始向内陆前进，寻找炮台。积雪很深，大家都背着沉重的装备，而且没有现成道路。事实上，在海峡两岸都没有炮台。在雪中艰难跋涉几个小时之后，军官们终于明白，自己寻找的目标可能是幻影。在拉姆尼斯，可以在积雪中依稀看到一些地基的轮廓，但仅此而已。他们找到的守军只有看守拉姆松海军仓库的 20 名士兵，这些人完全没料到德军会来，未经战斗就交出了仓库中储备的水雷。在 07: 00 前后，加多向邦特发报：“截至目前，对炮台的搜索毫无成果。”于是部队奉命重新登上小艇，只在两岸各留下一支小分队。在 11: 00 前后，所有山地兵都已回到驱逐舰上，加多率队驶向纳尔维克。[44]

值得一提的是，商船队的船长林德曼（Lindemann）已经在纳尔维克矿石贸易航线上奔波多年，作为引水员被征募到旗舰上协助邦特，而他从登上“海德坎普”号（Z21）的那一天起就坚定地指出，在拉姆尼斯根本没有岸炮。他从未

纳尔维克港中的一艘英国货船“里弗顿”号（*Riverton*）。与德国矿石船不同的是，尽管违反挪威的《中立法案》，许多英国商船还是公开配备了武器。德国人的抗议都被忽视，挪威人基本上对此问题采取睁一只眼闭一只眼的态度。（E. 绍尔德的收藏）

见过或听说过任何关于岸炮的证据，尽管德国海军总参谋部下发的手册言之凿凿，他还是确信这些情报是错的。[45] 皮肯布罗克上校曾在哥本哈根请吉斯林确认纳尔维克是否有岸炮，而吉斯林给了肯定的回答，不过没有证据显示军方曾询问武索领事对此事的了解。即使武索无法亲自去拉姆尼斯查看，他也应该能轻松查明当地是否真有大炮。[46]

“米凯尔·萨尔斯”号和“凯尔特人”号当天上午继续在海峡中巡逻。04: 15，有一份报告发到“挪威”号，说是能时不时地看到一艘驱逐舰（“勒德”号）。大约一个小时后，它们看到的驱逐舰又变成了两艘（“吉泽”号已经赶到）。这一次它们没法联系到“挪威”号，于是把电报发到了特罗姆瑟的第3海防区。燃油舱快要见底的“吉泽”号（Z12）缓慢地继续驶向纳尔维克，而“勒德”号（Z17）接近了这两艘军辅船，命令它们开到纳尔维克去。两位船长都提出了抗议，但是经过一连串警告射击后，他们判断除了按照指示向东航行外没有其他选择。上午晚些时候，“勒德”号（Z17）又遇到满载货物离开纳尔维克前往美国的瑞典矿石船“斯特罗萨”号（*Stråssa*），把它也赶了回去。[47]

“米凯尔·萨尔斯”号09: 00前后到达纳尔维克，在旧码头（Gammelkaia）附近下锚，“凯尔特人”号则停泊在轮船码头。两艘装甲舰不见了踪影，但是港口中的许多商船都下了半旗，而且某处水面不知为何不停地冒出气泡。一个德国军官登上“米凯尔·萨尔斯”号，用遗憾的口气表示，德国驱逐舰被迫击沉了那两艘装甲舰，众多生命的消失都要归咎于愚昧的抵抗。深受打击的亚克维茨把这个消息告诉了本船和“凯尔特人”号的船员,并命令两艘船都降半旗致哀。亚克维茨估计英军将会对纳尔维克发动反击，在获得德军许可后，他把船员转移到岸上远离港口的安全地点。

与此同时，“施密特”号（Z22）也命令“塞尼亚岛”号返回纳尔维克，而伦德奎斯特少尉最初还把对方错当成了英国驱逐舰。在炮口威胁下，这位年轻的军官除了口头抗议别无选择，只能驾船向东驶去。伦德奎斯特发现城里到处都是德军，但他还是找到一部电话，成功地联系上特罗姆瑟，报告了刚才发生的事情。[48]

拜中校带着“岑克尔”号（Z9）、“克尔纳”号（Z13）和“金内”号（Z19）与主力分开后，在赫扬斯峡湾尽头将第 139 山地团团长温迪施上校率领的埃尔维加德战斗群送上岸，以夺取当地的陆军兵营和仓库。这一队驱逐舰非常准时地在 04: 15 到达，随后立刻让部队下船。耶尔德内斯少校在前一天夜里已经带着第 13 步兵团第 1 营离开埃尔维加兹莫恩去增援纳尔维克的守军，而严重的降雪又延误了本该从塞特蒙（Setermoen）来接防这些兵营和仓库的部队的行程。因此，温迪施的士兵们轻而易举地完成了任务，留守的少数挪军没有进行任何抵抗。到了早晨，温迪施已经可以向迪特尔报告说，埃尔维加兹莫恩和重要的仓库及北上的主干道都已被牢牢控制。从驱逐舰卸货花了一些时间，因为当地只有一个小型木制码头，大部分装备都只能通过小艇和一部手摇吊车运到岸上。与此同时，“吉泽”号（Z12）也赶到当地，卸下它搭载的部队。直到黄昏将近，这些驱逐舰才得以驶向纳尔维克。[49]

***

在利兰指挥两艘潜艇的布雷克少校对在峡湾里停泊感到很不安，因为如果敌人发起进攻，他将无路可逃。03: 30，他再次尝试致电阿斯基姆，想请求后者准许他离开锚地。他没能联系到自己的上司，但接电话的哨兵告诉布雷克，装

“埃里希·克尔纳”号（Z13）在赫扬斯峡湾中机动时搁浅，但损伤不大。（T. 埃根的收藏）

甲舰刚刚断开电话线和系缆，即将起锚。布雷克随即决定独立行动，把两艘潜艇带进峡湾中的预设阵位。此时漆黑一片，纷飞的雪花使潜望镜根本无法使用。布雷克操纵 B3 号下潜，但是始终让指挥塔露出水面，以便观察。此时德国驱逐舰已经路过，他没有看到任何情况。当黎明接近、降雪多少有些减轻时，布雷克潜入水下，继续在该区域巡逻。B1 号也在进入奥福特峡湾时遇到大雪，梅尔索姆（Melsom）少尉决定保持潜航状态。

06: 00 过后，布雷克观察到“米凯尔·萨尔斯”号和“凯尔特人”号向峡湾深处驶去。他把无线电天线升到水面以上呼叫这两艘船，想知道发生了什么事。“米凯尔·萨尔斯”号回复了一条简短的电讯，说它们奉命返回纳尔维克，但是没有说明这道命令来自何方。布雷克觉得很奇怪，决定回去找“灵恩”号，利用电话来查明情况。结果他得知了“挪威”号和“埃兹沃尔”号沉没以及纳尔维克被占领的消息，并接到了第 3 海防区要他西进到韦斯特峡湾中占领新阵位的命令。

B3 号在 08: 00 再次出发，尝试用水下通信联系 B1 号未果，遂以潜望镜深度向西航行。拉姆松附近有两艘静止不动的驱逐舰，辨认出这是德国军舰后，布雷克决定攻击。但是没等他进入攻击阵位，这两艘驱逐舰就开始高速移动，并排向他的潜艇驶来。布雷克驾艇下潜到尽可能大的深度（大约 50 米），最终甩掉了这两个敌人。在这样的水深下，前鱼雷舱多处漏水，布雷克决定继续前往韦斯特峡湾，等待机会再作战斗。这艘潜艇在夜里到达目的地，用防水帆布伪装好自己，向第 3 海防区通报自身方位后就开始了修理。[50]

B1 号其实接到了友军的水下通信，但在它浮出水面时，B3 号已经下潜，因此梅尔索姆少尉驾艇回去找"灵恩"号。他通过"灵恩"号接到了第 3 海防区要他留在原地的命令。到了下午，梅尔索姆在手下军官的支持下，决定带着艇员离开潜艇上岸，等到对局势有了更好的了解再做打算。4 月 13 日上午，经过与第 3 海防区的商议，B1 号潜入约 20 米深的水下。"灵恩"号则悄悄溜出博根（Bogen），几天后到达特罗姆瑟。[51]

截至 06: 30，德国山地兵已经控制了纳尔维克和埃尔维加兹莫恩，但他们的阵地非常暴露。第 112 山炮团的所有火炮都被风浪卷进大海，而且由于挪军破坏了留在城中的少数火炮，德军没有任何高射炮或其他重武器可用。补给船"贝伦费尔斯"号、"劳恩费尔斯"号和"阿尔斯特"号本该在当天抵达，但是却无一出现，迪特尔始终没有获得他意料中的装备和给养。[52] 颇有讽刺意味的是，德军能够找到的全部火炮就是港口中英国商船上安装的大炮。[53] 德军尽量将这些火炮和弹药搬到岸上，用于加强港口的防御。离他们最近的友军部队在 900 千米外的特隆赫姆，而且自身也面临种种难题。很难建立与第 21 军其他部队的通信，但最终还是通过"海德坎普"号（Z21）的电台取得了联系。至于这些驱逐舰离开后会发生什么，没有人知道。

这些驱逐舰在离开前还需要加油。按照计划，油轮"卡特加特"号和"约翰·威廉二世"号应该先于驱逐舰到达纳尔维克，在部队下船后就立刻开始加油作业。"约翰·威廉二世"号确实已经到达，但是"卡特加特"号还没来。它的船长接到了英军在韦斯特峡湾中布雷的消息，决定在雷区以南等待局势明朗。4 月 10 日上午，它被挪威军辅船"北角"号发现，船员为了避免油轮被俘而让它自沉。[54]

缺席的油轮和拉姆尼斯不存在的炮台使邦特准将的处境变得凶险异常。他的舰队被困在了峡湾里，却没有合适的防御设施。在只有一艘油轮的情况下，加油作业将被严重延缓，它们很可能无法按时离开港口与战列舰一同返航。在峡湾里每停留一个小时，英军打来的可能性就增加一分，而且由于拉姆尼斯没有岸炮，加油期间只能靠 U 艇提供保护。13: 57，邦特向西集群发送了一份电报并抄送吕特晏斯中将，表示自己无法在 4 月 10 日黄昏前离开纳尔维克。他不愿意将自己的舰队化整为零，而是决定等尽可能多的驱逐舰完成加油再离开。[55]

“约翰·威廉二世”号装载了两种油料，其中 4000 立方米的燃油是给驱逐舰使用的，5000 立方米的柴油是给 U 艇使用的。燃油不够给所有驱逐舰加满，但两种油料可以在一定程度上混合使用，只不过燃烧效率会显著降低。U 艇的油料可以日后再想办法。更大的问题是“约翰·威廉二世”号的油泵性能低下，它原本是一艘鲸油加工船，始终没有得到全面升级，无法胜任油轮的任务。它给每艘驱逐舰补充足够燃油都需要 8 小时，而且只能同时给两艘加油。[56]“阿尼姆”号（Z11）第一个将搭载的部队全部送上岸，它在当天上午开始通过“约翰·威廉二世”号加油。第二个加油的是“蒂勒”号（Z2），随后“海德坎普”号（Z21）也开始加油。

西集群提供的情报显示，所有 U 艇都已按计划部署到位，这让邦特感到了一定程度的宽慰，因为他估计这些 U 艇能够在英国军舰将要进入峡湾时发出警报，而且如果英军尝试硬闯，它们极有可能给英军造成损失，甚至完全阻止他们进入。他过高估计了少数 U 艇在非常陌生的环境中的作战能力（更何况它们的鱼雷缺陷也将暴露无遗），将要为此付出沉重代价。最初韦斯特峡湾中有三艘 U 艇——U-25 号、U-46 号和 U-51 号。U-25 号是直接从德国赶来的，但其他潜艇从 3 月的第二个星期起就一直在巡逻，此时燃油已经不多，艇员也开始出现疲劳迹象。在确定海峡中没有岸炮，而且驱逐舰无法按计划离开后，邓尼茨接到了增派潜艇支援邦特的指示。于是他命令 U-47 号、U-48 号、U-49 号、U-64 号、U-65 号和 U-38 号以最快速度集中到纳尔维克。后三艘都是大吨位的 IX 型潜艇，完全不适合在狭小的韦斯特峡湾中作战。而且 U-64 号和 U-65 号都是全新的潜艇，开始首次作战才没几天。

邦特没来得及把自己的想法和印象写成文字就命丧黄泉，但是毫无疑问，他在 4 月 9 日夜里正处于非常苦恼的状态。从两天半前舰队离开威悉明德的那一刻起，他就承受着巨大的压力，很可能没睡过什么好觉。那些能活下来复述纳尔维克的事件，并且曾经接近过邦特的人往往会把他形容为一个郁郁寡欢的人。除了他的驱逐舰处境危险之外，他还为自己在部下劝说下同意雷击尚未开火的"埃兹沃尔"号深感不安，曾经和手下的好几个军官谈及此事。"阿尼姆"号（Z11）的舰长雷歇尔少校写道，当他在登陆后向邦特报告时，这位准将说自己"应该向他道谢"，因为他让"挪威"号先开了火，而准将自己却"被迫在另一艘船还没有自卫的情况下就将其击沉"。

截至午夜，"海德坎普"号（Z21）、"阿尼姆"号（Z11）和"蒂勒"号（Z2）都已加完油，后两艘奉命前往巴朗恩。邦特希望"海德坎普"号（Z21）夜里在峡湾中巡逻，但迪特尔少将请求旗舰留在港口，以便进行协同并与"威悉演习"行动指挥部保持联系。"岑克尔"号（Z9）不多不少地加了些油，然后奉命与"克尔纳"号（Z13）和"吉泽"号（Z12）一同前往赫扬斯峡湾。接着"金内"号（Z19）和"吕德曼"号（Z18）移动到了"约翰·威廉二世"号旁边。为了防范空袭，一些货船被移动到港湾中央，为油轮和驱逐舰提供掩护。德军也考虑过将"约翰·威廉二世"号转移到纳尔维克港之外，但由于会打断加油作业并使油轮暴露于空袭之下，这个提案被否决了。显然比起敌方海军的袭击，邦特更担心的是空袭。

邦特几乎忽视了英军水面部队攻击的风险，这很是令人不解。他已经通过西集群高效的电讯情报部门——英国海军部并不知道，这个部门能够截获并破译英国海军的通信——得知，两艘战列巡洋舰和一支庞大的驱逐舰部队曾出现在罗弗敦群岛附近，而且有一队驱逐舰已经接到了攻击某个未知目标的命令。[57] 邦特对依靠艇抵御英军的信心也是值得商榷的，毕竟他自己就是在当天上午冒着暴风雪抵达的。U-25 号被部署在巴勒伊附近，U-46 号在拉姆尼斯附近，峡湾在那里窄得足以让它们发现并攻击任何企图通过的船只——但只是理论上而已。事实是，这些哨艇在大雪中必须将指挥塔或潜望镜升到海面以上观察，或者只能依靠声呐操作员在陌生环境下的表现，然而邦特对此似乎并不是十分在意。另外，邦特认为皇家海军在与他自己进攻时相差无几的条件下不会冒险进攻，这也令人很难苟同。除非他是因为缺乏睡眠而过于疲劳，而且击沉“埃兹沃尔”号和“挪威”号的责任令他感到不堪重负，以至于失去了平时的指挥若定。

在判断事态都已得到控制，而且自己的军舰处境安全之后，邦特只采取了一项附加的防御措施：保持夜里始终有一艘驱逐舰在港口之外的韦斯特峡湾中巡逻。他没有布置预案应对进攻，也没有尝试制订在必要时让赫扬斯峡湾和巴朗恩的驱逐舰与留在纳尔维克的驱逐舰协同作战的计划。邦特把组织加油和保护港口的任务交给加多中校，然后就钻进了他在“海德坎普”号（Z21）后甲板的住舱。“金内”号（Z19）是当晚负责巡逻的第一艘驱逐舰，在午夜时被“施密特”号（Z22）接替。[58]

你可全权……

在4月9日早晨与“格奈森瑙”号和“沙恩霍斯特”号失去接触后，惠特沃斯中将指挥“声望”号一直向西行驶，随后接到了海军部要他将兵力集中于进入纳尔维克的航道的命令，因为“很可能要派一支部队在那里登陆”。[59]惠特沃斯按照命令转向东南方，准备与“反击”号、“佩内洛珀”号及其护航驱逐舰在罗弗敦群岛附近会合。与此同时，他指示自09: 30起就在韦斯特峡湾入口巡逻的伯纳德·沃伯顿－李上校在18: 00到斯库姆韦尔岛西南方与旗舰会合。但是，他的这个命令又一次被上级否决了。首先是福布斯上将在09: 52直接向沃伯顿－李发了一份电报，指示他“派一些驱逐舰前往纳尔维克，确保没有敌军部队在那里登陆”。电报还补充说，挪威与德国之间已经处于战争状态。接着在中午，海军部也向沃伯顿－李上校发了电报：

> 据新闻报道，有一艘德国军舰到达纳尔维克，且派出了小规模部队登陆。继续前往纳尔维克，击沉或俘获敌舰。如果你认为以敌军现有人数，你有把握夺回纳尔维克，那么你可以自主派部队登陆。如果炮台尚未落入敌军之手，要尽量占领它们。稍后会提供关于炮台的详细情报。[60]

这份电报也被抄送给了福布斯和惠特沃斯，但是海军部既然绕过这两人直接对下级指挥官下令，也就意味着两位指挥官无法在作战中发挥任何主动性了。直接发给沃伯顿－李的命令以不必要的方式使他陷于孤立，而且很可能导致惠特沃斯无法利用现有兵力部署一支更为均衡的部队。“关于炮台的详细情报”在 13: 00 过后不久发出，其中声称“在弗拉姆内斯（Framnes）安装了三门 12 磅或 18 磅炮，面朝西北；在拉姆尼斯附近的奥福特峡湾两岸可能有 100 毫米或更小口径的火炮”。所有这些情报都是错的，因为在纳尔维克没有什么岸炮。

丘吉尔和海军部在 4 月 9 日处理纳尔维克问题时漫不经心的态度实在令人不解。根据掌握的情报，他们应该毫不怀疑，德军对挪威的入侵行动正在展开，一支有相当规模的德军部队正在杀向纳尔维克——如果不是已经到达的话。菲利普斯中将已经在前一天下午通知挪威大使馆，“德军企图对纳尔维克实施作战”。在这种情况下，以“新闻报道”作为调动军舰和士兵的依据显得非常傲慢，考虑到过去七个月来纳尔维克一直是北欧攻略中最重要的考虑因素，就更是如此了。他们如果对局势做出更合理的评估，本可以在此后的数天和数周内挽救许多挪威和同盟国士兵的生命。

第2驱逐舰纵队指挥官伯纳德・沃伯顿–李上校。（约翰・沃伯顿–李的收藏；奥利斯特・威廉姆斯供图）

沃伯顿－李上校判断，执行命令的最佳方式是只带他的第 2 驱逐舰纵队（“哈迪”号、“莽汉”号、“猎人”号和“浩劫”号）去纳尔维克。[61] 用于布雷的驱逐舰既没有尾部鱼雷发射管也没有尾炮。因此他指示比克福德上校率“埃斯克”号、“艾凡赫”号和“伊卡洛斯”号留在韦斯特峡湾，并让“灵缇”号提供支援。[62]“佩内洛珀”号部署在斯库姆韦尔岛灯塔以南，而“声望”号和“反击”号在更偏西的位置,由“贝都因人”号、“旁遮普人”号、“金伯利”号和“爱斯基摩人”号护航。

16: 00，第 2 纵队劈波斩浪，来到位于内韦斯特峡湾中的特拉讷于（Tranøy）的引航站，沃伯顿 – 李上校派自己的秘书杰弗里 · 斯坦宁（Geoffrey Stanning）军需上尉与鱼雷长乔治 · 赫佩尔（George Heppel）上尉一同上岸，了解纳尔维克德军的情况。此时，“敌忾”号也加入了纵队。它在 4 月 9 日曾与“反击”号及其护航驱逐舰会合，但是对方建议它去韦斯特峡湾寻找第 2 纵队。

在特拉讷于，引水员们欢迎了英国军官，虽然有一些语言问题，他们还是让英国人明白，有六艘“比‘哈迪’号大”的德国驱逐舰和一艘潜艇曾进入峡湾。那个懂点英语的引水员询问英国人有多少船，在得到答案后，他建议斯坦宁和赫佩尔“在凑足两倍的数量之前不要进攻，因为那个地方的守卫力量非常强”。赫佩尔不相信特拉讷于有谁亲眼见到了德军舰队，他怀疑他们可能只是“道听途说”。

斯坦宁和赫佩尔回到船上以后，沃伯顿 – 李上校就召集手下的高级参谋军官议事。新的情报使他面临棘手的局面。海军部要他攻击纳尔维克的命令是毫不含糊的，如果抗命将有严重后果。来自特拉讷于的情报可能不准确，而海军部很可能掌握了沃伯顿 – 李和他的参谋所不知道的其他情报，驱逐舰进入峡湾作战所面临的风险可以接受。沃伯顿 – 李是闻名全舰队的优秀驱逐舰指挥官，但也是一个矜持内向、甚至有些孤高的人。他很少对自己的舰员训话，其他舰船上的人员都不太了解他。在这个下午，沃伯顿 – 李肯定感到指挥官的重担比往常更显沉重。他离开会议室独自思考了半个小时，然后回去告诉他的参谋，他决定继续执行命令。既然海军部选择了直接对他下达只有他们才能撤销的命令，那么他就必须服从。他无权请求增援乃至提出建议。在 17: 51，他向海军部发出以下“特急”电报，并抄送福布斯和惠特沃斯 :“挪威人报告纳尔维克被德军重兵占领，那里还有六艘，重复，六艘驱逐舰和一艘潜艇，航道中很可能已布雷。计划在黎明时趁高潮攻击。”[63]

惠特沃斯中将在 18: 30 刚过时收到解码后的电报,他对此时的形势感到不安,考虑向沃伯顿 – 李派出增援。他甚至考虑过发报给“佩内洛珀”号,让它带领“旁遮普人”号、“贝都因人”号、“爱斯基摩人”号和“金伯利”号快速驶向韦斯特峡湾参与攻击，但最终还是作罢。假如他采取了这个行动，纳尔维克之战的结局很可能会大不一样。惠特沃斯后来写道：“我没有出手干预，没有命令沃伯顿－李把攻击推迟到‘声望’号能够参与为止，为此我一直很后悔。如今我已经知道，海军部当时并没有我自己未掌握的特别情报，这份悔意就更令我感到刺痛。”

另一方面，沃伯顿－李已经拿定了主意。海军部曾经发了一份电报，要他在切尔岛（Tjeldøy）以东巡逻，以防德军经拉姆松向北逃窜，但他不是没有收到就是故意忽略了这份电报，很可能是因为他不想被海军部所说的位于海峡两岸的炮台发现。但他的驱逐舰却被 U–51 号发现了，这艘潜艇在 20: 00 浮出水面，报告说 5 艘英国驱逐舰以中等速度向西南航行。当电报传到纳尔维克时，邦特得出的结论是，这是英军的例行巡逻，正在远离奥福特峡湾，没有任何威胁。半小时后，当沃伯顿－李命令他的舰队 180 度转弯，向峡湾深处驶去时，U–51 号已经下潜离开了。

午夜过一小时后，英军驱逐舰经过巴勒伊，此时天气十分恶劣，“暴风雪持续不断，能见度很少大于 1.5 ~ 2 链”。[64] 前途存在巨大的不确定性，各舰都处于战斗部署状态，排成间隔很小、左前右后的雁行队形，确保所有前主炮在必要时都能立即开火。除了纷飞的大雪外，天色也是一片漆黑，舰队领航员“钝哥”戈登－史密斯（Gordon–Smith）少校的技术经受了最严峻的考验。斯坦宁后来写道，导航靠的是“航位推算法和回声探测，因为我们一直看不到峡湾的任何一侧海岸——只有最初差点撞上去的时候才瞥见一次……”各舰的舰长们全都打起十二分精神，既要和前面的军舰保持接触，又不能发生碰撞。在通过两岸间隔只有三千米左右的狭窄段时，舰队的航速降到了 12 节。这些驱逐舰全都没有雷达，而航道中看不见任何灯火，也没有人考虑过从特拉讷于带引水员来。前方一度冒出一团黑影，但领航员立刻发出的“右满舵”指令使所有驱逐舰都避开了它，无论那是什么或是否存在。队列因此乱成一团，但各舰最终还是借助超短波电台和声呐重新取得了联系。在即将进入狭窄段时，一艘灯火通明的渡轮从黑暗中冒了出来。“敌忾”号不得不转向避让，结果与友舰失去了接触。舰长赖特（Wright）中校命令自己的航海长自行寻路前往纳尔维克，因为他完全信任后者。

01: 00刚过，海军部发来一份电报，指出德军可能是乘坐伪装的矿石运输船抵达的，这些船上可能还有物资或装备，应该被消灭。[65] 01: 36，海军部发来最后一份电报，并且抄送给福布斯和惠特沃斯："挪威岸防舰'埃兹沃尔'号和'挪威'号可能已被德军俘获。你可全权判断在这样的情况下是否应该发动攻击。无论你做出什么决定，我们都会支持。"[66] 这份电报对沃伯顿-李并无影响，他在几个小时前就已下定了决心，但是它肯定又一次让惠特沃斯中将感到了被完全排除在战场之外的痛苦。

02: 30过后不久，英军驱逐舰通过狭窄段，提高了航速。"敌忾"号比友舰落后了几分钟，但也毫发无伤地通过。令人难以置信的是，分别位于狭窄段两端的U-25号和U-46号都没有注意到任何驱逐舰。这两艘潜艇当时极有可能浮在水面上，为蓄电池充电并呼吸新鲜空气。在暴风雪条件下没有看到任何船只是可以理解的，但是这两艘潜艇都没能用水听器侦测到英国驱逐舰，这就只能用环境陌生和民船混杂来解释了。许策（Schütze）和佐勒（Sohler）这两位艇长当时肯定大大放松了警惕，否则英军驱逐舰悄悄溜过是不可想象的。[67]

"勒德"号（Z17）在03: 00接替"施密特"号（Z22）担任纳尔维克港口外的哨舰。伯梅少校（Böhme）把"施密特"号（Z22）开到商船之间下了锚。哨位上的条件很恶劣，大雪中的能见度通常不到400米，而且夜里寒风刺骨，瞭望人员苦不堪言。伯梅早就盼着回到自己温暖的住舱里，不过他还是和衣而卧，并把救生衣折叠起来当枕头用。"金内"号（Z19）和"吕德曼"号（Z18）此时正靠在"约翰·威廉二世"号舷侧加油。

后世研究者一直很难确定邦特究竟给加多中校下了哪些关于巡逻岗哨的命令。格拉赫和埃德蒙格都声称，邦特的意图是让一艘驱逐舰在港湾入口巡逻。拜在前往赫扬斯峡湾前曾与邦特进行过会商，他以为在峡湾狭窄段会布置一条巡逻线。另一方面，加多似乎认为自己的任务是在港湾入口附近组织哨舰巡逻，因为在更外面有U艇警戒。"勒德"号（Z17）接替"施密特"号（Z22）后，没有任何命令要求其他船只继"勒德"号（Z17）之后继续巡逻。"勒德"号（Z17）的舰长霍尔托夫（Holtorf）少校声称，自己在出港途中通过超短波电台接到了加多要他"在港湾入口外进行反潜巡逻直至天明"的指示。加多没有说明应该在峡湾中的什么位置放哨，而霍尔托夫没有停留在入口附近，而是开进了峡湾中。04: 20 前后，也就是日出前几分钟，霍尔托夫认为自己的任务已经完成，便在没有其他船接替的情况下把“勒德”号（Z17）开进港湾，在邮政码头（Postkaia）附近下锚，使入口处于毫无防护的状态。加多后来声称，他本来打算让“勒德”号（Z17）在哨位上一直巡逻，直到被大约半小时后完成加油的“吕德曼”号（Z18）接替为止。[68]

戈登 – 史密斯少校带着已经全部恢复接触的英军驱逐舰靠近了安克尼斯。04: 05 前后，能见度随着逐渐加强的曙光暂时改善，右舷外出现了陆地，沃伯顿 – 李命令舰队暂时停止前进以确认方位。此时“勒德”号（Z17）肯定离得非常近，可能就在不到一海里外，但是双方的军舰仍然没有发现对方。“莽汉”号和“敌忾”号接到命令，要去解决弗拉姆内斯可能开火的（不存在的）炮台，并且控制隐藏在北方的德军的逃跑路线。因此这两艘驱逐舰在 04: 20 离队，其他各舰则借着渐现的曙光继续绕过安克尼斯。此时降雪减少，能见度提高到半海里出头。04: 30，“哈迪”号率先进入港湾，“猎人”号和“浩劫”号依次跟进。与德国驱逐舰不同的是，英国驱逐舰的鱼雷只能按照发射时发射管所指的方向直线航行。① 因此沃伯顿 – 李与鱼雷长赫佩尔达成一致意见，沿着安克尼斯一带的西南方海岸进入港湾，然后在港内左转，随时准备对出现的目标开火。

当“哈迪”号悄悄进入港湾时，从舰桥上看到的第一艘船是“布莱斯莫尔”号，没过多久搁浅的“博肯海姆”号也出现了。这两艘船都被暂时忽略，因为更重要的是找到军舰。最终在一群货船的阴影之间发现了一艘军舰，在沃伯顿 – 李开始缓慢左转时，赫佩尔从前部鱼雷发射管向右舷外射出三枚鱼雷。鱼雷出膛后，“哈迪”号提高航速并继续转弯。又有两艘驱逐舰出现在视野中，“哈迪”号用后部鱼雷发射管朝它们射了两枚鱼雷，然后主炮也开了火。“哈迪”号发射的后四枚鱼雷似乎全部射偏，在东北方的矿石码头上爆炸，造成重大破坏。[69]

---

① 译注：当时德军装备的鱼雷中有机械程控的型号，可在发射后按照设定的模式改变航向，例如蛇行前进。

德国驱逐舰纷纷拉响警报，但是对“海德坎普”号（Z21）来说为时已晚。第一枚鱼雷射偏，击中了在它身后一艘货船的船艉。但是几秒钟后，第二枚鱼雷撞在“海德坎普”号（Z21）左舷艉部，在一声巨响中引爆了舰艉弹药库。80多人瞬间丧生，其中包括邦特准将和他的大部分参谋。埃德蒙格少校当时在舰桥的舰长室中，虽然一发炮弹不久就击中了上层建筑左侧，他还是侥幸逃生。三个尾炮塔在爆炸中飞上天空，海水随着舰艉的下沉涌上了后烟囱。埃德蒙格费了一番工夫，终于把他的军舰的残骸固定在附近的一艘矿石船上。[70]

“猎人”号是第2驱逐舰纵队的“小字辈”，和往常一样紧跟在“哈迪”号后面。舰长德维利尔斯（de Villiers）少校在进港时火力全开，并且朝着锚地中一艘像是驱逐舰的船齐射了四枚鱼雷，随后又不分青红皂白地对港湾中的大量船只进行了第二次鱼雷齐射。多艘商船被击中，一发120毫米炮弹狠狠地打在“施密特”号（Z22）上，紧接着又有一枚鱼雷击中了它的前轮机舱。入睡不到一小时的伯梅少校被猛然惊醒，惊恐地发现舱门卡死，自己被困在了住舱里。

“浩劫”号跟在“猎人”号后面，冒着守军越来越准确的炮火杀进港湾。本就糟糕的能见度被炮火和“哈迪”号施放的烟雾进一步降低，“浩劫”号与仍然

“海德坎普”号（Z21）靠在瑞典货船“乌克瑟勒松德”（*Oxelösund*）号上。它的舰体后部已经被炸掉大半，次日它就沉没了。（T. 埃根的收藏）

停泊在“约翰·威廉二世”号旁边的“金内”号（Z19）进行的短暂交火未分胜负。此时“施密特”号（Z22）进入“浩劫”号的视野，于是又有一枚鱼雷撞上了这艘已经严重侧倾的驱逐舰的舰艉。[71] 与此同时，伯梅终于撬开舱门，爬到倾斜的后甲板上，爆炸的气浪将他抛进冰冷的海水中。好在他已经穿上救生衣，因此他漂浮在港湾里看着自己的军舰断成两截迅速沉没，并带走大批舰员的生命。惊魂未定的伯梅和几个部下一起在铁路码头（Jernbanekaia）附近爬上岸，几乎都被冻僵了。“浩劫”号舰艉的火炮无法辨认出任何目标，因此没有开火。[72]

当“勒德”号（Z17）上的霍尔托夫少校意识到英国驱逐舰基本上是和自己前后脚进入港口时，他的心情肯定是崩溃的。他刚刚发出抛锚的命令并让舰员们休息，港口就被搅得天翻地覆。他赶紧下令瞄准风雪中闪现的炮口火光射击，但是雪花又一次铺天盖地落下，炮击毫无准头。于是他将 8 个鱼雷发射管全都朝着港湾入口盲射。这些从黑暗中窜出的鱼雷完全出乎英军驱逐舰的意料。眼看灾难不可避免，但令人难以置信的是，所有鱼雷都无害地通过，其中有些是从船底钻过去的，把甲板上的人员吓得魂飞魄散。

德军的鱼雷通常设定在 3 ~ 4 米深度航行，而当时的定深似乎还略有富余，因为英国 H 级驱逐舰的正常吃水深度是 12.4 英尺，合 3.8 米。[73] 德国驱逐舰的吃水深度约为 5 米，德国的鱼雷军官为了避免鱼雷浮出水面，都不喜欢把鱼雷的航行深度定得太浅，而当时他们极有可能无暇顾及英国对手较浅的吃水。而且英军舰队当时的燃油已经不多，很可能吃水比平时还要浅。此外，德国的鱼雷军官在威悉明德检查鱼雷时极有可能还不知道自己的目的地是挪威，后来他们也没有意识到，由于峡湾中的海水含盐量较少，鱼雷的航行深度会比平时略大。至于风暴和 / 或海冰对鱼雷的定深是否也有影响，笔者就不太确定了。[74]

德军陷入一片混乱，他们的抵抗往好了说也是毫无章法的，基本上没有尝试过协同。有一些轻武器从岸上开了火，但是没有给英军驱逐舰造成什么破坏。当“哈迪”号开火时，“金内”号（Z19）和“吕德曼”号（Z18）都停靠在“约翰·威廉二世”号旁边，而且关闭了发动机。“浩劫”号从烟幕中钻出时，“金内”号（Z19）正扯断系缆和加油软管，从油轮旁边离开。“施密特”号（Z22）第二次被击中时，“金内”号（Z19）离它只有 40 米左右，水下爆炸的冲击波导致“金内”号（Z19）的轮机故障，使它失去了机动能力。失控的它漂到“施密特”号（Z22）沉没的残骸上，在战斗的余下时间里一直被卡得动弹不得。它的一部分船员在惊慌失措之下跳进海里，最终只有寥寥数人在冰冷的海水中获救。

离开港湾之后，“浩劫”号遭到“勒德”号（Z17）和“吕德曼”号（Z18）的攻击——后者此时已经与“约翰·威廉二世”号断开连接。“浩劫”号没有中弹，反而用尾炮还击，两次击中了“吕德曼”号（Z18）。“吕德曼”号（Z18）的一门前主炮被打哑，同时舰艉发生火灾，导致船舵失去控制，而且舰员们不得不给弹药库注水。由于全舰严重侧倾，舵机也失灵了，舰长弗里德里希斯少校别无选择，只能让他的军舰撤出战斗。

纳尔维克港连续在两个早晨化作血腥屠场。几枚鱼雷奇迹般地穿过几乎密不透风的船只队列，撞到陆地并发生爆炸，巨响在陡峭的山坡间回荡，使恐慌情绪在陆海军士兵和平民之间都蔓延开来。一些高射炮也来凑热闹，许多人在震耳欲聋的枪炮合唱中选择躲进山里或沿海岸线逃离港口。

另一方面，“莽汉”号和“敌忾”号在北面既没有遇到敌驱逐舰，也没有发现岸防炮台。听到港口传来枪炮声后，它们便掉头返回，因为它们的任务无疑已经完成了。在弗拉姆内斯附近，它们看到己方的另三艘驱逐舰从港湾驶出，并在身后施放了烟幕掩护。“莽汉”号奉命向港湾中齐射 4 枚鱼雷，又击沉了至少两艘商船。赖特中校在“浩劫”号出港后立刻将“敌忾”号开进港湾，与“勒德”号（Z17）进行了炮战。“勒德”号（Z17）在短时间内连中了至少五发 120 毫米炮弹。它的舵机控制电路被炸断，火炮控制系统失灵，前部靠近舰艉的炮塔被摧毁。2 号和 3 号锅炉舱双双中弹，还有一个被击破的燃油舱起火，全舰都弥漫着浓密的黑烟。“勒德”号（Z17）的船锚由于失去电力而卡死，但霍尔托夫少校利用轮机操纵他的军舰转弯，拖着船锚和锚链退向码头。最终他通过一条粗缆绳将“勒德”号（Z17）的舰艉固定到邮政码头，船锚则以一定角度固定住它的舰艏。[75] 虽然火灾被扑灭，但这艘驱逐舰已经遭到严重毁伤，大部分舰员奉命撤到岸上。“勒德”号（Z17）再也没有作战能力了。

05: 30，沃伯顿 – 李在绍姆内斯（Skjomnes）外集结他的舰队，并召集参谋们到舰桥开会。此时天已大亮，但海上仍有大雾，偶尔还降下阵雪。所有驱逐舰都没有受到任何严重损伤。特拉讷于的挪威引水员提供的情报显示，纳尔维克有六艘德国驱逐舰。其中大部分似乎都在港湾里，港湾外面还没有出现过一艘敌舰。英军各舰经过简短通信后得出结论，在战斗中已识别出四到五艘德国驱逐舰，也就是说最多还有两艘在港湾外的某个地方（实际上港湾里有五艘，港湾外还有五艘）。考虑到如果遭遇剩下的两艘也能对付，于是在情绪乐观的参谋们鼓动下，沃伯顿－李决定带舰队回港湾再扫荡一次。英军已经发射了 24 枚鱼雷。“猎人”号的鱼雷已经耗尽，而“敌忾”号的鱼雷还原封未动，“莽汉”号剩下 4 枚，“浩劫”号剩下 3 枚，“哈迪”号只剩 1 枚。英军认定所有非德国籍的商船都已被德军征用，因此是合法的攻击目标。[76]

与此同时，一些德国军官终于恢复镇定，做了他们早就该做的事：向港湾外的五艘驱逐舰报警。05: 15 前后，“吕德曼”号（Z18）发出一份电报：“警报，纳尔维克遭到攻击。”这个警报发得正是时候。

“约翰·威廉二世”号是港湾中少数未受损伤的船之一。因为有多枚鱼雷在附近爆炸，惊魂未定的船长已经准备把他的船转移到矿石码头后面躲避，以免再遭攻击。[77] 英国货船“北康沃尔”号（*North Cornwall*）的船长查尔斯·埃文斯（Charles Evans）被扣押在“约翰·威廉二世”号上，他抗议说，他们这些俘虏应该得到公平的逃生机会，请求德国人允许他们乘坐舢板去岸上。出乎他意料的是，德国人竟然同意了他的请求，于是他们立刻坐上舢板划向安克尼斯，此时那里还没有德国人。[78]

英军果然去而复返，排成松散的纵队以 15 节航速经过入口附近。不过他们几乎无法透过烟雾和飞雪看到任何船只，而且港湾中也不剩什么目标了。此时“吕德曼”号（Z18）恢复了一些控制能力，向着能看见炮口火光的方向逐一发射四枚鱼雷。其中一枚横穿了英国驱逐舰的队列，但又一次在船底无害地通过。“敌忾”号深入港湾寻找可以用鱼雷打击的目标，结果艏楼高处挨了一发 127 毫米炮弹，但是损伤轻微。

完成这次显然没有取得多少战果的扫荡后，就到了决定是否该派登陆队上岸的时候了。不过没等沃伯顿－李多加考虑，敌人就替他做了决定。瞭望员发现三艘明显属于敌方的军舰正从赫扬斯峡湾全速驶来。“哈迪”号在 6400 米距离上对它们打了一次舷侧齐射，对方立即还击。于是沃伯顿－李下令提速至30节，并向第20驱逐舰纵队指挥官发了一份电报，“声望”号也截获了这份电报：“纳尔维克附近发现一艘巡洋舰、三艘驱逐舰。我正向西撤退。”[79]

德国第4驱逐舰纵队指挥官拜中校率领“岑克尔”号（Z9）、“吉泽”号（Z12）和“克尔纳”号（Z13）在赫扬斯峡湾中停泊，接到“吕德曼”号（Z18）的电报时才得知英国驱逐舰来袭。他立刻做出反应，在轮机完成准备后立即起锚南下。拜非常清楚，自己的这几艘军舰燃油都已不多，在入侵者面前处于严重劣势。“吉泽”号（Z12）的燃油尤其短缺，而“克尔纳”号（Z13）已经缺油到只能开启四台锅炉的地步。不过这三艘驱逐舰的十五门127毫米炮足够英国驱逐舰喝一壶的，而且它们的鱼雷都还一枚未用。赫扬斯峡湾里天气晴朗，能见度良好，不过当它们接近纳尔维克时，海上就起了大雾。

沃伯顿－李在安克尼斯以北率领舰队转向西方，一边施放烟幕，一边用能够瞄准敌舰的火炮射击。一场追击战就这样在峡湾中打响，而拜掌握了战术主动权。英军的前几次齐射落点都太近，而且他们在这一阶段的战斗中始终没有测准距离。英方资料声称双方的间距大约是6500米到8000米，而德方报告却说是8000米到10000米。[80]

第4驱逐舰纵队指挥官埃里希·拜中校。（作者的收藏）

此时“吕德曼”号（Z18）发来第二份电报：“‘海德坎普’号沉没，邦特阵亡。港湾中的三艘驱逐舰已准备成为防御性炮台。”三艘驱逐舰上的人员得知这些信息后肯定大为震惊，但他们没有多少时间考虑，而拜似乎直接得出这样的结论：如此惨重的损失必定是一支颇具实力的敌军舰队造成的。再考虑到舰队的燃油所剩无几，他变得非常谨慎，更何况英军的烟幕也很有效，使他看不清楚自己追击的是什么舰船。而且就在这些德国驱逐舰开始逼近对手时，它们却不得不转弯躲避“吕德曼”号（Z18）从纳尔维克港中射出的三枚鱼雷，双方的距离又拉大了。

在巴朗恩指挥“蒂勒”号（Z2）和“阿尼姆”号（Z11）的弗里德里希·贝格尔（Friedrich Berger）中校也收到了“吕德曼”号（Z18）发出的两份超短波电报，准备赶赴战场。由于遇到一个密集的雪飑，能见度暂时下降到不足 200 米，贝格尔只能暂时等待。05: 40，降雪停止，他就命令两艘驱逐舰出发。这两艘驱逐舰都悬挂了硕大的三角旗以防友军认错。接近奥福特峡湾时，能见度进一步改善，舰上人员在 05: 50 发现前方有五艘战舰。虽然它们不断冒出浓烟，依然被认出是英国的 H 级驱逐舰。贝格尔准备给对方设下一个近乎完美的陷阱。两艘德国驱逐舰穿越英军舰队的 T 字横头开火，此时“蒂勒”号（Z2）距离“哈迪”号只有 4 千米。德军以所有火炮瞄准英军进行舷侧齐射，虽然军舰数量处于劣势，但是可以使用的火炮却不比英军少。而且由于只有“哈迪”号和“浩劫”号能够透过烟幕看清对手，英军能还击的火炮就更少了。[81]

对沃伯顿－李来说，从巴朗恩冒出的两艘军舰曾经暂时给了他一线希望。新出现的这两艘船是迎面驶来的，略偏左舷方向，因此最初曾被英军当成是前来救援的友军巡洋舰。但是这个错误很快得到纠正，因为打头的那艘军舰开始左转并开火。于是沃伯顿－李也操舰左转，朝着与德军相反的方向航行，以使本舰的尾炮能够开火。第 2 驱逐舰纵队指挥官在 05: 55 发出的最后一份电报无可争议地证明他意识到了局势的严峻性：“正在继续与敌交战。”此时身后追击的驱逐舰已经不见踪影，但英军舰队中没有人察觉到烟幕后方的这些敌舰其实没有全力追击。因此，沃伯顿－李并未意识到此时己方可能拥有战术优势。

“蒂勒”号（Z2）的第 3 次齐射对“哈迪”号形成跨射，很快就连续命中对方。“哈迪”号的两门前主炮都被直接命中的炮弹击毁，不久舰桥也中了弹，驾驶室和前部上层建筑很快化作一团燃烧的废铜烂铁。沃伯顿－李上校受了致命伤。他的双腿都被炸断，头部也伤势严重。舰桥里面或下方的其他大部分人员都当场丧生。唯一幸存的军官是在舰桥后部负责记录事件的斯坦宁上尉。他被爆炸的气浪掀到空中，落在电罗经柜上。回过神来的斯坦宁发现自己是这片屠场中唯一站立的人。他不顾自己失去知觉的左腿和被弹片击伤的背部，接管了这艘熊熊燃烧的军舰的指挥权。此时“哈迪”号左舷贴近怪石嶙峋的海岸，正以颇为可观的速度向峡湾下游驶去。斯坦宁挣扎着从舰桥下到空无一人的驾驶室，亲自操纵舵轮开了一小会儿，等到斯梅尔（Smale）二等兵接过舵轮，他才得以回到支离破碎的舰桥。“蒂勒”号（Z2）和“阿尼姆”号（Z11）又在平射距离上多次击中“哈迪”号，该舰似乎总共挨了十多发炮弹。随着一发炮弹在锅炉中爆炸，所有蒸汽动力都宣告丧失，它的航速开始慢了下来。斯坦宁判断此时的最佳做法就是尽可能挽救舰员，便向斯梅尔大喊“左舵 10”，让他驾船冲滩。就在此时，只受了轻伤的鱼雷长赫佩尔赶到舰桥，他先是取消了这道命令，但随后意识到局势的严峻性，又同意了斯坦宁的意见。“哈迪”号靠着惯性灵巧地冲到位于巴朗恩以东约 5 千米的维德雷克（Vidrek）的峡湾南侧搁浅。[82]

灾难发生时大副曼塞尔（Mansell）少校不在舰桥，此时他接过指挥权并下令“弃舰”，因为德军还在对燃烧中的残骸猛烈射击。赫佩尔上尉朝着雾中出现的一艘德军驱逐舰射出剩下的那枚鱼雷，但没有任何结果。四号炮也在搁浅后继续勇敢地向敌人射击，但很快就用完了弹药。与此同时，舰员们利用木板、救生艇、救生衣和手头能找到的其他任何漂浮物在冰冷的海水中奋力游上岸。斯坦宁把机密文件和密码本装进一个加了重物的袋子，从舰艉丢进海里，为他在这个上午的优秀表现画上圆满的句号。在滑进水中时，他的手表停在 07:12。[83] 沃伯顿 – 李被抬进救生艇时曾短暂恢复意识，但很快就因伤势过重死亡。赫佩尔上尉、梅森（Mason）一等兵、鲍登（Bowden）司炉和斯莱特（Slater）二等兵脱险后又回到“哈迪”号上援救重伤的航海长戈登 – 史密斯，后者虽然颅骨骨折，但还是作为最后一个离舰的人员被安全送到岸上。

“哈迪”号的 175 名舰员中，140 人成功上岸，其中 27 人身负重伤。在离搁浅地点最近的民房中，克里斯蒂安森（Christiansen）夫人和她的女儿被炮声惊醒。她们看到自家房子前面的驱逐舰和正在艰难上岸的英国人，急忙跑出房门，开始照料伤员。她们分发了能找到的所有干衣服，并煮了大量的茶、咖啡和热汤。[84] 但是维德雷克没有足够的住所，在联系到车辆后，幸存者就被立即转移到巴朗恩，伤员也由那里的医院救治。赫佩尔上尉和许多伤势较轻的人员不得不步行。4 月 13 日的战斗发生后，大部分幸存者被友军接走，几天后回到英国。[85] 几个星期后，沃伯顿 - 李被追授维多利亚十字勋章——这是皇家海军在这场战争中获得的第一枚这种勋章。[86]

“哈迪”号的残骸在涨潮时浮起，漂到了海湾对面，在绍姆内斯再次搁浅并最终倾覆。（作者的收藏）

随着“哈迪”号退出战斗，“浩劫”号成为英军舰队中为首的军舰，立刻吸引了“蒂勒”号（Z2）和“阿尼姆”号（Z11）的注意，而其他英国军舰基本上仍隐身于烟幕中。此时双方的距离已经缩短到 2.5 ~ 3 千米，德方炮火多次对“浩劫”号形成跨射，但是没有后果严重的命中。一发炮弹打在一个弹药箱附近，但却没有爆炸，随即被丢进海里。双方都发射了鱼雷，但是全都在这场近距离混战中射偏。“莽汉”号朝“蒂勒”号（Z2）打了两炮，并宣称有一发命中，但这并非事实。[87] 许多幸存的英国军官后来评论说，这场近距离的遭遇战中双方都有多个快速移动的目标，这与他们在和平时期经历的任何演习都大不相同。

德军驱逐舰转向西方，在英国舰队北面与其同向而行并稍稍领先。贝格尔中校以为拜和第 4 纵队正在烟幕后方追击英国驱逐舰，希望与他们夹击对手。但是拜似乎很担心燃油状况，完全不像贝格尔期待的那样积极，而是远远落在后面。

队列前头的英国驱逐舰冒出的浓烟一直妨碍后面的驱逐舰观察，舰长们基本上都不是很清楚战场上的态势。“浩劫”号的舰长卡里奇（Courage）少校可能不太清楚贝格尔在前方的拦截。他选择了调头折返，为的是开到队列末尾去减轻他认为来自后方的压力，并查明“哈迪”号的遭遇。就在这个关键时刻，前部的主炮出了故障，他不得不再次转向绕过队尾的“敌忾”号，以便用尾炮与敌军交战。他的这一通炮火似乎进一步挫伤了拜的积极性，第 4 驱逐舰纵队始终与英军保持着距离。

在前方，此时位于队列最前面的“猎人”号开始被炮火击中。而此前一直毫发无损的两艘德国驱逐舰也受了伤。一发炮弹击中“蒂勒”号（Z2）的左舷，在1号锅炉舱中引发火灾，导致该锅炉被关闭。不久以后，击中舰艉的第二发炮弹又引发了一场危及舰艉弹药库的火灾，使德军不得不对该弹药库注水。当“蒂勒”号（Z2）再次转向东方对“猎人”号进行最后突击时，一发120毫米炮弹在前主炮的护盾后面爆炸，当场炸死9人并引燃了装弹机。接着又有两发炮弹连续命中，在甲板上下造成严重破坏并引发多处火灾。舰员们伤亡惨重。火控系统失灵，剩下的4门主炮不得不靠局部控制作战。

“猎人”号也连连中弹，几分钟内就化作火焰炼狱，主要是因为德军驱逐舰还使用了37毫米和20毫米火炮对它扫射。一连串殉爆引发的多处火灾烧毁了轮机和锅炉。在此阶段，它极有可能还被“蒂勒”号（Z2）射出的三枚鱼雷中的一枚击中。“猎人”号航速骤降，因为两次中弹暂时失控的“莽汉”号从后方撞上了它。这两艘卡在一起的军舰吸引了“阿尼姆”号（Z11）和“蒂勒”号（Z2）的全部注意力。由于此时无法从舰桥操纵“莽汉”号，舰长莱曼（Layman）中校不得不跑到X炮塔甲板后方，从那里向轮机舱和舵柄平台大声发号施令。在“莽汉”号最终脱困后，“猎人”号向右倾覆沉没，许多舰员随舰同沉。拜带着第4纵队再度出现，“莽汉”号一度单独对抗五艘德国驱逐舰，但在蒂利（Tillie）中尉指挥下两门尾炮的射击一直没有中断，等到前主炮也最终加入，敌人便保持距离没敢接近。[88]

“浩劫”号和“敌忾”号一度脱离了战场，但“浩劫”号勇敢地再度折返，帮助“莽汉”号击退敌人。“莽汉”号恢复了一些速度，在“敌忾”号施放的烟幕掩护下逃脱了“阿尼姆”号（Z11）和“蒂勒”号（Z2）的魔爪。两艘德舰不得不后退舔舐伤口，“蒂勒”号（Z2）的情况尤其严重，舰上多处起火，弹药库也被注水淹没。贝格尔中校只能很不情愿地把追击残敌的任务留给拜。[89]但拜只对逃跑的英舰打了几炮就掉头折返，满足于轰击“哈迪”号的残骸。舒尔策－欣里希斯（Schulze-Hinrichs）中校指挥“克尔纳”号（Z13）一直追到尤普维克，随后也鸣金收兵。[90]“敌忾”号、“莽汉”号和“浩劫”号因此逃脱了彻底覆灭的命运，以“莽汉”号所能达到的最快速度继续向峡湾下游驶去，舰员们几乎都不敢相信自己的运气。[91]

06: 45，已经接管舰队指挥权的“敌忾”号舰长赖特中校向“佩内洛珀”号和“声望”号发送了一份电报:“正率领‘莽汉’号和‘浩劫’号返航。‘猎人’号已在韦斯特峡湾中沉没。‘哈迪’号已搁浅。纳尔维克有德军的 5~6 艘大型驱逐舰。”[92]

被德军救起的大约50名“猎人”号幸存者正被带到纳尔维克。（T. 埃根的收藏）

德军驱逐舰救起了“猎人”号上的大约 50 名幸存者，其中 5 人后来伤重不治。[93] 次日上午，“金内”号（Z19）重返战场搜寻“哈迪”号的残骸。残骸在当天下午随着涨潮重新浮起，漂到海湾对岸，于夜间在绍姆内斯再度搁浅并侧翻。[94]

U–46 号的艇长佐勒上尉根本不知道几小时前英军驱逐舰曾经深入峡湾，他的潜艇仍然在峡湾狭窄段的水面上为蓄电池充电。[95] 发现三艘驱逐舰从一团雪飑中冒出时，他立刻下潜，没有被发现。但是没等他稳住自己的潜艇并机动到可以攻击的阵位，这几艘军舰就驶出了射程。

通过狭窄段后，英军驱逐舰在奥福特峡湾入口处与德国补给船“劳恩费尔斯”号不期而遇。“劳恩费尔斯”号正在赶往纳尔维克，它本来应该在前一天到达那里。它的货物中包括高射炮、150 毫米火炮和其他重武器，以及给驱逐舰使用的 127 毫米炮弹。“敌忾”号开火后，“劳恩费尔斯”号的船员把船开到峡湾南岸搁浅，惊慌失措地逃到岸上。“浩劫”号留在现场，另两艘驱逐舰继续赶路。卡里奇少校派出登船队确认这艘运输船的身份，在队员发现它已经起火后，卡里奇命令他们回撤。等到所有人员都安全返回，“敌忾”号朝“劳恩费尔斯”号打了两发 120 毫米炮弹以加快其毁灭速度。这两炮很可能击中了一些弹药，因为这艘船在一声惊天动地的爆炸中化为碎片，腾起的烟柱连正在返回纳尔维克的德军驱逐舰都能看到。此时德方舰员们还没有意识到，除“约翰·威廉二世”号外，计划前往纳尔维克的补给船和油轮都无法到达了。“劳恩费尔斯”号的德国水手中有一人丧生，其他人都被挪威军队扣押。

“劳恩费尔斯”号正在燃烧，不久它就会爆炸。这张照片是从“浩劫”号上拍摄的。（伯菲尔德上尉的收藏；戴维·古迪供图）

“浩劫”号被“劳恩费尔斯”号炸出的多块碎片击中。这是“浩劫”号X炮的炮组在“德国耗子”造成的一个破洞前欢笑留影。自左至右：约翰·多兹（John Dodds）、S. A. 布朗（S.A.Brown）、“捣蛋鬼”吉姆·布朗（Jim ‘Buster’ Brown）、炮长“屎蛋”吉尔伯特（‘Shits’ Gilbert）和水兵格兰姆斯（Grimes）。（伯菲尔德上尉的收藏；戴维·古迪供图）

拜中校在10: 00带着他的驱逐舰回到纳尔维克，迎接他的是一幅悲惨的景象。“施密特”号（Z22）已经沉没，舰员中有50多人伤亡。“海德坎普”号（Z21）上有81人丧生，其中包括邦特准将。“勒德”号（Z17）被5发炮弹击中，燃油舱和船舵都被打坏，已经毫无作战能力，舰员中有13人丧生。“阿尼姆”号（Z11）同样中了5发炮弹，也失去了战斗力。“蒂勒”号（Z2）挨了7发炮弹，火控室、一个锅炉舱和一门主炮严重受损，13人阵亡。[96]“吕德曼”号（Z18）被两发炮弹击中，有两人阵亡，不过所有火炮都能正常使用。“金内”号（Z19）有9人死于横飞的弹片，而且发动机要经过维修才能完全发挥出设计性能。“岑克尔”号（Z9）和“吉泽”号（Z12）都没有任何损伤，直接开到“约翰·威廉二世”号旁边开始加油。“克尔纳”号（Z13）同样未中一弹，但一号主机出了问题，锅炉不得不关闭。各舰在战斗中消耗了大量弹药，没有几个弹药库的备弹还能超过一半。

纳尔维克港，1940年4月10日。“海因·霍耶”号和“B类”号的残骸。在后者的后方可以看到“博肯海姆”号的船头。（E. 绍尔德的收藏）

英军首次攻击后不久的纳尔维克港。可以看到“勒德”号（Z17）以一定角度靠在邮政码头边，“吕德曼”号（Z18）停泊在该码头的另一边，“岑克尔”号（Z9）正在它的舷侧移动。在照片上半部分，搁浅在离岸不远处的是“博肯海姆”号，离岸稍远一些是“海因·霍耶”号的船头，更远处是“B类”号浅色的船体。烟雾中那艘沉了一半的船是“扎菲尔”号（*Saphir*），而“里弗顿”号似乎艏部起火。“勒德”号（Z17）后方那艘显然未受损伤的船是“亚琛”号（*Aachen*）。（作者的收藏）

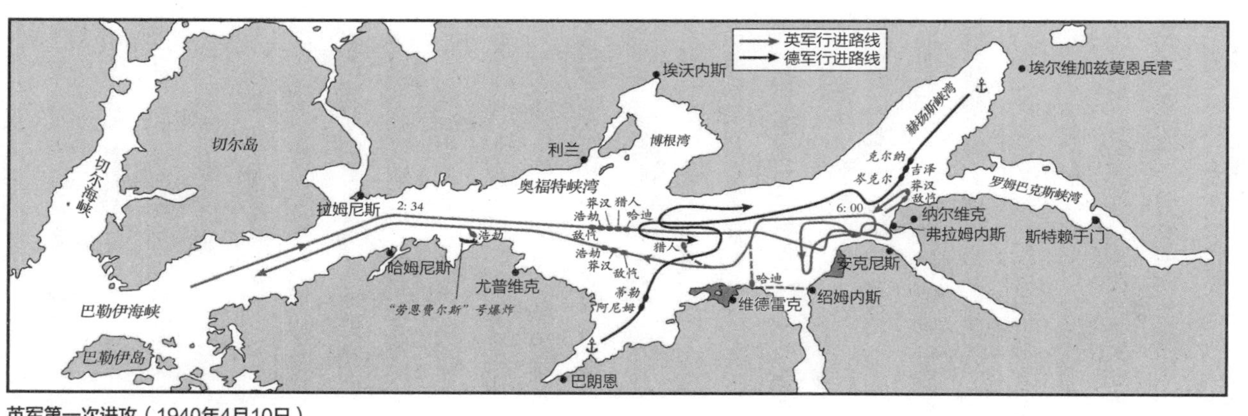

英军第一次进攻（1940年4月10日）

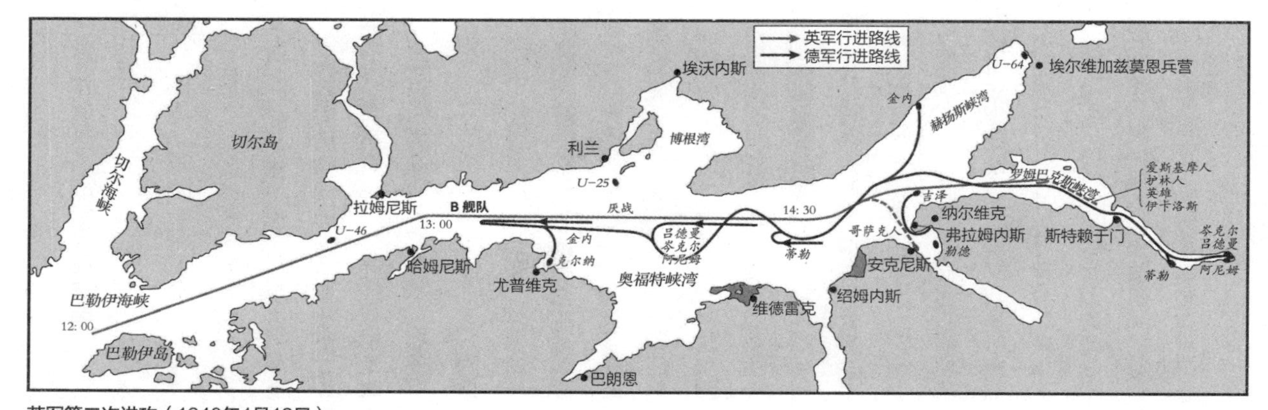

英军第二次进攻（1940年4月13日）

8 艘商船被击沉（这还不包括“劳恩费尔斯”号），还有许多商船被击伤。纳尔维克的第一医院和“海员之家”的临时急救站中挤满了伤员。挪威的医生和护士与德军医疗人员并肩合作，海军士兵、商船水手和平民伤员得到一视同仁的医治。天色大亮之后，城市上空仍然弥漫着浓烟，到处都能闻到刺鼻的焦味、火药味和重油味。

从战术角度讲，4 月 10 日英德驱逐舰的残酷对决似乎是以平局收场，双方各损失了两艘战舰。但是从战略角度讲，这一仗决定了德国海军的驱逐舰部队在战争剩余时间里的命运。对英军而言，突然性要素在此战中发挥了决定性作用，至于损失，无论是纳尔维克之战的损失还是总的损失，除了二百余官兵的牺牲令人悲痛外，没有任何伤筋动骨的后果。

沃伯顿 – 李的牺牲在多大程度上是必要的？这个问题很值得商榷。假如他等待援军到来再行动，敌军遭受的损失可能会更大，而他也可能活下来继续战斗。如果惠特沃斯中将在 4 月 9 日夜间派出“佩内洛珀”号和几艘部族级驱逐舰支援沃伯顿 – 李，将会发生什么事？如今我们也只能猜测。它们很可能来不及参加英军对纳尔维克港的第一次攻击，反正那里也不需要它们，但在随后的战斗中它们可以改变双方的力量对比并减少英方的损失。[97]

深陷绝境

“敌忾”号、“莽汉”号和“浩劫”号 09: 30 在特拉讷于附近与“灵猩”号会合。惠特沃斯中将临近 06: 00 时收到沃伯顿 – 李自称被一艘巡洋舰追击的电报，终于打消了一切顾虑，命令“佩内洛珀”号和为他自己护航的驱逐舰进入韦斯特峡湾，任务是支援正在撤退的第 2 驱逐舰纵队。“灵猩”号离那里最近，因此第一个与幸存者会合。“佩内洛珀”号、“金伯利”号和几艘部族级驱逐舰在 11: 00 与它们相遇。遭到重创的“莽汉”号上有大约 20 人伤亡，它被遣往谢尔峡湾，“敌忾”号负责为它护航。在途中，赖特中校向上级发送了更为全面的报告。他再次表示纳尔维克有 5 ~ 6 艘大型驱逐舰，其中一艘已经沉没，剩下至少三艘被击伤。他没有提到任何巡洋舰，但他认为舰队曾遭到多门口径达 152 毫米的岸炮轰击。[98]

“爱斯基摩人”号和“贝都因人”号前往峡湾尽头巡逻。19: 00，当这两艘船接近巴勒伊灯塔时，前方约200米处发生两次间隔很短的猛烈爆炸。两位舰长相信自己正在接近一片由遥控水雷组成的雷区，便一致决定掉头离开，撤往特拉讷于。实际上那是U–25号发射的鱼雷，它们又一次过早爆炸，使这两艘驱逐舰逃脱了遭到重创的命运。令人吃惊的是，英军在这一阶段并未意识到狭窄的峡湾中存在多艘U艇，而这个事件又进一步加深了当地有强大岸防力量和雷区的错误印象。[99]

“浩劫”号和“灵猩”号在谢尔峡湾与英军雷区之间建立起一条横跨韦斯特峡湾外段的巡逻线。15: 25，它们探测到一个声呐回波，不久就发现了一艘潜艇伸出水面的指挥塔。这艘潜艇是正在前往纳尔维克的U–64号，它先发现了这两艘驱逐舰，机动到攻击阵位的途中深度控制系统出了问题，结果暴露在水面上。艇长舒尔茨（Schulz）上尉在英军驱逐舰发起攻击时紧急下潜，安全潜入水下后立即转向离开原来的航线。英军投下大量深水炸弹，水面出现了一条油迹，但U–64号只受到轻微损伤。不过舒尔茨和他的艇员都被震得七荤八素，将潜艇下潜到125米以下才得以逃脱。[100]

耶茨（Yates）上校率领“佩内洛珀”号和其他驱逐舰在峡湾下游担任预备队。他们的任务是阻止德国援军到达纳尔维克并确保没有任何德方船只能够逃离奥福特峡湾，连潜艇也不例外。惠特沃斯此时在没有护航的情况下率领“声望”号和“反击”号在罗弗敦群岛西南方活动，他在4月10日11: 16发给耶茨上校和各驱逐舰的电报中给出了下列详细指示：

据报纳尔维克的敌军包括一艘巡洋舰、五艘驱逐舰和一艘潜艇。预计运兵船将通过韦斯特峡湾或无视雷区经内侧航道抵达。你的任务是阻止敌增援部队到达纳尔维克。在北纬67° 47'、东经14° 20'和北纬68° 02'、东经13° 40'之间建立驱逐舰巡逻线，白天还要派一艘驱逐舰在雷区东北方巡逻……在你的巡逻线东北方30海里外要建立预警和反潜巡逻线。[101]

赖特中校和卡里奇少校曾打算在德军恢复元气前回到纳尔维克清剿残敌并搜索幸存者，但耶茨认为这超出了命令中的任务范围，决定留在韦斯特峡湾中。当天深夜，耶茨收到直接从海军部发出的电报，其中要求他考虑“在今晚或明天率领可用的驱逐舰进入纳尔维克一带攻击敌军”。又一次被绕过的惠特沃斯指出，此举将会削弱韦斯特峡湾中的巡逻力量，还可能影响他阻止援军到达或德军突围的能力。耶茨不像沃伯顿－李那样大胆，他希望获得更多时间来集结优势兵力，并建议海军部将攻击行动推迟到 4 月 12 日上午。海军部的大人物同意了他们的意见。

4 月 10 日夜间，海军部在 19: 04 将他们的想法通报给本土舰队总司令，并抄送惠特沃斯。

> 鉴于敌军已在纳尔维克立足，收复该地的任务应优先于针对卑尔根和特隆赫姆的作战。目前正在尽快筹备远征军……最重要的是阻止纳尔维克之敌通过海路获得增援。目前正紧急研究以小部队在纳尔维克附近（占领并）维持一个临时基地（的可能性）。与此同时，你可能需要在北方安排一个临时加油锚地。由于纳尔维克对德军而言也必然意义重大，他们的战列巡洋舰似乎有可能出现在那里。[102]

“临时加油锚地”已经完成选址，就在罗弗敦群岛中的弗拉克斯塔德岛（Flakstadøy）南面的谢尔峡湾。“莽汉”号业已到达当地，且正在组织一个维修站。4 月 11 日上午被“伊卡洛斯”号俘获的德国运输船“阿尔斯特”号被带到谢尔峡湾，它的吊车被用作临时维修设施。[103] 油轮“英国淑女”号（*British Lady*）12 日在“榴弹”号（*Grenade*）和“遭遇”号（*Encounter*）护航下抵达，随后英军驱逐舰根据需要前往该地加油就成为惯例。在此后的几个星期里，谢尔峡湾将成为非常高效的维修基地，被亲切地称为“残废溪”。这种高效在很大程度上要归功于挪威救捞船“好汉”号 [（*Stærkoder*，船长是安德烈亚斯 · 恩布勒姆（Andreas Emblem）] 的到来，以及许多习惯于使用焊接设备和其他任何趁手工具修理自家渔船的挪威渔民的热情帮助。能讲一口流利英语的挪威人哈特维格 · 斯韦德鲁普（Hartvig Sverdrup）几乎成了大家公认的“民事联络官”，他和来自卡伯尔沃格（Kabelvåg）的土木工程师克罗格斯塔（Krogstad）先生合作组织了有效的服务。英国军官和海军技术人员起初对挪威人抱着非常怀疑的态度，把他们视作头脑简单、智力低下的土著。特别是当挪威人想用羊脂润滑的木塞来堵塞弹孔时，英国人都被吓坏了，然而这些涂了油脂的木塞能有效地防止海水渗入。挪威人以精湛的手艺把负伤的舰船修理到能够自行返航的程度，终于赢得了皇家海军的尊重和感激。此外，还有许多英国水兵最终安息在峡湾入口之外，而位于格拉夫达尔和雷讷（Reine）的医院也出人意料地成为伤员的避难圣地。

4 月 11 日下午，“佩内洛珀”号根据（错误）情报在博德以北的弗莱恩韦尔灯塔（Fleinvær Light）附近搜索德国商船时搁浅。这艘巡洋舰在这次事故中伤得很重，船底破裂，螺旋桨受损，舵肋变形。它的前部轮机舱和锅炉舱都被海水淹没，借助高潮脱浅后，不得不由“爱斯基摩人”号拖曳到谢尔峡湾。原定于 12 日发起的进攻因此被推迟。[104]

***

邦特死后，纳尔维克剩余的德国驱逐舰便由现场最年长的指挥官拜中校统一指挥。向扎尔韦希特大将和西集群报告部队状况后，他在 13: 06 接到让尚有作战能力的驱逐舰尽快加油的命令。[105]“吕德曼”号（Z18）和“勒德”号（Z17）都伤得太重，不经大修无法离开。不需要参与修理工作的舰员都被派到岸上，与“海德坎普”号（Z21）和“施密特”号（Z22）的幸存者一起编入由埃德蒙格少校指挥的“海军步兵营”，供迪特尔少将调遣。水兵们承担了守卫港湾和纳尔维克城区的任务，使陆军士兵得以腾出手来执行更重要的任务。“勒德”号（Z17）的无线电设备被搬到岸上，设置为通信中心，大大改善了迪特尔与第 21 集群和其他德军部队的通信。

14: 00，从西集群发来一份电报，命令适合航海的舰船在当晚出发，与“沙恩霍斯特”号和“格奈森瑙”号会合后返回德国。拜回复说，只有“岑克尔”号（Z9）和“吉泽”号（Z12）能做好出海准备。“蒂勒”号（Z2）、“金内”号（Z19）、“阿尼姆”号（Z11）和“克尔纳”号（Z13）都需要更多时间来加油和修理。威廉港在 18: 30 发来电报:"'岑克尔'号和'吉泽'号应在入夜时与总指挥一同离开。"于是拜率领这两艘驱逐舰在 4 月 10 日 19: 40 离开了纳尔维克。留在纳尔维克的水兵心情都非常沮丧，没有人知道自己能不能离开，或者什么时候可以离开。而"岑克尔"号（Z9）和"吉泽"号（Z12）上的人员很可能也并无多少兴奋之情。这两艘驱逐舰突破韦斯特峡湾中守候的英军舰队拦截的希望相当渺茫，更何况此时降雪已经停止，乌云都已消散。

在特拉讷于附近，"佩内洛珀"号和两艘驱逐舰进入视野，拜立刻下令折返。[106] 突围只能等到天气恶劣的日子再尝试了，尽管这也意味着这些德国驱逐舰不得不在没有战列舰保护的情况下返回德国。拜向西集群发了电报，说自己在特拉讷于遭遇优势英军，以此时的天气条件不可能突围。他还紧急请求增加峡湾中的 U 艇支援。

一个小时后，西集群答复说：在以后的突围尝试中可以使用任何诈术，包括悬挂英军旗帜（所有德国军舰的橱柜中都有）；油轮"斯卡格拉克"号已经接到

"迪特尔·冯·勒德"号（Z17）受到的损伤。它的舰艉通过缆绳固定在邮政码头上，船锚则以一定的斜角拉住它的舰艏。照片上可以看到至少三处被英军120毫米炮弹打穿的破洞。（作者的收藏）

从特隆赫姆赶来的指示，将在近海区域尽可能长久地停留；如果无法与它会合，可以在卑尔根或克里斯蒂安桑找到燃油；要避免去卑尔根寻找燃油，因为那里已经有几艘驱逐舰，它们也需要使用所能找到的任何燃油和修理设施。随后西集群又补充说，至少48小时内不可能再有U艇赶到。当天上午，U-46号来纳尔维克港找“约翰·威廉二世”号加油，并讨论与驱逐舰的通信和作战协同问题。在此之前，U艇与驱逐舰之间还没有直接的无线电联络。从U艇发出的电报要由德国的指挥部接收，经过解码后转发到西集群，再重新编成密码发到纳尔维克。因此无线电通信存在延时，而且很容易出错和受到大气扰动影响。这一次大家商定了直接通信的方法，拜中校和佐勒上尉显然比较融洽地完成了会谈，佐勒在谈话中还花了相当多的时间向驱逐舰舰长们解释U艇在峡湾中活动时遇到的困难。

4月11日,“克尔纳”号(Z13)和“金内”号(Z19)都完成了修理和加油。“吕德曼”号（Z18）也提前于预计的时间完成出海准备，已经派到岸上的人员都被召回。然而尽管这天夜里大雾弥漫、能见度很差，拜却没有再尝试突围。他向西集群发了一封电报，说自己认为“……今晚和昨晚一样都不可能让驱逐舰突围”，而且由于受到英国和挪威海军威胁，经挪威航道返航也是“不适宜的”。

22: 00,“克尔纳”号(Z13)被派往巴朗恩执行当晚的哨戒任务。临近午夜时，它发生了严重的搁浅事故，船底受损不轻。它虽然没有立即沉没的危险，但有多个舱室进水，只能在上午蹒跚返回纳尔维克。“岑克尔”号（Z9）在当晚停泊时同样与海底发生擦撞，左侧螺旋桨受损，航速最多只能达到20节。[107]

11日,U-48号在韦斯特峡湾附近遭遇本土舰队一部。艇长舒尔策(Schultze)上尉瞄准正在接近的几艘巡洋舰，大胆地进行了两次鱼雷三发齐射。四枚鱼雷过早爆炸，另两枚射偏。舒尔策懊恼地浮出水面，报告了这次遭遇和鱼雷的故障。[108]这一报告在基尔引发了严重关切。过去的两天里，德军在挪威水域发射了十二枚鱼雷，其中过半出现早炸现象，其余的也错过了可以轻易射中的目标。显然这些鱼雷有非常严重的问题。邓尼茨召集了他的专家，但他们拿不出什么合理的解释，能够提供的帮助就更少了。最终得出的结论是，要根据估计的目标吃水深度混合使用触发和磁性引信,然后听天由命。此时召回潜艇是不可能的，在问题的性质被完全查明之前，前线人员基本上无计可施。[109]

4 月 12 日上午 05: 00，“暴怒”号随本土舰队抵达罗弗敦群岛附近，其第 818 中队的 8 架“剑鱼”式飞机在 18: 45 攻击了纳尔维克。由于前一天对特隆赫姆港的鱼雷攻击很不成功，福布斯和他的参谋们认为炸弹比鱼雷更有效，因此这些飞机各装备了 4 枚 250 磅炸弹和 4 枚 20 磅炸弹。当天的天气很恶劣，云层低垂，风雪大作，经验不足的海军飞行员们又受困于糟糕的侦察。这一次德军的早期预警系统发挥了作用，所有舰船上的高射炮都提前做好准备，对这些迟缓而笨拙的双翼飞机射出可怕的弹雨。不仅如此，在攻击开始时乌云恰好散开，使英军飞机暴露无遗。结果没有任何炸弹命中德军舰船，但是有 8 名水兵丧生，岸上也有大约 20 人被弹片击伤。军辅船“塞尼亚岛”号在这次空袭中被炸伤，沉没于法格内斯码头附近。它在不久前才被来自“勒德”号（Z17）的船员接管。无人操作的“米凯尔·萨尔斯”号停泊在港湾中，也被空袭击伤，在次日沉没。[110]

两架飞机坠毁在奥福特峡湾中，机组成员分别被“旁遮普人”号和“佩内洛珀”号救起。其余六架飞机回到了“暴怒”号上。比第 818 中队晚起飞约 50 分钟的第 816 中队遇到了更恶劣的天气，在峡湾入口处就掉头返航了。航母在波涛汹涌的海面上颠簸得很厉害，多纳蒂（Donati）上尉降落时左下机翼撞上甲板，虽然已经钩住拦阻索，飞机还是一个急转掉进了大海。幸亏旁边待命的驱逐舰反应及时，把多纳蒂和他的机枪手史密斯（Smith）一等兵从冰冷的海水中捞了出来。他俩虽然浑身湿透，但是改天还能继续飞行。第 818 中队基恩（Keane）上尉的座机在纳尔维克上空被高射炮打坏了起落架，他一直等到其他飞机全都着舰，才小心翼翼地驾驶着少了一个机轮、油箱几乎全空的飞机降落在航母上。[111]

虽然德国方面不断施压，拜中校在这一阶段却已对突围不抱任何希望。4 月 13 日 00: 44，一份来自西集群的电报告诉他，侦察机在韦斯特峡湾中发现了一艘大型军舰和七八艘驱逐舰，因此拜估计英军将会发动和 10 日差不多规模的攻击。“克尔纳”号（Z13）实际上已经失去机动能力，它奉命转移到拉姆尼斯海峡中的塔尔斯塔（Tårstad），在峡湾北边占领阵位，充当早期预警哨舰和浮动炮台。塔尔斯塔一带水浅，不适合使用鱼雷，因此它剩下的鱼雷都被取下，分配给了“蒂勒”号（Z2）和“阿尼姆”号（Z11），多余的燃油也按同样的办法处理。大约 90 名舰上不需要的人员奉命上岸，轮机舱的大部分人员也在到达塔尔斯塔后下船。这是一次自杀式的任务，将是“克尔纳”号（Z13）的末路，对此几乎没有人心存怀疑。当它在“金内”号（Z19）护航下离港时，其他驱逐舰的舰员们都在栏杆边列队高呼。[112]

10: 10，电台收到一个半小时前发自威廉港的电报，内容是：“预计敌军将在今天下午攻击。‘反击’号、‘厌战’号、四艘部族级、四艘其他驱逐舰，很可能还有航母。”拜命令其余驱逐舰无论状况如何都要在13: 00做好准备，因此舰员们尽管极度缺乏睡眠，还是狂热地工作。只有“金内”号（Z19）具备完整的战斗力，它的所有舰炮都能正常工作，鱼雷发射管全部装填了鱼雷。“阿尼姆”号（Z11）的状况也相当不错，能够达到33节航速，所有舰炮都能正常工作，而且还有6枚鱼雷可用。“吕德曼”号（Z18）有4门可以作战的主炮和4枚鱼雷，舰况也较好。舰员们已经从被淹没的舰艉弹药库中取出了弹药，晾干后都可正常使用。“吉泽”号（Z12）和“岑克尔”号（Z9）在利用“海德坎普”号（Z21）和“克尔纳”号（Z13）补充后，鱼雷发射管已经全部装填鱼雷，但这两艘驱逐舰仍然在紧张修理中。“吉泽”号（Z12）报告说，它的速度能够达到28节，而“岑克尔”号（Z9）的最高航速估计可达20节。“蒂勒”号（Z2）有4门可作战的主炮和6枚鱼雷。它在紧急情况下估计能够达到27节左右的航速，但此时正系泊在矿石码头，关闭了发动机进行修理，几天内无法做好战斗准备。“勒德”号（Z17）并没有像人们最初担心的那样完全报废，但它需要一个星期或更长时间才可能获得机动能力。它的大部分舰员已经被遣送到岸上，而且此时它的小口径火炮和其他设备已被拆下，用于其他需要的地方。它的舰艉靠在内港中的邮政码头上，舰艏在船锚固定下与码头成一定角度。只有两门前主炮能够自由射击。[113]

如有必要可撞击

虽然“佩内洛珀”号已无法参战，但海军部决定“以大得多的规模”攻击纳尔维克。福布斯上将和本土舰队已在4月11日夜12日晨从特隆赫姆地区北上，于12日07: 30在北纬67°、东经06°一带与惠特沃斯中将会合。4月12日下午，福布斯上将接到海军部的命令：“使用一艘有大量驱逐舰护航的战列舰，在‘暴怒’号的同步俯冲轰炸攻击配合下，肃清纳尔维克的敌海军部队和炮台。”此时可供福布斯调遣的舰船已经很有限了。第一支运兵船队（NP1）已经离开英国，但是需要护航，因此“刚勇”号、“反击”号和三艘驱逐舰刚刚被抽调，以加强这支船队的护航力量。“刚勇”号需要一路伴随 NP1 前往哈尔斯塔，而“反击”号和驱逐舰在完成护航任务后需要前往斯卡帕湾加油。坎宁安中将的巡洋舰还在搜索峡湾，“约克”号和两艘驱逐舰已经护卫负伤的“蚀”号返回母港，还有几艘驱逐舰也已前往英国加油。因此，这位总司令此时可以直接调遣的舰船是“罗德尼”号、“厌战”号、“声望”号、“暴怒”号和六艘驱逐舰。[114] 此外还有十二艘驱逐舰在韦斯特峡湾中或其附近活动。

福布斯把攻击任务交给惠特沃斯（DW 行动），命令他在 4 月 13 日下午率领由“厌战”号、“贝都因人”号、“旁遮普人”号、“爱斯基摩人”号、“哥萨克人”号、“金伯利”号、“护林人”号（*Forester*）、“伊卡洛斯”号、“英雄”号和“狐猩”号（*Foxhound*）组成的“B 舰队”实施打击。[115] 他的目标很明确：消灭纳尔维克地区的德国军舰、商船和防御设施。驱逐舰部队的总指挥是“贝都因人”号上昵称“贝斯”的詹姆斯·麦科伊（James 'Bes' McCoy）中校。

惠特沃斯将自己的旗舰改为“厌战”号，于 12 日夜间在“哥萨克人”号、“狐猩”号、“护林人”号和“英雄”号陪同下驶向韦斯特峡湾。“贝都因人”号、“旁遮普人”号、“金伯利”号和“伊卡洛斯”号在夜里和次日上午陆续加入。本土舰队总司令率领“罗德尼”号、“声望”号、“暴怒”号和五艘驱逐舰在距罗弗敦群岛约 30 海里处徘徊，另有四艘驱逐舰在谢尔峡湾附近待命。克拉奇利（Crutchley）上校在这天夜里通过扬声器对“厌战”号的舰员发表了讲话。他告诉他们“厌战”号计划前往纳尔维克，而且毫不隐讳地指出了雷区、U 艇和敌军鱼雷可能对本舰造成的威胁。这条战列舰的全体官兵都被他坚定不移的态度感染，次日上午 08: 00，三百多人参加了一场特殊的圣餐仪式。[116]

英军认为 B 舰队面临的最大威胁来自水雷和岸防炮台，然而它们实际上并不存在。在狭窄水域中遭到敌军飞机攻击也很危险，但鉴于此地远离德军控制的机场，大家都认为空袭的风险不是很大。而且舰队一旦进入奥福特峡湾，“暴怒”号派出的掩护飞机就会立即临空。不过英军各级指挥人员都严重低估了一个真正的威胁——U 艇，尽管有大量证据证明它们的存在。惠特沃斯和麦科伊都不知

英国海军的“厌战”号1915年入役，拥有漫长而光辉的军旅生涯。它在20世纪30年代后期接受了大规模现代化改造，舰载武器和推进系统都换过，上层建筑也经过大幅度修改。这张照片显示了它在1937年重新服役后的模样。（Medway Studio 供图）

道，当地至少有 5 艘 U 艇。U–48 号在特拉讷于附近，U–46 号在拉姆尼斯以西的狭窄海峡中，U–25 号已经向峡湾上游转移，此时位于利兰附近，U–51 号正在纳尔维克港内通过“约翰·威廉二世”号加油，而已经完成加油的 U–64 号正停泊在赫扬斯峡湾中让艇员休息。[117]

4 月 13 日上午，当舰队以 22 节速度经过特拉讷于灯塔时，各舰都转入战斗部署状态。天上阴云密布，云底高度为 350 米，阵阵雨雪时不时导致能见度降低。“英雄”号和“狐狸”号位于战列舰前方一海里，用它们的两速驱逐舰扫雷具（TSDS）开路。[118] 在它们前方是装备了舰艏防护装置的“伊卡洛斯”号。“金伯利”号、“护林人”号和几艘部族级在“厌战”号周围组成反潜屏障。11: 30，由煮鸡蛋和厚切咸牛肉三明治组成的午饭被送到各个战位上。

分配给 B 舰队的最后一艘驱逐舰“爱斯基摩人”号当晚一直在特拉讷于附近巡逻，以控制奥福特峡湾的入口。10: 40，正当 B 舰队主力进入视野时，有人看到一艘潜艇在大约四海里外浮出水面，正好挡在舰队的行进路线上。“那是一艘小艇，它用闪光灯向我发送了字母‘U’作为某种识别信号，”圣约翰·米克尔思韦特（St John Micklethwait）中校后来写道，“我用灯光确认了这个信号。接着对方又发出‘A.A.A.’，但是没有得到答复。看到‘爱斯基摩人’号转弯朝它驶去，那艘潜艇就匆忙下潜了。”这艘潜艇就是 U–48 号，舒尔策上尉意识到自己靠近的不是德国驱逐舰，就紧急驾艇下潜。米克尔思韦特向他估计的潜艇所在的区域投放了一拨深水炸弹，但是没有观察到结果，声呐也没有收到回波。因此在舰队主力通过危险区域之后，“爱斯基摩人”号就跟了上去。惠特沃斯认为那艘潜艇“可能是挪威人的”。U–48 号是不久前才到达韦斯特峡湾的，并不知道在如此深入峡湾的位置也有英军舰艇活动。“爱斯基摩人”号投下的深水炸弹的爆炸声在狭长的海湾中被成倍放大，使舒尔策和他的艇员经历了战争中最可怕的时刻。不过他们还是成功逃脱，并在恢复镇定后大胆地朝“厌战”号打了一次全发射管齐射，但没有取得战果。[119]

接近巴勒伊时，惠特沃斯中将命令充当反潜屏障的驱逐舰分成两队，与“厌战”号并排在扫雷驱逐舰后面行驶，这样一来，如果遭到预料中的岸炮射击，战列舰的火炮就可以为驱逐舰提供保护。然而岸上没有出现大炮，扫雷驱逐舰也没有遇到任何水雷。气氛非常紧张，当有一些挪威人从山顶观望时，舰队差点就朝他们开了火。等到前方出现豁然开朗的奥福特峡湾，负责反潜的驱逐舰们终于了一口气，甩开战列舰，追上了前面的扫雷驱逐舰：“旁遮普人”号、“贝都因人”号和“爱斯基摩人”号居右，“哥萨克人”号、“金伯利”号和“护林人”号居左。按照传统，所有军舰的前桅都飘扬着战斗旗。

经过拉姆尼斯时，在舰上所有人员都毫无察觉的情况下，“厌战”号又经历了一次严重的险情。佐勒上尉成功地将始终潜在水下的 U–46 号开进了驱逐舰的防卫圈内。此时那艘战列舰离他只有 600 米左右，不可能射偏。然而就在他准备开火时，U–46 号却撞上一处浅滩，艇首和指挥塔露出了水面。令人难以置信的是，英军各舰全都没有看到他的这个失误，可能是因为舰员们都在忙着保持队形，以免在狭窄的峡湾中相撞。U–46 号全速开倒车，成功脱离了浅滩，但此时 B 舰队已经出了射程。如果佐勒发射了鱼雷并击中“厌战”号，那么这一仗的结果就会大不一样。

“厌战”号 11: 52 在巴勒伊附近弹射了舰上搭载的“剑鱼”式飞机，它的任务是侦察舰队前方的情况，尤其是要寻找峡湾分支中的德军舰船。在此后的作战中，这架飞机及其机组“本”弗雷德里克·赖斯军士（Frederick 'Ben' Rice，驾驶员）、“布鲁诺”W. 布朗少校（W. 'Bruno' Brown，观测员）和莫里斯·佩西一等兵（Maurice Pacey，机枪手）将克服重重困难，取得远超期望的成果。惠特沃斯中将后来写道：“我怀疑历史上是否有过哪架舰载机被运用得如此出色。”[120] 起飞 10 分钟后，这架“剑鱼”报告说，在谢尔德（Kjelde）附近发现一艘敌驱逐舰。几分钟后，又在峡湾上游发现了另一艘。[121]

***

“克尔纳”号（Z13）从早晨起就以不到 10 节的航速在奥福特峡湾中向西移动，“金内”号（Z19）则在其前方约 200 米处护航。12: 00，距离塔尔斯塔约 3 海里处出现一架英国飞机。德军对这架水上飞机开了火，但它始终保持在一定距离外。不久以后，“金内”号（Z19）就在巴勒伊附近发现了几艘驱逐舰。舰长科特（Kothe）少校起初提高了航速，想靠上去调查，但当他意识到对方无疑是英军，而且有 9 艘之多时，他立刻操纵“金内”号（Z19）掉头返回，并向纳尔维克发出警报。

不知为何，“厌战”号没有转发赖斯和布朗发出的目击报告，并且英国驱逐舰中只有“英雄”号在监听飞机使用的无线电频率，因此起初各舰都不知道有一艘敌舰正在接近。直到 12: 28，“金内”号（Z19）才被发现，几分钟后“贝都因人”号开了火，接着“旁遮普人”号和“哥萨克人”号开始射击。在队伍前方引导扫雷的“伊卡洛斯”号也打了几次齐射。所有炮弹都没有够到目标，因为“金内”号（Z19）已经掉头蛇行驶向峡湾深处。此时又刮起了大风，将“金内”号（Z19）施放的烟幕吹散，但科特充分利用了剩下的零星雾

“厌战”号在驱逐舰护卫下进入奥福特峡湾。（“哥萨克人”号老兵协会供图）

团和雨幕躲避炮火，偶尔还还击几炮。“厌战”号暂时没有开火。

拜中校在 12: 20 接到“金内”号（Z19）的报警，此时他还没做好准备。他以为敌军要到下午才会进攻，因此还没有将任何一艘驱逐舰按计划部署到峡湾分支中。他立刻发出离港的命令，尽管有两天前商定的通信安排，几艘 U 艇还是没有得到充分的预警。U–64 号接到了离港的消息，但是其中没有一点紧迫的意思。因为需要修理潜望镜的一个小毛病，舒尔茨上尉仍然把潜艇停泊在赫扬斯峡湾里。U–25 号没有收到任何警告，但许策少校看到英军的“剑鱼”飞机后，发出了起航避险的命令。U–51 号的艇长克诺尔（Knorr）上尉以为这是和前一天一样的空袭警报，因此他与“约翰・威廉二世”号断开连接后，就下潜到港湾的海底等待。[122]

与此同时，赖斯和布朗还在继续侦察。查看过分支峡湾后，他们在一定距离外掠过纳尔维克，然后飞进赫扬斯峡湾，发现了 U–64 号。这艘 U 艇停泊在离比耶克维克（Bjerkvik）的码头 50 米远的地方，赖斯毫不犹豫地驾驶自己笨拙的双翼机发起大胆的俯冲轰炸攻击。他从大约 100 米高度向毫无防备的 U 艇投下两枚 50 千克反潜炸弹。一枚炸弹击中艇首，另一枚在艇首与指挥塔之间的舷侧不远处爆炸。在两枚炸弹的共同作用下，艇壳被撕开了一个大口子，海水汹涌灌入，U–64 号开始下沉。大部分艇员逃出艇外，游过冰冷的海面后被比耶克维克的山地兵们救起，但是有 8 人丧生。[123] 当“剑鱼”拉起脱离时，佩西又用尾部机枪扫射，连连击中指挥塔。U 艇上一名瞭望员用自己的枪还击，击中了剑鱼的尾翼，使飞机的操纵响应变得颇为迟钝。虽然看不到受损状况，但赖斯认为只要自己“慢速飞行并轻柔地做机动”，就可以继续安全地执行任务。布朗也同意他的看法，因此他们没有迫降。[124] 12: 30，他们回头飞向纳尔维克，此时还没有一艘驱逐舰离港。他们报告说“除纳尔维克港本身外，所有峡湾里都没有目标”，然后向西飞行，与 B 舰队重新建立目视接触。[125]

“克尔纳”号（Z13）无法到达位于塔尔斯塔的指定阵位，舒尔策 – 欣里希斯中校决定掉头开往峡湾南边的尤普维克。他在这里把已经残疾的驱逐舰艇停在离岸约 1 千米的位置，利用发动机使舷侧对着峡湾。此时舒尔策 – 欣里希斯后悔自己卸掉了舰上的鱼雷，他希望自己还没被发现，而英国驱逐舰会毫无戒备地从岬角后面冒出来。但是正从纳尔维克返航的赖斯和布朗从空中看到了“克尔纳”号（Z13），并向“厌战”号发出信号。“克尔纳”号（Z13）的桅顶也暴露在河岸上方，因此当“贝都因人”号、“旁遮普人”号和“爱斯基摩人”号在13: 05绕过海角时，立刻爆发了一场短暂而激烈的遭遇战。双方的距离实在太近（2500 ~ 3500米），因此英军的砰砰炮发挥了可怕的威力。没有一艘部族级中弹，而无法动弹的“克尔纳”号（Z13）却遭到绵密的炮火打击，舰炮一门接一门被打哑，很快燃起大火。当“厌战”号绕过岬角，用381毫米主炮轰击这艘倒霉的驱逐舰时，它的命运就被决定了。硕大的半穿甲（SAP）炮弹就像“特别快车的车厢”一样连连撞上这艘装甲轻薄的驱逐舰，虽然没有爆炸，但每一次都使它出现肉眼可见的倾斜。至少一枚鱼雷击中了熊熊燃烧的舰体残骸，艏楼顷刻被炸飞，整舰迅速下沉。舰上有31名官兵丧生，挪威军队擒获了大部分幸存者，包括舒尔策－欣里希斯在内。德军的抵抗虽然很勇敢，却是完全徒劳的。“克尔纳”号（Z13）是英军在行进中解决的，各舰甚至无一放慢速度。[126]

与此同时，拜中校在“岑克尔”号（Z9）上升起红色的“Z”字旗。12: 45，他带着“阿尼姆”号（Z11）驶出纳尔维克港。[127]“吕德曼”号（Z18）已经领先了它们一海里。过了一段时间“蒂勒”号（Z2）也跟了上来，但“吉泽”号（Z12）还没有烧出足够的蒸汽，留在了后面。科特少校看到其他驱逐舰离港，便把“金内”号（Z19）的船头重新转到西方，并加紧施放烟幕，以求尽可能长久地隐藏己方舰队。B舰队驶出狭窄海域后散开了队形，各驱逐舰在“厌战”号前方和两侧排成紧密的横队，但此时它们的机动空间还很有限。另一方面，德军驱逐舰处于峡湾中较宽敞的地段，它们进行了大幅度的蛇形机动，尽管火炮数量远不及对手，却最大限度地发扬了舷侧齐射火力。“金伯利”号和每艘部族级驱逐舰都各有8门120毫米炮，但只有前主炮能够瞄准敌舰。英军中较小的驱逐舰只有单装火炮，而且“英雄”号、“伊卡洛斯”号和“狐猩”号还被各自

驱逐舰正开到战列舰前方。（英国国家档案馆，ADM 199/473）

的扫雷装置拖累，因此在这一阶段的交战中基本上只能发挥象征性作用。

双方最初的交火距离是15000～17000 米，后来变为10000 到21500 米不等，驱逐舰通常在较短的距离射击。天气继续放晴，但各舰施放的烟幕和火炮射击的硝烟使观察和火控自始至终都很困难。没有一艘德国驱逐舰在这场运动战中被击中，而英国军舰却多次被官兵们觉得“猛烈得让人不安”且“准头可观”的炮火跨射。从13: 20 到13: 47，“哥萨克人”号挨了16 发近失弹。它的无线电天线被打飞，住舱甲板和二号食品贮藏室被弹片打得千疮百孔，导致大量进水。值得注意的是，在长达一个小时的交战中，双方军舰都没有被直接命中。烟雾和单纯的运气肯定都起了一定作用，但无论如何，这都是当时的海军射击控制水平的例证：如果一艘驱逐舰能击中5 千米外的任何移动目标，在很大程度上都可以归功于运气。[128] 德军舰船的交错换位使英军驱逐舰很难跟踪目标，但无疑德军在这一天的射击控制更为出色。他们也怀着敬畏之心注意到，部族级的四门前主炮能够打出弹着点密集的致命齐射。不过他们对英军的射击控制和战术运用水平的评价就要低得多，因为很少有炮弹落在附近。另一方面，麦科伊中校发现德军的炮火“很准确，射击方向尤其精确”，他的军舰虽然没有被直接命中，却不断遭到弹片打击。[129]

珀尼茨（Pönitz）中校操纵“岑克尔”号（Z9）机动到可以对“厌战”号发起鱼雷攻击的阵位，但是被这艘战列舰和在其北侧护卫的驱逐舰联手击退，鱼雷没能命中目标。[130] 不久以后，雷歇尔少校将“阿尼姆”号（Z11）机动到足够近的距离，打了两次三雷齐射。“哥萨克人”号、“金伯利”号和“护林人”号避开了大部分鱼雷，不过有一发定深过大的鱼雷被发现得太晚，没等英军采取任何防御措施就从“哥萨克人”号的舰桥下方穿了过去。[131]

在下潜躲避赖斯的“剑鱼”飞机后，许策又操纵 U-25 号回到潜望镜深度，很快就看到了正在接近的英国驱逐舰。因为北侧的几艘驱逐舰离他最近，所以他朝“哥萨克人”号及其旁边的军舰射了两枚鱼雷，但是正如这一时期德军鱼雷攻击的常态，没有取得任何战果。[132] 在混战中英军没有发现这些鱼雷来自 U 艇，因此没有实施搜索。此时重新回到潜望镜深度的许策还看见了“厌战”号，但是这艘战列舰位于南边，离他太远。他判断自己的最佳选择就是继续向西航行，在拉姆尼斯海峡等待英国军舰返航。[133]

接近纳尔维克。（“哥萨克人”号老兵协会供图）

进入奥福特峡湾后，“英雄”号和“狐猩”号为回收扫雷具而放慢航速，一度脱离了战斗，与此同时“厌战”号和其他军舰继续追击且战且退的德国驱逐舰。麦科伊和惠特沃斯在这一阶段都没有发出任何战术命令，所有驱逐舰可以说都是根据其舰长对战局的判断各自为战。

由于海域狭窄，而且需要保持在驱逐舰的护卫圈内，“厌战”号只能用前部的两个 381 毫米炮塔迎战。它平均每分钟发射两发炮弹，但双方驱逐舰交战产生的烟雾时不时干扰射击控制，而且自身主炮朝正前方射击带来的硝烟也有影响。在这一阶段的战斗中它没有取得任何命中，不过主炮每次射击都从炮口喷出长达一米的火焰，重型炮弹带着呼啸以近乎平直的弹道在低空掠过峡湾，构成了一幅令人心惊胆战的奇观。隆隆的炮声在峭壁之间回响，而在陆地上爆炸的炮弹还导致碎石和积雪滚滚涌下山坡。[134]

13: 29，“厌战”号上的人们看到了伯奇（Burch）上校率领的 9 架来自“暴怒”号的“剑鱼”。这些动作笨拙的双翼机刚钻出云层就大胆地向着德国驱逐舰俯冲下来，从 250 ~ 300 米高度投下炸弹，但是没有多少战果。英军宣称有两弹命中，但实际上只有“金内”号（Z19）和“阿尼姆”号（Z11）被近失弹波及。唯一被击沉的舰船是军辅船“凯尔特人”号。英军有两架飞机被击落。[135]

此时德军的弹药储备开始见底。特别是在 4 月 10 日参与了追击战的驱逐舰，弹药库几乎已空空如也。13: 50，拜借助一连串烟幕掩护脱离战斗，并命令他的军舰进入罗姆巴克斯峡湾，至少战列舰没法跟着它们钻进那里。“金内”号（Z19）没有收到信号，科特少校操船北上进入赫扬斯峡湾，并让自己的军舰在比耶克维克搁浅，因为炮弹已经全部打光。就连练习弹和照明弹也全都打了出去。舰员们准备了深水炸弹，在撤离后引爆。“金内”号（Z19）在先前的战斗中没有遭受任何损伤，因此也无人伤亡。“爱斯基摩人”号和“护林人”号跟着“金内”号（Z19）进入赫扬斯峡湾，米克尔思韦特中校朝搁浅的残骸又补射一枚鱼雷，炸断了它的舰艉。[136]

与此同时，“吉泽”号（Z12）终于做好准备出发了。施密特少校从电报中得知其他德国驱逐舰正前往罗姆巴克斯峡湾，他将孤军对抗具有压倒性优势的敌人。但他还是认为：“给敌人造成尽可能大的损失……是军官和士兵的天职。我们有够打 10 分钟左右的炮弹和全部的鱼雷，所以我们可以一战。不过我对重回港口不抱任何希望”。

在港湾入口处，“吉泽”号（Z12）的左发动机突然停转，导致它几乎只能随波漂流。“贝都因人”号和“旁遮普人”号逼近，一起射了五枚鱼雷，虽然德国军舰基本无法动弹，这些鱼雷还是全部射偏。“吉泽”号（Z12）的鱼雷准头也不比英国人的强。施密特把炮火集中在“旁遮普人”号上，短时间内就命中了六七发 127 毫米炮弹。“旁遮普人”号舰内多次爆炸，造成大面积破坏。右舷紧贴水线上方开了两个大口子，接着火控系统也被炮弹击毁，大部分无线电装置无法工作，多条蒸汽管道被炸断，发生多处火灾。全舰有 7 人丧生，14 人负伤。舰长利恩（Lean）中校不得不后撤，并在 14: 00 向旗舰发出如下电报：“抱歉，真该死，我只能退出战斗，主蒸汽管道和舰炮都失灵了。”[137]

经过轮机舱里约十分钟的疯狂抢修，“吉泽”号（Z12）的轮机长终于向舰桥报告发动机重新准备就绪，于是这艘驱逐舰以它所能达到的最大速度（12 节）离开了港湾。它一头扎进了至少 5 艘英国驱逐舰的火力网中，根本没有一点机会。麦科伊中校把“贝都因人”号开到平射距离，狠狠打击了“吉泽”号（Z12）。施密特少校和他的部下毫无惧色地还击，竭尽所能用火炮和鱼雷战斗。“贝都因人”号至少挨了一发炮弹，A 炮塔因此失去战斗力。到了 14: 15，已经中了 20 多发炮弹，可能还中了一枚鱼雷的“吉泽”号（Z12）已经成为漂在水上的火焰地狱，完全失去了控制。舰长下了弃舰的命令，但是对 83 名舰员来说为时已晚。有 2 名军官和 9 名士兵被“狐狸”号捞起，其中两人后来伤重身亡。其余幸存者竭尽全力游过冰冷的海面爬到岸上。[138]“吉泽”号（Z12）歪斜的残骸在峡湾中继续燃烧，最终于午夜过后不久沉没。[139]

“勒德”号（Z17）一直停泊在港湾里的邮政码头。至少有一发瞄准“吉泽”号（Z12）的鱼雷穿过港湾在码头爆炸，差点击中“勒德”号（Z17）。当通过港湾入口能看到目标时，它的两门前主炮大胆地开了火，先是射击了攻击“吉泽”号（Z12）的“旁遮普人”号和“贝都因人”号，后来甚至射向进入视野的“厌战”号。好几发炮弹落在离这艘战列舰不远的地方，还有一发击中了舰桥，但是仅造成轻微破坏。英军起初以为炮火来自岸防炮台，因此“厌战”号朝陆地打了几炮，但没有击中什么目标。赖斯的“剑鱼”机发送的电报指出有一艘驱逐舰停靠在港湾南侧的防波堤边，于是在“吉泽”号（Z12）被消灭后，“哥萨克人”号和“金伯利”号进入港湾调查。舍布鲁克（Sherbrooke）中校小心翼翼地操纵“哥萨克人”号在货船残骸之间穿行，最后发现了泊位上的“勒德”号（Z17），在 2500 米距离上开了火。于是在不到一星期的时间里，纳尔维克港第三次成为炮声震天、烟雾弥漫、炮弹与金属碎片横飞的地狱。“哥萨克人”号的第二次齐射击中了对手，但很快它自己也连中七弹。船体前部左舷水线处开了三个大口子，弹片也造成了大面积损伤。通向一号锅炉舱的主蒸汽管道被弹片击穿，二号锅炉舱也损毁严重。由于下层住舱甲板发生火灾，损管人员不得不向前部弹药库注水以防万一。由于操舵装置失灵，无法控制航向，“哥萨克人”号一头冲到安克尼斯的海滩上搁浅，位置就在“博肯海姆”号的残骸和一座小灯塔之间。[140]

“勒德”号（Z17）也遭受了打击，舰艉燃起大火。不过它的两门前主炮还是一直战斗到打光弹药为止。“哥萨克人”号的 X 炮塔和 Y 炮塔在搁浅后也继续朝这艘德国驱逐舰射击，而起初停在港湾入口的“金伯利”号冲进港内提供了支援。“厌战”号也对“勒德”号（Z17）开了火，至少一发重磅炮弹击中后者。不过此时留守在“勒德”号（Z17）上的 25 名炮手已经撤离，因此无人伤亡。在“勒

“吉泽”号（Z12）燃烧的残骸。（作者的收藏）

德”号（Z17）的火势减弱后，“狐狸”号驶近准备调查。最后留下的三个人看到这艘驱逐舰靠近，便点燃了炸药包的导火索，然后狂奔到岸上。炸药在“狐狸”号距离不到 50 米、登船队已经准备就绪时爆炸，“勒德”号（Z17）随即沉没在浅水中。

“哥萨克人”号上有 9 人战死，21 人负伤，其中两人后来伤重不治。损管团队很快组织起来开始工作，一边修理发动机受到的损伤，一边清理被严重破坏的住舱甲板。人们从“金伯利”号拉来牵引缆绳，但是“哥萨克人”号死死卡在海床上，只能等待下一次高潮。这意味着在离敌人占领的海岸线只有 50 米的地方过夜。为防万一，舍布鲁克下令销毁密码本和机密文件。[141] 此外，他还命令把所有不必要的物品丢进海里，以减轻这艘军舰的重量。下午，岸上打来的冷枪对甲板上移动的水兵构成威胁，德军还一度拉来一门野战炮或重型迫击炮，从城区后面向这艘驱逐舰开火。一发精准的 120 毫米炮弹打哑了这门炮，同时砰砰炮解决了德国狙击手，到黄昏时局势已经平静下来。[142]

“吕德曼”号（Z18）、“岑克尔”号（Z9）、“阿尼姆”号（Z11）和“蒂勒”号（Z2）在进入罗姆巴克斯峡湾后得到了短暂的喘息机会。截至此时这四艘驱逐舰都没

“狐狸”号正进入纳尔维克港救援“哥萨克人”号，后者在安克尼斯附近搁浅，位于远处的货轮之间。（英国国家档案馆, ADM 199/473）

有中弹，但它们的处境非常绝望，舰员们做好了在局势进一步恶化时自沉的准备。位于纳尔维克以东的罗姆巴克斯峡湾经过仅460米宽的斯特赖于门（Straumen）海峡通往水深很浅的罗姆巴克斯博滕（Rombaksbotn）。这里是无处可逃的死胡同。“岑克尔”号（Z9）和“阿尼姆”号（Z11）都已耗尽所有弹药，再也无力战斗。它们开往峡湾尽头，冲上了那里的沙洲。

“哥萨克人”号遭受的损伤。（“哥萨克人”号老兵协会供图）

“蒂勒”号（Z2）和“吕德曼”号（Z18）还有包括鱼雷在内的一些弹药，它们准备在斯特赖于门海峡里伏击敌军。不出所料，“厌战”号没有追进罗姆巴克斯峡湾。但是“护林人”号、“英雄”号、“伊卡洛斯”号和“爱斯基摩人”号追了进来，“贝都因人”号随后跟进。赖斯无处不在的“剑鱼”报告罗姆巴克斯博滕有两艘驱逐舰，后来又更正为三艘。英国水兵看不见这些敌舰，一方面是因为斯特赖于门的岬角和峡湾的峭壁遮挡，另一方面是因为德国驱逐舰逃跑时在峡湾中丢下了发烟浮标。米克尔思韦特中校在14: 45操纵“爱斯基摩人”

号通过罗姆巴克斯博滕的入口，“护林人”号紧随其后。“英雄”号停在斯特赖于门海峡中，而“贝都因人”号和“伊卡洛斯”号留在外面。

当英军进入视野时，“吕德曼”号（Z18）在大约三海里距离上开了火。所有剩下的弹药都被搬到了三门尾炮上。剩下的四枚鱼雷也朝着斯特赖于门盲射出去。其中一枚从“护林人”号的艏楼下面穿过。不久以后，“爱斯基摩人”号射出的一发或两发炮弹击中“吕德曼”号（Z18）舰艉，摧毁 D 炮塔和 E 炮塔，炸死它们的大部分炮手，还打坏了 C 炮塔。弗里德里希斯少校认为自己已经尽力，便驶向罗姆巴克斯博滕，让“吕德曼”号（Z18）在“岑克尔”号（Z9）和“阿尼姆”号（Z11）旁边搁浅。“蒂勒”号（Z2）借助烟幕掩护，仍然留在原地，以右舷对着斯特赖于门。由于火控室已经无法使用，它的四门尚能作战的火炮都处于局部控制模式。沃尔夫（Wolff）少校还剩几枚鱼雷，他已决心尽量拖住英国人，给友舰的舰长们争取破坏军舰和挽救舰员的时间。[143]

“吕德曼”号（Z18）离开后，英军的炮火便转到“蒂勒”号（Z2）上。它连连中弹，人员死伤惨重，多处燃起大火，但仍然顽强地留在原地还击。米克尔思

“爱斯基摩人”号（在环形波浪中间）刚刚被“蒂勒”号（Z2）的鱼雷击中。“护林人”号正在暂时躲避。这张照片是从赖斯的“剑鱼”飞机上拍摄的，可以看到该机的尾翼。（英国国家档案馆，ADM 199/473）

韦特希望快速解决这艘敌舰，好去峡湾上游追击其他敌人，于是他开始将“爱斯基摩人”号机动到便于实施舷侧鱼雷齐射的位置。由于峡湾很窄，他只能微速前进并命令一个螺旋桨反转来使船身转向。就在此时，舰员们观察到了“吕德曼”号（Z18）射出的三枚鱼雷，米克尔思韦特不得不下令“全车全速前进”来躲避它们。鱼雷以数米之差从右舷外掠过，但是前方陆地正在快速接近，所以米克尔思韦特又下了“全速倒车”的命令。“爱斯基摩人”号在离岸数米处惊险刹车，船上的每一块船板都在振动，它的好运快要用完了。[144]“蒂勒”号（Z2）的鱼雷长佐默（Sommer）中尉已经得到沃尔夫的发射许可，看见英舰正穿过海峡便开了火。[145]这枚鱼雷在水面上疾驰而来，虽然在正常情况下很可能被避开，但此时“爱斯基摩人”号再也来不及执行舵令或轮机操作命令了。舰桥上所有人都只能眼睁睁看着这最后一枚鱼雷在 14: 50 击中一号炮塔正下方。艏楼甲板下方的一切都被炸飞，当水花落定时，仍然连着炮塔的舰艏残骸已经垂下来浸没于水中。弹药库、装弹室和炮塔中的 15 名舰员当场丧生，还有 10 人负伤（其中两人是致命伤）。

令人难以置信的是，尽管二号炮塔的操作人员在爆炸中肯定被震得不轻，可他们的射击却几乎没有中断。几门尾炮也不停地开火，当米克尔思韦特下令舰艉朝前退向斯特赖于门时，“爱斯基摩人”号也射出了它剩下的最后一枚鱼雷。这枚鱼雷差点击中“蒂勒”号（Z2）的舰艏。在倒退通过海峡时，从损毁部位垂下的缆索和船锚卡在了阿斯佩角（Aspeneset），不过最终艏楼与船身分离，“爱斯基摩人”号得以继续以舰艉朝前的姿态非常缓慢地驶向纳尔维克。出色的损管工作挽救了“爱斯基摩人”号：舰员们加固了舱壁，堵住了能堵的漏洞，并且丢弃了所有重物来减轻船重。渐渐地，这艘伤残的驱逐舰恢复了控制。[146]“护林人”号的弹药也所剩无几，它护送“爱斯基摩人”号离开，“英雄”号和“伊卡洛斯”号则穿过海峡清剿残敌。

此时“蒂勒”号（Z2）状况凄惨。全舰火势凶猛，舰桥上除了沃尔夫少校外所有人都已丧命或重伤。一些火炮还在时断时续地射击，但基本上已经没有任何弹药了。为了挽救剩下的舰员，自身也负了伤的沃尔夫奋力操作车钟发出“全速前进”的命令，让他的军舰在西尔德维克（Sildvik）搁浅。“蒂勒”号（Z2）全舰共有 14 人战死，28 人负伤。[147]它最后的奋战为罗姆巴克斯博滕的另外三艘德国驱逐舰争取到了时间，使它们的舰员得以井然有序地弃舰，并把伤员、枪炮、食品和其他器材搬到岸上。随后他们打开通海阀并引爆了深水炸弹。随着这些军舰翻身沉入沙洲，拜中校和他的部下匆忙爬向高出峡湾约三百米的铁路，最终得到接应，被运回纳尔维克。

“英雄”号和“伊卡洛斯”号终于开进罗姆巴克斯博滕，动作非常小心谨慎，以防再遭伏击。它们发现了三艘被舰员抛弃的德国驱逐舰。“阿尼姆”号（Z11）已经严重倾覆，几乎是船底朝天，而“岑克尔”号（Z9）就在英国军舰接近时翻倒。“吕德曼”号（Z18）倒是依然保持直立，船上的炸药没有正常引爆。“英雄”号和“伊卡洛斯”号都派出了乘坐小艇的登船队，经过一番较量，“英雄”号的小艇骄傲地赢得竞速比赛，登船队平安无事地登上了德国驱逐舰。

登船队发现“吕德曼”号（Z18）“漂亮至极，装潢非常精美……更像一艘游艇，而不是用来打仗的驱逐舰”。它曾多次中弹，一些半穿甲弹显然没有爆炸就穿透了它。轮机舱已经被水淹没，舵柄平台还在燃烧。由于担心这艘船可能随时爆炸，登船队只是草草搜索了一通。除了舰桥上一堆烧焦的文件外，英国人没找到什么让他们感兴趣的东西，不过他们带回了许多纪念品，包括望远镜、三角旗、舰旗和其他纳粹标志。麦科伊率领“贝都因人”号赶到后就召回了登船队，因为惠特沃斯命令他不要耽搁，尽快摧毁这些德舰——“如有必要可撞击或登临”。在甲板上找到的一名重伤的士官被带到英军舰上，不过此人后来咽了气。“英雄”号在 16: 55 射出一枚鱼雷，结果了“吕德曼”号（Z18），其他残骸也遭到炮击，以确保德军无法回收利用。德国海军驱逐舰部队的脊梁就这样被打断了。[148]

临近 16: 00 时，“厌战”号停在离纳尔维克港不远处。赖斯的“剑鱼”最后一次掠过罗姆巴克斯峡湾，把剩下的炸弹丢在“蒂勒”号（Z2）的残骸上，然后降落于峡湾等待母舰回收，结束了一天的出色工作。[149]德军飞机没有来空袭，虽然一次 U 艇警报暂时引发了一些焦虑，但是没过多久，一种近乎悠闲的气氛就在整艘“厌战”号上蔓延开来。天气稳步改善，一个多星期以来第一次，阳光刺破了云层。水兵们被允许上甲板晒太阳并饱览雪山美景，全体舰员都“在兴高采烈的状态下”享受了由红茶、鸡蛋和咸牛肉组成的战后点心。[150]一条载着医生和护士的小艇被派往“爱斯基摩人”号。

17: 42，惠特沃斯中将向福布斯上将报告，所有德国驱逐舰和一艘U艇均已沉没。他后来写道，此时他考虑“派一队人马上岸占领这座城市，因为敌人的抵抗显然已经被压制”。但他接着又指出：“因为兵力只够让一支小规模部队登陆，又要防备敌军不可避免的反击，所以我必须把舰队集中在海岸附近，以提供有力的炮火支援。事实上，我认为这样一来就必须让‘厌战’号停留在纳尔维克附近。”最终，惠特沃斯不顾“哥萨克人”号的舍布鲁克中校的一再反对，得出了自己没有足够兵力“面对至少2000名德国职业军人组成的守军”在纳尔维克登陆的结论。实际上，在4月13日，纳尔维克城中充其量只有几百名德国山地兵。在桥头堡的这一区域，迪特尔只有大约800名山地兵可用，而且他们分散在位于峡湾沿岸和山区的漫长防线上，大部分阵地上都兵力少得可怜。由于害怕英军炮击城区，许多陆军士兵和失去军舰的水兵（后者大多没有像样的武器）已经仓皇逃跑。德军一度陷入近乎恐慌的状态，陆海军士兵不是在铁路沿线乱作一团就是逃进山里躲避他们预料中的英军登陆部队。[151] 惠特沃斯的顾虑很可能是受到“狐狸”号的一份报告的影响：一名从“吉泽”号（Z12）跳海后被救起的德国军官告诉自己的拯救者，“由于潜艇的存在，‘厌战’号的处境并不安全”。而当十几架德国飞机在18: 00前后出现时，在峡湾中逗留对他来说更是毫无吸引力。[152]

“岑克尔”号（Z9）和“阿尼姆”号（Z11）在罗姆巴克斯博滕的最终安息之地。（作者的收藏）

既然打定了不收复这座城市的主意，惠特沃斯便认为没有任何理由“让‘厌战’号冒着遭到潜艇和飞机攻击的危险停留在峡湾中”，他在 18: 30 命令“狐猩”号、“伊卡洛斯”号、“护林人”号、“旁遮普人”号和“英雄”号向自己靠拢，然后就向峡湾下游驶去。[153] 半路上，舰队在哈姆尼斯遭到 U–25 号攻击，不过德军的鱼雷还是无一爆炸。“狐猩”号收到声呐回波，进行了反击。深水炸弹没有命中，但这次攻击还是迫使 U 艇潜入深处，舰队得以安全通过。[154] 惠特沃斯并不知道自己惊险地躲过了多少枚鱼雷，他以为这艘 U 艇只是企图逃跑，因此傲慢地写道：“我至此得出结论，当头顶上出现反潜驱逐舰时，在峡湾浅水区巡航的潜艇会发现自己处于非常不利的地位，因此它摆脱困境的渴望是可以理解的。”[155]

“艾凡赫”号和“敌忾”号在下午加入 B 舰队，此时它们奉命与“金伯利”号和“贝都因人”号一同留下照看“爱斯基摩人”号。“爱斯基摩人”号转移了伤员和非必需人员，舰上只留下 76 人。在“贝都因人”号协助下，它以舰艉朝前的姿态歪歪扭扭地缓慢驶向奥福特峡湾下游。[156]

临近午夜时，“厌战”号和它的护卫舰艇回到纳尔维克收容来自驱逐舰的伤员。驱逐舰一次两艘地靠到战列舰舷侧转移伤员。4 月 14 日拂晓前，“厌战”号和驱逐舰们永远离开了纳尔维克。这一战中共有 28 名英国水兵战死，35 人负伤，

“爱斯基摩人”号在谢尔峡湾与“阿尔斯特”号拴在一起。（作者的收藏）

不过死者的人数在此后几天里还将增加。"哥萨克人"号在03: 15依靠自身动力脱浅。由于发动机受到的损伤，它只能以舰艉朝前的姿态移动，不过次日下午它还是在谢尔峡湾与其他军舰会合，为它护航的是"护林人"号，后者虽然也被炮火击中，但没有严重损伤。"艾凡赫"号停在巴朗恩，收容了"哈迪"号的幸存者和逃到那里的商船海员。[157]

德国人对英军没有利用大好机会收复纳尔维克大感意外，他们认为这反映出英军的优柔寡断，即使拥有压倒性优势也缺乏克敌制胜的决心，这使他们很不以为然。[158] 丘吉尔也有同感。4月13日21: 15，海军部发出一份电报，督促福布斯考虑"占领纳尔维克，以确保日后部队能够不受抵抗地登陆"。从惠特沃斯的报告中看不出他是否收到了这封电报。不管怎么说，他早就知道有一支正规的远征军正在前往沃格斯峡湾（Vågsfjord），而且他认为应该让这支远征军直接转往纳尔维克。他在22: 10向本土舰队总司令和海军部发出以下电报：

> 我的印象是，今天的战斗导致纳尔维克的敌军彻底吓破了胆，"厌战"号的存在是主要原因。我建议尽快以主力登陆部队占领这座城市。为了维持"厌战"号的存在造成的士气影响，我打算在明天（星期日）再次光临纳尔维克，并接受在此行动过程中遭到飞机和潜艇攻击的风险。[159]

毫无疑问，如果惠特沃斯的建议被采纳，此后几个星期内挪威的战局将会与历史上大不一样，许多人将会保住性命。次日上午，海军部询问纳尔维克的德军兵力，惠特沃斯在10: 27给出答复：

> 挪威方面提供的情报估计纳尔维克有1500至2000人的部队。被俘的德国海军军官声称实际守军人数远多于此，但我认为这种说法怀有欺骗意图。他还声称岸上的火炮部署以抗登陆为主要目的，但是昨天"哥萨克人"号在纳尔维克湾搁浅12小时，并未受到严重的骚扰。我相信可以通过正面突击拿下纳尔维克，不必担心登陆时遭到激烈抵抗。我认为主力登陆部队只需很小的规模即可，不过必须有B舰队或

类似组成的舰队提供支援。有一个特别要求是，运输船和驱逐舰要配备尽可能精良的防空武器。[160]

看到最终无事发生，英国军舰全部离去，失望与沮丧的情绪在挪威人中间蔓延开来。基本上没有人能理解，为什么英国人没有上岸摘取他们已经赢得的胜利果实。

“厌战”号在韦斯特峡湾内逗留，等待上级做出登陆决定。4 月 14 日上午，这艘战列舰从 U-48 号潜艇前方经过，但是正当舒尔策上尉准备开火时，它却改变了航向，又躲过一劫。4 月 15 日，确定登陆纳尔维克的行动不会在近期展开后，惠特沃斯与总司令进行了短暂会谈，轮换了驱逐舰，然后在“敌忾”号、“浩劫”号和“狐猩”号护卫下，转移到斯库姆韦尔岛灯塔西南的位置以便提供支援。

福布斯上将 4 月 14 日在罗弗敦群岛一带活动，15 日夜里率领“罗德尼”号和“声望”号，在“埃斯克”号、“艾凡赫”号、“护林人”号、“伊卡洛斯”

能够找到的“挪威”号和“埃兹沃尔”号死难者遗体在4月15日下葬。阿斯基姆上校仍在医院，因此主持葬礼的是代理大副桑韦德少校。（作者的收藏）

号和“金伯利”号护卫下前往斯卡帕湾。曾护送运兵船队 NP1 前往沃格斯峡湾的“刚勇”号也在同一天由“无恐”号、“狮鹫”号和“无忌”号护卫，独立驶向斯卡帕湾。“暴怒”号北上至特罗姆瑟加油，沿途对进入纳尔维克的北方航道执行了航空侦察。

第一战斗群的 10 艘驱逐舰全军覆没是对德国海军的沉重打击，也暴露出“威悉演习”行动过程中极高的风险。对德国海军来说，损失任何军舰都是很难承受的，而邦特准将死后，拜中校在 4 月 10 日上午和此后几天里都显得瞻前顾后、畏首畏尾，其行为实在令人难以苟同。假如他能更果断地行动，而且愿意冒一定的风险，那么即使不在 4 月 10 日夜 11 日晨突围，也可以在天气再度恶化的 11 日夜 12 日晨突围，率领 2 艘、3 艘乃至 5 艘驱逐舰逃出生天。令人难以置信的是，他甚至没有研究过经切尔海峡（Tjeldsundet）逃跑的可能性。那里没有任何英国军舰，至少在第一天晚上没有。只要进入开阔海域，德国驱逐舰的速度和火力可以让它们在皇家海军此时能够调集的任何军舰面前占据显著优势。至于它们进一步南下时会有什么遭遇，任何人都只能猜测，但总不会比困守在没有出路的狭窄峡湾里等死更糟糕。哪怕只能转移到特隆赫姆、卑尔根或斯塔万格，都会很有利。

个别而言，每一艘德国驱逐舰都打得很英勇，在战术条件允许的情况下进行了最大限度的坚决抵抗，它们的舰长只应该为失败的结局承担很小一部分责任。幸存的指挥官们最终都再次得到了指挥驱逐舰乃至舰队的机会，只有“吕德曼”号（Z18）的弗里德里希斯少校是个奇怪的例外。更令人费解的是，拜的前程好像基本上未受任何影响。希特勒希望得到关于纳尔维克战斗的第一手消息，便派出一名特使去讯问迪特尔和纳尔维克的其他重要军官。此人在 4 月 22 日乘坐一架道尼尔 Do-24 水上飞机抵达。当他在 24 日离开时，埃里希·拜及其副官格尔德·阿尔贝茨（Gerd Alberts）少尉都坐上了那架道尼尔飞机。[161] 回到德国以后，拜被封为驱逐舰准将和第 6 驱逐舰纵队司令（该纵队是以幸存的第一代驱逐舰组建的）。后来他又晋升为将官，还指挥过北挪威海军中队。他在 1943 年的节礼日随“沙恩霍斯特”号沉没于北角，这一次的失败他必须承担大部分责任。

纳尔维克港里是一片令人难忘的景象，布满油污的水面上漂浮着各种碎片。在港湾法格内斯一侧的克莱瓦（Kleiva）和安克尼斯一侧，都有大量房屋遭到破坏，其中好几幢被夷为平地。教堂也被一发120毫米炮弹击中，不过没有着火。许多沉船的船头、桅杆和烟囱伸出水面，犹如冷酷的纪念碑。德国舰船中只有"约翰·威廉二世"号如有神助，依然浮在水面上。其实当B舰队接近的警报传来时，它曾经搁浅并打开了通海阀，但是当英军离开时，它却依然完好无损，因此船员又关闭了通海阀，让这艘油轮重新浮了起来。它的状况基本上与8日下午到港时没什么两样。船上仍然装着大量对留守的德军而言堪称无价之宝的食品。

在德国，纳尔维克的故事被渲染为强弱悬殊情况下英雄式的失败。当局颁发了纪念此事的勋章和奖章，不久以后服役的36A型驱逐舰被非正式地称作纳尔维克级。也许我们很难看到纳粹宣传机器用别的口径来处理此事，因为一般来说失败是不允许的，不过在当时似乎德国海军官兵和普通民众普遍相信，海军在纳尔维克打得很英勇，只是由于敌军实在太强才不幸失败。假如拜遭到责难或是没有得到和其他人一样的正面评价，那么大家可能就会质疑这些损失是否不可避免，进而指责高层的无能。这样的后果在第三帝国是不可接受的。

"蒂勒"号（Z2）的残骸。其中一部分直到今天还在那里。（作者的收藏）

大约2600名突然发现自己无处可去的水兵来到岸上，他们成了很受迪特尔少将欢迎的援兵。他的兵力因此增加了一倍有余，若是没有这些水兵，他极有可能无法像历史上那样在纳尔维克坚守阵地。沉没于罗姆巴克斯博滕的驱逐舰的大部分舰员被编成一个团，由贝格尔中校指挥，用于控制通向瑞典的铁路。海军工程人员承担了维护铁路线及其运行车辆的任务。科特少校和来自“金内”号（Z19）的其他官兵被划入第139山地团，与埃德蒙格和“海德坎普”号（Z21）的幸存者一起听从温迪施上校指挥。其余水兵被集中到“纳尔维克海军步兵营”承担城中的警卫和治安任务。其中有些人非常适应陆上的生活，还参加了战斗。给这些海军步兵配备的是能够找到的任何枪械和制服，包括来自埃尔维加兹莫恩的挪军装备。[162]

迪特尔少将和他的部下将要在纳尔维克及其周边迎来一场长期的战斗，不过这是后话了。

第十三章

“容不得犯错”[1]

潜艇警报

指挥英军潜艇兵的马克斯·霍顿中将在1940年的头几个月把他的大部分潜艇集中于北海、斯卡格拉克海峡和卡特加特海峡。这给德国海军带来了严重问题，迫使他们从其他任务中抽调大量资源用于反潜巡逻。英国海军高层只有极少数人相信同盟国对挪威的干涉会立即引来德国的反制措施，而霍顿正是其中之一，他在3月就开始把潜艇集结到挪威海岸附近。得到关于“威尔弗雷德”行动的消息后，他在4月1日召集各纵队的指挥官到伦敦开会，随后下令所有可用的潜艇至迟要在5日黎明出海，监视赫尔戈兰湾、斯卡格拉克海峡和卡特加特海峡的出口，以及挪威南方可能成为德军登陆场的地点。

在这次会议进行时，“特里同”号和“剑鱼”号（*Swordfish*）位于斯卡恩附近，“三叉戟”号位于阿伦达尔附近。在此后几天里，“海狮”号、“翻车鲀”号、“联合”号和波兰海军的“鹰”号都出海加入了它们的行列。“一角鲸”号（*Narwhal*）也于4月2日出发，在赫尔戈兰湾西北英军认为的德军雷区出口处布设了约50枚水雷。4日夜间，得知“威尔弗雷德”行动已经推迟到4月8日以后，霍顿又把部分潜艇转移到航道深处：“鹰”号转到里讷斯讷斯（Lindesnes）以东，“三叉戟”号转到拉尔维克附近，“翻车鲀”号、“特里同”号和“海狮”号进入卡特加特海峡。为了不暴露自身方位，这些潜艇都接到了禁止拦截商船、专心对付军舰的命令。

到了4月7日中午，在接到德国舰队出海的情报之后，霍顿已经毫不怀疑德军正在开展干涉行动。他命令剩下的所有潜艇以最快速度出动，从而使海上的潜艇数量增加到20艘，其中还包括两艘法国潜艇。次日他和海军部讨论了自己的部署，令他惊讶的是，海军部却指示他撤走挪威近海的潜艇，把它们调到北海，在斯塔万格以南组成一条警戒线，拦截返回赫尔戈兰湾基地的德国海军舰船。但是没等执行这些指示，他就接到了来自奥斯陆的报告：德国货船“里约热内卢”号在克里斯蒂安桑以东沉没，德军士兵落水获救。霍顿认为这表明自己一直以来的判断都是正确的，所以他只对自己的部署做了细微调整，没有理会海军部大幅度改变部署的指示。

霍顿的这些措施确实极其有效，有 15 艘德国运兵船和补给船在 4 月 8 日到 29 日间被击沉或重创，此外还有 6 艘军舰也遭受同样厄运。这在国防军总司令部里引发了一场危机，使得向挪威南部和西部调动部队与物资的计划不得不推倒重来。[2]

根据自己 1914—1915 年在波罗的海作战的经验，霍顿知道潜艇在斯卡格拉克海峡东部和卡特加特海峡航行有很大风险。那里水浅航道窄，非常有利于反潜巡逻，而且有时候海上风平浪静，从空中都能看到水下潜艇的身影。一点点水面浮油或是潜望镜或天线带起的浪花都会在很远的距离暴露潜艇的位置。那里的海潮也令人头疼，来自波罗的海的不规则淡水流还会导致海水密度发生突变。以完美的平衡姿态航行的潜艇在进入盐度骤增的海域时可能会突然冒出水面，遇到淡水团时又会潜望镜一沉，直冲海底。“海狮”号的艇长布莱恩特少校在 4 月 9 日的日记中写道：

> 极不愉快的一天。海面平静如镜，周围全是渔船，不断有敌机在近处低飞。潜入深处是不可能的（因为密度的关系），只能连续不断地机动，以免被拖网缠住。潜艇在 34 英尺深度依靠连续调节推进轴缓慢航行……如果在 37 英尺以下航行，要么进水，要么就必须提高航速。[3]

4 月 9 日 04: 24，英国海军部发出一份电报，指出挪威南部和西部的港口正在遭到德国海军舰队入侵。收到这一情报后，霍顿命令“蓟花”号（*Thistle*）去斯塔万格附近巡逻，“逃学生”号则前往奥斯陆峡湾入口。在此之前，各潜艇的艇长都只被允许攻击敌军战舰和运兵船。要识别卡特加特海峡和斯卡格拉克海峡中的大量商船是否为德国籍或运兵船并非易事，特别是在德军护航船只和空中巡逻阻止了任何水面拦截的情况下。4 月 9 日近中午时，战时内阁在霍顿中将的极力劝说下，终于同意将斯卡格拉克海峡中东经 08° 以东（也就是德国

搜索潜艇。德国运输船的反潜措施已经显著加强。（T. 埃根的收藏）

宣布的控制区以东）的所有德国商船视作战舰，可以不经警告就击沉。这道命令在 13: 24 转发给了所有潜艇。

在“翻车鲀”号上，当电报还在解码时，杰克·斯劳特（Jack Slaughter）少校把潜望镜对准了在吕瑟希尔（Lysekil）附近瑞典领海线以外航行的 7129 吨的“阿摩西斯”号（*Amasis*）。他后来在日记中写道：“就在眼前的图景浮现时，有人大声为我朗读了霍顿中将的 1324/9 电报的最后一段，我随即开了火。”一枚鱼雷命中，将那艘船击沉，由此揭开了盟军潜艇一系列成功行动的序幕。[4]

以后再说

里夫上校在占领克里斯蒂安桑之后接到的命令很是含糊，唯一明确的是他应该尽快返回基尔。事实已经清晰地证明，克里斯蒂安桑位于英国轰炸机可以轻易打击的位置，他停留的时间越久，就越有可能遭到空袭。在下午将剩余的部队和装备送上岸后，里夫认为自己的任务已经完成，没有任何理由继续逗留了。他下令起锚，于是“卡尔斯鲁厄”号带着三艘鱼雷艇在 18: 00 离开。离岸后，“狮鹫”号、“山猫”号和“海雕”号在这艘巡洋舰周边占据护卫阵位，伴随它以 21 节航速沿之字线航行。[5]

9 日上午，1500 吨的 T 级潜艇“逃学生”号在 34 岁的克里斯托弗 · 哈钦森（Christopher Hutchinson）少校指挥下在挪威南部近海徘徊。它三天前就从罗赛斯出发了，但是斯卡格拉克海峡中的大雾给它制造了很大的困难，虽然多次听到船只经过的声音，它却没有一次能以足够把握识别出合法攻击目标。4 月 9 日上午，大雾消散，哈钦森把他的潜艇稳定在潜望镜深度。当天他多次听到爆炸声，并看到道尼尔飞机出现在空中。看起来有些大事正在发生。17: 23，东北方出现三艘“鱼雷艇”，估计正以 22 节的速度南下。于是他开始攻击，但是在将这些船识别为“挪威的斯雷普尼尔级驱逐舰”后又中止了行动。这个识别结果肯定是错的，这一海域只有两艘该级驱逐舰（“于勒”号和“奥丁”号），而此时它们已在克里斯蒂安桑港内被德军控制。基本上可以确定，哈钦森发现的这些船就是托马少校的三艘正在返航的扫雷舰 M2、M9 和 M13 号，他错失了良机。

但另一方面，正是因为这次识别错误，“逃学生”号没有暴露自己，结果等来了更大的猎物。18: 33，北方的地平线上出现了一艘巡洋舰，在“3 艘马斯级驱逐舰”护航下向东南偏南方向航行。[6] 距离是 4500 米，而且还在不断缩小。“逃学生”号正处于绝佳的攻击阵位。虽然一次突如其来的向东转向增大了那艘巡

英国海军“特里同”号潜艇。这艘1939年5月下水的T级潜艇水面排水量为1090吨，水下排水量为1575吨。它有6个指向前方的内置鱼雷发射管和4个指向尾部的外置鱼雷发射管。除了管内装填的鱼雷外还有6枚待发鱼雷。凭借两台柴油发动机，它能达到15节的水面航速。依靠电动机，水下航速可达9节。其艇员定额为59人。（帝国战争博物馆，FL 22602）

洋舰相对潜艇的速度，但是那四艘船都在射程中，而且几乎没有间隔地排成一线。18: 56，哈钦森以6秒的间隔将艇首的十枚鱼雷全部射向此时估计在3500米外的目标。头两枚鱼雷定深10英尺，接下来的六枚为12英尺，最后两枚定为8英尺。定深较浅的鱼雷意在打击位于巡洋舰前后的“驱逐舰”。为了避免潜艇在如此大规模的齐射后由于重量减轻而冒出水面，哈钦森开始射击后就立即驾艇下潜。大约三分钟后，他听到一次响亮的爆炸，接着是第二次和第三次，还伴有“金属撕裂”的声音。哈钦森驾驶“逃学生”号回到潜望镜深度，看到“山猫”号正在高速接近。它通过紧急机动惊险地躲过了鱼雷，此时正沿着鱼雷航迹前来复仇。两枚深水炸弹在这艘潜艇下潜时在“极近距离”爆炸。对方的追杀开始了。

在此后的4个半小时里，那几艘鱼雷艇一直在追击“逃学生”号，并且轮流前去帮助巡洋舰。据统计，它们一共投下31枚深水炸弹，“几乎全都近得让人不安”，只不过没有头两枚那么近。这可能是因为“逃学生”号的下潜深度出乎意料，超过了100米。为了节省蓄电池的电量，包括斯佩里电罗经在内的所有非必要设备都被关闭，照明和制冷设施也被切断电源。为了保持平衡，潜艇始终以3.5节速度航行，并且不断改变航向，确保艇尾指向被认为最危险的方向。此时盟军还不熟悉德军的反潜战术，哈钦森在航海日志中用了一段文字记录了自己的观察结果：

> 在每次攻击后，驱逐舰就停下来使用回声探测仪侦听，但似乎没有使用任何超声波设备。他们似乎会投下某种装置，它发出的声音就像沙砾落在潜艇的外壳上。反潜条件非常好，敌人表现出的搜索效率高得令人不安，而且极为持久。我只能可怜巴巴地指望他们在天黑后去忙更重要的事情。[7]

要甩掉这些鱼雷艇并非易事。在最初的深弹攻击中，爆炸震开了本来已经完全封闭的前部舱口，导致艇内大量进水。潜艇的平衡因此受到影响，不过好在操纵机构没有受损，舱门及时关闭，没有出现严重的险情。但祸不单行，两个水平舵又双双卡死，虽然后来又能活动了，却只能靠局部控制来操作。磁罗经也无法使用，哈钦森一度盲目地打转。后来的爆炸又导致艇尾平衡水舱破裂，加剧了漏水现象。大量的短路影响了电气系统，主电机开关柜直冒火花。高压空气系统也出现泄漏，导致艇内气压增加。空气本来就很污浊，现在呼吸起来就更不舒服了。有一组深水炸弹的爆炸还震开了主发动机冷却水进水阀，致使艇尾被涌入的海水淹没，艇首上抬了 15 度。但"逃学生"号还没有失控，艇员们也没有尝试修正纵倾，因为使用水泵会产生很大的噪声，而且抽出的混有油污的海水可能会涌到海面上，暴露它的位置。

21: 45，因为已经安静了一段时间，哈钦森决定冒险浮上水面观察。但是在上浮途中，他又听到了爆炸声，只不过不像先前那么近，于是"逃学生"号再次下潜到 100 米深度。这些爆炸极有可能来自"狮鹫"号为击沉受重创的巡洋舰而发射的鱼雷。此后一直悄无声息，大约一个小时后，由于蓄电池电量所剩无几，空气也污浊得令人无法忍受，哈钦森再次命令他的潜艇上浮。"逃学生"号以非常缓慢的速度静静上浮，23: 25 终于到达水面，至此它已经在水下待了 19 个小时。周围一片寂静，看不到任何敌方舰船。所有舱口全部打开，发动机开始为电池充电。罗经全都失灵了，而且天上阴云密布，所以很难判断该朝哪个方向离开该海域。哈钦森假定风向和前一天晚上相比没有变化，驾艇顺风航行，希望这能让他进入开阔水域。最终，天空放晴到能让领航员辨认出足够多星座的地步，潜艇朝着西南方向开始返航之旅。艇员都已筋疲力尽，潜艇本身也严重受损，因此哈钦森在 4 月 10 日 01: 12 发出一份电报，将这次攻击的情况通报给潜艇司令部,并说明自己正在返回罗赛斯。这一天艇员修好了大部分损伤，于是哈钦森在一份新的电报中询问自己是否应该继续巡航。霍顿中将的答复迅速而明确："以后再说。我要先见到你。"[8]

"卡尔斯鲁厄"号上的人们在 18: 58 观察到右舷外的四道鱼雷航迹。里夫上校立刻下令"双车全速前进"和"左满舵"，但是未能成功避开。虽然"逃学生"号记录了三次爆炸，但似乎只有一枚鱼雷撞在右舷辅机舱与巡航汽轮机舱（五号和六号隔舱）之间的舱壁附近。两台轮机和转向机构全都失效，这艘巡洋舰停止了前进，侧倾 12 度。情况很糟糕，更令人心焦的是，大副杜韦尔（Duwel）少校报告说所有水泵都无法使用了。被击中的隔舱很快被淹没，混杂油污的海水从舱壁裂缝涌出，不久就漫到了主舵机舱和一号发电机舱的地板。“卡尔斯鲁厄”号显然在下沉，幸存者纷纷撤离下层甲板。“山猫”号和“海雕”号奉命靠到舷侧接走舰员，随后它们就向着基尔驶去。里夫上校在20: 10最后一个离开他的军舰，登上奉命留下的“狮鹫”号。过了一阵，众人决定击沉这艘巡洋舰，于是“狮鹫”号射出一枚鱼雷。“卡尔斯鲁厄”号的艏楼被炸飞，但它依然浮在海面上。又挨了一枚鱼雷后，它才舰艏向下滑入海中，时间是21: 42。

这艘宝贵的巡洋舰在近岸水域因为一枚鱼雷而损失的事实令海军战争指挥部深感不安，而里夫因为没有尝试用鱼雷艇牵引它和召回托马少校的扫雷舰协助救援而受到批评。施蒙特少将指出，虽然在有敌潜艇出没的海域航行，这艘巡洋舰却既没有关闭全部水密门，也没有处于战斗部署状态。他承认这艘军舰中雷后的情况很糟糕，但在当时的气象条件下，应该还没到绝望的地步。里夫则辩解说，根据杜韦尔少校的报告，军舰一直在下沉，而且考虑到该舰大部分年轻舰员缺乏训练，当时他们已经做了能做的一切。但不管怎么说，它是又挨了两枚鱼雷才沉没的，如果损管更积极，它有可能被挽救下来。里夫被任命为奥斯陆峡湾海防司令，4月25日前后到霍滕履职。在8月，他晋升为少将，并担任威廉港的海军北海司令部参谋长。在霍滕接替他的是“柯尼斯堡”号的舰长鲁富斯上校。[9]

正在进水

4月10日上午08: 45，蒂勒上校终于抵达了奥斯陆，然后他就急着出发，尽快回到德国。在奥斯陆峡湾或斯卡格拉克海峡中遭到皇家海军拦截的风险很低，但英军的飞机随时可能出现。不过他着急上路的主要原因是，需要进入船坞修理当初导致“吕佐夫”号来到奥斯陆的辅机，以及科珀斯的岸炮给它造成的新伤。大西洋中的破交战仍然是这艘“袖珍战列舰”的存在理由，而蒂勒知道，每过一个星期，北方海域的夜晚就会缩短一些，他突破英军封锁的机会也会减少一分。

“埃姆登”号和R艇留在奥斯陆，“吕佐夫”号和“海鸥”号在15: 00前后沿着峡湾返航。“信天翁”号和“兀鹰”号已经在峡湾外段活动，将在稍后与它们会合。冯·施努尔拜因上尉和他的部下在德勒巴克被接上船，“布吕歇尔”号的幸存者接替了他们。另一些来自“布吕歇尔”号的人员在霍滕上了岸。在此期间，传来“信天翁”号陷入困境的消息，它在瓦勒尔（Hvaler）附近搁浅了。[10]

关于“信天翁”号搁浅时究竟发生了什么，德方资料说得有点含糊。它当时似乎在掩护正要穿过峡湾前往奥斯陆的运输船“库里提巴”号，同时还在将更多人员送上厄伊岛。另一方面，“兀鹰”号正在接近仍被挪军控制的博拉尔内岛，并遭到那里的火炮轰击。为了避免同样引起守军注意，施特雷洛上尉把“信天翁”号开到厄伊岛以东。他和这艘鱼雷艇舰桥上的其他人员都不知道，他们正在冲向居伦（Gyren）沙洲，那里本来有一个航标，几星期前被浮冰撞坏了。13: 50 前后，正当“信天翁”号以 20 节左右的速度航行时，有人观察到前方的碎浪，施特雷洛下令减速到 5 节，但是没等这个命令得到执行，“信天翁”号就重重地撞上了沙洲。

它几乎冲过了沙洲，停下来的时候艇尾高高抬出水面，整体严重侧倾。至少一个燃油舱破裂进水，油和水滚滚涌入汽轮机舱和锅炉舱。锅炉被紧急关闭，人员都撤离了这些舱室。部分电气系统立即失效，其余部分也在几分钟内短路。艇上多处起火，由于蒸汽和动力都已丧失，艇员无法灭火，浓烟把他们赶到了

“信天翁”号在厄伊岛以东的居伦沙洲搁浅。（E. 绍尔德的收藏）

甲板上。火焰四处蔓延，几次爆炸更是助长了火势。军辅船 V707 靠上来企图帮助灭火，但徒劳无功，最终艇员们带着贵重设备和机密文件撤离该艇。[11]

接到“信天翁”号搁浅的消息后，蒂勒上校命令“海鸥”号与“兀鹰”号一起留在奥斯陆峡湾，然后不顾卡特加特海峡中的多起潜艇警报，让“吕佐夫”号独自前行。蒂勒估计 24 节的航速——此时“吕佐夫”号所能达到的最大航速——足以保证安全回家，他对失去护航舰艇并不是十分担心。离开奥斯陆峡湾后，夜空颇为晴朗，点点星光提供了良好的能见度，海浪也不大，海上吹拂着 4 级的东北风。前几天收到的电报显示，与潜艇的大部分接触发生在瑞典海岸附近，因此蒂勒以大幅度之字航线向西航行。大体航向是 138°，指向斯卡恩和帕特诺斯特礁（Paternoster Skerries）之间的空隙。德国时间午夜过一小时后，舰上的 DeTe-Gerät 雷达收到来自前方的一个回波，位于舰艏右舷方向，距离 15000 米。这个回波很小，被认为是一艘渔船，但蒂勒还是下令打左舵保持安全距离。于是双方距离拉大，在雷达报告回波消失后，他又下令打右舵，回到主航向上。[12]

英国第 6 潜艇纵队的“旗鱼”号（*Spearfish*）在 4 月 7 日上午抵达卡特加特海峡中的指定巡逻区域。该区域的空中和海上都有大量活动，4 月 8 日和 9 日的大部分时间它都在海面以下度过。10 日，“旗鱼”号被一队护航舰艇和反潜拖网渔船追击了大半个下午。据统计敌军投下 66 枚深水炸弹，导致高压空气系统泄漏，水听器和潜望镜受损。泄漏的气体增加了艇内的气压，再加上空气污浊，艇员们普遍感到疲劳和眩晕。23: 30，追击者终于离去，约翰·福布斯（John Forbes）少校得以将潜航了 20 多个小时的潜艇开到海面。

大约一小时后，大副在右舷约 3000 米外看见了一艘大型舰船的船艏激起的波浪。福布斯认为这可能是一艘去而复返的护航舰艇，便让潜艇向左转弯，以艇尾指向对方，避免被发现。片刻之后，艇员发现这艘船的体型非常大，随后将其识别为重巡洋舰“舍尔海军上将”号。[13] 福布斯将鱼雷定深为四到六米，然后关停两个发动机，让潜艇浮在海面上，从指挥塔靠肉眼瞄准射出六枚鱼雷。虽然这是一个非常黑暗的夜晚，但其他条件都很好，所以他冒险进行了这次远距离射击。鱼雷射出后，仍然浮在海面上的“旗鱼”号立即转向西方航行，并向潜艇司令部发出一份目击报告。大约 5 分钟后，目标方向传来一声巨响。[14]

当蒂勒命令“吕佐夫”号回到主航向上时，福布斯的鱼雷正在途中，差一点就被躲了过去。德国时间 01: 29，当“吕佐夫”号还在打右舵时，巨大的冲击波震撼了这艘巡洋舰的舰艉。中雷前舰员们没有看到任何异样。稍后有人报告，两三道鱼雷航迹以非常小的夹角掠过左舷外。船舵卡在右舵二十度，因此这艘巡洋舰开始不断转圈，速度则渐渐慢下来。二号隔舱中无人应答电话或舵令，显然那里遭到了严重破坏。舰艉的多个隔舱开始进水，“吕佐夫”号变成了舰艉下沉并向左侧倾的姿态。蒂勒下令采取应急操舵措施，但是人们无法进入舵舱，靠调节螺旋桨转向的尝试也不见效，两个螺旋桨都停转了。[15]

01: 55，一份急电发向东集群，其中给出了估计的“吕佐夫”号位置，还补充说：“需要立即派拖船援助。”大约十分钟后又是一份电报：“舰艉很可能被鱼雷击中。发动机没有问题。船舵无法操作。需要反潜保护。”随后是第三份电报：“我舰位置距斯卡恩十海里。我舰已无法机动。正在进水。两个螺旋桨都已停转。”

最终进水被阻止于四号隔舱，但它后面的三个隔舱都已被淹没，包括舰艉弹药库。在既无推进力也无法转向的情况下，“吕佐夫”号以大约两节的速度朝西南方的斯卡恩漂流，舷侧朝向大海。人们估计英军潜艇还会攻击，在良好的能见度下，这艘无法机动的军舰将是个活靶子。舰上布置了严密的反潜瞭望哨，所有副炮的炮手全部就位。蒂勒还命令全体舰员穿上救生衣，除了分配到损管团队的人员之外，下层甲板人员全部撤离。救生艇被转到舷外，随时准备下水。舰艉炮塔奉命将所有弹药丢入海中，以帮助减轻舰艉重量。到了 03: 00，全舰的姿态通过抽油得到改善，船体主要部分几乎已被扶正，只不过后甲板还是以一定角度下沉，一部分已没入水下。

03: 08，福格勒（Vogler）中尉奉命乘坐一艘摩托艇前往斯卡恩，以联系拖船和护航舰艇提供协助。大致在同一时间，东集群命令第 17 反潜纵队、第 19 扫雷纵队和第 2 鱼雷快艇纵队聚集到“吕佐夫”号周围，同时鱼雷艇“美洲虎”号和“隼”号正从克里斯蒂安桑赶来，“狮鹫”号、“山猫”号和“海雕”号从基尔赶来，“海鸥”号与“兀鹰”号从奥斯陆峡湾赶来。[16] 另一方面，“吕佐夫”号将自身的交通艇装了一箱炸药放到水面，命令它围着巡洋舰打转，时不时向水里丢一两块炸药以冒充深水炸弹，吓跑再来攻击的潜艇。

“吕佐夫”号受损严重。（德国联邦档案馆, Bild 101II–MN/1025–13）

反潜拖网渔船和扫雷艇在 04: 30 到 05: 00 间陆续赶到，接走尽可能多的舰员之后展开护卫阵型。三艘扫雷艇（M1903、M1907 和 M1908 号）临时拉了牵引索，使“吕佐夫”号获得最低限度的转向能力，保持舰艏迎风。08: 20 前后赶到的“海鸥”号在牵引船前方指挥。不久以后，福格勒中尉从斯卡恩返回。他没有找到拖船，但是带来了许多渔船和斯卡恩救生艇，可以在必要时接应舰员撤离。黎明时，He–111 飞机开始不断巡逻，大大降低了再遭潜艇攻击的风险，好在皇家空军也没来骚扰。

随着风力和海浪逐渐加大，扫雷艇们发现这艘巡洋舰变得难以操纵，幸好下午重型拖船“沃旦”号（*Wotan*）和“鮟鱇鱼”号（*Seeteufel*）从基尔赶来接手。当其他鱼雷艇赶到，布成严密的反潜阵型时，“吕佐夫”号看起来终于有得救的可能了。不过蒂勒还是命令所有非必要人员离舰，其中包括大部分炮手，因为此时已经有了可靠的护卫船队。大约 500 人在丹麦的腓特烈港（Frederikshavn）上岸，从那里灰溜溜地搭乘火车回国。有好几个在“吕佐夫”号上服役多年的水兵恳求舰长让他们在这艘军舰的危难时刻留守，但蒂勒此时顾不上感情问题。他正在竭尽全力挽救自己的军舰，所以还是送走了这些人。

“吕佐夫”号安全进入基尔德意志造船厂的船坞。进入1941年后，它还将在船坞中待很长时间。（德国联邦档案馆, Bild 101II–MN/1038–06）

人们一度担心越来越大的海浪可能使舰艉彻底断裂，因为此时它看起来全靠两根传动轴与这艘军舰的其余部分连接，但是大海多少平静了一些，舰体结构没有散架。最终当“吕佐夫”号控制住进水时，甲板下面已经涌入了大约 1300 吨海水。这些海水和倾斜的舰艉导致它的舰体后部吃水达 12 米，这是一个重大问题，因为丹麦的内陆水道有些地方非常浅。另一方面，蒂勒宁可冒在沙洲上搁浅的风险，也不想让他的军舰沉没在比较深的水域。通过卡特加特海峡的航行很慢。“吕佐夫”号曾多次搁浅，但每一次都靠着拖船的小心牵引和向舰艏注水抬高舰艉的方法成功脱浅。最终在 4 月 14 日 20: 22，“吕佐夫”号安全进入了基尔德意志造船厂的船坞。

15 人在被鱼雷击中时丧生，他们的遗体以全套军礼埋葬在基尔。这艘巡洋舰的修复工作在进入 1941 年后还将持续很久。“咖喱”蒂勒上校离开了他的军舰，几星期后调到挪威，担任特隆赫姆的海军司令。[17]

没有英国味的贱船[18]

4月9日上午，“蓟花”号艇长哈塞尔福特（Haselfoot）少校接到一份电报，内容是要他相机进入斯塔万格港，攻击那里的德国舰船。[19]哈塞尔福特在午后不久答复说，他正在驶向斯塔万格峡湾，如果敌方飞机活动不频繁的话，预计可在次日夜里进入该港口。他还补充说，“蓟花”号此时只剩两枚鱼雷，因为当天下午它在斯屈德内斯港附近向一艘浮在水面上的U艇齐射了六枚鱼雷，但战果有待确认。这是“蓟花”号发出的最后一则信息，它的命运直到战后才水落石出。U-4号的艇长欣施（Hinsch）中尉对英军的攻击毫无感激之情。躲过“蓟花”号的鱼雷之后（最近的鱼雷离他只有十米），他就一直悄悄跟踪它，10日凌晨，他终于在卡姆岛附近的有利位置还以颜色。从600米外发射的第一枚鱼雷没有命中，但欣施调整了自己的潜艇的阵位，在02:13射出第二枚鱼雷，击中目标舯部。英国艇员显然毫无防备，“蓟花”号就这样不光彩地成了第一艘被U艇击沉的盟军潜艇。[20]

为了在短期内确保“威悉演习”行动得以继续，在先头部队登陆后，大量兵员和物资需要通过一系列运输船队运抵奥斯陆。前往奥斯陆以外登陆港口的第一批运输船已经遭到严重损耗。运送10多万部队及其装备的后续船队将全部

英国海军的“蓟花”号潜艇被U-4号的鱼雷击中，不光彩地成为第一艘被U艇击沉的盟军潜艇。（P. A. 维卡里供图）

第15军辅船纵队。这类辅助船只很适合用于反潜，在卡特加特海峡和斯卡格拉克海峡中表现出色。（E. 绍尔德的收藏）

前往奥斯陆，一方面是因为奥斯陆以西的海上航道已经完全被英军控制，另一方面是因为德军本来就计划让主力从奥斯陆地区向其他桥头堡突破。

事实证明这一行动并不像预期的那么容易，主要归咎于德国海军没有充分防备的一个因素——英国潜艇。虽然并未伤筋动骨，但损耗之大足以使德军改变原计划，通过飞机运输尽可能多的部队，同时在丹麦北部和奥斯陆峡湾南部之间穿梭运输物资和其余部队。

4 月 10 日，英国海军部通知本土舰队总司令和霍顿中将，他们已决定“……对南部海域交通的袭扰应该主要通过潜艇、飞机和水雷实施，在兵力允许的情况下应进行间歇性扫荡”。[21] 这个命令大大拔高了潜艇兵的战略意义——在当时人们也许并未充分认识这一点——为霍顿中将和他的潜艇创造了一个他们做梦都想不到的良机。

10日16: 35,“特里同”号在卡特加特海峡中巡逻,发现哥德堡(Gothenburg)附近有一支庞大的船队正在北上，包括约15艘船，刚好位于瑞典临海以外。这就是正在前往奥斯陆的第2运输船梯队。[22] 海面“平静如镜”，为了避免被发现，必须谨慎使用潜望镜。17: 26，“特里同”号进入攻击阵位，福尔－派齐少校从大约2千米的距离向航行方向与自身垂直的船队齐射六枚鱼雷。三艘船被击中,包括5200吨的“弗里德瑙”号（*Friedenau*）、3600吨的“维格贝特”号（*Wigbert*）和护卫船V1507号（“拉乌六”号）。船队顿时乱作一团。由于事先没有得到任何预防性的指示，各船一度只能自行其是。有些船停下来搭救幸存者，其他船则继续前行。最终运输船都在引导下开走，留下几艘护卫船搭救剩下的幸存者。“维格贝特”号在15 ~ 20分钟内就保持着平衡的姿态沉没了，而“弗里德瑙”号船头浮在海面上多坚持了一阵。“弗里德瑙”号上有384名第340步兵团的官兵丧生，“维格贝特”号上死去的第345步兵团官兵人数也与此相近。还有19人随V1507号沉没。总共800人获救，其中许多是被一艘前来救援的瑞典驱逐舰捞起的。对“特里同”号的反击虽然猛烈（动用了78枚深水炸弹），却准头欠佳，福尔－派齐少校不出一个小时就操纵他的潜艇安全逃脱了。[23]

4月10日下午，人们正在搭救“弗里德瑙”号、“维格贝特”号和V1507号的幸存者。左边的捕鲸船是V1501号，背景中右侧的轮船是“西班牙”号。（作者的收藏）

“弗里德瑙”号正在沉没。（作者的收藏）

当天深夜，这支船队中的第三艘运输船——2500 吨的“心宿二”号（*Antares*）被“翻车鲀”号盯上，在吕瑟希尔附近沉没。这引来了“头顶上相当多的敌船活动”，但没有反击，“翻车鲀”号得以悄悄溜走为蓄电池充电。随后“三叉戟”号和“鹰”号又尝试对船队中剩下的船只发起攻击，但双双失手。幸存的运输船在 4 月 12 日抵达奥斯陆，几天后第 3 运输船梯队的船只也到达该地。在此之后，前往挪威的吨位较大的船只大多被编入护航严密的小规模船队。凡是靠飞机运力无法输送的部队都搭乘火车前往丹麦，然后从腓特烈港或奥尔堡海运至拉尔维克或奥斯陆，每天能运送三千人左右。

也是在 10 日，“大海鲢”号（*Tarpon*）在日德兰半岛以西攻击了一艘 Q 船“许尔贝克”号（*Schürbeck*，40 号船）。鱼雷没有命中，“许尔贝克”号在扫雷舰 M6 号协助下反过来追击这艘潜艇，进行了大约 4 个小时的深水炸弹攻击。此后再无“大海鲢”号的消息，它很可能在这次反击中带着全体艇员沉没了。[24]

另一方面，战时内阁同意进一步扩大潜艇的行动自由。4 月 11 日 19: 56，霍顿中将向他的艇长们发了一封电报，告诉他们，在北纬 61° 以南距挪威海岸 10 海里范围内和东经 06° 以东的任何海域，对航行中的任何船只都可以发现即攻击，无论它们是不是商船。他还补充了一句：“你们全都做着杰出的工作。”然而此时卡特加特海峡和斯卡格拉克海峡中敌军的空中和水面活动都已显著增加，在不断缩短的黑夜里，潜艇已经很难找到安全的海域来为蓄电池充电了。不过在 11 日，“三剑客”号（*Triad*）还是在奥斯陆峡湾入口击沉了德国运输船“爱奥尼亚”号（*Ionia*），同日“海狮”号也在安霍尔特岛（Anholt）附近击沉“奥古斯特·莱昂哈特”号。[25]

次日，根据德国主力舰出现在里讷斯讷斯以西的报告，霍顿将“塞汶”号（*Severn*）、“克莱德”号、“三叉戟”号、“旗鱼”号、“翻车鲀”号和“鲷鱼”号（*Snapper*）部署在里讷斯讷斯和斯卡恩之间以监视卡特加特海峡的入口，并以“鲨鱼”号（*Shark*）和“海狼”号（*Seawolf*）监视德国湾（German Bight）。结果这些潜艇只拦截到油轮“穆胡海峡”号（*Moonsund*）。“鲷鱼”号的艇长金（King）少校在他的报告中写道：

> 03: 40，正值破晓时分，发现东北方有一艘小轮船，正向北方驶去。由于此时天色渐亮，估计飞机会来，我希望快速击沉她，于是以大散射角发射了两枚鱼雷。这些鱼雷掠过船艉，没有命中。随后我发现那艘轮船比一开始估计的更小更近，用鱼雷打这样的目标是浪费，因为我可以追上去截停她。于是“鲷鱼”号追上了那艘轮船，她沿着之字形航线前进，没有注意让她停下的信号……追逐了七海里之后，我们用一发掠过船头的炮弹将她截停。随后她打出德国商船旗，我们喊出弃船的命令，并听到对方回答“遵命”。但是看起来他们并没有放出救生艇。于是我们用刘易斯机枪扫射了桅杆，但没有什么效果。我们又把一发高爆弹射进船艏舱，里面装载的航空汽油立刻爆燃，船员们纷纷跳进大海。我们捞起了七个船员中的六个，没能找到第七个。其中两人后来死于震伤和烧伤。包括船长在内的其余四人在我们的巡航的余下时间里都保持着良好的精神状态。[26]

英军潜艇没有遇到“格奈森瑙”号、“沙恩霍斯特”号和“希佩尔海军上将”号。虽然有十几艘潜艇在寻找它们，它们还是溜过警戒区域，消失在德国的港口里。很可能电子侦听处通过大力追踪发现了部分潜艇的位置，从而通过反潜力量逼迫它们潜入水下，而运气和恶劣的天气也帮了德军的忙。4 月 12 日，“特里同”号和“三叉戟”号开始返回罗赛斯，“鹰”号则向东转移，“鲨鱼”号和“海狼”号北上进入斯卡格拉克海峡。

起初，英国潜艇的艇长们经常使用的战术是在德军护航舰艇后方偷偷潜入运输船队中间，用大散射角的齐射攻击运输船。但是德国护航舰艇很快吸取教训，部分舰艇始终跟在运输船队后方，使得英军越来越难在不被发现的情况下发起攻击，特别是在海军战争指挥部尽快增加了卡特加特海峡中反潜拖网渔船和护航舰艇的数量之后。在英军潜艇看来，德国人的反潜战术显得“很奇怪”。“她们经常相互超越、兜圈子，偶尔还会以船艉相对。”“翻车鲀”号的斯劳特少校这样写道。他还指出德国人“似乎不愿依靠他们的设备来投放炸弹”。“海狮”号的艇长布莱恩特少校发现那些拖网渔船“训练有素”，总是成对行动，不过要避开它们还是相当容易的。

德国海军有两种跟踪装备：与英军的水下探测器类似的主动声呐，以及被动水听器。装备主动声呐的船只通常会随波漂流或缓慢移动，引导其他船只。被动水听器通常拖曳在后方，会发出独特的噪声，而且定向能力有限，因此很容易回避。英军潜艇的水泵会发出很大的噪声，英军使用它们来保持平衡时，就很容易被水听器的操作员听到。当水泵停转时，潜艇通常就能悄悄躲过被动水听器的探测。众所周知，德国的 U 艇在遭到深水炸弹攻击时习惯潜入深海，而许多英国艇长会“采用浅水战术”，保持在不超过 20 米的深度缓慢航行，在确信摆脱对手后才加速逃离。[27]

14 日，继前一天在马斯特兰德（Marstrand）以北不远处雷击 Q 船“许尔贝克”号（40 号船）并迫使其逃入瑞典海域，无意中为“大海鲢”号报了一箭之仇后，

“丽蝇”号在奥斯陆港中，它即将在16: 30出发进行最后一次航行。（作者的收藏）

“翻车鲀”号又在斯卡恩以北击沉“奥尔登堡”号（*Oldenburg*，35 号船），为自己这趟极其成功的巡航画上圆满句号。此后塞尔肖（Selchow）少校第 11 猎潜纵队的反潜拖网渔船追击了它几个小时，但是没有获得可靠的接触，所以也没有实施猛烈攻击。[28]

同日，炮术训练舰“丽蝇”号（*Brummer*）从基尔开到腓特烈港，在那里搭载 409 名准备前往奥斯陆的陆军官兵。这批军人很快就上了船，当晚“丽蝇”号就在“美洲虎”号、“隼”号和 F5 号伴随下出海。[29] 次日上午到达奥斯陆后，陆军官兵和他们的装备都下了船，船队在 16: 30 再次出发，返回腓特烈港接收更多部队。4 月 15 日 23: 07，在约姆弗吕兰岛（Jomfruland）附近，行驶在最前面的“丽蝇”号发现三条鱼雷航迹。当时船队刚刚通过一片雪雾交加的海域，舰长马克斯·格鲍尔（Max Gebauer）少校为了避免各船失去接触，已经命令它们排成首尾相连的纵队，所以没有展开反潜阵型。两枚鱼雷在“丽蝇”号前方通过，第三枚正中一号炮塔下方，引爆了前部弹药库。艏楼被炸飞，二号炮耷拉下来，以奇特的角度指向水面。

其他舰艇上的人员起初并不知道攻击来自哪个方向，“隼”号和 F5 号围着现场打转，一边投放深水炸弹一边搜索潜艇。一无所获的 F5 号奉命靠近已经半

英国海军“小体鲟”号潜艇，“旗鱼”号的姊妹艇。它自己很可能在击沉“丽蝇”号两天后沉没了。（赖特与罗根供图）

毁的“丽蝇”号接走伤员,随后格鲍尔少校（他本人也在爆炸中被甩出舰桥摔伤）命令“美洲虎”号靠帮带走其余舰员。“丽蝇”号看似稳定，但是由于受损严重，随时可能在波涛起伏的大海上沉没。此后德军发现了一艘潜艇，两艘鱼雷艇随即展开追击,但是没有取得战果,也跟丢了目标。德军曾计划在拂晓时尝试牵引，但没等到那个时候，“丽蝇”号就在 06: 50 沉没于距特韦斯泰嫩灯塔（Tvesteinen Lighthouse）一海里处。全舰有 51 人伤亡，其中 25 人丧生。几乎所有死伤者都是艏楼中的人员。[30]

攻击者是“小体鲟”号（*Sterlet*）。但是人们至今也无法确定它在攻击“丽蝇”号之后的命运。它再也没有发出任何信息,最终被报告为逾期未归,推断已沉没。从德方舰船的报告来看,它很可能逃脱了“美洲虎”号、“隼”号和 F5 号的追击，除非当时德军单独或成对投下的深水炸弹中碰巧有一枚击中了它，使它悄悄地遭到毁灭。两天后在斯卡恩东北方，一艘潜艇在刚刚入夜时向一支运输船队发射了两枚鱼雷，但没有战果。这次攻击中，该艇浮出水面，遭到护航舰艇的猛烈攻击。这艘潜艇很可能就是“小体鲟”号,而且它有可能就是在此时被击沉的，或者是遭重创后沉没于返航途中。

4 月 15 日，“鲨鱼”号向补给舰“萨尔”号（它被误认作“丽蝇”号）和两艘运输船发射五枚鱼雷，但是目标发现了鱼雷航迹，通过转向安全规避。“鲷鱼”号同日在斯卡恩东北方击沉扫雷艇 M1701 号和 M1702 号，随后被追击了几个小时，但安全逃脱。16 日，“鼠海豚”号（*Porpoise*）在埃格尔松附近向 U–3 号射出六枚鱼雷，但全部射偏。18 日，在斯卡恩以北作战的“海狼”号于夜袭中击沉了运输船“哈姆”（*Hamm*）号。

德国反潜部队和其他护航舰艇的密集搜索最终有了回报。4 月 20 日，“剑鱼”号在处于潜望镜深度时遭到一架飞机轰炸。几分钟后,艇长考埃尔（Cowell）上尉听到发动机声响，便浮上水面查看。出水后，他发现自己被至少五艘 F 级护航舰和一艘较大的船包围了。“剑鱼”号紧急下潜，随后被追击了两个小时。对方投下的深水炸弹有一些近得令人不安，它们导致外侧水舱泄漏，艇尾进水。为了逃避追杀，所有发动机都被关闭，电罗经也停了。脱险后考埃尔上尉勇敢地再度搜索目标，不出半小时就发现了一支由三艘商船和四艘护航舰艇组成的船队。他射出六枚鱼雷，但由于罗经依然处于关闭状态，航向控制受到干扰，鱼雷无一命中。“剑鱼”号企图依靠一台发动机溜走，可又被护航舰艇及先前的猎潜船队追击了六个小时才得到浮出水面的机会。此时艇内的气压已经非常大，所以在开舱时舱盖猛地崩开又弹了回来，把考埃尔上尉和一名信号兵砸晕过去。“剑鱼”号在挪威南方近海度过了接下来一个星期，其间不断被反潜巡逻船只和飞机骚扰，最终于27日踏上归途。[31] 该艇攻击的船队由货船“贝尔格拉诺”号（*Belgrano*）、“德绍”号（*Dessau*）和“库里提巴”号组成，为其护航的是塞尔肖少校的第11猎潜纵队。团队在前一天离开奥斯陆前往基尔，准备搭载又一批装备与部队。在赶走“剑鱼”号几小时后，又发现了一个新的潜艇回波。在这次追击中，德军至少两次观察到潜望镜，并投下约25枚深水炸弹——这一次遭到攻击的很可能是“三剑客”号。但最终他们与目标失去接触，继续向南航行，未出现任何损失。[32]

到了4月下半月，已经有好几艘英军潜艇连续巡航近两个星期，有些将近三个星期，它们的鱼雷也快要用完了。于是这些潜艇一艘接一艘地返回基地。

在整个4月里，英军潜艇发现斯卡格拉克海峡中的作战条件日益恶劣。反潜巡逻的密度明显增加，低空飞行的巡逻机无处不在，不断迫使它们潜入深海。多艘潜艇在毫无预警的情况下遭到飞机轰炸，甚至潜入水下的时候也不例外。到了4月底，由于黑夜长度快速缩短，而且需要重新调集兵力来应对预料中西线即将发生的战事，霍顿中将不得不暂停在卡特加特海峡和斯卡格拉克海峡中的巡逻。在5月初法国遭到进攻后，英军潜艇部队不得不把挪威与斯卡格拉克海峡全面地“放一放”。里讷斯讷斯—斯卡恩一线以东的作战全部终止，这意味着德军的补给船队再也不会受到攻击了。

4月里英军在卡特加特海峡和斯卡格拉克海峡取得的成功并不是没有代价的。四艘潜艇遭遇了厄运：“蓟花”号和“小体鲟”号损失于挪威海域，“大海鲢”号沉没于日德兰半岛以西，“联合”号出发作第二次巡航时于4月29日在布莱斯（Blyth）附近被挪威货轮“阿特勒·亚尔”号（*Atle Jarl*）撞沉。[33]

这些潜艇确实无愧于海军大臣发给它们的表彰电：“请向参与这些精彩异常、战果辉煌的潜艇作战的全体官兵转达他们的同胞对这些功绩的赞美与崇敬。”[34]

第十四章
史海扬波

德国时间4月9日19: 30，第21集群向柏林的国防军总司令部发送了形势报告："对挪威与丹麦的占领已经遵照命令完成。"[1]这一结论在很大程度上对形势做了过度简化，也与入侵部队总司令冯·法尔肯霍斯特上将尚在德国的事实相悖。德国军队确实控制了奥斯陆、霍滕、阿伦达尔、克里斯蒂安桑、埃格尔松、斯塔万格、卑尔根、特隆赫姆和纳尔维克，但是基本上没有控制这个国家的其他任何国土，而且占领军的态势远远称不上稳固。挪威政府已经严词拒绝德国的要求并决心抵抗。英国和法国已经宣布提供援助，而且挪威人的动员也已开始。从政治角度讲，这次行动是失败的。哈康国王、政府和议会都已逃脱，吉斯林临时发动的"政变"已经显露出适得其反的迹象。谈判很快就将变得不可能，而挪威人抵抗的意志还会增强。

德军还要花整整两个月时间才能全面占领挪威，北方的这场次要作战实际上将比法国和波兰的会战都更为持久。

德军一开始为什么入侵?

对这个问题我们无法给出简单的、没有争议的答案。在这一连串的事件背后，交织着令人眼花缭乱的意识形态、大战略、个人野心、军事考虑和非理性推论等诸多因素。我们必须考虑到希特勒对"阿尔特马克"号事件的无端狂怒和丘吉尔对纳尔维克的偏执，也必须考虑到法国的国内政局和吉斯林的政治抱负。库特未能使同盟国理解自己的意图也是个重要因素，同样重要的是雷德尔的海军雄心和丘吉尔的机会主义。一些次要因素也起了作用，例如克兰克和冯·法尔肯霍斯特大胆的作战计划实际上使行动显得有了可行性。

德国海军的总司令埃里希·雷德尔元帅鼓吹经略挪威的动机有很多，而提出"威悉演习"行动实际概念的责任必须由他来负。一方面他认识到，作为大战略布局的一部分,德国必须保护来自斯堪的纳维亚的铁矿石与其他物资的进口。另一方面，他也希望德国海军被视作德国武装力量的重要组成部分，取得北海的制海权，并积极威胁英国的大西洋补给线。他相信如果掌握了挪威的基地，那么潜艇和水面舰艇部队都可以参与这些任务，反过来，如果这些基地被英国控制，德国的北部海岸就会受到严重威胁。只要战争的重心是西线或东方的长远扩张，德国的陆军和空军就将成为主导力量。所以雷德尔必须炮制出能让海军高人一等的替代方案，以免在资源分配上落后于其他军种。不过他也明白，对挪威境内德军基地的战略价值不应作过高评价，而且最初他很可能并未预见到德国会发动全面入侵。

4 月 15 日，也就是“威悉演习”行动实施仅一个星期后，希特勒和戈林就在柏林的一次会谈中告诉瑞典海军的塔姆（Tamm）上将，德国倾向于让斯堪的纳维亚国家保持中立，由于同盟国长期的侵略行径和对德国矿石进口的威胁，他们才不得不出兵挪威。[2] 在纽伦堡审判和后来的回忆录中，被指控发动侵略战

埃里希·雷德尔元帅抵达福尼布，他必须为“威悉演习”行动的设想和执行承担责任。（作者的收藏）

争的雷德尔也作了自辩，声称德国情报部门已经掌握了同盟国入侵挪威的计划的详情，“威悉演习”行动纯粹是预防性质的。这一说法在某种程度上是符合事实的，但不足以为雷德尔撇清罪责。在战争的最初阶段，德国海军的高级军官普遍担心英国封锁德国，也对海军保护本国商船航线（其中最重要的就是铁矿石贸易）的能力怀有疑虑。[3] 1939—1940 年的冬天，雷德尔在提交给希特勒和国防军总司令部的一系列报告中反复指出贸易战对打破英国反制、实现德国的大陆扩张的重要性。他强调的首要任务就是确保德国能不断从斯堪的纳维亚半岛进口铁矿石、黄铁矿石、镍矿石和其他矿物，同时阻止英国从同一地区获得这些矿石。由此看来，虽然这些矿石供应面临来自英国的巨大压力，但以侵略行动维护德国利益的理念早已深深植根于雷德尔和他的部分幕僚的头脑中。

第一次世界大战的惨重损失和随之而来的金融萧条导致英国在迎来新的战争时严重缺乏准备，弥补这些缺陷需要时间。鉴于西线随时可能爆发大战，战时内阁早已决定开辟尽可能多的战线来牵制德国的兵力。在威逼利诱下加入战争对抗德国的国家越多，德国的力量就越分散。温斯顿・丘吉尔对这个问题的认识比战时内阁的大部分其他成员更清醒，而且他也是英国政府中首屈一指的鹰派。他在秋冬两季一直主张对挪威航道布雷，最终在 4 月 8 日如愿以偿。

苏联在 11 月对芬兰的进攻和人们对英勇的芬兰守军的普遍同情创造了派遣远征军的机会——这支军队可以在出征途中控制瑞典的矿场。在巴黎看来，经挪威与瑞典向芬兰派遣远征军的提案大有希望，法国人对此热烈赞同。此举可以减轻马其诺防线的压力，如果能切断流向德国工厂的铁矿石运输当然更好。英国人将会承担主要责任，而法国也可以派出以外籍兵团为主的数千部队参与，迫使德国从法国边境抽调兵力。因此，法国人为发动此次作战在同盟国最高战争委员会中施加了巨大压力，他们希望借此机会把德国军队拖入一个遥远的战场。英国军方也有部分人士看到了将战火烧到斯堪的纳维亚半岛的好处，认为可以通过此举从德国手中夺取主动权。艾恩赛德将军在参谋长委员会支持下拟定了一个雄心勃勃的作战计划，企图控制拉普兰的矿石产地以及挪威西海岸。我们永远无法知道，如果这一计划没有被芬兰的城下之盟阻止，事态将会如何发展，但同盟国的计划和意图被柏林方面知道得一清二楚，凸显了反制措施的必要性。

丘吉尔认为 4 月 8 日上午在挪威航道的布雷行动是一次“技术性侵犯”，而他在 10 日的议会演说中提及德国的入侵时，却厚颜无耻地声称是“挪威的中立和我们对此的尊重使得这一残忍行径无法被预防”。英国侵犯中立的行径就这样被淡化了。丘吉尔的意思是，德国人是主动入侵挪威的，他们即使没有受到刺激也会这么做，既然覆水难收，那么最好的办法就是遗忘。实际上，英国蓄意决定要侵犯一个国家的中立，尽管在六个月前它曾宣誓维护该国的中立。毫无疑问，以任何法律和道德标准来衡量，英国的布雷行动都是对挪威中立地位的公然侵犯。从这个意义来讲，希特勒以此事件作为他自己侵略挪威的理由无论多么站不住脚，都无关紧要。

10 月 6 日，希特勒在对帝国国会的一次演讲中说道：

> 德国与北方诸国从来没有任何利益冲突，甚至连观点争议都没有，直到今天都是如此。德国对瑞典和挪威都提出过签订互不侵犯条约的建议，这两国都拒绝了，而它们拒绝的唯一理由就是觉得自身没有受到任何威胁。[4]

这通话说得很漂亮，但旁人若信以为真就危险了。挪威的中立声明只有在被同盟国尊重的情况下才是对德国有利的。希特勒对国际法毫无尊重之心，而且我们也无法想象，当挪威置身于欧洲冲突之外的愿望不再符合他自己的利益时，他会出于任何道义考虑而尊重它。挪威的中立为他提供了便利，因为这使得偷越封锁线的舰船、矿石船、拖网渔船和其他民用船舶能够安全地在斯卡格拉克海峡与挪威海之间的航道中行驶。德国可以通过挪威的中立获得切实的利益，但前提是挪威没有明显偏向同盟国。维德昆 · 吉斯林 12 月拜访帝国总理府时的表态在希特勒心中种下了怀疑的种子，而“阿尔特马克”号事件似乎又坐实了吉斯林的说法。在德国国内各有所图的势力利用下，吉斯林证实了同盟国企图干涉斯堪的纳维亚半岛的警报，使得挪威问题在希特勒的考虑中排到前列。英国海军在戈斯兴湾中对“阿尔特马克”号的干涉使这个问题变得具体化，也使“威悉演习”行动从策划阶段进入执行阶段。当德国情报部门报告了同盟国正在谋划的、仅仅由于芬兰屈服才终止的经挪威与瑞典远征芬兰的行动，问题在很大程度上就已变成“威悉演习”行动应该何时发动了。希特勒的长远目标当然是统治整个欧洲，但他针对每个邻国的短期战略是非常多变的，这很可能是因为它们从一开始就模糊得很。

英军如果占领了挪威境内的基地，就会切断瑞典到德国的矿石供应，而且还可以借此加强针对德国的空中战争。这也将使瑞典进入同盟国的势力范围，并严重危及德国在波罗的海的海上交通。在极端情况下，把挪威让给英国可能意味着输掉战争。“威悉演习”行动源于一系列多少有些武断的决策和一连串出人意料的事件。德国人相信盟军切断矿石运输并夺取挪威南方基地的行动迫在眉睫，并以此作为入侵的借口。至于这种威胁是否真切，在很大程度上是无关紧要的，只要柏林相信它是真的就行了。

为什么“威悉演习”行动成功了？

这同样是一个复杂的问题。这场作战的每个阶段都有不同的动态，在德军登陆的每个港口，事态都有着独立的发展。尽管德军采取了严格的保密措施，伦敦、哥本哈根和奥斯陆还是得到了大量及时的警报，足以让各方采取使“威悉演习”彻底失败的行动。然而挪威还是被占领了，尽管组织和策划都有失误，可在无情而高效的德国空军的有力协助下，德国陆海军还是依靠大胆主动和纯粹的鲁莽赢得了胜利。

挪威的男男女女在1940年4月对战争毫无心理准备。一个世纪以来，大部分时间都是在中立与和平的气氛中度过的，国防力量被削弱到了几乎让军官和士官们羞于见人的地步。从好战的其他国家传来的无数警报引发了恐惧，但也更坚定了挪威人不卷入战争的决心。尽管有西班牙、奥地利、捷克斯洛伐克、波兰、芬兰的前车之鉴，尽管战争已经打了七个月，有不少挪威船只沉没且有人员伤亡，大多数人还是相信政府会带着国家渡过难关——就像在第一次世界大战中那样。在大多数挪威人看来，捍卫中立与参加战争之间有一道需要花不少时间才能越过的坎，而在4月9日早晨，挪威军队的绝大多数官兵都相信自己仍然是在执行中立警戒任务。没有来自政府或任何军事当局的声明，没有动员，没有除了“加强戒备”之外的任何警告。此外，也没有关于敌军身份的确切情报。大多数人以为自己面临的是一次严重侵犯中立的事件，而不是战争。因此他们的反应是按规定逐步升级的。

许多士兵在接到开火命令时，都觉得自己应该提醒军官，他们的枪炮里装填了实弹。如果开火，可能有人中弹。在与挪威老兵进行的所有谈话中，我发现他们几乎无一例外地有一个共同点：他们都承认，在战争开始后，一连数日他们都不曾怀着杀人的意图开枪；直到他们亲身体会了德国侵略者的冷酷无情，直到一些战友被打死或打伤，他们才把准星压到了那些身穿原野灰制服的人身上。考虑到这种心态，再加上技术缺陷、沟通不畅、枪炮故障、哑弹频出、探照灯没电、炮手不足等因素，进攻方与防守方之间的差别是十分显著的。

德国人的装备不一定就比挪威人的好，但他们知道自己是在打仗，他们受过良好的训练，最重要的是，他们的军官有明确的目标和时间表，以及完成任务的决心。不过，“威悉演习”行动的成功并不是周密策划与长期准备的结果。这次作战的策划工作是在 2 月中旬才紧张地展开的，距离其实施还不到两个月。所以说事实正相反：德军靠着参战部队的临机应变与务实行动取得了胜利。在很大程度上，整个作战的理念远远超出了英国与挪威的军事和民政当局的理解范围。

挪威的武装力量在 20 世纪 20 年代和 30 年代被大幅削减，整个国家的自卫能力也随之萎缩。为了获得军方的认同，手握军队人事任免和经费分配大权的政府高官挑选了不会捣乱的军方领导。面对日益严重的纳粹主义和布尔什维主义威胁，这批人既没有意愿也没有能力提出可行的国防方案——只有少数人是非常突出的例外。

尼高斯沃尔首相把大部分国际问题丢给外交大臣库特处理，而库特把带领国家避免战争当成了他个人的责任——几乎把其他所有应该参与的人排除在外。这两人都没有向合适的顾问征求意见，而当他们任命永贝里为国防大臣时，通向灾难的大门便敞开了。最终要为挪威武装力量缺乏战备的状况负责的人就是尼高斯沃尔、库特和永贝里。他们比其他任何人都更有改善国防的能力。由于他们做出的选择——无论是出于个人、意识形态还是政治原因——挪威历史的走向被永远改变了。如果由其他人担任他们的职位，所采取的行动可能与他们相似也可能不一样，但当时在位的就是这三人，因此责任也要由他们来负。政府得到了明确的警报，而库特要为没有分发、分析和理解这些警报并采取相应行动承担责任。军界和政界在国家遭入侵前的几天和更早的时间里一直缺乏沟通和指导，这个责任只能由比格尔·永贝里承担。而既然整个体制放任了这样的事情发生，约翰·尼高斯沃尔当然要负领导责任。

1939 年 9 月，政府对局势的初步评估认为，挪威当时没有遭到进攻的紧迫危险，中立警戒足以应付，这个结论可能是读者都会认同的。但是此后政府就无所作为，特别是在“阿尔特马克号”事件发生、战争双方对挪威的威胁明显升级之后，政府依然无动于衷，这就让人难以理解了。其他大臣都没有足够的军事知识，无法用合适的术语明确表达他们的意图，而他们也始终没有妥善地确认永贝里、迪森和拉克是否理解政府的意图。拉克和迪森也都没有主动担责，没有确保不愿合作的政府获得它需要的所有关于军事形势的信息，导致后者并未理解其命令（或命令的缺失）会有什么后果。这两人都没有确保政府认识到加强挪威国防实力需要多长时间与多少资源。他们以为“有先见之明的外交部”会在必要时以正当的程序启动预防措施。没有人意识到，这完全取决于一个人的判断。这个人就是外交大臣库特，因为他没有让其他任何人参与其中。就整个政府而言，无论在军事方面多么无能，它都不能逃避以下过错的责任：政府没有召集军队统帅参加交流情报的会议，没有确保自身的意图得到理解，也没有确认其命令是否能够执行——如果不能执行，有没有替代方案？

皇家海军掌握着北海的制海权，却出现了重大失误，既没能拦截参加“威悉演习”行动的任何一支部队，也没能把已经登陆的部队赶下大海。英国海军部还没有适应新时代的战争方式，没有认识到情报（或者毋宁说是对情报的理解）、潜艇和空中力量将会主宰战场，依然固守着舰队战的传统，即海上的舰队只管作战，决策全部出自高层。除了在纳尔维克的行动及英国潜艇部队的杰出贡献外，许多战机被白白浪费，大量的教训没有被吸取。

不过，德国海军还是遭受了更大的损失。3 艘巡洋舰、10 艘驱逐舰和 10 多艘其他舰船被击沉。其余参战的水面舰队几乎都有损失，等到这场会战结束时，实际上只有 U 艇部队还能前出至大西洋作战，此外只有一些小部队在英吉利海峡和挪威海域作战而已。新锐的战列舰还远未形成战斗力，因此德国海军在潜在的入侵英国作战中肯定无法发挥任何作用了。

如果以今天的标准衡量，我们几乎无法理解“威悉演习”行动作为一个军事计划竟能获得批准。希特勒无视当代海军战略的传统限制，根据雷德尔与海军战争指挥部的建议，把赌注全部押在了突袭的效果上。海军战争指挥部在其战争日记中评论说，这次作战“打破了海战教科书中的一切原则”，但也称它是“现代战争史中创新较多的作战之一”。“威悉演习”行动正是因为反常规才被认为大有成功的希望，而不是相反。

这是有史以来第一次三军联合作战，空军、陆军和海军为了相互关联的任务和目标进行了密切合作。参战部队同时通过空运和海运方式被直接送入战场，成功有赖于对时间表的严格遵守以及这些平时钩心斗角的军种之间天衣无缝的配合。这也是伞兵第一次得到积极运用，以从天而降的方式参加战斗。在战斗打响后的几天里，还发生了这场战争中第一次针对大型战舰的俯冲轰炸机攻击，第一次航母特混舰队作战，第一次海军对岸炮击，以及陆基飞机的存在影响海上舰队部署的第一批案例。

在此后的会战中，还将发生英德两国地面部队之间的第一次交锋，以及德国陆军在第二次世界大战中的第一次败北（盟军重夺纳尔维克）。“威悉演习”行动也将间接造成张伯伦内阁的垮台，为温斯顿·丘吉尔入主唐宁街铺平道路。假如在敦刻尔克撤退之后张伯伦与哈利法克斯继续掌权，谁都说不准历史将会如何发展。

笼罩在“威悉演习”行动上的谜团、传说和不实印象要多于第二次世界大战中的大部分其他战役。各色人等出于各种原因，对其中发生的事件及其原因作了形形色色的不同叙述。关于它的战略、政治、法律和道义问题少说也是不够明朗的。相关的军事问题讨论则被冒险和未经验证的概念所主导。对欧洲来说，它是一场因大陆上的战事而失色的次要战斗。对挪威人民来说，它永远改变了他们国家的历史走向。

让我们铭记那些曾英勇奋战、特别是做出了最大牺牲的人们，不要辜负他们付出的牺牲。

附录 A

欧洲铁矿石贸易

瑞典的铁矿石出口（单位：万吨）

年份	1933	1934	1935	1936	1937	1938	1939	1940
总计	304.4	637.6	690.6	1028.9	1311.0	1197.6	1256.2	927.1
对德国	215.3	480.4	500.6	747.9	881.8	844.1	998.1	817.0
对英国	42.3	80.1	98.7	136.2	213.6	160.3	142.1	58.4

瑞典经纳尔维克的铁矿石出口（单位：万吨）

年份	1935	1936	1937	1938	1939	1940
总计	382.1	553.0	758.0	684.4	586.6	126.6
对德国	259.2	384.3	491.9	477.1	402.7	50.4
对英国	78.6	99.8	161.1	122.2	111.7	52.4

※ 资料来源: Karlbom, *Sweden's Iron Ore Exports to Germany* 1933 - 1944; and Bröyn, *Den svenske malmeksport fram til besetingen av Narvik i April 1940*.

附录 B

挪威王家海军（1940 年 4 月）

最高海防司令部

海军总司令——亨利 · 爱德华 · 迪森（Henry Edward Diesen ）少将

副官：

比格尔 · 伦德 · 戈特瓦尔特（Birger Lund Gottwaldt）准将

奥斯卡 · 阿尔夫 · 贡瓦尔森（Oskar Alf Gunvaldsen）少校

托勒 · 霍尔特（Thore Holthe）少尉

海军总参谋长——埃利亚斯 · 科内柳森（Elias Corneliussen）准将

爱德华 · 克里斯蒂安 · 丹尼尔森（Edvard Kristian Danielsen）上校

情报处处长——埃里克 · 安克尔 · 斯滕（Erik Anker Steen）少校

海军航空兵司令——芬恩 · 吕佐夫－霍尔姆（Finn Lützow-Holm）上校

岸防炮兵司令——汉斯 · 奥斯卡 · 哈默斯塔德（Hans Oscar Hammerstad）上校

第 1 海防区（霍滕，卡尔约翰堡）

约翰尼斯 · 斯米特－约翰森（Johannes Smith-Johannsen）少将

参谋长——贡纳尔 · 霍夫德纳克（Gunnar Hovdenak）上校

卡尔约翰堡海军基地——保罗 · 明斯特（Paul Münster）上校

情报与联络参谋——克努特 · 纳嘉 · 布利克（Knut Nergaard Blich）少校

第 1 布雷舰分队［“劳根”号（*Laugen*）、“格洛门”号（*Glommen*）、“诺”号（*Nor*）、“维达”号（*Vidar*）］——恩斯特 · 威廉 · 施拉姆（Ernst Wilhelm Schramm）少校

第 1 航空联队——戈斯塔 · H. A. 温德尔博（Gøsta H.A.Wendelbo）少校

霍滕防空部队——O.J. 约翰内森（O.J.Johannessen）上尉

海军造船厂

奥斯卡堡海防分区

比格尔 · 克里斯蒂安 · 埃里克森（Birger Kristian Eriksen）上校

情报与联络参谋——索雷夫 · 温内贝格（Thorleif Unneberg）上尉

奥斯卡堡巡逻与辅助分队［“起重船二”号（*Kranfartøy* II）、“阿尔法”号（*Alpha*）、“松树”号（*Furu*）］——安德烈亚斯·安德森（Andreas Anderssen）上校

卡霍门岛炮台——马格努斯·瑟德姆（Magnus Sødem）上尉

280毫米岸防炮 ×3（4月9日仅2门有人操作）

57毫米岸防炮 ×4（皆无人操作）

科珀斯炮台——沃恩·朱利·恩格尔（Vagn Jul Enge）上尉

150毫米岸防炮 ×3

胡斯维克炮台——罗尔夫·索雷夫·贝特尔森（Rolf Thorleif Bertelsen）少尉

57毫米岸防炮 ×2

150毫米岸防炮 ×3（人员不足）

内瑟特炮台——H. 斯特兰德（H.Strande）少尉

57毫米岸防炮 ×3

北卡霍门岛鱼雷发射台——安德烈亚斯·安德森（Andreas Anderssen）上校

450毫米鱼雷发射管 ×3

塞厄斯滕防空连队——汉斯·索利（Hans Sollie）少尉

40毫米高射炮 ×2

7.92毫米高射机枪 ×3

外奥斯陆峡湾海防分区

埃纳尔·坦贝格－汉森（Tandberg-Hanssen）准将

参谋长——特龙·斯塔姆瑟（Trond Stamsø）少校

奥斯陆巡逻与辅助分队——H. H. 芬博鲁德（H.H.Finborud）上校

第1潜艇分队［A2号、A3号、A4号、“萨彭”号（*Sarpen*）］——索尔瓦尔德·伏里施乔夫·菲耶尔斯塔（Thorvald Frithjof Fjeldstad）少校

第1扫雷艇分队［“霍克”号（*Hauk*）、“瓦斯”号（*Hvas*）、“福尔克”号（*Falk*）、“杰尔特”号 *Kjæk*）］——奥拉夫·阿尼洛特·阿伯德（Olav Arnljot Apold）少尉

第3扫雷艇分队［“奥特拉”号（*Otra*）、“赖于马”号（*Rauma*）］——A. 戴利（A.Dæhli）少校

奥斯陆要塞——克里斯蒂安·克里斯托弗森·诺特兰（Kristian Kristoffersen Notland）中校（坐镇霍于炮台）

厄伊岛炮台——赫斯莱布·阿德勒·恩格尔（Hersleb Adler Enger）少校

150 毫米炮 ×4

120 毫米炮 ×2（无人操作）

北炮连——B. 瑟利（B.Sørlie）上尉

南炮连——K. 古利克森（K.Gullichsen）上尉

40 毫米高射炮 ×2、机枪 ×2——伦宁（Rønning）少尉

150 厘米探照灯 ×1、100 厘米探照灯 ×1——T. 汉森（T.Hansen）军士

博拉尔内炮台——弗雷德里克·威廉·费尔登（Fredrik Wilhelm Færden）少校

150 毫米岸防炮 ×3——特勒（Telle）上尉

120 毫米岸防炮 ×4（无人操作）

150 厘米探照灯 ×1、90 厘米探照灯 ×1——哈里斯兰德（Harrisland）军士

莫克略炮台——朗纳·埃德加·沃尔纳（Ragnar Edgar Wølner）上尉

305 毫米榴弹炮 ×2（人员不足）

霍于炮台——克努特·艾斯（Knut Aas）上尉

210 毫米岸防炮 ×2（人员不足）

克里斯蒂安桑海防分区

塞韦林·爱德华·维格斯（Severin Edward Wigers）准将

参谋长——马丁·奥古斯特·托内森（Martin August Tønnessen）少校

情报与联络参谋——亚历山大·韦尔科（Alexander Vercoe）少校

马尔维卡海军基地与仓库——马丁·奥古斯特·托内森少校

第 2 鱼雷艇分队［“蛎鹬”号（*Kjell*）、“鸬鹚”号（*Skarv*）、“黑海鸠”号（*Teist*）］——F. 哈尔沃森（F.Halvorsen）少尉

第 2 潜艇分队（B2 号、B4 号、B5 号）——本贾尼·布罗（Bjarne Bro）少校

第 10 辅助分队［“克维克”号（*Kvik*）、“闪烁”号（*Blink*）、“闪电”号（*Lyn*）］——卢多尔夫·艾德·布维克（Ludolf Eide Buvik）少校

第 11 辅助分队［“威廉·巴伦支”号（*William Barents*）、“芙莉莲”号（*Fireren*）、“灵达尔”号（*Lyngdal*）、“鲸鱼四”号（*Hval* IV）、“鲸鱼六”号（*Hval* VI）、“鲸鱼七”号（*Hval* VII）］——T. 约翰森（T.Johansen）少校

第 3 鱼雷艇分队［“贼鸥”号（*Jo*）、“秃鹫”号（*Grib*）、“渡鸦”号（*Ravn*）、“雕”号（*Ørn*）、“潜鸟”号（*Lom*）］——托勒·霍尔特（Thore Holthe）少尉

克里斯蒂安桑海军航空基地——埃尔林·W. 埃利亚森（Erling W.Eliassen）少校

克里斯蒂安桑要塞

枪炮长——约翰森 · 桑贝格（Johannes Sandberg）中校

情报与联络参谋——雷达尔 · K. 布林伊尔德森（Reidar K.Brynhildsen）上尉

克里斯蒂安桑海军司令部——卡尔 · J. 施密特（Karl J.Schmidt）少校

奥德略亚炮台

210 毫米岸防炮连——斯韦勒 · 盖尔沃夫（Sverre Geirulv）上尉

240 毫米榴弹炮连——B. A. 弗林斯（B.A.Flisnes) 上尉

西 150 毫米岸防炮连——希尔马 · 海斯曼恩（Hilmar Hestmann）少尉

中央 150 毫米岸防炮连——雅各布 · A. 林宁（Jacob A.Rynning）少尉

东 150 毫米岸防炮连——托比约恩 · 尼尔森（Thorbjørn Nielsen）少尉

防空部队——A. T. 阿布斯兰（A.T.Abusland）少尉

格列奥登炮台

150 毫米岸防炮连——哈拉德 · 尼古莱 · 桑内斯（Harald Nikolai Sannes）少尉

第 1 海军航空联队

戈斯塔 · 温德尔博少校

卡尔约翰堡海军航空基地（霍腾）——戈斯塔 · 温德尔博少校

克里斯蒂安桑海军航空基地——埃尔林 · 埃利亚森少校

格拉斯霍尔曼海军航空基地（奥斯陆）（临时）

霍腾海军飞行学校

第 2 海防区（卑尔根，马林霍尔门）

卡斯滕 · 汤克 - 尼尔森（Carsten Tank-Nielsen）少将

参谋长——哈格巴特 · 弗雷德里克 · 谢尔斯特鲁普（Hagbart Fredrik Kjelstrup）上校

马林霍尔门海军基地——H. G. 雅各布森（H.G.Jacobsen）上校

情报与通信参谋——恩斯特 · 布莱恩 · 马斯特兰德（Ernst Bryne Marstrander）少尉

第 2 海军航空联队——D. 曼斯海于斯（D.Manshaus）[①] 少校

海岸警卫部队

---

① 编注：原文如此，参考本书中其他提及此人的内容，他应该叫 E. 曼斯海于斯。

斯塔万格—海于格松海域

驱逐舰“阿戈尔”号（*Æger* ）——尼尔斯·拉尔森·布鲁恩（Nils Larsen Bruun）少校

驱逐舰“尸鬼”号（*Draug*）——托勒·霍尔弗（Tore Horve）少校

鱼雷艇“雄松鸡”号（*Stegg*）——赫尔曼·马格尼·汉森（Herman Magne Hansen）少尉

军辅船“斯帕尔姆”号（*Sperm*）、7 号摩托艇

苏拉，哈伏斯峡湾临时水上飞机基地

海于格松海岸警卫与通信中心——E. 克罗（E.Krogh）少校

弗卢勒—莫吕海域

驱逐舰“巨魔”号（*Troll*）——约翰·达尔（Johan Dahl）少校

鱼雷艇“迅速”号（*Snøgg*）——N. 西蒙森（N.Simensen）少校

莫吕—奥勒松海域

军辅船“鲸鱼五”号（*Hval* V）、“联邦”号（*Commonwealth*）

莫吕海岸警卫与通信中心——比亚恩·斯勇（Bjarne Sjong）少校

卑尔根海防分区（马林霍尔门）

卡斯滕·汤克 - 尼尔森少将

副手——居纳尔·伊萨克森·维洛克（Gunnar Isaachsen Willoch）上校

高级参谋人员——奥尔斯塔少校（Årstad）、罗斯伯格（Røssberg）少校、卡普伦 - 史密斯（Cappelen-Smith）少校

卑尔根海军司令部——I. 埃文森（I.Evensen）上校

第 4 鱼雷艇分队 [“暴风”号（*Storm*）、“烈火”号（*Brand*）、“海豹”号（*Sæl*）]——托尔莱夫·彼得森（Thorleif Pettersen）少尉

第 2 布雷舰分队 [“戈尔”号（*Gor*）、“提尔”号（*Tyr*）、“乌勒尔”号（*Uller*）、“瓦利”号（*Vale*）]——约翰·弗雷迪里克·安德烈亚斯·乌尔斯特鲁普（Johan Fredrik Andreas Ulstrup）少校

第 2 扫雷艇分队 [“勇气”号（*Djerv*）、“大胆”号（*Dristig*）]——W. 克鲁特森（W. Knutsen）少尉

潜艇 B6 号——H. T. 埃里克森（H.T.Eriksen）少校

布雷舰“奥拉夫·特吕格瓦松”号（*Olav Tryggvason*）——特吕格弗·西古德·布里塞德（Trygve Sigurd Briseid）上校

驱逐舰“加姆”号（*Garm*）——西古德 · 绍尔登（Sigurd Skjolden）少校
第 13 巡逻与辅助分队
第 12 巡逻与辅助分队
莱瑞地区——F. 乌尔斯特鲁普（F.Ulstrup）上尉
费尔岛地区——K. A. 哈吉斯塔德（K.A.Hagestad）上尉
霍于地区——K. 巴柯恩（K.Backen）少尉
赫德拉地区——A. 雷亚（A.Lea） 上尉

卑尔根要塞——居纳尔 · 伊萨克森 · 维洛克上校
克法芬炮台——佩德 · 赫尔曼 · 沃格（Peder Herman Waage）上尉
　　210 毫米岸防炮 ×3——O. 奥尔森（O.Olsen）上尉
　　240 毫米榴弹炮 ×3——K. 海于格斯塔（K.Haugstad）上尉
　　鱼雷发射管（无法运行）

海伦炮台——克里斯滕 · 马丁努斯 · 瓦尔德（Kristen Martinus Valde）上尉
　　210 毫米岸防炮 ×3——克里斯滕 · 瓦尔德上尉
　　240 毫米榴弹炮 ×2（位于桑德维克斯峰，无人操作）

外围炮台（由卑尔根海军司令部指挥）
　　莱瑞炮台（65 毫米岸防炮 ×2）——O. M. 坦根（O.M.Tangen）上尉
　　费尔岛炮台（65 毫米岸防炮 ×2）——B. 约翰内森（B.Johannesen）准尉
　　赫德拉炮台（65 毫米岸防炮 ×2）——H. 里内斯（H.Risnes）上尉
　　霍于炮台（57 毫米岸防炮 ×2）——S. 旺根（S.Vangen）上尉

卑尔根防空部队——P. 阿尔韦瑟（P.Alvær）上尉
克法芬防空连队—— S. 托普（S.Torp）准尉
厄于尤尔防空连队——J. 斯特伦（J.Strøm）准尉
斯莱特巴肯防空连队——E. A. 韦勒 - 特兰德（E.A.Welle-Strand）准尉

特伦德拉格海防分区（特隆赫姆）

奥拉夫 · 贝格森（Olav Bergersen）上校
参谋长——布林朱尔夫 · 比亚纳尔（Brynjulf Bjarnar）少校
阿格德内斯海军司令部——H. 佩德森（H.Pedersen）少校

第14巡逻与辅助分队［“福森”号（*Fosen*），“瑙马”号（*Nauma*），“斯泰恩谢尔”号（*Steinkjær*），“海尔霍恩”号（*Heilhorn*）］

驱逐舰“斯雷普尼尔”号（*Sleipner*）——E. 于尔林（E.Ullring）少校

鱼雷艇“安全”号（*Trygg*）——F. W. 明斯特尔（F.W.Münster）少尉

第5鱼雷艇分队［“鲱鱼”号（*Sild*）、“鳕鱼”号（*Skrei*）、“鲑鱼”号（*Laks*）］——朗瓦尔·坦贝（Rangvald Tamber）少尉

奥尼亚水上飞机基地（希特拉岛）——科勒·斯特兰德·肖斯（Kåre Strand Kjos）少尉

海岸警卫与通信站

阿格德内斯要塞——弗里肖夫·雅各布森（Frithjof Jacobsen）中校

情报与联络参谋——S. 勒夫斯塔德（S. Løvstad）上尉

布雷廷根炮台——亨里克·施吕特（Henrik Schlytter）少校

210毫米岸防炮 ×2——H. 伊萨克森（H.Isaachsen）上尉

150毫米岸防炮 ×3——帕特里克·汉斯·沃尔克马（Patrich Hans Volckmar）少尉

防空部队——S. 埃尔南（S.Elnan）准尉

黑斯内斯炮台——厄于温·朗厄（Øyvin Lange）上尉

210毫米岸防炮 ×2——保罗·马格努森·斯特兰德（Paul Magnussen Strande）少尉

150毫米岸防炮 ×2——哈康·米尔霍尔特（Haakon Myrholt）少尉

防空部队——J. 哈格尔肯（J.Hageløkken）准尉

第2海军航空联队

埃德温·曼斯海于斯（Edvin Manshaus）少校

弗拉特海军航空基地（卑尔根）——埃德温·曼斯海于斯少校

哈弗斯峡湾海军航空基地（斯塔万格）（临时）——卡尔·约翰·斯坦斯贝格（Carl Johan Stansberg）少尉

奥尼亚海军航空基地（希特拉岛）（临时）——科勒·斯特兰德·肖斯少尉

第3海防区（特罗姆瑟）

里夫·萨里纽斯·托拉尔夫·哈格吕普（Leif Sarinius Thoralf Hagerup）准将[①]**（4月8日在休假）**

---

① 编注：原文如此，在正文中其军衔为少将。

实际指挥——佩尔 · 阿斯基姆（Per Askim）上校

参谋长——埃尔林 · 斯其尔（Erling Kjær）少校

情报与联络参谋——卡尔 · 弗里乔夫 · 哈塞尔 · 罗德（Carl Fritjof Hassel Rode）少校

第 3 海军航空联队

海岸警卫与巡逻队 [“海姆达尔”号（*Heimdal*）、“北角”号（*Nordkapp*）、“克维托伊”号（*Kvitøy*）、“斯瓦尔巴二”号（*Svalbard* II）、“叙利亚人”号（*Syrian*）、“托芬一”号（*Torfinn* I）、“奥德一号”（*Aud* I）]

拉姆松海军仓库

奥福敦分队（纳尔维克）——佩尔 · 阿斯基姆上校

第 1 岸防装甲舰分队 [“挪威”号（*Norge*）、“埃兹沃尔”号（*Eidsvold*）]

第 3 潜艇分队 [B1 号、B3 号、“灵恩”号（*Lyngen*）]

辅助巡逻队 [“米凯尔 · 萨尔斯”号（*Michael Sars*）、“塞尼亚岛”号（*Senja*）、“凯尔特人”号（*Kelt*）]

芬马克分队（基尔克内斯与瓦德索）——彼得 · 莫滕 · 布雷斯多夫（Peter Morten Bredsdorff）少校

护渔巡逻队 [“弗里乔夫 · 南森”号（*Fridtjof Nansen*）、“伯廷德”号（*Børtind*）、“北海二”号（*Nordhav* II）、“罗斯峡湾”号（*Rossfjord*）、“斯潘斯汀”号（*Spanstind*）]

瓦尔多伊胡斯要塞——约翰 · 巴西利耶（Johan Basilier）上尉

第 3 海军航空联队

T. 松特（T.Sundt）少校

斯卡托拉海军航空基地（特罗姆瑟）

瓦德瑟海军航空基地（临时）

附录 C

参与挪威战役的英国舰船（1940 年 4 月）

本土舰队

海军上将查尔斯·福布斯爵士（Sir Charles Forbes），坐镇“罗德尼”号

第 2 战列舰中队

“罗德尼”号（*Rodney*） F. H. G. 达尔林普尔 – 汉密尔顿（F.H.G.Dalrymple-Hamilton）上校

“刚勇”号（*Valiant*） H. B. 罗林斯（H.B.Rawlings）上校

“厌战”号（*Warspite*） V. A. C. 克拉奇利（V.A.C.Crutchley）上校

战列巡洋舰中队

W. J. 惠特沃斯（W.J.Whitworth）中将，坐镇“声望”号

“声望”号（*Renown*） C. E. B. 西米恩（C.E.B.Simeon）上校

“反击”号（*Repulse*） E. J. 斯普纳 (E.J.Spooner) 上校

航空母舰

“暴怒”号（*Furious*） 特鲁布里奇（T.H.Troubridge）上校

第 1 巡洋舰中队

海军中将 J. H. D. 坎宁安（J.H.D.Cunningham），坐镇“德文郡”号

“德文郡”号（*Devonshire*） J. M. 曼斯菲尔德（J.M.Mansfield）上校

“贝里克”号（*Berwick*） I. M. 帕尔默（I.M.Palmer）上校

“约克”号（*York*） R. H. 波特尔（R.H.Portal）上校

“萨福克”号（*Suffolk*） J. W. 邓福德（J.W.Durnford）上校

第 2 巡洋舰中队

海军中将 G. F. 爱德华 – 科林斯爵士 (Sir G.F.Edward-Collins)，坐镇“加拉蒂亚”号

“加拉蒂亚”号（*Galatea*） B. B. 斯科菲尔德（B.B.Schofield）上校
“阿瑞托莎”号（*Arethusa*） G. D. 格雷厄姆（G.D.Graham）上校
“佩内洛珀”号（*Penelope*） G. D. 耶茨（G.D.Yates）上校
“欧若拉”号（*Aurora*） L. H. K. 汉密尔顿（L.H.K.Hamilton）上校

第18巡洋舰中队

海军中将杰弗里·莱顿（Geoffrey Layton），坐镇“曼彻斯特”号
“曼彻斯特”号（*Manchester*） H. A. 派克（H.A.Packer）上校
“谢菲尔德”号（*Sheffield*） C. A. A. 拉科姆（C.A.A.Larcom）上校
“南安普顿”号（*Southampton*） F. W. H. 琼斯（F.W.H.Jeans）上校
“格拉斯哥”号（*Glasgow*） F. H. 佩格勒姆（F.H.Pegram）上校
“伯明翰”号（*Birmingham*） A. C. G. 马登（A.C.G.Madden）上校

第2驱逐舰纵队

“哈迪”号（*Hardy*）(H87) B. A. W. 沃伯顿－李（B.A.W.Warburton-Lee）上校 纵队旗舰
“莽汉”号（*Hotspur*）(H01) H. F. H. 莱曼（H.F.H.Layman）中校
“浩劫”号（*Havock*）(H43) R. E. 卡里奇（R.E.Courage）少校
“英雄”号（*Hero*）(H99) H. W. 比格斯（H.W.Biggs）中校
“海伯利安”号（*Hyperion*）(H97) H. 圣·L. 尼科尔森（H.St L.Nicholson）中校
“猎人”号（*Hunter*）(H35) L. 德·维利尔斯（L.de Villiers）少校
“敌忾”号（*Hostile*）(H55) J. P. 赖特（J.P.Wright）中校

第3驱逐舰纵队

“英格尔菲尔德”号（*Inglefield*）(D02) 珀西·托德（Percy Todd）上校 纵队旗舰
“伊西斯”号（*Isis*）(D87) J. C. 克劳斯顿（J.C.Clouston）中校
“冬青”号（*Ilex*）(D61) P. L. 索马里兹（P.L.Saumarez）少校
“伊摩琴”号（*Imogen*）(D44) C. L. 弗斯（C.L.Firth）中校
“愉悦”号（*Delight*）(H38) M. 福格－艾略特（M.Fogg-Elliott）中校
“狄安娜”号（*Diana*）(H49) E. G. 勒·盖特（E.G.Le Geyt）少校

第 4 驱逐舰纵队

“阿弗利迪人”号（*Afridi*）(F07)　P. L. 维恩（P.L.Vian）上校　纵队旗舰

“廓尔喀人”号（*Gurkha*）(F20)　A. W. 巴扎德（A.W.Buzzard）中校

“锡克人”号（*Sikh*）(F82)　J. A. 吉福德（J.A.Gifford）中校

“莫霍克人”号（*Mohawk*）(F31)　J. W. M. 伊顿（J.W.M.Eaton）中校

“祖鲁人”号（*Zulu*）(F18)　J. S. 克劳福德（J.S.Crawford）中校

“哥萨克人”号（*Cossack*）(F03)　罗伯特·圣·V. 舍布鲁克（Robert St V.Sherbrooke）中校

“毛利人”号（*Maori*）(F24)　G. N. 布鲁尔（G.N.Brewer）中校

“努比亚人”号（*Nubian*）(F36)　R. W. 雷文希尔（R.W.Ravenhill）中校

第 5 驱逐舰纵队

“凯利”号（*Kelly*）(F01)　海军上校路易斯 · 蒙巴顿勋爵（Lord Louis Mountbatten）纵队旗舰

“克什米尔”号（*Kashmir*）(F12)　H. A. 金（H.A.King）中校

“开尔文”号（*Kelvin*）(F37)　J. L. 梅钦（J.L.Machin）少校

“吉卜林”号（*Kipling*）(F91)　A. 圣 · 卡莱尔 · 福特（A.St Clair Ford）中校

“金伯利”号（*Kimberley*）(F50)　R. G. K. 诺林（R.G.K.Knowling）少校

第 6 驱逐舰纵队

“索马里人”号（*Somali*）(F33)　R. S. G. 尼科尔森（R.S.G.Nicholson）上校　纵队旗舰

“阿散蒂人”号（*Ashanti*）(F51)　W. G. 戴维斯（W.G.Davis）中校

“马塔贝列人”号（*Matabele*）(F26)　G. K. 怀廷－史密斯（G.K.Whiting-Smith）中校

“马绍那人”号（*Mashona*）(F59)　W. H. 塞尔比（W.H.Selby）中校

“贝都因人”号（*Bedouin*）(F67)　J. A. 麦科伊（J.A.McCoy）中校

“旁遮普人”号（*Punjabi*）(F21)　J. T. 利恩（J.T.Lean）中校

“爱斯基摩人”号（*Eskimo*）(F75)　圣·J. A. 米克尔思韦特（St J.A.Micklethwait）中校

“鞑靼人”号（*Tartar*）(F43)　L. P. 斯基普威思（L.P.Skipwith）中校

第 7 驱逐舰纵队——P. J. 麦克（P.J.Mack）上校

“两面神”号（*Janus*）(F53)　J. A. W. 托西尔（J.A.W.Tothill）中校

“标枪”号（*Javelin*）(F61) A. F. 帕格斯利（A.F.Pugsley）中校
“天后”号（*Juno*）(F46) A. M. 麦基洛普（A.M.McKillop）少校
“朱庇特”号（*Jupiter*）(F85) D. R. 怀布德（D.R.Wyburd）中校

第8驱逐舰纵队

“福克纳”号（*Faulknor*）(H62) A. F. 德 · 萨利斯（A.F.de Salis）上校 纵队旗舰
“无恐”号（*Fearless*）(H67) K. L. 哈克尼斯（K.L.Harkness）中校
“狐猩”号（*Foxhound*）(H69) G. H. 彼得斯（G.H.Peters）少校
“愤怒”号（*Fury*）(H76) G. F. 伯格哈特（G.F.Burghard）中校
“护林人”号（*Forester*）(H74) E. R. 坦科克（E.R.Tancock）少校
“命运女神”号（*Fortune*）(H70) E. A. 吉布斯（E.A.Gibbs）中校
“声誉”号（*Fame*）(H78) W. S. 克劳斯顿（W.S.Clouston）少校

第1驱逐舰纵队

“科德林顿”号（*Codrington*）(H65) G. E. 克里西（G.E.Creasy）上校 纵队旗舰
“榴弹”号（*Grenade*）(H86) R. C. 博伊尔（R.C.Boyle）中校
“灵猩”号(*Greyhound*)(H05) W. R. 马歇尔－艾迪恩(W.R.Marshall-A' Deane）中校
“萤火虫”号（*Glowworm*）(H92) G. B. 鲁普（G.B.Roope）少校
“狮鹫”号（*Griffin*）(H31) J. 李－巴伯（J.Lee-Barber）少校
波兰海军“闪电”号（*Blyskawica*）(H34) J. 梅基（J.Umecki）少校
波兰海军“霹雳”号(*Grom*)(H71) 亚历山大·胡莱维奇(Alexander Hulewicz)中校
波兰海军“风暴”号（*Burza*）(H73) 斯坦尼斯拉夫 · 纳霍斯基（Stanisław Nahorski）少校

第12驱逐舰纵队

“厄勒克特拉”号（*Electra*）(H27) S. A. 巴斯（S.A.Buss）少校
“冒险”号（*Escapade*）(H17) H. R. 格雷厄姆（H.R.Graham）中校
“遭遇”号（*Encounter*）(H10) E. V. 圣 · J. 摩根（E.V.St J.Morgan）少校
“蚀”号（*Eclipse*）(H08) I. T. 克拉克（I.T.Clark）少校

布雷舰

“蒂维厄特河岸”号（*Teviot Bank*） R. D. 金－哈特曼（R.D.King-Harman）中校

第 20 驱逐舰纵队

“埃斯克”号（*Esk*）(H15) J. G. 比克福德（J.G.Bickford）上校 纵队旗舰

“冲动”号（*Impulsive*）(D11) R. J. H. 蔻驰（R.J.H.Couch）少校

“艾凡赫”号（*Ivanhoe*）(D16) W. S. 托马斯（W.S.Thomas）少校

“伊卡洛斯”号（*Icarus*）(D03) P. H. 哈多（P.H.Hadow）中校

潜艇

第 2 潜艇纵队（罗赛斯）——“福斯河”号（*Forth*）潜艇母舰

“蓟花”号（*Thistle*） W. F. 哈塞尔福特（W.F.Haselfoot）少校 4 月 7 日前往斯塔万格方向巡逻，4 月 10 日沉没

“三剑客”号（*Triad*） E. R. J. 奥迪（E.R.J.Oddie）少校 4 月 8 日前往斯卡恩以东巡逻

“三叉戟”号（*Trident*） A. G. L. 西尔（A.G.L.Seale）少校 3 月 25 日前往拉尔维克外海巡逻

“特里同”号（*Triton*） E. F. 福尔－派齐（E.F. Fowle-Pizey）少校 3 月 29 日前往卡特加特海峡巡逻

“逃学生”号（*Truant*） C. 哈钦森（C.Hutchinson）少校 4 月 6 日前往埃格尔松外海巡逻

“大海鲢”号（*Tarpon*） H. J. 考德威尔（H.J. Caldwell）少校 前往斯卡格拉克海峡途中，4 月 10 日沉没

“鹰”号（*Orzel*） J. 格鲁金斯基（J.Grudzinski）少校 4 月 3 日前往克里斯蒂安桑外海巡逻

“海豹”号（*Seal*） R. P. 朗斯代尔（R.P.Lonsdale）少校 4 月 6 日出海巡逻

“大沽口”号（*Taku*） V. 范·登· 比尔（V.Van den Byl）少校 4 月 12 日出海巡逻

“鼠海豚”号（*Porpoise*） P. Q. 罗伯茨（P.Q.Roberts）中校 4 月 13 日出海巡逻

“领主”号（*Tetrarch*） R. G. 米尔斯（R.G.Mills）少校 4 月 13 日出海巡逻

第 3 潜艇纵队（哈威奇）——“独眼巨人”号（*Cyclops*）潜艇母舰

“海狮”号（*Sealion*） B. 布莱恩特（B.Bryant）少校 4 月 2 日前往卡特加特海峡巡逻

“海狼”号（*Seawolf*） J. 斯塔德霍姆（J.Studholme）少校 4月7日前往德国湾巡逻

“鲨鱼”号（*Shark*） P. N. 巴克利（P.N.Buckley）少校 4月7日前往德国湾巡逻

“鲷鱼”号（*Snapper*） W. D. A. 金（W.D.A.King）上尉 4月4日出海巡逻

“小体鲟”号（*Sterlet*） G. H. 霍华德（G.H.Haward）少校 前往卡特加特海峡途中，4月18日沉没

“翻车鲀”号（*Sunfish*） J. E. 斯劳特（J.E.Slaughter）少校 4月2日前往卡特加特海峡巡逻

第6潜艇纵队（布莱斯）

“联合”号（*Unity*） J. F. B. 布朗（J.F.B.Brown）上尉 4月2日前往霍恩斯礁附近巡逻，4月29日沉没

“旗鱼”号（*Spearfish*） J. H. 福布斯（J.H.Forbes）少校 4月5日出海巡逻

“剑鱼”号（*Swordfish*） P. J. Cowell 考埃尔（P.J.Cowell）上尉 3月22日出海巡逻，4月8日返回布莱斯，4月16日再次出航

“克莱德”号（*Clyde*） D. C. 英格拉姆（D.C.Ingram）少校 4月7日出海巡逻，4月9日03: 00以后在埃格尔松外海游弋

“乌苏拉”号(*Ursula*) W. K. 卡瓦耶(W.K.Cavaye)少校 4月8日出海巡逻

“塞汶”号（*Severn*） B. W. 泰勒（B.W.Taylor）少校 4月5日出海巡逻，前往北海途中

“一角鲸”号（*Narwhal*） R. J. 伯奇（R.J.Burch）少校 4月10日从伊明汉姆出海巡逻

附录 D

纳尔维克港中的船只
（1940 年 4 月 8 日）

船名	国籍	排水量（吨）	建造年代	结局
“B 类”号（*Cate B*）	挪威	4,285	1920	4 月 10 日严重受损；4 月 18 日沉没；1954 年打捞、拆解
“埃尔德里”号（*Eldrid*）	挪威	1,712	1915	4 月 10 日受损搁浅；稍后被德军飞机击沉；1945 年残骸被爆破
“哈勒格”号（*Haaleg*）	挪威	1,758	1922	4 月 13 日在浅水区沉没；同年打捞出水但被搁置；战后得到修复
“勒德斯克亚尔”号（*Rødskjael*）	挪威	133	1914	5 月 4 日被德军飞机击沉；同年打捞并修复
“扎菲尔”号（*Saphir*）	挪威	4,306	1905	4 月 10 日被英国驱逐舰击沉；1957 年打捞、拆解
“伯尼斯”号（*Bernisse*）	荷兰	951	1915	4 月 12 日被英国海军航空兵攻击，随后弃舰；13 日进一步受损，部分沉没；15 日被凿沉；1949 年打捞、拆解
“博登”号（*Boden*）	瑞典	4,264	1914	4 月 10 日被英国驱逐舰击伤；13 日部分沉没；15 日弃船，稍后沉没；20 世纪 50 年代早期打捞、拆解
“奥克瑟勒松德”号（*Oxeløsund*）	瑞典	5,613	1923	4 月 10 日被击伤，随后搁浅并弃船；后遭到空袭，5 月 8 日沉没；1947 年打捞出水；1962 年拆解
“斯特罗萨”号（*Stråssa*）	瑞典	5,603	1922	4 月 6 日离开纳尔维克，但因发动机问题抛锚；被德国驱逐舰送回诺瓦克；10 日在袭击中受损，随后沉没；可能由德军拆毁
“托恩”号（*Torne*）	瑞典	3,792	1913	4 月 9 日早晨准备起航；10 日遭英国驱逐舰炮击；12 日被凿沉；1955 年打捞、拆解
“布莱斯莫尔”号（*Blythmoor*）	英国	6,582	1922	4 月 9 日被德军俘获；10 日被英国驱逐舰击沉（6 人死亡）；1954 年打捞、拆解
“默辛顿庭院”号（*Mersington Court*）	英国	5,141	1920	4 月 9 日被德军俘获；13 日受损；15 日被德军击沉；1952 年打捞、拆解
“北康沃尔”号（*North Cornwall*）	英国	4,304	1924	4 月 9 日被德军俘获；13 日受损；15 日被德军击沉；1952 年打捞、拆解
“里弗顿”号（*Riverton*）	英国	5,378	1928	4 月 9 日被德军俘获；极有可能于 13 日沉没；战后打捞、拆解
“罗曼比”号（*Romanby*）	英国	4,887	1927	4 月 8 日傍晚离开纳尔维克，被德军驱逐舰截停遣返；10 日被鱼雷击沉
“亚琛”号（*Aachen*）	德国	6,388	1923	4 月 10 日受轻伤；16 日被凿沉以阻塞水道；1951 年打捞出水，拖拽过程中沉没
“阿尔托纳”号（*Altona*）	德国	5,398	1922	遭到英军鱼雷攻击和炮击，4 月 10 日沉没（3 人死亡）；1954 年打捞、拆解

续表

船名	国籍	排水量（吨）	建造年代	结局
“博肯海姆”号（*Bockenheim*）	德国	4,902	1924	4月9日搁浅，被船员就地焚毁；残骸今天依旧可见
“海因·霍耶”号（*Hein Hoyer*）	德国	5,836	1937	4月10日被英军驱逐舰击沉；20世纪50年代早期打捞修复
“玛莎·亨德里克·菲瑟”号（*Martha Hendrik Fisser*）	德国	4,879	1911	4月10日被英国驱逐舰击毁
“纽恩费尔斯”号（*Neuenfels*）	德国	8,096	1925	4月10日被船员凿沉，同时也被鱼雷击中（2人死亡）
“约翰·威廉二世”号（*Jan Wellem II*）	德国	11,776	1921	4月8日抵达纳尔维克；月底被船员放火焚烧；修复后用作补给船；1947年拆解
“利珀”号（*Lippe*）	德国	7,849	1917	4月10日和13日受损；14日在浅水区搁浅；随后被救出；1944年被鱼雷击沉
“弗里灵厄斯”号（*Frielinghaus*）	德国	4,339	1922	4月10日被英国驱逐舰击沉；随后打捞修复；1942年触雷沉没
“普兰尼特”号（*Planet*）	德国	5,881	1922	从摩尔曼斯克返回德国途中，并非“威悉演习”行动的一员；4月10日被英国驱逐舰击沉；随后打捞修复；1945年触雷沉没
“狄安娜”号（*Diana*）	瑞典	213	1922	4月13日或稍后沉没；1940年打捞修复
“斯泰比约恩”号（*Styrbjørn*）	瑞典	167	1910	4月12日被英国海军航空兵击沉；随后被德军打捞，用于纳尔维克港；现位于奥斯陆港

附录 E

德国海军入侵力量

海军总司令埃里希·雷德尔（Erich Raeder）元帅

海军战争指挥部参谋长：施尼温德（ Schniewind ）少将

海军总司令部参谋长：埃里希·舒尔特－门廷（Erich Schulte-Mönting）中校

海军西集群司令：阿尔弗雷德·扎尔韦希特（Alfred Saalwächter）大将（威廉港）

第一、二、三、四、六、十、十一战斗群

海军东集群司令：罗尔夫·卡尔斯（Rolf Carls）上将（基尔港）

第五、七、八、九战斗群

水面舰艇

掩护力量

代理舰队司令：京特·吕特晏斯（Günther Lütjens）中将

战列舰“格奈森瑙”号（*Gneisenau*）（旗舰）　哈拉德·涅兹班德特（Harald Netzbandt）上校

战列舰“沙恩霍斯特”号（*Scharnhorst*）　库尔特·恺撒·霍夫曼（Kurt Caesar Hoffmann）上校

第一战斗群（纳尔维克）

驱逐舰总司令：弗里德里希·邦特（Friedrich Bonte）准将（4 月 6 日 23: 00 从威悉明德起航，坐镇 Z21）

Z21“威廉·海德坎普”号（*Wilhelm Heidkamp*）　汉斯·埃德蒙格（Hans Erdmenger）少校

第 1 驱逐舰纵队——弗里茨·贝格尔（Fritz Berger）中校（坐镇 Z2）

Z2“格奥尔格·蒂勒”号（*Georg Thiele*） 马克斯－埃卡特·沃尔夫（Max-Eckart Wolff）少校

第3驱逐舰纵队——汉斯－约阿希姆·加多（Hans-Joachim Gadow）中校（坐镇Z18）

Z17“迪瑟·冯·勒德”号（*Diether von Roeder*） 埃里希·霍尔托夫（Erich·Holtorf）少校

Z18“汉斯·吕德曼”号（*Hans Lüdemann*） 赫伯特·弗里德里希斯（Herbert Friedrichs）少校

Z19“赫尔曼·金内”号（*Hermann Künne*） 弗里德里希·科特（Friedrich Kothe）少校

Z22“安东·施密特”号（*Anton Schmitt*） 弗里德里希·伯梅（Friedrich Böhme）少校

第4驱逐舰纵队——埃里希·拜（*Erich Bey*）中校（坐镇Z9）

Z9 “沃尔夫冈·岑克尔”号（*Wolfgang Zenker*） 珀尼茨（Gottfried Pönitz）中校

Z11 “贝恩德·冯·阿尼姆”号（*Bernd von Arnim*） 库尔特·雷歇尔（Kurt Rechel）少校

Z12 “埃里希·吉泽”号（*Erich Giese*） 卡尔·施密特（Karl Smidt）少校

Z13 “埃里希·克尔纳”号（*Erich Koellner*） 阿尔弗雷德·舒尔策－欣里希斯（Alfred Schulze-Hinrichs）中校

支援船队

油船：“约翰·威廉二世”号（*Jan Wellem II*）、“卡特加特”号（*Kattegatt*）

运输船：“劳恩费尔斯”号（*Rauenfels*）、“阿尔斯特”号（*Alster*）、“贝伦费尔斯”号（*Bärenfels*）

第二战斗群（特隆赫姆）

赫尔穆特·海耶上校（4月6日22: 00从库克斯港起航）

重巡洋舰“希佩尔海军上将”号（*Admiral Hippe*） 赫尔穆特·海耶（Hellmuth Heye）上校

第2驱逐舰纵队——鲁道夫·冯·普芬多夫（*Rudolf von Pufendorf*）中校（坐镇Z5）

Z5 “保罗·雅各比”号（*Paul Jacobi*）　汉斯－格奥尔格·齐默（Hans-Georg Zimmer）少校

Z6 “特奥多尔·里德尔”号（*Theodor Riedel*）　格哈德·伯米希（Gerhardt Böhmig）少校

Z8 “布鲁诺·海涅曼”号（*Bruno Heinemann*）　格奥尔格·兰赫罗（Georg Langheld）少校

Z16“弗里德里希·埃克霍尔特”号（*Friedrich Eckhold*）　阿尔弗雷德·谢梅尔（Alfred Schemmel）少校

支援船队

油船：“斯卡格拉克”号（*Skagerrak*）、“穆胡海峡”号（*Moonsund*）

运输船：“圣保罗”号（*Sao Paulo*）、“黎凡特”号（*Levante*）、“美茵”号（*Main*）

第三战斗群（卑尔根）

侦察舰队代理司令：胡贝特·施蒙特（Hubert Schmundt）少将（4 月 8 日 00: 40 从威廉港和库克斯港起航，坐镇“科隆”号；S 艇由赫尔戈兰湾起航）

轻巡洋舰“科隆”号（*Köln*）　恩斯特·克拉岑贝格（ Ernst Kratzenberg）上校

轻巡洋舰“柯尼斯堡”号（*Königsberg*）　海因里希·鲁富斯（Heinrich Ruhfus）上校

炮术训练舰“牛虻”号（*Bremse*）　雅各布弗施纳（Jakob Förschner）少校

补给舰“卡尔·彼得斯”号（*Carl Peters*）　奥托·欣茨克（Otto Hinzke）上尉

第 6 鱼雷艇纵队——汉斯·马克斯（Hans Marks）少校（坐镇“豹”号）

“豹”号（*Leopard*）　汉斯·特鲁默（Hans Trummer）上尉

“狼”号（*Wolf*）　布罗德·彼得斯（Broder Peters）中尉

第 1 鱼雷快艇（S 艇）纵队——海因茨·比恩巴赫尔（Heinz Birnbacher）上尉

S18、S19、 S20、 S21、S22、S24 (S18 和 S20 在赫尔戈兰湾相撞，前往卑尔根的时间晚于其他 S 艇）

9 号军辅船“科布伦茨”号（*Koblenz*）

18 号军辅船“阿尔特兰”号（*Alteland*）　克劳斯·费尔特（Klaus Feldt）中尉

稍后抵达卑尔根，不属于入侵部队的船只：111 号军辅船 、水上飞机勤务舰“汉斯·罗尔斯霍文”号（*Hans Rolshoven*）、水上飞机勤务舰“伯恩哈德·冯·奇尔施基”号（*Bernhard von Tschirschky*）

支援船队

油船：“贝尔特”号（*Belt*）

运输船：“玛丽·莱昂哈特”号（*Marie Leonhardt*）、“库里提巴”号（*Curityba*）、“里约热内卢”号（*Rio de Janeiro*）

第四战斗群（克里斯蒂安桑、阿伦达尔）

弗里德里希·里夫上校（4月8日05:30从威悉明德起航）

轻巡洋舰“卡尔斯鲁厄”号（*Karlsruhe*） 弗里德里希·里夫（Friedrich Rieve）上校

补给舰“青岛”号（*Tsingtau*） 卡尔·柯林纳（Karl Klingner）上校

鱼雷艇司令——汉斯·比托（Hans Bütow）上校（坐镇“山猫”号）

“海雕”号（*Seeadler*） 弗朗茨·科劳夫（Franz Kohlauf）上尉

“山猫”号（*Luchs*） 卡尔·卡斯鲍姆（Karl Kassbaum）上尉

第6鱼雷艇纵队——沃尔夫·亨纳（Wolf Henne）少校（前往阿伦达尔）

“狮鹫”号（*Greif*） 海军上尉威廉－尼古拉斯·冯·林克男爵（Wilhelm-Nikolaus Freiherr von Lyncker）

第2鱼雷快艇（S艇）纵队——鲁道夫·彼得森（Rudolf Petersen）少校

S9, S14, S16, S30, S31, S32, S33

支援船队

油船：“施泰丁根”号（*Stedingen*）

运输船：“维甘德”号（*Wiegand*）、“西海”号（*Westsee*）、“克里特”号（*Kreta*）、“奥古斯特·莱昂哈特”号（*August Leonhardt*）

第五战斗群（奥斯陆）

奥斯卡·库梅茨（Oskar Kummetz）少将（坐镇“布吕歇尔”号，4月8日03:00从基尔起航）

重巡洋舰“布吕歇尔”号（*Blücher*） 海因里希·沃尔达格（Heinrich Woldag）上校

重巡洋舰“吕佐夫”号（*Lützow*） 奥古斯特·蒂勒（August Thiele）上校
轻巡洋舰“埃姆登”号（*Emden*） 维尔纳·朗格上校（Werner Lange）上校
鱼雷艇“海鸥”号（*Möwe*） 赫尔穆特·诺伊斯上尉（HelmutNeuss）上尉
鱼雷艇 “信天翁”号（*Albatros*） 西格弗里德·施特雷洛（Siegfried Strelow）上尉
鱼雷艇 “兀鹰”号（*Kondor*） 汉斯·维尔克（Hans Wilcke）上尉

第 1 扫雷艇纵队——古斯塔夫·福斯特曼（Gustav Forstmann）上尉
R17，R18，R19，R20，R21，R22，R23，R24

军辅船“拉乌七”号（*Rau* VII）、“拉乌八”号（*Rau* VIII）

支援船队
油船：“欧兰德”号（ *Euroland*）、“桑奈特”号（*Senator*）
运输船：“心宿二”号（*Antares*）、“爱奥尼亚”号（*Ionia*）、“姆万扎”号（*Muansa*）、“伊陶里”号（*Itauri*）、“奈登费尔斯”号（*Neidenfels*）

第六战斗群（埃格尔松）
库尔特·托马（Kurt Thoma）少校（M9 舰长，4 月 7 日傍晚从库科斯港起航）
第 2 扫雷舰纵队一部（M1, M2, M9, M13 ）

支援船队
运输船：“罗达”号（*Roda*）、“蒂宾根”号（*Tübingen*）、“蒂茹卡”号（*Tijuca*）、“门多萨”号（*Mendoza*）（前往斯塔万格，不是埃格尔松）

第七战斗群（科瑟 / 尼堡）
古斯塔夫·克莱坎普（Gustav Kleikamp）上校
“石勒苏益格－荷尔斯泰因”号（*Schleswig-Holstein*）、“克劳斯·冯·贝文”号（*Claus von Bevern*）、“鹦鹉螺”号（*Nautilus*）、“鹈鹕”号（*Pelikan*），7 艘军辅船，2 艘运输船，2 艘拖船

第八战斗群（哥本哈根）
威廉·施罗德（Wilhelm Schröder）少校
“汉萨城市但泽”号（*Hansestadt Danzig*）、“斯德丁”（*Stettin*）号

第九战斗群（米泽尔法特）

赫尔穆斯·莱斯纳（Helmuth Leisner）上校

“鲁加德”号（*Rugard*）、“奥托·布劳恩”号（*Otto Braun*）、“阿科纳”号（*Arkona*）、“蒙苏姆”号（*Monsum*）、“帕萨特”号（*Passat*）、M157、V102、V103、U.Jäg 107、R6、R7

第十战斗群（埃斯比约）

弗里德里希·鲁格（ Friedrich Ruge）上校

“路易丝王后”号（*Königin Luise*）、M4、M20、M84、M102、M1201、M1202、M1203、M1204、M1205, M1206、M1207、M1208、R25、R26、R27、R28、R29、R30、R31、R32

第十一战斗群（利姆水道、曲博伦）

瓦尔特·贝格尔（Walter Berger）上校

“冯·德·格勒本”号（*Von der Gröben*）、M61、M89、M110、M111、M134、M136、R33、R34、R35、R36、 R37、R38、R39、R40

※“西里西亚”号（*Schlesien*）[霍斯特曼（Horstmann）上校]在丹麦海峡南入口，负责掩护接管丹麦雷场的工作和第7、8、9支援船队。“石勒苏益格－荷尔斯泰因”号搁浅后曾协助拖拽救援。

※4月8日至9日夜晚，博默（Böhmer）上校率领布雷舰“罗兰”号（*Roland*）、“眼镜蛇”号（*Cobra*）号和“普鲁士”号（*Preussen*），以及M10, M6, M12, M11，沿丹麦西北布设了一道保护性水雷屏障。

支援船队

运输船梯队

船名	排水量（吨）	目的地	起航	结局
“贝伦费尔斯”号（*Bärenfels*）	7,569	纳尔维克	布伦斯比特尔 4月3日02:00	航程延误，目的地变更；4月14日在卑尔根遭英军空袭，严重受损，部分沉没
“劳恩费尔斯”号（*Rauenfels*）	8,460	纳尔维克	布伦斯比特尔 4月3日02:00	航程延误，4月10日到达奥福特峡湾；在英军第一波进攻中被“浩劫”号驱逐舰击沉
“阿尔斯特”号（*Alster*）	8,570	纳尔维克	布伦斯比特尔 4月3日02:00	航程延误，4月10日在博德外海被英国驱逐舰“伊卡洛斯”号俘获
“圣保罗”号（*Sao Paulo*）	4,977	特隆赫姆	布伦斯比特尔 4月4日21:00	航程延误，前往卑尔根，触发“提尔”号布设的水雷，4月10日沉没
“黎凡特”号（*Levante*）	4,768	特隆赫姆	布伦斯比特尔 04月5日2:00	4月12日抵达
“美茵”号（*Main*）	7,624	特隆赫姆	布伦斯比特尔 4月5日02:00	在海于尔松被“尸鬼”号俘获，押往英国；4月9日自沉

续表

船名	排水量（吨）	目的地	起航	结局
“罗达”号（*Roda*）	6,780	斯塔万格	布伦斯比特尔 4 月 7 日 02:00	如期抵达；4 月 9 日被挪威驱逐舰“阿戈尔”号的炮火击沉

油船梯队

船名	排水量（吨）	目的地	起航	结局
“卡特加特”号（*Kattegat*）	6,031	纳尔维克	威廉港 4 月 3 日	4 月 10 日在厄尔内斯外海被挪威军辅船“北角”号截停，自沉
“斯卡格拉克”号（*Skagerrak*）	6,031	特隆赫姆	威廉港 4 月 4 日	改道前往离岸处；4 月 14 日被英国巡洋舰“谢菲尔德”号截获，自沉
“约翰·威廉二世”号（*Jan Wellem II*）	11,776	纳尔维克	北方基地 4 月 6 日 08:00	4 月 8 日如期抵达；4 月底被船员焚毁
“欧兰德”号（*Euroland*）	869	奥斯陆	汉堡 4 月 13 日	陆军油轮；如期抵达奥斯陆；和第 3 海上运输梯队一起出航
“穆胡海峡”号（*Moonsund*）	322	特隆赫姆	布伦斯比特尔 4 月 9 日 08:00	空军油轮；4 月 12 日在拉尔维克外海被英国潜艇“鲷鱼”号的炮火击沉
“桑奈特”号（*Senator*）	845	奥斯陆	汉堡 4 月 6 日 12:00	空军油轮；如期抵达奥斯陆；随第 1 海上运输梯队一起出航
“贝尔特”号（*Belt*）	322	卑尔根	布伦斯比特尔 4 月 9 日 08:00	空军油轮；如期抵达卑尔根
“多拉尔特”号（*Dollart*）	280	斯塔万格	布伦斯比特尔 4 月 9 日 08:00	空军油轮；可能改道前往克里斯蒂安桑；4 月 28 日到达斯塔万格

海上运输梯队

船名	排水量（吨）	目的地	起航	结局
第 1 梯队				
“心宿二”号（*Antares*）	2,592	奥斯陆	斯德丁 4 月 7 日 02:00	4 月 10 日在距吕瑟希尔 6 英里处被英国潜艇“翻车鲀”号击沉
“爱奥尼亚”号（*Ionia*）	3,102	奥斯陆	斯德丁 4 月 7 日 02:00	4 月 11 日在奥斯陆峡湾遭英国潜艇“三剑客”号攻击；12 日倾覆沉没
“姆万扎”号（*Muansa*）	5,472	奥斯陆	斯德丁 4 月 7 日 02:00	4 月 11 日清晨抵达奥斯陆
“伊陶里”号（*Itauri*）	6,837	奥斯陆	斯德丁 4 月 7 日 02:00	4 月 11 日清晨抵达奥斯陆
“奈登费尔斯”号（*Neidenfels*）	7,838	奥斯陆	斯德丁 4 月 7 日 02:00	4 月 11 日清晨抵达奥斯陆
“维甘德”号（*Wiegand*）	5,869	克里斯蒂安桑	斯德丁 4 月 6 日 17:00	4 月 9 日如期抵达
“西海”号（*Westsee*）	5,911	克里斯蒂安桑	斯德丁 4 月 6 日 17:00	4 月 9 日如期抵达
“克里特”号（*Kreta*）	2,359	克里斯蒂安桑	斯德丁 4 月 6 日 17:00	4 月 9 日从英国潜艇“三叉戟”号手中安然逃脱；13 日抵达克里斯蒂安桑

续表

船名	排水量（吨）	目的地	起航	结局
第 1 梯队				
“奥古斯特·莱昂哈特”号（*August Leonhardt*）	2,593	克里斯蒂安桑	斯德丁 4 月 6 日 17:00	4 月 9 日如期抵达；11 日返航途中，在安霍尔特岛以南被英国潜艇“海狮”号击沉
“蒂宾根”号（*Tübingen*）	5,453	斯塔万格	斯德丁 4 月 6 日 07:00	4 月 9 日如期抵达
“蒂茹卡”号（*Tijuca*）	5,918	斯塔万格	斯德丁 4 月 6 日 07:00	4 月 9 日如期抵达
“门多萨”号（*Mendoza*）	5,193	斯塔万格	斯德丁 4 月 6 日 07:00	4 月 9 日如期抵达
“玛丽 · 莱昂哈特”号（*Marie Leonhardt*）	2,594	卑尔根	斯德丁 4 月 6 日 04:00	4 月 10 日抵达
“库里提巴”号（*Curityba*）	4,968	卑尔根	斯德丁 4 月 6 日 04:00	4 月 7 日在赫尔辛堡以北搁浅；获救后于 4 月 11 日抵达奥斯陆
“里约热内卢”号（*Rio de Janeiro*）	5,261	卑尔根	斯德丁 4 月 6 日 04:00	4 月 8 日在利勒桑外海被波兰潜艇“鹰”号击沉
第 2 梯队				
“弗里德瑙”号（*Friedenau*）	5,219	奥斯陆	哥滕哈芬 4 月 8 日 16:00	4 月 10 日在卡特加特海峡被英国潜艇“特里同”号击沉
“凯勒瓦尔德”号（*Kellerwald*）	5,032	奥斯陆	哥滕哈芬 4 月 8 日 16:00	4 月 11 日抵达奥斯陆
“哈姆”号（*Hamm*）	5,874	奥斯陆	哥滕哈芬 4 月 8 日 16:00	4 月 11 日抵达奥斯陆，迟到两天；18 日返航途中被英国潜艇“海狼”号击沉
“维格贝特”号（*Wigbert*）	3,647	奥斯陆	哥滕哈芬 4 月 8 日 16:00	4 月 10 日在卡特加特海峡被英国潜艇“特里同”号击沉
“西班牙”号（*Espana*）	7,465	奥斯陆	哥滕哈芬 4 月 8 日 16:00	4 月 11 日抵达奥斯陆
“罗萨里奥”号（*Rosario*）	6,079	奥斯陆	哥滕哈芬 4 月 8 日 16:00	4 月 11 日抵达奥斯陆
“图库曼”号（*Tucuman*）	4,621	奥斯陆	哥滕哈芬 4 月 8 日 16:00	4 月 11 日抵达奥斯陆
“哈瑙”号（*Hanau*）	5,892	奥斯陆	哥滕哈芬 4 月 8 日 16:00	4 月 11 日抵达奥斯陆
“沃尔夫拉姆”号（*Wolfram*）	3,648	奥斯陆	哥滕哈芬 4 月 8 日 16:00	4 月 11 日抵达奥斯陆
“万兹贝克”号（*Wandsbek*）	2,388	奥斯陆	哥滕哈芬 4 月 8 日 16:00	4 月 11 日抵达奥斯陆
“沙尔赫恩”号（*Scharhörn*）	2,643	奥斯陆	柯尼斯堡 4 月 8 日 16:00	改道前往腓特烈港

※ 第 3 海上运输梯队由很多组组成。首先是“莫尔特科菲尔”号（*Moltkefels*）、“科隆”号（*Köln*）、“德绍”号（*Dessau*）、“菲利普 · 喜力”号（*Philipp Heineken*）和“忒提斯”号（*Thetis*），接着“露娜”号（*Leuna*）、“科尔多瓦”号（*Cordoba*）、“坎皮纳斯”号（*Campinas*）、“恩特里奥斯”号（*Entrerios*）、“布宜诺斯艾利斯”号（*Buenos Aires*）（首次从基尔前往丹麦科瑟）也加入其中。“乌特兰肖恩”号（*Utlandshörnand*）和“乌隆迪”号（*Urundi*）也起航前往奥斯陆。另外，10397 吨的“弗里德里希 · 布雷姆”号（*Friedrich Breme*）为空军运输燃油。

空军支援船队

船名	排水量（吨）	目的地	起航	结局
“卡尔·迈尔”号（*Karl Meyer*）	1,351	克里斯蒂安桑		改道前往斯塔万格
“汉斯·罗尔斯霍文”号（*Hans Rolshoven*）	985	卑尔根		4 月 9 日早晨如期抵达
“伯恩哈德·冯·奇尔施基”号（*Bernhard von Tschirschky*）	960	卑尔根		4 月 9 日早晨如期抵达
“施泰丁根”号（*Stedingen*）	8,036	斯塔万格	汉堡 4 月 7 日	4 月 8 日在斯塔韦恩外海被英国潜艇“三叉戟”号击沉

附录 F

各方的损失

与战争后期常见的人员和物资消耗相比，挪威会战中的损失并不大。不过对参战各方来说，这些损失同样带来了沉重的痛苦。

德方损失

6 月 10 日，第 21 集群汇总了挪威会战期间陆军的各项损失。可以假定，在“布吕歇尔”号上损失的陆军士兵已经计入“运输途中损失”。如果是这样，那么大部分“战斗损失”都发生在 4 月 15 日之后。德国海军在 6 月 21 日报告了海军在挪威的损失。大部分损失发生在 4 月 8 日至 15 日间。根据 4 月损失的飞机数量，可以估算出德国空军的损失在 100 到 150 人之间。

	死亡（军官 / 士官和士兵）	失踪 / 被俘	负伤[①]
陆军运输途中损失	18/1093	—	—/64
陆军战斗损失	39/683	7/362	52/1323
海军损失	26/178	28/327	12/211
平民	5	5	

英方损失

德军入侵的第一阶段，地面战开始前，英军在“廓尔喀人”号、“蚀”号、“萤火虫”号、“哈迪”号、“猎人”号、“莽汉”号、“爱斯基摩人”号、“哥萨克人”号、“旁遮普人”号、“大海鲢”号、“蓟花”号和“小体鲟”号上共损失约 500 人。此外，从 4 月 7 日到 13 日，皇家空军和海军航空兵在海上或挪威与丹麦上空还损失约 110 名空勤人员。

挪方损失

在入侵期间和随后的会战中，853 名挪威军人失去了生命。其中 283 人属于海军，大部分战死于 4 月。此外还有约 200 名平民丧生。军人与平民的负伤人数接近 1000，其中有些是重伤，留下了终身残疾。

---

① 编注：“负伤”一项，原书并未注明分隔号的含义，推测为“军官 / 士官和士兵”。

注释

第一章

1. 阿尔伯特·维尔亚姆·哈格林 1882 年生于卑尔根，后留学德国并定居于德累斯顿。他于 1936 年结识吉斯林，从 1938 年起担任其在德国的代表和联络人。

2. Außenpolitische Amt der NSDAP. 请注意不要将其与传统的外交部混为一谈。罗森堡醉心于“日耳曼文明”理论和种族主义理念，对现实政治一窍不通，也不了解斯堪的纳维亚国家的国情。德国外交部的职业外交官们对这个机构很不满，认为它只会添乱。

3. 雷德尔鼓吹经略挪威的动机很多也很复杂。最重要的动机是，他希望德国海军被视作德国武装力量的重要组成部分，北海的主宰者，而且能够积极威胁英国在大西洋上的补给线。雷德尔意识到要想维持德国在挪威的军事存在，海军就必须挑起防守挪威基地的重任，不过他最初可能没有预见到德国会全面入侵挪威。

4. 在不同的资料中，这次会见的日期从 12 月 13 日到 16 日不一而足。本书根据约德尔的日记将其确定为 13 日。

5. 沙伊特被认定为挪威问题“专家”，而且经常走访奥斯陆。他是在会见日程确定后被匆忙召回柏林的，这足以证明此次会见是临时安排的。会谈时雷德尔和罗森堡都不在场。

6. 哈格林不得不频繁地翻译或澄清吉斯林试图用他那蹩脚的德语表达的意思。

7. 雷德尔的会议纪要把汉布罗议长称为“犹太教徒汉布罗”。其实汉布罗的曾祖父早在 1810 年从丹麦迁居挪威之前就已改信基督教。

8. 吉斯林的国家统一党成立于 1933 年，其纲领大致是“恢复法律、秩序、正义和传统”。在 1933 年和 1936 年的两次选举中，国家统一党都遭遇惨败，连在议会占据一席之地的希望都没有。此后该党基本瓦解，大批党员退党或被开除，只剩下一小撮效忠于吉斯林个人的核心追随者。

9. 柏林方面给国家统一党提供了大约 20 万帝国马克用于翻新党部办公室和重新发行党报。吉斯林曾请求德方为他的一些党徒提供军事训练，但此事被搁置了。

10. RM 7/180; RM 7/177; N 172/14; N 172/16 (*Nachlass Boehm*); *Innstilling fra Undersøkelseskommisjonen av 1945*, Appendix, vol. 1; *Straffesak mot Vidkun Abraham Quisling*; Raeder, *Mein Leben*, vol. 2; Halder, *Kriegstagebuch*; Krancke, *Norwegen Unternehmen*; and Gemzell, *Raeder, Hitler und Skandinavien*. 罗森堡在日记中提到，雷德尔后来曾把与吉斯林的会面称作“命运的握手”，而在 12 月 16 日，雷德尔的参谋长舒尔特 - 门

廷就把“盎格鲁—挪威阴谋”当作事实告诉了瑞典驻德国的海军武官福塞尔上校。

11. 国防军总司令部（OKW）事实上是希特勒的私人幕僚团，综合了战略、作战和内阁职能。陆海空三军都归它节制。威廉·凯特尔（Wilhelm Keitel）是其首脑，而阿尔弗雷德·约德尔领导作战部（Führungsstab），该部起总参谋部的作用。

12. N 172/14, *Nachlass Boehm*。沙伊特在回忆中用了“integer”一词，意思是“暂不接触”，暗示在德军实施入侵以后吉斯林可能会有用。他没有说明这是他本人的想法还是希特勒的意思。

13. 吉斯林后来从未承认自己的柏林之行的后果，他宣称自己只与德国人进行了“政治讨论”。

14. Halder, *Kriegstagebuch*. 约德尔把起草报告初稿“北方草案”的任务交给了国防军总司令部里的一个空军军官——冯·斯滕堡（von Stenburg）上尉。

15. 特奥多尔·克兰克上校是“舍尔海军上将”号（*Admiral Scheer*）的舰长，该舰当时即将进入威廉港（Port Wilhelmshaven）的船坞进行大修。他在30日接到了前往柏林的命令并于数日后抵达。

16. KTB SKL A Jan40; RM 7/92; and RA II-C-11-2150/52. 在第一次世界大战期间，海军的沃尔夫冈·魏格纳（Wolfgang Wegener）中校给自己的一些同僚发了一系列备忘录。他指出，在挪威建立基地可以保护斯堪的纳维亚国家对德国的供给线，打破英国的对德封锁。其次，它们还能将皇家海军逼退至设得兰群岛—法罗群岛—冰岛一线，为德国进一步扩张到这些岛屿并真正打开“通向大西洋之门”提供机会。1929年，已经以中将身份退役的魏格纳在一本题为《世界大战中的海洋战略》（*Die Seestrategie des Weltkrieges*）的书中重述了自己考虑成熟的观点，这本书在德国海军中广为流传。魏格纳把挪威（以及丹麦和法国）的基地视作开展攻势海战的手段而非目的，他从未建议占领挪威。雷德尔反对魏格纳的观点，一方面是出于政治原因，另一方面是因为很难想象德国海军能优先获得需要的资源来建设魏格纳所设想的海战能力。把魏格纳的书称作“希特勒的海战教义”是夸大其词——哪怕希特勒确实了解其中的理念。

17. RM 7/180; RM 7/177; and Raeder, *Mein Leben*, vol. 2. 约德尔的日记，转引自Hubatsch, *Weserübung*；罗森堡的日记，转引自 *Straffesak mot Vidkun Abraham Quisling*。

18. N 300/5, *Bericht und Vernehmung des Generalobersten von Falkenhorst, Gruppe XXI, Ia, Kriegestagenbuch* and Halder, *Kriegstagebuch*. 当时凯特尔和约德尔都在场。

19. N 300/5, *Bericht und Vernehmung des Generalobersten von Falkenhorst*. 据冯·法尔肯霍斯特称，希特勒对他说，为了确保与其他军种的合作并“避免与空军发生摩擦”，他应该直属国防军总司令部。

20. 所有参与的军官都必须进行个人的保密宣誓。冯·法尔肯霍斯特把他的大部分幕僚都带来了，包括他的参谋长埃里希·布申哈根（Erich Buschenhagen）上校、作战参谋哈特维希·波尔曼（Hartwig Pohlman）中校、情报参谋埃格尔哈夫（Egelhaaf）上尉，还有特罗豪普特（Treuhaupt）少校、冯·蒂佩尔斯基希（von Tippelskirch）少校、比勒尔（Bieler）中尉、本奇（Bäntsch）上校、米歇利（Michelly）上尉和格茨（Goerz）中尉。施密特（Schmidt）中校、伯策尔（Boetzel）中校、巴德尔（Bader）中校和海尔（Heil）上尉是运输、通信和情报方面的专家，而哈默森（Hammersen）少校和约翰逊（Johnsen）少尉都懂挪威语。国防军总司令部的冯·罗斯贝格（von Lossberg）中校和戴勒（Deyhle）少校也参与其中。随着策划工作的推进，海军战争指挥部中知晓这一作战的军官也迅速增加。

21. RM 7/92. 沙伊特和哈格林先后在 1939 年 12 月和 1940 年 1 月去了奥斯陆。很快他们就开始炮制一系列形势报告，从德国的角度描绘了一幅严峻的图景。其实这两人在政界和军界都没有真正可靠的线人，他们的报告基本上是分析性的，而且非常偏激。

22. RA II-C-11-1200-1210; N 300/5, *Bericht und Vernehmung des Generalobersten von Falkenhorst*; Steen, *Norges Sjøkrig 1940–1945*, vol. 1; and Hubatsch, *Weserübung*.

23. RM 35 I /32; RH 24-21/23; Halder, *Kriegstagebuch*; and Hartmann, *Nytt lys over kritiske faser i Norges historie*.

24. 他下发了一个文件来描述挪威人的特点并建议对他们应该采用何种行为方式。这个文件提到：“挪威人酷爱自由而且自我意识很强，会反抗一切强迫其服从的企图……他们性格内向倔强，对陌生人充满怀疑。因此，不要对他们使用命令的口吻或严厉的字眼。要慢慢来。”

25. RM 35 I/32; KTB SKL A Feb40; N 300/5, *Bericht und Vernehmung des Generalobersten von Falkenhorst*; MSg 2/1882。翁达尔斯内斯（Åndalsnes）、纳姆索斯（Namsos）、莫尔德（Molde）和博德（Bodø）原本也在目标名单上，但是因为船只不够用而被放弃了。

26. 油轮梯队（Tankerstaffel）和运输船梯队（Ausfuhrstaffel）。不过它们并不会充当运兵的特洛伊木马。

27. RM 7/11; RM7/92; and KTB SKL A March40. 海军方面估计，如果运输船在“威悉演习”行动发动之日还没到目的地，可能就永远不会到了。事实上确实有不少运输船遭到拦截，还有一些船因故迟到，这造成了严重后果。

28. RM 35 I/32; and RM 35 I/35. 不过它们还是使用了摩尔斯电码发送英语信号，而且各舰都接到了关于要伪装成哪一艘英国军舰的命令。

29. N 300/5, *Bericht und Vernehmung des Generalobersten von Falkenhorst*.

30. RH 24-21/17; RM 35 I/32; RM 7/92; RM 7/11; RM 7/177; and KTB SKL A March40.

31. 这多半是胡说八道，因为克瑙斯上校作为空军的代表已经加入了“威悉演习”特别参谋部。

32. 德国空军的一个轰炸机联队（Kampfgeschwader，缩写为 KG）一般由三个大队和一个联队司令部组成，共有约 100 架飞机。

33. RM 35 II/35.

34. 外交部很可能通过冯·里宾特洛甫在帝国总理府的眼线知道了一场作战正在筹划中，但是直到 4 月 2 日凯特尔才发出备忘录正式通知他们，并对驻奥斯陆和哥本哈根的德国大使下达指示。因此外交部几乎没有时间进行准备，更不用说就有关问题施加影响了。

35. 例如，3 月初，冯·法尔肯霍斯特亲自向第 196 步兵师的师长佩伦加尔（Pellengahr）交代任务，后者当场进行了保密宣誓。他只能将关于行动的实情告诉他的作战参谋舍费尔（Schäfer）少校。师里的其他人都以为，他们进行的活动和准备只与演习相关。

36. RH 24-21/17; RM 7/180; N 172/1, *Nachlass Boehm*; KTB SKL A March40; RM 7/9; N 300/5, *Bericht und Vernehmung des Generalobersten von Falkenhorst*; Raeder, *Mein Leben*, vol. 2; and Jodl's diary in Hubatsch, *Weserübung*.

37. 禁区（挪威语称为 krigshavn）是指炮台附近的水域和一些港湾，例如内奥斯陆峡湾、克里斯蒂安桑、卑尔根和特隆赫姆。由于有大量国际船只往来，纳尔维克未被划为禁区。外国商船只有在白天才能通过禁区，而军舰任何时候都不得入内。海军接到的指示是：对不守规定的舰船要“视情况”使用武力驱逐。

38. FO 371/23658; Koht, *For Fred og Fridom i Krigstid 1939–1940*; Skodvin, *Norwegian Neutrality*; and Nøkleby, *Da krigen kom*. 和许多挪威语词汇一样，中立警戒（Nøytralitetsvakten）也有着微妙的双重含义，既可以指维护中立的部队，也可以指使用军事力量保护中立地位。

39. 自 19 世纪以来，挪威的海军总司令就被称为 Kommanderende Admiral，指挥部和海军总参谋部设在奥斯陆。亨利·霍华德·迪森在 1938 年被任命为海军总司令。

40. 挪威海军的军辅船通常是征用的渔船、捕鲸船和小型货船，大多装备一门 76 毫米炮或几挺机枪，主要用于执行巡逻和警卫任务，并不适合战斗。

41. FO 371/21087.

42. 以奥斯陆峡湾为例，在第一次世界大战期间海军就曾决定用鱼雷发射台、中口径火炮和水雷障碍加强峡湾外半部赖于厄伊（Rauøy）—博拉尔内（Bolærne）一线的防御。为此海军向瑞典博福斯公司订购了 3 门 150 毫米炮，但是这些火炮直至 1920—1922 年才到货，始终没有安装到炮台上。1940 年时，它们都在仓库里睡大觉。

43. RA-II-C-11-51; and *Innstilling fra Undersøkelseskommisjonen av 1945*. 该调查委员会成立于 1945 年，其使命是“调查议会、政府、最高法院和其他民事及军事部门在 4 月 9 日前后的处置”。它在 1946 年 12 月提交了调查结论。

44. FO 371/21088.

45. 1939 年秋，英国和挪威开始就挪威商船队的使用问题及总体的战时贸易协定进行谈判。1939 年 11 月中旬，双方就大约 150 艘挪威最大最先进的油轮以及约 70 万长吨的不定航线货船的使用事宜签订了协议。截至 1940 年 4 月 8 日，在英国租用下悬挂挪威国旗航行的挪威船舶达到 245 万长吨，其中 165 万长吨是油轮。双方在 3 月签订了战时贸易协定。

46. Hobson and Kristiansen, *Norsk Forsvarshistorie*, vol. 3; and Skard, *Mennesket Halvdan Koht*.

47. Koht, *For Fred og Fridom i Krigstid 1939–1940*. 库特在战时和战后写了多部回忆录。它们是极为珍贵的史料，但是和所有回忆录一样，需要小心鉴别。

48. 在 1936 年，海军曾计划用经过现代化改造或新建的巡洋舰、驱逐舰、潜艇、鱼雷艇、飞机和支援船组成一支小而精干的舰队。这个计划要求对政府和议会批准的优先拨款事项做重大修改，虽然它能够在沿海的造船厂和港口中创造很多就业机会，但始终没有付诸实施的希望。

49. Hjelmtveit, *Vekstår og Vargtid*.

50. RA-II-C-11-51; Hjelmtveit, *Vekstår og Vargtid*; Skodvin, *Norwegian Neutrality*.

51. Hafsten et. al., *Flyalarm*; and Hobson and Kristiansen, *Norsk Forsvarshistorie*, vol. 3. 在 1940 年 4 月，已经签订合同的约有 100 架道格拉斯 8A-5 轻型轰炸机、寇蒂斯 H75A-8 战斗机和诺斯罗普 N-3PB 海军侦察机，这些飞机后来在加拿大交付给了挪威王家空军。

52. 最终有两艘鱼雷快艇在英国加入挪威王家海军，在英吉利海峡沿岸的战斗中表现出色。

53. 与此同时，英国参谋长委员会向内阁和外交部指出，英国无力直接帮助挪威抵御德国的空袭，但外交部认为不宜将此信息传达给奥斯陆。

54. 库特似乎对多默的保密请求非常重视，除了尼高斯沃尔之外，他只将这些信息告诉了极少数人。

55. *Innstilling fra Undersøkelseskommisjonen av 1945*, Bilag, Bind II.

56. RA II-C-11-51; FO 371/23658; CAB 66/3; Koht, *Norsk Utanrikspolitikk fram til 9. April 1940*; Koht, *For Fred og Fridom i Krigstid 1939–1940*; and Kristiansen, *Krigsplaner og Politikk i mellomkrigstiden*.

57. 永贝里当时是东福尔郡第 1 步兵团的团长。在陆军内部，永贝里是个公认的很有能力的军官，也被视作国防大臣的合适人选。但议长兼议会外交事务委员会主席汉布罗（他是保守党人）认为永贝里过于软弱和“书生气”，并不适合这一职位。

58. 在永贝里走马上任之后，挪威政府的组成如下：首相约翰·尼高斯沃尔，外交大臣哈尔夫丹·库特，司法大臣泰耶·沃尔（Terje Wold），国防大臣比格尔·永贝里，财政大臣奥斯卡·托尔普（Oscar Torp），贸易与商务大臣安德斯·弗里哈根（Anders Frihagen），劳工大臣奥拉夫·辛达尔（Olav Hindal），农业大臣汉斯·于斯特高（Hans Ystgaard），宗教与教育大臣尼尔斯·耶尔姆特韦特，社会福利大臣斯韦勒·斯特斯塔（Sverre Støstad），供应大臣特吕格弗·利（Trygve Lie）。1940 年 4 月 9 日这些人都在任。

59. Hjelmtveit, *Vekstår og vargtid*; Lie, *Leve eller dø*; and Skard, *Mennesket Halvdan Koht*. 库特从未正式责怪过永贝里，但是据能够查阅其日记的女婿西格蒙·斯卡尔（Sigmund Skard）说，库特认为永贝里要为 4 月 9 日的灾难承担很大一部分责任。永贝里在战后身染重病，从未回应过人们对他的指责。

60. 拉克少将曾一度卧病在床。他在 1940 年 4 月已经年满 65 岁，用不了多久就该去奥斯陆郊外的农场过退休生活。英国人在 1940 年 1 月的一份情报中将拉克形容为“精明强干、勤奋工作的军官，有着明智的判断力和一定处理政治问题的能力……出于政治原因被任命为总司令，反对者相当多……工作成效比人们预期的更大”，见 WO 106/1840。

61. Kristiansen, *Krigsplaner og politikk i mellomkrigstiden*——2004 年 12 月 15 日在奥斯陆军事学会的讲座。

62. RA II-C-11-51; Ruge, *Felttoget*; Kristiansen, *Krigsplaner og Politikk i mellomkrigstiden*; Steen, *Norges sjøkrig 1940–1945*, vol. 1; Skard, *Mennesket Halvdan Koht*; Koht, *For Fred og Fridom i Krigstid 1939–1940*; Koht, *Norsk Utanrikspolitikk fram til 9. april 1940*; and *Innstilling fra Undersøkelseskommisjonen av 1945*.

63. 1939 年 9 月 3 日，白厅（英国政府机关所在地）得知丘吉尔被任命为海军大臣后，向各单位发出的电报。

64. 在 20 世纪 30 年代末，英国约有 10% 的进口来自斯堪的纳维亚，主要是食品（熏肉、黄油、禽蛋和鱼肉）和原材料（铁矿石、铁合金、木材、木浆和纸）。假如这些供应被切断，“战斗部队将会吃苦头”，其中失去铁矿石、木材和黄油的影响尤其大。英国对斯堪的纳维亚国家的出口也占总量的 10% 左右（煤炭、棉花、羊毛、机械和化工品）。英国人认为这些出口如果停止问题不大。

65. ADM 205/2; ADM 199/892; ADM 116/4471; ADM 1/10680; CAB 66/1; CAB 65/1; CAB 65/2; FO 371/22276; FO 371/23658; Butler, *Grand Strategy*, vol. 2; and Macleod, *Time Unguarded*.

66. 瑞典的矿石品位很高，平均含铁量为 62%—66%，净含铁量占的比例甚至更大。

67. CAB 66/6; ADM 116/4471; FO 371/24821; RM 7/194; KTB SKL A Oct39; KTB SKL A Jan40; KTB SKL A March40; Karlbom, *Sweden's Iron Ore Exports to Germany*; Bröyn, *Den svenske malmeksport fram til besetingen av Narvik i April 1940*; and Munthe-Kaas, *Krigen i Narvik-avsnittet 1940*. 英国在 1939 年 3 月经纳尔维克进口的货物数量破了历史纪录。1940 年 2 月，内阁通过航运部提交的报告得知，英国对纳尔维克的矿石的依赖比先前认为的“更为严重”。

68. RM 98/89. 利伯上尉声称“加鲁法利亚”号的船身没有希腊标志，也没有悬挂国旗。

69. CAB 65/4.

70. CAB 65/4; CAB 66/4; FO 371/24820; ADM 116/447; Butler, *Grand Strategy*, vol. 2; Dilks, *Great Britain and Scandinavia in the Phoney War*; and Macleod, *Time Unguarded*.

71. FO 419/34.“技术人员”是档案原件中的说法。

72. FO 371/24820; ADM 199/892; CAB 66/4; CAB 65/11; CAB 65/4 and Dilks, *The Diaries of Sir Alexander Cadogan*. 发送备忘录前将通知法国政府并征得其同意。

73. CAB 65/11; ADM 116/4471; Koht, *For Fred og Fridom i Krigstid 1939–1940*; and Skodvin, *Norwegian Neutrality*.

74. Colban, Femti år. 劳伦斯·科利尔是英国外交部里少数对挪威有深入了解的人之一。他在 2 月下旬被任命为英国驻挪威大使，本应在 5 月接替多默，但事与愿违。从 1941 年起，科利尔负责与伦敦挪威流亡政府的政治联络工作。1945 年挪威政府重返奥斯陆后，他作为英国大使在奥斯陆一直工作至 1952 年。

75. ADM 116/4471.

76. CAB 65/11; CAB 66/5.

77. CAB 65/11; Macleod, *Time Unguarded*; Churchill, *The Second World War*, vol. 1; and Butler, *Grand Strategy*, vol. 2.

78. Macleod, *Time Unguarded*.

79. 位于昂热的波兰流亡政府起初反对让波兰军队去挪威征战，但最终西科尔斯基（Sikorski）将军同意提供大约 4500 名装备精良、训练有素的波兰士兵。

80. CAB 65/11; CAB 65/12; CAB 66/6; CAB 66/5; FO 371/24818; Macleod, *Time Unguarded*; and Butler, *Grand Strategy*, vol. 2.

81. Mannerheim, *Minnen*.

82. Reynaud, *La France a sauvél' Europe*; and Kersaudy, *Norway 1940*.

83. CAB 65/12; Koht, *For Fred og Fridom i Krigstid 1939–1940*; and Lie, *Leve eller dø*.

84. CAB 65/12; FO 419/34; and Macleod, *Time Unguarded*.

85. Macleod, *Time Unguarded*; and Butler, *Grand Strategy*, vol. 2.

86. CAB 65/12.

87. Dilks, *The Diaries of Sir Alexander Cadogan*; and Kersaudy, *Norway 1940*.

88. CAB 66/6; CAB 65/12; PREM 1/419; Dilks, *The Diaries of Sir Alexander Cadogan*; and Butler, *Grand Strategy*, vol. 2. 从 3 月中旬开始，英军飞机和驱逐舰侵犯挪威领海和领空的次数大大增加，以至于库特在 5 月 23 日将英国大使馆的一等文秘拉塞尔斯（Lascelles）召至自己的办公室，向他提出正式抗议，并告诉他政府已向全国各地的高射炮部队下达了对入侵者开火的指令。

89. CAB 66/6; CAB 66/7; CAB 80/105; WO 193/773; WO 106/1969; FO 371/24819; FO 371/22283; and FO 371/23674.

90. Hinsley, *British Intelligence in the Second World War*.

91. *Innstilling fra Undersøkelseskommisjonen av 1945*, Bilag, Bind II.

92. Prem 1/419. Dilks, *The Diaries of Sir Alexander Cadogan*; and Reynaud, *La France a sauvél' Europe*.

93. 军事协调委员会（MCC）成立于 1939 年 11 月，是战时内阁与参谋长委员会及其顾问之间的主要联络机构。

94. CAB 65/12; and Churchill, *The Second World War*, vol. 1.

95. CAB 66/7.

96. FO 371/24819; CAB 66/6; CAB 66/7; ADM 199/388; and ADM 199/379.

97. 来自作者与约翰·沃伯顿 - 李（上校的孙子）的个人通信。这是沃伯顿 - 李上校发出的倒数第二封家书。在次日（4 月 5 日）临出发前，他又给妻子写了一封信，其中说：“我曾一次次地预言，你将有一段时间得不到我的音信——我想这一次预言要成真了。”

98. 这些真实性极低的情报是通过各种渠道传到柏林的。但是，它们几乎全都源于奥斯陆的同一个小圈子，而且经过大使馆内沙伊特小组的筛选，给人造成了同盟国步步紧逼而挪威人曲意逢迎的片面印象。布罗伊尔大使从不同角度观察事态后得出了正确得多的结论，他建议柏林巩固挪威的中立地位而不要终止它，但无人理睬。

99. RM 7/92; MSg 2/1882; KTB SKL A March40; Halder, *Kriegstagebuch*; Jodl's diary, in Hubatsch, *Weserübung*; and *Lagevorträge des Oberbefehlshabers der Kriegsmarine vor Hitler 1939–1945*.

100. RM 35/I 35; RM 24-21/30; and Halder, *Kriegstagebuch*. 计划参加“威悉演习”行动的运输船要到 3 月中旬才能开始进入波罗的海。斯维内明德（Swinemünde）港口内的海冰直到 3 月 22 日才会完全消融。

101. RM 35 II/35; RNSM A1995/312; RM 7/180; and KTB SKL A March40.

102. KTB SKL A March40.

103. 这与海军战争指挥部的内部记录并不一致。值得一提的是，雷德尔每次鼓吹干涉挪威的时候都不会把话说满。而希特勒或许正如雷德尔所料，更听得进他的比较激进的意见，但至少雷德尔的警告被记录在案了。

104. RM 7/180; RM 7/124; RM 7/92 and KTB SKL A March40; RM 35 I/32; Halder, *Kriegstagebuch*; and *Lagevorträge des Oberbefehlshabers der Kriegsmarine vor Hitler 1939–1945*.

105. 邓尼茨下令销毁所有“哈特穆特”材料（关于“威悉演习”行动的命令），这个命令得到了执行。U-21 被带到克里斯蒂安桑，并在 4 月 9 日得到解救。

106. *Förspelet till det Tyska angreppet på Danmark och Norge den 9 April 1940*; RM 7/124; RM 35 I/31; RM 7/180; and KTB SKL March40. 德军总司令部密切注视着各国报纸的报道。例如，在海军战争指挥部的战争日记中，每天都会总结各大日报关于“挪威问题”的新闻。

107. N 300/5, *Bericht und Vernehmung des Generalobersten von Falkenhorst*; RM 7/92; RM 35 II/35; and RM 7/11.

108. Letter from Buschenhagen 31 July 1957, in Hartmann, *Varslene til de Nordiske Legasjoner før den 9. April 1940*.

109. 威悉日为 4 月 9 日。RM 35 I/39; RM 7/11. 德国夏令时比欧洲中部时间快一个小时。纳尔维克的日出时间比克里斯蒂安桑早将近一个小时，因此威悉时是个折中的方案。

110. RM 7/11.

111. RM 35 II/35.

112. 张伯伦曾愤愤不平地抱怨："法国人的问题在于，他们不能把一届政府维持六个月，也不能将一个秘密保守半个小时。"艾恩赛德将军则说："我不知道是政客最坏还是新闻界最坏，人人都知道我们在准备什么。"Dilks, *Great Britain and Scandinavia in the Phoney War*; and Macleod, *Time Unguarded*.

113. KTB SKL A March40; and RM 7/11 *'. . . einem "Wettlauf" zwischen England und Deutschland auf Skandinavien.'*

第二章

1. Harriman, *Mission to the North*.

2. "对外办公室"在 1936 年只有两三名军官，到 1940 年才增加到七名。除了对收集到的情报进行备案、散发和分析外，它还负责拘押来自交战国的人员和制做关于邻国武装力量的"手册"。该机构从不开展任何谍报工作。

3. 瑞典和挪威两国军队之间有限的官方合作始于 1938 年，包括交换地图、航空预警和情报合作。其他联络（例如挪威和丹麦之间）是通过个别军官间的私交进行的。他们偶尔会面，但多数时候是通过电话、电报或信件沟通。

4. 库特确实就自己拿到的大部分材料与他的高级幕僚进行过讨论，但是后者基本上没有提供什么与他相左的观点。

5. RA-II-C-11-51; *Innstilling fra Undersøkelseskommisjonen av 1945*; Koht, *For Fred og Fridom i Krigstid 1939–1940*; Kristiansen, *Krigsplaner og Politikk*; and Heradstveit, *Kongen som sa nei*.

6. FO 371/23667; Steen, *Norges Sjøkrig 1940–1945*, vol. 1; Hinsley, *British Intelligence in the Second World War*; Churchill, *The Second World War*, vol. 1; and Macleod, *Time Unguarded*.

7. ADM 223/82; Hinsley, *British Intelligence in the Second World War*; and Beesly, *Very Special Intelligence*.

8. 这份报告的封面上有一段手写的文字："我真想相信这个故事。德国干涉斯堪的纳维亚正合我们的心愿！"——签字人是劳伦斯·科利尔。

9. FO 419/34; ADM 116/4471; and FO 371/24815.

10. ADM 116/4471; and CAB 65/12.

11. CAB 66/7.

12. FO 371/24815.

13. 两个月后重演了几乎如出一辙的情况，导致“光荣”号航空母舰战沉。

14. AIR 22/8; AIR 41/73; ADM 116/4471; and ADM 223/82. 事实上，“莱比锡”号、“纽伦堡”号和“欧根亲王”号都在基尔，处于无法出海的状态，这更加剧了英方对出海的德国军舰数量的误判。

15. Denham, *Inside the Nazi Ring*.

16. ADM 223/126; and Denham, *Inside the Nazi Ring*.

17. Hinsley, *British Intelligence in the Second World War*. See also Beesly, *Very Special Intelligence*.

18. Ismay, *The Memoirs of General the Lord Ismay*.

19. *Förspelet till det Tyska angreppet på Danmark och Norge den 9 April 1940*; N 300/5, *Bericht und Vernehmung des Generalobersten von Falkenhorst*; Hartmann, *Varslene til de Nordiske Legasjoner før den 9. april 1940*; and Koht, *Norsk Utanrikspolitikk fram til 9. april 1940*; and *Innstilling fra undersøkelseskommisjonen av 1945*. 这封从柏林寄出的信在 4 月 3 日送达奥斯陆的外交部，它被抄送给了首相办公室和国防部。

20. FO 371/24815.

21. 这封信曾广为流传，并被抄送给国王、国防大臣和军方指挥官。在另一封致议会委员会的信件草稿中，谢尔更是直截了当地批评了库特。不过在提交此信前，谢尔和汉布罗讨论了其中的内容，在后者的劝说下没有将它发出。库特有可能知道这封信的存在。

22. Jervell, *Scener fra en ambassades liv*.

23. Steen, *Norges Sjøkrig 1940–45*, vol. 1; and *Förspelet till det Tyska angreppet på Danmark och Norge den 9 April*.

24. Koht, *Norsk Utanrikspolitikk fram til 9.April 1940*; and Koht, *For Fred og Fridom i Krigstid 1939–1940*.

25. 荷兰的调查委员会在 1948 年 3 月讯问了萨斯，六个月后他就在一场车祸中丧生。

26. Kjølsen, *Mit livs logbog*; and Hartmann, *Varslene til de Nordiske Legasjoner før den 9. April 1940*. 这两人的说法很可能在关于丹麦的部分“基本上一模一样”。关于挪威的部分有较多暧昧不明的地方。

27. *Innstilling fra undersøkelseskommisjonen av 1945*, appendix, vol. 2. See also Hartmann, *Varslene til de Nordiske Legasjoner før den 9. april 1940*.

28. RM 7/11. 感叹号是原文就有的。德国情报机关应该没能沿着这条线索追查下去，因为汉斯奥斯特一直活到 1945 年 4 月才因卷入 1944 年 7 月的刺杀希特勒案和卡纳里斯等人一起被处决。

29. *Betænkning til Folketinget*; and Kjølsen, *Mit livs logbog*. 斯唐没有告诉舍尔森的是，他不仅和萨斯少校谈过话，还和荷兰使馆的二等文秘布策拉尔（Boetzelaer）谈过。布策拉尔后来坚称自己与斯唐谈到过挪威也在德国的计划中，但斯唐矢口否认。

30. *Betænkning til Folketinget*.

31. RA II-C-11-52.2/52.6. 谢尔似乎是在 4 月 4 日晚些时候在这封电报上签字的，但由于译电员当天不在，直到次日上午才转成密码拍发。

32. RA-II-C-11-51 and *Innstilling fra undersøkelseskommisjonen av 1945*, appendix, vol. 2. 为了限制公文数量，这类电报在军官之间都是传阅的，并未抄送。

33. 在德国北部的山地兵部队中流传着多种谣言——而且这些部队都领到了晕船药。这是个很不寻常的现象，它表明这些部队要去的是挪威或瑞典北部，而不是荷兰或丹麦。

34. *Betænkning til Folketinget*, Bilag, stenografiske referater 17.07.45; and Kjølsen, *Mit livs logbog*.

35. *Förspelet till det Tyska angreppet på Danmark och Norge*. 德国人的这个警告极有可能与奥斯特的行为无关，目的只是向斯德哥尔摩保证，在即将发生的事件中他们的国家不会有危险。

36. Document in Lie, *Leve eller dø* and *Innstilling fra Undersøkelseskommisjonen av 1945*. 延斯·布尔此前曾在驻柏林的使馆工作，显然他和库特一样对该使馆的评估意见持怀疑态度。

37. *Betænkning til Folketinget*, appendix 4. 从其他文件来看，这并非瑞典政府的真实想法。据埃斯马克后来回忆，汉密尔顿告诉他，瑞典外交部“对流言不是很相信”。

38. 4 月 8 日，从哥本哈根发出的一封信寄到奥斯陆，说明了 5 日那通电话的背景，但除了外交部的工作人员外似乎没人记得这封信。

39. 霍尔姆和阿德勒克罗伊茨已经进行了多年的非官方沟通，彼此都非常熟悉。

40. RA-II-C-11-51 and *Innstilling fra Undersøkelseskommisjonen av 1945*.

41. RA II-C-11-52.2/52.6; Jervell, *Scener fra en ambassades liv*; and *Aftenposten*, 20 June 2005. 外交部要求电台和各报社压下这些“谣言”，以免惊扰民众。

42. 斯唐是在丹麦大使馆听说这个情报的，舍尔森告诉他有一支舰队满载山地部队离开斯德丁。这个消息舍尔森是听美国海军武官施拉德尔（Schrader）说的，他相信这些船只的目的地就是挪威。斯唐后来否认自己除了电报中所述内容外得到了任何其他信息。*Innstilling fra Undersøkelses-kommisjonen av 1945*, appendix, vol.2; and Kjølsen, *Mit livs logbog*.

43. RA II-C-11-52.2/52.6; Willoch Papers; Steen, *Norges Sjøkrig 1940–1945*, vol. 1; and Ræder, *De uunnværlig flinke*. 居德伦·马蒂乌斯在许多文献中被称为居德伦·雷德，但她是 1940 年下半年才在伦敦和约翰·雷德（Johan Ræder）结婚的。马蒂乌斯小姐关于 4 月 7 日的事件的叙述是在 1941 年 11 月应特吕格弗·利的要求写下的，后者于 1940 年 11 月在伦敦的挪威流亡

政府中接替库特担任外交大臣。库特对此事曾刻意淡化。哈康·维洛克的日记是他的儿子科勒·维洛克（Kåre Willoch）慷慨提供给作者的，下文均称其为“Willoch Papers”。

44. Heradstveit, *Kongen som sa nei*; Koht, *For Fred og Fridom i Krigstid 1939-1940*; Koht, *Norsk Utanrikspolitikk fram til 9. April 1940*; Lie, *Leve eller dø*; and *Innstilling fra Undersøkelseskomiteen av 1945*, appendix, vol.2. 直到 1941 年，众位大臣才在伦敦了解到当年传来的全部情报。

45. Kjølsen, *Optakten til den 9. april*; see also *Betænkning til Folketinget*.

第三章

1. RM 48/176.

2. 德拉波特是在 3 月 22 日前后到挪威的，他与吉斯林的会面令施赖伯大为不满，以至于飞赴柏林提出抗议。“阿勃维尔”因此奉命断绝与挪威的联系。

3. 吉斯林从 1 月中旬起就卧病在床，后来还因为下巴发炎做了手术。 直到 3 月中旬他才能下床行走，但仍未完全康复。

4. RM 7/11; RM 7/180; N 172/14, *Nachlass Boehm*; Hartmann, *Spillet om Norge*; Hartmann, *Quislings konferanse med den tyske overkommando*; and Jodl's diary, in Hubatsch, *Weserübung*. 在战后受审时，吉斯林表示根本不记得曾与皮肯布罗克会谈，自己只会见过丹麦的国家统一党头目弗里茨·克劳森（Frits Clausen）。但是毫无疑问他确实见了皮肯布罗克。

5. Pruck, *Abwehraussenstelle Norwegen*; and Hartmann, *Spillet om Norge*.

6. 本书中关于德方视角下埃格尔松沦陷经过的大部分信息源自弗里德里希·鲁道夫·艾克霍恩与当地历史学者英瓦尔·勒德兰（Ingvald Rødland）1962 年的通信。这些文件是达拉讷历史文化博物馆的约斯泰因·贝格吕德（Jostein Berglyd）慷慨提供给作者的，以下统称为“Eickhorn Papers”。

7. *Kammeraden-Echo* No. 2, Erinnerungen und Informasjon für Angehörige des ehemaligen Grenadier-Regiments 193.

8. Jodl's diary, in Hubatsch, *Weserübung*.

9. 内容相似的照会（用英法两种语言写成）也被提交给了斯德哥尔摩的瑞典外交部以及挪威和瑞典设在伦敦和巴黎的使馆。

10. FO 371/24815; and Koht, *For Fred og Fridom i Krigstid 1939–1940*.

11. FO 371/24815; and Koht, *For Fred og Fridom i Krigstid 1939–1940*.

12. Harriman, *Mission to the North*.

13. Koht, *Norge neutralt och överfallet*; and Kjølsen, *Optakten til den 9. April*. 同一天德国人还在柏林对一群外交官放映了这部电影，哥本哈根和斯德哥尔摩的德国使馆也组织了同样的活动。

14. Koht, *For Fred og Fridom i Krigstid 1939–1940*. 柏林方面在 4 月 6 日获悉了照会一事。

15. Lie, *Leve eller dø*. 尼高斯沃尔给汉布罗打了电话，通知了同盟国照会一事。这两人都认为应该就此事开会讨论，但库特表示不必匆忙，最后只同意在下星期二（4 月 9 日）开会。

16. RM 7/11.

17. ADM 199/474 and ADM 199/393.

18. 一些资料称落水者叫里基（Ricky），另一些则说他叫吉洛（Gillo）。

19. ADM 199/473. 该舰俘获了拖网渔船“弗里斯兰”号（*Friesland*）、“布兰肯堡”号（*Blankenburg*）和“北地”号（*Nordland*）。由于 4 月 7 日上午风浪越来越大，只有寥寥数名英国水兵登上“北地”号，“敌忾”号奉命将该船押送至柯克沃尔。

20. ADM 223/126; and ADM 199/474. 同样的电报也发给了“伯明翰”号。

21. “约翰·威廉二世”号是作为 U 艇补给舰部署到北方基地的。

22. RA II-C-11-2150/52; RA II-C-11-1200/10; RM 7/11; and RM 35/II-35. 在 4 月 5 日到 7 日，“阿尔斯特”号、“卡特加特”号、“劳恩费尔斯”号、“黎凡特”号、“美茵”号、“贝伦费尔斯”号和“卡特加特”号抵达科珀维克。英国驻海于格松的副领事贝纳德斯在 4 月 5 日向驻卑尔根的上级报告说，通过水道的德国船只处于轻载状态，但是甲板上堆着成吨的煤炭。英国人并没有认识到这条情报的意义，只是将其转发到伦敦了事。

23. KTB SKL A March40; RM 7/891; and RM 98/22.

24. ADM 199/288.

25. 电子侦听处是德国海军的密码破译机构。多数大型舰船上都有电子侦听处的派遣小组，他们除了善于破译敌人的电讯外，还是干扰和发送假电讯的行家。

26. ADM 234/380; RM 7/11; and RM 35/II-35.

27. “埃克霍尔特”号（Z16）原本是第二战斗群的预备队，由于“赫尔曼·舍曼”号（Z7）的轮机出了故障，它才顶替上阵。

28. RM 92/5267. 为了保密，海耶当面把命令交给各舰舰长，并做了说明。

29. 海耶意识到自己在特隆赫姆要依靠空军提供侦察和护卫，因此主动与第 10 航空军达成协议，由后者提供 50 个人和两卡车设备，海运至特隆赫姆，以便建立航空基地。

30. RM 92/5267; and RM 92/5078.

31. 威悉明德在战后更名为不来梅港（Bremerhaven）。

32. 德国海军的准将是一种荣誉称号，不是正式军衔。

33. “威悉演习”行动的海军指挥机构分为威廉港的海军西集群司令部和基尔的海军东集群司令部。西集群的指挥官阿尔弗雷德·扎尔韦希特大将原本在休假，但是在 4 月 6 日已归队，罗尔夫·卡尔斯上将则回到了基尔指挥东集群。

34. 大多数人的寿命不会很长。在挪威登陆的山地兵活到战后的寥寥无几。

35. RM 35/I-39; RM 35/II-35; RM 48/176; RM 7/11; RM 54/30; and Busch, *Narvik*.

36. RM 48/176; RM 7/92; KTB SKL A March40; RM 92/5267; RM 92/5097; RM 92/5223; RM 35/I-39; and RM 35/II-35. “吕佐夫”号除了搭载 450 人（400 名山地兵和 50 名空军地勤人员）外，还带走了 23 吨物资、弹药和装备，包括 3 辆挎斗摩托车。

37. 皇家海军根据“沙恩霍斯特”号和“格奈森瑙”号的 280 毫米主炮、高航速和对外公布的 26000 吨排水量将它们划为“战列巡洋舰”。但德国海军是把它们作为战列舰来建造的，尽管它们建成时主炮明显偏小——按照原定计划，这只是暂时的。

38. RM 7/11; RM 92/5178; and KTB SKL A March40. 雷德尔对吕特晏斯非常器重，在 1940 年 3 月舰队司令马沙尔病休期间，他选择了吕特晏斯作为代理司令。

39. Jodl's diary, in Hubatsch, *Weserübung*.

40. “格奥尔格·蒂勒”号（Z2）的左舷冷却水泵坏了。在水泵无法修复的情况下，左发动机只有在该舰以 15 节以上速度航行时才能依靠自然冷却运转。最终决定让该舰继续随队作战。

41. 黎明时有几架 Bf-110 式战斗机飞临舰队上空。后来它们被航程更远的 He-111 接替，还有 Do-18 水上飞机在舰队前方侦察。各舰的甲板上都刷着硕大的卐字标志，到达北纬 56°线以北后主桅顶端还升起了蓝色军旗，以方便己方的 U 艇和飞机识别。

42. ‘…einen schwächlichen Eindruck’，RM 92/5245. 这次空袭的领队是巴兹尔·恩布里（Basil Embry）中校。所有飞机都安全返航。

43. RM 7/11; RM 92/5267; RM 92/5178; RM 48/176; RM 54/30; RM 35/II-35; ADM 116/447; ADM 223/82; AIR 41/73; AIR 14/172; AIR 20/6260; AIR 14/3413; AIR 14/666; AIR 24/216 and Heye, *Z 13 von Kiel bis Narvik*. 吕特晏斯和海耶都很信赖新式雷达 (DeTe-Gerät)，尽管操作员常常分不清波涛和陆地。

44. “威悉演习”行动开始前德军部署了三艘气象船：WBS 3“弗里茨·霍曼”号（*Fritz Homann*）和 WBS 5“阿道夫·芬嫩”号（*Adolf Vinnen*）在冰岛以北活动，而 WBS 4“欣里希·弗里兹”（*Hinrich Freese*）号在离卑尔根不远的位置。

45. 德国海军在 1940 年使用的驱逐舰分为两个型号，分别在 1934 年和 1936 年设计。

46. RM 54/30; RM 48/176; RM 7/92; RM 92/5178; RM 92/5267; Heye, *Z 13 von Kiel bis Narvik*; and Dietl and Herrmann, *General Dietl, das Leben eines Soldaten*.

47. 在吕特晏斯代理舰队司令期间，施蒙特代理侦察舰队司令（BdA）。

48. 鉴于预报的天气非常恶劣，施蒙特决定让海因茨·比恩巴赫尔（Heinz Birnbacher）上尉的第 1 鱼雷快艇纵队单独行动，但是风暴始终没有南下到预报的区域。S18 号、S19 号、S20 号、S21 号、S22 号和 S24 号在 4 月 7 日离开威廉港。S18 号和 S20 号在赫尔戈兰附近相撞，只能由拖船拖曳至叙尔特（Sylt）。

49. “卡尔·彼得斯”号的发动机出了毛病，不得不减速修理，但马克斯少校是提前出发的，虽然“卡尔·彼得斯”号一度只能以 12 节速度航行，他还是估计问题不大，有充裕的时间完成任务。

50. “联合”号可能是此时唯一位于德方所述海域以东的英军潜艇，它在霍恩斯礁附近。

51. RM 50/87; RM 35/II-35; RM 92/5255; and RM 92/5258.

52. RM 92/5257.

53. Eickhorn Papers and RM 96/667. 前往丹麦的第十战斗群包括第 2 扫雷艇纵队和“路易丝王后”号（*Königin Luise*），以及布雷舰“罗兰”号（*Roland*）、“眼镜蛇”号（*Cobra*）号和“普鲁士”号（*Preussen*），后三艘船要负责加强丹麦近海的雷区。

54. RM 92/5087; RM 92/5088; RM 35 I/32; and KTB SKL A March40.

55. RM 7/194. 在德方文件中，虽然其他战斗群基本上都使用罗马数字番号，第五战斗群却经常被称为“奥尔登堡战斗群”，使用的是奥斯陆的代号。

56. 机库里有一架没加油的阿拉多 196 式飞机。另一架飞机在弹射器上，油箱半满，可以作战。机库里还存放了四颗 50 千克航空炸弹。

57. Landser 是带有感情色彩的德军士兵代称，来源可追溯到中世纪扛长枪（lance）的雇佣兵。

58. RM 92/5088; RM 92/5087; RH 24-21/30; BA-MA III M 35/; RA 57/93; and RM 92/5088.

59. Treuhaupt diaries, in Aspheim and Hjeltnes, *Tokt ved neste nymåne*. 为了避人耳目，这家酒店被清空，周边区域被封闭，武装警卫负责将所有无关人员拦在界外。

60. AIR 22/8; ADM 223/126; ADM 223/82; AIR 14/669; and ADM 199/393. 在这一天，英国空军部和海军部之间的沟通肯定是迟缓且不完善的。一架在赫尔戈兰湾中活动的“布伦海姆”已经看见“格奈森瑙”号和“沙恩霍斯特”号在威廉港一带锚泊。这些战列舰出现在如此暴露的位置是很不寻常的，但是轰炸机司令部没有采取任何措施将这一发现通报给海军。

61. AT 1259/7 – FO 371/24815; and ADM 199/3.

62. Denham, *Inside the Nazi Ring*; and Roskill, *Churchill and the Admirals*. 爱德华兹上校在 4 月 4 日的日记中曾写道，他“确信我们应该取消‘威尔弗雷德’行动，但是温斯顿一心想着要把敌人的船从峡湾里赶到开放水域，恐怕我们只能接着干下去”。

63. 中队长恩布里刚结束轰炸就用电台发了报告，但是他搞错了波长，因此上级直到他在临近 17:00 着陆后才接到报告。“希佩尔海军上将”号和“格奈森瑙”号上的电子侦听处人员都截获了他的电报，并报告了吕特晏斯，后者据此认定英军将会追击自己。

64. ADM 199/361; ADM 199/2202; ADM 223/126; ADM 199/388; and ADM 199/474. 法国巡洋舰“埃米尔·贝尔汀”号（*Emile Bertin*）也带着驱逐舰“塔尔图”号（*Tartu*）和“马耶 - 布雷泽”号（*Maillé-Brézé*）出海，但是在夜间联系中断，又打道回府了。

65. “格拉斯哥”号临时从第 18 巡洋舰中队调到第 1 巡洋舰中队，以接替受损的“诺福克”号（*Norfolk*）。福布斯在下午从罗赛斯得到消息：第 1 巡洋舰中队还在继续按计划搭载货物和士兵，这些船将从午夜开始待命，接到通知后两小时内就可出发。

66. ADM 199/393; ADM 199/385; ADM 223/126; ADM 267/126; ADM 199/479; and Roskill, S. *The War at Sea*.

67. 在 08:40 和 09:51 又收到“叙利亚人”号的后续电报。“叙利亚人”号一直守护着雷区，直到从电波中听到入侵的消息，卡韦兰才决定前往博德，他在 10 日 02:00 抵达该地。

68. ADM 223/126; ADM 199/474; RA II-C-11-52; RA II-C-11-940; AE 2913/2; FO 419/34; and Willoch Papers.

69. ADM 199/474.

70. 他在确定这些驱逐舰的身份后先发了一份简短的电报，随后又发了含有更多细节的电报。第一份电报在 07:30 传到海军总参谋部，第二份在 09:38 传到。

71. RA II-C-11-52, diary of Kaptein Ullring; and ADM 199/474. 英国驱逐舰在比约恩松灯塔（Bjørnsund Lighthouse）附近逗留到入夜时分。于尔林直到 4 月 9 日上午听到电台播送的消息才了解到其他地方发生的事件。

72. RM 35/II-35; and Halder, *Kriegstagebuch*.

73. ADM 199/361.

74. “吕德曼”号（Z18）号上的人起初把“萤火虫”号认作了加拿大驱逐舰“雷斯蒂古什”号（*Restigouche*）。

75. 德军的报告和战争日记在这天上午各事件的时间记录上有些出入。

76. RM 92/5267; RM 48/176; and RM 54/30.

77. ADM 199/2202; ADM 53/113071; ADM 199/474; ADM 199/323; and ADM 223/126. “萤火虫”号最后的电报内容是：“敌航向为 090——”“声望”号上的人显然没有直接收到这些电报，而是通过斯卡帕湾转发收到的，其间有三四十分钟的延迟。斯卡帕湾还将这些电报转发给了海军部。

78. ADM 199/361.

79. RM 92/5078. 英方资料称“萤火虫”号打了两次鱼雷齐射，但“希佩尔海军上将”号的日志显示只有一次。

80. RM 7/486; RM 92/5267; and RM 92/5078. 后来上级批评海耶在战斗中与“萤火虫”号靠得太近，而最严重的错误是不知道烟幕背后的情况就贸然穿过烟幕。

81. 后来通过反注水将侧倾减少到 4°。双层船底有一部分被撞开。导致燃油流失 253 立方米。

82. RM 92/5267; and RM 92/5078. 在一份报告中，海耶提到有人看见“萤火虫”号上打出了白旗。

83. RM 35/II-35; RM 92/5267; and RM 54/30. 后来有 8 人被转到特隆赫姆的医院，30 人随“希佩尔海军上将”号返回威廉港。6 名“萤火虫”号的遇难水兵被埋葬在特隆赫姆郊外的斯陶讷（Stavne）教堂墓地。多名老兵证实，当时英国水兵对战术局势和自身所处位置缺乏认识。另一方面，德国水兵却普遍有很好的认识。

84. RM 48/176.

85. ADM 199/473. “埃里希·吉泽”号（Z12）在 4 月 8 日上午也曾短暂目击到一艘驱逐舰，很可能是离开比德的假雷区后正在寻找大部队的“英雄”号。不过“埃里希·吉泽”号自身没有被对方发现，因此施密特少校决定不去追击（RM 54/30）。

86. RM 100/125.

87. RM 48/176; and RM 35/II-35.

88. 其中 107 名陆军士兵属于第 159 步兵团第 1 营，56 名工兵属于第 169 工兵营。其他人是德国空军第 13 和 33 高射炮团的官兵和行政人员。

89. 4 月 12 日，35 名“里约热内卢”号上的死者被安葬在了克里斯蒂安桑教堂墓地。另外 15 人于次日下葬。

90. ADM 199/285; and Steen, *Norges Sjøkrig 1940–45*, vol. 2.

91. “陆军站这边！海军站这边！”福斯中尉隶属第 159 步兵团团部。

92. RA II-C-11-52; and RA FKA Ec, 0125. 最终这些士兵奉命前往利勒桑，并在 20: 30 前后到达。

93. ADM 223/126; and ADM 199/278. 路透社在 20: 30 报道了这次沉船事件，一条低优先级电讯在 22: 55 发往本土舰队，次日 02: 58 被“罗德尼”号收到。“鹰”号在 5 月带着 60 名波兰水兵和 3 名英国水兵沉没于北海。该艇的残骸始终未被找到。

94. ADM 199/286.

95. RA-II-C-11/52; RA-FKA-II-C-11/1103; AE 2958/41; and RM 35/II-35. “施泰丁根”号是一艘民用油轮，建成后不久就被德国空军征用。它在被征用前曾使用过“海神草”号（*Posidonia*）的船名。在被“三叉戟”号截停时，它的船壳上还漆着“海神草”，但在 SOS 信号中使用的名称是“施泰丁根”。

96. RA II-C-11-1100.

97. RM 57/93; and RM 92/5257.

98. RM 7/11; and RM 35/I 39: ‘Keine britischen Kriegsflaggen setzen.’ 在纽伦堡审判中，雷德尔表示这个命令变更的原因是担心英军布雷后形势复杂化。

99. 彼得斯（Peters）中尉接到了施蒙特的命令：如果 S19 号无法继续航行，他就要把 S19 号上的人员接到“狼”号上，然后击沉这艘 S 艇。不过 S19 在夜间完成了临时修理，并在 4 月 10 日抵达卑尔根。

100. RM 50/87; and RM 57/125.

101. Bartels, *Tigerflagge Heiss Vor!*; and Eickhorn Papers.

102. 由于电罗经失灵和燃油泵故障，“埃里希·吉泽”号（Z12）大概落后了四五十海里。不仅如此，卡尔·施密特（Karl Smidt）少校还决定停船搭救一名落海的山地兵士官。水兵们展现了非凡的航海技术，六分钟后就从冰冷的海水中救起了落水者。RM 54/30.

103. RM 48/176; RM 92/5178; RM 54/30; and Busch, *Narvik*.

104. Diary of Major Lessing, in Kurowski, *Seekrieg aus der luft*.

105. RM 7/92; RM 7/11; RM 35/II-35; KTB SKL A April40; and RM 12/II-167.

106. ‘Tag höchster Spannungen’ – Springenschmid, *Die Männer von Narvik*.

107. AT 1007/8; AT 1100/8–ADM 199/474; and ADM 199/393. 福布斯上将通常会在这些命令从白厅发出的 15 到 45 分钟后在“罗德尼”号的舰桥上收到它们。

108. ADM 199/474. 船体左舷突出部的上列板因为大浪的迎面冲击而开始脱落。

109. AIR 20/6260; AIR 22/8; ADM 199/474; and ADM 199/361. 海德的“桑德兰”式飞机发出的初步报告被“罗德尼”号收到，在 14: 29 送到福布斯上将手中。完整的报告在 15: 12 由罗赛斯总司令转发。第 204 中队还有一架“桑德兰”在挪威近海巡逻，但是在和第 122 联队第 1 大队第 1 中队的一架 He-111 缠斗时被击落，没有发出任何报告。哈里森（Harrison）上尉和他的十人机组全部丧生。

110. AIR 22/8. 由于天气极差，两名飞行员 [贝特曼（Bateman）上尉和布什（Bush）上尉] 按指示飞向了挪威。这架“海象”在克里斯蒂安松附近着陆，入侵开始后在挪威军队中服役。

111. 在放弃搜索“萤火虫”号后，“伯明翰”号和“无恐”号重新北上，而“敌忾”号带着俘获的“北地”号离队。4 月 8 日 21: 00，由于来自西北方的海风非常强，马登上校决定顶风漂泊，直到 9 日 04: 30 才继续行驶。当“伯明翰”号和“无恐”号终于遇到“声望”号时，它们的燃油储备已经所剩无几，因此上级命令它们前往斯卡帕湾。

112. ADM 199/474; ADM 199/361; ADM 199/2202; and ADM 199/393.

113. ADM 199/388. 坎宁安中将在 11: 30 接到罗赛斯总司令让他把陆军士兵转到岸上的口头命令，一小时后 AT 1216/8 确认了该命令。

114. ADM 234/17; ADM 199/393; ADM 199/379; and ADM 199/388.

115. 这是对走之字航线的第五战斗群的误判。

116. ADM 199/361; ADM 199/393; ADM 223/126; ADM 199/388; ADM 199/2202; and ADM 199/385.

117. ADM 199/388; and Roskill, *Churchill and the Admirals*.

118. 从罗赛斯到斯塔万格大约是 350 海里，换句话说，用 20 节航速行驶大约需要 18 小时，25 节需要 14 小时。坎宁安得知德军舰船出海后，就提醒他手下的舰长们“做好让陆军部队上岸的准备”。

119. Koht, *Frå skanse til skanse*; and RA II-C-11-1200-1210. 值得注意的是，迪森只给库特打了电话，却没有和永贝里通话。

120. RA II-C-11-1200-1210; Hambro, *7.Juni–9.April–7.Juni Historiske Dokumenter*; and Lie, *Leve eller dø*.

121. *Förspelet till det Tyska angreppet på Danmark och Norge den 9 April 1940*.

122. Koht, *Frå skanse til skanse*; and Koht, *Norsk Utanrikspolitikk fram til 9. April 1940*.

123. Hambro, *De første måneder*; and *Innstilling fra Undersøkelseskommisjonen av 1945*.

124. RA 1256-3/10; and RA II-C-11-51.

125. *Innstilling fra Undersøkelseskomiteen av 1945*, appendix, vol. 2. 为了能回到自己的部门，尼高斯沃尔、库特和永贝里都曾几度请求终止会议。

126. RA 1256-3/10; and Jervell, *Scener fra en ambassades liv*.

127. RA II-C-11-1200/186; RA II-C-11-51; RA II-C-11-52; RA II-C-11-1100; and ADM 223/126.

128. Fjeld, *Klar til strid*.

129. RA II-C-11-1200-1210; RA II-C-11-52; Willoch Papers; and *Oscarsborg Sambandsjournal*. 让部分炮台征召更多人员的命令是 18: 30 前后下达的，但是暗示并非紧急要务。在战后，迪森坚称自己在午夜前发布了在奥斯陆峡湾中布雷的命令，但是如今已不可能找到任何关于这一命令的记录。

130. RA II-C-11-52.2/52.6; ADM 223/126; ADM 199/2159; Willoch, *Minner og meninger*, *Innstilling fra Undersøkelseskommisjonen av 1945*, appendix, vol. 2; and Diesen, *Kvinne i Krig*.

131. 罗尔斯塔少校在自己的日记中写道，“总司令把（关于德军行动的）报告甩到了一边”。

132. RA II-C-11-51. 当时永贝里极有可能还不知道同盟国前一天的照会，因此严格说来他的回答是正确的——不过哈特勒达尔很可能用了较为广义的问法。

133. RA II-C-11-51.

134. Fjørtoft, *Mot stupet*; and Heradstveit, *Kongen som sa nei*.

135. Skard, *Mennesket Halvdan Koht*.

136. Koht, *For Fred og Fridom i Krigstid 1939–1940*; and Koht, *Norsk Utanrikspolitikk fram til 9.April 1940*.

137. 这两人是与考皮施将军的参谋长希默（Himer）少将一同离开柏林的。后者及其秘书在哥本哈根与他们分道扬镳，在那里执行相似的任务。

138. 在德国使馆中，似乎只有武官施皮勒和施赖伯以及“阿勃维尔”人员普鲁克和贝内克对“威悉演习”行动有所了解。战后，布罗伊尔对挪威历史学家诺克勒比（Nøkleby）说，他在听到“里约热内卢”号的消息后猜到了正在发生的大事。

139. 全称是“Der Bevollmächtigte des Deutschen Reiches bei der Norwegischen Regierung”，即“德意志帝国派驻挪威政府全权代表”。

140. GFM 33/1111; N 172/14; Pruck, *Abwehraussenstelle Norwegen*; *Innstilling fra Undersøkelseskommisjonen av 1945*; Hartmann, *Spillet om Norge*; Nøkleby, *Da krigen*

kom; Steen, *Norges Sjøkrig 1940–45*, vol. 2; Guhnfeldt, *Fornebu 9. April*; and Hubatsch, *Weserübung*.

141. Guhnfeldt, *Fornebu 9. April*.

142. RM 7/92; RM 12/II/167; and Steen, *Norges Sjøkrig 1940–45*, vol. 2.

143. GFM 33/1111. 关于水雷的情报在 20: 00 后不久被转发给吕特晏斯中将。其中关于英军进一步在哈尔滕布雷的说法是错误的，我们不知道这一情报来自何处。

144. 肯普夫是“阿勃维尔”军官。3 月，因为挪威警察发现他是特务，想找个借口逮捕他，所以他撤离了挪威。他在 4 月重返挪威时换了一个身份。

145. RM 12/II/167; GFM 33/1111; Hartmann, *Spillet om Norge*; and Pruck, *Abwehraussenstelle Norwegen*.

146. NS Generalsekretærens protokoll 1934–45, www.arkivverket.no.

147. *Straffesak mot Vidkun Abraham Quisling*; Knudsen, *Jeg var Quislings sekretær*; and N 172/14, *Nachlass Boehm*. 议长汉布罗当天晚上确实和尼高斯沃尔讨论过是否需要将“某些人”关押起来，但是事态的急速发展使此事不了了之。

148. ADM 223/126; ADM 199/288; ADM 199/1847; ADM 199/361; and ADM 234/380. 拉尔维克有良好的港口设施和铁路线，而且不设防。比起强攻奥斯陆峡湾的炮台，在那里登陆将是很好的替代选择。

149. 贝伦斯所在的团队承担着在占领后接管挪威广播机构的任务。

150. 这封电报与海军战争指挥部的命令一致，根据“吕佐夫”号的战争日记，其中的内容是蒂勒在几个小时前建议的，那时的情况看起来要乐观得多。

151. RM 92/5223; RM 92/5259; RM 92/5097; RM 92/5088; RM 57/93; and RH 24-21/30. 从这里开始，书中的时间都是挪威时间。

152. 军辅船“农场”号（*Farm*）在峡湾东边巡逻，而“射击二”（*Skudd* II）号在“北极星三”号（*Pol* III）[①] 西边。

153. “北极星三”号平时有十七个船员，但是这天晚上有两个人生病了。

154. RA II-C-11-1102.

155. RM 57/93; and RA II-C-11-1100. 幸存者们被转移到“埃姆登”号上，后来在奥斯陆被释放。“北极星三”号的残骸被德军接管，在奥斯陆完成修理后，改名为“萨摩亚”号（*Samoa*）并作为 NO 05 分配到奥斯陆港口卫戍舰队。后来它又被调到特罗姆瑟。战争结束后，它经过大幅度改造恢复渔船身份，一直被使用到 20 世纪 90 年代。

---

① 译注：以往国内资料多将 *Pol* III 译作“波尔三世”号，其实这艘船得名于它原来所属的渔业公司 Polaris AS。

第四章

1. RA II-C-11-1100.

2. 第1布雷舰分队包括陈旧的布雷舰“劳根”号（*Laugen*）、“格洛门”号（*Glommen*）、“诺”号（*Nor*）和“维达”号（*Vidar*）。按照计划，雷障应该由三到四排触发水雷组成，长达8000米。布雷舰至少要花十二个小时才能装载完水雷并开到雷区开始布雷。

3. 关于在外奥斯陆峡湾和奥斯卡堡布雷的命令是否曾经下达，海军总司令、海军总参谋部和第1海防区的报告各执一词，争执不下。无论原因是什么，最终没有布雷。

4. RA-II-C-11-1100; and RA-II-C-11-1103. 在22: 31，还收到海军总参谋部抄送的伦敦大使馆的电报，其中警告说德国舰队正在驶向纳尔维克——没有附加任何说明。

5. RA II-C-11-1100.

6. RM 92/5087. 由于“布吕歇尔”号上包括战争日记、航海日志和通信记录在内的所有文件都沉入大海，海曼在一些幸存军官的协助下重新记录了相关事件，其中第一枪炮长库尔特-爱德华·恩格尔曼（Kurt-Eduard Engelmann）少校出力尤多。后来随“俾斯麦”号战死的高级轮机军官卡尔·坦内曼（Karl Thannemann）工程中校也留下了关于轮机舱区域的一系列事件的类似记录。

7. RM 92/5223; RM 92/5087; and Kummetz's report, in Koop, and Schmolke, *Heavy Cruisers of the Admiral Hipper Class*.

8. 电报是开火后才传到奥斯卡堡的。

9. RA II-C-11-1100; RA II-C-11-1102; and RM 57/93. 船员们最终在费尔特维特放弃了“奥特拉”号，当天上午来自“兀鹰”号的士兵登上这艘船，使它失去机动能力，还破坏了船上的枪炮。

10. 恩格尔曾在一个星期前卸任陆地炮台指挥官之职，由耶尔维克（Hjelvik）少校接替，但由于局势严峻，埃里克森上校又命令他重返岗位。

11. 原计划在德勒巴克海峡布设的是通过电缆遥控的水雷。它们存放在附近的弹药库里，但需要几天时间才能完成准备和布设。

12. 安德森上校曾在一代人的时间里一直担任奥斯卡堡的鱼雷发射台指挥官，但在1927年转入预备役，后来在德勒巴克成为商人和引水员。

13. RA II-C-11-1100.

14. ADM 234/427; RM 70/1; RM 92/5259; RM 92/5087; RM 92/5088; RM 92/VM855/47900-910; RM 92/5223; and Pruck, *Abwehraussenstelle Norwegen*. 4月8日中午，一封由海军武官施赖伯发出并经东集群转发到“布吕歇尔”号的电报称，德勒巴克海峡极有可能并未布雷。

15. Bøhmer's report, in Omberg, A., *Blücher's undergang, Kampen om Oslofjorden*; and Steen, *Norges Sjøkrig 1940–45*, vol. 2.

16. RM 92/5223; and RM 92/5097. 1939年蒂勒上校曾在波罗的海沿岸的一个炮台当了六个月指挥官，因此他对陆基火炮的潜力颇有了解。

17. RM 92/5088; RM 92/5087; and RA-FKA-II-C-11-1103. 这架飞机就是从霍滕疏散的 MF-11 之一。

18. RA II-C-11-1100; and *Oscarsborg sambandsjournal*. 那期杂志中“应该”一词加了下划线。

19. RA II-C-11-1100; RA II-C-11-1102/1110; and RH 24-21/30. 在其他报告中，开火时间为 04: 19 到 04: 25 不等。

20. RM 92/5087. 舱门口的扶梯被摧毁了，伤员只能通过吊床转运到下面的甲板。

21. 挪方资料报告的命中顺序与此相反，但来自“布吕歇尔”号的所有报告都认为是前桅楼先中弹。

22. BA-MA III M 35/1.

23. RA II-C-11-1100; RM 92/5087; and RM 92/5088. 有几名士兵被树丛中爆炸的炮弹的破片波及，受了轻伤。德勒巴克地区有些房屋被击中，两名妇女丧生，她们的名字是阿内特汉森（Anette Hansen）和奥莱于格·尼许斯（Olaug Nyhus）。

24. RM 92/5087; BA-MA III M 35/1; and RM 92/5088.

25. RA II-C-11-1100. 在服役期间，安德森曾在演习中发射过数百枚鱼雷，是海军中公认的使用这种武器的顶尖专家之一。

26. RH 24-21/30.

27. RM 92/5087; RM 92/5088; BA-MA III M 35/1; and SKL 25908/41.

28. RM 92/5223. 当时人们以为击中军舰的是来自卡霍门炮台的“240 毫米炮弹”，但它们毫无疑问是来自科珀斯炮台的 150 毫米炮弹。

29. RM 7/11; RM 92/5088; RM 92/5259; RM 92/5223; and RM 92/VM855/47900-910.

30. 一号炮（由学员操作）在打完先前从弹药库取出的十发炮弹后无弹可用。二号炮还剩一两发炮弹，三号炮暂时出现故障，打了三四发炮弹后就不再射击。

31. RM 70/1; and Steen, *Norges Sjøkrig 1940-45*, vol. 2.

32. 挪威人至少找到三批漂在水上的文件。有一批（可能有两袋）是民间人士找到的，一批是前来扣留幸存者的海岸警卫队人员找到的，还有一批是安德森和他的部下在奥斯卡堡找到的。德军曾寻找过这些文件，但因为它们被隐藏得很好，所以没有找到。遗憾的是，这些文件都没能及时送到挪威有关部门手中，因此未能发挥作用。

33. 这些救生筏是临出发几天前运到的，几乎没有人知道如何正确操作。

34. BA-MA III M 35/1; SKL 23685/41; RM 92/5223; SKL 23685/41; RM 92/5087; RM 92/5088; RH 24-21/30; and Hase, *Die Kriegsmarine erobert Norwegens Fjorde*. 不同资料给出的“布吕歇尔”号沉没时间从 06: 22 到 06: 32 不等。

35. 恩格尔布雷希特少将在下水前得到了一件救生衣，还有一个水兵帮他把马靴卷在皮大衣里提供额外浮力并带着他干爽地上了岸。SKL 23685/41.

36. 伤员被优先安顿到室内。其他人则尽量轮流挤进屋里取暖。在夜里，这些幸存者吃了他们这天的第一顿也是仅有的一顿饭：每人一个土豆和一些牛奶。

37. 让这个连撤退的命令是第 2 军区司令豪格（Haug）少将通过格拉夫 - 旺（Graff-Wang）中校下达的，起因可能是施皮勒的报告和德国伞兵进入挪威国境的事件。

38. RM 92/5087; RM 92/5088; and RH 24-21/30.

39. RH 24-21/30.

40. RM 92/5087; RM 92/5088; and RH 24-21/30. 约有两百名幸存者在夜里由“北方”号和 R 艇送到“吕佐夫”号上。因为“吕佐夫”号的医院已经受损，伤员又被转移到“埃姆登”号。

41. Herzog, *Drei Kriegsschiffe Blücher*.

42. 海军历史学家埃里克·斯滕一口咬定，布里塞德在 1950 年和他的一次会谈中证实了斯米特 - 约翰森的说法。

43. 因为这两艘扫雷艇并不隶属第 1 海防区，所以司令部没有向它们发出做好战备的命令，两个艇长都批准部分艇员上岸休假。

44. RA II-C-11-1100; RA II-C-11/1102; Hovdenak's report; and Steen, *Norges Sjøkrig 1940–45*, vol. 2.

45. RA II-C-11-1102; and RA II-C-11-1100. 最终这些水雷被拆除引信，卸载在梅尔索姆维克。

46. 通常每支部队接到的命令都包括一系列战术目标，并附有作战规则和时间表，除此之外的细节问题则由指挥官决定。有时命令中会规定详细的备选方案，但具体如何实施进攻总是取决于在场的最高指挥官，因此成败都有可能。

47. RA II-C-11-1102. “奥特拉”号的报告中，“敌军在卡尔约翰堡附近”是用密码发送的，等到这个报告被转发到“奥拉夫·特吕格瓦松”号，完成译码并送到舰桥，战斗已经开始了。

48. RM 7/486; and RM 70/1.

49. RM 70/1. 这些陆军士兵上岸的位置离预定地点颇有一段距离，结果直到战斗结束才抵达霍滕。

50. RM 57/93; RA II-C-11-1102; and Steen, *Norges Sjøkrig 1940–45*, vol. 2. 当时“北极星三”号的船员还在“信天翁”号上，能感觉到船体中弹。后来他们目睹了几名伤员被送到下面的船舱里。

51. RM 70/1; and RM 92/5223. R21 号上至少有一人死亡，多人受伤。

52. RA II-C-11-1100; and RM 92/5259.

53. 格伦德曼在一个笔记本上起草声明，然后在他等待时让打字员打了出来。

54. RM 70/1; RA II-C-11-1100; RA II-C-11-1102; and Hovdenak's report.

55. RA II-C-11-1100. 斯米特 - 约翰森曾试图致电克里斯蒂安桑的指挥官，亲口告诉他正确的信息，但是电话没能接通。

56. 后来有传言称，布里塞德听到这个命令后怒不可遏，“他的咒骂声响彻船坞上空”。

57. 几天后“奥拉夫·特吕格瓦松”号就被来自“信天翁”号的舰员接管，加入德军服役，先是改名为“信天翁二”号，后来又改为“丽蝇”号。它最终于 1945 年在基尔港被摧毁。“赖于马”号和“奥特拉”号也被德军接管。

58. RA II-C-11-1100. 埃里希·格伦德曼工程上尉、库尔特·布多伊斯中尉和阿图尔·戈德瑙上士舵手都凭借在霍滕的战功荣获骑士十字勋章。

59. RA II-C-11-1100.

60. 这是按照德军的备用计划实施的，其中将桑讷菲尤尔（Sandefjord）、拉尔维克、莱拉（Leira）、拉尔科伦（Larkollen）和索恩列为备用登陆场，从这些地方可以通过铁路和公路向奥斯陆移动。

61. RM 92/5223; RM 92/5097; RM 92/5259; RM 57/93; RM 70/1; and RH 24-21/17. “海鸥”号的诺伊斯（Neuss）上尉一度感到自己有必要提问：“到底哪条命令有效，送部队上岸还是设法找到‘布吕歇尔’号？”

62. 在控制铁路线之后，他又立即征用火车来加快运输速度。

63. 对炮台的第一波空袭似乎在很大程度上是飞行员们看到“布吕歇尔”号和仍在德勒巴克海峡以南的其他德国舰船冒出浓烟后主动实施的。分配给这些飞机用于和海军通信的无线电频率不起作用，因此飞行员无法与奥尔登堡战斗群沟通。许多炸弹没有爆炸，事后人们不得不花几个月时间排除哑弹。其中有三枚炸弹落在离一个隧道入口不过几米远的地方。埃里克森上校和几个部下就在隧道里，只有一扇薄薄的铁门保护，如果这些炸弹爆炸，他们很可能无法存活。

64. 在塞厄斯滕（Seiersten）有两门 L/60 博福斯 40 毫米高射炮和三挺高射机枪，由汉斯·索利（Hans Sollie）少尉指挥。其中一门 40 毫米炮射出大约二十发炮弹后就出了故障，另一门一直战斗到弹药耗尽，击伤敌机多架并击落一架。至于那些机枪，只要敌机留在高空，它们就毫无用处。

65. Evensen, *Oscarsborg forteller historie*.

66. RA II-C-11-1100.

67. RM 92/5097; RM 92/5223; RM 92/5259; and RA II-C-11-1100. 斯米特 - 约翰森少将在卡尔约翰堡被软禁至 4 月底，在签署了不抵抗声明后才被释放。他的儿子在奥斯陆以北与德军交战时为国捐躯。

68. RA II-C-11-1100; and RM 92/5259.

69. RA II-C-11-1100; RM 57/93; RM 92/5097; and RM 92/5223. 奥斯卡堡的大部分士兵和下级军官在一个星期内都被释放。大陆上炮台中的军官被德军以进行了抵抗为由在战俘营中关了几个星期。

70. 海军战争司令部坚持认为海军人员应该领受“海军任务”，不应该隶属陆军。

71. RM 92/522; RM 92/5259; and RM 57/93.

72. RH 24-21/30; and RM 92/5088. 4 月 17 日在奥斯陆峡湾地区没有飞机失踪的记录。但是在 16 日，第 105 特种作战航空联队的一架 Ju-52 于飞往奥斯陆途中消失。德国空军将三名机组成员列入失踪名单，但是没有提到任何乘客。约亨·沃尔达格后来写道，其中一个机组成员的遗孀被告知丈夫失踪，但是没有更多细节。按照约亨·沃尔达格的说法，所有调查都“被高层叫停了”（Herzog, *Drei Kriegsschiffe Blücher*）。

73. 库梅茨回到鱼雷监察部门工作。海曼负责管理洛里昂（Lorient）的鱼雷仓库。许多军官在 U 艇部队任职。沃尔达格和坦内曼都已不在人世。

74. RM 92/VM855/47900-910; SKL 23685/41, in Herzog, *Drei Kriegsschiffe Blücher* N300/5; *Bericht und Vernehmung des Generalobersten von Falkenhorst*; and KTB SKL A April40.

75. 如今“布吕歇尔”号的残骸以船底朝上的姿态静卧在德勒巴克港外 60 ～ 90 米深的海底。受损的船体已经严重腐蚀，而且不断漏油。

76. 尸体从海中打捞上来，于 4 月 10 日埋葬在厄伊岛。

77. RA II-C-11-1100; RM 70/1; and RM 92/5332.

78. A2 有一门 76 毫米炮，而每艘 R 艇有两门 20 毫米炮。

79. RA II-C-11-1100; and RM 70/1. A2 号后来被拖进泰耶，然后就被当作废铁丢在一边无人过问。它应该是参加战斗时舰龄最老的潜艇。A3 号和 A4 号天黑后返回泰耶，15 日被击沉。1946 年的军事调查委员会认为它们的艇长布吕斯高（Bruusgaard）和哈加（Haga）处置不当，建议控告他们玩忽职守。

80. RM 70/1; and RA II-C-11-1100. 上士舵手卡尔·里克塞克尔后来获得骑士十字勋章。

81. RM 57/93; and RA FKA 2B.072.42(194). 在升白旗时，列兵汉斯·富鲁塞特（Hans Furuseth）被一架飞机打死。

82. 霍于炮台和莫克略炮台在 4 月 13 日投降，奥斯陆峡湾周边被孤立的大部分其他部队也在同一天投降。

83. 挪军从英国购买了 12 架格罗斯特“角斗士”。当时有 3 架已经失事，其中 2 架正在大修。

84. 这些飞机的身份至今不明，不过它们可能来自第 120 或 122 远程侦察大队（Fernaufklärungsgruppe），因为参加“威悉演习”行动的部队中只有它们装备 Do-17。

85. 库尔特·斯图登特（Kurt Student）将军第 7 空降师的第 1 伞兵团。第 1 连的连长是施密特（Schmidt）中尉，第 2 连的连长是格勒施克（Gröschke）上尉。第 3 连在冯·布兰迪斯（von Brandis）中尉率领下攻占了斯塔万格—苏拉。第 4 连在格里克（Gericke）上尉指挥下夺取了丹麦的奥尔堡机场和斯托（Storstrøm）海峡大桥。

86. 第 76 驱逐机联队第 2 中队为运送伞兵前往奥尔堡的 Ju-52 护航，第 3 中队则负责斯塔万格。

87. 第 1 特种航空联队自 1937 年起就在演习和实战中负责运送伞兵。它的飞行员训练有素，但普遍年轻，缺乏仪表飞行经验。

88. From Guhnfeldt, *Fornebu 9. April*. 德方的另一些报告生动描述了瓦尔特在奥尔堡着陆后继续与德勒韦斯争论的情形。

89. 第 76 驱逐机联队第 1 大队后来宣称并确认摧毁 4 架“角斗士”，但这是错误的。

90. Guhnfeldt, *Fornebu 9. April*. 卡托·古恩费尔特（Cato Guhnfeldt）是最细致地研究过挪威空战的学者之一，他的书中列出了挪威飞行员的以下战果：特拉丁少尉极有可能击落了第 76 驱逐机联队第 1 中队科尔特（Kort）少尉的 Bf-110。沙伊 （Schye）军士很可能击落了第 76 驱逐机联队第 1 中队米切勒（Mütschele）下士的 Bf-110。瓦勒（Waaler）军士极有可能在奥斯陆峡湾上空击落了第 26 轰炸机联队第 9 中队的一架 He-111。克龙（Krohn）少尉和布罗滕（Braathen）少尉很可能击伤了第 26 轰炸机联队第 3 大队的一架 He-111，使其迫降在阿斯克（Asker）。

91. 赫尔穆特·伦特少尉后来继续驾驶 Bf-110 在挪威作战，在博德上空至少击落两架英军的“角斗士”。1940 年 9 月伦特调到夜间战斗机部队，延续了出色的表现，最终凭着击落 110 架敌机（其中 102 架是驾驶夜间战斗机击落的）的战绩荣获钻石双剑银橡叶骑士十字勋章。1944 年，已经成为第 3 夜间战斗机联队队长的伦特在一次坠机事故中身亡。瓦尔特·库比施当时仍然是伦特的后座机枪手，与伦特一同丧生。他曾在 1943 年获得骑士十字勋章，是空军中除飞行员外极少数获此殊荣的官兵之一。

92. 后来英格霍芬上尉因此获得骑士十字勋章。

93. Guhnfeldt, *Fornebu 9. April*. 在次日，原本要前往卑尔根的第 159 步兵团第 3 营被空运到此地，一同到来的还有第 307 步兵团第 3 营和第 324 步兵团第 3 营。这一天混乱程度有所降低，但还是有多架飞机坠毁，远远没有达成让所有士兵安全抵达的目标。

94. Hubatsch, *Weserübung*.

95. RA II-C-11-2150/52. 直到 4 月 10 日接近中午时，德军才完全控制福尼布及其周边。

96. 乔治中士经过树枝缓冲后落在深深的积雪中，奇迹般地活了下来，并以战俘身份度过了余下的战争岁月。同机组的其他成员都安息在奥斯陆以西的塞灵（Sylling）教堂墓地。

97. 第 1 俯冲轰炸机联队第 1 大队装备的是“斯图卡”俯冲轰炸机的增程版。这些飞机的翼下炸弹挂架挂载了两个 240 升副油箱，因此最多只能在机身中线挂架上挂载一枚 500 千克炸弹。

98. 布申哈根和克兰克在这天上午先到一步，他们的座机在降落时差点坠毁。

99. Stevens, *Trial of Nikolaus von Falkenhorst*. 1943 年邓尼茨接替雷德尔成为海军总司令时，伯姆也从挪威被召回。冯·法尔肯霍斯特则在挪威一直待到 1944 年 12 月。

100. Pruck, *Abwehraussenstelle Norwegen*. 除了组织情报工作、处理战俘和控制占领区的通信外，普鲁克还有一个任务是监视瑞典的政局动态。

101. RM 92/5259; RM 7/92; RM 12/II/167; and RM 48/176.

第五章

1. RA II-C-11-1100; ADM 223/126; AIR 22/8; and Steen, *Norges Sjøkrig 1940–45*, vol. 2. 博伊斯在 23: 12 收到英国海军部一份关于斯卡格拉克海峡中的德军活动的电报。这份电报称，有两队战舰已经出海，一队以“格奈森瑙”号为首，另一队以“布吕歇尔”号为首，都在向西航行。电报中没有下结论，也没有暗示这些军舰中有任何一艘在开往奥斯陆或其他任何挪威港口。不知道博伊斯是得到了将这份情报转发给挪威海军的指示，还是自己主动通报。

2. RA II-C-11-52,2/52,6; and RA II-C-11-1100. 在 1940 年 4 月，挪威海军已经制订出计划，万一战争爆发，就把海军总司令部、海军总参谋部、海军总监察部、岸防炮兵司令部和海军航空兵的所有职能机构合并为海防总司令部（Sjøforsvarets Overkommando，缩写为 SOK）。此举将会解放许多在奥斯陆为杂务所累的军官，让他们加入现役部队。

3. RA II-C-11-1100; and Steen, *Norges Sjøkrig 1940–45*, vol. 2.

4. RA II-C-11-51. 拉克少将通常搭乘火车。哈特勒达尔在 01: 00 前后赶到位于阿克什胡斯的总参谋部办公室，拉克则在接近 02: 00 时到达。

5. 国务会议（Statsråd）是挪威政府在国王主持下召开的正式会议。当晚在维多利亚联排别墅出席会议的除了政府的十一名成员外，还有外交部次卿延斯·布尔。

6. Nygaardsvold, *Norge i krig 9. April–7. Juni 1940*. 英军在德军入侵后无力阻止，甚至无法与之作战，为此尼高斯沃尔曾在多个场合表达不满。

7. FO 419/34; FO 371/24829; IWM 67/25/1; Koht, *Frå skanse til skanse*; and Lie, *Leve eller dø*. 库特起初不愿给多默打电话，因为他先前曾谢绝了英国方面提供援助的建议，但在尼高斯沃尔和利施压下，他最终同意打电话“告诉他发生的事件”。后来库特写道，他“对奥斯卡堡很有信心”，而且从没想过敌人能通过飞机空运足以威胁奥斯陆的部队。

8. Borgersrud, *Konspirasjon og kapitulasjon*. 至于为什么这种状况在中立警戒期间仍然维持，从来没有人解释过。

9. 在 20 世纪 30 年代，“局部动员”与“隐秘动员”合并，后者是指通过发给个人的信件或电报来征召士兵。

10. RA II-C-11-51; *Innstilling fra Undersøkelseskommisjonen av 1945*; and *Krigen i Norge 1940, Operasjonene i kristiansand-Setesdals-avsnittet*. 全国共有六个野战旅。永贝里和政府似乎只打算动员南部的四个旅，但哈特勒达尔在下达命令时把第 5 旅也包括在内，理由是在他看来这个旅也算是“挪威南部”的，这反映出动员指令的制订是多么随意。库特后来表示，“四个旅”对政府来说就意味着“整个挪威南部”。几小时后，他在火车站告诉一个新闻记者，政府已经下令“全面动员”，而在议会于哈马尔召开的第一次会议上，库特又对与会者说，“第 1、2、3、4 旅的全面动员”已经开始。

11. RA II-C-11-51; *Innstilling fra Undersøkelseskommisjonen av 1945*; Koht, *Frå skanse*

til skanse; Lie, *Leve eller dø*; Hjelmtveit, *Vekstår og vargtid*; and Munthe-Kaas, *Aprildagene 1940*. 第 5 旅和第 6 旅各有一部已经动员并部署在北方。

12. 布罗伊尔来迟了。看来他以为政府会在王宫与国王开会，因此首先去了那里。

13. RA FKA-Ya II-C-11-00; Koht, *For Fred og Fridom i Krigstid 1939–1940*; Koht, *Frå skanse til skanse*; and Lie, *Leve eller dø*. 此时大臣们都不知道，德军对奥斯陆的进攻其实已受阻于奥斯卡堡。

14. Hubatsch, *Weserübung*. 一小时后，也就是德国时间 06: 17，正在卑尔根的第三战斗群接到从基尔发来的电报："全体注意。挪威政府已决定全面抵抗。"

15. 卡尔·约阿希姆·汉布罗生于 1885 年。他是同时代最著名的挪威政治家之一，也是最早认识到欧洲新兴独裁政权的威胁的政治家之一。作为议长，汉布罗在理论上是挪威王国的二号人物，地位仅次于国王而高于首相。早年当过新闻记者和编辑，1919 年作为保守党候选人当选为议员，还曾多年担任保守党中央委员会主席。1926 年当选为议长，担任该职位直至德国入侵。他也是议会外交事务委员会（Utenrikskomiteen）的主席，理论上外交大臣受该委员会领导。1939 年，他当选为国际联盟大会主席。此外，他还是英国特别行动处领导人查尔斯汉布罗（Charles Hambro）的远房亲戚。

16. Hambro, *De første måneder*; and FKA-Ya II-C-11-00. 汉布罗乘汽车赶在专列之前到达哈马尔，为接待做准备。尼高斯沃尔希望带家人疏散，因此也选择了汽车，在途中接上家人。来不及赶火车的大臣们在几小时后乘坐一队专门安排的公共汽车离开议会。

17. 后来有人批评库特泄露了政府的行踪，而库特辩解说，当时还没有迹象表明德国人为了消灭挪威政府会进行无差别的轰炸。英国广播公司（BBC）在 13: 00 报道了挪威政府已迁至哈马尔的事实。ADM 116/4471.

18. Øksendal, *Gulltransporten*. 合计大约有 818 个大箱子、685 个小箱子和 39 个小桶被搬上卡车，里面装的都是金砖。它们全都安全抵达利勒哈默尔，被暂时放入挪威银行在当地的金库，与大约 1000 万挪威克朗现金存放在一起。后来这些黄金被运到英国，然后又转运至美国和加拿大。

19. 玛格丽特·里德的日记。1939 年 8 月 28 日，弗朗西斯·爱德华·福利带着他的私人秘书玛格丽特·格兰特·里德来到奥斯陆。实际上当时德国大使馆的工作人员正带着一些满足感观察英国人焚烧文件以及匆忙离去。RM 12/II/167.

20. FO 371/24834. 外交部对这一请求的答复是，大使应与挪威政府共进退，同时"所有冗余工作人员"应该一有机会就前往瑞典。

21. 法国陆军武官是贝特朗 - 维涅（Bertrand-Vigne）少校，海军武官是德阿聚尔中校。

22. FO 371/24832; and FO 419/34. 美国领事伊斯顿（Easton）先生封死了英国使馆的门户，而多默的仆人和管家（两人都"超过服役年龄"）被留下来帮助料理后事。但是由于美国大使哈里曼夫人和她的随员也离开了奥斯陆，这些安排实际上几乎未起任何作用。

23. RA II-C-11-51; RA II-C-11-52; Willoch Papers; and Normann, *Uheldig generalstab*. 在这一阶段，海防总司令部的人员组成是：总司令迪森、科内柳森准将、赫尔（Hoel）少校、谢恩（Scheen）少校、厄格兰（Øgland）少校、赫塞特（Herseth）少校、斯图普（Stup）少尉和格里姆斯高（Grimsgaard）少尉。在 4 月 12 日以后，迪森的主要策略是能打则打，如果抵抗已无意义则破坏装备，保存所有可以在同盟国援军到达后用于抗击侵略者的力量。随着挪威南部的抵抗终止，迪森命令所有能够继续作战的舰船离开挪威，前往英国的基地。迪森和他的大部分幕僚在 5 月初搭乘英国军舰经斯卡帕湾转移到特罗姆瑟，在那里一直工作到最后撤至英国为止。他在英国担任总司令一职至 1941 年年底，随后由科内柳森接替。

24. 沙伊特在上个星期去了柏林，已经知道有大事要发生，但不知道规模和日期。他是在 4 月 5 日或 6 日回到奥斯陆的。施赖伯已经通过 5 日的一份密码电报得到了消息。

25. Hubatsch, *Weserübung*.

26. 菲勒得知“布吕歇尔”号已经沉没，许多人因此丧生，包括师部的大部分人员。此时恩格尔布雷希特少将的命运还无人知晓。

27. GFM 33/1111; N 172/14, *Nachlass Boehm*; N 300/5, *Bericht und Vernehmung des Generalobersten von Falkenhorst*; RM 12/II/167; RM 7/92; RM 48/176; RA II-C-11-2150/52; Pruck, *Abwehraussenstelle Norwegen*; and Skodvin, *Striden om okkupasjonsstyret i Norge*.

28. Ismay, L., *Memoirs of General the Lord Ismay*.

29. ADM 234/380; ADM 116/4471; FO 419/34; and Churchill, *The Second World War*, vol. l.

30. 丹麦军队在 4 月 9 日的伤亡是 11 名陆军士兵、3 名边防军士兵和 2 名飞行员死亡，20 名士兵负伤。德军损失不详，但很可能要比丹麦军队大一些。

31. Hambro, *De første måneder*; Hambro, CJ Hambro, *liv og drøm*; and Lie, *Leve eller dø*.

32. 截至中午，英法两国使馆的大部分人员都已到达，与他们同行的还有美国大使哈里曼夫人。她原本打算留在奥斯陆，但是库特建议她随政府行动，华盛顿给她的指示也是如此。

33. 古利克森上校是高级军官中为数很少的工党成员之一，库特和尼高斯沃尔可能也正是考虑到这一点才选择让他参与这些事件，因为他们熟悉且信任他。

34. FO 419/34; FO 371/24832; FO 371/24834; and FO 371/24829. 大臣沃尔后来写道，他发现一个颇有讽刺意味的事实：英国大使是通过一部非法的电台提出援助建议的，而他以前还否认过这部电台的存在。

35. RH24-21/24.

36. 在会上，尼高斯沃尔提出了组建多党联合政府的议题。汉布罗和反对党领导人认为此时不宜进行重大变革，他们建议扩大政府，吸纳其他党派成员担任顾问性质的大臣。这个意见得到了一致赞同。

37. 颇能反映当时混乱状况的一件事是：首相尼高斯沃尔错过了火车，要不是一位乐于助人的商人提供了自己的汽车，首相就掉队了。

38. FO 419/34; Nygaardsvold, *Norge i krig 9. April–7. Juni 1940*; Lie, *Leve eller dø*; Hjelmtveit, *Vekstår og vargtid*; and Margaret Reid's diary.

39. ‘Privatkrieg von Spiller’. N 300/5, *Bericht und Vernehmung des Generalobersten von Falkenhorst*.

40. 施皮勒夫人后来坚持认为，这次行动曾得到布罗伊尔的批准，“目的是说服国王返回”。

41. 在格鲁吕（Grorud），德军遇到了陆军总司令部的厄伊温·厄伊（Øivinn Øi）上尉，他正在南下调查奥斯陆的情况。德军勒令厄伊上尉下车，但是他拔出了自己的佩枪，结果立刻被精神紧张的伞兵们乱枪打死。

42. RH 24-21/24; Heradstveit, *Kongen som sa nei*; Ruge, *Felttoget, erindringer fra kampene April–Juni 1940*; and Munthe-Kaas, *Aprildagene 1940*. 瓦尔特和他手下的大部分伞兵在 4 月 18 日回到了德国。

43. RH 24-21/17.

44. Hubatsch, *Weserübung*.

45. N 172/14, *Nachlass Boehm*; *Innstilling fra Undersøkelseskommisjonen av 1945*, appendix, vol. 1; *Straffesak mot Vidkun Abraham Quisling*; Knudsen, *Jeg var Quislings sekretær*; and Heradstveit, *Quisling hvem var han?*

46. Grimnes, *Norge i Krig*, vol. 1. 尼高斯沃尔后来说，吉斯林政变的消息“坚定了他的决心”。

47. Nygaardsvold, *Beretning om den Norske Regjerings virksomhet fra 9. April 1940 til 25. Juni 1945*; Hambro, *De første måneder*; and Lie, *Leve eller dø*. 有人对代理权的法律依据提出质问，因为当时没有正式投票，只有共识。战后的调查委员会得出的结论是，代理权是在宪法未涵盖的情况下明确的。它肯定给政府提供了在此后数天和数周内，更重要的是后来转移到伦敦后的流亡时期内所需的权限。

48. 玛尔塔公主和她的三个子女也在 4 月 10 日越境进入瑞典。

49. 奥拉夫王子在 1979 年（当时他已经成为挪威国王）与新闻记者兼作家佩尔·厄于温·赫拉斯特韦特（Per Øyvind Heradstveit）对话时说，哈康国王当时决定让自己留在后方，做好继位的准备，以防德国人阴谋杀害或绑架他。Heradstveit, *Kongen som sa nei*.

50. 但是当时没有达成任何协定，而且德军肯定没有停火，更谈不上停止推进。

51. Hjelmtveit, *Vekstår og vargtid*.

52. Koht, *Frå skanse til skanse*; and Heradstveit, *Kongen som sa nei*. 吉斯林也派了一名代表求见哈康国王，想请他认可新政府并返回奥斯陆。这位信使在 4 月 11 日上午到达尼伯格松，但得到的答复是简短而礼貌的“不”。

53. RH 24-21/24.

54. 在等候过程中，拉克和哈特勒达尔与哈康国王进行了短暂的会谈，向他通报了最新局势。

55. RA II-C-11-51.

56. RA II-C-11-51; RA Ya-II-C-11-00; Nygaardsvold, *Norge i krig 9. April–7. Juni 1940*; Lie, *Leve eller dø*; Ruge, *Felttoget, erindringer fra kampene April–Juni 1940*; and Munthe-Kaas, *Aprildagene 1940*. 因为没有人做过笔记，所以关于雷纳这次会议上的实际发言和讨论事项说法不一。有多名军官事后表示，他们从未意识到这次会议的重要性（他们称它为“非正式对话”），而且他们都很累，所以觉得没必要对拉克的言论作任何评论或澄清。而拉克本人坚称，他只是建议对待谈判“不要关上大门”，为的是争取固守待援的时间。

57. 按照官方规定，陆军总司令的退休年龄应该是 68 岁，不过大家都假装忘记了这个事实。拉克不久以后就住进了医院。他在 1950 年逝世。

58. RA 0064-2B 023 2/1 927.9; RA II-C-11-51; and Reid, and Rolstad, *April 1940, En Krigsdagbok*. 陆军总监奥托·鲁格在 4 月 7—8 日正从挪威北部经瑞典前往奥斯陆。他乘坐从斯德哥尔摩出发的夜间快车进入挪威。在奥斯陆寻找陆军司令部未果后，他前往埃尔沃吕姆，把能找到的部队都纳入自己旗下统一指挥，然后开始在政府与德军之间布置防线。米茨库根的守军就是他从匆忙集结的部队中抽调的。

59. RA II-C-11-51; *Aftenposten*, 9 April 1990; and RA 0064-2B 023 2/1 927.9. 拉斯穆斯·哈特勒达尔没能及时康复，因此没有再回到陆军总司令部。他在 1943 年遭到逮捕，以战俘身份在德国度过了余下的战争岁月。他于 1963 年逝世。

60. RH 24-21/24. 埃尔沃吕姆也在这一天遭到猛烈轰炸，54 人死亡，100 多人受伤。

61. Lie, *Leve eller dø*; and VGNett, 22 November 2005. 库特、托尔普和耶尔姆特韦特在 4 月 13 日越境进入瑞典。库特和托尔普在次日返回，而耶尔姆特韦特继续前往斯德哥尔摩。

62. RA II-C-11-51; and Lie *Leve eller dø*. 起初多默的消息很不灵通，4 月 10 日他一度声称卑尔根和特隆赫姆已被同盟国军队收复。

63. FO 419/34.

64. FO 419/34.

65. 吉斯林的旧疾似乎在这段压力巨大的日子里复发了，在极少数留下他的影像的照片里，他都是一副病容。

66. Hartmann, *Spillet om Norge*; Hoidal, *Quisling – En studie i landssvik*; and Dahl, *Vidkun Quisling, en fører for fall*. 令他倍感羞辱的是，他还不得不搬出他在议会的办公室和大陆酒店的客房。为了使他的下台显得体面一些，德国人让他负责遣散投降的挪威陆海军士兵，但是他没有承担起这个任务，结果遣散工作彻底失败。

67. RM/6-87. 布罗伊尔和贝内克成为德国在挪威的各种挫折的替罪羊。4 月 16 日，布罗伊尔被勒令回到柏林，然后面临两个选择：要么上军事法庭，要么转入现役部队。布罗伊尔选择了后者，最终他去了东线并被敌人俘虏，直到 1954 年才回到德国。他在 1969 年逝世。贝内克上了军事法庭，被判处两个星期监禁，随后被发配到威斯巴登担任一个不起眼的职位。

68. RM/6-87.

69. 关于挪威和德国此时是否处于战争状态，一直存在异常激烈的争论。但是在 4 月 9 日 13: 25，被指定为挪威地区海军总指挥的伯姆上将的战争日记中就已经出现一条记录："第 21 集群向东集群和西集群报告：挪威已经与德国开战。"

第六章

1. 克里斯蒂安桑素有"南方珍珠"之名。这是一座整洁优雅、人口 23000 的小城，拥有许多公园和林地，周边是沙滩和众多岛屿。这里的冬季可能有些难熬，但夏季气候温和，在过去（和现在）被视作完美的避暑胜地。

2. 福斯比中校精通各类技术事务，非常适合在要塞划入预备役期间承担使其保持战备能力的任务。他本来已到退休年龄，但他本人和岸炮部队都觉得继续留任有利于维护炮台。执行中立警戒任务显然对这位年事已高的军官很有挑战性，有报告称要塞的军官中存在人事问题。

3. 哈尔沃森（Halvorsen）少尉指挥的第 2 分队下辖"蛎鹬"号（*Kjell*）、"鸬鹚"号（*Skarv*）和"黑海鸠"号（*Teist*）。4 月 8 日夜里，"黑海鸠"号在法尔松（*Farsund*），"鸬鹚"号在埃格尔松，而"蛎鹬"号在马尔维卡的船坞里。托勒·霍尔特少尉（*Tor Holte*）的第 3 分队也同样分散："贼鸥"号（*Jo*）在阿伦达尔，"秃鹫"号（*Grib*）在里瑟尔（Risør），"渡鸦"号（*Ravn*）在朗厄松（Langesund）；"雕"号（*Ørn*）和"潜鸟"号（*Lom*）都在霍滕的船坞里。

4. RA 1256/310; RA II-C-11-2020-2040; Steen, *Norges Sjøkrig 1940–45*, vol. 2; and Fjortoft, *Kanonene ved Skagerrak*.

5. RA II-C-11-1100; RM 8/1152.

6. RM 7/11.

7. RA II-C-11-1100. 笔者不清楚这份情报在多大程度上被采信，更无从得知它被转发的范围。

8. RA II-C-11-2020/2040; and RA II-C-11-1100.

9. "卡尔斯鲁厄"号搭载了 600 人。"青岛"号 270 人，"山猫"号和"海雕"号各 50 人。"狮鹫"号上还有准备前往阿伦达尔的 100 人。大约 200 人是恩斯特·米夏埃尔森（Ernst Michaelsen）上尉率领的海军炮兵，他们的任务是在接管奥德略亚和格列奥登的炮台后尽快确保它们能够作战。

10. 当这些战舰进入禁区时，约翰森（Johansen）少校按照上级指示发射了两枚红色火箭，然后操船避开对方。

11. 后来他被带到甲板下面，但在“卡尔斯鲁厄”号锚泊后就获得释放。Berge, *Fra Nøytralitet til rig*.

12. 前炮塔的炮手们大多是新兵，很多人是第一次发射全口径的实弹。不过他们的训练水平不错，达到了很高的射速。

13. 引水员阿能森在 1960 年接受一家报纸采访时说，“卡尔斯鲁厄”号的船头被击中，然后里夫就立即决定掉头，但是德方没有任何报告提及此事。“海雕”号的科劳夫（Kohlauf）上尉对挪军炮火不以为然，评价其“引导水平低劣”，间接批评了里夫过早调头的决定。

14. RM 92/5257; and RM 57/125.

15. RA II-C-11-2020/2040; RA II-C-11-1100; and Steen, *Norges Sjøkrig 1940–45*, vol. 2.

16. RM 57/125; and Herrmann, *Eagle's Wings*. 8 架飞机从叙尔特岛上的韦斯特兰（Westerland）起飞，但其中一些在斯卡格拉克海峡上空的大雾中迷航，最后只有 6 架到达克里斯蒂安桑。

17. RA II-C-11-2020-2040。He-111 的驾驶舱周围和部分机身有相当厚的装甲保护，挪军的机枪子弹口径太小，打不穿它们。此外，油箱的自封结构也非常有效，就连曳光弹也很少能引燃汽油。

18. 里夫下令放飞舰载水上飞机来为火炮提供校射。但是在起飞后，那架飞机的电台却失灵了。它最终降落在弗莱克岛以西，下午才回到巡洋舰上。

19. 挪方报告称，当德国舰队位于德韦瑟于附近时，守军在大约 6000 米距离上开火。德方报告基本上都认为，舰队两次都是在刚进入格热宁根 - 奥克索一线时就遭到约 7000 米外的火炮射击。

20. 罗伯特·艾兴格后来加入了抵抗组织。他的小组在 1942 年被破获，他本人也遭到了盖世太保的严刑拷打。最终他被判处死刑，但获得特赦，被关入集中营。艾兴格活了下来，并且在恢复健康后加入了战后的挪威海军，于 1983 年以少将身份退休。

21. 共有 262 座建筑受损，其中 47 座严重毁坏。13 名平民丧生，还有至少 17 人受重伤。所有可查阅的报告都显示，德军在 4 月 9 日对克里斯蒂安桑城造成破坏是无心之举。

22. RA II-C-11-2020/2040; RA II-C-11-1100; RM 92/5257; RM 92/5257; RM 57/125; Masel, *Kristiansand i krig– 9. April 1940*; Berge, *Fra Nøytralitet til Krig*; and Steen, *Norges Sjøkrig 1940–45*, vol. 2。

23. RM 57/125. 关于“西雅图”号中弹的时间说法不一。有的资料说它在德军第一次进击后不久就中弹了。但大部分资料认为，它是在德军第二次进击后中弹起火的。它在燃烧了几天后漂进峡湾，于 4 月 13 日沉没。

24. AIR 27/1365; Masel, *Kristiansand i krig – 9. April 1940*; and Berge, *Fra Nøytralitet til Krig*.

25. RA II-C-11-1130; RA II-C-11-2020/2040; RA II-C-11-1100; and Steen, *Norges Sjøkrig 1940–45*, vol. 2.

26. RM 92/5257.

27. RA II-C-11-1130; RA II-C-11-1100; and RA II-C-11-2020-2040. 追查这些命令的来源非常困难。海军总司令和陆军总司令当时都在和他们的幕僚一起逃离奥斯陆，通信和命令常常是通过公用电话转发的——没有正确的落款。

28. RM 92/5257; and RM 57/125.

29. Berge, *Fra Nøytralitet til Krig*; and Steen, *Norges Sjøkrig 1940–45*, vol. 2.

30. RA II-C-11-2020/2040; and RA II-C-11-1100.

31. RA II-C-11/1130; RM 92/5257; Berge, *Fra Nøytralitet til Krig*; Mæsel, *Kristiansand i krig – 9. April 1940*; and Steen, *Norges Sjøkrig 1940–45*, vol. 2.

32. RM 92/5257.

33. RA II-C-11-1100. 维格斯后来写道，他此时相信“奥斯陆、霍滕，可能还有卑尔根”都已落入德军之手。他还写道，按照他的想法，他的投降命令仅适用于舰船，不适用于炮台。后来维格斯驱车前往马尔维卡，从那里将事态通报给利耶达尔少将，同时他的军官们销毁了文件和密码本。

34. 挪威军人在操作火炮时是不带武器的。

35. RA II-C-11-2020/2040; RA II-C-11-1100; RM 92/5257; Michaelsen, ‘Die Einnahme der Festung Odderö’, in Hase, *Die Kriegsmarine erobert Norwegens Fjorde*; Berge, *Fra Nøytralitet til Krig*; and Mæsel, *Kristiansand i krig – 9. April 1940*. 大约一年后，关于究竟是谁以什么方式占领了克里斯蒂安桑要塞，各种不同的论述开始发表，在德国海军和陆军之间引发了激烈的争论。1941 年一个调查委员会判定是两军联合占领该要塞，但是争论双方都不曾真正接受这个结论。

36. AIR 14/666; AIR 22/8; and Berge, *Fra Nøytralitet til Krig*.

37. RM 57/93.

38. 当时“贼鸥”号和“狮鹫”号之间的距离大约是 1000 米。

39. RA II-C-11-1120-1180; RM 57/93; Steen, *Norges Sjøkrig 1940–45*, vol. 2; and Frognes, *Fyrbøteren på Jo*. 后来，霍尔特少尉乘坐一艘征用的渔船前往设得兰。战争期间他在多艘挪威军舰上服役，包括在驱逐舰“斯图尔”号（*Stord*）上参与击沉“沙恩霍斯特”号之战。战后他继续在挪威王家海军服役，担任过多个高级职位，最后于 1966 年去世。

40. “奥丁”号和“于勒”号各有三门 100 毫米炮、一门 20 毫米厄利空机关炮和两个鱼雷发射管，而“山猫”号和“海雕”号各有三门 105 毫米炮、四门 20 毫米厄利空机关炮和六个鱼雷发射管。

41. RA II-C-11-2020-2040.

42. 关于这次会谈中约定的内容，维格斯和布罗在事后的说法有重大分歧。

43. 4 月 9 日克里斯蒂安桑的日出时间是 05: 35。“晨曦初现”至少要比这个时间早四十到五十分钟。

44. RA II-C-11-1100; and Steen, *Norges Sjøkrig 1940–45*, vol. 2.

45. RA II-C-11-1100; RA II-C-11-1120-1180; and Steen, *Norges Sjøkrig 1940–45*, vol. 2.

46. RM 45-III/12.1. 从 4 月 11 日开始，约有 30 架第 77 战斗机联队第 2 大队的梅塞施密特 Bf-109 战斗机进驻谢维克。

47. RM 96/667. M9 号和 M13 号把“西雅图”号的 55 名船员带回了德国。

48. RM 45III/122. 军辅船“克维克”号、“闪烁”号（*Blink*）、“闪电”号、“灵达尔”号（*Lyngdal*）、“鲸鱼四”号、“鲸鱼六”号、“鲸鱼七”号和“威廉·巴伦支”号在德国船员操纵下作为港口保卫或护航船只度过了战争，后来大多被拆解。“奥丁”号和“于勒”号分别更名为“黑豹”号（*Panther*）和“狮”号（*Löwe*），并被征用为护航舰和鱼雷回收舰，随第 27 潜艇纵队在波罗的海服役至战争结束。1945 年这两艘军舰双双回归挪威王家海军序列，继续使用至 1959 年退役为止。

49. RA II-C-11-1100.

50. RM 8/1152; and *Rapport fra den Militære undersøkelseskommisjon av 1946. Nou 1979: 47.* 在 1946 年军事调查委员会的报告中，克里斯蒂安桑的多名军官遭到批评。报告认为维格斯准将要为德军进入克里斯蒂安桑承担总体责任，而且特别严厉地批评他没有正确控制关于法国舰队接近的报告，以及没有命令驱逐舰攻击入侵者。“于勒”号的霍尔克少校、“奥丁”号的贡瓦尔森少校、B2 号的布罗少校和 B5 号的布雷克少校都因为表现过于消极和完好地交出战舰而遭到批评。报告完全没有提到福斯比中校，可能是因为他已在 1946 年离世。利耶达尔少将也受到了严厉的批评。

第七章

1. Günther Capito's personal account, in Mæsel, *Ni dager i April.* 伞兵团的军官们直到 4 月 8 日临近中午时分，即将离开施滕达尔（Stendal）的军营时才得知他们的目标。

2. 1940 年 1 月，英国的航空公司开通了苏格兰的佩思与苏拉之间的民用航线，每周一班。

3. 在 19 世纪后期，挪威人规划海岸防御时认为斯塔万格太小，不适合建立要塞。但到了 1940 年，情况有所改变，而德国人入侵后更是在当地广泛修建了防御设施。

4. 德国驻斯塔万格领事馆差不多在同一时间向德国驻奥斯陆大使馆打了一个电话。这个电话被错接到瑞典大使馆。在意识到电话接错之前，打电话的人曾经提到了威悉日，还就“罗达”号的情况请求指示。瑞典大使馆立即将此事报告给了挪威外交部，而外交部的人做了记录后就把它忘在脑后。*Innstilling fra Undersøkelseskommisjonen av 1945*, appendix, Bind II.

5.“阿戈尔”号装备大量“冷”榴弹（没有会爆炸的战斗部）的原因令人费解。最有可能的解释是，这与中立警戒期间进行警告射击的预期需求有关。

6. RA II-C-11-1204; RM 45/III-136; and Steen, *Norges Sjøkrig 1940–45*, vol. 3.“罗达”号下沉得很慢，直到下午，在德国人的抢救措施失败后，它才沉入大约 50 米深的海底。1956 年它被打捞出水，清空船舱里的 85 吨弹药后，被拖到荷兰拆解。

7. RA II-C-11-1204; Steen, *Norges Sjøkrig 1940–45*, vol. 3; and Mæsel, *Ni dager i April*.

8. RM 96/667.“阿戈尔”号的残骸就在它搁浅的地方被分割。其中一部分被当作驳船使用了很多年，直到在 1985 年最终沉没。尼尔斯·布鲁恩在挪威王家海军中一直服役到 1957 年，以少将军衔退役。

9. 有一个工兵连从 2 月初开始就驻扎在苏拉，修建地堡和其他防御设施。

10. 意大利造的卡普罗尼飞机虽然外表很现代化，却并不适合高强度的进攻作战，它们在机械师手里接受维修的时间比在飞行员手里飞行的时间长。4 月 8 日夜间，这些飞机中只有三架能够作战。

11. 4 月 8 日，轰炸机联队的地勤人员离开苏拉，经卑尔根前往东方。

12.RA II-C-11-1203/188. 平时的指挥官弗拉泽（Fraser）少尉在休假，斯坦斯贝尔是代理指挥官。

13. 苏拉机场有两条跑道，分别长 850 米和 920 米，宽 40 米。

14. 领航员是斯泰因·阿比尔瑟（Stein Abildsø）准尉，无线电操作员是格拉斯凯尔（Grasskjær）。

15. RA II-C-11-1203/188; Hafsten et al, *Flyalarm*; and Wyller and Stahl, *Aprildagene 1940*. 这道命令和当晚早些时候的冷淡答复源于海军和陆军之间关于谁应该攻击海上目标的争执。汉森少尉主张采取实用主义的态度，因此被认为是对陆军不忠诚的刺头。至于这道命令究竟是谁下的，学者们始终未能确认，部分原因是汉森和让 - 汉森都没能活到战后。哈夫丹·汉森一个星期后在多夫勒（Dovre）与德国伞兵作战时牺牲。克里斯蒂安·让 - 汉森是“光荣”号航母的少数幸存者之一。1943 年他作为皇家空军的飞行员牺牲于法国上空。

16. 第 26 轰炸机联队的 He-111 和第 4 轰炸机联队的 Ju-88 遇到的问题似乎较少，可能是因为它们的飞行高度在雾团之上。

17. Günther Capito's personal account, in Mæsel, *Ni dager i April*.

18. 第十二架飞机最终降落在奥尔堡。

19. RH 24-21/24; RM 45/III-136; *Kammeraden-Echo* No. 2; Mæsel, *Ni dager i April*; and Hafsten et al, *Flyalarm*. 第 104 和 106 特种航空联队接到了在掠海高度飞行以躲避敌战斗机的指示。由于飞机处于重载状态，经验比较丰富的飞行员都无视了这一指示，有些人为了保持飞机的爬升能力和续航能力，甚至下令丢弃了机舱里的装备。有一架 Ju-52 带着机组和 11 名陆军士兵失踪。

20. 另有一架卡普罗尼飞机和一架福克飞机被击伤，勉强飞行一阵后不得不迫降。其他的福克和最后一架卡普罗尼飞到克里斯蒂安桑—谢维克，并最终与挪军主力会合。

21. Günther Capito's personal account, in Mæsel, *Ni dager i April.* 这 11 架 Ju-52 降落在奥尔堡时油箱都空了。卡皮托在整场战争中转战于多条战线并表现出色，而且活到了战后来讲述自己的故事。

22. 这个地堡被伪装成一间农家小屋。德军显然并不知道它的存在。

23. 按照怀勒（Wyller）的说法，游骑兵中有个准尉是“纳粹分子”，他蓄意阻碍了坦瓦尔攻击命令的执行。

24. RM 45/III-136. 有两名伤员是跳伞摔伤的。死者是路德维希·贝内迪克特（Ludwig Benedikt）一等兵、格奥尔格·沃赫列兵（Georg Woch）和卡尔·西珀斯列兵（Karl Cypers）。他们的尸体在当天就被空运了回去。

25. 第 3 连在 5 月 10 日上午又被空投到荷兰的多德雷赫特（Dordrecht），以夺取马斯河大桥。这一次守军的抵抗更为猛烈，奥托·冯·布兰迪斯中尉和他的多名部下战死，幸存者大半被俘，在英国战俘营中度过了余下的战争的岁月。

26. 剩下的那架 MF-11 和那架 He-115 还在泊位上，都被完好缴获。

27. *Kammeraden-Echo* No. 2.

28. RA II-C-11-1204; RH 24-21/24; RM 45/III-136; Wyller and Stahl, *Aprildagene 1940*, *Kammeraden-Echo* No. 2; Hafsten et al, *Flyalarm*.

29. 普拉特和奥尔森是英国领事的海运顾问，不过他们无疑肩负着与情报相关的任务。

30. Wyller and Stahl, *Aprildagene 1940*; Munthe, *Sweet is War;* Cruickshank, *SOE in Scandinavia*. 遗憾的是，芒蒂对 1940 年挪威事变的记述（出版于 1954 年）太过生动，一定程度上削弱了其可信度。芒蒂最后去了瑞典，在那里被任命为助理武官。

31. “尸鬼”号在非急速状态下要消耗大量燃煤。如果要达到 25 节航速，必须使用全部三个锅炉，而且每小时需要 6 吨煤。

32. 霍尔弗始终没有完全搞清楚他俘获的船是什么性质的。封闭并加了覆盖物的舱门很可疑，船长的行为也表明这艘船很可能负有军事使命，但霍尔弗当然对运输船梯队一无所知，也不知道“美茵”号运载的是给登陆部队使用的物资。

33. 有一个德国水手掉进海里淹死了。

34. 霍尔弗上了驱逐舰“索马里人”号。后来在战争期间，他担任过挪威王家海军驱逐舰“斯雷普尼尔”号和“格莱斯戴尔”号（*Glaisdaile*）的舰长，主要在大西洋和英伦三岛周边为运输船队护航。从 1943 年 7 月起，他成为驻扎在设得兰群岛的第 54 鱼雷快艇纵队的指挥官，指挥由挪威人操纵的鱼雷快艇对被占领的挪威作战。“尸鬼”号的大副厄斯特沃尔少尉上了“阿弗利迪人”号，在“阿尔特马克”号事件中一战成名的维恩上校热情地欢迎了这位挪威军官，对他说：

“我打算进入你们的一个峡湾，希望你不会反对。”多少有点困惑的厄斯特沃尔少尉回答：“不，长官，当然不会。”维恩笑了：“哦，上次你们反对过。”

35. RA II-C-11-1202/188, Letter 23.10.46 from Rear Admiral Horve to the Military Investigation Committee; Steen, *Norges Sjøkrig 1940–45*, vol. 3; and Sivertsen, *Sjøforsvaret i Rogaland*.

36. 这些陆军人员隶属第 169 侦察营自行车连。第 69 步兵师的其余人员，包括师长蒂特尔少将在内，都将在卑尔根和斯塔万格登陆。

37. 几个主要的灯塔在 4 月 8 日夜里已熄灯。

38. Eickhorn Papers; and Bartels, *Tigerflagge, Heiss Vor!* 1962 年，历史学家英瓦尔·勒德兰主动与弗里德里希·艾克霍恩进行了大量书信联系。这些书信是由达拉讷历史文化博物馆的约斯泰因·贝格吕德慷慨提供给作者的，以下统称为“Eickhorn Papers”。

39. Bartels, *Tigerflagge, Heiss Vor!* 书中称，是他亲自带人俘获了“鸬鹚”号，但这与其他资料并不一致，很可能是他书中对事实的众多戏剧性粉饰的又一例子。

40. 由于设备故障，他们无法用无线电联系到斯塔万格的第 193 步兵团，而电话线也很快被挪威人切断了。德国军官只能穿上便衣骑摩托车去斯塔万格报告。

41. RA II-C-11-1100; Bartels, *Tigerflagge, Heiss Vor!*; and Eickhorn Papers. 在被德国人释放后，斯瓦准尉企图逃到英国，结果不幸被捕并被判处死刑。但是他再次逃脱，最终成功到达英国，在那里又加入了挪威王家海军。他在 1960 年去世。弗里德里希·艾克霍恩上尉活到战后，度过短暂的战俘生涯后，回到了他在索林根（Solingen）的工厂。汉斯·巴特尔斯上尉和 M1 号留在挪威。他在 1940 年 5 月 16 日被授予骑士十字勋章，上级对他的真实战绩进行了调查，但这没能平息关于授勋决定的争议。

42. 长期以来，斯珀克上校、利耶达尔将军和陆军总司令一直为斯塔万格的防御问题争执不休。利耶达尔建议斯珀克“按照他认为最佳的方案行动”——斯珀克将此解释为上级给了他自主权。

43. Den Krigshistoriske Avdeling – *Krigen i Norge*; Wyller and Stahl, *Aprildagene 1940*; and Torgersen, *Kampene i Rogaland – Stavanger Aftenblad*. 德军在罗加兰地区总计有约 36 人战死，70 人负伤。

44. 不出一个月，弗莱什曼军士长和格勒宁上士就双双驾驶 Bf-110 战死。

45. 为德国占领军工作的挪威人在战时和战后都遭到强烈谴责。显然他们的行为有许多原因，许多人做这种事是因为受到了威胁或者武力强迫，也有人是因为自己的雇主觉得可以趁机签订一份诱人的合约。不过，确实也有许多人是看中了德国人支付的丰厚报酬和敞开供应的食品与烟酒。

46. 罗斯中士在返航途中还与第 26 轰炸机联队第 2 大队一架空袭斯卡帕湾后返回的 He-111 狭路相逢，他重创了这架飞机。He-111 虽然挣扎着回到了苏拉，但还是在降落时坠毁并报废。

47. AIR 14/2595; AIR 20/6260; and AIR 14/669. D.H.O. 指的是空军部本土作战指挥部

（Directorate of Home Operations）。在 4 月 14 日一份修正的电报中，“游击式作战”被替换成了“利用云层或其他规避策略的作战”。

48. 在 4 月 2 日，第 9 中队转移到洛西茅斯，第 115 中队转移到金罗斯，以便开展破坏德国海运的作战。这些“惠灵顿”在驻苏格兰期间要按照海防司令部总司令的命令作战。

49. 第 254 中队在不久前从战斗机司令部转隶海防司令部，装备换成“布伦海姆”IV-F，并转场到洛西茅斯，从而将其在北海的巡逻范围扩展到挪威海岸。

50. AIR 14/666. 6 名英军飞行员中 4 人的遗体被找到，4 月 14 日以全套军礼被安葬在埃加内斯（Eiganes）教堂墓地，德国军方还送了一个花圈，注明纪念“四位勇敢的敌手”。

51. 特隆赫姆在皇家空军大部分陆基飞机的作战范围之外，只有金罗斯的“惠特利”飞机除外，因此空袭特隆赫姆的任务交给了海军航空兵。

52. 很少有飞机能挂载两枚以上的 500 磅炸弹，部分原因是苏格兰的机场跑道质量不佳。在一次只能投掷两枚炸弹的情况下，直接命中跑道的希望很渺茫。

53. 波特尔发布了一条禁令，在没有充足云层掩护的情况下，禁止飞机接近到距挪威海岸 60 海里以内——只有攻击苏拉的“布伦海姆”例外。

54. AIR 14/666; and AIR 14/669.

55. ADM 199/1840.

56. 这天上午的大气活动水平高得异乎寻常。此外，海军也不知道，他们选择的 6.65 兆赫这一频率在北海的清晨很不可靠，海防司令部是不会选择它的。AIR 15/202.

57. ADM 199/475; RM 7/295; and Edwards, *Norwegian Patrol*.

58. 更改计划的决定显然是丘吉尔、庞德和菲利普斯在 4 月 16 日夜里做出的。

59. RM 7/295.

60. 由于领导了这次空袭，恩布里中校的杰出服役勋章上又加了一个表示二次授勋的饰条。克莱顿（Clayton）上尉获得一枚杰出飞行十字勋章，他的机枪手约曼斯（Yeomans）下士因为击退 Bf-110 的反复攻击而获得杰出飞行勋章。

61. 第 406 海岸飞行大队第 1 中队一架跟踪舰队的 Do-18 被第 801 中队的三架“贼鸥”合力击落。其他“贼鸥”飞行员还宣称击落一架 Do-17，但是在德方档案中没有记录。

62. IWM PP/MRC/C10; AIR 15/202; ADM 199/475; and ADM 186/798.

第八章

1. 这些亨克尔在 1939 年交付时是性能强大的现代化飞机。它们的作战半径很大，而且能挂载三枚 250 千克炸弹——只不过轰炸瞄准具很简陋。它们没有配备鱼雷。MF-11 也是比较新的飞机，虽然采用了老式设计，但非常适合执行设计师希望它们承担的任务——侦察与监视。它们能够挂载四枚 50 千克炸弹。

2. 守军有一些可机动的中口径火炮，但是无人操作。1939 年 12 月，三门 120 毫米炮从奥斯陆以北的孔斯温厄尔炮台（Kongsvinger Fort）转移到卑尔根，计划用于航道南入口的一个新炮台。1940 年 3 月，三门原本要部署在纳尔维克的 150 毫米炮也被调到南方。虽然汤克 - 尼尔森几度请求把这些火炮安装在炮台上，哪怕只是临时安装，但德军入侵之时它们依然在仓库里。

3. RA II-C-11-2040/2046; and Willoch, *Bergen Festning falt 9.april 1940*. 遥控水雷和标准触发式水雷都有大量库存。

4. 也就是说，它们要去挪威以外的其他地方。丹尼尔森这个答复的挪威语原文还包含对汤克 - 尼尔森的明确建议：把注意力集中在自己的防区，而把战略问题留给总参谋部考虑。

5. 此时滞留在科珀维克的运输船太多了，以至于有许多船被转到了别处。

6. RA II-C-11-52; RA II-C-11-1200/18; RA II-C-11-1200/187; and Willoch Papers.

7. 这不是挪威的官方政策。汤克 - 尼尔森在这个问题上表露了他个人的亲同盟国倾向——此前他已经多次有过这样的表示。

8. 不久以后，奥斯陆的陆军总参谋部也打电话告诉斯特芬斯少将，政府要到第二天才可能做出动员决定。斯特芬斯对此感到很不安，他命令于尔芬的斯特纳森少校在卑尔根以南的三个潜在登陆场部署警戒部队。斯特纳森还必须组织用于运输的公共汽车和卡车，并让他的营做好接到通知立即出动的准备。

9. AE 2988/71. 无线电导航信标及港湾中的航行灯和锚泊灯也被关闭。航道中一些无人值守的航行灯仍然亮着，因为它们不是遥控的，只能通过人工方式逐一关闭。

10. RA II-C-11-1200/186; RA II-C-11-1200/187; RA II-C-11-2040/2046; and report of Løytnant Thorleif Pettersen, at www.9april1940.org. 维洛克在 1941 年 2 月的报告中坚称，自己只是“被要求尽力而为”。

11. RM 50/87; RM 92/5255; and RM 35/II-35.

12. “芒厄尔”号上的信号兵很可能不知道字母“HMS”的含义[①]，由于对英语和德语都知之甚少，用自己的挪威方言读了 Cairo 一词之后，他或某个听到他发音的人就忙不迭地得出了信号是“Sei ruhig”的结论。在 1940 年未经美国化的挪威语中，C 常常被发成 S 的音，因此两组单词读音相近。[②]“林多斯”号则用无线电报告说入侵者国籍不明。这份电报被“柯尼斯堡”号上的无线电操作员截获，使德军指挥官对欺骗手段的效果抱有希望。

13. RA II-C-11-1200/186. 在原始通信档案上有潦草的手写字样：“01: 35 发送至克法芬。”报告舰队入侵的电报在 01:50 转发至奥斯陆，02: 50 转至特隆赫姆，两份电报都注明入侵者是德国人。

---

① 译注：HMS 是 His/Her Majesty's Ship 的缩写，是英国皇家海军舰艇的专用称号。

② 译注：也就是说，挪威人把 Cairo 读成“塞罗”，听起来很像“Sei ruhig”（塞路伊希）。

14. 由于航速缓慢（12 节），这两艘拖网渔船在 4 月 5 日就离开威廉港，并伪装成中立国爱沙尼亚的船只。“9 号船”是总注册吨位 437 吨的“科布伦茨”号（*Koblenz*），“18 号船”是总注册吨位 419 吨的“阿尔特兰”号（*Alteland*）。

15. RA II-C-11-1200/186. 从下午这次会议的讨论记录来看，对明确识别身份的英国舰船，守军很可能不会开火。

16. 当天上午埃里克森少校让 B6 号潜在水下开进卑尔根港。除了大量商船外，他没有看到什么目标，于是又返回了弗拉特岛。

17. 德军的计划中另外指定了三处应急登陆场，万一舰队无法通过炮台进入港口，就要利用它们。其中两处在南边——格里姆斯塔峡湾（Grimstadfjord）和法纳峡湾（Fanafjord），一处在北边的阿尔纳（Arna）附近——正如演习中所料。后者需要几个小时的绕行才能到达。

18. BB A.2848.002/y/0002/01; RA II-C-11-1200/1210; and RA II-C-11-51.

19. BBA.2848.002/y/0002/04; and RA II-C-11-2040/2046. 大孔斯海于格山和莱德霍恩山的观测站都报告看到了入侵舰队（维洛克的报告），他们即使无法正常使用测距仪，应该也能引导来自克法芬的炮火。根据炮台里的大量地图，应该能计算出概略的距离和方向。在 1921 年的演习中守军就练习过间瞄射击，取得了可以接受的效果，而且在马林霍尔门的地图上，该区域标记为在克法芬的火炮射程之内。

20. Willoch, *Bergen Festning falt 9.april 1940*. Hvorfor? ; and www.9april1940.org. 维洛克写道，有一个炮台指挥官请求他确认是否应该装填实弹，还有一个炮手直截了当地问他，是否真的要对有人的目标发射实弹。

21. 鱼雷发射台的正式指挥官（西蒙森少校）已经调到海军部队去了，一个士官负责指挥缺编的人手。这个发射台有四枚鱼雷，但战雷头和发射药在附近的仓库里，陀螺仪在马林霍尔门。

22. 炮台自身的应急发电机是蒸汽驱动的，需要几个小时才能起动。

23. Report of Løytnant Thorleif Pettersen, at www.9april1940.org.

24. 挪威鱼雷艇使用炸药弹射鱼雷，当鱼雷离开发射管时，从某些角度能看到非常明显的火焰。

25. 当天上午晚些时候，彼得森少尉把“暴风”号开了回去，发现那枚鱼雷正在德军舰队经过的水域附近漂浮。他先前预计的目标航速大大高于它们的实际航速，所以鱼雷很可能从目标前方穿了过去。鱼雷的战斗部受损，而点火机构已经激活，因此他销毁了这枚鱼雷。

26. RM 50/87; RM 92/5255; and RM 57/125. 此时“豹”号已经在前方与巡洋舰远远拉开距离，施蒙特不得不命令它等待舰队主力。

27. Steen, *Norges Sjøkrig 1940-45*, vol. 3. 截至此时，第三战斗群早已通过瓦特尔斯特劳曼海峡，但这些水雷以后将给德军带来严重问题。

28. 斯坦根灯塔就在第三战斗群接近时被人工关闭，时间大约是 03: 40—03: 45。

29. 笔者很难重现这一阶段各事件的准确时间，因为挪方和德方的报告说法不一，各方的不同报告之间也有差异。

30. 有人认为让维洛克举棋不定的两艘船是“9 号船”和“18 号船”，但考虑到时间和距离，这基本上是不可能的。它们极有可能是第三战斗群在莱瑞森转弯时看到的货船。要确定它们的身份已经不可能了，但它们很可能是前一天晚上停泊在卑尔根港的众多商船中打算趁早赶路的两艘。

31. 值得注意的是，大部分挪方报告中提到的舰船数量和类型很不一致，而且也不符合第三战斗群的实际构成。炮台指挥官们很可能由于能见度不佳而多次丢失目标，只能朝他们看到的任何船只开火。

32. 通信中心的信号军士奥拉夫·奥雷克尔（Olav Aarekol）被叫来识别，他把信号一个字母一个字母地拼出来，然后由一个懂点英语的军官翻译。维洛克后来在各种报告中提到了“Stop firing, good friends”和“Stop shooting”。这些信号让他有些犹豫，但炮台还是继续开火。

33. RM 50/87; RM 92/5255; and RM 57/125.

34. 在艏楼中，第 159 步兵团第 8 连的 4 名士兵当场身亡，还有 8 人身负重伤，其中 4 人后来抢救无效死亡。

35. BBA.2848.002/y/0002/04; RA II-C-11-2040/2046; RA II-C-11-1200; RM 57/125; RM 92/5255; Willoch, *Bergen Festning falt 9.april 1940*; and Steen, *Norges Sjøkrig 1940–45*, vol. 3.

36. RA II-C-11-2040/2046; RA II-C-11-1200; RM 92/5255; RM 57/125; RM 50/87; Willoch, *Bergen Festning falt 9.april 1940*; and Steen, *Norges Sjøkrig 1940–45*, vol. 3. 这艘军辅船是“乌勒尔”号，它准备回来补充水雷，但它实际上是很久以后才进入峡湾的。

37. RA II-C-11-2040/2046; and letter from Fenrik Midtland to the Military Investigation Committee in 1946, in RA II-C-11-1202. “烈火”号在 4 月 16 日作为德军舰艇服役时被英军炸弹击伤，但后来被修复，改名为“毒蜘蛛”号（*Tarantel*，后来又改名为 NB.19 号和 V.5519 号），作为巡逻艇和护航艇继续使用。它在 1946 年被拆解。

38. 布格返回后，弗拉特岛就开始疏散，到了 08: 00，所有飞机都到了松恩峡湾（Sognefjord）或哈当厄峡湾（Hardangerfjord）。

39. RA II-C-11-1203/188; and Steen, *Norges Sjøkrig 1940–45*, vol. 3.

40. RM 92/5258; RA II-C-11-2040 II; and personal account of Fregattenkapitän (Ing) aD Nonn. 舰上有 3 人死亡、17 人负伤，其中 9 人伤势严重。船舷上的破洞后来被堵住，因此不再进水。

41. RA II-C-11-2040/2046. 海于格斯塔少校后来表示，由于电话打不通，他无法在有限的时间内开火。

42. RM 92/5258; and personal account of Fregattenkapitän (Ing) aD Nonn. 当船锚触及海底时，“柯尼斯堡”号摆向瑞典商船“加拿大”号（*Canadia*），不过没有撞上。

43. 奥尔斯塔少校在下达这道命令前获得了奥斯陆的海军总参谋部批准。

44. RA II-C-11-2040/2046; RM 92/5255; RM 57/125; and RM 50/87.

45. RA II-C-11-2040/2046; RA II-C-11-1200-1210; and Willoch, *Bergen Festning falt 9.april 1940*.

46. 汤克 - 尼尔森在 4 月 12 日离开沃斯前往松恩峡湾，并在“加姆”号上象征性地升起他的指挥旗。一连串的事件令他非常苦恼，一名海军军医在 4 月 16 日报告说，他由于操劳过度而患病。

47. 在接近克法芬时，这个连遭到飞机袭击，随即转入防御。与德军短暂交火后，连长得知克法芬炮台已投降，于是也做出了放下武器的决定，随后全连都被俘虏。

48. RA II-C-11-1200-1210.

49. 每挺机枪约有 500 发子弹，连续射击的话也就够用几分钟。

50. 参与防守的挪军士兵大多回忆说，自己没有做好准备，对手中的枪支不熟悉，弹药也很有限。另一方面，他们看到德军士兵头戴钢盔，靴子和装具里插着手榴弹，一副非常专业的模样，不由得心生敬畏。还有人说自己看到进攻者带着迫击炮和火焰喷射器，这个消息一传开，炮兵们坚守阵地的意愿就变得很有限了。没有任何报告显示德军使用了火焰喷射器。

51. RA II-C-11-2040/2046; Steen, *Norges Sjøkrig 1940–45*, vol. 3; and Willoch, *Bergen Festning falt 9.april 1940*. 克法芬的 210 毫米炮发射了 24 发炮弹，榴弹炮发射了 10 发。海伦炮台射了 11 发炮弹。

52. 4 月 9 日晚上，冯·施雷德从“卡尔·彼得斯”号转移到火车站附近的终点站旅馆（Hotel Terminus）。蒂特尔少将也和他一起入住，以确保合作顺畅。他们的大部分幕僚分别留在“卡尔·彼得斯”号和卑尔根胡斯。11 日，海军和陆军分别在征用的可以俯瞰港湾的建筑中建立了行政机构，不过两者依然是近邻。

53. 水上飞机勤务舰“罗尔斯霍文”号和“奇尔施基”号是从德国独立出发的，它们是德国空军的水上飞机作战不可或缺的组成部分，可用于救援、打捞和补给，以及协助通信和导航。它们的后甲板很低，飞机可以吊运上去。“奇尔施基”号原计划前往特隆赫姆，但是被转到了卑尔根。

54. 11 艘挪威籍，13 艘丹麦籍，9 艘爱沙尼亚籍，10 艘芬兰籍，16 艘瑞典籍，1 艘美国籍 [“飞鱼”号（*Flying Fish*）] 和 1 艘德国籍。德国籍的“特蕾西亚·鲁斯”号（*Theresia Russ*）与“威悉演习”行动没有任何瓜葛。战后有人声称，其中有一两艘爱沙尼亚籍的商船搭载了水雷和其他军用物资，但这可能是把它们与 4 月 9 日上午抵达的军辅船搞混了，后者中有一些假冒爱沙尼亚籍。

55. BB A.2848.002/y/0052/04; and RM 45/III/209. 5295 吨的德国货轮“克莱尔·胡戈·施廷内斯”号（*Claire Hugo Stinnes*）在 4 月 9 日下午冒险进入卑尔根港。它处于空载状态，与入侵部队没有任何关联。令冯·施雷德中将惊讶的是，它在不久以后就像无事发生一样自行离开了。

56. ADM 1/10964; and Cruickshank, *SOE in Scandinavia*. 英国航运管理局在卑尔根有大量人员，不过关于这些官员及其任务的记录至今都难以查证。

57. BB A.2848.002/y/0052/09; RM 50/8; RA II-C-11-2150/52; RA II-C-11-2040/2046. 截至当天夜里，有 72 名军官、44 名士官和 635 名士兵被扣押在马林霍尔门。

58. Eifert, 69 ID.

59. RM 50/87; and RM 92/5258.

60. 使用过时的“伦敦”式水上飞机进入敌占区侦察反映了英军航空力量捉襟见肘的窘况。第 254 中队的那架“布伦海姆”上有海军的观测员黑尔（Hare）少校，它在返航途中遇到正在北海的本土舰队，便将侦察所得的细节直接用闪光信号灯发送给了舰队司令。AIR 24/372;and AIR 14/666.

61. AIR 14/666; RM 92/5255; and RM 50/87. 在返航途中，中队长皮科克遭遇第 406 海岸飞行大队第 2 中队的一架 Do-18，后者被他打成重伤，不得不在卑尔根西南紧急迫降。

62. 实际上并非如此，英军方面似乎没有人意识到这些舰船是在归航途中。

63. AIR 14/3413; AIR 14/666; AIR 41/73; AIR 22/8; AIR 27/485; RM 50/87; and RM 57/125.

64. RM 92/5255; and RM 50/87.

65. 两艘 S 艇的螺旋桨和船舵在上午受损，进坞完成维修前机动能力有限，而 S21 号也需要在船坞中修复因碰撞造成的损伤。S19 号是 4 月 10 日抵达的，它也在与 S21 号的碰撞中受损。

66. 博尔歇特（Borcherdt）上尉在“111 号船”上悬挂爱沙尼亚国旗并画上中立标志，骗过了在科尔斯峡湾和莱瑞森巡逻的挪威军辅船。在海斯特维肯下锚后，它就涂掉了中立标志，把爱沙尼亚国旗换成卐字旗。“111 号船”是在 4 月 2 日被强行征用的，尽管它当时“非常肮脏”，而且技术状况很差。

67. 一些挪威炮手在投降时拆除了火炮的击发机构。德国人后来找回了缺失的零件（有人说他们得到了一个军官的自愿帮助），但是这些大炮对德国炮兵来说很陌生，而且它们几乎都需要修理。这些炮台将在 4 月 10 日被宣布为“部分达到战备状态”。

68. RA II-C-11/2040II; RM 92/5258; RM 7/1476; and RM45/III/209.

69. 布莱克本“贼鸥”式飞机是作为双座“战斗机 / 俯冲轰炸机”设计的——这是一种几乎不可能实现的组合，结果作为战斗机它的速度太慢，作为轰炸机它的炸弹载荷又太小。这两个中队已经作为战斗机中队作战好几个月，因此虽然飞行员经验丰富，但他们的俯冲轰炸技巧已经生疏。

70. “贼鸥”理论上的最大航程是 700 海里，因此攻击卑尔根将是它们的极限。按照指示，完成攻击后剩余燃油不足 225 升（50 加仑）的飞机不应尝试再次穿越北海，而应该在挪威降落，因为城外应该还在挪威军队的控制中。如果飞机降落后仍能使用，飞行员应该联系挪威当局，看看是否有可能获得用于返航的燃油。如果无法获得燃油，那就应该销毁飞机。ADM 199/479.

71. 据理查德·帕特里奇在他的自传《“贼鸥”行动》（*Operation Skua*）里所述，这次袭击的计划是威廉·卢西提出的，而帕特里奇扮演了“泼冷水”的角色，故意和他唱反调。不过这很可能是他过度自谦的说法，也是为了表达对卢西的悼念之情。杰弗里·黑尔（Geoffrey Hare）少校是帕特里奇的座机上的观测员 / 领航员。他先前被借调到海防司令部担任观测员，而且就在4月9日午前率先发现卑尔根港中巡洋舰的那架飞机上。他预计自己的部队将会对这些舰船发起空袭，因此连夜搭乘一架运输机从洛西茅斯赶到哈茨顿，刚好来得及参加行动。

72. Partridge, *Operation Skua.*

73. AIR 14/669; and Partridge, *Operation Skua.*

74. 围绕这架飞机有一些不实的传言，有些资料甚至称它是一架“被缴获的He-111，机身上还有德国的黑十字”。但它毫无疑问是第233中队的一架“哈德逊”——机身正常地画着英军的圆形标志，还拍了一些质量上佳的港口照片。一些德方报告（例如RM48/176和RM 45/III/209）后来声称，攻击“柯尼斯堡”号的“贼鸥”机身上涂着粗糙的德军标志，但没有任何证据支持这一说法。

75. Partridge, *Operation Skua.*

76. 研究者始终无法确定斯米顿的飞机发生了什么。最有可能的情况是，它或它的机组被高炮击中了。

77. ADM 199/479; RM 45/III/209; and Partridge, *Operation Skua.*

78. RM 92/5258, RM 45/III/209; and RA II-C-11-2040II. 大部分幸存者除了身上穿的衣物外一无所有，因此德国人组织了一些小队到挪军仓库中搜寻制服和给养，并寻找住宿处。

79. 大副被任命为“海军防空部队”的指挥官。冯·施雷德在他的战争日记中评论说，尽管“柯尼斯堡”号的沉没令人痛心，可能够将它的舰员用于港口防务却是意外的收获。

80. “柯尼斯堡”号的残骸在1942年7月被打捞出水，并最终扶正。由于损坏过于严重，无法修复，它被用作浮动驳船和U艇系泊船。战争结束后，“柯尼斯堡”号在斯塔万格被拆解。

81. 因为预计英军将从海上或空中发起反击，许多人在当天上午决定离开这座城市。当时谣言四起，有几次几乎造成大恐慌。总共约有三四万人逃到城外，但大多数人没有走远。他们出城后觉得已经足够安全，并纷纷住进学校、谷仓、凉亭或任何能安身的地方。还有好几列火车满载平民离开火车站，车上妇女和儿童尤其多。他们乘火车来到山里，不久以后又返回了自己的家园。

82. “圣保罗”号是开往特隆赫姆的三艘运输船之一。它在4月7日进入克里斯蒂安桑港接引水员上船，直到8日上午才离开。由于耽搁了时间，它改为前往卑尔根，货物中包括大量高射炮——在卑尔根和特隆赫姆都是急需的装备。

83. “克雷蒙”号是一艘德国民用渔船，碰巧出现在卑尔根，就被紧急征用。

84. RM 45/III/209. 这三艘船上共有18人死亡或失踪。4月27日，运输船“列日”号（*Liege*）

也在莱瑞森触雷。船长赶在船沉前抢滩搁浅，最终这艘船被拖曳到卑尔根。

85. 冯·施雷德中将称赞船长超额履行了自身的职责，并向他颁发了铁十字勋章。此人后来被任命为以卑尔根为基地活动的一支军辅船队的指挥官。

86. RM 48/176. 4 月 14 日上午，德军潜艇 U-7 号、U-9 号、U-14 号、U-60 号和 U-62 号抵达卑尔根加油并补充食物和其他必需品。补给物资有许多取自“牛虻”号和“卡尔·彼得斯”号，但是它们的库存有限，因此当地仓库中的货物也被征用。

87. “玛丽·莱昂哈特”号搭载了 111 匹军马和大量物资及装备，但是没有重武器。

88. RM 45/III/209; and ADM 199/479. 美国货船“飞鱼”号在这次空袭中也遭到扫射，不过只有轻微损伤，无人伤亡。

89. 埃里克·麦基弗（Eric McIver）上校和阿尔伯特·巴纳德（Albert Barnard）的飞机在港湾里坠毁，无人生还。后来其中一人的遗体被找到。

90. 马林霍尔门的一些挪威战俘被迫参与卸货。维洛克提出了抗议，但未被理睬。“贝伦费尔斯”号经过大范围修理后，于 1942 年 5 月重新投入使用。1944 年 4 月 14 日，“贝伦费尔斯”号在卑尔根港中再次沉没。这一次的元凶是英国微型潜艇 X-24 号，它把两颗定时炸弹放在了拉克瑟沃格岛边的海床上，因为艇员们相信该位置上方是一个大型浮动船坞。战争结束后，“贝伦费尔斯”号的残骸被打捞出水，但是在拖曳途中永久沉没于卑尔根以南。

91. ADM 199/479; and AIR 199/480. 在这些空袭中，约有 1900 万升石油和燃油被点燃，烧了近一个星期。

92. 在被埋葬的德国人中，9 人是陆军，10 人是海军。最终约有 50 名死去的德军人员被埋葬，但是有人觉得和 7 名挪威人相比，埋葬这么多德国人有些不妥。因此其他人是在此后若干天里被悄悄埋葬或火化的。

第九章

1. ADM 199/393.

2. 另一方面，本土舰队在这天上午少了四艘驱逐舰，因为“开尔文”号和“克什米尔”号发生了碰撞事故，不得不在“祖鲁人”号和“哥萨克人”号护送下返回勒威克。

3. “暴怒”号在 4 月 8 日下午接到离开克莱德与舰队会合的命令，为它护航的是“毛利人”号（*Maori*）、“阿散蒂人”号和“命运女神”号（*Fortune*）。不过它的两个“剑鱼”式鱼雷机中队（第 816 中队和第 818 中队）要再过 24 小时才会在舰上降落，届时它才能够起航。因此这艘航母是在 4 月 10 日 07: 45 与舰队会合的。德军的电子侦听处及时发现了“暴怒”号离开克莱德的行动。RM 7/486.

4. ADM 199/2202; ADM 199/393; ADM 116/4471; and ADM 199/36. HN25 船队曾在 4 月 7 日离开卑尔根，但是又被召回。9 日上午，当船队锚泊于霍夫登附近时，担任船队总指挥的货轮“菲林代尔”（*Fylingdale*）号船长平克尼（Pinkney）上校判断挪威正在发生不幸的变故，决定在没有军舰护航的情况下离开。船队中有 12 艘船是英国籍，9 艘是挪威籍，8 艘瑞典籍，5 艘丹麦籍，2 艘芬兰籍，3 艘爱沙尼亚籍。

5. ADM 199/385; and Vian, *Action this Day*.

6. ADM 116/4471; and Churchill, *The Second World War*, vol. 1.

7. ADM 186/798; and ADM 199/385.

8. ADM 199/474. 巴扎德中校提到的四发轰炸机令人不解。第 26 轰炸机联队和第 30 轰炸机联队都没有这样的飞机，唯一可能的解释就是第 40 轰炸机联队第 1 中队的 Fw-200“兀鹰”式多少有些碰巧地参与了攻击。但是到目前为止无法找到能证实此事的档案。

9. ADM 199/474; and Vian, *Action this Day*. 福布斯上将在事后的结论是，“组织调查委员会或军事法庭都无必要”。2000 年 4 月，在卑尔根城外泰拉沃格（Telavåg）的博物馆为一座纪念“廓尔喀人”号沉没的纪念碑举行了揭幕仪式。随该舰阵亡的英国水兵中至少有三人被埋葬在挪威。

10. 三名军官和七名士兵受伤。

11. “福克纳”号、“狐猩”号、“护林人”号、“海伯利安”号、“英雄”号、“阿散蒂人”号、“英格尔菲尔德”号、“伊摩琴”号、“冬青”号、“伊西斯”号、“毛利人”号、“祖鲁人”号、“护卫”号、“蚀”号、“哥萨克人”号、“标枪”号、“两面神”号和“天后”号。

12. ADM 199/2202; ADM 186/798; ADM 116/447; and ADM 199/393.

13. ADM 199/393; ADM 199/385; and ADM 199/361. 舰队总司令在 4 月 9 日 18: 37 向“格拉斯哥”号舰长佩格勒姆发出一份电报，要求后者向南搜索至斯塔万格以东的奥布雷斯塔（Obrestad），但佩格勒姆直到 4 月 10 日 01: 45 才收到，此时已经无法执行该命令了。

14. ADM 199/385.

15. ADM 199/2063; and ADM 199/474. 轮机长和两名士兵阵亡，另有 11 人负伤。

16. ADM 199/388 and ADM 199/474.

第十章

1. RA II-C-11-2050; and Steen, *Norges Sjøkrig 1940–45*, vol. 3. 雅各布森中校在他的报告中说，极度缺乏人手使他承受了额外的重负，他“在上级施加给他的不人道的工作压力下心力交瘁”。

2. RA II-C-11-1200/186; and RA II-C-11-2050-2060. 雅各布森是经验丰富的老资格军官，还有一年就要退休。他显然不高兴听命于比他年轻的贝格森。

3. AE 614/11A. 海军总司令在 18: 40 通过第 2 海防区发来一道补充命令，企图加快为汉博拉炮台配置兵员的速度，但这道命令对战事没有产生任何实际影响。

4. 第 3 龙骑兵团的一些迫击炮、机枪和侦察分队也于 4 月 8 日在勒维安格（Leveanger）开始动员，但在入夜时尚未做好战斗准备。

5. RA II-C-11-1200/186; and RA II-C-11-2050-2060.

6. RA II-C-11-1340; and Steen, *Norges Sjøkrig 1940–45*, vol. 3.

7. MMU 55708; RA II-C-11-1200/186; RA II-C-11-1340; and RA II-C-11-2050-2060.

8. RM 92/5267. 维旺海岸警卫站在这架阿拉多飞机降落时观察到了它，因此挪军从希特拉岛派出一架 MF-11 以及鱼雷艇“鲱鱼”前去调查。特尚和波尔青声称自己是从德国一路飞来的，由于天气恶劣不得不紧急着陆。最后这架阿拉多被拖到克里斯蒂安松供挪军使用，后来又飞到了英国。飞行员作为战俘被扣押一段时间后得到解救。

9. 第二战斗群接到的作战命令提到的布雷廷根和黑斯内斯的火炮数量都多于实际情况，命令还提到阿格德内斯半岛上有一座炮台（其实并不存在）。

10. MMU 55708 – Kaptein Bryhn's report of 13.04.40.

11. 除了当地的几个海岸警卫站，还有五个与阿格德内斯有电话线相连的信号站。这些信号站通过信号灯与军辅船保持联系。

12. 电力是从公用电网通过无防护的线路传送到炮台的。炮台自身的供电系统是蒸汽动力的，需要由工作人员花很长时间来启动。

13. “海涅曼”号（Z8）的舰长阿尔贝茨少校出于对守军毫无章法的炮击的不屑，没有用舰炮还击。

14. RA II-C-11-2050; RM 35/I/34; RM 92/5267; RM 7/1476; Steen, *Norges Sjøkrig 1940–45*, vol. 3; and Heye, Die Unternehmung gegen Drontheim', in Hase, *Die Kriegsmarine erobertNorwegens Fjorde*.

15. 要塞指挥官雅各布森中校此时已赶到黑丝内斯，朗厄有可能觉得自己的职权多少受到了侵犯。无论如何，他认为保卫炮台是自己作为炮台指挥官的责任，而各炮连的指挥官应该负责操作火炮。

16. 一些挪方报告声称有人看到这架飞机坠毁，但这似乎不符合事实。

17. “希佩尔海军上将”号一度也从特隆赫姆港开出来，对这一地区打了几次齐射。炮弹爆炸声势惊人，但没有造成任何损失。

18. RA II-C-11-2050. 雅各布森中校代表全体军官承诺，他们不会带走武器对抗德国军队，但基本上没人认为这一承诺是有效的。阿格德内斯的许多官兵最终向挪威军方报到，并先后在挪威和海外出色地为国效忠。战争结束后，雅各布森由于贻误战机、未及时向进入射程的目标开火而被判处六十天监禁。他辩解说自己当时是不想在同盟国援助到来前激怒德军挑起事端，但未被法庭接受。

19. 第 3 炮兵团的大炮存放在近郊的军火库中，但当时没有转移它们的人手，因此指挥官下达了销毁火炮击发机构的命令。由于误会，这个命令没有被执行，结果大炮和军火库都被完好缴获，后来在战斗中用于对付挪军和盟军。

20. 英国军事情报研究局特工帕尔默几天前刚刚抵达特隆赫姆担任与挪威军队的联络官，为 R4 计划做准备。他在床上遭到德军突袭，成为战俘。法国领事德克雷斯皮德尼（Decrespidny）也被俘虏，英国的雷纳上校（Rainer）则逃到了瑞典。

21. 这种情况在特隆赫姆确实持续了几天。

22. “圣保罗”号耽误了行程，奉命转往卑尔根，结果在那里触雷沉没。“美茵”号在海于格松附近被“尸鬼”号俘获。“穆胡海峡”号 4 月 12 日在奥斯陆峡湾被“鲷鱼”号击沉。“斯卡格拉克”号奉命前往近海的某个位置，但是在 14 日遭到“萨福克”号拦截，被自己的船员凿沉。第 9 中队的“惠灵顿”4 月 11 日下午曾在卑尔根附近追击“黎凡特”号，但是它未被发现，平安逃脱。

23. 根据海军战争指挥部在进攻前下发的指示，一艘美国船被放行。三艘德国船“特劳滕费尔斯”号（*Trautenfels*）、“弗兰肯林山”号（*Frankenwald*）和“弗劳恩费尔斯”号（*Frauenfels*）都与“威悉演习”行动无关。

24. 五个步兵营和一个工兵营搭乘运输机抵达，同样通过空运来到当地的还有一些野战炮和驻守炮台的附加人员。

25. “雅各比”号（Z5）、“里德尔”号（Z6）和“海涅曼”号（Z8）的轮机都因为渡海时遭遇风暴出了问题。“里德尔”号（Z6）的情况尤其糟糕，除了上午触底受伤外，它还有一台发动机完全停转。

26. 从档案来看，显然西集群和海耶（与纳尔维克的邦特一样）都认为峡湾中的几艘 U 艇足以成为英国舰队进行干涉的重大障碍，他们并未意识到在这些狭小水域使用潜艇作战的困难。

27. 燃油供应状况极其糟糕，在很长时间内都无法通过机动来躲避英军舰船，海耶必须有相当好的运气才能返回母港。他一度考虑过去西北方寻找补给船“诺德马克”号（*Nordmark*），后者是专门配合“吕佐夫”号作战的，此时已经进入大西洋。但如果与这艘船会合失败，那么他就只有去苏联这一条出路了。

28. RM 92/5267. 与德国海军的惯例相反的是，海耶事后提交的是很符合皇家海军做派的“战后”报告，而不是精确到分钟的战争日记。他因此遭到批评，还在一定程度上被人耻笑，因为他在报告中写到了自己当时的举棋不定和对于无法安全返回德国的恐惧。

29. RM 7/486; RM 48/176; RM 92/5267; RM 92/5078; and RM 92/5178. 另外还有大约 250 立方米燃油由于“萤火虫”号的撞击损伤而无法使用。

30. 45 岁的海耶获得一枚骑士十字勋章，并继续担任“希佩尔海军上将”号舰长至 1940 年 9 月，他随后被调到岸上，在多个地方担任参谋长，到了 1944 年又被任命为小型战斗部队（一支试验自杀式人操鱼雷的部队）的总指挥。在战争结束时，海耶被英军俘虏，后来积极配合同盟国海军史研究人员的工作。1953 年，他进入西德国会，担任议员达十多年之久。他在 1970 年去世。

31. “埃克霍尔特”号（Z16）在 1942 年 12 月 31 日用完了运气，这一天它在巴伦支海海战中撞到了“谢菲尔德”号的炮口上。全体舰员无一幸存。“海涅曼”号（Z8）主要在英吉利海峡一带作战，最终于 1942 年 1 月 25 日在多佛尔海峡触发两枚水雷后沉没。“里德尔”号（Z6）和“雅各比”号（Z5）在各地的船坞中度过了战争的大部分岁月。战后它们被法国海军接收，分别改名为“克莱贝尔”号（*Kléber*）和“德塞”号（*Desaix*），服役至 20 世纪 50 年代中期。

32. 这些水雷被丢在离陆地不远的浅水中以方便回收。

33. 德军在特隆赫姆新设立的海军司令部联系了留在自己办公室的贝格森上校，希望他命令“芙蕾雅”号开到特隆赫姆。贝格森断然拒绝，他说自己只能协助向这艘布雷舰发送一份电报，但不附带任何意见或建议。这份电报被施勒德 - 尼尔森忽略了。

34. RA II-C-11-1340; and Steen, *Norges Sjøkrig 1940–45*, vol. 3.

35. Steen, *Norges Sjøkrig 1940–45*, vol. 3. 朗瓦尔·坦贝逃到了英国，在设得兰群岛的挪威舰队中成为表现最突出的军官之一。

36. AIR 14/669; and AIR 14/2595.

37. ADM 199/393.

38. 加德纳少校和西德尼 - 特纳少校分别是第 816 中队和第 818 中队的中队长。

39. 后来“雅各比”号（Z5）派出的一支小分队回收了其中一枚鱼雷，这是第一枚落入德军手中的英制磁感应鱼雷。

40. RM 48/176. 这些攻击机是“轻型前线飞机”（Leichte Landflugzeuge）的事实被视作有航母在近海活动的证据，斯塔万格—苏拉第 106 大队第 1 中队的 He-115 奉命出动搜索。

41. ADM 199/393; and ADM 199/474.

第十一章

1. RM 92/5178; and RM 92/5245. 本章中所有时间均为英国时间。

2. Personal communication from Albert Goodey, HMS *Havock*.

3. 日出时间是 04: 25 前后。

4. ADM 199/474. 皇家海军一贯将“沙恩霍斯特”号和“格奈森瑙”号归类为“战列巡洋舰”。德国军舰的轮廓普遍极为相似，因此识别它们难度很大。由于本土舰队总司令和海军部接到的报告是“一艘沙恩霍斯特级”和“一艘希佩尔级”，英军对第二艘战列巡洋舰的位置产生了一些困惑。

5. “冲动”号在夜间舰艏受损，奉命返回了斯卡帕湾。

6. ADM 199/474; and ADM 199/473 110057.

7. DeTe-Gerät 即 Dezimeter-Telegraphie-Gerät（分米波电讯设备），也叫 FuMO 设备。这是德国的第一种舰载雷达。它的天线是床垫状的，安装在前桅楼测距仪塔的顶部。

8. RM 92/5245; and RM 92/5178.

9. ADM 199/474; RM 92/5178; and RM 92/5245.

10. “格奈森瑙”号用高爆弹射击装甲厚重的目标的原因不明。内次班特说他看到敌舰前部被击中，中弹部位大致位于舰桥和舰艏之间的中点：“一条相当长的椭圆形黑色火舌斜斜地腾空而起，透过大雾和炮弹溅起的水花看得很清楚，明显不同于星星点点的炮口黄色火光。”RM 92/5245。

11. A 炮塔直到 4 月 10 日下午才恢复战斗力。

12. RM 48/176. 至少在这一阶段，德军完全不认为敌舰多于一艘。

13. 虽然颇为痛苦，但埃文斯拒绝离开舰桥，后来他被切除了两根脚趾。

14. 当时与“反击”号同行的是“佩内洛珀”号、“贝都因人”号、“旁遮普人”号、“爱斯基摩人”号和“金伯利”号。

15. ADM 199/474; ADM 199/361; and RM 92/5245.

16. RM 48/176; RM 92/5178; and RM 92/5245.

17. RM 48/176.

18. ‘Die Operationen im Süden stoßen somit an den nicht erwarteten norwegischen Waffenwiederstand.’在战争日记原档中，单词 nicht 下面有下划线。

19. RM 48/176.

20. RM 48/176. 吕特晏斯本想派出两架飞机，但“格奈森瑙”号的飞机被冲击波损毁，全都无法出动。

21. RM 48/176. 油轮“诺德马克”号奉命驶向东经 04° 05′、北纬 67° 23′与 67° 53′的连线，做好在 4 月 11 日进行加油作业的准备。油轮“斯卡格拉克”号接到了类似的命令，要前往北纬 64° 30′、东经 00° 30′ 和 02°的连线。“卡特加特”号则要到达北纬 67°、东经 04° 30′和 06°的连线。

22. 当拜接到这份电报时，他已经掉头返回纳尔维克了。

23. RM 48/176; RM 92/5178; and RM 92/5245. 最终它们要等到 6 月才能再次出航。

24. 威廉·惠特沃斯海军上将凭借 1940 年 4 月 13 日在纳尔维克立下的战功，在 1946 年获得哈康国王颁发的圣奥拉夫勋章。

第十二章

1. 第一次世界大战期间，在北岸曾经临时安装了两门旧式火炮，但是后来被拆除了。

2. Steen, *Sjøforsvarets kamper og virke i Nord-Norge i 1940*. 1940 年 3 月，国防部不顾当地指挥官的反对，决定将 150 毫米炮运到南方，安装在卑尔根港北入口作为辅助炮台。

3. RA 1256.3/10-970.

4. ADM 223/82; ADM 1/10517; Steen, *Sjøforsvarets kamper og virke i Nord-Norge i 1940*; and Bjørnsen, *Narvik 1940*. 英国海军航运管理局（NCS）驻纳尔维克的军官是瓦瓦苏（Vavasour）中校。

5. RA II-C-11-1350. 截至1939年，“挪威”号和“埃兹沃尔”号已成为全世界最老的现役铁甲舰。佩尔·阿斯基姆上校是位优秀的军官，很受部下爱戴。

6. 由于当地与奥斯陆通信困难，在紧急情况下弗莱舍尔少将将被任命为北方战区总司令，统一指挥挪威北部的所有陆海军部队。

7. Sivertsen, *Vår ære og vår avmakt – Panserskipet Norges kamp I Narvik 9. april 1940.* 阿斯基姆相信港口里的大部分英国船只都能通过电台联系皇家海军，所以他认定在峡湾入口出现的驱逐舰很清楚纳尔维克有许多德国船。

8. Askim, *Det Tyske angrep på Narvik*.

9. RA II-C-11-1350/192; and ADM 223/126. 伦敦的海军部在英国时间 17: 20 前后通过纳尔维克的一名身份不明的线人得知了“约翰·威廉二世”号到港和潜艇离开的消息。“约翰·威廉二世”号在摩尔曼斯克附近的德国后勤基地度过了整个冬天。在它临出发前，苏联方面已经向莫斯科的德国海军武官表示，他们不想看到这艘船继续逗留。

10. 主桅上还升起了信号旗“P”，并且有一盏探照灯照亮它。这是让城中休假人员回到舰上的信号，但是在大雪纷飞的情况下很难被看到。

11. 实际上包括“约翰·威廉二世”号在内一共有 10 艘德国货轮。

12. 笔者不清楚迪森是以什么权限下达这些命令的。他极有可能咨询过外交大臣库特。

13. 当地与奥斯陆和卑尔根的通信在情况最好的时候也是时断时续，而在这天晚上，两条通信线路都出了故障，因此与特隆赫姆的通信线路就成了唯一可靠的线路。

14. RA II-C-1100; RA II-C-1152; RA II-C-11-1350; and Askim, *Det Tyske angrep på Narvik*. 值得注意的是，迪森又一次绕过他的顶头上司国防大臣，直接咨询了库特。

15. 弗莱舍尔和松德洛在如何防守纳尔维克城的问题上分歧很大。弗莱舍尔不顾松德洛的反对采取了多项措施，其中包括在港湾周边动工修筑六座木制地堡。在 4 月，港湾两端各有一座地堡完工并进驻了人员。

16. RA II-C-11-1350.

17. RA II-C-11-1350.

18. 4 月 9 日纳尔维克的日出时间是 04: 25。太阳低于地平线 6°时的曙光出现在 03: 23。在这个季节，每天的日出时间都会比前一天早五分钟左右。8 日的日落时间是 19: 05。

19. RM 54/30.

20. RA II-C-11-1350. 勒丁恩（Lødingen）信号站收到了这封电报，但是他们从未考虑转发。

21. IWM 04/35/1.

22. 这是这种情况下的标准操作程序，1400 米就是所谓的“平射距离”。

23. 在这两艘装甲舰上，转入战斗部署的警报还是通过鼓声发出的。

24. Askim, *Det Tyske angrep på Narvik*.

25. 各炮都确认了目标，当两船的相对方位发生变化时，枪炮长托克尔森少校还下令保持瞄准敌驱逐舰。

26. 政务官员克拉夫特（Kraft）少尉担当了翻译。

27. RA II-C-11-1350.

28. ‘Nå skal vi sloss, gutter.’ RA II-C-11-1350, and Ludolf Holstad, *Ofotens Tidende, 2 October 1945*.

29. RM 54/30. 鱼雷定深为 4 米，似乎全都运行正常。

30. 被鱼雷击中时，“埃兹沃尔”号的速度可能是 10 到 12 节。

31. 据幸存者卢多尔夫·霍尔斯塔称，没有接到从弹药库搬出药包的命令，但阿斯基姆认为这种情况可能性很小。他还把撞击的说法斥为“扯淡”。

32. 参见：www.bjerkvik.gs.nl.no。

33. 后来第四枚鱼雷在岸上被寻获，没有爆炸。

34. RA II-C-11-1350; and Ludolf Holstad, *Ofotens Tidende, 2 October 1945*. 奥普斯塔中尉与士兵因德博（Inderbø）、约翰内森（Johannesen）和卡尔·尼尔森被“菲塞尔”号的小艇救起。士官卢多尔夫·霍尔斯塔和亨利·巴克自己爬上一条小筏子，舰艉小艇中的两人则是彼得森（Pettersen）和托尔普（Torp）。人们基本上没有找到可辨认身份的“埃兹沃尔”号遇难者遗体。爆炸威力极其惊人，后来一些装甲板碎片是在陆地纵深 500 米处找到的。残骸在战后被打捞清除，今天已经没有什么遗迹了。

35. 据“布莱斯莫尔”号的船长尼古拉斯称，至少一发炮弹击中了一艘德国货轮，很可能是“海因·霍耶”号。

36. RM 54/30; and RM 6/102. 第一枚鱼雷射偏是因为击发过程中受到雪飑干扰。第二枚由于击发机构结冰而没有射出，但是被第三枚鱼雷的发射所激发，结果这两枚鱼雷都严重跑偏。第四枚和第五枚搁浅了，原因可能是定深机构结冰，它们的引信也被撞坏。

37. “挪威”号的残骸至今仍在纳尔维克港约 25 米深的海底，虽然受到岁月的侵蚀，仍有大半保持完好。

38. 阿斯基姆上校伤势不重，他在 4 月 15 日从医院逃脱。后来他乘坐医院船“阿里阿德涅”号（*Ariadne*）从特罗姆瑟出发，但这艘船遭到德国飞机攻击后沉没。最终是英国驱逐舰“箭”号（*Arrow*）救起了阿斯基姆。在战争的大部分时间里，他担任了驻华盛顿海军武官。他在 1963 年去世。

39. RA II-C-11-1350; RM 54/30; and Askim, *Det Tyske angrep på Narvik*.

40. 在战后，军事法庭和最高法院都判定松德洛上校在纳尔维克投降过程中并无任何过错。两个法庭都认为，他当时采取任何其他行动都会导致纳尔维克城暴露在德国驱逐舰炮火之下，造成严重的人员伤亡。但是，由于他在德国占领期间保留了自己的国家统一党党员身份，并成为吉斯林的亲信，法庭还是判他犯有叛国罪。

41. 弗莱舍尔少将当时正在芬马克视察，直到 4 月 10 日下午才赶到特罗姆瑟。

42. RA II-C-11-1350; Hauge, *Kampene i Norge 1940*; and Skogheim, and Westrheim, *Alarm, Krigen i Nordland 1940*.

43. Cruickshank, *SOE in Scandinavia*. 托兰斯在小木屋里待到 5 月 8 日，因为饥饿难耐又回到了纳尔维克。他得到了布罗克市长的悉心照顾，在一所私宅中一直住到 5 月 28 日挪威军队赶来为止。随后他北上哈尔斯塔，与同盟国军队一起撤回英国。

44. RM 54/30.

45. RM 54/30.

46. 德军对实际的岸炮部署缺乏了解，这证明与战后挪方的一些指控相反，松德洛确实没有向德国提供任何情报。他当时肯定了解真实情况。

47. “斯特罗萨”号在 4 月 6 日就离开了纳尔维克，但为了修理发动机的一些小毛病，它在奥福特峡湾中锚泊了一段时间。

48. RA II-C-11-1350/192; RA II-C-11-1350; and Petterøe, *Fem år på banjeren*.

49. RM 54/30; and Hauge, *Kampene i Norge 1940*. 德军在埃尔维加兹莫恩缴获了 8000 支步枪、300 挺轻机枪、15 挺重机枪和配套的弹药。

50. RA II-C-11-1350. 布雷克最终与英军取得联系，并同意让 B3 号离开该区域以避免误伤。随后他转移到了特罗姆瑟。这艘潜艇在盟军部队撤离时被凿沉。

51. RA II-C-11-1350. 梅尔索姆和他的艇员去了北边的特罗姆瑟。同盟国军队收复该地区时 B1 号被回收，后来驶向英国，在那里作为训练潜艇一直使用至 1944 年。

52. “贝伦费尔斯”号奉命改去卑尔根。“劳恩费尔斯”号在 4 月 10 日到达奥福特峡湾，但是遭遇了在第一次战斗后撤退的“敌忾”号和“浩劫”号并被摧毁。“阿尔斯特”号 4 月 11 日在博德附近被挪威军辅船“叙利亚人”号截停。它的船长弃船逃跑，但是来自“伊卡洛斯”号的一支登船队在它自沉前成功将它俘获。

53. 武装商船是违反《中立法案》的，但是挪威当局显然没有计较这一点。德国商船全都是无武装的，至少它们的甲板上没有火炮。

54. 34 人被俘，另有 5 人逃进了山里。

55. “阿尼姆”号（Z11）和“蒂勒”号（Z2）都需要修理，无论发生什么事，这两艘驱逐舰在 4 月 9 日很可能都无法出发。

56. 德军认为，为了保证稳定性，需要在出发前把较旧的 34 型驱逐舰的燃油补充到最大水平，而 36 型驱逐舰可以少装一些燃油。因此 34 型最后才加油。

57. 这是第 4 驱逐舰纵队和第 6 驱逐舰纵队接到了攻击卑尔根的命令，不过邦特当然不知道这一点。

58. RM 54/30; RM 8113/26; and RM 48/176.

59. ADM 199/474.

60. ADM 199/474.

61. “哈迪”号是一艘驱逐领舰，排水量达 1505 吨，比其他 H 级驱逐舰都大。它的人员编制也较大（175 人），舰艉还多了第五门 120 毫米炮。“莽汉”号的舰长是赫伯特·莱曼中校，“猎人”号的舰长是林赛·德维利尔斯少校，“浩劫”号的舰长是“怪咖”雷夫·卡里奇少校。“猎人”号是纵队中最晚入役的军舰，“怪咖”卡里奇深受部下爱戴，而“浩劫”号上的氛围一直很欢乐。

62. “冲动”号因为在风暴中受损，当天上午已经离队返回基地。

63. ADM 199/474; and ADM 199/473 110057.

64. 一链等于十分之一海里，合 185.3 米。

65. ADM 199/474.

66. ADM 199/361; and ADM 199/474.

67. ADM 199/474; ADM 199/361; and ADM 199/473, Barnett, *Engage the Enemy More Closely*; Dickens, *Narvik, Battles of the Fjords*; and report of Commander Layman of 25 April in London Gazette, 1 July 1947.

68. RM 54/30; and Springenschmid, *Die Männer von Narvik*.

69. 由于舰桥上的赫佩尔与发射管边的鱼雷操作长沟通出现失误，在赫佩尔不知道的情况下，前部鱼雷发射管里还留了一枚鱼雷。由于事先不知道目标会出现在哪里，“哈迪”号舰艉的鱼雷发射管是对着左舷的，必须先转到右舷方向才能发射。

70. “海德坎普”号（Z21）将在次日早晨倾覆沉没，但德军事先转移了一座 37 毫米双联装高射炮、几门小型火炮、四枚鱼雷和不少弹药。

71. 两艘商船也被“浩劫”号的鱼雷击中。“浩劫”号遭到被德国船员接管的英国货船“北康沃尔”号射击，随即用一挺刘易斯机枪回击，“打哑”了对方。

72. 来自阿尔伯特·古迪（Albert Goodey，“浩劫”号的司炉）的个人通信。他在战斗中负责为 X 炮塔送炮弹。

73. 有一两枚鱼雷在“哈迪”号舰桥下方穿过，还有至少两枚鱼雷在“猎人”号下方通过。

74. ADM 199/474; ADM 199/473; RM 54/30; RM 6/102; and Dickens, *Narvik, Battles of the Fjords*. Report of Lieutenant Commander RE Courage of 27 April in London Gazette, 1 July 1947.

75.“勒德”号（Z17）刚刚抛下船锚，没有任何装置能够拉动锚链，而且由于电动绞盘的电力被切断，也无法起锚。

76. ADM 199/473 110057; and RM 54/30.

77. 事后曾流传过一些谣言，说是有一两枚鱼雷击中这艘巨大的油轮舷侧，但没有爆炸，不过这种说法很难让人相信，在任何第一手资料中也找不到证明。

78. 46 名英国水手成功逃脱，他们在巴朗恩与“哈迪”号的幸存者会合，几天后被英国驱逐舰接走。

79. ADM 199/473 110057; and ADM 199/474. 笔者不清楚为什么这份电报的收件人是“埃斯克”号上的第 20 驱逐舰纵队指挥官比克福德上校，不过沃伯顿 - 李肯定确保了“声望”号也能收到它。当时位于特隆赫姆附近的本土舰队也截获了这封电报，这是舰队总司令第一次得到关于对纳尔维克攻击的消息。所有幸存者都无法解释为何电报中提到一艘巡洋舰，也不知道是谁作的识别。

80. Report of Commander HFH Layman of 25 April in London Gazette, 1 July 1947; RM 54/30; and Heye, *Z 13 von Kiel bis Narvik*.

81. RM 54/30; RM 6/102; RM 8/1326; ADM 199/473 110057; and Heye, *Z 13 von Kiel bis Narvik*.

82. ADM 199/473 110057. 军需官是非执行军官，没有受过战斗训练，也不需要参与战斗，更不用说指挥一艘军舰。斯坦宁和所有舰长的秘书一样，平时被人称为“笔杆子”。毫无疑问，他在那天上午的主动行为挽救了同舰的许多战友。

83. 斯坦宁过了一年多才从纳尔维克的创伤中恢复过来，他因为此战获得杰出服役勋章。他在 1997 年去世。

84. 斯梅尔二等兵在 1989 年给纳尔维克博物馆的一封信中写道：“我们要特别感谢把我们接进自己家里的克里斯蒂安森夫人和她的女儿……她们倾尽所有为我们更换了冰凉的湿衣服，让我们的身体重新暖和起来。”

85. 沃伯顿 - 李和另一些死者被临时埋葬在积雪中，后来又被移葬至巴朗恩的墓地。至今还能在那里找到他们的坟墓。

86. ADM 199/474; and ADM 199/473. 让“萤火虫”号的鲁普少校获得维多利亚十字勋章的战斗发生在两天前，但是事件的全貌直到战后才为人所知，因此授勋决定是在 1946 年宣布的。

87. 值得一提的是，由于交战距离很近，德国军舰使用副炮射击并取得了很好效果，而据德方报告称，英国驱逐舰却没有使用它们的“砰砰炮”。一些报告指出，这是因为它们被冻住了。

88. ADM 199/473 110057. “莽汉”号被 7 发 127 毫米炮弹和不计其数的弹片及小口径弹击中。

89. 英军驱逐舰遭受的所有损伤都是“阿尼姆”号（Z11）和“蒂勒”号（Z2）造成的。

90. RM 54/30; and RM 6/102. 后来残骸在切尔松（Tjeldsund）附近被发现，其中一些碎片带有“莽汉”号的标志，因此德军以为除了“哈迪”号和“猎人”号外，“莽汉”号也被击沉了。

91. 阿尔伯特·古迪（“浩劫”号的司炉）多年以后声称，他的军舰在撤退时跑出了 36 节，“燃油、炮弹和鱼雷都所剩无几，肾上腺素却多得很”。

92. “莽汉”号的莱曼中校是此时英军舰队中最资深的军官，但因为他的军舰遭到重创，只能从舰艉指挥航行，也没有通信手段，所以他明智地将指挥权交给了赖特。

93. 后来有 46 人被德军释放，经瑞典遣返回国。包括德维利尔斯在内的 108 人丧生，其中许多是“猎人”号沉没后在冰水中被冻死的。“猎人”号的残骸在 2008 年被发现，英挪两国海军在现场举行了纪念仪式。

94. RM 54/30. 虽然舰员曾努力销毁机密资料，德国人还是找到了一些他们感兴趣的情报，包括海军部要求攻击纳尔维克的命令，以及过去几天的其他通信。

95. U-46 号和 U-25 号在黎明时听到了纳尔维克方向传来的炮声，但是始终没有意识到这意味着什么。

96. “格奥尔格·蒂勒”号（Z2）在港湾外面停泊了一阵，扑灭船上的多处火灾后才进港。

97. RM 54/30; RM 6/102; RM 8/1326; ADM 199/473; ADM 199/474; reports of Commander Herbert FH Layman of 25 April and Lieutenant Commander Rafe E Courage of 27 April, in London Gazette, 1 July 1947; Heye, *Z 13 von Kiel bis Narvik*; and Dickens, *Narvik, Battles of the Fjords*.

98. ADM 199/474. 他对己方曾经对抗的敌人有这样的认识确实有点令人吃惊，不过这可能也反映了舰队向西逃跑期间战斗过程极度混乱。

99. U-51 号在 4 月 11 日清晨朝一艘 H 级驱逐舰发射了至少一枚鱼雷，但没有取得战果。

100. RM 98/155; and ADM 199/474.

101. ADM 199/474.

102. ADM 199/474.

103. “阿尔斯特”号后来被带到特罗姆瑟，以卸载火炮和车辆等有重要价值的货物，随后被英国的商船队接收。从此它改名为“帝国坚忍”号（*Empire Endurance*）。该舰于 1941 年 4 月 20 日被 U-73 号击沉于大西洋。

104. ADM 199/473; and ADM 199/474. 在英军的第二次攻击之后，“莽汉”号、“敌忾”号、“爱斯基摩人”号、“佩内洛珀”号、“旁遮普人”号和“哥萨克人”号一度都在谢尔峡湾中接受修理。

105. 值得一提的是，拜在他的报告中称，攻击纳尔维克的舰队包含一艘“重巡洋舰”。RM 54/30.

106. 任何英方资料都没有提到英军舰船曾观察到拜的这两艘驱逐舰。U-46 号也没有看到它们。U-25 号倒是看到了这两艘军舰，并正确地将它们识别为友军。

107. RM 48/176; RM 98/155; RM 54/30; and Heye, *Z 13 von Kiel bis Narvik*.

108. RM 48/176. 4 月 11 日 12: 30，德军曾向一艘“坎伯兰级三烟囱重巡”发射三枚鱼雷。21: 15，他们又向一艘“约克级巡洋舰”发射三枚。这些鱼雷全都射偏或过早爆炸。

109. 鱼雷故障问题在整个挪威会战期间都得不到解决。

110. RA II-C-11-1350. 这两艘船后来都被打捞起来，在德军中服役。

111. ADM 267/126; and ADM 199/479. 第 818 中队的西德尼 - 特纳少校后来写道：“这次攻击是在中队此前毫无经验且未经侦察的条件下实施的，要知道侦察对确定接敌战术是极其重要的。当时可用的地图只有海军部海图的影印件，上面看不到任何等高线。”

112. RM 54/30; and Heye, *Z 13 von Kiel bis Narvik*.

113. RM 54/30.

114. “厌战”号是为了加强本土舰队而临时从地中海抽调的，但是随着意大利站在德国一边参战的威胁日益增大，海军部已经决定让它回去。“厌战”号曾在 4 月 4 日从锚地出发驶向克莱德，为重返地中海做准备，但几天后又被召回。

115. 德军的电子侦听处截获了这封电报，但遗漏了至关重要的部分——攻击矛头所指的目的地。直到 13 日晚些时候他们才破译并报告这一信息，但为时已晚。RM 7/486.

116. 霍尔（Hoare）中校的日记，IWM 96/6/1。在平时的星期日弥撒中，通常参加者在 20 人左右。

117. U-64 号在 4 月 12 日抵达纳尔维克加油。舒尔茨上尉报告说，在韦岛（Værøy）附近遭到攻击，而且他在途中多次下潜躲避成队的驱逐舰，所以毫无疑问港内德军已经深陷绝境。

118. “护林人”号本来也要参与扫雷，但它的扫雷具发生倾覆，后来还损失了一套，所以它加入了护卫组。IWM P.186.

119. Blair, *Hitler's U-boat War*, vol. 1. 当天晚些时候，U-48 号又进入阵位，对另两艘驱逐舰发起攻击——但还是没有取得战果。U-48 号作为一线潜艇一直服役到 1941 年 7 月，是战争中最成功的 U 艇之一，参与击沉了 52 艘船只，总吨位超过 30 万吨。赫伯特·舒尔茨从 1942 年 7 月起担任各种参谋职务，并活到了战后。他去世于 1987 年。

120. ADM 199/473. 赖斯后来写道：“在峡湾中飞行——特别是在狭窄的峡湾中——很像驾机穿越隧道，两边是峡湾的峭壁，头上是低垂的云幕。”

121. ADM 199/473; IWM 96/6/1; report of Captain Micklethwait, Narvik Museum; report of Admiral Whitworth of 25 April, in London Gazette, 1 July 1947; Commander Sherbooke's report of 19 April, Narvik Museum; Brown, *Naval Operations of the Campaign in Norway*; and Blair, *Hitler's U-boat War*, vol. 1.

122. 四个月后，U-51 号在比斯开湾（Bay of Biscay）被潜艇“抹香鲸”号（*Cachalot*）发射的鱼雷击沉，包括克诺尔上尉在内的全体艇员无一生还。

123. RM 98/155. 一些幸存者被困在沉没的潜艇中，不得不通过自由上浮法逃到水面（在此过程中有三人伤亡）。获救的艇员干了一阵看管俘虏和搬运弹药的工作，后来搭乘火车经瑞典回到德国。

124. 布朗是这个双人机组中军衔较高的那个，理论上讲是这次飞行任务的负责人。不过赖斯作为驾驶员，可以决定飞行方式的细节和关系机组与飞机安全的事务。

125. ADM 199/473; RM 54/30; and RM 98/155.

126. RM 54/30. 这些德国人被带到瓦尔德（Vardø）附近的一个战俘营，但最终被己方部队解救，并在 6 月底经瑞典回到德国。共有 33 人负伤，其中 15 人伤势严重。

127. 红色 Z 字旗表示“an den Feind”（前进接敌），是德国驱逐舰和鱼雷艇在投入战斗时使用的传统信号。

128. 理论上驱逐舰的火炮有效射程是 8000 ～ 10000 米。

129. RM 54/30; ADM 199/473; and Commander Sherbooke's report of 19 April, Narvik Museum. 与大量使用半穿甲弹的英军不同，德军使用高爆榴弹，触及水面就会爆炸，产生雨点般的弹片。

130. RM 6/102; and ADM 199/473. 4 月 13 日上午，“岑克尔”号（Z9）曾报告，由于螺旋桨受损，最多只能达到 20 节航速，但在这次战斗中它达到的速度似乎远大于此，很可能是因为它的舰长和轮机长在炮战中对振动和噪声的忍耐程度都大大增加了。

131. ADM 199/473; Signalman Ron Maynard's unpublished memoirs; IWM 95/3/1; and Dickens, *Narvik, Battles of the Fjords*. “厌战”号上的人员至少两次听到爆炸声并感觉到震动，其中一次肯定是一枚鱼雷擦过这艘战舰后击中了礁石。

132. 13: 31，在纳尔维克以西约 11 海里处，“哥萨克人”号上的人员感觉到“三四次颠簸”，“好像撞上了水下的物体”。我们无法知道这是不是 U-25 号发射的故障鱼雷撞击的结果。

133. Commander Sherbooke's report of 19 April, Narvik Museum; and Dickens, *Narvik, Battles of the Fjords*.

134. 因为前炮塔基本上是朝正前方射击的，所以 B 炮塔的炮口爆风冲破了 A 炮塔上覆盖在炮管与装甲的间隙上的防爆包。结果 A 炮塔的炮手们不仅要忍受 B 炮塔在他们头顶上开火时震耳欲聋的巨响，还要忍受弥漫在 A 炮塔里的呛人硝烟。ADM 199/473.

135. ADM 267/126. 一名机组成员后来获救，其他人都失踪了。

136. RM 54/30. 舰艉在峡湾里漂了好几天。

137. 多亏了优秀的损管操作，“旁遮普人”号在大约一小时后又重新加入战斗。由于舰艉的火灾，舰员们特地注水淹没了 Y 弹药库。

138. 其中一名幸存者是大副伯卡德·冯·米伦海姆 - 雷希贝格（Burkard von Müllenheim-Rechberg）上尉。1941 年 5 月，他又成为“俾斯麦”号上幸存的军衔最高的军官。

139. ADM 199/473; IWM 95/3/1; RM 54/30; and Dickens, *Narvik, Battles of the Fjords*. 德方资料后来坚持认为，英国军舰曾经用机枪扫射落水的德国水兵，杀害了好几个人。

140. IWM 95/3/1; ADM 199/473; and Signalman Ron Maynard's unpublished memoirs.

141. 搁浅后不久，一对只有十几岁的堂兄弟托尔施泰因·汉森（Torstein Hansen）和莱夫·汉森（Leif Hansen）向这艘军舰挥手示意。两人带来了一面德国国旗，这是他们大胆地从一艘船上缴获的。如今这面旗就挂在伦敦的帝国战争博物馆展出。

142. RM 54/30; Commander Sherbooke's report of 19 April; and Signalman Ron Maynard's unpublished memoirs.

143. ADM 199/473; Dickens, *Narvik, Battles of the Fjords*; and Brice, *The Tribals*.

144. 德军射偏的这几枚鱼雷（实际上有一枚在"护林人"号船底下穿过）全都在斯特赖于门附近冲上海岸，躺在覆盖着积雪的礁石上。它们都没有爆炸，后来"英雄"号的工程师还对它们进行了检查。

145. RM 8/1326; and RM 54/30. "蒂勒"号（Z2）剩下的鱼雷不止一枚。其中一枚由于一个伤员碰巧倒在击发机构上而被白白浪费了，但据当地资料称，至今它的残骸上仍有一些鱼雷。

146. "蒂勒"号（Z2）上的德军官兵看见了他们的鱼雷造成的壮观爆炸，认定对方已经沉没。这艘驱逐舰被识别为"哥萨克人"号，因此第二天德国电台报道了它的沉没。

147. 马克斯 - 埃卡特·沃尔夫少校后来坚定地表示，他的许多部下是在上岸后被英军打死或打伤的，因为英军的枪炮不断朝着在山坡上攀登的人群扫射。

148. RM 8/1326; RM 54/30; ADM 199/473; diary of Vice Admiral Sir John Parker; IWM P.186; and IWM 96/22/1.

149. 赖斯后来获得杰出服役勋章，布朗获得杰出服役十字勋章，佩西在报道中被点名表彰。

150. Diary of Commander PD Hoare; IWM 96/6/1.

151. Munthe-Kaas, *Krigen i Narvikavsnittet 1940*.

152. ADM 199/473; and report of Admiral Whitworth of 25 April, London Gazette, 1 July 1947. 这些飞机没有一架靠近攻击。

153. "旁遮普人"号先接收了来自"哥萨克人"号和"爱斯基摩人"号的多名伤员，然后才跟上大部队。4 月 13 日中弹后的修理效果并不持久，因此次日"旁遮普人"号前往谢尔峡湾，在那里接受了充分修理后，于 20 日在"莽汉"号和"朱庇特"号陪同下返回英国。

154. 后来 U-25 号对"艾凡赫"号发起还击，但还是没有战果。

155. ADM 199/473.

156. 次日早晨 04: 50，它在巴勒伊附近由"贝都因人"号牵引。由于转向困难，前进速度很慢，直到 4 月 15 日黎明"爱斯基摩人"号才到达谢尔峡湾。

157. 不知疲倦的许策似乎又一次实施了攻击，并且又一次毫无结果，他最终只能放弃，让 U-25 号停在海底过夜。U-46 号也企图攻击一些正在离去的驱逐舰，但是被对方发现，遭到深水炸弹的猛烈攻击，以至于几天后上级不得不让它停止巡逻，返回基地。在岸上，赫佩尔看到英国军舰驶近，便和三名水兵一起坐上小艇划向它们，最终吸引了“艾凡赫”号的注意。一些伤员已经被收进巴朗恩的当地医院，几个星期后才被爱尔兰禁卫团的官兵找到。

158. Heye, *Z 13 von Kiel bis Narvik*.

159. ADM 199/473. 惠特沃斯知道一支重新组建的陆军部队已经在麦克西少将指挥下于 4 月 12 日从克莱德起航，科克和奥雷利伯爵亨利·博伊尔元帅率领的海军舰队为其护航。

160. ADM 199/475; and ADM 199/473.

161. 飞机上还有在纳尔维克被俘的两个英国人。其中一个名叫贾尔斯·罗米利（Giles Romilly），他是《每日快报》的战地记者，也是丘吉尔的外甥。他后来被带到科尔迪茨（Colditz）关押。

162. RM 54/30; and Heye, *Z 13 von Kiel bis Narvik*.

第十三章

1. “在潜艇里面容不得犯错，要么不犯错活下来，要么犯错死掉。”——马克斯·霍顿中将语。

2. ADM 234/52; ADM 199/1843; SKL KTB A; and Chalmers, *Max Horton and the Western Approaches*.

3. ADM 199/288.

4. ADM 199/288; and ADM 234/380.

5. RM 57/93.

6. 在战争初期，英军瞭望员似乎经常把鱼雷艇错认成驱逐舰。

7. IWM 91/38/1.

8. IWM 91/38/1; ADM 173/16665; and ADM 199/1861. 哈钦森因为击沉“卡尔斯鲁厄”号在 1940 年 5 月 9 日获得杰出服役勋章。不过德军的深水炸弹攻击也对他造成了伤害，经过又一次一波三折的巡航后，他获准休了三个月病假，然后被任命为霍顿司令部的作战参谋，后来又在海军部和马耳他任职。

9. RM 92/5257; RM 57/93; and IWM 91/38/1.

10. RM 92/5223.

11. RM 57/93; and RM 7/1475. 施特雷洛上尉和他的艇员在 4 月 15 日接管了“奥拉夫·特吕格瓦松”号。该舰先是改名为“信天翁二”号，后来又改为“丽蝇”号。施特雷洛随后成为 U-435 号的艇长，该艇于 1943 年在比斯开湾损失。

12. RM 92/5223.

13.“吕佐夫”号的这艘姊妹舰实际上正在船坞里。

14. RNSM A1994/95; ADM 199/184;3 and ADM 199/294. 四天后，指挥塔上部舱盖在打开后又弹回来，重重地砸在福布斯少校的脑袋上。原来舱盖上的配重块掉了，很可能是深水炸弹造成的。后来“旗鱼”号于 8 月在斯塔万格附近被 U-34 号发射的鱼雷击沉，福布斯战死。

15. 右侧螺旋桨不翼而飞。左侧螺旋桨还连在传动轴上，但是所有轴承和齿轮都毁了。

16. RM 57/93.“兀鹰”号有一个螺旋桨因为撞到“布吕歇尔”号的残骸而受损，航速只能达到 20 节，因此落在后面。“美洲虎”号和“隼”号最终奉命返回了克里斯蒂安桑。

17. RM 48/176; RM 6/87.

18. 据说这是曾获维多利亚十字勋章的威尔森少将对潜艇这一舰种的评价。

19. 由于某种原因，海军部相信斯塔万格有一艘德国驱逐舰。ADM 116/4471.

20. ADM 199/1848; and RM 98/4.“蓟花”号沉没于卡姆岛西南水深约 200 米处，位置是北纬 59° 06′、东经 05° 05′。共有 53 人丧生。

21. ADM 186/798.

22. 这支运输船队包括“沙尔赫恩”号、“图库曼”号、“伊陶里”号、“西班牙”号、“弗里德瑙”号、“心宿二”号、“姆万扎”号和“维格贝特”号，由 V1501、V1505、V1506、V1507、V1508、V1509 和一些 T 艇护航。

23. ADM 199/1847; and RM 72/169.“特里同”号于 1940 年 12 月在亚得里亚海沉没，艇员无一生还，当时的艇长是沃特金斯（Watkins）少校。

24. ADM 199/288.

25. ADM 199/288; and ADM 199/1847.

26. ADM 199/288.“穆胡海峡”号当时正从德国向特隆赫姆运送航空汽油，不过船长和二副都坚持声称他们是在前往奥斯陆，到了那里才会领受命令。两名死者都被海葬了。

27. ADM 199/288; and ADM 199/1843.

28. ADM 199/288; and RM 74/7.

29. 这两艘鱼雷艇是 4 月 13 日离开克里斯蒂安桑前往腓特烈港的，在那里它们各搭载了大约 150 名陆军士兵。F5 号上有大约 100 人。

30. RM 57/93; and RM 102/3622.

31. 考埃尔上尉昏迷了很长时间，大副临时指挥该艇。

32. RNSM A1994/95; ADM 199/1843; RM 74/7; ADM 199/1840; and ADM 199/1877.

33. 一名军官和三名士兵没来得及逃生。

34. ADM 234/380.

第十四章

1. Hubatsch, *Weserübung*.

2. Müllern, *Sveriges järnmalm och de krigförandes planer 1939–1940*.

3. Erdmenger, *Der Einsatz der Kriegsmarine bei der Bestezung Dänemarks und Norwegens in Frühjahr 1940*.

4. www.ca.nizcor.org.

参考文献

来自公共档案馆的一手档案

英国国家档案馆，基尤

ADM 1/10517, ADM 1/10680, ADM 116/447, ADM 116/4471, ADM 173/16665, ADM 186/798, ADM 199/1840, ADM 199/1843, ADM 199/1847, ADM 199/1848, ADM 199/1861, ADM 199/1877, ADM 199/2063, ADM 199/2159, ADM 199/2202, ADM 199/278, ADM 199/285, ADM 199/286, ADM 199/288, ADM 199/294, ADM 199/3, ADM 199/323, ADM 199/36, ADM 199/361, ADM 199/379, ADM 199/385, ADM 199/388, ADM 199/393, ADM 199/473, ADM 199/474, ADM 99/475, ADM 99/479, ADM 199/892, ADM 205/2, ADM 223/126, ADM 223/82, ADM 234/17, ADM 234/380, ADM 234/427, ADM 234/52, ADM 267/126, ADM 53/113071

AIR 14/172, AIR 14/2595, AIR 14/3413, AIR 14/666, AIR 14/669, AIR 15/202, AIR 199/480, AIR 20/6260, AIR 22/8, AIR 24/216, AIR 27/1365, AIR 27/485, AIR 41/73

CAB 65/1, CAB 65/11, CAB 65/12, CAB 65/2, CAB 65/4, CAB 66/1, CAB 66/3, CAB 66/4, CAB 66/5, CAB 66/6, CAB 66/7, CAB 80/105

FO 371/21087, FO 371/21088, FO 371/22276, FO 371/22283, FO 371/23658, FO 371/23667, FO 371/23674, FO 371/24815, FO 371/24818, FO 371/24819, FO 371/24820, FO 371/24821, FO 371/24829, FO 371/24832, FO 371/24834, FO 419/34

DM 199/2063, GFM 33/1111, PREM 1/419, WO 106/1840, WO 106/1969, WO 193/773

帝国战争博物馆，伦敦

IWM 04/35/1, IWM 67/25/1, IWM 89/3/1, IWM 90/23/1, IWM 91/38/1, IWM 95/56/1, IWM 95/3/1, IWM 96/22/1, IWM 96/6/1, IWM P.186, IWM PP/MRC/C10

挪威国家档案馆，奥斯陆

RA 0064-2B 023 2/1 927.9, RA 1256/310, RA FKA 2B.072.42 (194), RA FKA Ec, 0125, RA FKA II-C-11/1103, RA FKA Ya II-C-11-00, RA II-C-11-1100, RA II-C-11-1102, RA II-C-11-1103, RA II-C-11-1120/1180, RA II-C-11-1130, RA II-C-11-1200, RA II-C-11-1202, RA II-C-11-1204, RA II-C-11-

1350, RA II-C-11-2020/2040, RA II-C-11-2040, RA II-C-11-2040 II, RA II-C-11-2150, RA II-C-11-5, RA II-C-11-51, RA II-C-11-52, RA II-C-11-940

卑尔根市档案馆，卑尔根

BB A.2848.002/y/0002/01, BB A.2848.002/y/0052/04, BB A.2848.002/y/0052/09

德国联邦档案馆，弗赖堡

BA-MA III M 35/1, KTB SKL A April40, KTB SKL A Feb40, KTB SKL A Jan40, KTB SKL A March40, KTB SKL A Oct39, MSg 2/1882, N 172/14, N 172/16, N300/5, RH 24-21/17, RH 24-21/23, RH 24-21/24, RH 24-21/30, RM 100/125, RM 102/3622, RM 12/II/167, RM 35/I-31, RM 35/I-32, RM 35/I-35, RM 35/I-39, RM 35/II-35, RM 45/III-12, RM 45/III-122, RM 45/III-136, RM 45/III-209, RM 48/176, RM 50/8, RM 50/87, RM 54/30, RM 57/125, RM 57/93, RM 6/102, RM 6/87, RM 7/11, RM 7/124, RM 7/1475, RM 7/1476, RM 7/177, RM 7/180, RM 7/194, RM 7/295, RM 7/486, RM 7/797, RM 7/891, RM 7/9, RM 7/92, RM 70/1, RM 72/169, RM 74/7, RM 8/1152, RM 8/1326, RM 8113/26, RM 92/5078, RM 92/5087, RM 92/5088, RM 92/5097, RM 92/5178, RM 92/522, RM 92/5223, RM 92/5245, RM 92/5255, RM 92/5257, RM 92/5258, RM 92/5259, RM 92/5267, RM 92/5332, RM 92/VM855/47900-910, RM 96/667, RM 98/155, RM 98/22, RM 98/4, RM 98/89, RNSM A1994/95, RNSM A1995/312, SKL 23685/41, SKL 25908/41

其他

Eickhorn Papers （未出版）
Willoch Papers （未出版）
Goodey Papers （未出版）
Law Papers （未出版）
Oscarsborg Sambandsjournal
3.Gebigsjäger Div., Kriegstagebuch No. 2
Eifert, JD, ‘69 ID’ （未出版）
Munthe-Kaas, O, ‘Aprildagene 1940’ （未出版）
Report of Admiral Whitworth of 25 April, London Gazette, 1 July 1947
Report of Commander Layman of 25 April, London Gazette, 1 July 1947
Report of Lieutenant Commander Courage of 27 April, London Gazette, 1 July 1947
Report of Commander Sherbooke, Narvik Museum

Report of Captain Micklethwait, Narvik Museum

Personal account of Fregattenkapitän (Ing) a.D. Anton Nonn （未出版）

Signalman Ron Maynard's memories （未出版）

Margaret Reid's diary （未出版）

Diary of Kaptein Ullring （未出版）

Aftenposten, 9 April 1990, 20 June 2005

Ofotens Tidende, 2 October 1945

Forsvarets Forum, Spesialutgave 1990

www.9april1940.org

www.bjerkvik.gs.nl.no

www.vrakdykking.com

www.nuav.net

www.uboat.net.de

www.hmsglowworm.org.uk

www.hmscossack.org.uk

www.scharnhorst-class.dk/index.html

www.world-war.co.uk/index.php3

http://freespace.virgin.net/john.dell/sinking_of_the_konigsberg.htm

http://members.aol.com/rkolmorgen/index.html

已出版的书籍与报告

Betænkning til Folketinget, Copenhagen, JH Schultz, 1945

Förspelet till det Tyska angreppet på Danmark och Norge den 9 April 1940, Stockholm, PA Norstedt, 1947

Innstilling fra Undersøkelseskommisjonen av 1945, Oslo, Stortinget, 1946

Innstilling fra Undersøkelseskommisjonen av 1945, appendix, vol. 1, Oslo, Stortinget, 1946

Innstilling fra Undersøkelseskommisjonen av 1945, appendix, vol. 2, Oslo, Stortinget, 1947

Rapport fra den Militære undersøkelseskommisjon av 1946, Oslo, Nou, 1979

Straffesak mot Vidkun Abraham Quisling, Oslo, 1946

Den Krigshistoriske Avdeling – Krigen i Norge, Oslo, 1952

Krigen i Norge 1940, Operasjonene i kristiansand-Setesdals-avsnittet, Oslo, Gyldendal, 1953

Lagevorträge des Oberbefehlshabers der Kriegsmarine vor Hitler 1939-1945, G Wagner (ed.), Munich, Lehmann, 1972

Kammeraden-Echo No. 2, Erinnerungen und Informasjon für Angehörige des ehemaligen GR 193, Dortmund, 1975

Askim, P, *Det Tyske angrep på Narvik*, Oslo, Grøndahl & Søns Forlag, 1947

Aspheim, O and Hjeltnes, G, *Tokt ved neste nymåne*, Oslo, Cappelen, 1990

Barnett, C, *Engage the Enemy More Closely*, London, Norton, 1991

Bartels, H, *Tigerflagge Heiss Vor!*, Bielefeld, Giesking, 1943

Beesly, P, *Very Special Intelligence*, London, Greenhill, 2000

Berge, W, *Fra Nøytralitet til Krig*, Tvedestrand, Tvedestrand Boktrykkeri, 1995

Binder, F and Schlünz, H, *Schwerer Kreuzer Blücher*, Hamburg, Koehlers Verlagsgesellschaft, 1991

Bjørnsen, B, *Narvik 1940*, Oslo, Gyldendal, 1980

Blair, C, *Hitler's U-Boat War*, vol. 1, London, Random House, 1996

Borgersrud, L, *Konspirasjon og kapitulasjon*, Oslo, Oktober, 2000

Brice, MH, *The Tribals*, London, Ian Allan, 1971

Brown, D (ed.), *Naval Operations of the Campaign in Norway*, Oxford, Frank Cass, 2000

Bröyn, P, *Den svenske malmeksport fram til besetingen av Narvik i April 1940*, Oslo, Hovedfags-oppgave i historie, Universitet i Oslo, 1964

Busch, FO, *Narvik*, Gütersloh, Bertelsmann, 1940

Butler, JRM, *Grand Strategy*, vol. 2, London, HMSO, 1970

Chalmers, W, *Max Horton and the Western Approaches: A Biography*, London, Hodder & Stoughton, 1954

Churchill, WS, *The Second World War*, vol. 1, London, Cassell, 1949

Colban, E, *Femti år*, Oslo, Aschehoug, 1952

Cruickshank, C, *SOE in Scandinavia*, Oxford, Oxford University Press, 1986

Dahl, HF, *Vidkun Quisling, en fører for fall*, Oslo, Aschehoug, 1992

Denham, H, *Inside the Nazi Ring*, London, John Murray, 1984

Derry, TK, *The Campaign in Norway*, London, HMSO, 1952

Dickens, P, *Narvik, Battles of the Fjords*, Annapolis, Naval Institute Press, 1974

Diesen, U, *Kvinne i Krig*, Oslo, 1965

Dietl, G-L and Herrmann, K, *General Dietl, das Leben eines Soldaten*, Vienna, Franz Hain, 1951

Dilks, D (ed.), *The Diaries of Sir Alexander Cadogan*, London, Cassell, 1971

——, '*Great Britain and Scandinavia in the Phoney War*', Scandinavian Journal of History, 2: 1–2 (1977)

Dönitz, K, *Zehn Jahre und zwanzig Tage*, Munich, Bernard & Graefe Verlag, 1981

Edwards, G, *Norwegian Patrol*, Shrewsbury, Airlife, 1985

Erdmenger, H, 'Der Einsatz der Kriegsmarine bei der Besetzung Dänemarks und Norwegens im Frühjahr 1940', in *Jahrbuch für Deutschlands Seeinteressen 1942*, Berlin, Mittler & Sohn, 1942

Evensen, K, *Oscarsborg forteller historie*, Drøbak, Boksenteret, 1992

Fjeld, OT (ed.), *Klar til strid*, Oslo, Kystartilleriets Offisersforening, 1999

Fjørtoft, JE, *Kanonene ved Skagerrak*, Arendal, Agdin, 1985

Fjørtoft, K, *Mot stupet*, Oslo, Gyldendal, 1989

Frognes, K, *Fyrbøteren på Jo*, Tvedestrand, Tvedestrand Boktrykkeri, 1994

Gemzell, C-A, *Raeder, Hitler und Skandinavien*, Lund, Gleerup, 1965

Grieg Smith, S-E, *Ingen fiendtlige hensikter*, Arendal, Agder, 1989

Grimnes, OK, *Norge i Krig*, vol. 1, Oslo, Aschehoug, 1984

Guhnfeldt, C, *Fornebu 9. April*, Oslo, Wings, 1990

Hafsten, B, Olsen, B, Larsstuvold, U and Stenersen, S, *Flyalarm*, Oslo, Sem & Stenersen, 2005

Halder, F, *Kriegstagebuch*, Stuttgart, Kohlhammer, 1962

Hambro, CJ, *De første måneder*, Oslo, Aschehoug, 1945

——(ed.), *9.April–7.Juni Historiske Dokumenter*, Oslo, Gyldendal, 1956

Hambro, J, CJ Hambro, *liv og drøm*, Oslo, Aschehoug, 1984

Harriman, FJ, *Mission to the North*, New York, Lippincott, 1941

Hartmann, S, *Quislings konferanse med den tyske overkommando*, Samtiden, vol. 5, Oslo, 1956

——, *Spillet om Norge*, Oslo, Mortensen, 1958

——, *Varslene til de Nordiske Legasjoner før den 9. april 1940*, Aarhus, Univeritetsforlaget, 1958

——, *Nytt lys over kritiske faser i Norges historie* under annen verdenskrig, Oslo, Fabritius, 1965

Hase, G, *Die Kriegsmarine erobert Norwegens Fjorde*, Leipzig, Hase & Köhler verlag, 1940

Hauge, A, *Kampene i Norge 1940*, vols 1 and 2, Oslo, Dreyer, 1978

Heradstveit, PØ, *Quisling hvem var han?*, Oslo, Hjemmets Forlag, 1976

——, *Kongen som sa nei*, Oslo, Hjemmenes Forlag, 1979

Herrmann, H, *Eagle's Wings*, Shrewsbury, Guild/Airlife, 1991

Herzog, P, *Drei Kriegsschiffe Blücher*, Marinekameradschaft SKrz. Blücher im Deutschen Marinebund

Heye, AW, *Z 13 von Kiel bis Narvik*, Berlin, Mittler, 1942

Hinsley, FH, *British Intelligence in the Second World War*, London, HMSO, 1993

Hjelmtveit, N, *Vekstår og Vargtid* Oslo, Aschehoug, 1969

Holst, JJ, 'Surprise, Signals and Reaction' , *Cooperation and Conflict*, 1: 3 (1965)

Hobson, R and Kristiansen, T, *Norsk Forsvarshistorie*, vol. 3, Bergen, Eide, 2001

Høidal, O, *Quisling – En studie i landssvik*, Oslo, Orion, 2002

Hubatsch, W, *Weserübung, Die deutsche Besetzung von Dänemark und Norwegen 1940*, Göttingen, Musterschmidt-Verlag, 1960

Ismay, L, *The Memoirs of General the Lord Ismay*, London, Heinemann, 1960

Jervell, S, *Scener fra en ambassades liv. Berlin 1905–2002*, Kartonisert utgave, Deichmanske bibliotek

Karlbom, R, '*Sweden's Iron Ore Exports to Germany* 1933–1944' , *Scandinavian Economic History Review*, 13: 1–2 (1965)

Kersaudy, F, *Norway 1940*, London, Collins, 1990

Kjølsen, FH, *Optakten til den 9. April*, Copenhagen, Hagerup, 1945

——, *Mit livs logbog*, Copenhagen, Berlingske, 1957

Knudsen, HF, *Jeg var Quislings sekretær*, Copenhagen, Eget Forlag, 1951

Koht, H, *Norge neutralt och överfallet*, Stockholm, Natur och Kultur, 1941

——, *Frå skanse til skanse*, Oslo, Tiden, 1947

——, *Norsk Utanrikspolitikk fram til 9. april 1940*, Oslo, Tiden, 1947

——, *For Fred og Fridom i Krigstid 1939–1940*, Oslo, Tiden, 1957

Koop, G and Schmolke, K-P, *Battleships of the Scharnhorst Class*, London, Greenhill, 1999

—— and ——, *Heavy Cruisers of the Admiral Hipper Class*, London, Greenhill, 2001

Krancke, T, *Norwegen Unternehmen* AW 5(1965) 6

Kristiansen, T, *Krigsplaner og politikk i mellomkrigstiden*, Oslo, Forsvarets skolesenter/ Institutt for forsvarsstudier, 2004

Kurowski, F, *Seekrieg aus der Luft*, Herford, Mittler, 1979

Lie, T, *Leve eller dø*, Oslo, Tiden, 1955

Lochner, RK, *Als das Eis brach*, Munich, Heyne Verlag, 1983

Macleod, R (ed.), *Time Unguarded*, The Ironside Diaries 1937–1939, New York, McKay, 1963

Mæsel, K, *Ni dager i April*, Oslo, Ex Libris, 1990

——, *Kristiansand i krig – 9. April 1940*, Kristiansand, Fædrelandsvennen, 1995

Mannerheim, G, *Minnen*, vol. 2, Stockholm, Schildts, 1952

Müllern, H, *Sveriges järnmalm och de krigförandes planer 1939–1940*, Aktuellt och historiskt, Årg 1/1953

Munthe, M, *Sweet is War*, London, Duckworth, 1954

Munthe-Kaas, O, *Krigen i Narvikavsnittet 1940*, Oslo, 1968

Nøkleby, B, 'Fra November til April – sendemann Bräuers personlige politikk' , in Paulsen, H (ed.), *1940: fra nøytral til okkupert*, Oslo, Universitetsforlaget, 1969

——, *Da krigen kom*, Oslo, Gyldendal, 1989

Normann, H, *Uheldig generalstab*, Oslo, Pax, 1978

Nygaardsvold, J, *Beretning om den Norske Regjerings virksomhet fra 9. April 1940 til 25. Juni 1945*, Oslo, Stortinget, 1946–7

——, *Norge i krig 9. April–7. Juni 1940*, Oslo, Tiden, 1982

Øksendal, A, *Gulltransporten*, Oslo, Aschehoug, 1974

Omberg, A, *Blüchers undergang, Kampen om Oslofjorden*, Oslo, Alb. Cammermeyer , 1946

Ottmer, HM, *Weserübung*, Munich, Oldenbourg Verlag, 1994

Partridge, RT, *Operation Skua*, Yeovilton, FAA Museum, 1983

Petterøe, A, *Fem år på banjeren*, Fredrikstad, Delfinen, 1995

Pruck, E, *Abwehraussenstelle Norwegen*, Marine Rundschau no. 4, 1956

Raeder, E, *Mein Leben*, vol. 2, Thübingen, Verlag Fritz Schlichtenmayer, 1957

Ræder, G, *De uunnværlig flinke*, Oslo, Gyldendal, 1975

Reid, M and Rolstad, LC, *April 1940, En Krigsdagbok*, Oslo, Gyldendal, 1980

Reynaud, P, *La France a sauvél' Europe*, Paris, Editions Flammarion, 1947

Riste, O, *Weserübung*, det perfekte strategiske overfall?, Forsvarsstudier, 4/94

Rødland, I, *Det tyske angrepet på Egersund og Dalane 1940*, Egersund, Dalane Folkemuseum, 1974

Roskill, S, *The War at Sea*, London, HMSO, 1954

——, *Churchill and the Admirals*, London, Pen & Sword, 2004

Ruge, O, *Felttoget, erindringer fra kampene April–Juni 1940*, Oslo, Aschehoug, 1989

Salmon, P, 'Churchill, the Admiralty and the Narvik Traffic, September–November 1939', *Scandinavian Journal of History*, 4 (1979)

——, 'British Strategy and Norway 1939–40', in Salmon, P (ed.), *Britain and Norway in the Second World War*, London, HMSO, 1995

Seraphim, HG, *Das Politische Tagebuch Alfred Rosenbergs*, Munich, Deutscher Taschenbuch Verlag, 1964

Sivertsen, J, *Vår ære og vår avmakt – Panserskipet Norges kamp I Narvik 9. april 1940*, Stavanger, Norsk Tidsskrift for Sjøvesen, 1996

Sivertsen, SC, *Sjøforsvaret i Rogaland*, Stavanger, Norsk Tidsskrift for Sjøvesen, 1995

——, *Viseadmiral Thore Horve fra Stavanger*, Stavanger, Norsk Tidsskrift for Sjøvesen, 2000

Skard, S, *Mennesket Halvdan Koht*, Oslo, Det Norske Samlaget, 1982

Skodvin, M, *Striden om okkupasjonsstyret i Norge*, Oslo, Det Norske Samlaget, 1956

——, *Bakgrunnen for 9. april*, Syn og Segn no. 3, 1961

——, *Norge i Stormaktsstrategien*, Oslo, Universitetsforlaget, 1969

——, '*Norwegian Neutrality* and the Question of Credibility', Scandinavian Journal of History, 2 (1977)

Skogheim, D and Westrheim, H, *Alarm, Krigen i Nordland 1940*, Oslo, Tiden, 1984

Sørensen, J, *Panserskipene 1895–1940*, Stavanger, Norsk Tidsskrift for Sjøvesen, 2000

Springenschmid, K, *Die Männer von Narvik*, Gratz, Leopold Stocker, 1970

Steen, EA, *Norges Sjøkrig 1940–45*, vol. 1, Oslo, Gyldendal, 1954

——, *Norges Sjøkrig 1940–45*, vol. 2, Oslo, Gyldendal, 1954

——, *Norges Sjøkrig 1940–45*, vol. 3, Oslo, Gyldendal, 1956

——, *Sjøforsvarets kamper og virke i Nord-Norge i 1940*, Oslo, Gyldendal, 1958

Stevens, EH (ed.), *Trial of Nikolaus von Falkenhorst*, London, William Hodge, 1949

Torgersen, M, *Kampene i Rogaland*, Stavanger, Stavanger Aftenblad, 1980

Vian, P, *Action this Day*, London, Muller, 1960

Whitley, MJ, *German Cruisers of World War Two*, London, Arms and Armour Press, 1985

——, *German Capital Ships of World War Two*, London, Arms and Armour Press, 1989

Willoch, GI, *Bergen Festning falt 9.april 1940*. Hvorfor?, NMT 136/1 1966

Willoch. K, *Minner og meninger*, Oslo, Schibsted, 1988

Wyller, T and Stahl, K, *Aprildagene 1940*, Stavanger, Stabenfeldt, 1959

大卫 · 霍布斯
(David Hobbes) 著

The British Pacific Fleet: The Royal Navy's Most Powerful Strike Force

英国太平洋舰队

○ 在英国皇家海军服役 33 年、舰队空军博物馆馆长笔下真实、细腻的英国太平洋舰队。

○ 作者大卫 · 霍布斯在英国皇家海军服役了 33 年，并担任舰队空军博物馆馆长，后来成为一名海军航空记者和作家。

1944 年 8 月，英国太平洋舰队尚不存在，而 6 个月后，它已强大到能对日本发动空袭。二战结束前，它已成为皇家海军历史上不容忽视的力量，并作为专业化的队伍与美国海军一同作战。一个在反法西斯战争后接近枯竭的国家，竟能够实现这般的壮举，其创造力、外交手腕和坚持精神都发挥了重要作用。本书描述了英国太平洋舰队的诞生、扩张以及对战后世界的影响。

布鲁斯 · 泰勒
(Bruce Taylor) 著

The Battlecruiser HMS Hood: An Illustrated Biography, 1916–1941

英国皇家海军战列巡洋舰“胡德”号图传：1916—1941

○ 250 幅历史照片，20 幅 3D 结构绘图，另附巨幅双面海报。

○ 详实操作及结构资料，从外到内剖析“胡德”全貌。它是舰船历史的丰碑，但既有辉煌，亦有不堪。深度揭示舰上生活和舰员状况，还原真实历史。

这本大开本图册讲述了所有关于“胡德”号的故事——从搭建龙骨到被“俾斯麦”号摧毁，为读者提供进一步探索和欣赏她的机会，并以数据形式勾勒出船舶外部和内部的形象。推荐给海战爱好者、模型爱好者和历史学研究者。

保罗 · S. 达尔
(Paul S. Dull) 著

A Battle History of the Imperial Japanese Navy, 1941-1945

日本帝国海军战史：1941—1945

○ 一部由真军人——美退役海军军官保罗 · 达尔写就的太平洋战争史。

○ 资料来源日本官修战史和微缩胶卷档案，更加客观准确地还原战争经过。

本书从 1941 年 12 月日本联合舰队偷袭珍珠港开始，以时间顺序详细记叙了太平洋战争中的历次重大海战，如珊瑚海海战、中途岛海战、瓜岛战役等。本书的写作基于美日双方的一手资料，如日本官修战史《战史丛书》，以及美国海军历史部收集的日本海军档案缩微胶卷，辅以各参战海军编制表图、海战示意图进行深入解读，既有完整的战事进程脉络和重大战役再现，也反映出各参战海军的胜败兴衰、战术变化，以及不同将领各自的战争思想和指挥艺术。

H.P. 威尔莫特
(H.P.Willmott) 著

The Battle of Leyte Gulf: The Last Fleet Action

莱特湾海战：史上最大规模海战，最后的巨舰对决

○ 原英国桑赫斯特军事学院主任讲师 H.P. 威尔莫特扛鼎之作。

○ 荣获美国军事历史学会 2006 年度“杰出图书”奖。

○ 复盘巨舰大炮的绝唱、航母对决的终曲、日本帝国海军的垂死一搏。

为了叙事方便，以往关于莱特湾海战的著作，通常将萨马岛海战和恩加诺角海战这两场发生在同一个白天的战斗，作为两个相对独立的事件分开叙述，这不利于总览莱特湾海战的全局。本书摒弃了这种“取巧”的叙事线索，以时间顺序来回顾发生在 1944 年 10 月 25 日的战斗，揭示了莱特湾海战各个分战场之间牵一发而动全身的紧密联系，提供了一种前所罕见的全局视角。

除了具有宏大的格局之外，本书还不遗余力地从个人视角出发挖掘对战争的新知。作者对美日双方主要参战将领的性格特点、行为动机和心理活动进行了细致的分析和刻画。刚愎自用、骄傲自大的哈尔西，言过其实、热衷炒作的麦克阿瑟，生无可恋、从容赴死的西村祥治，谨小慎微、畏首畏尾的栗田健男，一个个生动鲜活的形象跃然纸上、呼之欲出，为这段已经定格成档案资料的历史平添了不少烟火气。

约翰 · B. 伦德斯特罗姆
（John B.Lundstrom）著

Black Shoe Carrier Admiral:Frank Jack Fletcher At Coral Sea, Midway & Guadalcanal

航母舰队司令：弗兰克 · 杰克 · 弗莱彻、美国海军与太平洋战争

○ 战争史三十年潜心力作，争议人物弗莱彻的平反书。
○ 还原太平洋战场“珊瑚海”“中途岛”“瓜达尔卡纳尔岛”三次大规模海战全过程，梳理太平洋战争前期美国海军领导层的内幕。
○ 作者约翰 · B. 伦德斯特罗姆自 1967 年起在密尔沃基公共博物馆担任历史名誉馆长。

本书是美国太平洋战争史研究专家约翰 · B. 伦德斯特罗姆经三十年潜心研究后的力作，为读者细致而生动地展现出太平洋战争前期战场的腥风血雨，且以大量翔实的资料和精到的分析为弗莱彻这个在美国饱受争议的历史人物平了反。同时细致梳理了太平洋战争前期美国海军高层的内幕，三次大规模海战的全过程，一些知名将帅的功过得失，以及美国海军在二战中的航母运用。

马丁 · 米德尔布鲁克
（Martin Middlebrook）著

Argentine Fight for the Falklands

马岛战争：阿根廷为福克兰群岛而战

○ 从阿根廷军队的视角，生动记录了被誉为“现代各国海军发展启示录”的马岛战争全程。
○ 作者马丁 · 米德尔布鲁克是少数几位获准采访曾参与马岛行动的阿根廷人员的英国历史学家。
○ 对阿根廷军队的作战组织方式、指挥层所制订的作战规划和反击行动提出了全新的见解。

本书从阿根廷视角出发，介绍了阿根廷从作出占领马岛的决策到战败的一系列有趣又惊险的事件。其内容集中在福克兰地区的重要军事活动，比如“贝尔格拉诺将军”号巡洋舰被英国核潜艇“征服者”号击沉、阿根廷“超军旗”攻击机击沉英舰“谢菲尔德”号。一方是满怀热情希望“收复”马岛的阿根廷军，另一方是军事实力和作战经验处于碾压优势的英国军队，运气对双方都起了作用，但这场博弈毫无悬念地以阿根廷的惨败落下了帷幕。

尼克拉斯 · 泽特林
（Niklas Zetterling）等 著

Bismarck: The Final Days of Germany's Greatest Battleship

德国战列舰“俾斯麦”号覆灭记

○ 以新鲜的视角审视二战德国强大战列舰的诞生与毁灭……非常好的读物。——《战略学刊》
○ 战列舰“俾斯麦”号的沉没是二战中富有戏剧性的事件之一……这是一份详细的记述。——战争博物馆

本书从二战期间德国海军的巡洋作战入手，讲述了德国海军战略，“俾斯麦”号的建造、服役、训练、出征过程，并详细描述了“俾斯麦”号躲避英国海军搜索，在丹麦海峡击沉“胡德”号，多次遭受英国海军追击和袭击，在外海被击沉的经过。

朱利安 · S. 科贝特
（Julian S.Corbett）著

Maritime Operations in the Russo - Japanese War, 1904-1905

日俄海战：1904—1905（全两卷）

○战略学家科贝特参考多方提供的丰富资料，对参战舰队进行了全新的审视，并着重研究了海上作战涉及的联合作战问题。
○ 以时间为主轴，深刻分析了战争各环节的相互作用，内容翔实。
○ 译者根据本书参考的主要原始资料《极密 · 明治三十七八年海战史》以及现代的俄方资料，补齐了本书再版时未能纳入的地图和态势图。

朱利安 · S. 科贝特爵士，20 世纪初伟大的海军历史学家之一，他的作品被海军历史学界奉为经典。然而，在他的著作中，有一本却从来没有面世的机会，这就是《日俄海战：1904—1905》，因为其中包含了来自日本官方报告的机密信息。学习科贝特海权理论，不仅能让我们了解强大海权国家的战略思维，还能辨清海权理论的基本主题，使中国的海权理论研究有可借鉴的学术基础。虽然英国的海上霸权已经被美国取而代之，但美国海权从很多方面继承和发展了科贝特的海权思想。如果我们检视一下今天的美国海权和海军战略，就可以看到科贝特的理论依然具有生命力，仍是分析美国海权的有用工具和方法。

大卫·霍布斯
（David Hobbes）著

The British Carrier Strike Fleet: After 1945

决不，决不，决不放弃：英国航母折腾史：1945 年以后

○ 英国舰队航空兵博物馆馆长代表作，入选华盛顿陆军 & 海军俱乐部月度书单。
○ 有设计细节、有技术数据、有作战经历，讲述战后英国航母“屡败屡战”的发展之路。
○ 揭开英国海军的“黑历史”，爆料人仰马翻的部门大乱斗和槽点满满的决策大犯浑。

英国海军中校大卫·霍布斯写了一本超过 600 页的大部头作品,其中包含了重要的技术细节、作战行动和参考资料，这是现代海军领域的杰作。霍布斯推翻了 1945 年以来很多关于航母的神话，他没给出所有问题的答案，一些内容还会引起巨大的争议，但本书提出了一系列的专业观点，并且论述得有理有据。此外，本书还是海军专业人员和国防采购人士的必修书。

查尔斯·A. 洛克伍德
（Charles A. Lockwood）著

Sink 'em All: Submarine Warfare in the Pacific

击沉一切：太平洋舰队潜艇部队司令对日作战回忆录

○ 太平洋舰队潜艇部队司令亲笔书写太平洋潜艇战中这支“沉默的舰队”经历的种种惊心动魄。
○ 作为部队指挥官，他了解艇长和艇员，也掌握着丰富的原始资料，记叙充满了亲切感和真实感。
○ 他用生动的文字将我们带入了狭窄的起居室和控制室，并将艰苦冲突中的主要角色展现在读者面前。

本书完整且详尽地描述了太平洋战争和潜艇战的故事。从“独狼战术”到与水面舰队的大规模联合行动，这支“沉默的舰队”战绩斐然。作者洛克伍德在书中讲述了很多潜艇指挥官在执行运输补给、人员搜救、侦察敌占岛屿、秘密渗透等任务过程中的真人真事，这些故事来自海上巡逻期间，或是艇长们自己的起居室。大量生动的细节为书中的文字加上了真实的注脚，字里行间流露出的人性和善意也令人畅快、愉悦。除此之外，作者还详细描述了当时新一代潜艇的缺陷、在作战中遭受的挫折及鱼雷的改进过程。

约翰·基根
（John Keegan）著

Battle At Sea: From Man-Of-War To Submarine

海战论：影响战争方式的战略经典

○ 跟随史学巨匠令人眼花缭乱的驾驭技巧，直面战争核心。
○ 特拉法加、日德兰、中途岛、大西洋……海上战争如何层层进化。

当代军事史学家约翰·基根作品。从海盗劫掠到海陆空立体协同作战，约翰·基根除了将海战的由来娓娓道出外，还集中描写了四场关键的海上冲突：特拉法加、日德兰、中途岛和大西洋之战。他带我们进入这些战斗的核心，并且梳理了从木质战舰的海上对决到潜艇的水下角逐期间长达数个世纪的战争历史。不过，作者在文中没有谈及太过具体的战争细节，而是将更多的精力放在了讲述指挥官的抉择、战时的判断、战争思维，以及战术、部署和新武器带来的改变等问题上，强调了它们为战争演变带来的影响，呈现出一个层次丰富的海洋战争世界。

布鲁斯·泰勒
（Bruce Taylor）主编

The World of the Battleship: The Lives and Careers of Twenty-One Capital Ships from the World's Navies, 1880-1990

战舰世界：世界海军强国主力舰图解百科：1880—1990

○ 一部解读战列舰文化的全景式百科作品，其维度和深度前所未见
○ 524 张珍贵历史照片，呈现震撼的战舰世界

《战舰世界：世界海军强国主力舰图解百科：1880—1990》有别于其他“图鉴式”的简单介绍，内容不仅涉及战舰所属国的地理、政治、金融、外交、文化等诸多话题，还对战舰所属国的海军实力做出了精彩评析，并且记录了与战舰生死与共的特殊社会群体——战列舰官兵及他们的生活。书中各章由 23 位经过挑选的供稿人分别撰写，他们都与相应战舰有着非凡“缘分”，他们的叙述也让本书的内容更丰富、真实。